Die Preußischen
Apothekengesetze

mit Einschluß der
reichsgesetzlichen Bestimmungen über den
Betrieb des Apothekergewerbes.

Unter Mitwirkung von Redakteur E. Urban
herausgegeben und erläutert
von
Dr. H. Böttger,
Redakteur der Pharmazeutischen Zeitung

Dritte, neubearbeitete und vervollständigte Auflage.

Springer-Verlag Berlin Heidelberg GmbH 1907

ISBN 978-3-662-36038-5 ISBN 978-3-662-36868-8 (eBook)
DOI 10.1007/978-3-662-36868-8
Softcover reprint of the hardcover 3rd edition 1907

Vorwort zur dritten Auflage.

Die nach längerer Pause jetzt vorliegende dritte Auflage des Buches: „Die preußischen Apothekengesetze“ usw. bringt eine gründliche Revision des gesamten Textes, und zwar sowohl eine Erweiterung durch Neuaufnahme aller seit Erscheinen der letzten Auflage ergangenen Gesetze und Verordnungen, als eine Streichung zahlreicher inzwischen veralteter oder wieder aufgehobener Bestimmungen. Neu aufgenommen sind u. a.: die neuen reichsgesetzlich erlassenen Vorschriften über die Prüfung der Apotheker nebst Ausführungsbestimmungen; über den Arzneiverkehr außerhalb der Apotheken; die neuen Bestimmungen über das Militärapothekenwesen; die jetzt geltende Branntweinsteuerbefreiungsordnung; einzelne Kapitel des Bürgerlichen Gesetzbuches; das Süßstoffgesetz. Noch ergiebiger war in den letzten Jahren die preußische Landesgesetzgebung, die eine neue Apothekenbetriebsordnung, eine Königliche Verordnung über die Einrichtung von Apothekerkammern, eine auch den Apothekerstand interessierende neue Dienstanweisung für die Kreisärzte geschaffen und das Geheimmittelwesen neu geordnet hat. Alle diese Erlasse, ebenso alle das Konzessionsverfahren betreffenden neuen Bestimmungen, sowie auch die in der Neuzeit mehr und mehr in den Vordergrund tretende Steuergesetzgebung u. a. m. haben in der neuen Auflage Aufnahme gefunden, wobei zur Erläuterung und Erklärung die neueste Rechtsprechung überall mit herangezogen ist.

In äußerlicher Beziehung ist hervorzuheben, daß die Einteilung des Materials in einzelne Kapitel strenger durchgeführt und möglichst übersichtlich gestaltet ist. Hierdurch sowie durch zahlreiche Verweise auf zusammengehörige Dinge und ein ausführliches Inhaltsverzeichnis und Sachregister dürfte der praktische Gebrauch des Buches wesentlich gefördert sein. Ferner ist durch Einführung verschiedener Schriftarten sowohl im eigentlichen Text wie in den Fußnoten der Wortlaut aller gesetzlichen Bestimmungen von den Bemerkungen und Erläuterungen des Verfassers klar und deutlich unterschieden.

So wird dem preußischen Apotheker ein Buch in die Hand gegeben, das die Gesetzgebung seines Faches und die dazu ergangene Rechtsprechung bis auf die allerneueste Zeit in einer Vollständigkeit und Übersichtlichkeit enthält, die es zum berufenen Führer des Standes in dem Labyrinth seiner vielfach veralteten, aus Reichs- und Landesrecht zusammengesetzten Gesetzgebung macht. Selbst der neue, aber hoffentlich niemals aus diesem Stadium heraustretende Entwurf zu einem Reichs-Apothekengesetz ist in dem Buch zum Abdruck gelangt.

Möge die neue Auflage dieses seit 1880 dem Apothekerstande bekannten Werkes dieselbe freundliche Aufnahme wie die früheren finden.

Berlin, Mai 1907.

Dr. Böttger.

Inhalt.

A. Reichsgesetzgebung.

I. Verwaltung im Reiche.

II. Gewerberecht.

III. Prüfungswesen.

IV. Verkehr mit Arzneimitteln außerhalb der Apotheken.

V. Militär-Apothekenwesen.

VI. Maß- und Gewichtswesen.

VII. Die Branntweinsteuergesetzgebung.

VIII. Handelsrecht, Bürgerliches und Strafrecht.

IX. Die sozialpolitische Gesetzgebung.

X. Das geistige und gewerbliche Eigentum.

XI. Die Nahrungsmittelgesetzgebung.

B. Landesgesetzgebung.

XII. Verwaltung in Preußen.

XIII. Errichtung und Verlegung von Apotheken.

XIV. Apothekenbetrieb.

XV. Verkehr mit stark wirkenden Arzneimitteln.

XVI. Verkehr mit Geheimmitteln.

XVII. Verkehr mit Giften.

XVIII. Besichtigung der Apotheken.

XIX. Die Steuergesetzgebung.

Anhang.

Abkürzungen.

A.G.	= Amtsgericht.
Ap.B.O.	= Apothekenbetriebsordnung.
Ap.O.	= Apothekerordnung.
A.V.Bl.	= Armeeverordnungsblatt.
B.G.B.	= Bürgerliches Gesetzbuch.
B.G.Bl.	= Bundesgesetzblatt.
Bk.	= Bekanntmachung.
E.	= Entscheidungen des Reichsgerichts in Strafsachen.
Entsch.	= Entscheidungen des Oberverwaltungsgerichts.
Erl.	= Erlaß.
Gew.O.	= Gewerbeordnung für das Deutsche Reich.
Gew.U.V.G.	= Gewerbe-Unfallversicherungsgesetz.
Golt.	= Goltdammer: Archiv für Strafrecht.
H.G.B.	= Handelsgesetzbuch.
Joh.	= Johow: Jahrbuch für Entscheidungen des Kammergerichts.
Kfm.G.	= Kaufmannsgericht.
K.G.	= Kammergericht.
K.G.A.	= Kaiserliches Gesundheitsamt: Sammlung gerichtlicher Entscheidungen auf dem Gebiete der öffentlichen Gesundheitspflege.
K.V.G.	= Krankenversicherungsgesetz.
L.G.	= Landgericht.
Min.Erl.	= Ministerialerlaß.
Min.Verf.	= Ministerialverfügung.
Ob.Trib.	= Vormaliges preußisches Ober-Tribunal.
O.L.G.	= Oberlandesgericht.
O.V.G.	= Oberverwaltungsgericht.
P.A.	= Kaiserliches Patentamt.
Ph.Ztg.	= Pharmazeutische Zeitung, Berlin.
Pr.G.S.	= Preußische Gesetzsammlung.
P.V.	= Polizeiverordnung.
Rechtspr.	= Rechtsprechung des Reichsgerichts in Strafsachen.

Reger	= Reger: Entscheidungen der Gerichte und Verwaltungsbehörden auf dem Gebiete des Verwaltungs- und Polizeistrafrechts.
R.G.	= Reichsgericht.
R.G.Bl.	= Reichsgesetzblatt.
R.O.H.G.	= Reichsoberhandelsgericht.
R.V.A.	= Reichsversicherungsamt.
R.Z.Bl.	= Zentralblatt für das Deutsche Reich.
Str.G.B.	= Strafgesetzbuch für das Deutsche Reich.
Str.P.O.	= Strafprozeßordnung.
U.V.G.	= Unfallversicherungsgesetz.
V.	= Verordnung.
Verf.	= Verfügung.
V.G.	= Verwaltungsgerichtshof.

A. Reichsgesetzgebung.

I. Verwaltung im Reiche.

Der Art. 4 der Verfassung des Deutschen Reiches vom 16. April 1871 (R.G.Bl. S. 63) besagt u. a. folgendes:

Der Beaufsichtigung seitens des Reichs und der Gesetzgebung desselben unterliegen die nachstehenden Angelegenheiten:

1. die Bestimmungen . . . über den Gewerbebetrieb, einschließlich des Versicherungswesens . . .;
2. die Zoll- und Handelsgesetzgebung und die für die Zwecke des Reichs zu verwendenden Steuern;
3. die Ordnung des Maß-, Münz- und Gewichtssystems . . .;
5. die Erfindungspatente;
6. der Schutz des geistigen Eigentums;
13. die gemeinsame Gesetzgebung über das gesamte bürgerliche Recht, das Strafrecht und das gerichtliche Verfahren;
14. das Militärwesen des Reichs und die Kriegsmarine;
15. Maßregeln der Medizinal- und Veterinärpolizei.

Obgleich nach diesem Artikel sämtliche medizinalpolizeilichen Angelegenheiten zur Zuständigkeit des Reiches gehören, ist ein Teil derselben, darunter insbesondere die Errichtung, Verlegung und der Betrieb der Apotheken, noch auf landesrechtlichem Wege geregelt. Dagegen haben von rein pharmazeutischen Angelegenheiten Arzneibuch und Arzneitaxe, ferner das Prüfungswesen und der Verkehr mit Arzneimitteln außerhalb der Apotheken eine reichsgesetzliche Ordnung erfahren.

Die Reichsgesetze erhalten ihre verbindliche Kraft durch ihre Verkündigung im Reichsgesetzblatt. Die Reichsgesetze gehen den Landesgesetzen vor.

Die Reichsgesetzgebung für Angelegenheiten des Gesundheits- und Medizinalwesens wird im Reichsamt des Innern bearbeitet, dem als beratendes Organ das Kaiserliche Gesundheitsamt zur Seite steht. Demselben gehört ein aus dem Apothekerstande hervorgegangenes Mitglied an.

In Verbindung mit dem Kaiserlichen Gesundheitsamte steht der Reichsgesundheitsrat, dessen Schaffung durch das Gesetz betreffend die Bekämpfung gemeingefährlicher Krankheiten vom 30. Juni 1900 (R.G.Bl. S. 306) herbeigeführt worden ist. Dieses Gesetz bestimmt in § 43 folgendes:

§ 43. In Verbindung mit dem Kaiserlichen Gesundheitsamt wird ein Reichsgesundheitsrat gebildet. Die Geschäftsordnung wird vom Reichskanzler mit Zustimmung des Bundesrats festgestellt. Die Mitglieder werden vom Bundesrat gewählt.

Der Reichsgesundheitsrat hat das Gesundheitsamt bei der Erfüllung der diesem Amt zugewiesenen Aufgaben zu unterstützen. Er ist befugt, den Landesbehörden auf Ansuchen Rat zu erteilen. Er kann sich, um Auskunft zu erhalten, mit den ihm zu diesem Zwecke zu bezeichnenden Landesbehörden unmittelbar in Verbindung setzen, sowie Vertreter absenden, welche unter Mitwirkung der zuständigen Landesbehörden Aufklärungen an Ort und Stelle einziehen.

Die vom Reichskanzler erlassene Geschäftsordnung des Reichsgesundheitsrats enthält u. a. folgende Bestimmungen:

§ 2. Zu den Verhandlungen über einzelne Gegenstände können Mitglieder des Kaiserlichen Gesundheitsamtes und andere auf Sondergebieten erfahrene Sachverständige, deren Teilnahme von dem Vorsitzenden für zweckdienlich gehalten wird, zugezogen werden. Den Reichs- und Landeszentralbehörden steht es frei, zu den Beratungen Vertreter zu entsenden.

§ 5. Der Reichsgesundheitsrat berät in seiner Gesamtheit oder in Ausschüssen.

Ausschüsse werden gebildet für:

1. Gesundheitswesen im allgemeinen — insbesondere soweit Wohnung, Heizung, Lüftung, Beleuchtung, Bekleidung, Schule, Bäder, Bestattung und Beförderung von Leichen in Betracht kommen;
2. Ernährungswesen — ausschließlich Fleischbeschau;
3. Wasserversorgung und Beseitigung der Abfallstoffe — einschließlich der Reinhaltung von Gewässern;
4. Gewerbehygiene;
5. Seuchenbekämpfung — einschließlich Desinfektion;
6. Heilwesen im allgemeinen — insbesondere Unterbringung, Behandlung und Beförderung von Kranken, Angelegenheiten des Heilpersonals;
7. Heilmittel — einschließlich des Verkehrs mit Giften;
8. Schiffs- und Tropenhygiene;
9. Veterinärwesen — einschließlich Tierseuchenstatistik, Angelegenheiten des Veterinärpersonals und Fleischbeschau.

Da der Reichsgesundheitsrat in seiner Gesamtheit nur selten zusammentritt, liegt der Schwerpunkt seiner Tätigkeit bei den Ausschüssen, von denen für das Apothekenwesen und den Arznei- und Giftverkehr Ausschuß 7 in Betracht kommt. Bei diesem Ausschuß sind dann noch drei Unterausschüsse eingesetzt: je ein medizinischer und ein pharmazeutischer Unterausschuß für das Arzneibuch (an Stelle der früheren Pharmakopoe-Kommission), sowie ein solcher für den Verkehr mit Arzneimitteln usw. innerhalb und außerhalb der Apotheken einschließlich des Verkehrs mit Giften. Dem Reichsgesundheitsrat gehören zurzeit insgesamt 92 Mitglieder an und darunter befinden sich 5 Apotheker.

II. Gewerberecht.

Das grundlegende Gesetz über die rechtlichen Verhältnisse der Gewerbe ist die Reichsgewerbeordnung, die jedoch auf die Errichtung und Verlegung von Apotheken überhaupt nicht und auf den Verkauf von Arzneimitteln nur in sehr beschränktem Umfange Anwendung findet.

Gewerbeordnung für das Deutsche Reich.

In der Fassung der Bk. vom 26. Juli 1900 (R.G.Bl. S. 871).

Titel I. Allgemeine Bestimmungen.

§ 1. Der Betrieb eines Gewerbes ist jedermann gestattet, sofern nicht durch dieses Gesetz Ausnahmen oder Beschränkungen vorgeschrieben oder zugelassen sind . . .[1]).

§ 2. Die Unterscheidung zwischen Stadt und Land in bezug auf den Gewerbebetrieb und die Ausdehnung desselben hört auf.

§ 3. Der gleichzeitige Betrieb verschiedener Gewerbe, sowie desselben Gewerbes in mehreren Betriebs- oder Verkaufsstätten ist gestattet . . .[2]).

§ 4. Den Zünften und kaufmännischen Korporationen steht ein Recht, andere von dem Betriebe eines Gewerbes auszuschließen, nicht zu.

§ 6. Das gegenwärtige Gesetz findet keine Anwendung auf . . . die Errichtung und Verlegung von Apotheken . . .[3]). — Auf . . . die Ausübung der Heilkunde, den Verkauf von Arzneimitteln . . . findet das gegenwärtige Gesetz nur insoweit Anwendung, als dasselbe ausdrückliche Bestimmungen darüber enthält[4]).

Durch Kaiserliche Verordnung wird bestimmt, welche Apothekerwaren dem freien Verkehr zu überlassen sind[5]).

§ 7. Vom 1. Januar 1873 ab sind, soweit die Landesgesetze solches nicht früher verfügen, aufgehoben:

1. die noch bestehenden ausschließlichen Gewerbeberechtigungen, das heißt die mit dem Gewerbebetriebe verbundenen Berechtigungen, anderen den Betrieb eines Gewerbes, sei es im all-

---

[1]) Die Gewerbe, auf welche die Gew.O. keine Anwendung findet, sind im § 6 genannt, und hier ist die Errichtung und Verlegung von Apotheken überhaupt und der Verkauf von Arzneimitteln, soweit nicht ausdrückliche Bestimmungen darüber gegeben sind, der Wirkung des Gesetzes entzogen. Wie das R.G. in einem Urteil vom 7. Juni 1899 (Ph.Ztg. 1901 Nr. 35) ausführte, ist dieser Paragraph dahin zu verstehen, daß zwar „die Errichtung und Verlegung von Apotheken" nicht aber schlechthin das Apothekergewerbe jenseits des Geltungsbereiches des Gesetzes bleiben soll. In seiner Stellung als Gewerbetreibender im allgemeinen nimmt somit der Apotheker an den Freiheiten und Verpflichtungen der Gew.O. Teil. Besondere Bestimmungen für Apotheker enthält die Gew.O. außerdem in den §§ 29, 40, 53, 54 und 147, 1 betr. Approbationen, 41 und 154 betr. Gehilfen und Lehrlinge, 80 und 148, 8 betr. Taxen.

[2]) Auf das Apothekergewerbe findet § 3 keine Anwendung, da § 6 die Errichtung von Apotheken ausdrücklich als eine der Materien bezeichnet, die der Regelung durch die Gew.O. entzogen sind. Die Frage, ob ein Apotheker neben der bereits in seinem Besitze befindlichen Apotheke noch eine oder mehrere andere durch Kauf erwerben und betreiben darf, muß aus der Apothekerordnung des betreffenden Landes beantwortet werden. Die Führung anderer Geschäfte durch Stellvertreter neben der Apotheke ist gestattet.

[3]) Die Motive besagen, daß der Zweck des § 6 der sei: gewisse Zweige der Gewerbegesetzgebung oder -Ordnung durch Spezialgesetze vorzubehalten, weil dieselben nicht beiläufig in einer allgemeinen Gewerbeordnung zu erledigen sind. Das in betreff der Errichtung und Verlegung der Apotheken in Aussicht gestellte Spezialgesetz ist bis jetzt nicht erlassen, es sind daher die bisherigen landesgesetzlichen Bestimmungen über Errichtung, Erwerb und Besitz der Apotheken weiterhin in Kraft verblieben.

[4]) Bestimmungen über Arzneimittel sind enthalten in § 6 Abs. 2 und § 56.

[5]) Maßgebend ist gegenwärtig die auf Grund obiger Bestimmung erlassene Kaiserliche Verordnung vom 22. Oktober 1901 (s. Teil IV.)

gemeinen oder hinsichtlich der Benutzung eines gewissen Betriebsmaterials, zu untersagen oder sie darin zu beschränken[1]);

2. die mit den ausschließlichen Gewerbeberechtigungen verbundenen Zwangs- und Bannrechte, mit Ausnahme der Abdeckereiberechtigungen;
3. alle Zwangs- und Bannrechte, deren Aufhebung nach dem Inhalte der Verleihungsurkunde ohne Entschädigung zulässig ist;
5. die Berechtigungen, Konzessionen zu gewerblichen Anlagen oder zum Betriebe von Gewerben zu erteilen, die dem Fiskus, Korporationen, Instituten oder einzelnen Berechtigten zustehen;
6. vorbehaltlich der an den Staat und die Gemeinde zu entrichtenden Gewerbesteuern alle Abgaben, welche für den Betrieb eines Gewerbes entrichtet werden, sowie die Berechtigung, dergleichen Abgaben aufzuerlegen[2]).

Ob und in welcher Weise den Berechtigten für die vorstehend aufgehobenen ausschließlichen Gewerbeberechtigungen, Zwangs- und Bannrechte usw. Entschädigung zu leisten ist, bestimmen die Landesgesetze.

§ 10. Ausschließliche Gewerbeberechtigungen oder Zwangs- und Bannrechte, welche durch Gesetz aufgehoben oder für ablösbar erklärt worden sind, können fortan nicht mehr erworben werden.

Realgewerbeberechtigungen dürfen fortan nicht mehr begründet werden[3]).

§ 11. Das Geschlecht begründet in Beziehung auf die Befugnis zum selbständigen Betriebe eines Gewerbes keinen Unterschied.

Titel II. Stehender Gewerbebetrieb.

I. Allgemeine Erfordernisse.

§ 14. Wer den selbständigen Betrieb eines stehenden Gewerbes anfängt, muß der für den Ort, wo solches geschieht, nach den Landesgesetzen zuständigen Behörde gleichzeitig Anzeige davon machen . . .[4]).

---

[1]) Diese Bestimmungen finden (wie die amtlichen Motive bemerken) auf die durch § 6 von dem vorliegenden Gesetze ausgeschlossenen Gewerbe keine Anwendung. Die Exklusivrechte der Apotheken bleiben also unberührt (s. hierüber Teil XIII).

[2]) Da der § 7 auf das Apothekergewerbe keine Anwendung findet, so sind die einzelnen Korporationen zustehenden Berechtigungen zur Erteilung von Apothekenkonzessionen und zur Auferlegung einer Abgabe dafür, wo sie, wie z. B. in Mecklenburg hinsichtlich einiger Städte noch bestehen, hierdurch nicht außer Kraft gesetzt. Gelder, welche als Gegenleistung für ein verliehenes Realprivileg gezahlt werden, fallen nicht unter die Abgaben des § 7 Abs. 1 Nr. 6, weil § 6 d. Gew.O. die Errichtung und Verlegung von Apotheken von dem Anwendungsgebiet der Gew.O. gänzlich ausgenommen hat (R.G. 26. November 1896).

[3]) Wenn, wie logischerweise anzunehmen, auch die Bestimmungen des § 10 auf das Apothekergewerbe keine Anwendung finden, so müßte die Begründung von Realgewerbeberechtigungen in diesem Gewerbe, wo Landesbestimmungen dem nicht entgegenstehen, noch weiterhin zulässig sein. In Preußen ist die Begründung solcher indes schon seit dem 2. November 1810 untersagt (s. Teil XIII).

[4]) Die Frage, ob der Beginn des Betriebs einer Apotheke der Anzeigepflicht unterliegt, ist nach Landmann zu bejahen, da nach § 6 bloß die Errichtung und Verlegung von Apotheken der Landesgesetzgebung anheimfällt, während es sich im § 14 um eine Verpflichtung handelt, die ein Apotheker, der die Berechtigung zum Betriebe einer Apotheke bereits besitzt, schon der Einschätzung zur Gewerbesteuer halber, zu erfüllen hat. Die preußische Ausführungsanweisung zur Gew.O. vom 1. Mai 1904 besagt zu § 14 folgendes:

Die im § 14 Abs. 1 erforderte Anzeige hat bei dem Gemeindevorstande des Orts zu erfolgen, an dem das Gewerbe betrieben werden soll. Der Anzeige bedarf es

§ 15. Die Behörde bescheinigt innerhalb dreier Tage den Empfang der Anzeige.

Die Fortsetzung des Betriebes kann polizeilich verhindert werden, wenn ein Gewerbe, zu dessen Beginn eine besondere Genehmigung erforderlich ist, ohne diese Genehmigung begonnen wird.

§ 15a. Gewerbetreibende, die einen offenen Laden haben oder Gast- oder Schankwirtschaft betreiben, sind verpflichtet, ihren Familiennamen mit mindestens einem ausgeschriebenen Vornamen an der Außenseite oder am Eingange des Ladens oder der Wirtschaft in deutlich lesbarer Schrift anzubringen.

Kaufleute, die eine Handelsfirma führen, haben zugleich die Firma in der bezeichneten Weise an dem Laden oder der Wirtschaft anzubringen; ist aus der Firma der Familienname des Geschäftsinhabers mit dem ausgeschriebenen Vornamen zu ersehen, so genügt die Anbringung der Firma. .[1]).

II. Erfordernis besonderer Genehmigung.

§ 29. Einer Approbation, welche auf Grund eines Nachweises der Befähigung erteilt wird, bedürfen Apotheker und diejenigen Personen, welche sich als Ärzte (Wundärzte, Augenärzte, Geburtshelfer, Zahnärzte und Tierärzte) oder mit gleichbedeutenden Titeln bezeichnen oder seitens des Staats oder einer Gemeinde als solche anerkannt oder mit amtlichen Funktionen betraut werden sollen[2]). Es darf die Approbation jedoch von der vorherigen akademischen Doktorpromotion nicht abhängig gemacht werden.

Der Bundesrat bezeichnet, mit Rücksicht auf das vorhandene Bedürfnis, in verschiedenen Teilen des Reichs die Behörden, welche für das ganze Bundesgebiet gültige Approbationen zu erteilen befugt sind, und erläßt die Vorschriften über den Nachweis der Befähigung[3]). Die Namen der Approbierten werden von der Behörde, welche die Approbation erteilt, in den vom Bundesrate zu bestimmenden amtlichen Blättern veröffentlicht[4]).

---

auch dann, wenn für den Betrieb des Gewerbes oder für die gewerbliche Anlage eine besondere Genehmigung erforderlich und erteilt ist . . . . Die nach . . . . § 35 Abs. 6 außerdem erforderlichen besonderen Anzeigen sind bei der Ortspolizeibehörde des Wohnorts des Gewerbebtreibenden zu machen. Im Stadtkreise Berlin ist die im § 14 Abs. 1 vorgeschriebene Anzeige der Verwaltung der direkten Steuern zu erstatten.

Bei Errichtung eines zweiten Verkaufslokals außer dem bereits bestehenden ist ebenfalls hiervon Anzeige zu erstatten. Anderenfalls liegt eine Gewerbesteuerkontravention vor (Ob.Trib. 1879).

[1]) Der Name muß so deutlich angegeben sein, daß ihn jeder, der sein Auge darauf richtet, lesen kann (K.G. 8. November 1906, Ph.Ztg. 1906 Nr. 91). Nach der Preußischen Apotheken-Betriebsordnung muß der Apotheker außen noch das Wort „Apotheke" anbringen. Geht diese Bezeichnung indes gleichfalls aus der Firma hervor, so dürfte sich die nochmalige Anbringung des Wortes „Apotheke" erübrigen.

[2]) Nur die Bezeichnung als Arzt und die Führung arztähnlicher Titel ist an den Besitz einer Approbation geknüpft. Die Ausübung der Heilkunde an sich ist durch § 1 der Gew.O. jedermann freigegeben und kann auch nicht auf landesgesetzlichem Wege verboten werden (O.V.G. 22. April 1895, K.G. A. I, S. 29). Nur für Apotheker ist durch § 144 eine Ausnahme geschaffen (s. S. 15).

[3]) Auf Grund dieser Bestimmung ist die Prüfungsordnung für Apotheker vom 18. Mai 1904 ergangen (s. Teil III).

[4]) Die Veröffentlichung erfolgt jährlich durch den Reichsanzeiger und seitens der approbierenden nichtpreußischen Zentralbehörden außerdem durch deren amtliche Organe (Bundesratsbeschluß vom 8. Dezember 1881).

Personen, welche eine solche Approbation erlangt haben, sind innerhalb des Bundesgebietes in der Wahl des Ortes, wo sie ihr Gewerbe betreiben wollen, vorbehaltlich der Bestimmungen über die Errichtung und Verlegung von Apotheken (§ 6), nicht beschränkt[1]).

Dem Bundesrate bleibt vorbehalten, zu bestimmen, unter welchen Voraussetzungen Personen wegen wissenschaftlich erprobter Leistungen von der vorgeschriebenen Prüfung ausnahmsweise zu entbinden sind.

Personen, welche vor Verkündigung dieses Gesetzes in einem Bundesstaate die Berechtigung zum Gewerbebetrieb als Ärzte, Wundärzte, Zahnärzte, Geburtshelfer, Apotheker oder Tierärzte bereits erlangt haben, gelten als für das ganze Bundesgebiet approbiert.

§ 33. Wer Gastwirtschaft, Schankwirtschaft oder Kleinhandel mit Branntwein oder Spiritus[2]) betreiben will, bedarf dazu der Erlaubnis . . .[3]).

---

[1]) Auch Apothekergehilfen, welche in einem Bundesstaate das Gehilfenzeugnis erworben haben, dürfen in allen Bundesstaaten ihrem Beruf als Gehilfen nachgehen (Bundesratsbeschluß vom 2. Februar 1874).

[2]) Unter den Begriff der Schankwirtschaft fällt auch das Verabreichen von Mineralwasser, überhaupt jede Art von Getränken (O.V.G. 4. Juli 1877); „Branntwein" begreift auch Liköre, Kognak und ähnliche Getränke (Ob.Trib. 14. Mai 1879), dagegen nicht Likör- bzw. Kognakessenzen, die erst zur Bereitung von Branntweinen dienen sollen und daher nur als Halbfabrikate anzusehen sind (O.L.G. Hamburg November 1906, Ph.Ztg. 1906 Nr. 96).

Der Begriff Kleinhandel ist ein tatsächlicher und nach den konkreten Umständen des Einzelfalls zu entscheiden. Im allgemeinen ist jeder Verkauf in Mengen unter 15 l als Kleinhandel zu betrachten. Auch die Abgabe von Branntwein (Kognak, Likören) in versiegelten Flaschen oder in Probeflaschen ist nach der neueren Rechtsprechung des R.G. und des O.V.G. als konzessionspflichtiger Kleinhandel anzusehen.

Die Frage, ob auch Apotheker zum Kleinhandel mit Branntwein der Erlaubnis bedürfen, beantwortet sich nach den §§ 6 und 33 der Gew.O. folgendermaßen: Da die Gew.O. nach § 6 auf den Verkauf von Arzneimitteln nur insoweit Anwendung findet, als sie ausdrückliche Bestimmungen darüber enthält, § 33 solche ausdrückliche Bestimmungen aber nicht trifft, so ist der Verkauf von Branntwein (Kognak) und Spiritus, sofern diese als Arzneimittel dienen sollen, nicht konzessionspflichtig (Erl. des Finanz-Min. vom 10. April 1897; R.G. 23. Oktober 1905, Ph.Ztg. 1905 Nr. 86; R.G. 22. Januar 1906, Ph.Ztg. 1906 Nr. 8; R.G. 8. Oktober 1906, Ph.Ztg. 1906 Nr. 82; O.L.G. Dresden November 1903, Ph.Ztg. 1903 Nr. 102). Dagegen ist auch in Apotheken die Abgabe von Branntwein zu anderen, besonders Genußzwecken an eine Genehmigung geknüpft. Ein Verkauf als Genußmittel liegt vor, sobald die Anwendung zu diesem Zwecke als wahrscheinlich anzunehmen ist, auch wenn der Käufer einen anderen Verwendungszweck angegeben hat (R.G. 11. Dezember 1905, Ph.Ztg. 1905 Nr. 100; O.L.G. Dresden 31. März 1892).

Für den Betrieb der Gastwirtschaft, der Schankwirtschaft (Ausschank von Mineralwasser), des Kleinhandels mit Branntwein oder Spiritus ist jährlich eine besondere Betriebssteuer zu entrichten. Mit Rücksicht hierauf ist auch der Kleinhandel mit Branntwein, nachdem die vorgeschriebene Erlaubnis dazu erteilt ist, noch besonders bei der zuständigen Behörde anzumelden (R.G. März 1900, Ph.Ztg. 1900 Nr. 27). Die Betriebssteuer beträgt in Preußen für jeden, welcher eines oder mehrere der steuerpflichtigen Gewerbe betreibt, wenn er von der Gewerbesteuer befreit ist = 10 Mk., wenn er zur Gewerbesteuer veranlagt ist: in der Klasse IV = 15 Mk., III = 25 Mk., II = 50 Mk., I = 100 Mk.

Zum Handel mit denaturiertem Spiritus bedarf es keiner besonderen Konzession, sondern nur einer Anzeige bei der Ortsbehörde. (Näheres s. in Teil VII). Auch unterliegt dieser Handel keiner Betriebssteuer.

[3]) Über die Behörden, welche die Genehmigung erteilen, bestimmt das preußische Gesetz über die Zuständigkeit der Verwaltungs- und Verwaltungsgerichtsbehörden vom 1. August 1883 (Pr.G.S. S. 237) folgendes:

§ 114. Über Anträge auf Erteilung der Erlaubnis zum Betriebe der Gastwirt-

Die Landesregierungen sind befugt, außerdem zu bestimmen, daß:
a. die Erlaubnis zum Ausschänken von Branntwein oder zum Kleinhandel mit Branntwein oder Spiritus allgemein;
b. die Erlaubnis zum Betriebe der Gastwirtschaft oder zum Ausschänken von Wein, Bier oder anderen, nicht unter a. fallenden geistigen Getränken in Ortschaften mit weniger als 15 000 Einwohnern, sowie in solchen Ortschaften mit einer größeren Einwohnerzahl, für welche dies durch Ortsstatut (§ 142) festgesetzt wird, von dem Nachweis eines vorhandenen Bedürfnisses abhängig sein solle.

Vor Erteilung der Erlaubnis ist die Ortspolizei- und die Gemeindebehörde gutachtlich zu hören . . .

§ 34. Abs. 3. Die Landesgesetze können vorschreiben, daß zum Handel mit Giften . . . besondere Genehmigung erforderlich ist . . .[1]).

§ 35. Abs. 4. Der Handel mit Drogen und chemischen Präparaten, welche zu Heilzwecken dienen, ist zu untersagen, wenn die Handhabung des Gewerbebetriebes Leben und Gesundheit von Menschen gefährdet . . .[2]).

Ist die Untersagung erfolgt, so kann die Landeszentralbehörde oder eine andere von ihr zu bestimmende Behörde die Wiederaufnahme des Gewerbebetriebes gestatten, sofern seit der Untersagung mindestens ein Jahr verflossen ist.

Personen, welche die in diesem Paragraphen bezeichneten Gewerbe

---

schaft oder Schankwirtschaft, zum Kleinhandel mit Branntwein oder Spiritus, sowie ... zum Handel mit Giften (§§ 33, 34 der R.Gew.O.) beschließt der Kreis(Stadt)ausschuß.

Wird die Erlaubnis versagt, so steht dem Antragsteller innerhalb zwei Wochen der Antrag auf mündliche Verhandlung im Verwaltungsstreitverfahren vor dem Kreis-(Stadt)ausschusse zu.

Über Anträge auf Erteilung der Erlaubnis... zum Kleinhandel mit Branntwein oder Spiritus, ist zunächst die Gemeinde- und die Ortspolizeibehörde zu hören. Wird von einer dieser Behörden Widerspruch erhoben, so darf die Erteilung der Erlaubnis nur auf Grund mündlicher Verhandlung im Verwaltungsstreitverfahren erfolgen.

Die Entscheidung des Bezirksausschusses ist endgültig. In den zu einem Landkreise gehörigen Städten mit mehr als 10 000 Einwohnern tritt an die Stelle des Kreisausschusses der Magistrat (kollegialische Gemeindevorstand).

Bezüglich der Zurücknahme der Konzession s. § 53 Gew.O.

[1]) Von dieser Ermächtigung haben die meisten Bundesstaaten Gebrauch gemacht. Auch in Preußen ist der Gifthandel von einer besonderen Genehmigung abhängig. (Näheres s. in Teil XVII.)

Da somit die Landesgesetzgebung befugt ist, Vorschriften über die Erlaubnis zum Gifthandel zu erlassen, hat sie auch zu bestimmen, was unter „Gift" zu verstehen ist (K.G. 1. Oktober 1894, K.G.A. I, S. 43).

[2]) Zur Untersagung des Drogenhandels zu Heilzwecken ist erforderlich, daß die Handhabung des Gewerbebetriebes Leben und Gesundheit von Menschen gefährdet; es ist jedoch nicht nötig, daß ein Schade bereits eingetreten ist; es genügt, wenn aus der Handhabung des Betriebes erhellt, daß Leben und Gesundheit von Menschen dadurch in Frage gestellt wird (O.V.G. 7. Februar 1900, 20. Oktober 1900, Ph.Ztg. 1900 Nr. 29 und 86). In der bloßen Tatsache des unbefugten Arznei- oder Gifthandels kann allein noch kein Grund zur Untersagung des Drogenhandels gefunden werden. Es ist aber zulässig, aus einer gesetzwidrigen Art der Aufbewahrung von Giften auf eine grobe Unvorsichtigkeit und aus dieser weiter darauf zu schließen, daß die Handhabung des Gewerbebetriebes Leben und Gesundheit gefährdet (O.V.G. 17. März 1900, Ph.Ztg. 1900 Nr. 39). Es ist jedoch zu beachten, daß nicht der gesamte Drogenhandel, sondern nur der Handel mit solchen Drogen und Chemikalien, die zu Heilzwecken dienen, untersagt werden kann. Über das Verfahren bei Untersagung des Gewerbebetriebes siehe die Fußnote 3 auf S. 12.

beginnen, haben bei Eröffnung ihres Gewerbebetriebes der zuständigen Behörde hiervon Anzeige zu machen[1]).

§ 36. Das Gewerbe . . . derjenigen, welche den Feingehalt edler Metalle oder die Beschaffenheit, Menge oder richtige Verpackung von Waren irgend einer Art feststellen[2]), der Güterbestätiger, Schaffer, Wäger, Messer, Bracker, Schauer[3]) Stauer usw. darf zwar frei betrieben werden, es bleiben jedoch die verfassungsmäßig dazu befugten Staats- oder Kommunalbehörden oder Korporationen auch ferner berechtigt, Personen, welche diese Gewerbe betreiben wollen, auf die Beobachtung der bestehenden Vorschriften zu beeidigen und öffentlich anzustellen.

Die Bestimmungen der Gesetze, welche den Handlungen der genannten Gewerbetreibenden eine besondere Glaubwürdigkeit beilegen oder an diese Handlungen besondere rechtliche Wirkungen knüpfen, sind nur auf die

---

[1]) Diese Anzeigen, die neben der nach § 14 erforderlichen gehen, sind bei der Ortspolizeibehörde des Wohnorts des Gewerbetreibenden anzubringen (s. Fußnote 4 auf S. 4).

[2]) Zu den Personen, welche die Beschaffenheit usw. einer Ware feststellen, gehören die gerichtlichen Handelschemiker, welche durch die amtlichen Handelsvertretungen (Handelskammern) beeidigt und öffentlich angestellt werden.

[3]) Die rechtlichen Verhältnisse der Fleischbeschauer und Trichinenschauer sind jetzt geregelt durch das Gesetz betr. die Schlachtvieh- und Fleischbeschau vom 3. Juni 1900 (R.G.Bl. S. 547) und die dazu erlassenen Ausführungsbestimmungen des Bundesrats vom 30. Mai 1902. Apotheker genießen bei der Zulassung zur Trichinenschau eine gewisse Vergünstigung nach Maßgabe eines gemeinsamen Erlasses der Minister der Med. Angelegenheiten und für Landwirtschaft vom 24. März 1905.

Min.-Erl. betr. Zulassung von Apothekern zur Trichinenschau. Vom 24. März 1905.

Während nach § 11 Abs. 1 der Ausführungsbestimmung E. des Bundesrats (B.B.E.) und nach § 43 Abs. 2 der preußischen Ausführungsbestimmungen vom 20. März 1903 (A.B.J.) die Ärzte und Tierärzte ohne besondere Prüfung zur Ausübung der Trichinenschau zugelassen sind, bestehen derartige Ausnahmevorschriften für die Apotheker nicht, so daß diese sich den für die Laien maßgebenden Bestimmungen zu unterwerfen haben. Damit wird dem allgemeinen Bildungsstande der Apotheker und ihren besonderen Fachkenntnissen namentlich ihrer Fertigkeit im Gebrauche des Mikroskops, nicht in genügendem Maße Rechnung getragen. Zwar verlangt die Trichinenschau auch Kenntnisse über die Grundzüge der Lehre vom Körperbau des Schweines und vom feineren Bau der Muskulatur, ferner Übung in der Entnahme der Proben und endlich die Fähigkeit, Trichinen und Finnen richtig zu erkennen und zuverlässig von anderen Parasiten zu unterscheiden. Es wird daher, da diese Eigenschaften, nach der Art ihrer Ausbildung wohl den Ärzten und Tierärzten, nicht aber auch den Apothekern ohne weiteres zuzutrauen sind, bei letzteren auf den Nachweis der zur Trichinenschau nötigen Fähigkeiten durch Ablegung einer Prüfung nicht verzichtet werden können. Dagegen sind die Apotheker imstande, sich die gedachten Kenntnisse selbständig zu erwerben und durch eigene Weiterarbeit auch zu erhalten. Es kann ihnen daher die Beibringung eines Ausbildungsnachweises (§ 3 Abs. 1 Nr. 4 B.B.E. und § 45 Abs. 2 A.B.J.) und die Ablegung der Nachprüfungen (§ 9 B.B.E. und § 48 Abs. 1 A.B.J.) erlassen werden. Auch ist in der Vorbildung der Apotheker und ihrer gesellschaftlichen Stellung einer der besonderen Gründe zu sehen, die nach § 44 Abs. 3 A.B.J. die Ausführung der Prüfung durch den Departementstierarzt rechtfertigen.

Da die Apotheker sich an der Untersuchung ausländischen Fleisches zurzeit nicht beteiligen und auch in Zukunft nicht beteiligen werden, erscheint eine Abänderung der B.B.E. nicht notwendig. Es genügt vielmehr, wenn in den § 43 A.B.J. folgender Abs. 3 eingeschoben wird:

„Apotheker können sich über die zur Vornahme der Trichinenschau erforderlichen Kenntnisse durch Ablegung einer Prüfung vor dem Departementstierarzt ausweisen, ohne zur Beibringung eines Ausbildungsnachweises (§ 45 Abs. 2) verpflichtet zu sein. Auch sind sie von den nach § 48 vorzunehmenden Nachprüfungen befreit."

von den verfassungsmäßig dazu befugten Staats- oder Kommunalbehörden oder Korporationen angestellten Personen zu beziehen.

§ 40. Die in den §§ 29—33a und im § 34 erwähnten Approbationen und Genehmigungen dürfen weder auf Zeit erteilt, noch vorbehaltlich der Bestimmungen in den §§ 33a, 53 und 143 widerrufen werden[1]).

Gegen Versagung der Genehmigung zum Betriebe eines der in den §§ 30, 30a, 32—33a und 34, sowie gegen Untersagung des Betriebes der in den §§ 33a, 35 und 37 erwähnten Gewerbe ist der Rekurs zulässig. Wegen des Verfahrens und der Behörden gelten die Vorschriften der §§ 20 und 21[2]).

III. Umfang, Ausübung und Verlust der Gewerbebefugnisse.

§ 41. Die Befugnis zum selbständigen Betriebe eines stehenden Gewerbes begreift das Recht in sich, in beliebiger Zahl Gesellen, Gehilfen, Arbeiter jeder Art und, soweit die Vorschriften des gegenwärtigen Gesetzes nicht entgegen stehen, Lehrlinge anzunehmen. In der Wahl des Arbeits- und Hilfspersonals finden keine anderen Beschränkungen statt, als die durch das gegenwärtige Gesetz festgestellten.

In betreff der Berechtigung der Apotheker, Gehilfen und Lehrlinge anzunehmen, bewendet es bei den Bestimmungen der Landesgesetze[3]).

§ 41a. Soweit nach den Bestimmungen der §§ 105b—105h Gehilfen, Lehrlinge und Arbeiter im Handelsgewerbe an Sonn- und Festtagen nicht beschäftigt werden dürfen, darf in offenen Verkaufsstellen ein Gewerbebetrieb an diesen Tagen nicht stattfinden. Diese Bestimmung findet auf den Geschäftsbetrieb von Konsum- und anderen Vereinen entsprechende Anwendung[4]).

---

[1]) Die Approbationen des § 29 sind die der Ärzte und Apotheker, die des § 34 die Konzessionen zum Handel mit Giften. Aus den Bestimmungen der §§ 40, 53 und 143 folgt, daß einem Apotheker die Approbation, sofern sie auf Grund richtiger Nachweise erworben wurde, nur dann im Strafwege entzogen werden kann, wenn dem Inhaber die bürgerlichen Ehrenrechte aberkannt worden sind. Durch Nichtausübung des Berufes erlischt die Approbation nicht. Entgegenstehende Bestimmungen der Apothekenordnungen sind, da die Gültigkeit des § 29 der Gew.O. auf das Apothekergewerbe ausdrücklich ausgesprochen ist, gegenwärtig ungültig.

Die Apothekenkonzessionen fallen nicht unter die Gew.O., die Frage, ob deren Zurücknahme zulässig ist oder nicht, muß daher auf Grund der landesgesetzlichen Bestimmungen bzw. des Inhalts der Konzessionsurkunden beantwortet werden. Nach der preußischen Landes- bzw. Apothekengesetzgebung ist dieselbe nicht zulässig.

[2]) Die §§ 20 und 21 besagen folgendes:

§ 20. Gegen den Bescheid ist Rekurs an die nächstvorgesetzte Behörde zulässig, welche bei Verlust desselben binnen 14 Tagen vom Tage der Eröffnung des Bescheides an gerechnet, gerechtfertigt werden muß. Der Rekursbescheid ist den Parteien schriftlich zu eröffnen und muß mit Gründen versehen sein.

§ 21. Die näheren Bestimmungen über die Behörden und das Verfahren, sowohl in der ersten als in der Rekursinstanz, bleiben den Landesgesetzen vorbehalten . . .

[3]) Die in den Apothekerordnungen vorgeschriebenen Beschränkungen bezüglich der Annahme von Lehrlingen haben somit ihre Geltung behalten (s. Teil XIV). Bezüglich der Annahme von Apothekergehilfen gelten die durch die Bekanntmachung des Reichskanzlers vom 13. Januar 1883 und 12. Februar 1902 mitgeteilten Bundesratsbeschlüsse (s. S. 38).

[4]) Auf den Betrieb der Apotheken findet § 41a betr. die Sonntagsruhe aus einem doppelten Grunde keine Anwendung. Soweit es sich um Arzneimittel handelt, kann er nicht in Betracht kommen, da die Gew.O. laut § 6 auf den Verkauf von Arzneimitteln nur insoweit Anwendung findet, als sie ausdrückliche Bestimmungen darüber enthält, was vorliegend nicht der Fall ist. Aber auch bezüglich sonstiger Artikel muß man das gleiche annehmen. Denn § 41a hält sich ausdrücklich im Rahmen der §§ 105b bis 105h. Diese

Weitergehenden landesgesetzlichen Beschränkungen des Gewerbebetriebes an Sonn- und Festtagen steht diese Bestimmung nicht entgegen.

---

aber finden wieder laut § 154 auf Gehilfen und Lehrlinge in Apotheken keine Anwendung. In diesem Sinne entschieden auch das L.G. Kiel unter dem 9. April 1894 und das A.G. Lübeck unter dem 10. August 1906.

Außer den Anordnungen der Gew.O. über Sonntagsruhe, die somit für das Apothekenwesen nicht in Betracht kommen, bestehen jedoch in Preußen noch überall gleichlautende provinzielle Polizeiverordnungen über Sonntagsheiligung, welche ganz andere Zwecke verfolgen und nicht wie die Gew.O. von sozialpolitischen, sondern von religiösen, kirchlichen Gesichtspunkten ausgehen. Die für den Landespolizeibezirk Berlin (d. h. die Stadtkreise Berlin, Charlottenburg, Schöneberg und Rixdorf) erlassene Verordnung hat in ihren wesentlichsten Bestimmungen folgenden Wortlaut:

P.-V. betr. die äußere Heilighaltung der Sonn- und Feiertage. Vom 27. März 1903.

§ 1. An den Sonntagen und Feiertagen sind alle öffentlich bemerkbaren Arbeiten sowie alle geräuschvollen Arbeiten in den Häusern und Betriebsstätten verboten, sofern sie geeignet sind, die äußere Heilighaltung der Sonn- und Feiertage zu beeinträchtigen.

Zu den hiernach verbotenen Arbeiten gehören insbesondere:

d) der Betrieb der offenen Geschäftsstellen des Handelsgewerbes (vgl. jedoch §§ 5 und 6).

§ 5. Soweit die Beschäftigung gewerblicher Arbeiter auf Grund der Gewerbeordnung an Sonn- und Feiertagen gestattet ist, findet das Verbot des § 1 auf die Arbeiten in offenen Geschäftsstellen des Handelsgewerbes . . . keine Anwendung.

§ 6. Das Aushängen und Ausstellen von Waren in den Schaufenstern und Schaukästen sowie in und vor den Ladentüren ist an Sonn- und Feiertagen nur während der zulässigen Verkaufszeit gestattet. Außerhalb dieser Zeit müssen die Ladentüren geschlossen und die Schaufenster geräumt oder verhängt sein.

§ 7. Apothekern ist der Verkauf von Arzneimitteln und Gegenständen der Krankenpflege jederzeit gestattet.

§ 16. Zuwiderhandlungen gegen die Polizeiverordnung werden, sofern nicht nach den bestehenden Strafvorschriften eine härtere Strafe verwirkt ist, mit Geldstrafe bis zu sechzig Mark oder mit Haft bis zu vierzehn Tagen bestraft.

§ 17. Diese Verordnung tritt sofort in Kraft. Die über die Sonntagsruhe im Handelsgewerbe und im Gewerbebetriebe erlassenen Verordnungen werden durch diese Polizeiverordnung nicht berührt.

Bei diesen Verordnungen scheint also tatsächlich die Absicht gewaltet zu haben, den Apothekern den Verkauf anderer Artikel als der in § 7 genannten während der allgemeinen Ruhezeit nicht zu gestatten. Aber ganz klar ist auch dieser Punkt keineswegs. Denn da ja im Apothekergewerbe die Beschäftigung von Gehilfen und Lehrlingen auch an Sonntagen dauernd gestattet ist (§ 154 Gew.O.), hat das Verbot der Verordnungen, welches nach § 5 ausdrücklich nur soweit gelten soll, als die Beschäftigung gewerblicher Arbeiter auf Grund der Gew.O. nicht zulässig ist, Apothekern gegenüber eigentlich gar keine Unterlage. Unter diesen Umständen erscheint der § 7 der Verordnungen, wie auch das A.G. Liegnitz in einem Urteil vom Mai 1898 (Ph.Ztg. 1898 Nr. 38) ausführte, überflüssig. Auch das in diesen Verordnungen enthaltene Gebot des Verhängens der Schaufenster, bezieht sich danach nicht auf Apotheken (A.G. Elbing 4. Mai 1902, Ph.Ztg. 1902 Nr. 38).

Im Anschluß hieran sei erwähnt, daß auch die weiteren sozialpolitischen Maßnahmen der Gew.O. auf das pharmazeutische Personal in den Apotheken keine Anwendung finden. Es handelt sich dabei namentlich um folgende Punkte: Ruhezeit und Mittagspause, Neunuhrschluß und Sitzgelegenheit. Die Bestimmungen über Ruhezeit und Mittagspause sind in § 139c enthalten und kommen gemäß § 154 für Apothekergehilfen und -Lehrlinge überhaupt nicht in Betracht. Der Neunuhrschluß der Geschäfte ist durch § 139e geregelt, lautend:

§ 139e. Von neun Uhr abends bis fünf Uhr morgens müssen offene Verkaufsstellen für den geschäftlichen Verkehr geschlossen sein. Die beim Ladenschluß im Laden schon anwesenden Kunden dürfen noch bedient werden.

§ 42a. Gegenstände, welche von dem Ankauf oder Feilbieten im Umherziehen ausgeschlossen sind, dürfen auch innerhalb des Gemeindebezirkes des Wohnorts oder der gewerblichen Niederlassung von Haus zu Haus oder auf öffentlichen Wegen, Straßen, Plätzen oder anderen öffentlichen Orten nicht feilgeboten oder zum Wiederverkauf angekauft werden ...

§ 45. Die Befugnisse zum stehenden Gewerbebetriebe können durch Stellvertreter ausgeübt werden; diese müssen jedoch den für das in Rede stehende Gewerbe insbesondere vorgeschriebenen Erfordernissen genügen[1]).

§ 46. Nach dem Tode eines Gewerbetreibenden darf das Gewerbe für Rechnung der Witwe während des Witwenstandes, oder wenn minderjährige Erben vorhanden sind, für deren Rechnung durch einen nach § 45 qualifizierten Stellvertreter betrieben werden, insofern die über den Betrieb einzelner Gewerbe bestehenden besonderen Vorschriften nicht ein anderes anordnen[2]). Dasselbe gilt während der Dauer einer Kuratel oder Nachlaßregulierung.

§ 47. Inwiefern für die nach den §§ 34 und 36 konzessionierten oder angestellten Personen eine Stellvertretung zulässig ist, hat in jedem einzelnen Falle die Behörde zu bestimmen, welcher die Konzessionierung oder Anstellung zusteht . . .[3]).

§ 48. Realgewerbeberechtigungen können auf jede, nach den Vorschriften dieses Gesetzes zum Betriebe des Gewerbes befähigte Person

---

Auch hier ergibt sich für den Verkauf von Arzneimitteln die Unanwendbarkeit ohne weiteres aus § 6 der Gew.O. Für den sonstigen Geschäftsverkehr in den Apotheken nach neun Uhr abends ergibt sie sich aus der amtlichen Begründung der letzten Novelle zur Gew.O., welche diese neue Bestimmung enthielt. In der fraglichen Begründung war gesagt: „Durch die Bezeichnung der Geschäfte als ‚offene Verkaufsstellen' wird zum Ausdruck gebracht, daß hierzu alle Betriebe zu rechnen sind, auf welche der § 41a der Gew.O. Anwendung findet." Dieser § 41a bezieht sich aber, wie oben dargelegt, auf Apotheken nicht. Auch die Bekanntmachung des Reichskanzlers vom 28. November 1900, welche die Einrichtung von Sitzgelegenheit für Angestellte in offenen Verkaufsstellen anordnete, findet unter diesen Umständen auf Apotheken nicht Anwendung.

Jedoch finden alle diese Bestimmungen auf kaufmännisches Personal (Buchhalter, Kassierer, Expedienten), welche in Apotheken beschäftigt sind, ebenso natürlich auf hier tätige Arbeiter, Anwendung (s. Fußnote 3 auf S. 17).

[1]) Die Frage, ob § 45 der Gew.O. betr. Stellvertretung auch auf das Apothekenwesen Anwendung findet, ist von den höchsten Gerichten übereinstimmend bejaht worden. Sowohl das R.G. (7. Juni 1899, Ph.Ztg. 1901 Nr. 35) wie auch das O.V.G. (2. November 1905, Ph.Ztg. 1906 Nr. 11) haben entschieden: „§ 45 der Gew.O. gilt auch für das Apothekenwesen. Der Inhaber einer Apotheke darf diese somit durch einen approbierten Apotheker verwalten lassen, und zwar ohne Genehmigung der Regierung." Der entgegenstehende § 41 der preußischen Apotheken-Betriebsordnung ist vom O.V.G. für ungültig erklärt worden (s. Teil XIV). Für die Verpachtung wird die Anwendbarkeit des § 45 von einzelnen Seiten bestritten, da der Pächter nicht als „Stellvertreter" anzusehen sei, weil das Geschäft von dem Pächter für eigene Rechnung, von dem Stellvertreter dagegen für Rechnung des Eigentümers betrieben werde. (Näheres s. in Teil XIII).

[2]) Dieser Paragraph findet nur bedingungsweise auf das Apothekergewerbe Anwendung, d. h. nur insoweit, als die über den Betrieb desselben bestehenden besonderen Vorschriften nicht ein anderes anordnen. Wo also in den Apothekerordnungen von dem § 46 abweichende Bestimmungen bestehen, bleiben dieselben nach wie vor in Kraft.

[3]) Der § 34 handelt von den Konzessionen zum Handel mit Giften, der § 36 betrifft die Fleischbeschauer, Metallprobierer und Handelschemiker.

in der Art übertragen werden, daß der Erwerber die Gewerbeberechtigung für eigene Rechnung ausüben darf[1]).

§ 53. Die in dem § 29 bezeichneten Approbationen können von der Verwaltungsbehörde nur dann zurückgenommen werden, wenn die Unrichtigkeit der Nachweise dargetan wird, auf Grund deren solche erteilt worden sind, oder wenn dem Inhaber der Approbation die bürgerlichen Ehrenrechte aberkannt sind, in letzterem Falle jedoch nur für die Dauer des Ehrverlustes[2]).

Außer aus diesen Gründen können die in den §§ 30, 30a, 32, 33, 34 und 36 bezeichneten Genehmigungen und Bestallungen in gleicher Weise zurückgenommen werden, wenn aus Handlungen oder Unterlassungen des Inhabers der Mangel derjenigen Eigenschaften, welche bei der Erteilung der Genehmigung oder Bestallung nach der Vorschrift dieses Gesetzes vorausgesetzt werden mußten, klar erhellt. Inwiefern durch die Handlungen oder Unterlassungen eine Strafe verwirkt ist, bleibt der richterlichen Entscheidung vorbehalten . . .[3]).

---

[1]) Diese Bestimmung gilt auch für Apotheken-Realberechtigungen. Die Verpachtung von Apothekenprivilegien kann danach nicht verboten werden (s. Teil XIII).

[2]) In Übereinstimmung mit § 143 der Gew.O. ist hier ausgesprochen, daß die Entziehung der Approbationen der Ärzte und Apotheker wegen Verletzung ihrer Berufspflichten gegenwärtig als Nebenstrafe nicht mehr verhängt werden kann (s. auch die Anmerkung zu § 40). Durch die Zurücknahme der Approbation verliert der Apotheker die Befugnis zum selbständigen Betriebe des Apothekergewerbes und wird, wenn er das Gewerbe zu betreiben fortfährt, gemäß § 147, 1 bestraft.

[3]) Abs. 2 des § 53 kommt namentlich bei Zurücknahme der Giftkonzession in Anwendung. Da in Preußen die Zuverlässigkeit des Gewerbetreibenden die erste Voraussetzung für Erteilung der Giftkonzession ist, so wird die Zurücknahme derselben durch wiederholte Verstöße gegen die giftpolizeilichen Vorschriften und damit bewiesene Unzuverlässigkeit gerechtfertigt (zahlreiche Entscheidungen des O.V.G.). Die preußische Ausführungsanweisung zur Gew.O. vom 1. Mai 1904 sagt über den § 53 folgendes:

59. Zur Erhebung der Klage auf Untersagung des Gewerbebetriebes (§§ 35, 53, Abs. 3) und Zurücknahme von Approbationen Genehmigungen und Bestallungen (§ 53, Abs. 1, 2) ist die Ortspolizeibehörde des Ortes, an dem das Gewerbe betrieben wird, mit der Maßgabe zuständig, daß sie zuvor die Ermächtigung des Regierungspräsidenten einzuholen hat, wenn die Klage abzielt . . . . auf Entziehung der Approbation eines Arztes oder Apothekers . . .

62. Ist die Zurücknahme der in den §§ 29, . . . 33, . . . 34, 36 bezeichneten Approbationen, Genehmigungen und Bestallungen rechtskräftig erfolgt, so hat die Ortspolizeibehörde die Auslieferung der Approbations-, Konzessionsurkunden, Prüfungs- und Befähigungszeugnisse usw. nötigenfalls auf dem in §§ 127 ff. L.V.G. bezeichneten Wege herbeizuführen.

Über die Zuständigkeit der Behörden im Falle des § 53 sagt das preußische Gesetz über die Zuständigkeit der Verwaltungs- und Verwaltungsgerichtsbehörden vom 1. August 1883 (Pr.G.S. S. 237):

§ 119. Der Kreisausschuß, in Stadtkreisen und in den zu einem Landkreise gehörigen Städten mit mehr als 10 000 Einwohnern der Bezirksausschuß, entscheidet auf Klage der zuständigen Behörde:

1. Über die Untersagung des Betriebes der im § 35 der R.Gew.O. . . . . gedachten Gewerbe;
2. über die Zurücknahme von Konzessionen . . . . zum Kleinhandel mit Branntwein und Spiritus sowie . . . . zum Handel mit Giften (§ 53 a. a. O.).

§ 120. Der Bezirksausschuß entscheidet auf Klage der zuständigen Behörde über die Zurücknahme:

1. der im vorstehenden § 119 Nr. 2 nicht gedachten im § 53 der Gew.O. aufgeführten Approbationen, Genehmigungen und Bestallungen . . . .

§ 54. Wegen des Verfahrens und der Behörden, welche in bezug auf die untersagte Benutzung einer gewerblichen Anlage (§ 51), auf die Untersagung eines Gewerbebetriebes (§ 35) und die Zurücknahme einer Approbation, Genehmigung oder Bestallung (§§ 33a, 53) maßgebend sind, gelten die Vorschriften der §§ 20 und 21[1]).

Titel III. Gewerbebetrieb im Umherziehen.

§ 55. Wer außerhalb des Gemeindebezirkes seines Wohnortes oder der durch besondere Anordnung der höheren Verwaltungsbehörde dem Gemeindebezirke des Wohnorts gleichgestellten nächsten Umgebung desselben ohne Begründung einer gewerblichen Niederlassung und ohne vorgängige Bestellung in eigener Person

1. Waren feilbieten,
2. Warenbestellungen aufsuchen oder Waren bei anderen Personen als bei Kaufleuten, oder an anderen Orten als in offenen Verkaufsstellen zum Wiederverkauf ankaufen,
3. gewerbliche Leistungen anbieten will,

bedarf eines Wandergewerbescheins, soweit nicht für die in Ziffer 2 bezeichneten Fälle in Gemäßheit des § 44a eine Legitimationskarte genügt.

§ 56. Beschränkungen, vermöge deren gewisse Waren von dem Feilhalten im stehenden Gewerbebetriebe ganz oder teilweise ausgeschlossen sind, gelten auch für deren Feilbieten im Umherziehen.

Ausgeschlossen vom Ankauf oder Feilbieten[2]) im Umherziehen sind . . .

7. solche mineralische und andere Öle, welche leicht entzündlich sind, insbesondere Petroleum, sowie Spiritus;
9. Gifte und gifthaltige Waren[3]), Arznei-[4]) und Geheimmittel[5]) sowie Bruchbänder;
10. . . . Futtermittel . . .

---

[1]) S. Fußnote 2 auf S. 9.

[2]) § 56 der Gew.O. schließt die daselbst genannten Waren vom „Ankauf oder Feilbieten", also von jedem Verkehr im Umherziehen aus. Der Begriff Ankauf ist klar. Als Feilbieten von Waren im Umherziehen hat das R.G. in mehreren Entscheidungen (26. September 1899, Joh. X, S. 196; 4. Juni 1894, R.G. A. I, S. 31) übereinstimmend „das käufliche Anbieten von Waren, welche der gewerbetreibende Umherzieher mit sich führt" definiert. Das bloße Aufsuchen von Bestellungen auf Arznei- und Geheimmittel ist dagegen aus § 56, 9 der Gew.O. nicht strafbar (R.G. 6. November 1884, Golt. 42, S. 152; 4. Juni 1894, R.G.A. I, S. 31; 25. Juni 1894, Reger XVI, S. 19; 6. Juni 1901, Ph.Ztg. 1901 Nr. 48).

[3]) Als Gifte sind in erster Reihe die in dem der Verordnung über den Handel mit Giften (s. Teil XVII) beigegebenen Verzeichnis der Gifte genannten Stoffe zu verstehen, darüber hinaus aber auch alle sonstigen Körper, die in kleiner Dosis genommen, durch ihre chemische Beschaffenheit die Gesundheit bzw. das Leben zu zerstören geeignet sind.

[4]) Unter Arzneimittel im Sinne des § 56, 9 sind, wie das O.V.G. in den Erkenntnissen vom 17. Dezember 1894 (R.G.A. I, S. 55) und 6. April 1905 (Ph.Ztg. 1905 Nr. 30) überzeugend dargetan, alle Mittel zu verstehen, „welchen beim Handel die Eigenschaft einer Heilwirkung beigelegt wird, und zwar auch dann, wenn die Mittel nicht zu den in den Verzeichnissen A und B der Verordnung über den Verkehr mit Arzneimitteln aufgezählten gehören, und wenn sie nach ihrer Zusammensetzung für den Heilzweck vollständig wirkungslos sind." In gleichem Sinne hat das R.G. erkannt in den Urteilen vom 17. Juli 1902 (Ph.Ztg. 1902 Nr. 59), 22. Januar und 30. März 1903 (Ph.Ztg. 1903 Nr. 9 und 27); ebenso O.L.G. Celle 29. Mai 1897 (Reger XVIII, S. 30).

[5]) Wie aus der amtlichen Begründung hervorgeht, wollte der Gesetzgeber durch die Einfügung der Geheimmittel in den § 56 auch Schönheitsmittel treffen. Ein Geheim-

§ 56a. Ausgeschlossen vom Gewerbebetrieb im Umherziehen sind ferner:

1. die Ausübung der Heilkunde, insoweit der Ausübende für dieselbe nicht approbiert ist;
3. das Aufsuchen von Bestellungen auf Branntwein und Spiritus bei Personen, in deren Gewerbebetriebe dieselben keine Verwendung finden . . .

§ 56b. Der Bundesrat ist befugt, soweit ein Bedürfnis obwaltet, anzuordnen, daß und inwiefern der Ankauf oder das Feilbieten von einzelnen der im § 56 Abs. 2 ausgeschlossenen Waren im Umherziehen gestattet sein soll. Die gleiche Befugnis steht den Landesregierungen für ihr Gebiet oder Teile desselben hinsichtlich der im § 56 Abs. 2 Ziffer 10 bezeichneten Gegenstände zu . . .

Titel V. Taxen.

§ 78. Hinsichtlich der Taxen für solche gewerbetreibende Personen, welche nach den Bestimmungen im § 36 von den Behörden zu beeidigen und anzustellen sind, wird durch das gegenwärtige Gesetz nichts geändert. Die nach § 36 zuständigen Behörden sind befugt, für diese Personen auch da Taxen einzuführen, wo dergleichen bisher nicht bestanden.

§ 79. Die in den §§ 73—78 genannten Gewerbetreibenden sind berechtigt, die festgestellten Preise und Taxen zu ermäßigen.

§ 80. Die Taxen für die Apotheker können durch die Zentralbehörden festgesetzt werden. Ermäßigungen derselben durch freie Vereinbarungen sind jedoch zulässig[1]).

mittel im Sinne des § 56, 9 wäre demnach zu definieren als „ein zu Heil- oder kosmetischen Zwecken bei Menschen oder Tieren bestimmtes Mittel, über dessen Natur und Zusammensetzung nicht spätestens beim Feilbieten in qualitativer und quantitativer Beziehung vollständige und gemeinverständliche Angaben gemacht werden".

[1]) Das Recht, Arzneitaxen festzusetzen, ruht nach § 80 der Gew.O. nicht bei den Reichsbehörden, sondern bei den Zentralbehörden der einzelnen Bundesstaaten. Seit 1. April 1905 gilt jedoch in allen Staaten die gleiche, durch eine Vereinbarung der verbündeten Regierungen festgestellte Deutsche Arzneitaxe, zu deren Inkraftsetzung es besonderer Einführungsverordnungen der Einzelstaaten bedarf.

Bk. des Reichskanzlers betr. die Einführung einer einheitlichen Deutschen Arzneitaxe. Vom 23. Februar 1905.

Zufolge einer unter den Bundesregierungen getroffenen Verständigung wird vom 1. April d. J. ab in den Bundesstaaten eine einheitliche Arzneitaxe eingeführt werden. Den Bundesregierungen ist überlassen geblieben, einen Preisnachlaß (Rabatt) für Arzneilieferungen an öffentliche Anstalten und Kassen und an solche Vereine und Anstalten, welche der öffentlichen Armenpflege dienen, sowie für Tierarzneien vorzuschreiben.

Die Deutsche Arzneitaxe erscheint alljährlich zum 1. Januar in neuer Ausgabe. Von dem bei ihrer Vereinbarung den Bundesstaaten vorbehaltenen Rechte, Preisnachlässe für Kassen und Tierarzneien vorzuschreiben, haben die einzelnen Regierungen in sehr verschiedenartiger Weise Gebrauch gemacht. In Preußen sind indessen keinerlei amtliche Rabatte vorgeschrieben. An dem unbeschränkten Rechte der Regierungen, solche Nachlässe vorzuschreiben, kann nicht gezweifelt werden.

Eine allgemeine Erläuterung zur Arzneitaxe wurde durch einen Min.-Erl. betr. die Berechnung von Handverkaufsartikeln vom 17. Mai 1904 dahingehend gegeben:

daß der Apotheker nicht verhindert werden kann, sowohl beim Vorliegen einer ärztlichen Verordnung wie auch bei der Abgabe auf mündliches oder schriftliches Erfordern die Arzneien nach den Ansätzen der Arzneitaxe zu berechnen. Nur die Überschreitung der Arzneitaxe ist unstatthaft.

Die Bezahlung der approbierten Ärzte usw. (§ 29 Abs. 1) bleibt der Vereinbarung überlassen. Als Norm für streitige Fälle im Mangel einer Vereinbarung können jedoch für dieselben Taxen von den Zentralbehörden festgesetzt werden.

Titel X. Strafbestimmungen.

§ 143. Die Berechtigung zum Gewerbebetriebe kann, abgesehen von den in den Reichsgesetzen vorgesehenen Fällen ihrer Entziehung, weder durch richterliche noch administrative Entscheidung entzogen werden . . .[1]).

§ 144. Inwiefern abgesehen von den Vorschriften über die Entziehung des Gewerbebetriebs (§ 143) Zuwiderhandlungen der Gewerbetreibenden gegen ihre Berufspflichten, außer den in diesem Gesetze erwähnten Fällen, einer Strafe unterliegen, ist nach den darüber bestehenden Gesetzen zu beurteilen[2]).

Jedoch werden aufgehoben die für die Medizinalpersonen bestehenden besonderen Bestimmungen, welche ihnen unter Androhung von Strafen einen Zwang zu ärztlicher Hilfe auferlegen.

§ 147. Mit Geldstrafe bis zu 300 Mark und im Unvermögensfalle mit Haft wird bestraft:

1. wer den selbständigen Betrieb eines stehenden Gewerbes, zu dessen Beginn eine besondere polizeiliche Genehmigung (Konzession, Approbation, Bestallung) erforderlich ist ohne die vorschriftsmäßige Genehmigung unternimmt oder fortsetzt, oder von den in der Genehmigung festgesetzten Bedingungen abweicht[3]).

Die Arzneitaxe ist also für den Apotheker insofern bindend, als sie nicht überschritten werden darf. Überschreitungen der Taxe werden gemäß § 148, 8 der Gew.O. bestraft. Unterhalb der Taxe zu verkaufen, ist dem Apotheker indes nicht verwehrt, und kann er von dieser Erlaubnis sowohl im Einzelverkehr als bei Abschluß von Arzneilieferungen an Krankenkassen, Krankenhäuser usw. durch Gewährung von Rabatt in beliebiger Höhe jederzeit Gebrauch machen. In diesem Sinne ist der zweite Satz des § 80 „Ermäßigungen durch freie Vereinbarung sind zulässig" zu verstehen. Der Satz besagt also dasselbe wie § 79. Nicht anwendbar ist dagegen die Arzneitaxe auf Waren, die nicht zu den Arzneien gehören, von den Apothekern jedoch herkömmlich verkauft werden. Eine solche Ausdehnung würde nicht nur dem Begriff einer „Arzneitaxe", sondern auch der ratio legis, welche auf der gesetzlichen Beschränkung des Verkaufs von Arzneimitteln beruht, widersprechen.

[1]) Findet auf Apothekenberechtigungen keine Anwendung; hinsichtlich ihrer bleibt es bei den landesgesetzlichen Vorschriften.

[2]) Durch § 144 sind insbesondere auch diejenigen landesrechtlichen Bestimmungen aufrecht erhalten worden, welche den Apothekern die Ausübung der ärztlichen Praxis und die Abgabe von Arzneimitteln ohne ärztliche Ordination verbieten. (Urteile des K.G. vom 3. Februar 1887 und 18. November 1889, Joh. VII, S. 225 und X, S. 180). Die Ausübung der Arztpraxis ist gegenwärtig mit der einzigen in § 56a der Gew.O. vorgesehenen Beschränkung an jedermann freigegeben; indes da nach § 144 der Gew.O. die für die einzelnen Gewerbetreibenden bestehenden besonderen Berufspflichten in Kraft bleiben und die Nichtausübung ärztlicher Verrichtungen zu den Berufspflichten des Apothekers gehört, so bleibt dieser von der Freigebung des Arztgewerbes unberührt (Min.-Verf. vom 23. September 1871).

[3]) Unter diesen Paragraph fällt die unbefugte Ausübung des Apothekergewerbes durch einen Nichtapotheker, nicht aber die unbefugte Errichtung einer Apotheke durch einen Approbierten, da die Reichsgesetzgebung nur für die Erteilung der Approbation zuständig ist, während die Konzessionierung von Apotheken Landessache ist. (K.G. 27. April 1899, K.G.A. III, S. 377.)

Von einem unbefugten Apothekenbetrieb im Sinne des § 147, 1 kann indessen nicht ohne weiteres schon dann gesprochen werden, wenn jemand den Apotheken vor-

3. wer, ohne hierzu approbiert zu sein, sich als Arzt, (Wundarzt Augenarzt, Geburtshelfer, Zahnarzt, Tierarzt) bezeichnet, oder sich einen ähnlichen Titel beilegt, durch den der Glaube erweckt wird, der Inhaber desselben sei eine geprüfte Medizinalperson[1]).

§ 148. Mit Geldstrafe bis zu 150 Mark und im Unvermögensfalle mit Haft bis zu vier Wochen wird bestraft:

1. wer außer den im § 147 vorgesehenen Fällen ein stehendes Gewerbe beginnt, ohne dasselbe vorschriftsmäßig anzuzeigen.
4. wer der nach § 35 gegen ihn ergangenen Untersagung eines Gewerbebetriebes zuwiderhandelt oder die im § 35 vorgeschriebene Anzeige unterläßt.
5. wer . . . den §§ 42a—44a zuwiderhandelt;
7a. wer dem § 56 Abs. 1, Abs. 2 Ziffer 1—5, 7—11 . . . den §§ 56a oder 56b zuwiderhandelt;
8. wer bei dem Betriebe seines Gewerbes die durch die Obrigkeit oder durch Anzeige bei derselben festgelegten Taxen überschreitet. . .[2]),
9. wer die gesetzlichen Pflichten gegen die ihm anvertrauten Lehrlinge verletzt;
14. wer den Vorschriften des § 15a zuwiderhandelt.

§ 151. Sind bei der Ausübung des Gewerbes polizeiliche Vorschriften von Personen übertreten worden, welche der Gewerbetreibende zur Leitung des Betriebs oder eines Teiles desselben oder zur Beaufsichtigung bestellt hatte, so trifft die Strafe diese letzteren. Der Gewerbetreibende ist neben denselben strafbar, wenn die Übertretung mit seinem Vorwissen begangen ist, oder wenn er bei der nach den Verhältnissen möglichen eigenen

---

behaltene Heilmittel verkauft. Ein unbefugter Apothekenbetrieb liegt vielmehr erst dann vor, wenn sich jemand Apotheker nennt und das Publikum in den Glauben versetzt, es handle sich bei seinem Geschäft um eine Apotheke (K.G. 23. Oktober 1905, Ph.Ztg. 1905 Nr. 86), bzw. wenn gewerbsmäßig Medikamente nach ärztlicher Vorschrift durch Mischen, Kochen, Destillieren usw. hergestellt werden (O.L.G. Köln 27. Juni 1904, Ph.Ztg. 1904 Nr. 53). Der einfache Verkauf von Arzneien, welche den Apothekern vorbehalten sind, ist nach § 367, 3 Str.G.B. zu bestrafen.

[1]) Für die unbefugte Führung des Titels „Apotheker" ist eine Strafbestimmung nicht vorgesehen. Ob die Strafbestimmung des § 360 Ziff. 8 der R.Str.G.O. angewendet werden kann, ist zweifelhaft. Wohl aber kann auf Grund landesrechtlicher Bestimmungen (in Preußen gemäß Teil II Titel 17 § 10 des Allg. Landrechts, wonach die Erhaltung der öffentlichen Ordnung zu den Aufgaben der Polizei gehört), Gewerbetreibenden die öffentliche Beilegung des Titels Apotheker untersagt werden. Handelt es sich dabei um Gewerbetreibende, die nicht als Apotheker approbiert sind, so wird die Untersagung in allen Fällen möglich sein; sind dieselben dagegen im Besitz zwar der Approbation, aber nicht der Konzession zum Betriebe einer Apotheke, so ist die Möglichkeit eines Einschreitens nur dann gegeben, wenn durch die nähere im einzelnen zu prüfende Art und Weise der Titelbeilegung bei dem weniger urteilsfähigen Publikum der Irrtum hervorgerufen werden kann, als sei das Geschäft der betreffenden Person eine Apotheke. Auf diesem Standpunkt steht die neuere Rechtsprechung des O.V.G. ausnahmslos. U. a. Urteile vom 14. Dezember 1878 (Entsch. IV, S. 342), 5. Mai 1892 (Entsch. III, S. 442), 8. Juni 1905 (Ph.Ztg. 1905 Nr. 47), 7. Juli 1900 (Ph.Ztg. 1900 Nr. 63 und 81), 10. Juni 1901 (Ph.Ztg. 1901 Nr. 49), 7. Juli 1904 (Ph.Ztg. 1904 Nr. 56).

Aus dem gleichen Anlaß und unter denselben Voraussetzungen können auch Bezeichnungen wie „Medizinalhandlung" oder „Handel mit Medizinaldrogen" (Preuß. Min.-Erl. 15. Februar 1882), ferner „Apothekerwarenhandlung", „Tierarzneimittel" und ähnliche verboten werden. Eine vollständige Sammlung der in dieser Materie ergangenen Entscheidungen ist abgedruckt bei Böttger: „Die reichsgesetzlichen Bestimmungen über den Verkehr mit Arzneimitteln außerhalb der Apotheken", IV. Aufl., Berlin 1902, Verlag von Julius Springer.

[2]) Nach dieser Ziffer wird die Überschreitung der Arzneitaxen bestraft.

Beaufsichtigung des Betriebs oder bei der Auswahl oder der Beaufsichtigung der Betriebsleiter oder Aufsichtspersonen es an der erforderlichen Sorgfalt hat fehlen lassen[1]).

Ist an eine solche Übertretung der Verlust der Konzession, Approbation oder Bestallung geknüpft, so findet derselbe auch als Folge der von dem Stellvertreter begangenen Übertretung statt, wenn diese mit Vorwissen des verfügungsfähigen Vertretenen begangen worden[2]). Ist dies nicht der Fall, so ist der Vertretene bei Verlust der Konzession, Approbation usw. verpflichtet, den Stellvertreter zu entlassen.

Schlußbestimmungen.

§ 154. Die Bestimmungen der §§ 105—133e, 139c—139m finden auf Gehilfen und Lehrlinge in Apotheken . . . keine Anwendung . . .[3]).

---

1) Wird auch auf Apothekenverwalter und Verwalter von Filialen Anwendung zu finden haben. Die Tendenz des § 151 geht dahin, daß Gewerbetreibende, denen hinsichtlich ihres Betriebes ein bestimmtes Tun oder Unterlassen zur Pflicht gemacht ist, dafür verantwortlich sind, daß diese Vorschriften befolgt werden und daß sie daher solche Veranstaltungen zu treffen haben, daß die Befolgung dieser Vorschriften seitens ihrer Gewerbegehilfen gesichert ist. (R.G. 12. Oktober 1880, E. II, S. 321; K.G. 3. Februar 1887, Joh. VII, S. 225.)

2) Da weder reichsgesetzlich der Verlust der Approbation als Apotheker, noch landesgesetzlich die Entziehung der Konzession zum Betriebe der Apotheke an eine Übertretung polizeilicher Vorschriften geknüpft ist, hat § 151 Abs. 2 für Apotheker keine Bedeutung.

3) Die Bestimmungen, welche danach für Apothekergehilfen und Lehrlinge außer Anwendung bleiben, gehören sämtlich dem Titel VII der Gew.O. an, der die „gewerblichen Arbeiter (Gesellen, Gehilfen, Lehrlinge, Betriebsbeamte, Werkmeister, Techniker, Fabrikarbeiter)" behandelt. Formell nicht aufgehoben sind davon nur § 133f sowie die Bestimmungen über Fabrikarbeiter und die Aufsicht (§§ 134—139b), die aber aus materiellen Gründen für die eigentlichen Apothekergehilfen naturgemäß von vornherein nicht in Betracht kommen. Es bleibt also nur § 133f, der folgenden Wortlaut hat:

§ 133f. Eine Vereinbarung zwischen dem Gewerbeunternehmer und einem der im § 133a bezeichneten Angestellten, durch die der Angestellte für die Zeit nach der Beendigung des Dienstverhältnisses in seiner gewerblichen Tätigkeit beschränkt wird, ist für den Angestellten nur insoweit verbindlich, als die Beschränkung nach Zeit, Ort und Gegenstand nicht die Grenzen überschreitet, durch welche eine unbillige Erschwerung seines Fortkommens ausgeschlossen wird. Die Vereinbarung ist nichtig, wenn der Angestellte zurzeit des Abschlusses minderjährig ist.

Der § 133f bezieht sich also nur auf die in § 133a bezeichneten Angestellten (d. s. Betriebsbeamte, Werkmeister, Maschinentechniker, Bautechniker, Chemiker, Zeichner u. dgl.), und da dieser § 133a auf Apothekergehilfen keine Anwendung findet, dürfte für sie auch § 133f nicht in Betracht kommen.

Die Ausnahmebestimmung in § 154 hat die Wirkung, daß die Apothekergehilfen und -Lehrlinge von allen sozialpolitischen Maßnahmen der Gew.O. ausgeschlossen sind (s. Fußnote 4 auf S. 9). Die im § 154 enthaltene Ausnahme bezieht sich jedoch nur auf die eigentlichen pharmazeutisch-technischen Gehilfen und Lehrlinge mit bestimmter Vor- und Ausbildung, umfaßt aber nicht sonstige kaufmännische oder gewerbliche Hilfskräfte, wie Buchhalter, Kassierer, Expedienten, Packer, Arbeiter usw., die in größeren Apotheken häufig neben dem technischen Personal angestellt sind. Diesen Grundsatz hat das O.L.G. München durch Urteil vom 10. Juli 1900 ausgesprochen (Ph.Ztg. 1900 Nr. 57). Auf das in Apotheken beschäftigte kaufmännische Personal finden also die Bestimmungen der Gew.O. über Sonntagsruhe, Ruhepausen, Neunuhrschluß u. dgl. in vollem Umfange Anwendung.

An Stelle der ausgenommenen Paragraphen treten für die Gehilfen und Lehrlinge in Apotheken, soweit es sich um die Rechtsverhältnisse zwischen denselben und den Prinzipalen handelt, die Bestimmungen des H.G.B. bzw. des B.G.B. (s. Teil VIII).

§ 155. Wo in diesem Gesetz auf die Landesgesetze verwiesen ist, sind unter den letzteren auch die verfassungs- oder gesetzmäßig erlassenen Verordnungen verstanden . . .

III. Prüfungswesen.

Das gesamte pharmazeutische Prüfungswesen ist gegenwärtig einheitlich durch nachstehende Prüfungsordnung für Apotheker geregelt:

Prüfungsordnung für Apotheker.
Vom 18. Mai 1904. (R.Z.Bl. S. 150.)

Der Bundesrat hat beschlossen, auf Grund der Bestimmungen im § 29 der Reichsgewerbeordnung der nachstehenden Prüfungsordnung für Apotheker seine Zustimmung zu erteilen.

Berlin, den 18. Mai 1904.

Der Reichskanzler.
I. V. Graf von Posadowsky.

A. Zentralbehörden, welche Approbationen erteilen.

§ 1. Der selbständige Betrieb einer Apotheke erfordert eine Approbation.

Zur Erteilung der Approbation als Apotheker für das Reichsgebiet sind befugt:

1. die Zentralbehörden derjenigen Bundesstaaten, welche eine oder mehrere Landesuniversitäten haben, mithin zurzeit die zuständigen Ministerien des Königreichs Preußen, des Königreichs Bayern, des Königreichs Sachsen, des Königreichs Württemberg, des Großherzogtums Baden, des Großherzogtums Hessen, des Großherzogtums Mecklenburg-Schwerin und in Gemeinschaft die Ministerien des Großherzogtums Sachsen und der sächsischen Herzogtümer;
2. das Herzoglich Braunschweigische Staatsministerium und das Ministerium für Elsaß-Lothringen.

Wie die Gew.O., so hat auch die übrige sozialpolitische Gesetzgebung, insbesondere das Kranken- und das Invalidenversicherungsgesetz, die Apothekergehilfen und -Lehrlinge in Ausnahmebestimmungen behandelt (s. Teil IX). Gleiches tun auch zwei neuere Gesetze, das Gewerbegerichtsgesetz und das Gesetz betr. Kaufmannsgerichte. Die betreffenden Bestimmungen lauten:

Gewerbegerichtsgesetz. In der Fassung der Bk. vom 29. September 1901.

§ 81. Die Bestimmungen dieses Gesetzes finden keine Anwendung auf Gehilfen und Lehrlinge in Apotheken und Handelsgeschäften . . . .

Gesetz betr. Kaufmannsgerichte. Vom 6. Juli 1904.

§ 4. Auf Handlungsgehilfen, deren Jahresarbeitsverdienst an Lohn oder Gehalt den Betrag von 5000 Mark übersteigt, sowie auf die in Apotheken beschäftigten Gehilfen und Lehrlinge finden die Vorschriften dieses Gesetzes keine Anwendung.

B. Vorschriften über den Nachweis der Befähigung als Apotheker[1]).

§ 2. Die Approbation wird demjenigen erteilt, welcher die pharmazeutische Prüfung vollständig bestanden und den Bestimmungen über die Gehilfenzeit entsprochen hat[2]).

Der pharmazeutischen Prüfung hat die pharmazeutische Vorprüfung vorherzugehen.

Die Zulassung zu den Prüfungen sowie die Erteilung der Approbation ist zu versagen, wenn schwere strafrechtliche oder sittliche Verfehlungen vorliegen. Die Entscheidung erfolgt endgültig durch die Zentralbehörde des Bundesstaats, in dem die Zulassung nachgesucht wird; sie ist bindend für die übrigen in Betracht kommenden Zentralbehörden und diesen durch Vermittlung des Reichskanzlers mitzuteilen.

I. Pharmazeutische Vorprüfung.

§ 3. Die Prüfungskommissionen für die Vorprüfung bestehen aus einem höheren Medizinalbeamten als Vorsitzenden und zwei Apothekern, von denen tunlichst einer am Sitze der Kommission als Apothekenbesitzer ansässig sein soll.

Der Sitz der Prüfungskommissionen wird von den Zentralbehörden der einzelnen Bundesstaaten bestimmt.

---

1) Über die zulässigen Dispensationen s. § 38.

2) Auch weibliche Personen können unter denselben Bedingungen wie Männer den Apothekerberuf ergreifen und die Approbation erwerben. In einem hierauf bezüglichen Erl. vom 6. April 1905 bemerkte der preußische Medizinalminister, „daß es weiblichen Personen, welche die Bedingungen für die Zulassung zu den pharmazeutischen Prüfungen erfüllen, unbenommen ist, den Apothekerberuf zu ergreifen.“ (Wie weit bei Mitgliedern geistlicher Krankenpflege-Vereinigungen Vergünstigungen zulässig sind, ist aus der Spezialgesetzgebung zu ersehen, s. Teil XIV). In einem weiteren Min.-Erl. vom August 1906 wird indessen gesagt, daß der erfolgreiche Besuch einer preußischen höheren Mädchenschule auch bei Ablegung einer Sonderprüfung im Latein nicht als gleichwertig mit der im § 6 Abs. 1 der Prüfungsordnung für Apotheker vom 18. Mai 1904 für die Zulassung zum Apothekerberuf geforderten Schulbildung angesehen werden kann.

Zu den früheren Prüfungsvorschriften für Ärzte und Apotheker hatte der Bundesrat nach einer Bekanntmachung des Reichskanzlers vom 24. April 1899 einen Beschluß gefaßt, der die Zulassung weiblicher Personen zu diesen Berufen und den erforderlichen Prüfungen in die Wege leiten sollte, und der in den nachstehend angeführten Ziffern 1 und 2 noch jetzt Geltung hat.

Bk. des Reichskanzlers, betr. die Prüfungsordnungen für Ärzte, Zahnärzte und Apotheker. Vom 24. April 1899.

Auf Grund der Bestimmungen im § 29 der Gew.O. für das Deutsche Reich hat der Bundesrat beschlossen, daß den Prüfungsordnungen für Ärzte, Zahnärzte und Apotheker fortan folgende Auslegung gegeben werde:

1. Als Universitätsstudium gilt auch die Zeit, in welcher die zur Prüfung sich Meldenden gastweise (als Hospitanten oder Hospitantinnen) an einer Universität — bei der Apothekerprüfung auch an einer gleichstehenden Lehranstalt — Vorlesungen besucht haben, sofern sie ungeachtet des Nachweises der für die Zulassung vorgeschriebenen schulwissenschaftlichen Vorbildung, sowie der erforderlichen sittlichen Führung aus Gründen der Universitätsverwaltung von der Immatrikulation ausgeschlossen waren, und die Einhaltung eines ordnungsmäßigen akademischen Studienganges nachgewiesen wird.
2. Als Universitätsabgangszeugnis gilt in den unter 1 bezeichneten Fällen jede Bescheinigung der Universitäts- oder Anstaltsbehörde über die vollständige Erledigung des Studiums.

Der Vorsitzende und die Mitglieder sowie deren Stellvertreter werden für drei Jahre von derjenigen Behörde ernannt, welche die Aufsicht über die Apotheken an dem Sitze der Prüfungskommission führt[1]).

Für die Prüfung von Lehrlingen, welche von einem der prüfenden Apotheker ausgebildet worden sind, ist der Stellvertreter einzuberufen.

§ 4. Die Prüfungen werden in der zweiten Hälfte der Monate März, Juni, September und Dezember jeden Jahres an den von der Aufsichtsbehörde (§ 3) festzusetzenden Tagen abgehalten.

§ 5. Die Zulassung zur Prüfung erfolgt vorbehaltlich des § 2 Abs. 3 durch die Aufsichtsbehörde, in deren Bezirke die Lehrzeit beendet wird[2]). Den Zulassungsantrag hat der ausbildende Apotheker spätestens bis zum 15. des vorhergehenden Monats einzureichen; spätere Meldungen dürfen nur ausnahmsweise berücksichtigt werden.

§ 6. Der Meldung zur Prüfung sind beizufügen:

1. Der Nachweis der erforderlichen wissenschaftlichen Vorbildung. Der Nachweis ist zu führen durch das von einem Gymnasium, einem Realgymnasium oder einer Oberrealschule des Deutschen Reichs ausgestellte Zeugnis der Reife für Prima[3]).

   Inhaber eines Zeugnisses einer Oberrealschule haben außerdem den Nachweis zu erbringen, daß sie bereits bei Zulassung zur Apothekerlaufbahn in der lateinischen Sprache diejenigen Kenntnisse besessen haben, welche für die Versetzung nach der Obersekunda eines Realgymnasiums notwendig sind. Dieser Nachweis ist durch ein auf Grund stattgehabter Prüfung ausgestelltes Zeugnis eines Gymnasiums oder Realgymnasiums zu führen[4]).
2. Das Zeugnis des ausbildenden Apothekers über die Dauer der Ausbildung, die Führung und die Leistungen des Lehrlings während der Ausbildungszeit nach beigefügtem Muster 1[5]). Das Zeugnis muß von dem zuständigen Medizinalbeamten (Kreisarzt, Bezirksarzt usw.) hinsichtlich der Dauer der Ausbildungszeit amtlich bestätigt sein. Die Ausbildung umfaßt einen Zeitraum von drei Jahren, für die Inhaber des Reifezeugnisses einer neunstufigen höheren Lehranstalt einen solchen von zwei Jahren und muß in

---

[1]) Unter Aufsichtsbehörde im Sinne der §§ 3 Abs. 3, 4, 5 und 7 ist in Preußen der Regierungspräsident zu verstehen (s. Ausführungsanweisung S. 33).

[2]) Die Apothekerlehrlinge sind also in der Wahl der Kommission, bei welcher sie die Vorprüfung abzulegen wünschen, in dem Sinne einer Beschränkung unterworfen, daß sie in der Regel an die Kommission ihres Lehrbezirks gebunden sind. Die Zulassung eines Apothekerlehrlings zur Vorprüfung kann bereits dann erfolgen, wenn die vorgeschriebene Lehrzeit von demselben erst mit dem Ablaufe des betreffenden Prüfungsmonats zurückgelegt wird (vgl. § 6 Nr. 2).

[3]) Der preußische Kultusminister hat es in einem Einzelfalle als grundsätzlichen Bedenken nicht unterliegend bezeichnet, ausnahmsweise Schülern der Obersekunda nach anderthalbjährigem Besuche dieser Klasse die Reife für die Unterprima zuzuerkennen, sofern sie des Nachweises der Primareife für den Eintritt in einen Beruf bedürfen.

[4]) Jedes Zeugnis (also auch das Reifezeugnis) einer Oberrealschule bedarf der Ergänzung durch den in Ziffer 1 Abs. 2 angeführten Nachweis, und dieser ist bereits vor Eintritt in den Apothekerberuf zu erbringen.

[5]) In einer Verfügung vom 1. November 1904 bemerkte der Berliner Polizeipräsident hierzu: „daß Zeugnisse ohne die vorgeschriebenen Angaben über die Führung und die Leistungen, die eine Äußerung darüber enthalten müssen, wie die Lehrherren die Leistungen beurteilen, als den Vorschriften entsprechend nicht angesehen und demzufolge auch nicht kreisärztlich beglaubigt werden können."

Apotheken des Deutschen Reichs erfolgen[1]). In die Ausbildungszeit wird der Prüfungsmonat eingerechnet. Sie darf nicht unterbrochen sein; doch können Unterbrechungen, die in Urlaub oder Krankheit und ähnlichen entschuldbaren Anlässen ihre Ursache haben, bis zur Gesamtdauer von acht Wochen in die Ausbildungszeit eingerechnet werden[2]).

3. Das Tagebuch, welches der Lehrling während seiner Ausbildungszeit über die im Laboratorium unter Aufsicht des ausbildenden Apothekers oder Gehilfen ausgeführten pharmazeutischen Arbeiten führen und das eine kurze Beschreibung der vorgenommenen Arbeiten und der Theorie der in Betracht kommenden chemischen Vorgänge enthalten muß. Dem Tagebuch ist eine Bescheinigung des ausbildenden Apothekers beizufügen, daß der Lehrling die Arbeiten selbst ausgeführt hat.

§ 7. Nach Empfang der Zulassungsverfügung, in welcher auch der Zeitpunkt der Prüfung bekannt gemacht wird, hat der ausbildende Apotheker dafür Sorge zu tragen, daß die von dem Lehrlinge zu entrichtenden Prüfungsgebühren im Betrage von 24 Mark an die von der Landesbehörde zu bestimmende Stelle eingezahlt werden, und den Lehrling gleichzeitig dahin anzuweisen, daß er sich vor Antritt der Prüfung mit der Zulassungsverfügung und der Quittung über die eingezahlten Gebühren noch persönlich bei dem Vorsitzenden der Prüfungskommission zu melden hat. Der Zulassungsverfügung ist ein Abdruck der gegenwärtigen Bekanntmachung beizufügen.

§ 8. Die Prüfung zerfällt in drei Abschnitte:

I. die schriftliche Prüfung,
II. die praktische Prüfung und
III. die mündliche Prüfung.

§ 9. I. Zweck der schriftlichen Prüfung ist, zu ermitteln, ob der Lehrling die ihm zur Bearbeitung vorzulegenden Fragen, soweit dieses von ihm gefordert werden kann, beherrscht und seine Gedanken klar und richtig auszudrücken vermag.

Der Lehrling erhält drei Aufgaben, von denen eine dem Gebiete der pharmazeutischen Chemie, eine dem der Botanik oder Pharmakognosie und die dritte dem der Physik entnommen ist.

---

[1]) Die Tätigkeit in einer Pharmazieschule, in der Apothekerlehrlinge für die Vorprüfung theoretisch vorbereitet werden, kann nach einem Erl. des preußischen Medizinalministers vom 7. April 1893 nicht in Anrechnung kommen. In diesem Erl. heißt es:

Nach bekannt gewordenen Vorgängen scheint in den beteiligten Kreisen eine abweichende Ansicht namentlich hinsichtlich des Besuches der Pharmazeutenschulen zu bestehen, welcher, so empfehlenswert er für die theoretische Ausbildung des Lehrlings neben seiner praktischen Ausbildung in der Apotheke sein mag, doch diese letztere auch nur teilweise zu ersetzen imstande sein dürfte.

Eine irrtümliche Auffassung des Begriffes der vorschriftsmäßigen d. h. im Sinne der einschlägigen Bestimmungen anrechnungsfähigen Lehrzeit würde den Lehrling durch die selbstverständliche Hinausschiebung seiner Zulassung zur Gehilfenprüfung benachteiligen.

Das bewußte Verschweigen in Abrechnung zu bringender Unterbrechungen, sofern dadurch die Bestätigung eines wahrheitswidrigen Lehrzeugnisses herbeigeführt wird, kann den Tatbestand der intellektuellen Urkundenfälschung erfüllen und die Bestrafung des schuldigen Lehrherrn auf Grund des § 271 des Reichsstrafgesetzbuches zur Folge haben.

[2]) Unterbrechungen, die nach Grund und Dauer über Ziffer 2 letzter Satz hinausgehen, können nur im Dispensationswege (§ 38) zugelassen oder angerechnet werden.

Die Aufgaben werden aus einer hierzu angelegten Sammlung durch das Los bestimmt und sind sämtlich so einzurichten, daß je drei von ihnen in sechs Stunden bearbeitet werden können.

Die Bearbeitung erfolgt unter ständiger Aufsicht ohne Benutzung von Hilfsmitteln.

§ 10. II. Zweck der praktischen Prüfung ist, zu ermitteln, ob der Lehrling das für die Tätigkeit eines Gehilfen erforderliche Geschick sich angeeignet hat.

Der Prüfling hat:

1. drei ärztliche Verordnungen zu verschiedenen Arzneiformen zu lesen, anzufertigen und die Preise zu berechnen;
2. zwei galenische Zubereitungen und ein pharmazeutisch-chemisches Präparat des Deutschen Arzneibuchs anzufertigen;
3. zwei chemische Präparate auf ihre Reinheit nach Vorschrift des Deutschen Arzneibuchs zu untersuchen.

Die Aufgaben zu 2 und 3 werden aus je einer hierzu angelegten Sammlung durch das Los bestimmt, die Verordnungen zu den Arzneiformen von den Examinatoren unter tunlichster Benutzung der Tagesrezeptur gegeben.

Die Lösung der Aufgaben geschieht unter ständiger Aufsicht je eines der beiden prüfenden Apotheker.

§ 11. III. Zweck der mündlichen Prüfung ist, zu ermitteln, ob der Lehrling die Arzneimittel kennt und sie von anderen Mitteln zu unterscheiden weiß, ob er die Grundlehren der Botanik, der pharmazeutischen Chemie und Physik beherrscht und ob er sich hinlänglich mit den gesetzlichen Bestimmungen bekannt gemacht hat, welche für die Tätigkeit eines Gehilfen maßgebend sind.

Er hat:

1. mehrere frische oder getrocknete Pflanzen zu bestimmen;
2. mehrere Drogen und pharmazeutisch-chemische Präparate zu erkennen und ihre Abstammung, ihre Anwendung zu pharmazeutischen Zwecken sowie die vorkommenden Verfälschungen zu erläutern;
3. Fragen aus den Grundlehren (Abs. 1) und aus der Apothekengesetzgebung zu beantworten.

Bei der Prüfung hat der Prüfling auch die während der Ausbildungszeit angelegte Pflanzensammlung nebst einer Bescheinigung des ausbildenden Apothekers vorzulegen, daß, soweit ihm bekannt, der Prüfling die Pflanzen selbst gesammelt hat.

§ 12. Für die Prüfung sind zwei Tage bestimmt.

In der Regel sind nicht mehr als vier Prüflinge zu einer mündlichen Prüfung zuzulassen.

§ 13. Über den Gang der Prüfung eines jeden Prüflings wird eine Niederschrift aufgenommen, welche von dem Vorsitzenden und den beiden Mitgliedern der Kommission zu unterzeichnen und zu den Akten der Aufsichtsbehörde zu nehmen ist.

§ 14. Für diejenigen Prüflinge, welche die Prüfung bestanden haben, wird unmittelbar nach Beendigung der Prüfung ein von den Mitgliedern der Prüfungskommission unterzeichnetes Zeugnis nach dem beigefügten Muster 2 ausgefertigt und nebst den gemäß § 6 vorgelegten Zeugnissen dem ausbildenden Apotheker zur Aushändigung an den Prüfling zugestellt[1]).

---

[1]) Die Zeugnisse über die pharmazeutische Vorprüfung sind in Preußen mit 1,50 Mk. stempelpflichtig. (Näheres s. in Teil XIX.)

In dem Prüfungszeugnis ist das Gesamtergebnis durch eine der Zensuren „sehr gut", „gut", „genügend" zu bezeichnen.

§ 15. Das Nichtbestehen der Prüfung hat die Verlängerung der Ausbildungszeit um drei bis sechs Monate zur Folge; nach dieser Frist muß die Prüfung vollständig wiederholt werden.

Über das Nichtbestehen ist von der Prüfungskommission ein Vermerk auf der im § 6 Ziffer 2 genannten Urkunde zu machen.

Wer bei der Benutzung unerlaubter Hilfsmittel während der Prüfung betroffen wird, ist auf drei Monate zurückzustellen. Die Prüfung gilt in diesem Falle als nicht bestanden.

Wer auch bei der zweiten Wiederholung nicht besteht, wird zu einer weiteren Prüfung nicht zugelassen.

II. Pharmazeutische Prüfung.

§ 16. Die pharmazeutische Prüfung kann vor jeder bei einer Universität oder einer Technischen Hochschule des Deutschen Reichs eingerichteten pharmazeutischen Prüfungskommission abgelegt werden. Die Prüfungskommissionen werden jährlich von der zuständigen Behörde (§ 1) aus je einem Lehrer der Botanik, der Chemie, der Pharmazie und der Physik sowie einem oder zwei Apothekern gebildet. Der Lehrer der Chemie kann durch den Lehrer der Pharmazie ersetzt werden[1]).

Der Vorsitzende der Kommission und dessen Stellvertreter werden von der zuständigen Behörde (§ 1) ernannt; sie können aus der Zahl der Mitglieder gewählt werden.

Der Vorsitzende leitet die Prüfung, ist berechtigt, ihr in allen Abschnitten beizuwohnen, achtet darauf, daß die Bestimmungen der Prüfungsordnung genau befolgt werden, bestimmt unter Beachtung der Vorschriften der Prüfungsordnung die Examinatoren für die einzelnen Prüfungsabschnitte, ordnet bei vorübergehender Behinderung eines Mitgliedes dessen Stellvertretung an, berichtet unmittelbar nach Abschluß einer jeden Prüfungsperiode der vorgesetzten Behörde über die Tätigkeit der Kommission und legt Rechnung über die Gebühren.

In jedem Jahre finden zweimal (im Sommer- und im Winterhalbjahre) Prüfungen statt.

§ 17. Die Gesuche um Zulassung zur Prüfung sind bei der zuständigen Behörde (§ 1) oder bei der von dieser bezeichneten Dienststelle einzureichen[2]).

---

[1]) Unter dem „Lehrer der Pharmazie" ist ein Lehrer nicht irgend eines pharmazeutischen Faches, sondern der pharmazeutischen Chemie zu verstehen.

[2]) In einem an die Universitätskuratoren gerichteten Erl. vom 15. September 1904 bemerkte der preußische Medizinalminister zu § 17 folgendes:

Die Anträge auf Zulassung zur Prüfung sind wie bisher an das Universitäts-Kuratorium zu richten. Wenn bei Prüfung der Unterlagen sich keine Anstände ergeben, ist die Zulassung zu verfügen, der Kandidat zu benachrichtigen und dem Vorsitzenden der Prüfungskommission unter Übersendung der Akten Mitteilung zu machen. Bezüglich der Einzahlung und Verteilung der Prüfungsgebühren verbleibt es bei dem bisherigen Verfahren. Über die ausnahmsweise Berücksichtigung verspäteter Anträge ist dortseits Entscheidung zu treffen.

Unter Bezugnahme auf den Runderlaß vom 7. Oktober 1880 mache ich darauf aufmerksam, daß die Immatrikulation der Kandidaten der Pharmazie in der Philosophischen Fakultät für das Studium der Pharmazie in Zukunft von dem Nachweise einer in Apotheken des Deutschen Reiches zugebrachten Gehilfenzeit von mindestens einjähriger Dauer abhängig und in der Prüfungsordnung eine dispensweise Befreiung von der Erfüllung dieses Erfordernisses nicht vorgesehen ist.

Die Meldung zur Prüfung im Sommerhalbjahre muß spätestens bis zum 15. März, die Meldung zur Prüfung im Winterhalbjahre spätestens bis zum 15. August unter Beifügung der erforderlichen Zeugnisse eingehen. Spätere Meldungen dürfen nur ausnahmsweise berücksichtigt werden[1]).

Der Meldung sind die nach § 6 für die Zulassung zur pharmazeutischen Vorprüfung erforderlichen Nachweise sowie das Zeugnis über die bestandene Vorprüfung (§ 14) beizufügen[2]).

Die Zulassung zur Prüfung ist außerdem bedingt durch den Nachweis:

1. einer nach bestandener pharmazeutischer Vorprüfung und vor Beginn des Universitätsstudiums (Ziffer 2) in Apotheken des Deutschen Reichs zugebrachten Gehilfenzeit von mindestens einjähriger Dauer[3]);
2. eines durch ein Abgangszeugnis bescheinigten sachgemäßen Studiums von mindestens vier Halbjahren an einer Universität des Deutschen Reichs[4]). Insbesondere ist nachzuweisen, daß der

---

[1]) Ein Erl. des preußischen Medizinalministers vom 19. August 1905 besagt:

Im Einverständnis mit dem Herrn Reichskanzler werden die Meldetermine für die noch nach den alten Prüfungsvorschriften für Apotheker vom 5. März 1875 abzulegenden pharmazeutischen Prüfungen hiermit gemäß § 17 Abs. 2 der Prüfungsordnung vom 18. Mai 1904 für die Zukunft auf den 15. August bzw. 15. März jedes Jahres festgesetzt.

Ein bestimmter Termin für den Beginn der Prüfungen ist in der Prüfungsordnung indessen nicht festgesetzt (vgl. § 16 Abs. 4).

[2]) Es sind also bei dem Zulassungsgesuch zur pharmazeutischen Prüfung folgende Nachweise beizufügen: 1. das Schulzeugnis; 2. das Lehrzeugnis; 3. das Tagebuch (Elaborationsjournal!); 4. das Vorprüfungszeugnis; 5. das oder die Gehilfenzeugnisse und 6. das Universitätszeugnis.

[3]) Hierzu erging folgende

Bk. des Reichskanzlers, betr. die Prüfungsordnung für Apotheker. Vom 6. Februar 1905.

Auf Grund der Bestimmungen im § 29 der Gew.O. für das Deutsche Reich hat der Bundesrat beschlossen:

Der Reichskanzler wird ermächtigt, von der Vorschrift im § 17 Abs. 4 Ziffer 1 der Prüfungsordnung für Apotheker vom 18. Mai 1904 in Übereinstimmung mit der zuständigen Landeszentralbehörde zugunsten solcher Apothekergehilfen, die vor dem 1. Juli 1904 in einer ausländischen Apotheke als Gehilfen eingetreten sind, Ausnahmen zuzulassen.

[4]) Mit Rücksicht auf die Prüfungsordnung für Apotheker hat der § 2 der preußischen Vorschriften für die Studierenden der Landesuniversitäten usw. vom 1. Oktober 1879/7. Februar 1894 durch Verordnung des Medizinalministers vom 6. Januar 1905 folgende Fassung erhalten:

§ 2. Zum Nachweise der wissenschaftlichen Vorbildung für das akademische Studium haben Angehörige des Deutschen Reiches außerdem dasjenige Reifezeugnis einer deutschen neunstufigen höheren Lehranstalt beizubringen, welches für die Zulassung zu den ihrem Studienfach entsprechenden Berufsprüfungen in ihrem Heimatstaate vorgeschrieben ist; auf Grund ausländischer Reifezeugnisse dürfen Reichsangehörige nur dann immatrikuliert werden, wenn daraufhin ihre Zulassung zu den ihrem Studienfach entsprechenden Berufsprüfungen in ihrem Heimatstaate gesichert erscheint. Genügt nach den bestehenden Bestimmungen für ein Berufsstudium der Nachweis der Reife für die Prima einer neunstufigen höheren Lehranstalt, so reicht das auch für die Immatrikulation aus. Die Fakultät, bei welcher der Studierende einzutragen ist, bestimmt sich durch das von ihm gewählte Studienfach.

Studierende der Pharmazie mit Primanerzeugnis erhalten danach an den preußischen Universitäten jetzt die große Matrikel.

Studierende während des Universitätsstudiums mindestens je zwei Halbjahre an analytisch-chemischen und pharmazeutisch-chemischen Übungen, mindestens ein Halbjahr an Übungen in der mikroskopischen Untersuchung von Drogen und Pflanzenpulvern regelmäßig teilgenommen, auch sich mit den üblichen Sterilisationsverfahren vertraut gemacht hat; die Nachweise sind durch Bescheinigungen der zuständigen Universitätslehrer zu erbringen[1]).

Dem Besuch einer Universität steht der Besuch der Technischen Hochschulen zu Stuttgart, Karlsruhe, Darmstadt und Braunschweig gleich.

Außerdem sind der Meldung beizufügen:

a. ein eigenhändig geschriebener Lebenslauf, in welchem der Gang der Universitätsstudien darzulegen ist, sowie,

b. falls der Kandidat sich nicht alsbald nach dem Abgange von der Universität meldet, ein amtliches Zeugnis über seine Führung in der Zwischenzeit.

Die geforderten Nachweise nebst dem vorstehend zu b. bezeichneten Zeugnisse sind in Urschrift vorzulegen.

§ 18. Der Zulassungsverfügung ist ein Abdruck der gegenwärtigen Bekanntmachung beizufügen.

Der Kandidat hat sich binnen einer Woche nach Behändigung der Zulassungsverfügung mit dieser Verfügung und der Quittung über die eingezahlten Gebühren (§ 33) bei dem Vorsitzenden der Prüfungskommission ohne besondere Aufforderung persönlich zu melden.

§ 19. Die Prüfung zerfällt in folgende Abschnitte:

I. die schriftliche Prüfung;

II. die praktische Prüfung:

A. die analytisch-chemische Prüfung;

B. die pharmazeutisch-chemische Prüfung;

III. die mündliche Prüfung:

A. die allgemein-wissenschaftliche Prüfung;

B. die pharmazeutisch-wissenschaftliche Prüfung.

Schriftliche Prüfung.

§ 20. I. Zweck der schriftlichen Prüfung ist, zu ermitteln, ob der Kandidat die ihm zur Bearbeitung vorzulegenden Fragen vollständig beherrscht und seine Gedanken klar und richtig auszudrücken vermag.

Der Kandidat erhält drei Aufgaben, von denen eine dem Gebiete der anorganischen, eine dem der organischen Chemie und eine dem der Botanik oder Pharmakognosie entnommen ist.

---

[1]) Hierzu erging folgender Erl. des preußischen Medizinalministers vom 17. Oktober 1906:

Im § 17 Abs. 4 Ziffer 2 der Prüfungsordnung für Apotheker vom 14. Mai 1904 ist vorgeschrieben, daß behufs Zulassung zur pharmazeutischen Prüfung der Nachweis regelmäßiger Teilnahme an bestimmten Übungen zu erbringen sei. Hiernach können nur solche Zeugnisse als ausreichend für die Zulassung zur Prüfung betrachtet werden, in denen die Regelmäßigkeit der Teilnahme ausdrücklich bescheinigt ist. Ich ersuche deshalb ergebenst, bei der Zulassung zur Apothekerprüfung darauf zu achten, daß die von den Universitätslehrern ausgestellten Zeugnisse dem Wortlaute der Prüfungsordnung entsprechend den regelmäßigen Besuch der Pflichtübungen bescheinigen. Zeugnisse, welche diesen Vermerk nicht enthalten, sind als genügend nicht anzuerkennen. Die mit den Pflichtübungen betrauten Dozenten ersuche ich, auf vorstehende Bestimmung gefälligst aufmerksam zu machen.

Die Aufgaben werden aus einer hierzu angelegten Sammlung[1]) durch das Los bestimmt und sind sämtlich so einzurichten, daß jede Aufgabe in längstens drei Stunden erledigt werden kann.

Die Bearbeitung erfolgt unter ständiger Aufsicht ohne Benutzung von Hilfsmitteln.

Praktische Prüfung.

§ 21. II A. Zweck der analytisch-chemischen Prüfung ist, zu ermitteln, ob der Kandidat die in der analytischen Chemie erlangten wissenschaftlichen Kenntnisse nicht nur theoretisch sich angeeignet hat, sondern auch praktisch in dem erforderlichen Maße zu verwerten imstande ist. Insbesondere muß der Kandidat befähigt sein, folgende Aufgaben richtig zu lösen:

1. eine natürliche, ihren Bestandteilen nach dem Examinator bekannte chemische Verbindung oder eine künstliche, zu diesem Zwecke besonders zusammengesetzte Mischung aus nicht mehr als sechs Stoffen qualitativ zu analysieren und außerdem drei einzelne dem Kandidaten zu bezeichnende Bestandteile einer chemischen Verbindung oder einfachen Mischung, deren Zusammensetzung dem Examinator bekannt ist, quantitativ zu bestimmen;
2. eine vergiftete organische oder anorganische Substanz, ein Nahrungsmittel oder eine Arzneimischung in der Weise zu untersuchen, daß die Ergebnisse über die Art des vorgefundenen Giftes oder der Verfälschung und, soweit dies nach der Beschaffenheit des vorgefundenene Giftes oder der Verfälschung verlangt werden kann, auch über die Menge des Giftes oder des verfälschenden Stoffes eine möglichst zuverlässige Auskunft geben.

Die Aufgaben werden von den Examinatoren bestimmt und unter Aufsicht bearbeitet.

Der Examinator bestimmt die Fristen, innerhalb deren die Arbeiten auszuführen sind.

Über die Ausführung der Arbeiten hat der Kandidat innerhalb der vom Examinator zu bestimmenden Frist schriftlichen Bericht zu erstatten.

Der Examinator ist berechtigt, den Kandidaten auch mündlich über die Aufgaben zu prüfen.

Bei der Zensur haben die Examinatoren den Gegenstand der gestellten Aufgaben namhaft zu machen.

§ 22. II B. Zweck der pharmazeutisch-chemischen Prüfung ist, zu ermitteln, ob der Kandidat das für seinen Beruf erforderliche technische Geschick sich angeeignet hat.

Der Kandidat hat:

1. zwei pharmazeutisch-chemische Präparate anzufertigen;
2. die Prüfung und Wertbestimmung einer Droge auf mikroskopischem Wege und
3. die Prüfung und Wertbestimmung je einer Droge oder eines galenischen Arzneimittels auf chemischem Wege auszuführen.

Die Aufgaben werden aus einer hierzu angelegten Sammlung[1]) durch das Los bestimmt und unter Aufsicht erledigt.

Der Examinator bestimmt die Fristen, innerhalb deren die Arbeiten auszuführen sind.

---

[1]) Die Feststellung dieser Sammlung liegt den einzelnen Prüfungskommissionen ob. Im Gegensatz zu der bei den Vorprüfungen zu verwendenden Sammlung (s. Seite 35) ist hier ein allgemeines Muster derselben nicht veröffentlicht worden.

Über die Ausführung der Arbeiten hat der Kandidat innerhalb der von dem Examinator zu bestimmenden Frist schriftlichen Bericht zu erstatten.

Der Examinator ist berechtigt, den Kandidaten auch mündlich über die Aufgaben zu prüfen.

Mündliche Prüfung.

§ 23. III A. Zweck der allgemein-wissenschaftlichen Prüfung ist, zu ermitteln, ob der Kandidat in der Chemie, Physik und Botanik wissenschaftlich soweit ausgebildet ist, wie es sein Beruf erfordert.

Die Prüfung wird von drei Mitgliedern der Prüfungskommission in Gegenwart des Vorsitzenden abgehalten.

In der Regel werden nicht mehr als vier Kandidaten zu einem Prüfungstermine zugelassen.

§ 24. III B. Die pharmazeutisch-wissenschaftliche Prüfung wird von den Lehrern der Botanik und Pharmazie und den Apothekern in Gegenwart des Vorsitzenden abgehalten.

Der Kandidat hat:

1. mindestens zehn frische oder getrocknete, offizinelle oder solche Pflanzen, welche mit den offizinellen verwechselt werden können, zu bestimmen und zu erklären;
2. mindestens zehn unzerkleinerte Drogen zu erkennen und ihre Abstammung und äußeren Merkmale sowie ihre Anwendung zu pharmazeutischen Zwecken und die vorkommenden Verfälschungen zu erläutern;
3. von mehreren chemischen Rohstoffen und pharmazeutisch-chemischen Präparaten die Eigenschaften, die Zusammensetzung, Darstellung, Prüfung und Wertbestimmung sowie die vorkommenden Verunreinigungen zu erklären;
4. ausreichende Kenntnisse in den das Apothekenwesen betreffenden gesetzlichen Bestimmungen darzutun.

In der Regel werden nicht mehr als vier Kandidaten zu einem Prüfungstermine zugelassen.

§ 25. Über die mündlichen Prüfungen (§§ 23, 24) wird für jeden Kandidaten eine besondere Niederschrift unter Anführung der Prüfungsgegenstände aufgenommen und von den Examinatoren vollzogen.

§ 26. Über jede der in den Prüfungsabschnitten I, II A und II B (§§ 20—22) zu fertigenden einzelnen Arbeiten sowie über den Ausfall eines jeden Teiles der Prüfungsabschnitte III A und III B (§§ 23 und 24) wird eine Zensur erteilt. Hierbei sind nur die Bezeichnungen sehr gut (1) — gut (2) — genügend (3) — ungenügend (4) — schlecht (5) zulässig. Die Zensur wird erteilt: in dem Abschnitt I von sämtlichen Mitgliedern der Kommission, mit Einschluß des Vorsitzenden und mit Ausschluß des Lehrers der Physik, in den übrigen Abschnitten von den zuständigen Examinatoren. Ergibt sich bei der Erteilung der Zensur für die einzelnen Arbeiten im Abschnitt I Stimmengleichheit, so entscheiden die Stimmen, welche sich für die mindergünstige Zensur aussprechen. Die Zensur wird bei den mündlichen Prüfungen in der Niederschrift (§ 25) vermerkt.

§ 27. Wird in den Abschnitten I, II A oder II B für eine Arbeit, in dem Abschnitte III B für einen Teil dieses Abschnitts die Zensur „ungenügend" (4) oder „schlecht" (5) erteilt, oder werden in dem Abschnitte III A eine Stimme für die Zensur „schlecht" (5) oder zwei Stimmen für die Zensur „ungenügend" (4) abgegeben, so gilt der betreffende Prüfungsabschnitt als nicht bestanden.

Wer bei der Benutzung unerlaubter Hilfsmittel während der Prüfung betroffen wird, ist auf sechs Monate zurückzustellen. Der Prüfungsabschnitt gilt in diesem Falle als nicht bestanden.

Tritt ein Kandidat ohne genügende Entschuldigung von einem bereits begonnenen Prüfungsabschnitte zurück, so kann durch einen mit Zustimmung des Vorsitzenden gefaßten Beschluß der Prüfungskommission der betreffende Prüfungsabschnitt für nicht bestanden erklärt werden.

Nach dem Ergebnisse der Einzelzensuren wird die Zensur für jeden in allen Teilen bestandenen Prüfungsabschnitt in der Weise bestimmt, daß die Summe der Zensuren für die einzelnen Teile des Abschnitts durch die Anzahl der Teile dividiert wird. Ergibt sich bei der Division ein Bruch, so wird dieser bei Festsetzung der Zensur für den Abschnitt ohne Abrundung eingestellt.

§ 28. Ist nach § 27 ein Prüfungsabschnitt nicht bestanden, so muß er wiederholt werden. Die Festsetzung der Wiederholungsfrist geschieht durch den Vorsitzenden im Benehmen mit den zuständigen Examinatoren.

Die Wiederholung eines nicht bestandenen Prüfungsabschnitts darf bei der Zensur „ungenügend" (4) in der Regel erst nach drei Monaten, bei der Zensur „schlecht" (5) in der Regel erst nach sechs Monaten erfolgen, muß aber spätestens innerhalb der beiden folgenden Prüfungshalbjahre stattfinden, widrigenfalls auch die früher mit günstigem Erfolge zurückgelegten Prüfungen zu wiederholen sind. Das gleiche tritt ein, wenn ein Kandidat nach erfolgreicher Ablegung eines Prüfungsabschnitts die Fortsetzung der Prüfung ohne genügenden Entschuldigungsgrund über die nächsten zwei Prüfungshalbjahre hinaus verzögert.

Wer auch bei der zweiten Wiederholung eines Prüfungsabschnitts nicht besteht, wird zu einer weiteren Prüfung nicht zugelassen.

§ 29. Die einzelnen Prüfungen sind in der im § 19 angegebenen Reihenfolge ohne Unterbrechung zurückzulegen. Die Aufgaben für jeden Abschnitt sind erst bei Beginn der Prüfungen zu erteilen. Zwischen den einzelnen Abschnitten darf in der Regel nur ein Zeitraum von einer Woche liegen.

Zu dem Abschnitte II wird nur zugelassen, wer den Abschnitt I bestanden hat, zum Abschnitte III B nur, wer die sämtlichen früheren Abschnitte bestanden hat. Wer die Abschnitte II A oder II B nicht besteht, hat die Wahl, ob er sich den Prüfungen in den Abschnitten II B und III A beziehungsweise III A sogleich oder erst nach Wiederholung der nicht bestandenen Abschnitte unterziehen will.

§ 30. Hat der Kandidat den Abschnitt III B bestanden, so wird unmittelbar nach dessen Beendigung die Gesamtzensur unter entsprechender Anwendung des § 27 Abs. 4 Satz 1 bestimmt. Ergibt sich bei der Gesamtzensur ein Bruch, so wird derselbe, falls er über 0,5 beträgt, als ein Ganzes gerechnet; anderenfalls bleibt er unberücksichtigt.

Die Gesamtzensur wird in der Niederschrift über den Abschnitt III B (§§ 24, 25) vermerkt.

Der Vorsitzende überreicht hierauf die vollständigen Prüfungsverhandlungen, einschließlich der die Meldung und Zulassung des Kandidaten betreffenden Urkunden, der zuständigen Behörde (§ 1). Diese erteilt das Prüfungszeugnis unter Angabe der Gesamtzensur nach dem beigefügten Muster 3.

§ 31. Wer sich nicht rechtzeitig gemäß den Bestimmungen des § 18 persönlich meldet, oder die für die Anfertigung der Arbeiten oder für die mündlichen Prüfungen gesetzten Zeiten ohne hinreichende Gründe versäumt, kann auf Antrag des Vorsitzenden von der zuständigen Behörde (§ 1) bis zum folgenden Prüfungshalbjahre zurückgestellt werden.

§ 32. Die Prüfung darf nur bei der Kommission fortgesetzt oder wiederholt werden, bei welcher sie begonnen ist.

Die mit dem Zulassungsgesuch eingereichten Zeugnisse (§ 17) sind dem Kandidaten erst nach vollständig bestandener Prüfung zurückzugeben. Verlangt er sie früher zurück, so sind die Behörden (§ 1) durch Vermittlung des Reichskanzlers zu benachrichtigen, daß der Kandidat die Prüfung begonnen, aber nicht beendigt hat, und daß ihm auf seinen Antrag die Zeugnisse zurückgegeben worden sind.

In die Urschrift des letzten Universitäts-Abgangszeugnisses ist ein Vermerk über den Ausfall der bisherigen Prüfung einzutragen.

§ 33. Die Gebühren für die gesamte Prüfung betragen 140 Mark. Davon sind

für die Abschnitte I, II A, II B und III A je 18 Mark =	72 Mark,
für Abschnitt III B	24 ,,
für Verwaltungskosten, Anschaffung von Prüfungsgegenständen usw.	44 ,,

berechnet.

Bei Wiederholung einzelner Abschnitte sind nach diesen Sätzen auch die betreffenden Gebühren, für Verwaltungskosten jedoch nur im Falle einer Wiederholung der Abschnitte II A, II B und III A je 10 Mark nochmals zu entrichten.

§ 34. Wer während der Prüfung zurücktritt oder zurückgestellt wird, erhält die nach § 33 zu berechnenden Gebühren für die noch nicht begonnenen Prüfungen zurück.

III. Praktische Tätigkeit nach der Prüfung.

§ 35. Nach vollständig bestandener pharmazeutischer Prüfung und in der Regel im Anschluß an dieselbe hat der Kandidat weitere zwei Jahre als Gehilfe in Apotheken, darunter mindestens ein Jahr in Apotheken des Deutschen Reichs, sich praktisch zu betätigen.

Die Wahl der Apotheken steht dem Kandidaten frei, jedoch sind die Landesregierungen befugt, in besonderen Ausnahmefällen einzelne Apotheken als nicht geeignet zu bezeichnen.

Während dieser Gehilfenzeit, welche in der Regel ohne Unterbrechung zu erledigen ist[1]), hat der Kandidat seine praktischen Kenntnisse und Fähigkeiten zu vertiefen und fortzubilden, sowie auch ausreichendes Verständnis für die Aufgaben und Pflichten des Apothekerberufs zu zeigen. Den Nachweis, daß die Gehilfenzeit mit Erfolg zurückgelegt worden ist, hat der Kandidat durch ein Zeugnis zu erbringen, das eine eingehende Würdigung seiner Tätigkeit enthält. Das Zeugnis ist von dem Apotheker, der die Ausbildung geleitet hat, nach dem Muster 4 auszustellen und von dem zuständigen Medizinalbeamten zu beglaubigen.

Gewinnt die zuständige Behörde (§ 1) nicht die Überzeugung, daß der Kandidat durch seine Beschäftigung den nach Abs. 3 zu stellenden Anforderungen entsprochen hat, so hat der Kandidat die Tätigkeit als Gehilfe während eines von der Behörde zu bestimmenden Zeitraums fortzusetzen.

---

[1]) Die Prüfungsordnung sagt, daß die praktische Tätigkeit nach Bestehen der Staatsprüfung „in der Regel" im Anschluß an dieselbe und „in der Regel" ohne Unterbrechung zu erledigen ist. Ausnahmen, etwa zum Zwecke des Studiums als Nahrungsmittelchemiker oder der Doktorpromotion dürften also nicht ausgeschlossen sein.

C. Erteilung der Approbation.

§ 36. Nach Ablauf der im § 35 vorgeschriebenen Gehilfenzeit hat der Kandidat bei der zuständigen Behörde (§ 1) des Bundesstaats, in dem er die pharmazeutische Prüfung bestanden hat, die Erteilung der Approbation als Apotheker zu beantragen. Dabei sind einzureichen:

das Prüfungszeugnis (§ 30), die Zeugnisse über die nach der pharmazeutischen Prüfung abgeleistete regelmäßige Tätigkeit als Apothekergehilfe (§ 35) und die auf die Zeit seit Ablegung der pharmazeutischen Prüfung bezüglichen polizeilichen Führungszeugnisse sowie eine Geburtsurkunde.

Die Approbation wird nach dem beigefügten Muster 5 erteilt[1]).

§ 37. Dem Reichskanzler werden von den Behörden (§ 1) Verzeichnisse der in dem abgelaufenen Jahre Approbierten eingereicht.

D. Ausnahmen.

§ 38. Von den Vorschriften in § 6 Ziffer 1 und 2, § 17 Abs. 4 Ziffer 2, § 28 Abs. 2 und § 32 Abs. 1 kann der Reichskanzler in Übereinstimmung mit der zuständigen Landeszentralbehörde Ausnahmen zulassen[2]).

---

[1]) Die Approbation ist in Preußen mit 1,50 Mk. stempelpflichtig (s. Teil XIX).

[2]) Nach diesem Paragraph sind also Ausnahmen (Dispensationen) von den Bestimmungen der Prüfungsordnung nur in folgenden Fällen zulässig:

1. hinsichtlich der schulwissenschaftlichen Vorbildung;
2. hinsichtlich der Dauer der Lehrzeit;
3. hinsichtlich des Studiums von vier Semestern;
4. hinsichtlich des Zeitraums der Wiederholung einer nicht bestandenen Staatsprüfung und
5. hinsichtlich der Wahl der Kommission für die Fortsetzung oder Wiederholung der Staatsprüfung:
6. Dazu kommt noch auf Grund der Bekanntmachung des Reichskanzlers vom 6. Februar 1905 (s. S. 24) Dispensation von dem Erfordernis einer einjährigen Gehilfenzeit in deutschen Apotheken zugunsten solcher Apothekergehilfen, die vor dem 1. Juli 1904 in einer ausländischen Apotheke eingetreten sind.

Dispensationsgesuche der Apothekerlehrlinge sind an das zuständige Ministerium zu richten, jedoch dem Regierungspräsidenten einzureichen. Eine alljährlich erlassene Verfügung des Berliner Polizeipräsidenten sagt darüber in Übereinstimmung mit früheren Ministerialerlassen folgendes:

Apothekerlehrlinge, welche eine Dispensation von einzelnen Vorschriften der Prüfungsordnung betreffend die pharmazeutische Vorprüfung für Apotheker vom 18. Mai 1904 nachsuchen wollen, haben mit dem Gesuche alle zur Beurteilung desselben dienenden Unterlagen (Zeugnisse über die schulwissenschaftliche Vorbildung, Lehr- und Servierzeugnisse usw.) in Urschrift oder beglaubigter Abschrift einzureichen. Gesuche um Dispensation von dem Erfordernis einer ununterbrochenen Lehrzeit müssen so zeitig gestellt werden, daß ihre Erledigung vor dem Termin für die nächste pharmazeutische Vorprüfung erfolgen kann. Dies ist aber nur möglich, wenn die Gesuche in den ersten 14 Tagen des Vierteljahrs hier eingehen, an dessen Ende die Prüfung abgelegt werden soll. Später eingehende Gesuche haben keine Aussicht auf Berücksichtigung.

Vgl. dazu die Ausführungsanweisung des Ministers vom 15. September 1904 Ziffer 7 (s. S. 34). Einzelne Regierungspräsidenten verlangen, daß diese Dispensationsgesuche von dem ausbildenden Apotheker eingereicht werden und zwar unter Umständen schon 3 Monate vor Ablauf der Lehrzeit. In diesem Falle sind die Gesuche dem Regierungspräsidenten gemäß § 49 der Dienstanweisung für Kreisärzte durch die Hand des zuständigen Kreisarztes vorzulegen.

Über Dispensationsgesuche von Studenten der Pharmazie äußerte sich ein Bescheid des Reichskanzlers vom 17. Januar 1902 dahin, „daß Gesuche um Dis-

Mit dem Gesuch um Dispensation von der Vorschrift des § 32 Abs. 1 ist zugleich eine Erklärung der bisherigen Prüfungskommission wegen etwaiger dem Wechsel der Kommission entgegenstehender Bedenken vorzulegen.

E. Schluß- und Übergangsbestimmungen.

§ 39. Auf die Lehrlings-, Gehilfen- und Studienzeit ist die Militärdienstzeit nicht anzurechnen[1]).

§ 40. Vorstehende Bestimmungen treten am 1. Oktober 1904 in Kraft.

§ 41. Wer spätestens am 1. Oktober 1904 als Apothekerlehrling eingetreten ist, wird zu den Prüfungen zugelassen, wenn er auch nur den Nachweis der bisher erforderten wissenschaftlichen Vorbildung erbringt.

Apothekergehilfen, die am 1. Oktober 1904 eine mindestens einjährige Gehilfenzeit abgeleistet haben, sind berechtigt, den Rest der Gehilfenzeit ganz oder teilweise vor dem Universitätsstudium abzuleisten. Leisten sie die Gehilfenzeit ganz vor dem Universitätsstudium ab und melden sie sich spätestens am 15. März 1908 zur Ablegung der Prüfung, so dürfen sie diese (einschließlich etwaiger Wiederholungsprüfungen) auf ihren Antrag nach den bisherigen Vorschriften ablegen. Beginnen sie das Universitätsstudium vor vollendeter dreijähriger Gehilfenzeit, so ist ihnen die vorher abgeleistete Gehilfenzeit, soweit sie ein Jahr übersteigt, auf die im § 35 vorgeschriebene praktische Tätigkeit anzurechnen.

Apothekergehilfen, die spätestens im Sommerhalbjahr 1904 das Universitätsstudium begonnen haben, dürfen die Prüfung (einschließlich etwaiger Wiederholungsprüfungen) auf ihren Antrag nach den bisherigen Vorschriften ablegen[2]).

---

pensation von den Prüfungsvorschriften für Apotheker bei der zuständigen Zentralbehörde desjenigen Bundesstaates einzureichen sind, welchem die Prüfungskommission, bei der die Prüfung abgelegt werden soll, angehört".

[1]) Früher war (Erl. des preußischen Medizinalministers vom 14. September 1888 und des Reichskanzlers vom 16. März 1891) die Anrechnung der Militärdienstzeit auf die Servierzeit dann zulässig, „wenn der betreffende Pharmazeut auch während seines Militärdienstes, soweit letzteres es ihm gestattet, in einer Apotheke als Gehilfe tätig gewesen ist und hierüber ein Servierzeugnis beizubringen vermag."

Aus der Fassung des § 39 der Prüfungsordnung ist indessen zu sehen, daß jetzt eine Anrechnung der Militärzeit überhaupt nicht mehr erfolgen soll, auch wenn der betreffende Einjährige nebenbei in einer Apotheke tätig ist. Dagegen kann ein während des Militärdienstes absolviertes Studium bei eventueller späterer Promotion oder Nahrungsmittelchemikerprüfung angerechnet werden. Nur eine Anrechnung bei der pharmazeutischen Prüfung ist ausgeschlossen.

[2]) Die Übergangsbestimmungen des § 41 erläutert nachstehender preußischer

Min.-Erl. betr. die Prüfungsordnung für Apotheker. Vom 24. November 1904.

Der Ausdruck „Ablegung der Prüfung nach den bisherigen Vorschriften" im Sinne des § 41 Abs. 2 und 3 der Prüfungsordnung vom 18. Mai 1904 schließt das Prüfungsverfahren und die Zulassungsbedingungen (also auch die Vorschriften über die Studiendauer) ein.

Die Zulassung zur Prüfung mit dem Nachweise eines pharmazeutischen Studiums von nur drei Halbjahren und die Abhaltung der Prüfung nach dem bisherigen Verfahren kann demnach nur erfolgen

a. gemäß § 41 Abs. 2 a. a. O. bei Apothekergehilfen, welche

1. am 1. Oktober 1904 eine mindestens einjährige Gehilfenzeit abgeleistet hatten und
2. den Rest der Gehilfenzeit ganz vor dem Universitätsstudium zurücklegen und schließlich
3. sich spätestens am 15. März 1908 zur Ablegung der Prüfung melden;

Muster 1 (zu § 6).

Zeugnis über die Tätigkeit als Apothekerlehrling.

Dem (Vor- und Zuname) ....,
geboren am ten .... in ....
wird hiermit bescheinigt, daß er vom ...... ten .... 19....
bis zum .... ten .... 19.... in der von mir geleiteten Apotheke als Lehrling beschäftigt gewesen ist.

(Folgen die Angaben über die Führung und die Leistungen des Lehrlings während der Lehrzeit.)

..............................., den .... ten .... 19..... .

(Unterschrift des Apothekers.)

Beglaubigt.

...................., den ..... ten .... 19..... .

....

(Siegel und Unterschrift des Medizinalbeamten.)

Muster 2 (zu § 14).

Zeugnis über die pharmazeutische Vorprüfung.

Dem (Vor- und Zuname) ....
geboren am .... ten .... in ....
wird hiermit bescheinigt, daß er vor der unterzeichneten Prüfungskommission die pharmazeutische Vorprüfung mit der Zensur .... bestanden hat.

..............................., den .... ten .... 19..... .

Prüfungskommission für die pharmazeutische Vorprüfung.

(Siegel der Prüfungskommission und Unterschrift der Mitglieder.)

Muster 3 (zu § 30).

Zeugnis über die pharmazeutische Prüfung.

Dem Kandidaten der Pharmazie (Vor- und Zuname) ....,
geboren am .... ten .... in ....
wird hiermit bescheinigt, daß er vor der .... Prüfungskommission in .... am .... ten .... 19..... die pharmazeutische Prüfung mit der Zensur .... bestanden hat.

..............................., den ...... ten .... 19..... .

(Siegel und Unterschrift der Behörde.)

---

b. gemäß § 41 Abs. 3 a. a. O. bei Apothekergehilfen, die spätestens im Sommerhalbjahr 1904 das Universitätsstudium begonnen haben.

Weitere Voraussetzung für die Ablegung der Prüfung nach den bisherigen Vorschriften ist in beiden Fällen (a und b) nach dem Wortlaute des § 41 der Prüfungsordnung vom 18. Mai 1904 ein entsprechender Antrag des Kandidaten. Wo indes aus Unkenntnis der Bestimmungen bei der Meldung zur Prüfung ein derartiger Antrag unterlassen worden ist, habe ich nichts dagegen einzuwenden, wenn den betreffenden Kandidaten nach Belehrung über die Sachlage eine entsprechende Ergänzung ihres Antrages nachgelassen wird.

Bei dieser Gelegenheit ordne ich ferner zur Vermeidung einer verschiedenartigen geschäftlichen Handhabung während der Übergangszeit hiermit an, daß hinsichtlich der Festsetzung der Wiederholungsfristen fortan allgemein nach der Bestimmung des § 28 Abs. 1 der Prüfungsordnung vom 18. Mai 1904 verfahren werde. Die Festsetzung der Wiederholungsfrist hat demnach auch in denjenigen Fällen durch den Vorsitzenden der Prüfungskommission nach Benehmen mit den zuständigen Examinatoren zu erfolgen, in denen die Prüfung im übrigen noch nach den Vorschriften vom 5. März 1875 abgelegt wird.

Muster 4 (zu § 35).

Zeugnis über die Tätigkeit als Apothekergehilfe

für den Kanditaten der Pharmazie ....

Dem Kandidaten der Pharmazie (Vor- und Zuname) .... aus............................... wird hiermit bescheinigt, daß er nach vollständig bestandener pharmazeutischer Prüfung vom .....ten................19 bis zum .....ten.............. 19 in der von mir geleiteten Apotheke als Gehilfe beschäftigt gewesen ist.

(Folgt eine nähere Würdigung der Art der Beschäftigung, wobei anzugeben ist, inwieweit der Gehilfe in der bezeichneten Zeit seine praktischen Kenntnisse und Fähigkeiten vertieft und fortgebildet und ausreichendes Verständnis für die Aufgaben und Pflichten des Apothekerberufes gezeigt hat.)

.............................., den .... ten .... 19.....

(Unterschrift des Apothekers.)

Beglaubigt (z. B. mit dem Bemerken, daß Nachteiliges über den pp. nicht bekannt geworden ist).

.................., den .... 19..... .

....

(Siegel und Unterschrift des Medizinalbeamten.)

Muster 5 (zu § 36).

Nachdem der Kandidat der Pharmazie (Vor- und Zuname)............... .... aus .... am ....ten .... 19.... die pharmazeutische Prüfung vor der Prüfungskommission in .... mit der Zensur .... bestanden und die Bestimmungen über die Gehilfenjahre mit dem ....ten .... 19..... erfüllt hat, wird ihm hierdurch

die Approbation als Apotheker

für das Gebiet des Deutschen Reichs gemäß § 29 der Reichsgewerbeordnung erteilt.

.............................., den ....ten .... 19.....

(Siegel und Unterschrift der approbierenden Behörde.)

Approbation

für

....

als Apotheker.

Eine Allgemeine Ausführungsanweisung zur Prüfungsordnung ist unter dem 15. September 1904 vom preußischen Kultusminister erlassen worden. Sie lautet:

Ausführungsanweisung zur Prüfungsordnung für Apotheker. Vom 15. September 1904.

Zu den Bestimmungen der neuen Prüfungsordnung bemerke ich im einzelnen folgendes:

1. Die nach § 3 Abs. 3, §§ 4, 5 und 7 der „Aufsichtsbehörde" und der „Landesbehörde" übertragenen Obliegenheiten sind von Ew. Hochwohlgeboren wahrzunehmen.

Zu § 3.

2. Als Sitz der Prüfungskommission für die pharmazeutische Vorprüfung bestimme ich für jeden Regierungsbezirk den Amtssitz des Regierungspräsidenten (s. o. Ziffer 1).

Wegen Bildung der Prüfungskommission für den dortigen Bezirk für die Zeit vom 1. Oktober 1904 bis Ende September 1907 ersuche ich das Erforderliche zu veranlassen.

Zum Vorsitzenden ist in der Regel der Regierungs- und Medizinalrat oder sein Stellvertreter zu ernennen.

Zu § 5.

3. Über die ausnahmsweise Berücksichtigung verspäteter Meldungen ist dortseits Entscheidung zu treffen.

Zu § 6.

4. Die Kreisärzte sind anzuweisen, vor Erteilung des Zulassungszeugnisses als Apothekerlehrling (vgl. § 43 der Apotheken-Betriebsordnung und § 51 der Dienstanweisung für die Kreisärzte vom 23. März 1901) an Inhaber eines Zeugnisses einer Oberrealschule sich zu überzeugen, ob der vorgeschriebene Nachweis der erforderlichen Kenntnisse in der lateinischen Sprache erbracht ist.

5. Ferner sind die Kreisärzte, wie schon in dem Runderlasse vom 25. Juli 1895 — M. 7194 — angeordnet, darauf hinzuweisen, daß Lehrzeugnisse, die ohne die vorgeschriebenen Angaben über die Führung und die Leistungen des Lehrlings zur Bestätigung vorgelegt werden, als ungeeignet zurückzuweisen sind.

6. Die Beglaubigungen der Lehr- und Servierzeugnisse (vgl. § 6 Ziffer 2, § 17 Abs. 4 Ziffer 1, § 35 Abs. 3 der Prüfungsordnung) durch die Medizinalbeamten sind stempelfrei (vgl. Erl. vom 28. Oktober 1897 — M. 7682 —).

7. Anträge, welche eine Ausnahme von den Vorschriften des § 6 Ziffer 1 und 2 bezwecken, sind dortseits vorzuprüfen und nebst sämtlichen zur Beurteilung erforderlichen Zeugnissen und sonstigen Unterlagen mit einem sich zur Sache äußernden Begleitberichte rechtzeitig, und zwar, wenn es sich um eine Ausnahme von der Vorschrift des § 6 Ziffer 2 handelt — spätestens zwei Monate vor Ablauf der Lehrzeit — an mich einzureichen.

Zu § 7.

8. Es wird sich empfehlen, mit der Vereinnahmung der Prüfungsgebühren die Regierungshauptkasse zu beauftragen. Aus den Prüfungsgebühren sind zunächst die bei der Prüfungskommission entstehenden sächlichen Ausgaben zu bestreiten. Der verbleibende Rest der Gebühren gelangt nach näherer Bestimmung von Ew. Hochwohlgeboren unter dem Vorsitzenden und den Mitgliedern der Prüfungskommission zur Verteilung.

9. Die den Zulassungsverfügungen beizulegenden Abdrücke der Prüfungsordnung sind dortseits zu beschaffen . . .

Zu §§ 9, 10.

10. Die bei der schriftlichen und praktischen Prüfung zu verwendende Aufgabensammlung habe ich von der technischen Kommission für die pharmazeutischen Angelegenheiten erneut zusammenstellen lassen und füge zwei Abdrücke der Zusammenstellung für die dortigen Akten und zur Übermittlung an den Vorsitzenden der Prüfungskommission bei.

Zu § 15.

11. Über die Dauer der Verlängerung der Ausbildungszeit bei Nichtbestehen der Prüfung hat der Vorsitzende nach Anhörung der Mitglieder der Prüfungskommission Entscheidung zu treffen.

Zu § 35.

Etwaige Anträge wegen Bezeichnung einer Apotheke als nicht geeignet für die praktische Betätigung der Kandidaten nach bestandener pharmazeutischer Prüfung sind mit eingehender Begründung an mich einzureichen.

An die Herren Regierungspräsidenten.

Abschrift übersende ich Euerer Exzellenz zur gefälligen Kenntnisnahme.

Mit Rücksicht darauf, daß die Militärdienstzeit der Apotheker nach § 39 der Prüfungsordnung auf die Lehrlings-, Gehilfen- und Studienzeit zukünftig nicht angerechnet werden darf, wird es sich empfehlen, bei Bewerbungen um Apothekerkonzessionen die etwa abgeleistete Militärdienstzeit auf das Approbationsalter der Bewerber insoweit in Anrechnung zu bringen, als durch die Erfüllung der Militärdienstpflicht die Erlangung der Approbation verzögert worden ist.

Berlin den 15. September 1904.

Der Minister der geistlichen usw. Angelegenheiten.
I. V.: Wever.

An die Herren Oberpräsidenten.

Zusammenstellung von Aufgaben für die Prüfungen der Apothekergehilfen.

I. Pharmazeutische Chemie.

Acetum et Acidum aceticum.
Acidum arsenicosum et Liquor Kalii arsenicosi.
Acidum benzoïcum.
Acidum boricum et Borax.
Acidum carbolicum et Kreosotum.
Acidum hydrochloricum.
Acidum hydrocyanicum, Aqua Amygdalarum amararum et Oleum Amygdalarum aethereum.
Acidum nitricum.
Acidum phosphoricum.
Acidum salicylicum.
Acidum sulfuricum.
Acidum tartaricum et Tartarus depuratus.
Aether et Aether aceticus.
Aqua chlorata et Choralum hydratum.
Bismutum et ejus salia.
Ammonium bromatum, Kalium bromatum, natrium bromatum.
Calcium et ejus salia.
Lithargyrum et Minium.
Chininum et ejus salia.
Chloroformium et Jodoformium.
Cuprum et ejus salia.
Emplastra et Sapones.
Ferrum et ejus salia.
Glycerinum.
Hydrargyrum et ejus salia.
Jodum et ejus salia.
Kalium et ejus salia.
Magnesium et ejus salia.
Natrium et ejus salia.
Plumbum et ejus salia.
Spiritus.
Sulfur.
Zincum et ejus salia.

II. Botanik und Pharmakognosie.

Adeps et Sebum.
Amylum et Dextrinum.
Balsamum peruvianum.
Benzoë.
Camphora.
Cetaceum.
Cortex Chinae.
Crocus.
Flores Arnicae.
Flores Chamomillae.
Flores Koso.
Flores Sambuci.
Flores Verbasci.
Folia Digitalis.
Folia Menthae crispae et piperitae.
Folia Sennae.
Folia Uvae Ursi.
Fructus Anisi et Fruct. Foeniculi.
Fructus Juniperi.
Gummi arabicum.
Herba Conii.
Herba Hyoscyami.
Lycopodium.
Manna.
Moschus.
Myrrha.
Oleum Amygdalarum.
Oleum Jecoris Aselli.
Oleum Ricini.
Oleum Sinapis.
Opium.
Radix Althaeae.
Radix Gentianae.
Radix Ipecacuanhae.
Radix Liquiritiae.
Radix Rhei.
Radix Sarsaparillae.
Radix Senegae.
Radix Valerianae.
Rhizoma Calami.
Rhizoma Filicis.
Saccharum et Saccharum Lactis.
Secale cornutum.
Semen Lini.
Semen Sinapis.
Semen Strychni.
Tubera Jalapae.
Tubera Salep.

III. Physik.

Thermometer.
Barometer.
Wagen.
Spezifisches Gewicht.
Freier Fall des Körpers.
Elektrizität.
Magnetismus.
Wärme.
Adhäsion, Kohäsion.
Mikroskop.
Dampfmaschine.
Luftpumpe.
Aggregatzustände der Körper.
Polarisation.
Apparate zur Maß-Analyse.
Telephon und Telegraph.

IV. Galenische Zubereitungen.

Aqua Calcariae.
Aqua Cinnamomi.
Aqua Foeniculi.
Aqua Menthae piperitae.
Cuprum aluminatum.
Electuarium e Senna.
Elixir e Succo Liquiritiae.
Emplastrum Cantharidum ordinarium.
Emplastrum Cantharidum perpetuum.
Emplastrum fuscum camphoratum.
Emplastrum Hydrargyri.
Emplastrum Lithargyri.
Emplastrum Lithargyri compositum.
Emplastrum saponatum.
Infusum Sennae compositum.
Liqor Ammonii anisatus.
Sirupus Althaeae.
Sirupus Amygdalarum.
Spiritus saponatus.
Tinctura Jodi.
Tinctura Rhei aquosa.
Unguentum diachylon.
Unguentum Glycerini.
Unguentum Kalii jodati.
Unguentum leniens.
Unguentum Paraffini.
Unguentum Zinci.
Vinum camphoratum.

V. Pharmazeutisch-chemische Präparate.

Acidum benzoïcum.
Ammonium chloratum ferratum.
Aqua chlorata.
Aqua hydrosulfurata.
Ferrum sulfuricum.
Hydrargyrum bijodatum.
Hydrargyrum oxydatum via humida paratum.
Hydrargyrum praecipitatum album.
Liquor Ammonii acetici.
Liquor Cresoli saponatus.
Liquor Ferri jodati.
Liquor Kalii acetici.
Liquor Kalii arsenicosi.
Liquor Kaliii carbonici.
Liquor Plumbi subacetici.
Mixtum sulfurica acida.
Sapo kalinus.

VI. Chemische Präparate zur Prüfung.

Acetanilidum.
Acidum aceticum.
Acidum benzoïcum.
Acidum boricum.
Acidum carbolicum.
Acidum citricum.
Acidum hydrochloricum.
Acidum nitricum.
Acidum phosphoricum.
Acidum salicylicum.
Acidum sulfuricum.
Acidum tannicum.
Acidum tartaricum.
Aether.
Aether aceticus.
Ammonium bromatum.
Ammonium chloratum.
Aqua Amygdalarum amararum.
Aqua chlorata.
Balsamum Copaivae.
Balsamum peruvianum.
Bismutum subgallicum.
Bismutum subnitricum.
Bismutum subsalicylicum.
Bromoformium.
Calcaria chlorata.
Calcium phosphoricum.
Chininum ferro-citricum.
Chininum tannicum.
Chloralum formamidatum.
Choralum hydratum.
Chloroformium.
Cocaïnum hydrochloricum.
Codeïnum phosphoricum.
Ferrum lacticum.
Ferrum pulveratum.
Ferrum reductum.
Glycerinum.
Hydrargyrum bijodatum.
Hydrargyru chloratum.
Hydrargyrum oxydatum.
Hydrargyrum praecipitatum album.
Jodoformium.
Kalium bromatum.
Kalium carbonicum.
Kalium chloricum.
Kalium jodatum.
Kalium nitricum.
Kreosotum.
Liquor Ammonii caustici.
Liquor Ferri sesquichlorati.
Liquor Kalii arsenicosi.
Magnesia usta.
Magnesium carbonicum.
Morphium hydrochloricum.
Natrium bicarbonicum.
Natrium bromatum.
Natrium nitricum.
Natrium sulfuricum.
Phenacetinum.
Phenylum salicylicum.
Pyrazolonum phenyldimethylicum.
Pyrazolonum phenyldimethylicum sali cylicum.
Stibium sulfuratum aurantiacum.
Sulfur praecipitatum.
Tartarus depuratus.
Tartarus natronatus.
Tartarus stibiatus.
Zincum oxydatum.
Zincum sulfuricum.

Als Ergänzung zur Prüfungsordnung für Apotheker sind noch zwei frühere Bundesratsbeschlüsse anzusehen, welche die Zulassung von Apothekergehilfen in deutschen Apotheken betreffen. Diese mit den Bekanntmachungen des Reichskanzlers vom 13. Januar 1883 und vom 12. Februar 1902 veröffentlichten Beschlüsse des Bundesrats bleiben zufolge Bundesratsbeschlusses vom 5. Mai 1904 durch die Prüfungsordnung für Apotheker unberührt.

Die Beschlüsse lauten:

Bk. des Reichskanzlers vom 13. Januar 1883.

Der Bundesrat hat beschlossen, die Bekanntmachung, betreffend die Prüfung der Apothekergehilfen, vom 13. November 1875 durch die nachstehende Vorschrift zu ergänzen:

„Als Apothekergehilfe darf nur servieren, wer den maßgebenden Vorschriften über die Prüfung der Apothekergehilfen durchweg genügt hat.“

Bk. des Reichskanzlers vom 12. Februar 1902.

Der Bundesrat hat beschlossen, die Bekanntmachung vom 13. Januar 1883 durch folgende Vorschrift zu ergänzen:

„Der Reichskanzler wird ermächtigt, in Übereinstimmung mit der zuständigen Landeszentralbehörde in besonderen Fällen Personen, welche die Prüfung der Apothekergehilfen im Inlande nicht abgelegt haben, mit Rücksicht auf eine im Auslande abgelegte gleichartige Prüfung ausnahmsweise in einer deutschen Apotheke als Apothekergehilfe zuzulassen.“

IV. Verkehr mit Arzneimitteln außerhalb der Apotheken.

Maßgebend für den Umfang des außerhalb der Apotheken zugelassenen Arzneihandels sind die auf Grund von § 6 Abs. 2 der Gew.O. ergangene Kaiserliche Verordnung betreffend den Verkehr mit Arzneimitteln und deren Ergänzungen[1]). Die diesbezüglichen Verordnungen lauten:

[1]) Zubereitungen und Stoffe, welche nicht unter diese Verordnungen fallen, sind damit, *sofern sie nicht zu den Giften gehören* und mit Ausnahme von *Süßstoff*, dem freien Verkehr überlassen. Polizeiverordnungen, welche noch weitergehende Beschränkungen oder Verbote des Feilhaltens und Verkaufens von Arzneimitteln außerhalb der Apotheken festsetzen, sind ungültig (K.G. 16. Juni 1898, K.G.A. II, S. 239 und 276; 4. Mai 1899, K.G.A. III, S. 378; 16. Dezember 1901, K.G.A. IV, S. 600; 25. September 1905, Ph.Ztg. 1905, Nr. 78).

Soweit die freigegebenen Zubereitungen und Stoffe aber zu den *Giften* gehören, dürfen sie außerhalb der Apotheken nur von konzessionierten Gifthändlern und nur unter den in der Giftverordnung angegebenen Bedingungen feilgehalten und verkauft werden (K.G. 11. Dezember 1899, K.G.A. III, S. 397. Näheres hierüber in Teil XVII). Der Umfang des zugelassenen Gifthandels ist im übrigen nicht allgemein festgelegt, sondern richtet sich vielmehr danach, für welche Gifte im Einzelfalle die behördliche Genehmigung nachgesucht bzw. erteilt worden ist. Gifte, welche im Verzeichnis B der Verordnung vom 22. Oktober 1901 angeführt sind, bleiben natürlich unter allen Umständen vom Kleinhandel außerhalb der Apotheken ausgeschlossen (K.G. 10. Mai 1900, K.G.A. III, S. 379).

Das Feilhalten und der Verkauf von *Süßstoff* ist durch das Süßstoffgesetz vom 7. Juli 1902 (s. Teil XI) außerhalb der Apotheken überhaupt verboten. Ebenso darf der Zwischenhandel mit süßstoffhaltigen Nahrungs- und Genußmitteln nur durch die Apotheken erfolgen.

Verordnung, betr. den Verkehr mit Arzneimitteln.[1])

Vom 22. Oktober 1901 (R.G.Bl. S. 380).

Wir Wilhelm, von Gottes Gnaden Deutscher Kaiser, König von Preußen usw. verordnen im Namen des Reichs auf Grund der Bestimmungen im § 6 Abs. 2 der Gewerbeordnung (R.G.Bl. 1900 S. 871), was folgt[2]):

§ 1. Die in dem angeschlossenen Verzeichnisse A aufgeführten Zubereitungen dürfen, ohne Unterschied, ob sie heilkräftige Stoffe enthalten oder nicht, als Heilmittel (Mittel zur Beseitigung oder Linderung von Krankheiten bei Menschen oder Tieren) außerhalb der Apotheken nicht feilgehalten oder verkauft werden.

Dieser Bestimmung unterliegen von den bezeichneten Zubereitungen, soweit sie als Heilmittel feilgehalten oder verkauft werden,

a. kosmetische Mittel[3]) (Mittel zur Reinigung, Pflege oder Färbung der Haut, des Haares oder der Mundhöhle). Desinfektionsmittel und Hühneraugenmittel nur dann, wenn sie Stoffe enthalten, welche in den Apotheken ohne Anweisung eines Arztes, Zahnarztes oder Tierarztes nicht abgegeben werden dürfen[4]), kosmetische Mittel außerdem auch dann, wenn sie Kreosot, Phenylsalicylat oder Resorcin enthalten;

b. künstliche Mineralwässer nur dann, wenn sie in ihrer Zusammensetzung natürlichen Mineralwässern nicht entsprechen und zugleich Antimon, Arsen, Baryum, Chrom, Kupfer, freie Salpetersäure, freie Salzsäure oder freie Schwefelsäure enthalten.

Auf Verbandstoffe (Binden, Gazen, Watten und dergleichen), auf Zubereitungen zur Herstellung von Bädern, sowie auf Seifen zum äußerlichen Gebrauche findet die Bestimmung im Abs. 1 nicht Anwendung.

§ 2. Die in dem angeschlossenen Verzeichnisse B aufgeführten Stoffe dürfen außerhalb der Apotheken nicht feilgehalten oder verkauft werden.

§ 3. Der Großhandel unterliegt den vorstehenden Bestimmungen nicht. Gleiches gilt für den Verkauf der im Verzeichnisse B aufgeführten Stoffe an Apotheken oder an solche öffentliche Anstalten, welche Untersuchungs- oder Lehrzwecken dienen und nicht gleichzeitig Heilanstalten sind.

§ 4. Der Reichskanzler ist ermächtigt, weitere, im einzelnen bestimmt zu bezeichnende Zubereitungen, Stoffe und Gegenstände von dem Feilhalten und Verkaufen außerhalb der Apotheken auszuschließen[5]).

§ 5. Die gegenwärtige Verordnung tritt mit dem 1. April 1902 in Kraft. Mit demselben Zeitpunkte treten die Verordnungen, betreffend den

---

[1]) Ein ausführlicher Kommentar zu der Verordnung ist erschienen unter dem Titel: Die reichsgesetzlichen Bestimmungen über den Verkehr mit Arzneimitteln außerhalb der Apotheken. Unter Benutzung der Entscheidungen der deutschen Gerichtshöfe erläutert von Dr. H. Böttger, Redakteur der Pharmazeutischen Zeitung. Vierte vermehrte Auflage. Berlin 1902. Verlag von Julius Springer.

[2]) Übertretungen der Verordnung werden nach § 367, 3 Str.G.B. bestraft (siehe Teil VIII).

[3]) Hierbei ist auch § 3 des Gesetzes betr. die Verwendung gesundheitsschädlicher Farben bei der Herstellung von Nahrungsmitteln, Genußmitteln und Gebrauchsgegenständen vom 5. Juli 1887 (s. Teil XI) zu berücksichtigen.

[4]) S. Teil XV.

[5]) Von dieser Ermächtigung hat der Reichskanzler in der Verordnung vom 1. Oktober 1903 Gebrauch gemacht (s. S. 44).

Verkehr mit Arzneimitteln, vom 27. Januar 1890, 31. Dezember 1894, 25. November 1895 und 19. August 1897 (R.G.Bl. 1890 S. 9, 1895 S. 1 und 455, 1897 S. 707) außer Kraft.

Gegeben Neues Palais, Potsdam, den 22. Oktober 1901.

Wilhelm.

Graf von Posadowsky.

Verzeichnis A.[1]

1. Abkochungen und Aufgüsse (decocta et infusa);
2. Ätzstifte (styli caustici);
3. Auszüge in fester oder flüssiger Ferm (extracta et tincturae), ausgenommen:
   - Arnicatinktur,
   - Baldriantinktur, auch ätherische,
   - Benediktineressenz,
   - Benzoëtinktur,
   - Bischofessenz,
   - Eichelkaffeeextrakt,
   - Fichtennadelextrakt,
   - Fleischextrakt,
   - Himbeeressig,
   - Kaffeeextrakt,
   - Lakritzen (Süßholzsaft), auch mit Anis,
   - Malzextrakt, auch mit Eisen, Lebertran oder Kalk,
   - Myrrhentinktur,
   - Nelkentinktur,
   - Teeextrakt von Blättern des Teestrauches,
   - Vanillentinktur,
   - Wachholderextrakt;
4. Gemenge, trockene von Salzen, oder zerkleinerten Substanzen, oder von beiden untereinander, auch wenn die zur Vermengung bestimmten einzelnen Bestandteile gesondert verpackt sind (pulveres, salia et species mixta), sowie Verreibungen jeder Art (triturationes), ausgenommen:
   - Brausepulver aus Natriumbikarbonat und Weinsäure, auch mit Zucker oder ätherischen Ölen gemischt,
   - Eichelkakao, auch mit Malz,
   - Hafermehlkakao,
   - Riechsalz,
   - Salicylstreupulver,
   - Salze, welche aus natürlichen Mineralwässern bereitet oder den solchergestalt bereiteten Salzen nachgebildet sind,
   - Schneeberger Schnupftabak mit einem Gehalte von höchstens 3 Gewichtsteilen Nießwurzel in 100 Teilen des Schnupftabaks;
5. Gemische, flüssige und Lösungen (mixturae et solutiones) einschließlich gemischte Balsame, Honigpräparate und Syrupe, ausgenommen:
   - Ätherweingeist (Hoffmannstropfen),
   - Ameisenspiritus,
   - Aromatischer Essig,
   - Bleiwasser, mit einem Gehalte von höchstens zwei Gewichtsteilen Bleiessig in 100 Teilen der Mischung,
   - Eukalyptuswasser,
   - Fenchelhonig,
   - Fichtennadelspiritus (Waldwollextrakt),
   - Franzbranntwein mit Kochsalz,
   - Kalkwasser, auch mit Leinöl,
   - Kampferspiritus,
   - Karmelitergeist,
   - Lebertran mit ätherischen Ölen,
   - Mischungen von Ätherweingeist, Kampferspiritus, Seifenspiritus Salmiakgeist und Spanischpfeffertinktur, oder von einzelnen dieser fünf Flüssigkeiten unter-

---

[1]) Den gleichen Bestimmungen wie die im Verzeichnis A angegebenen Zubereitungen unterliegen laut Verordnung des Reichskanzlers vom 1. Oktober 1903 (s. S. 44) die drei pharmazeutischen Spezialitäten: Heß' Eukalyptusmittel, Homeriana und Weidemanns russischer Knöterichtee.

einander zum Gebrauche für Tiere, sofern die einzelnen Bestandteile der Mischungen auf den Gefäßen, in denen die Abgabe erfolgt, angegeben werden,
Obstsäfte mit Zucker, Essig oder Fruchtsäuren eingekocht,
Pepsinwein,
Rosenhonig, auch mit Borax,
Seifenspiritus,
weißer Syrup;

6. Kapseln, gefüllte, von Leim (Gelatine) oder Stärkemehl (capsulae gelatinosae et amylaceae repletae), ausgenommen solche Kapseln, welche
Brausepulver der unter Nr. 4 angegebenen Art,
Copaïvabalsam,
Lebertran,
Natriumbikarbonat,
Ricinusöl oder
Weinsäure
enthalten;

7. Latwergen (electuaria);

8. Linimente (Linimenta), ausgenommen flüchtiges Liniment;

9. Pastillen (auch Plätzchen und Zeltchen), Tabletten, Pillen und Körner (pastilli-rotulae et trochisci-, tabulettae, pilulae et granula), ausgenommen:
aus natürlichen Mineralwässern oder aus künstlichen Mineralquellsalzen bereitete Pastillen,
einfache Molkenpastillen,
Pfefferminzplätzchen,
Salmiakpastillen, auch mit Lakritzen und Geschmackzusätzen, welche nicht zu den Stoffen des Verzeichnisses B gehören,
Tabletten aus Saccharin[1]) Natriumbikarbonat oder Brausepulver, auch mit Geschmackzusätzen, welche nicht zu den Stoffen des Verzeichnisses B gehören;

10. Pflaster und Salben emplastra et unguenta), ausgenommen:
Bleisalbe zum Gebrauche für Tiere,
Borsalbe zum Gebrauche für Tiere,
Cold-Cream, auch mit Glyzerin, Lanolin oder Vaselin,
Pechpflaster, dessen Masse lediglich aus Pech, Wachs, Terpentin und Fett oder einzelnen dieser Stoffe besteht,
englisches Pflaster,
Heftpflaster,
Hufkitt,
Lippenpomade,
Pappelpomade,
Salicyltalg,
Senfleinen,
Senfpapier,
Terpentinsalbe zum Gebrauche für Tiere,
Zinksalbe zum Gebrauche für Tiere;

11. Suppositorien (suppositoria) in jeder Form (Kugeln, Stäbchen, Zäpfchen oder dgl., sowie Wundstäbchen (cereoli).

Verzeichnis B.

Bei den mit * versehenen Stoffen sind auch die Abkömmlinge der betreffenden Stoffe sowie die Salze der Stoffe und ihrer Abkömmlinge inbegriffen.

*Acetanilidum.
Acida chloracetica.
Acidum benzoïcum e resina sublimatum.
Acidum camphoricum.
Acidum cathartinicum.
Acidum cinnamylicum.
Acidum chrysophanicum.
Acidum hydrobromicum.
Acidum hydrocyanicum.
*Acidum lacticum.
*Acidum osmicum.
Acidum sclerotinicum.
*Acidum sozojodolicum.

[1]) Die Freigabe der Saccharintabletten ist durch das Süßstoffgesetz vom 7. Juli 1902 (s. Teil XI) aufgehoben.

Acidum succinicum.
*Acidum sulfocarbolicum.
*Acidum valerianicum.
*Aconitinum.
Actolum.
Adonidinum.
Aether bromatus.
Aether chloratus.
Aether jodatus.
Aethyleni praeparata.
Aethylidenum bichloratum.
Agaricinum.
Airolum.
Aluminium acetico tartaricum.
Ammonium chloratum ferratum.
Amylenum hydratum.
Amylium nitrosum.
Anthrarobinum.
*Apomorphinum.
Aqua Amygdalarum amararum.
Aqua Lauro-cerasi.
Aqua Opii.
Aqua vulneraria spirituosa.
*Arecolinum.
Argentaminum.
Argentolum.
Argoninum.
Aristolum.
Arsenium jodatum.
*Atropinum.
Betolum.
Bismutum bromatum.
Bismutum oxyjodatum.
Bismutum subgallicum (Dermatolum).
Bismutum subsalicylicum.
Bismutum tannicum.
Blatta orientalis.
Bromalum hydratum.
Bromoformium.
*Brucinum.
Bulbus Scillae siccatus.
Butylchloralum hydratum.
Camphora monobromata.
Cannabinonum.
Cannabinum tannicum.
Cantharides.
Cantharidinum.
Cardolum.
Castoreum canadense.
Castoreum sibiricum.
Cerium oxalicum.
*Chinidinum.
*Chininum.
Chinoïdinum.
Chloralum formamidatum.
Chloralum hydratum.
Chloroformium.
Chrysarobinum.
*Cinchonidinum.
Cinchoninum.
*Cocaïnum.
*Coffeïnum.
Colchicinum.
*Coniinum.
Convallamarinum.
Convallarinum.
Cortex Chinae.
Cortex Condurango.
Cortex Granati.
Cortex Mezereï.
Cotoinum.
Cubebae.
Cuprum aluminatum.
Cuprum salicylicum.
Curare.
*Curarinum.
Delphininum.
*Digitalinum.
*Digitoxinum.
*Duboisinum.
*Emetinum.
*Eucainum.
Euphorbium.
Europhenum.
Fel tauri depuratum siccum.
Ferratinum.
Ferrum arsenicicum.
Ferrum arsenicosum.
Ferrum carbonicum saccharatum.
Ferrum citricum ammoniatum.
Ferrum jodatum saccharatum.
Ferrum oxydatum dialysatum.
Ferrum oxydatum saccharatum.
Ferrum peptonatum.
Ferrum reductum.
Ferrum sulfuricum oxydatum ammoniatum.
Ferrum sulfuricum siccum.
Flores Cinae.
Flores Koso.
Folia Belladonnae.
Folia Bucco.
Folia Cocae.
Folia Digitalis.
Folia Jaborandi.

Folia Rhois toxicodendri.
Folia Stramonii.
Fructus Papaveris immaturi.
Fungus laricis.
Galbanum.
*Guajacolum.
Hamamelis virginica.
Haemalbuminum.
Herba Aconiti.
Herba Adonidis.
Herba Cannabis indicae.
Herba Cicutae virosae.
Herba Conii.
Herba Gratiolae.
Herba Hyoscyami.
Herba Lobeliae.
*Homatropinum.
Hydrargyrum aceticum.
Hydrargyrum bijodatum.
Hydrargyrum bromatum.
Hydrargyrum chloratum.
Hydrargyrum cyanatum.
Hydrargyrum formamidatum.
Hydrargyrum jodatum.
Hydrargyrum oleïnicum.
Hydrargyrum oxydatum via humida paratum.
Hydrargyrum peptonatum.
Hydrargyrum praecipitatum album.
Hydrargyrum salicylicum.
Hydrargyrum tannicum oxydulatum.
*Hydrastininum.
*Hyoscyaminum.
Itrolum.
Jodoformium.
Jodolum.
Kaïrinum.
Kaïrolinum.
Kalium jodatum.
Kamala.
Kosinum.
Kreosotum (e ligno paratum).
Lactopheninum.
Lactucarium.
Larginum.
Lithium benzoïcum.
Lithium salicylicum.
Losophanum.
Magnesium citricum effervescens.
Magnesium salicylicum.
Manna.
Methylenum bichloratum.
Methylsulfonalum (Trionalum).
Muscarinum.
Natrium aethylatum.
Natrium benzoïcum.
Natrium jodatum.
Natrium pyrophosphoricum ferratum.
Natrium salicylicum.
Natrium santoninicum.
Natrium tannicum.
*Nosophenum.
Oleum Chamomillae aethereum.
Oleum Crotonis.
Oleum Cubebarum.
Oleum Matico.
Oleum Sabinae.
Oleum Santali.
Oleum Sinapis.
Oleum Valerianae.
Opium, ejus alcaloida eorumque salia et derivata eorumque salia. (Codeïnum, Heroïnum, Morphinum, Narceïnum, Narcotinum, Peroninum, Thebaïnum, et alia).
*Orexinum.
*Orthoformium.
Paracotoïnum.
Paraldehydum.
Pasta Guarana.
*Pelletierinum.
*Phenacetinum.
*Phenocollum.
*Phenylum salicylicum (Salolum).
*Physostigminum (Eserinum).
Picrotoxinum.
*Pilocarpinum.
*Piperazinum.
Plumbum jodatum.
Plumbum tannicum.
Podophyllinum.
Praeparata organotherapeutica.
Propylaminum.
Protargolum.
*Pyrazolonum phenyldimethylicum (Antipyrinum).
Radix Belladonnae.
Radix Colombo.
Radix Ipecacuanhae.
Radix Gelsemii.
Radix Rheï.
Radix Sarsaparillae.
Radix Senegae.
Resina Jalapae.

Resina Scammoniae.
Resorcinum purum.
Rhizoma Filicis.
Rhizoma Hydrastis.
Rhizoma Veratri.
Salia glycerophosphorica.
Salophenum.
Santoninum.
*Scopolaminum.
Secale cornutum.
Semen Calabar.
Semen Colchici.
Semen Hyoscyami.
Semen St. Ignatii.
Semen Stramonii.
Semen Strophanthi.
Semen Strychni.
Sera therapeutica, liquida et sicca, et eorum praeparata ad usum humanum.
*Sparteïnum.
Stipites Dulcamarae.
*Strychninum.
*Sulfonalum.
Sulfur jodatum.
Summitates Sabinae.
Tannalbinum.
Tannigenum.
Tannoformium.
Tartarus stibiatus.
Terpinum hydratum.
Tetronalum.
*Thallinum.
*Theobrominum.
Thioformium.
*Tropacocaïnum.
Tubera Aconiti.
Tubera Jalapae.
Tuberculinum.
Tuberculocidinum.
*Urethanum.
*Urotropinum.
Vasogenum et ejus praeparata.
*Veratrinum.
Xeroformium.
*Yohimbinum.
Zincum aceticum.
Zincum chloratum purum.
Zincum cyanatum.
Zincum permanganicum.
Zincum salicylicum.
Zincum sulfoichthyolicum.
Zincum sulfuricum purum.

Bekanntmachung, betr. den Verkehr mit Arzneimitteln.

Vom 1. Oktober 1903 (R.G.Bl. S. 281).

Auf Grund des § 4 der Kaiserl. Verordnung, betreffend den Verkehr mit Arzneimitteln, vom 22. Oktober 1901 (R.G.Bl. S. 380) wird bestimmt:

Eukalyptusmittel Heß' (Eukalyptol und Eukalyptusöl Heß'),

Homeriana (auch Brusttee Homeriana, russischer Knöterich, Polygonum aviculare)[1]) und

Knöterichtee, russischer, Weidemanns (auch russischer Knöterich- oder Brusttee Weidemanns)[1])

werden vom 1. Januar 1904 ab von dem Feilhalten und Verkaufen außerhalb der Apotheken unbeschadet der Bestimmung im § 3 der bezeichneten

---

[1]) Über den Verkehr mit Knöterich erging nachstehende erläuternde Bekanntmachung des preußischen Medizinalministers vom 8. März 1905:

Die Bekanntmachung des Herrn Reichskanzlers, betreffend den Verkehr mit Arzneimitteln, vom 1. Oktober 1903, hat mehrfach die Auslegung erhalten, daß Vogelknöterich, oder wenigstens russischer Knöterich in jeder Form, vom Großhandel abgesehen, unter allen Umständen als Heilmittel nur in Apotheken feilgehalten oder verkauft werden dürfe. Diese Auslegung ist nicht zutreffend und entspricht nicht der gesetzlichen Absicht . . .

Der Vorschrift der Bekanntmachung vom 1. Oktober 1903 unterliegen nicht Knöterich oder Knöterichtee schlechthin, sondern nur die als „Homeriana" oder als „Weidemanns russischer Knöterichtee" in den Handel kommenden Waren, diese allerdings auch dann, wenn sie unter den in der Bekanntmachung aufgeführten anderen Bezeichnungen vertrieben werden.

Verordnung mit der Wirkung ausgeschlossen, daß auf sie die Bestimmung des § 1 Abs. 1 der Verordnung Anwendung findet.

Berlin, den 1. Oktober 1903.

Der Stellvertreter des Reichskanzlers.

Graf von Posadowsky.

Der durch vorstehende Verordnungen freigegebene Arzneiverkehr spielt sich in den Drogenhandlungen ab, denen sich als besondere Abart noch die sogenannten Drogenschränke beigesellt haben. Diese Geschäfte unterliegen in Preußen einer doppelten Besichtigung, einmal und zwar alljährlich durch Kommissare der Ortspolizeibehörde, und zweitens in der Regel alle drei Jahre durch die staatlichen Apothekenrevisionskommissionen. Die wesentlichsten hierüber sowie über den Betrieb der Drogenhandlungen bestehenden Vorschriften sind folgende[1]):

Min.-Erl., betr. Grundzüge über die Regelung des Verkehrs mit Arzneimitteln außerhalb der Apotheken und die Beaufsichtigung desselben. Vom 22. Dezember 1902.

Um die in den einzelnen Landesteilen bestehenden Bestimmungen über Einrichtung und Betrieb der Drogen-, Material-, Farben- und ähnlicher Handlungen einheitlich zu gestalten, habe ich den Erlaß über die Besichtigung solcher Handlungen vom 1. Februar 1894 nach Anhörung von Vertretern des Apotheker- und des Drogistenstandes einer Umarbeitung unterworfen. Dabei sind die auf den gemeinschaftlichen Erlaß vom 10. Februar 1900 erstatteten Berichte in der Weise verwertet worden, daß die von der Mehrzahl der Berichterstatter befürworteten Vorschläge tunlichste Berücksichtigung gefunden haben.

Im Einverständnis mit den Herren Ministern des Innern und für Handel und Gewerbe lasse ich Ew. Hochwohlgeboren die beifolgenden Grundzüge über die Regelung des Verkehrs mit Arzneimitteln außerhalb der Apotheken mit dem ergebensten Ersuchen zugehen, auf Grund derselben in dem dortseitigen Bezirke, soweit es noch nicht geschehen sein sollte, eine entsprechende Polizeiverordnung zu erlassen bzw. bestehende Verordnungen entsprechend abzuändern (vgl. § 367 Nr. 5 des Reichsstrafgesetzbuchs)[2]).

Für die Ausführung der Aufsicht über die genannten Verkaufsstellen füge ich folgende Anweisung hinzu:

1. Verkaufsstellen, an welchen Arzneimittel, Gifte oder giftige Farben feilgehalten werden, sind nebst den zugehörigen Vorrats- und Arbeitsräumen sowie dem Geschäftszimmer des Inhabers der Handlung in der Regel alljährlich einmal unvermutet zu besichtigen.

2. Die Besichtigung erfolgt durch die Ortspolizeibehörde unter Mitwirkung eines approbierten Apothekers und, soweit tunlich, unter Zuziehung des zuständigen Kreisarztes, der in diesem Falle die Besich-

---

[1]) Eine erschöpfende Darlegung der Rechtsverhältnisse über den Betrieb und die Überwachung der Drogenhandlungen in Preußen ist unter Anführung der einzelnen darüber ergangenen Polizeiverordnungen gegeben in: Betriebsvorschriften für Drogen- und Gifthandlungen in Preußen. Zum Gebrauche für Gewerbetreibende und Behörden bearbeitet von E. Urban, Redakteur an der Pharmazeutischen Zeitung. Berlin 1906. Verlag von Julius Springer.

[2]) Derartige Verordnungen sind in allen preußischen Regierungsbezirken mit Ausnahme von Sigmaringen erlassen worden. Sie zeigen jedoch im einzelnen mehrfache Abweichungen von den vom Minister angegebenen Grundzügen.

tigung leitet. In seinem Wohnorte leitet der Kreisarzt stets die Besichtigung. Ein Apotheker darf an dem Orte, in welchem er eine Apotheke besitzt, an der Besichtigung nur teilnehmen, wenn der Ort über 20 000 Seelen zählt; auch in solchen Orten ist von der Mitwirkung eines dort geschäftlich angesessenen Apothekers in den Fällen abzusehen, in denen die zu besichtigende Handlung als Konkurrenzgeschäft für dessen Apotheke zu betrachten ist[1]).

3. Bevollmächtigten der höheren Medizinalbehörden steht außerdem die Besichtigung der Verkaufsstellen jederzeit frei.

4. Über die Besichtigung ist unter Zuziehung des Geschäftsinhabers oder seines Beauftragten an Ort und Stelle eine Niederschrift aufzunehmen, von welcher dem Geschäftsinhaber auf Antrag kostenpflichtig Abschrift zu erteilen ist.

5. Über den Besichtigungsplan hat sich die Polizeibehörde mit dem Kreisarzte rechtzeitig vertraulich zu verständigen. Die Entscheidung darüber, ob den zur Tragung einer Uniform verpflichteten Polizeibeamten für die Mitwirkung bei der Besichtigung die Anlegung von Zivilkleidern aufzuerlegen oder zu gestatten ist, wird Ew. Hochwohlgeboren Ermessen überlassen. Die Polizeibehörde wird zweckmäßig durch Hilfsbeamte der Staatsanwaltschaft vertreten werden, um erforderlichenfalls sofort Beschlagnahmen ausführen zu können.

6. Bei der Besichtigung ist festzustellen:

a. Ob der Betrieb nur in den der Polizeibehörde angezeigten Räumen stattfindet. Die Durchsuchung anderer Räume darf nur unter Beobachtung der Vorschriften der §§ 102 und flg. der Reichsstrafprozeßordnung[2]) erfolgen.

b. Ob die Bestimmungen der Kaiserlichen Verordnung, betreffend den Verkehr mit Arzneimitteln vom 22. Oktober 1901 — R.G.Bl. S. 380 — innegehalten sind, insbesondere, ob etwa in den Nebenräumen namentlich der Drogenhandlungen Arzneien auf ärztliche Verordnungen angefertigt werden.

c. Ob die Aufbewahrung der Gifte und der Verkehr mit denselben den Vorschriften der Polizeiverordnungen über den Handel mit Giften vom 24. August 1895 und vom 16. Oktober 1901[3]) entsprechen. Auch die Konzession zum Gifthandel ist einzusehen und das Giftbuch nebst Giftscheinen auf ordnungsmäßige Führung zu prüfen.

d. Die Besichtigung hat sich ferner auf die Aufstellung und Aufbewahrung sämtlicher Arzneimittel, der indirekten Gifte und der

---

[1]) Eine Erläuterung dieser Bestimmung, die in der früheren Revisionsanweisung den gleichen Wortlaut hatte, wurde in nachstehender Verfügung der Minister des Innern und für Medizinalangelegenheiten vom 16. Oktober 1894 gegeben:

Auf die Berichte vom . . . betreffend die Besichtigung von Drogenhandlungen, erwidern wir ergebenst, daß kein Apotheker dazu angehalten werden kann, bei solchen Besichtigungen mitzuwirken; dagegen daß ein approbierter Apotheker, welcher nicht Besitzer einer Apotheke ist, zu der Besichtigung zugezogen wird, haben wir nichts zu erinnern. Auch sind wir damit einverstanden, daß der Kreisarzt in den Fällen, in welchen die approbierten Apotheker der Nachbarorte eine Teilnahme an der Besichtigung ablehnen, befugt ist, dieselbe mit dem Polizeiverwalter oder dessen Vertreter allein vorzunehmen. Die Zuziehung von entfernter wohnenden Apothekern hat zur Vermeidung von Kosten zu unterbleiben. Daß der Polizeiverwalter sich durch einen Sekretär oder Sergeanten vertreten läßt, erscheint unbedenklich.

[2]) Diese Vorschriften sind in Teil VIII abgedruckt.

[3]) Jetzt Verordnung vom 22. Februar 1906 (s. Teil XVII).

giftigen Farben und Trennung der arzneilichen Stoffe von den Nahrungs- und Genußmitteln zu erstrecken.

e. Auch ist festzustellen, ob die vorgeschriebenen Sondergeräte für die Gifte und differenten Mittel (Wagen, Löffel, Mörser) vorrätig, gehörig bezeichnet und sauber gehalten sind.

Präzisierte Wagen und Gewichte, sowie besondere Wagen für unschädliche Arzneimittel sind nicht erforderlich.

Die Vorschriften der Polizeiverordnungen über den Handel mit Giften vom 24. August 1895 und 16. Oktober 1901[1]) bleiben für die Bezeichnung der Gefäße sowie auch im übrigen unberührt.

7. Bei der Beurteilung der Güte der Waren in denjenigen Handlungen, in welchen Arzneistoffe feilgehalten werden, sind nicht so strenge Anforderungen zu stellen, wie an die Beschaffenheit der Arzneistoffe in Apotheken.

8. Vorschriftswidrige Waren sind mit zu Protokoll gegebener Zustimmung des Geschäftsinhabers oder seines Vertreters zu vernichten; falls die Zustimmung versagt wird, sind sie in geeigneter Weise, z. B. durch amtliche Versiegelung, bis zur richterlichen Entscheidung aus dem Verkehr zu ziehen.

In dem Strafverfahren ist für den Fall der Verurteilung die Einziehung der vorschriftswidrigen Ware nach Maßgabe der gesetzlichen Bestimmungen zu beantragen.

Für die Beseitigung kleiner, offenbar auf Unwissenheit oder Irrtum beruhender Mängel, geringer Unordnung und Unsauberkeit in den Verkaufs- und Nebenräumen hat die Polizeibehörde unter Hinweis auf den Befund der Besichtigung Sorge zu tragen. Gröbere Verstöße, erhebliche Unordnung und Unsauberkeit sind ernstlich zu rügen und im Wiederholungsfalle zur Bestrafung zu bringen.

Wegen der Übertretung der Vorschriften der Kaiserlichen Verordnung vom 22. Oktober 1901 und der Polizeiverordnungen, betreffend den Verkehr mit Giften vom 24. August 1895 und 16. Oktober 1901[1]) hat die Polizeiverwaltung auf Grund des Gesetzes vom 23. April 1883 in Verbindung mit der Ausführungsanweisung vom 8. Juni desselben Jahres die Strafe festzusetzen, wenn nicht nach Beschaffenheit der Umstände eine die Zuständigkeit der Ortspolizei überschreitende Strafe angemessen erscheint, in welchem Falle die gerichtliche Verfolgung durch den Amtsanwalt zu veranlassen ist. Mit besonderer Strenge sind Fälle der Anfertigung von Arzneien zu verfolgen; auch ist gegebenenfalls auf Grund des § 35 Abs. 4 der Gewerbeordnung für das Deutsche Reich (in der Fassung der Bekanntmachung des Reichskanzlers vom 26. Juli 1900) zu verfahren.

9. Der Kreisarzt hat eine Zusammenstellung der unter seiner Leitung stattgehabten Besichtigungen in Gemäßheit der Vorschrift des § 55 der Dienstanweisung für die Kreisärzte vom 23. März 1901 Ew. Hochwohlgeboren mit dem Jahresberichte einzureichen.

Gelegentlich der Apothekenbesichtigungen haben die Bevollmächtigten auch die hier gedachten Verkaufsstellen einer Besichtigung nach vorstehenden Grundsätzen zu unterwerfen und die darüber aufgenommenen Verhandlungen Ihnen einzureichen[2]).

---

[1]) Jetzt Verordnung vom 22. Februar 1906 (s. Teil XVII).

[2]) In Übereinstimmung hiermit sagt die Anweisung für die amtliche Besichtigung der Apotheken vom 18. Februar 1902 (s. Teil XVIII) in:

§ 27. Soweit möglich, haben die Bevollmächtigten auch Drogenhandlungen, welche an demselben Orte sich befinden wie die besichtigten Apotheken, nach den darüber bestehenden Vorschriften zu besichtigen.

10. Die durch die Besichtigung der Verkaufsstellen usw. entstehenden Ausgaben sind als Kosten der örtlichen Polizeiverwaltung zu betrachten und fallen denjenigen zur Last, welche diese Kosten nach dem bestehenden Rechte zu tragen haben.

11. Auf Geschäfte, welche ausschließlich Großhandel betreiben, finden die vorstehenden Vorschriften keine Anwendung.

Berlin, den 22. Dezember 1902.

Der Minister der geistlichen usw. Angelegenheiten.
Studt.

Grundzüge über die Regelung des Verkehrs mit Arzneimitteln außerhalb der Apotheken.

1. Wer den Verkauf von Arzneimitteln außerhalb der Apotheken betreiben will, hat in Zukunft zugleich mit der durch § 35 Abs. 6 der Gewerbeordnung für das Deutsche Reich (in der Fassung der Bekanntmachung des Reichskanzlers vom 26. Juli 1900) vorgeschriebenen Anzeige einen Lageplan und eine genaue Angabe der Betriebsräume einschließlich des Geschäftszimmers (Bureau, Kontor) zu den Akten der Ortspolizeibehörden einzureichen.

Andere als die bezeichneten Räume dürfen weder als Betriebs- noch als Vorrats- oder Arbeitsräume benutzt werden.

Auch die Aufstellung von sogenannten Drogenschränken ist genau anzugeben.

2. Sämtliche Räume, sowie die Behältnisse für Arzneimittel und Arzneistoffe sind stets ordentlich und sauber zu halten.

3. Die Behältnisse für die nicht zu den Giften zählenden Arzneimittel sollen mit lateinischen und in gleicher Schriftgröße ausgeführten deutschen Bezeichnungen, welche dem Inhalt entsprechen, in haltbarer schwarzer Schrift auf weißem Grunde versehen sein. Bezeichnungen in anderen Sprachen sind unzulässig.

Lediglich für den Gebrauch in der Tierbehandlung dem freien Verkehr überlassene Arzneimittel sind durch die Bezeichnung

„Tierheilmittel“

auf dem Behältnis kenntlich zu machen.

Zur Herstellung der in Absatz 1 verlangten Bezeichnungen ist für bestehende Handlungen eine Übergangszeit bis zum 31. Dezember 1906, sofern die derzeitigen Bezeichnungen bestehenden Polizeivorschriften entsprechen, bis zum 31. Dezember 1912 zu gewähren. Neue Einrichtungen sind den gegenwärtigen Vorschriften sogleich zu unterwerfen.

4. Die Behältnisse sind im Verkaufsraume, wie in den Vorratsräumen nach dem Alphabet — insoweit lateinische Bezeichnungen vorgeschrieben sind, nach dem Alphabet dieser Bezeichnungen — in Gruppen geordnet übersichtlich aufzustellen. In neuen Geschäften und bei Verlegung bestehender Geschäfte in neue Geschäftsräume hat die Aufstellung einreihig zu erfolgen. Vom 1. Januar 1907 ab ist ausschließlich die einreihige Aufstellung zulässig.

5. Arzneimittel, welche gleichzeitig als Nahrungs- oder Genußmittel dienen oder technische Verwendung finden, sind an der dem überwiegenden Gebrauch entsprechenden Stelle einzureihen.

6. Dasselbe Arzneimittel in ganzer, zerkleinerter oder pulverisierter Ware darf in gesonderten Fächern desselben Kastens auch in bezeichneten Papierbeuteln aufbewahrt werden.

7. Abgefaßte Arzneimittel können in verschlossenen Behältnissen vorrätig gehalten werden. Den Besichtigungsbevollmächtigten steht das Recht der Probeentnahme ohne Entschädigung zu.

8. Die vorhandenen Arzneimittel müssen echt und zum Gebrauche für Menschen und Tiere geeignet, dürfen weder verdorben, noch verunreinigt sein.

9. Auf Geschäfte, welche ausschließlich Großhandel betreiben, finden die vorstehenden Vorschriften keine Anwendung.

Min.-Erl., betr. die Überwachung der Schrankdrogisten.

Vom 5. Juli 1898.

Um den wirtschaftlichen und gesundheitlichen Gefahren, welche durch die neuerdings immer mehr aufkommenden sogenannten Schrankdrogisten herbeigeführt werden, wirksam zu begegnen, ersuchen wir ergebenst, die nachgeordneten Behörden, insbesondere auch die Medizinalbeamten zur strengsten Handhabung der folgenden Maßnahmen zu veranlassen:

Den Vorschriften über Besichtigung der Drogen- und ähnlicher Handlungen vom 1. Februar 1894[1]) unterliegen auch die Schrankdrogisten; dieselben sind nach § 35 Abs. 4 und 6 der Reichsgewerbeordnung (Novelle vom 6. August 1896) verpflichtet, den Handel mit Drogen und chemischen Präparaten, welche zu Heilzwecken dienen, der zuständigen Behörde anzumelden, widrigenfalls gemäß § 148 Ziffer 4 der Gewerbeordnung auf Geldstrafe bis zu 150 Mark und im Unvermögensfalle auf Haft bis zu vier Wochen erkannt werden kann. Ergibt die Besichtigung, daß die Handhabung des Gewerbebetriebes Leben oder Gesundheit von Menschen gefährdet, so ist der Handel laut § 35 der Gewerbeordnung zu untersagen. In dieser Beziehung kommt namentlich die mittelbare Gefährdung in Frage, insofern die rechtzeitige Anrufung des Arztes verzögert oder verhindert wird. Jene Gefährdung wird nicht nur durch Schrankrevisionen, sondern auch durch die anderweitig bekannte Art und Weise des Arzneiverkaufs festzustellen sein. Die Polizeibehörde wird die Beantragung der Untersagung des Handels schon dann in Erwägung zu ziehen haben, wenn nach ihren Ermittlungen der Schrankdrogist auch bei schweren, einen Arzt unbedingt erfordernden Krankheiten Arzneien verkauft.

Durch eine scharfe Kontrolle der Erfüllung der Anzeigepflicht, durch häufige und unerwartete eingehende Besichtigungen seitens der berufenen sachverständigen Personen, sowie durch Untersagung des Gewerbebetriebes in jedem Falle, in dem Leben oder Gesundheit von Menschen durch die Art der Ausübung des Betriebes gefährdet werden, wird es voraussichtlich gelingen, die Ausschreitungen der Schrankdrogisten und ihrer Lieferanten zu verhüten.

Berlin, den 5. Juli 1898.

Der Minister der geistlichen usw. Angelegenheiten.
I. A.: Förster.

Der Minister des Innern.
I. A.: von Bitter.

Der Minister für Handel und Gewerbe.
I. V.: Lohmann.

Neben den vorstehend wiedergegebenen Ministerialerlassen bestehen noch vielfach besondere Revisionsanweisungen der Regierungspräsidenten.

---

[1]) Jetzt 22. Dezember 1902 (s. S. 45).

V. Militär-Apothekenwesen.

In der deutschen Armee gibt es folgende Arten Militärapotheker:

a. Beim Landheer: Einjährig-freiwillige Militärapotheker, Stabsapotheker, Korpsstabsapotheker, 1. Oberstabsapotheker; dazu die Apotheker des Beurlaubtenstandes: Unterapotheker und Oberapotheker.

b. In der Marine: Marinestabsapotheker, Marineoberstabsapotheker, 1. Gouvernementsapotheker in Tsingtau. Einjährig-freiwillige Apotheker und Militärapotheker des Beurlaubtenstandes gibt es in der Marine nicht.

Die einjährig-freiwilligen Militärapotheker und Unterapotheker sind Personen des Soldatenstandes, die Oberapotheker, Stabs- und Korpsstabsapotheker sowie die Marinestabs- und Marineoberstabsapotheker obere Militärbeamte, der Oberstabsapotheker Zivilbeamter der Militärverwaltung, der Gouvernementsapotheker in Tsingtau Zivilbeamter der Gouvernementsverwaltung.

Zum Dienst als einjährig-freiwillige Militärapotheker werden nur solche zum einjährig-freiwilligen Dienst berechtigte junge Leute zugelassen, welche bereits ein halbes Jahr mit der Waffe gedient, das militärische Dienstzeugnis (siehe Seite 58) und die Approbation als Apotheker erworben haben.

Die Bestimmungen über die Militärdienstpflicht im allgemeinen und den einjährig-freiwilligen Dienst im besonderen sind niedergelegt in der Deutschen Wehrordnung. Die wichtigsten Punkte, die hier interessieren, sind folgende:

Deutsche Wehrordnung.

In der Fassung der Bk. vom 22. Juli 1901 (R.Z.Bl. Nr. 32).

§ 4. Wehrpflicht. 1. Jeder Deutsche ist wehrpflichtig und kann sich in Ausübung dieser Pflicht nicht vertreten lassen . . .

2. Diejenigen Wehrpflichtigen, welche zwar nicht zum Waffendienste, jedoch zu sonstigen militärischen Dienstleistungen, welche ihrem bürgerlichen Berufe entsprechen, fähig sind, können zu solchen herangezogen werden[1]).

3. Die Wehrpflicht beginnt mit dem vollendeten 17. Lebensjahre und dauert bis zum vollendeten 45. Lebensjahre.

§ 5. Gliederung der Wehrpflicht. 1. Die Wehrpflicht zerfällt in die Dienstpflicht und die Landsturmpflicht.

2. Die Dienstpflicht ist die Pflicht zum Dienste im Heere oder in der Marine. Während der Dauer der Wehrpflicht ist jeder Deutsche in der Regel vom vollendeten 20. Lebensjahre bis zum 31. März desjenigen Kalenderjahres, in welchem er das 39. Lebensjahr vollendet, dienstpflichtig.

3. Die Pflicht zum Dienste im Heere wird eingeteilt in:

a. aktive Dienstpflicht } Dienstpflicht im stehenden Heere,
b. Reservepflicht }
c. Landwehrpflicht,
d. Ersatzreservepflicht.

6. Alle nicht zum Dienste im Heere oder in der Marine eingezogenen Wehrpflichtigen sind landsturmpflichtig (§ 20).

§ 6. Dienstpflicht im stehenden Heere. 1. Die Dienstpflicht im stehenden Heere umfaßt die aktive Dienstpflicht und die Reservepflicht.

---

[1]) Diese Bestimmung hat für den Dienst der Apotheker keine Bedeutung, da jetzt auch die Militärapotheker vor ihrer halbjährigen Dienstzeit in einer Lazarettapotheke stets ein halbes Jahr bei der Waffe gedient haben müssen.

2. Die Dienstpflicht im stehenden Heere dauert sieben Jahre (vgl. jedoch § 11, 5).

§ 7. Aktive Dienstzeit im Heere. 1. Die aktive Dienstzeit wird nach dem wirklich erfolgten Dienstantritte mit der Maßgabe berechnet, daß diejenigen Mannschaften, welche in der Zeit vom 2. Oktober bis 31. März eingestellt werden, als am vorhergehenden 1. Oktober eingestellt gelten.

§ 8. Aktive Dienstzeit der Einjährig-Freiwilligen. 1. Junge Leute von Bildung, welche sich während ihrer Dienstzeit selbst bekleiden, ausrüsten und verpflegen und welche die gewonnenen Kenntnisse in dem vorgeschriebenen Umfange dargelegt haben, werden schon nach einer einjährigen aktiven Dienstzeit im stehenden Heere — vom Tage des Diensteintritts an gerechnet — zur Reserve beurlaubt.

§ 11. Reservepflicht. 1. Die Reservepflicht wird von demselben Zeitpunkt ab berechnet, wie die aktive Dienstpflicht, auch wenn in der Erfüllung der letzteren eine Unterbrechung stattgefunden hat[1]).

5. Die Versetzung aus der Reserve in die Landwehr ersten Aufgebots (§ 12, 1—3) erfolgt bei den nächsten auf Erfüllung der Dienstzeit im stehenden Heere folgenden Frühjahrskontrollversammlungen.

Nur diejenigen Mannschaften, deren Dienstzeit im stehenden Heere in der Zeit vom 1. April bis 30. September ihr Ende erreicht, werden bei den Herbstkontrollversammlungen des betreffenden Jahres zur Landwehr versetzt.

§ 12. Landwehrpflicht. 1. Die Landwehr wird in zwei Aufgebote eingeteilt.

2. Die Verpflichtung zum Dienste in der Landwehr ersten Aufgebots ist von fünfjähriger Dauer.

3. Der Eintritt in die Landwehr ersten Aufgebots erfolgt nach abgeleisteter Dienstpflicht im stehenden Heere.

4. Die Versetzung aus der Landwehr ersten Aufgebots in die Landwehr zweiten Aufgebots erfolgt nach erfüllter Dienstpflicht bei den Frühjahrskontrollversammlungen[2]). Nur diejenigen Mannschaften, deren Dienstzeit in der Zeit vom 1. April bis 30. September abläuft (vgl. § 11, 5 zweiter Absatz), treten bei den Herbstkontrollversammungen des betreffenden Jahres in die Landwehr zweiten Aufgebots über.

5. Die Verpflichtung zum Dienste in der Landwehr zweiten Aufgebots dauert bis zum 31. März desjenigen Kalenderjahrs, in welchem das 39. Lebensjahr vollendet wird.

7. Der Übertritt aus der Landwehr zweiten Aufgebots zum Landsturm zweiten Aufgebots (§ 20, 2—5) erfolgt nach erfüllter Dienstpflicht ohne weiteres[3]).

§ 13. Ersatzreservepflicht. 1. Die Ersatzreserve dient zur Ergänzung des Heeres bei Mobilmachungen und zur Bildung von Ersatztruppenteilen.

2. Die Ersatzreservepflicht dauert zwölf Jahre und rechnet vom 1. Oktober desjenigen Kalenderjahrs ab, in welchem das 20. Lebensjahr vollendet wird.

---

[1]) Wie dies z. B. bei Apothekern durch die Teilung des Dienstjahres (halb bei der Waffe und halb als Militärapotheker) in der Regel der Fall ist.

[2]) Für obere Militärbeamte (Oberapotheker) gelten besondere Bestimmungen. Heerordnung § 44 Ziffer 4 (s. S. 68).

[3]) Für obere Militärbeamte gelten die Bestimmungen der Heerordnung § 44 Ziffer 8 (s. S. 68).

§ 20. Landsturmpflicht. 1. Der Landsturm hat die Pflicht, im Kriegsfalle an der Verteidigung des Vaterlandes teilzunehmen; er kann in Fällen außerordentlichen Bedarfs zur Ergänzung des Heeres und der Marine herangezogen werden.

2. Der Landsturm besteht aus allen Wehrpflichtigen vom vollendeten 17. bis zum vollendeten 45. Lebensjahre, welche weder dem Heere, noch der Marine angehören.

3. Der Landsturm wird in zwei Aufgebote eingeteilt.

4. Zum Landsturm ersten Aufgebots gehören die Landsturmpflichtigen bis zum 31. März desjenigen Kalenderjahres, in welchem sie ihr 39. Lebensjahr vollenden, zum Landsturm zweiten Aufgebots von dem eben bezeichneten Zeitpunkte bis zum Ablauf der Landsturmpflicht.

6. Der Übertritt vom Landsturm ersten Aufgebots zum Landsturm zweiten Aufgebots erfolgt im Frieden ohne weiteres; ebenso erlischt die Landsturmpflicht zu dem unter Ziffer 2 angegebenen Zeitpunkt, ohne daß es dazu einer besonderen Verfügung bedarf.

§ 22. Bedeutung der Militärpflicht. 1. Die Militärpflicht ist die Pflicht, sich der Aushebung für das Heer oder Marine zu unterwerfen.

2. Die Militärpflicht beginnt mit dem 1. Januar des Kalenderjahres, in welchem der Militärpflichtige das 20. Lebensjahr vollendet, und dauert so lange, bis über die Dienstverpflichtung des Wehrpflichtigen endgültig entschieden ist.

3. Während der Dauer der Militärpflicht heißen die Wehrpflichtigen militärpflichtig.

§ 24. Freiwilliger Eintritt vor Beginn der Militärpflicht. 1. Um im allgemeinen wissenschaftliche und gewerbliche Ausbildung so wenig wie möglich durch die Dienstpflicht zu stören, ist es jedem jungen Mann überlassen, schon nach vollendetem 17. Lebensjahre, wenn er die nötige moralische und körperliche Befähigung hat, freiwillig zum aktiven Dienst im Heere oder in die Marine einzutreten.

§ 29. Vorläufige Entscheidungen. 1. Zurückstellung Militärpflichtiger von der Aushebung kann erfolgen:

a. wegen zeitiger Ausschließungsgründe (§ 30),
b. wegen zeitiger Untauglichkeit (§ 31),
c. in Berücksichtigung bürgerlicher Verhältnisse (§§ 32 und 33),
d. als überzählig (§ 34).

2. Die Zurückstellungen unter 1a—c werden in der Regel durch die Ersatzkommission, die unter 1d durch die Oberersatzkommission verfügt.

3. In der Regel erfolgt Zurückstellung nur für die Dauer des laufenden Jahres, d. h. bis zum Termine für Anmeldung zur Stammrolle im nächsten Jahre. Lassen besondere im Gesetze begründete Verhältnisse eine weitergehende Berücksichtigung gerechtfertigt erscheinen, so ist Zurückstellung durch die Ersatzkommission bis zum dritten Militärpflichtjahre zulässig.

4. Zurückstellung über das dritte Militärpflichtjahr hinaus ist durch die Ersatzkommission zulässig ... c. infolge erlangter Berechtigung zum einjährig-freiwilligen Dienste und zwar bis zum 1. Oktober des siebenten Militärpflichtjahres (§§ 32, 5 und 93)[1]). Auch in diesen Fällen darf die Zurückstellung in der Regel nur von Jahr zu Jahr erfolgen. (Siehe jedoch § 93, 2 und 3).

5. Zurückstellung wird von derjenigen Ersatzkommission verfügt, in deren Bezirke der Militärpflichtige gestellungspflichtig ist (§ 26, 2).

---

1) Das ist das Jahr, in welchem das 26. Lebensjahr vollendet wird.

7. Zurückstellungen Militärpflichtiger auf Grund besonderer im Gesetze nicht ausdrücklich vorgesehener Verhältnisse können ausnahmsweise von der Ersatzbehörde dritter Instanz[1]) bis zum dritten Militärpflichtjahre verfügt werden. Ferner kann die Ersatzbehörde dritter Instanz Zurückstellungen der zum einjährig-freiwilligen Dienste Berechtigten über die in Ziffer 4c erwähnte Frist hinaus ausnahmsweise, in der Regel von Jahr zu Jahr, bis zum 1. Oktober des neunten Militärpflichtjahres genehmigen[2]).

Zurückstellungen Militärpflichtiger über die in Abs. 1 sowie die in Ziffer 3 und 4a und b erwähnten Fristen hinaus können ausnahmsweise von der Ministerialinstanz genehmigt werden. Solche Zurückstellungen sind seitens der Ersatzkommission auf dem Instanzenwege zu beantragen. Die Zurückstellung ganzer Berufsklassen auf Grund dieser Bestimmung ist unzulässig.

§ 32. Zurückstellung in Berücksichtigung bürgerlicher Verhältnisse. 1. Zurückstellungen in Berücksichtigung bürgerlicher Verhältnisse finden auf Ansuchen (Reklamationen) der Militärpflichtigen oder deren Angehörigen statt.

2. Es dürfen vorläufig zurückgestellt werden: . . . f. Militärpflichtige, welche in der Vorbereitung zu einem bestimmten Lebensberufe oder in der Erlernung einer Kunst oder eines Gewerbes begriffen sind und durch eine Unterbrechung bedeutenden Nachteil erleiden würden.

5. Im dritten Militärpflichtjahre muß über die in Berücksichtigung bürgerlicher Verhältnisse Zurückgestellten endgültig entschieden werden. Auf die unter 2f aufgeführten Militärpflichtigen finden die Bestimmungen des § 29 Ziffer 4b oder c Anwendung.

§ 88. Berechtigung zum einjährig-freiwilligen Dienst. 1. Die Berechtigung zum einjährig-freiwilligen Dienst wird durch Erteilung eines Berechtigungsscheines zuerkannt.

2. Die Berechtigungsscheine werden von den Prüfungskommissionen für Einjährig-Freiwillige (§ 2, 7) erteilt.

§ 89. Nachsuchung der Berechtigung. 1. Die Berechtigung zum einjährig-freiwilligen Dienst darf im allgemeinen nicht vor vollendetem 17. Lebensjahre nachgesucht werden. Die frühere Nachsuchung darf, sofern es sich nur um einen kurzen Zeitraum handelt, ausnahmsweise durch die Ersatzbehörde dritter Instanz zugelassen werden, doch hat in solchem Falle die Aushändigung des Berechtigungsscheines nicht vor vollendetem 17. Lebensjahre zu erfolgen.

Der Nachweis der Berechtigung bzw. die Beibringung der für die Erteilung des Berechtigungsscheines erforderlichen Unterlagen hat bei Verlust des Anrechts spätestens bis zum 1. April des ersten Militärpflichtjahres (§ 22, 2) bei der Prüfungskommission zu erfolgen. Bei Nichtinnehaltung dieses Zeitpunktes darf der Berechtigungsschein ausnahmsweise mit Genehmigung der Ersatzbehörde dritter Instanz erteilt werden.

---

[1]) Die Ersatzbehörden zerfallen in Ersatzbehörden der Ministerialinstanz, Ersatzbehörden der dritten Instanz, Ober-Ersatzkommissionen (zweite Instanz), Ersatzkommissionen (erste Instanz). In den einzelnen Ersatzbezirken steht der kommandierende General des Armeekorps in Gemeinschaft mit dem Chef der Provinzial- oder Landesverwaltungsbehörde, sofern nicht hierfür in einzelnen Bundesstaaten besondere Behörden bestellt sind, den Ersatzangelegenheiten als „Ersatzbehörde dritter Instanz" vor (Wehrordnung § 2).

[2]) Das ist das Jahr, in welchem das 28. Lebensjahr vollendet wird.

2. Die Berechtigung wird bei derjenigen Prüfungskommission für Einjährig-Freiwillige nachgesucht, in deren Bezirk der Betreffende gestellungspflichtig sein würde (§§ 25 und 26), sofern er bereits das militärpflichtige Alter erreicht hätte.

3. Wer die Berechtigung nachsuchen will, hat sich spätestens bis zum 1. Februar des ersten Militärpflichtjahres bei der unter Ziffer 2 bezeichneten Prüfungskommission schriftlich zu melden.

Zwischen dem 1. Februar und dem 1. April des ersten Militärpflichtjahres eingehende Meldungen dürfen ausnahmsweise von der Prüfungskommission berücksichtigt werden (Ziffer 1).

4. Der Meldung (Ziffer 3) sind beizufügen:

a. ein Geburtszeugnis;

b. die Einwilligung des gesetzlichen Vertreters mit der Erklärung, daß für die Dauer des einjährigen Dienstes die Kosten des Unterhalts, mit Einschluß der Kosten der Ausrüstung, Bekleidung und Wohnung, von dem Bewerber getragen werden sollen; statt dieser Erklärung genügt die Erklärung des gesetzlichen Vertreters oder eines Dritten, daß er sich dem Bewerber gegenüber zur Tragung der bezeichneten Kosten verpflichte und daß, soweit die Kosten von der Militärverwaltung bestritten werden, er sich dieser gegenüber für die Ersatzpflicht des Bewerbers als Selbstschuldner verbürge.

Die Unterschrift des gesetzlichen Vertreters und des Dritten sowie die Fähigkeit des Bewerbers, des gesetzlichen Vertreters oder des Dritten zur Bestreitung der Kosten ist obrigkeitlich zu bescheinigen. Übernimmt der gesetzliche Vertreter oder der Dritte die in dem vorstehenden Absatze bezeichneten Verbindlichkeiten, so bedarf seine Erklärung, sofern er nicht schon kraft Gesetzes zur Gewährung des Unterhalts verpflichtet ist, der gerichtlichen oder notariellen Beurkundung;

c. ein Unbescholtenheitszeugnis, welches für Zöglinge von höheren Schulen (Gymnasien, Realgymnasien, Oberrealschulen, Progymnasien, Realschulen, Realprogymnasien, höheren Bürgerschulen und den übrigen militärberechtigten Lehranstalten) durch den Direktor der Lehranstalt, für alle übrigen jungen Leute durch die Polizeiobrigkeit oder ihre vorgesetzte Dienstbehörde auszustellen ist.

Sämtliche Papiere sind im Original einzureichen. Ist die Erteilung eines Unbescholtenheitszeugnisses wegen erfolgter Bestrafung versagt, und ist aus der Art des Vergehens und der dabei in Betracht kommenden Nebenumstände unter gleichzeitiger Berücksichtigung des jugendlichen Alters des Betreffenden Anlaß zu einer milderen Beurteilung gegeben, auch die sonstige Führung des Bestraften eine gute gewesen, so kann derselbe durch die Ersatzbehörde dritter Instanz von Beibringung des Unbescholtenheitszeugnisses befreit werden.

5. Außerdem bleibt die wissenschaftliche Befähigung für den einjährig-freiwilligen Dienst noch nachzuweisen. Dies kann entweder durch Beibringung von Schulzeugnissen (§ 90) oder durch Ablegung einer Prüfung vor der Prüfungskommission (§ 91) geschehen.

Der Meldung bei der Prüfungskommission sind daher entweder

a. die Schulzeugnisse, durch welche die wissenschaftliche Befähigung nachgewiesen werden kann, beizufügen; oder

b. es ist zu erwähnen, daß dieselben nachfolgen, in welchem Falle die Einreichung bis zum 1. April ausgesetzt werden darf; oder

c. es ist in der Meldung das Gesuch um Zulassung zur Prüfung auszusprechen. In diesem Falle ist anzugeben, in welchen zwei fremden Sprachen der sich Meldende geprüft sein will, und ferner, ob wie oft und wo er sich der Prüfung vor einer Prüfungskommission bereits unterzogen hat. Auch hat der sich Meldende einen selbst geschriebenen Lebenslauf beizufügen[1]).

§ 93. Pflichten der zum einjährig-freiwilligen Dienste Berechtigten. 1. Die zum einjährig-freiwilligen Dienste Berechtigten können sich auf Grund ihres Berechtigungsscheins den Truppenteil, bei welchem sie ihrer aktiven Dienstpflicht genügen wollen, wählen. Beschränkungen siehe § 94, 3. Zum Eintritt in die Marine ist die Geeignetheit für den gewählten Marineteil erforderlich und enthält die Marineordnung Näheres hierüber.

2. Beim Eintritt in das militärpflichtige Alter haben sich die zum einjährig-freiwilligen Dienste Berechtigten, sofern sie nicht bereits vorher zum aktiven Dienste eingetreten sind, sowie diejenigen Militärpflichtigen, welche gemäß § 89, 3 die Berechtigung zum einjährig-freiwilligen Dienste bei der Prüfungskommission nachgesucht haben, bei der Ersatzkommission ihres Gestellungsorts (§ 26, 2) schriftlich oder mündlich unter Vorlegung ihres Berechtigungsscheins, sofern ihnen derselbe bereits behändigt ist, bzw. unter Vorlegung des Befähigungszeugnisses zum Seesteuermann (§ 88, 3) zu melden und ihre Zurückstellung von der Aushebung zu beantragen.

3. Sofern sich die Betreffenden im Besitze des Berechtigungsscheins befinden, werden sie durch die Ersatzkommission bis zum 1. Oktober ihres vierten Militärpflichtjahrs, d. i. des Jahres, in welchem sie das 23. Lebensjahr vollenden, zurückgestellt.

4. Versäumnis der unter Ziffer 2 festgesetzten Meldung hat, sofern nicht auch der unter Ziffer 3 angegebene Zeitpunkt überschritten wird, nicht den Verlust der Berechtigung zum einjährig-freiwilligen Dienste, wohl aber eine Bestrafung wegen Verstoßes gegen die Melde- und Kontrollvorschriften (§ 26, 7 erster Absatz) zur Folge.

6. a. Eine weitere Zurückstellung durch die Ersatzkommission ist bis zum 1. Oktober des siebenten Militärpflichtjahrs, d. i. des Jahres, in welchem das 26. Lebensjahr vollendet wird, ausnahmsweise und zwar in der Regel nur von Jahr zu Jahr zulässig.

b. Im übrigen siehe § 29, 7 zweiter Absatz.

c. Die Zurückstellung muß rechtzeitig bei derjenigen Ersatzkommission nachgesucht werden, welche die erste Zurückstellung verfügt hat.

d. Die Einreichung eines Gesuchs um weitere Zurückstellung entbindet nicht von der Verpflichtung der Meldung zum Dienstantritte bei einem Truppen-(Marine-)teile (Ziffer 8).

8. Wer den Zeitraum der ihm gewährten Zurückstellung verstreichen läßt, ohne sich zum Dienstantritte zu melden, oder nach Annahme zum Dienste sich rechtzeitig zum Dienstantritte zu stellen, verliert die Berechtigung zum einjährig-freiwilligen Dienste. Letztere darf nur ausnahmsweise durch die Ersatzbehörde dritter Instanz, welche der unter Ziffer 6c bezeichneten Ersatzkommission vorgesetzt ist, . . . wieder verliehen werden.

§ 94. Meldung Einjährig-Freiwilliger zum Diensteintritte. 1. Der Diensteintritt Einjährig-Freiwilliger findet alljährlich bei sämtlichen Waffengattungen am 1. Oktober, sowie bei einzelnen durch die Generalkommandos zu bestimmenden Infanterietruppenteilen (Bataillonen) am

[1]) Ziffer 5c in der Fassung der Bekanntmachung vom 25. März 1904.

1. April statt. Ausnahmen hiervon können nur durch die Generalkommandos verfügt werden.

Der Diensteintritt der Einjährig-Freiwilligen bei der Marine erfolgt nach den in der Marineordnung enthaltenen Bestimmungen.

2. Die Meldung zum einjährig-freiwilligen Dienste kann zu den unter Ziffer 1 genannten Zeiten und im Laufe des den einzelnen Terminen vorangehenden Vierteljahrs erfolgen. In begründeten Ausnahmefällen darf diese Frist im Interesse der Bewerber bis zu einem halben Jahre vor dem Einstellungstermine durch die Generalkommandos verlängert werden[1]).

Bei der Meldung ist der Berechtigungsschein und ein obrigkeitliches Zeugnis über die sittliche Führung seit Erteilung der Berechtigung vorzuzeigen[2]).

Die persönlichen, Dienst- und Einkommensverhältnisse der Militärapotheker sind zusammenfassend durch eine Kabinettsorder vom 14. Mai 1902 geregelt, welche folgendermaßen lautet:

Persönliche, Dienst- und Einkommensverhältnisse der Militärapotheker.

Kabinettsorder vom 14. Mai 1902 (A.V.Bl. S. 161).

Auf den Mir gehaltenen Vortrag bestimme Ich:

Die Militärapotheker werden dem Sanitätskorps angegliedert[3]). Ihre Dienst- und Rangverhältnisse regeln die beiliegenden Ergänzungsbestimmungen zur Verordnung über die Organisation des Sanitätskorps vom 6. Februar 1873 und die zugehörigen Übergangsbestimmungen.

Gleichzeitig genehmige Ich die anliegenden Änderungen der Heerordnung nebst Übergangsbestimmungen mit der Maßgabe, daß die neuen Vorschriften über die Dienstpflicht der einjährig-freiwilligen Militärapotheker vom 1. April 1903 ab in Kraft treten. Alle über denselben Gegenstand früher erlassenen Vorschriften sind aufgehoben.

Das Kriegsministerium hat das Weitere zu veranlassen.

Wiesbaden, den 14. Mai 1902.

Wilhelm.

An das Kriegsministerium. v. Goßler.

Vorstehende Allerhöchste Kabinettsorder wird hiermit zur Kenntnis der Armee gebracht.

Zugleich wird bekannt gegeben, daß zufolge Allerhöchster Kabinettsorder vom 10. April 1902 der Oberstabsapotheker im Kriegsministerium

---

[1]) Ziffer 2 in der Fassung der Bekanntmachung vom 25. März 1904.

[2]) Zum einjährig-freiwilligen Dienste Berechtigte, welche bis zum Zeitpunkte der Meldung eine Lehranstalt besuchen, können an Stelle eines obrigkeitlichen Zeugnisses ein von dem Direktor usw. der Lehranstalt ausgestelltes vorzeigen. (Amtl. Anmerkg.)

[3]) Das Sanitätskorps besteht nach § 1 der Verordnung vom 6. Februar 1873
a. aus den im Offizierrange stehenden Militärärzten — dem Sanitätsoffizierkorps —:
b. den im Unteroffizierrange stehenden Militärärzten, den Lazarettgehilfen und militärischen Krankenwärtern. An der Spitze des Sanitätskorps steht der Generalstabsarzt der Armee als Chef desselben.

im unmittelbaren Verkehr mit den Truppen die Uniform der Korpsstabsapotheker mit den seinem Range entsprechenden Abzeichen anlegen darf[1]).

Berlin, den 29. Mai 1902.

Kriegsministerium.

v. Goßler.

Anlage I.

I. Ergänzungsbestimmungen zur Verordnung über die Organisation des Sanitätskorps vom 6. Februar 1873.

§ 1 erhält folgenden Zusatz:

Dem Sanitätskorps sind die Militärapotheker angegliedert.

Hinter

§ 42 ist zu setzen:

Vierter Abschnitt.
Dienstverhältnisse, Rang und Ergänzung der Militärapotheker.

Einteilung der Militärapotheker.

§ 43. Zu den Militärapothekern gehören:

a. als obere Militärbeamte Korpsstabsapotheker, Stabsapotheker, Oberapotheker;

b. als Personen des Soldatenstandes Unterapotheker, einjährig-freiwillige Militärapotheker.

§ 44. Jedem Sanitätsamt ist zur Bearbeitung der pharmazeutischen und chemischen Arbeiten ein Korpsstabsapotheker zugeteilt[2]).

Die Stabsapotheker sind den Chefärzten in größeren Garnisonlazaretten zur Leitung des pharmazeutischen Dienstes unterstellt und unterstützen die Korpsstabsapotheker bei chemischen Arbeiten.

Die Oberapotheker und Unterapotheker, soweit sie nicht zu Übungen einberufen sind, gehören dem Beurlaubtenstande an und sind für den pharmazeutischen Dienst im mobilen Verhältnis bestimmt. Über den Sanitätsdienst sämtlicher Militärapotheker vgl. F.S.O. u. K.S.O.

§ 45. Apotheker, Apothekergehilfen, -Lehrlinge und -Anwärter, welche die Berechtigung zum einjährig-freiwilligen Dienst haben, genügen ihrer aktiven Dienstpflicht entweder

a. ganz mit der Waffe oder

b. ein halbes Jahr mit der Waffe[3]) und, wenn sie das Dienstzeugnis

---

[1]) Dem Oberstabsapotheker im Kriegsministerium ist durch Kabinettsorder vom 17. Januar 1907 der Rang der Räte IV. Klasse beigelegt. Er erhält die Uniform der Korpsstabsapotheker mit den seinem Range entsprechenden Abzeichen (Epauletten mit silbernen Fransen und geflochtenen Achselstücken) und zwei gestickten silbernen Litzen am Kragen und an den Ärmelaufschlägen des Waffenrocks, außerdem die Galahose.

[2]) Außerdem ist im hygienisch-chemischen Laboratorium der Kaiser-Wilhelms-Akademie in Berlin ein Korpsstabsapotheker angestellt, die Gesamtzahl der Korpsstabsapotheker beträgt demnach im Deutschen Reiche 24.

[3]) Bei Meldung zum Eintritt ist dem betreffenden Adjutanten gleich mitzuteilen, daß man das zweite Halbjahr als Militärapotheker dienen wolle.

(vgl. § 4)[1]) erlangt und die Prüfung als Apotheker[2]) bestanden haben, ein halbes Jahr in einer Lazarettapotheke als einjährig-freiwillige Militärapotheker.

Behufs Erlangung des Zeugnisses über die bestandene Prüfung als Apotheker werden die unter b Bezeichneten, wenn sie ein halbes Jahr mit der Waffe gedient und das Dienstzeugnis erlangt haben, unter Vorbehalt der Ableistung des Restes der aktiven Dienstzeit als Sanitätsmannschaften zur Reserve beurlaubt.

Den Rest ihrer aktiven Dienstzeit müssen sie spätestens im letzten Halbjahre ihrer Zugehörigkeit zum stehenden Heere[3]) ableisten. Sie haben sich daher nach erlangter Approbation spätestens 9 Monate vor Ablauf ihrer Zugehörigkeit zum stehenden Heere durch ihre Kontrollstelle bei dem Generalarzt des Armeekorps, in dessen Dienstbereich sie einzutreten wünschen, zur Einstellung als einjährig-freiwillige Militärapotheker zu melden[4]).

Einjährig-freiwillige Militärapotheker können durch den Generalstabsarzt der Armee vom Orte ihres Diensteintritts im Falle dienstlicher Not-

---

[1]) Das Dienstzeugnis ist nach § 4 der Verordnung „ein von den militärischen Vorgesetzten ausgestelltes Dienstzeugnis", in welchem ausgesprochen wird, daß die in der Ableistung ihrer Dienstpflicht begriffenen jungen Leute, „nach ihrer Führung, Dienstapplikation, Charakter und Gesinnung für würdig, sowie auch nach dem Grade der erworbenen Dienstkenntnisse für qualifiziert erachtet werden, dereinst die Stellung eines militärischen Vorgesetzten im Sanitätsdienst zu bekleiden." Um das zweite Halbjahr als Militärapotheker dienen zu können, ist also hinsichtlich der militärischen Qualifikation nur die Erlangung des Dienstzeugnisses, nicht aber die Beförderung zum Gefreiten vorgeschrieben. Wer das Dienstzeugnis nicht erlangt, muß auch das zweite Halbjahr sofort unter der Waffe weiter dienen.

[2]) Als die Kabinettsorder vom 14. Mai 1902 erlassen wurde, war nach der geltenden pharmazeutischen Prüfungsvorschrift das Bestehen der Prüfung als Apotheker mit der Erlangung der Approbation identisch. Nachdem die unterdessen in Kraft getretene Prüfungsordnung vom 18. Mai 1904 vorgeschrieben hat, daß die Approbation erst nach einer auf die Prüfung folgenden mit Erfolg zurückgelegten zweijährigen praktischen Tätigkeit erteilt wird, muß obige Bestimmung dahin aufgefaßt werden, daß nicht mehr das Bestehen der pharmazeutischen Staatsprüfung, sondern erst die Erlangung der Approbation als Apotheker zum Abdienen des zweiten Halbjahrs als Militärapotheker berechtigt. Dies geht auch aus § 21 der Heerordnung deutlich hervor (s. S. 66).

[3]) Die Zugehörigkeit zum stehenden Heer dauert sieben Jahre und wird nach dem wirklich erfolgten Diensteintritte mit der Maßgabe berechnet, daß diejenigen Mannschaften, welche mit der Zeit vom 2. Oktober bis 31. März eingestellt werden, als am vorhergehenden 1. Oktober eingestellt gelten (Wehrordnung §§ 6 und 7). Der letzte Meldetermin zum Eintritt als einjährig-freiwilliger Militärapotheker ist danach $6^1/_4$ Jahre nach dem auf diese Weise berechneten Diensteintritt bei der Waffe (s. auch Heerordnung § 21, 3).

[4]) Das Verzeichnis derjenigen Garnisonorte bzw. Garnisonlazarette im Deutschen Reiche, bei welchen die Anstellung von einjährig-freiwilligen Militärapothekern stattfindet, ist in jedem Jahrgange des Pharmazeutischen Kalenders (Verlag von Julius Springer, Berlin) abgedruckt.

Die Zahl der bei einem Garnisonlazarett einzustellenden Militärapotheker richtet sich nach § 96, 4 Anmerkung der Friedenssanitätsordnung. In der Regel erhalten Garnisonlazarette mit einer Normalkrankenzahl von 71—120 einen, von 120—240 zwei und von 241 und darüber drei Militärapotheker: doch kann unter besonderen Umständen die Einstellung einer größeren Anzahl von Militärapothekern in die Garnisonlazarette mit Zustimmung der Medizinalabteilung des Kriegsministeriums erfolgen. Den Garnisonlazaretten mit Sanitätsdepot und hygienisch-chemischer Untersuchungsstelle, sowie denjenigen mit hygienisch-chemischem Laboratorium wird je ein Militärapotheker besonders gewährt. Dem Gesuch um Einstellung als einjährig-freiwilliger Militärapotheker sind beizufügen: die Approbation als Apotheker, das Dienstzeugnis und der Militärpaß.

wendigkeit versetzt werden. Sie erhalten in solchen Fällen eine tägliche Vergütung[1]).

Vor Ablauf der Dienstzeit haben sich die einjährig-freiwilligen Militärapotheker einer mündlichen Prüfung zu unterziehen. Bei der Entlassung aus dem aktiven Militärdienst wird denjenigen, welche diese Prüfung bestanden haben, ein Zeugnis des Korpsgeneralarztes ausgestellt, welches sich darüber ausspricht, daß der Betreffende während seiner Dienstzeit zur Beförderung sich geeignet gezeigt hat. (Befähigungszeugnis.) Diejenigen, welche dieses Zeugnis nicht erlangt haben, können zur nachträglichen Erwerbung desselben eine achtwöchige Übung als Unterapotheker innerhalb der nächsten zwei auf ihre Entlassung folgenden Jahre ableisten. Bei ihrer Entlassung aus dem aktiven Dienste treten die Militärapotheker als Unterapotheker zum Beurlaubtenstande.

§ 46. Zwecks Beförderung zum Oberapotheker müssen die Unterapotheker des Beurlaubtenstandes, welche das Befähigungszeugnis (§ 45) besitzen, eine sechswöchige Dienstleistung bei einem Garnisonlazarett ablegen[2]). Im Mobilmachungsfalle kann von der Übung abgesehen werden.

Über den Erfolg der Übung hat der Korpsgeneralarzt ein Zeugnis auszustellen, in welchem zum Ausdruck zu bringen ist, ob der Unterapotheker nach seiner Führung und Dienstleistung, sowie auch nach seinen moralischen und Charaktereigenschaften zur Beförderung zum Oberapotheker pflichtgemäß empfohlen werden kann. Kann dieses Zeugnis nicht erteilt werden, so entscheidet der Korpsgeneralarzt, ob dem Unterapotheker zu gestatten ist, zur Erlangung desselben eine nochmalige sechswöchige Dienstleistung ablegen. Bleibt auch die zweite Übung erfolglos, so kann eine Beförderung im Frieden nicht stattfinden.

Die Beförderung zum Oberapotheker erfolgt mit Zustimmung des Generalkommandos auf Vorschlag des Korpsgeneralarztes durch das Kriegsministerium[3]).

§ 47. Apotheker, welche das Befähigungszeugnis (§ 45) erworben haben oder dem Beurlaubtenstande als Offiziere angehören, können, falls sie den Befähigungsausweis für Nahrungsmittelchemiker besitzen, schuldenfrei und felddienstfähig sind, behufs Einstellung als Stabsapotheker vom Generalstabsarzt der Armee zu einer Probedienstleistung einberufen werden. Anträge auf Einberufung zur Dienstleistung als Stabsapotheker sind auf dem Dienstwege an den Generalstabsarzt der Armee zu richten.

---

[1]) Auch zur Ausbildung im Feldlazarett-Verwaltungsdienst können unter Umständen die Militärapotheker kommandiert werden. Hierüber besagt eine Verfügung vom 8. November 1893 folgendes:

1. Die Ausbildung der Militärapotheker im Feldlazarett-Verwaltungsdienst wird vom Sanitätsamt im Einvernehmen mit der Korpsintendantur geregelt. Dieselbe findet nur in denjenigen Garnisonlazaretten statt, in welchen der ordnungsmäßige Dienstbetrieb in der Lazarettapotheke nicht darunter leidet.
2. Bei Bestimmung der Zeit und der Dauer der Vorbereitung zum Verwaltungsdienst ist zu berücksichtigen, daß auf die militärisch-pharmazeutische Ausbildung und Beschäftigung nach wie vor der Schwerpunkt gelegt und eine Überbürdung der betreffenden Militärapotheker vermieden werden muß.
3. Die Festsetzung der Dienststunden bleibt dem Chefarzte überlassen, der die Ausbildung der Militärapotheker überwacht.

[2]) Die Unterapotheker erhalten dabei ein Übungsgeld von 1,50 Mk. pro Tag und 90 Mk. Einkleidungsgeld.

[3]) Die Beförderung erfolgt sofort nach erfolgreicher Übung ohne die früher vorgeschriebene zweijährige Wartezeit. Im übrigen vgl. hierzu § 21 der Heerordnung (S. 66).

Hat der Einberufene während der in der Regel auf sechs Monate bemessenen Probezeit nach dem Berichte des Korpsgeneralarztes seine Befähigung zur Wahrnehmung der Stelle dargetan, so wird er durch das Kriegsministerium unter Erteilung einer Anstellungsurkunde zum Stabsapotheker ernannt und endgültig in seinem Amte bestätigt. Für Unterapotheker sind die ersten 6 Wochen der Probedienstzeit der in § 46 erwähnten Übung gleich zu achten.

Rangverhältnisse und Einkommen.

§ 48. Die einjährig-freiwilligen Militärapotheker und Unterapotheker stehen im Range eines Portepeeunteroffiziers. Die Oberapotheker zählen zu den mittleren Beamten, die Stabsapotheker und Korpsstabsapotheker zur fünften Rangklasse der höheren Provinzialbeamten[1]).

---

[1]) Nur die Stabs- und Korpsstabsapotheker zählen danach zu den höheren Beamten und zwar zur fünften Klasse. Indessen kann älteren Korpsstabsapothekern das Prädikat als Oberstabsapotheker mit dem persönlichen Range der Räte IV. Klasse verliehen werden. Über die Rangverhältnisse des Oberstabsapothekers s. Fußnote 1 auf S. 57.

Die Grußfrage der Militärapotheker ist folgendermaßen geregelt: Einjährig-freiwillige Militärapotheker und Unterapotheker haben als Personen des Soldatenstandes im Range eines Portepeeunteroffiziers ohne weiteres Anspruch auf den Gruß der Mannschaften und Unteroffiziere; hinsichtlich der als obere Militärbeamte qualifizierten Korpsstabsapotheker, Stabsapotheker und Oberapotheker gilt folgende Verordnung:

Kabinettsorder, betr. Grußpflicht und Helmabzeichen der Beamten der Militärverwaltung. Vom 15. Mai 1905.

Auf den Mir gehaltenen Vortrag bestimme Ich:

1. Die in Ziffern 166 und 168 der Garnisondienstvorschrift vom 15. März 1902 für obere Militärbeamte enthaltenen Bestimmungen über die beim Erscheinen in Uniform zu erweisenden Ehrenbezeugungen gelten fortan für alle oberen Beamten der Militärverwaltung.

2. Die bis jetzt nur einem Teile der oberen Militärbeamten gegenüber bestehende Grußpflicht der Unteroffiziere und Mannschaften wird auf alle oberen Beamten der Militärverwaltung bei ihrem Erscheinen in Uniform ausgedehnt. Sie haben demgemäß als Mützenabzeichen den für die zu grüßenden Beamten vorgeschriebenen silbernen Adler nach den Festsetzungen Meiner Ordre vom 3. August 1898 zu tragen.

3. Um die Beamten der Militärverwaltung auch beim Erscheinen im Helm als solche kenntlich zu machen, führen sie das für sie bestimmte Mützenabzeichen — obere Beamte den Adler, Unterbeamte das Wappenschild — auch am Helm, und zwar: auf silbernem Helmzierat vergoldet, auf vergoldetem Helmzierat von Silber, nach den Mir vorgelegten Proben.

Bezüglich derjenigen Beamten, die anderweite Hoheitsabzeichen tragen, ist das Entsprechende zu vereinbaren.

Über die Rangverhältnisse und Uniform der Marineapotheker ergingen nachstehende besondere Verordnungen:

Kabinettsorder, betr. die Rangverhältnisse und Uniform der Marineapotheker. Vom 4. August 1902.

Ich bestimme:

Die Marinestabsapotheker und die Marineapotheker gehören zu den höheren Beamten der Marine mit dem Range der Räte fünfter Klasse. Sie erhalten die Uniform der Marinekriegsgerichtsräte mit dem Range der Räte fünfter Klasse, jedoch mit der Abänderung, daß überall an die Stelle des karmoisinroten Samts dunkelblauer Samt tritt. In den Epauletten und Achselstücken tragen die Marinestabsapotheker zwei Rosetten, die Marineapotheker eine Rosette.

Das Einkommen der Korpsstabsapotheker und Stabsapotheker besteht in dem etatsmäßigen Gehalt nebst Wohnungsgeldzuschuß und Servis. Bei Dienst- und Versetzungsreisen erhalten sie Vergütungen nach den für Beamte der Militärverwaltung bestehenden Vorschriften[1]).

Disziplin.

§ 49. Die Disziplinverhältnisse der Korpsstabsapotheker, Stabs- und Oberapotheker regeln sich nach dem R.B.G., sowie nach der Disziplinarstrafordnung für das Heer. Die Disziplinarstrafverhältnisse der Unterapotheker sind in der letzten Dienstvorschrift festgesetzt.

Der Korpsstabsapotheker ist berechtigt, sämtlichen übrigen Militärapothekern seines Dienstbereichs Weisungen in bezug auf den militärpharmazeutischen Dienst zu geben und eine mangelhafte Ausführung seiner Anordnungen zu rügen; eine Bestrafung ist jedoch an zuständiger Stelle zu beantragen. Die gleiche Befugnis steht den übrigen Militärapothekern bezüglich der Amtsgenossen geringeren Grades zu.

Das Unterpersonal der Arznei- und Verbandmittelanstalten, der Lazarettapotheken und Sanitätsdepots hat den dienstlichen Anordnungen der Militärapotheker Folge zu leisten.

Beförderung, Versetzung und Verabschiedung.

§ 50. Beförderungen, Versetzungen und Verabschiedungen der Korpsstabsapotheker, Stabsapotheker und Oberapotheker erfolgen durch das Kriegsministerium. Bei der Beförderung und bei der Anstellung ist möglichst das Dienstalter zu berücksichtigen.

Meldungen.

§ 51. Die Militärapotheker sind verpflichtet ihren im Garnisonorte befindlichen unmittelbaren Vorgesetzten alle ihre Person betreffenden dienst-

---

Kabinettsorder, betr. die Titel der Marineapotheker. Vom 26. Januar 1907.

Ich bestimme:

Die Marinestabsapotheker haben den Titel Marineoberstabsapotheker und die Marineapotheker den Titel Marinestabsapotheker zu führen. Hinsichtlich des Ranges und der Uniform dieser Beamten verbleibt es bei Meiner Order vom 4. August 1902.

In der Marine sind im ganzen sechs Apotheker tätig, je ein Marineoberstabsapotheker der Ostsee und der Nordsee und vier Marinestabsapotheker. Die beiden erstgenannten stehen im Range und Gehalt den Korpsstabsapothekern, die übrigen den Stabsapothekern gleich.

[1]) Die Gehaltssätze der Militärapotheker sind gegenwärtig nach der Kabinettsorder vom 1. Juni 1906 folgende: Der Oberstabsapotheker beim Kriegsministerium 6102—6702 Mk., steigend von drei zu drei Jahren um je 300 Mk., sowie 900 Mk. nichtpensionsfähige Dienstzulage. Die Korpsstabsapotheker 3150—5550 Mk., steigend von drei zu drei Jahren um je 400 Mk., die Stabsapotheker mit dem Befähigungsausweis als Nahrungsmittelchemiker 2550—4350 Mk., steigend von drei zu drei Jahren zweimal um je 500 Mk., zweimal um je 400 Mk. Sämtliche Beamte beziehen außerdem Wohnungsgeldzuschuß nach III 2 des Tarifs.

Wohnungsgeldzuschuß III 2 beträgt in Servisklasse A (Altona, Berlin, Breslau, Dresden, Frankfurt a. M., Leipzig, Metz, München, Straßburg i. E. und Stuttgart) 900 Mk., in den übrigen Garnisonorten 660 Mk.

Außerdem beziehen der Oberstabsapotheker zur Zeit eine nichtpensionsfähige Serviszulage von 270 Mk. und die Korpsstabs- und Stabsapotheker in den Garnisonen der Servisklasse A eine Serviszulage von 222 Mk. Die Serviszulage kommt jedoch nach den Bestimmungen des Reichshaushaltsetats für 1906 spätestens mit dem 31. März 1912 in Fortfall.

lichen Meldungen nach Maßgabe der örtlichen Bestimmungen schriftlich oder mündlich zu erstatten.

Auszeichnungen.

§ 52. Auszeichnungsvorschläge für Korpsstabsapotheker, Stabs- und Oberapotheker sind von den Korpsgeneralärzten dem Generalstabsarzt der Armee einzureichen[1]).

Uniform.

§ 53. Die Militärapotheker erscheinen im Dienst in Uniform (vgl. die Anlage). Den einjährig-freiwilligen Militärapothekern und den Unterapothekern ist das Tragen von Zivilkleidern auch außer Dienst nicht gestattet. Ausnahmen können in besonders begründeten Fällen durch den Korpsgeneralarzt genehmigt werden.

Beurlaubungen der Militärapotheker.

§ 54. Der Chefarzt ist berechtigt, dem Stabsapotheker Urlaub bis zu 14 Tagen, der Korpsgeneralarzt dem Stabsapotheker und Korpsstabsapotheker Urlaub bis zu $1^1/_2$ Monaten zu erteilen, der kommandierende General bis zu drei Monaten. (Im übrigen s. § 14 des R.B.G. und die Verordnung über den Urlaub der Reichsbeamten und deren Stellvertretung vom 2. November 1874, A.V.Bl. S. 127 u. ff.)

Einjährig-freiwilligen Militärapothekern und Unterapothekern steht ein Anspruch auf Urlaub nicht zu, doch kann ihnen ausnahmsweise Urlaub gewährt werden und zwar vom Chefarzt bis zu 14 Tagen, vom Korpsgeneralarzt bis zu $1^1/_2$ Monaten, vom kommandierenden General bis zu 3 Monaten. Bezügliche Anträge sind an den Chefarzt zu richten.

Bei Beurlaubungen wird der Korpsstabsapotheker durch den rangältesten Stabsapotheker seiner Garnison, der Stabsapotheker durch einen hierzu geeigneten Militärapotheker vertreten. Dauert die Vertretung voraussichtlich länger als $1^1/_2$ Monate, oder steht eine geeignete Persönlichkeit aus der Zahl der Stabsapotheker und einjährig-freiwilligen Militär-

---

[1]) An Apotheker des Beurlaubtenstandes kann die Landwehrdienstauszeichnung verliehen werden. Hierüber erging die folgende

Kabinettsorder, betr. Landwehr-Dienstauszeichnung 1. und 2. Klasse. Vom 28. Juni 1906.

Auf den Mir gehaltenen Vortrag genehmige Ich, daß Mir auch für die im Offizierrange stehenden Militärbeamten unter den für Offiziere und Sanitätsoffiziere gültigen Festsetzungen Vorschläge zur Verleihung der ersten Klasse der Landwehr-Dienstauszeichnung vorgelegt werden dürfen. Gleichzeitig bestimme Ich, daß auch die Vorschläge zur Verleihung der zweiten Klasse der Landwehr-Dienstauszeichnung an diese Beamten zu Meiner Entscheidung zu bringen sind.

Die Bestimmungen über die Verleihung der Landwehrdienstauszeichnung an Offiziere und Sanitätsoffiziere sind in Anlage 9 zur Heerordnung enthalten und lauten:

Die erste Klasse der Auszeichnung können nur Offiziere und Sanitätsoffiziere des Beurlaubtenstandes erhalten, welche freiwillig eine zwanzigjährige Dienstpflicht im stehenden Heere und in der Landwehr ersten Aufgebots übernommen und sich durch reges Interesse für den Dienst hervorgetan haben. Eine Doppelrechnung von Kriegsjahren findet hierbei nicht statt, auch bleibt in der Landwehr zweiten Aufgebots abgeleistete Dienstzeit außer Berechnung.

Vorstehendes gilt also jetzt auch für obere Militärbeamte (Oberapotheker). Die Aufnahme der Militärapotheker in die Rang- und Quartierliste ist bis jetzt noch nicht erfolgt.

apotheker der Garnison nicht zur Verfügung, so sind dem Kriegsministerium wegen der Vertretung geeignete Vorschläge zu unterbreiten.

Erhält ein einjährig-freiwilliger Militärapotheker während der Dauer seines Dienstjahres mehr als 14 Tage Urlaub, so ist er verpflichtet, die über diese Dauer hinausgehende Urlaubszeit nachzudienen.

Gesuche.

§ 55. Kein Militärapotheker darf dienstliche Gesuche mit Umgehung seiner Vorgesetzten vorlegen. Dienstlich unzulässige Gesuche muß der Vorgesetzte zurückgeben.

Beschwerden.

§ 56. Bezüglich der Vorschriften über den Dienstweg und die Behandlung von Beschwerden sind die besonderen Allerhöchsten Anordnungen maßgebend.

Krankheits- und Todesfälle.

§ 57. Bei Krankheits- und Todesfällen von Militärapothekern finden die §§ 34, 35 und 36 dieser Verordnung, für die Vertretung bei Erkrankungen § 54 sinngemäße Anwendung. (Im übrigen siehe § 20 des R.B.G.)

Heiraten der Militärapotheker.

§ 58. Die Erlaubnis zur Verheiratung erteilt:

a. der Generalarzt der Armee: für die Korpsstabsapotheker und die Stabsapotheker;

b. der Korpsgeneralarzt: für die einjährig-freiwilligen Militärapotheker.

§ 59. Militärapotheker des Beurlaubtenstandes bedürfen zu ihrer Verheiratung einer Erlaubnis nicht.

II. Übergangsbestimmungen.

1. Die vor dem 1. April 1902 angestellten Stabsapotheker stehen, solange sie den Befähigungsausweis für Nahrungsmittelchemiker nicht besitzen, den Oberapothekern im Range gleich, deren Uniform sie anzulegen haben.

2. Die Unterapotheker und Militärapotheker, die ihrer Dienstpflicht nach den bisherigen Bestimmungen genügen oder genügt haben, gehören auch ferner zu den unteren Militärbeamten und tragen die bisherige Uniform.

Anlage.

Nachweisung der Dienstbekleidung für die Militärapotheker.

I. Korpsstabsapotheker.

Waffenrock: Von dunkelblauem Tuch mit abgerundetem Kragen und schwedischen Ärmelaufschlägen von karmoisinrotem Samt; Vorstöße vorn herunter und an den Taschenleisten von karmoisinrotem Tuch, silberne, zweimal der Länge nach mit einem blauen Seidenfaden durchzogene Epaulethalter mit Unterfutter von karmoisinrotem Tuch und versilberte, gewölbte, glatte Knöpfe.

Überrock: Von dunkelblauem Tuch[1]) mit Kragen von karmoisinrotem Samt; Vorstöße um die Ärmelumschläge und an den Taschenleisten, sowie Brustklappenfutter von karmoisinrotem Tuch und versilberte flache Knöpfe.

---

[1]) Überröcke von dunkelblauem Tuch statt der früher vorgeschriebenen blauschwarzen sind durch Kabinettsorder vom 28. Mai 1903 eingeführt worden.

Epauletts: Mit silbernen gepreßten Halbmonden, Felder von karmoisinrotem Samt und Unterfutter von karmoisinrotem Tuch, Schieberborte von silberner, mit blauer Seide durchzogener Tresse. Die Felder mit vergoldetem Wappenschild und zwei vergoldeten Rosetten

Achselstücke: Aus vier dicht nebeneinanderliegenden Plattschnüren von Silber mit blauer Seide durchwirkt, mit vergoldetem Wappenschild und zwei vergoldeten Rosetten. Futter und Vorstoß von karmoisinrotem Tuch.

Hose: Von schwarzem Tuch mit karmoisinroten Vorstößen in den Seitennähten.

Mantel oder Paletot: Von grauem Tuch. Kragen nach innen von dunkelblauem Tuch, nach außen von karmoisinrotem Samt. Versilberte, gewölbte, glatte Knöpfe[1]).

Mütze: Von dunkelblauem Tuch mit Besatz von karmoisinrotem Samt; Vorstoß um den Rand des Deckels von karmoisinrotem Tuch. Auf dem Besatzstreifen die Landeskokarde, am Deckel die deutsche Kokarde; zwischen beiden ein kleiner silberner Wappenadler.

Bewaffnung: Infanterieoffizierdegen[2]); Portepee von Silber und dunkelblauer Seide. Koppel mit silbernem Tressenbesatz.

Helm: Lederhelm mit eckigem Vorder- und abgerundetem Hinterschirm, versilberten Beschlägen, glatter Spitze auf vierblätteriger Unterlage und versilberten, gewölbten Schuppenketten Wappenadler (ohne Devisenband) mit F. R. Rechts die deutsche, links die Landeskokarde[3]).

II. Stabsapotheker.

Waffenrock: Wie zu I.

Überrock: Wie zu I.

Epauletts: Wie zu I., jedoch mit nur einer vergoldeten Rosette.

Achselstücke: Wie zu I., jedoch mit nur einer vergoldeten Rosette.

Hose: Wie zu I.

Mantel oder Paletot: Wie zu I.

Mütze: Wie zu I.

Bewaffnung: Wie zu I.

Helm: Wie zu I.

III. Oberapotheker.

Waffenrock: Wie zu I.

Überrock: Wie zu I.

Epauletts: Wie zu I., jedoch ohne Rosetten.

Achselstücke: Wie zu I., jedoch ohne Rosette[4]).

Hose: Wie zu I.

Mantel oder Paletot: Wie zu I.

Mütze: Wie zu I.

Bewaffnung: Wie zu I.

Helm: Wie zu I.

IV. Unterapotheker, einjährig-freiwillige Militärapotheker.

Waffenrock: Wie zu I., jedoch Kragen und Ärmelaufschläge von karmoisinrotem Tuch, ohne

---

[1]) Hierzu erging folgende

Kabinettsorder, betr. die Offiziers-Paletots. Vom 20. Dezember 1903.

Auf den Mir gehaltenen Vortrag bestimme Ich:

1. Die Paletots der Offiziere, Sanitätsoffiziere und oberen Beamten der Militärverwaltung sind künftig mit einer oben eingenähten Längsfalte im Rückenstück zu fertigen. Paletots bisherigen Schnittes dürfen aufgetragen werden.
2. Die Offiziere, Sanitätsoffiziere und oberen Beamten der Militärverwaltung tragen die für sie vorgeschriebenen Achselstücke auch zum Paletot, der dementsprechend mit Schulterknöpfen und Tuchösen zu versehen ist.

[2]) Laut Kabinettsorder vom 15. Juni 1905 sind die Degen- und Säbelscheiden dunkel zu färben.

[3]) Zu den genannten Kleidungsstücken kommt noch die Litewka, die jetzt für alle Militärpersonen aus grauem Tuch vorgeschrieben ist.

[4]) Eingeführt durch Kabinettsorder vom 25. Oktober 1906.

Epauletthalter. Schulterklappen von karmoisinrotem Tuch mit silberner Einfassungstresse; die einjährig-freiwilligen Militärapotheker außerdem mit Einfassung von schwarz und weißer Schnur.

Überrock: Keiner.

Epauletts: Keine.

Achselstücke: Keine.

Hose: Wie zu I.

Mantel oder Paletot: Paletot wie zu I., jedoch Kragen nach außen von karmoisinrotem Tuch und mit Schulterklappen wie am Waffenrock.

Mütze: Wie zu I., jedoch Besatz von karmoisinrotem Tuch und ohne Wappenadler.

Bewaffnung: Infanterieoffizierdegen; Portepee von Silber und schwarzer Seide. Unterschnallkoppel von schwarzem Lackleder.

Helm: Lederhelm mit eckigem Vorder- und abgerundetem Hinterschirm, weißen Beschlägen, glatter Spitze auf vierblätteriger, durch Kopfschrauben befestigter Unterlage und weißen, gewölbten Schuppenketten. Wappenadler (ohne Devisenband) mit F. R. Rechts die deutsche, links die Landeskokarde.

Anlage II.

I. Änderungen der Heerordnung[1]).

Gültig vom 1. April 1903 ab.

II. Übergangsbestimmungen.

1. Diejenigen Apotheker, welche sich am 1. April 1903 noch in Ableistung ihrer aktiven Dienstpflicht als einjährig-freiwillige Militärapotheker befinden und nach Ausfall einer vor Beendigung ihrer Dienstzeit abzuhaltenden Prüfung das Befähigungszeugnis zum Oberapotheker erwerben, werden als Unterapotheker, anderenfalls als Militärapotheker zur Reserve beurlaubt.

2. Das gleiche gilt für diejenigen Apotheker, die noch am 1. April 1903 auf Grund der Bestimmungen des § 21, 4 H.O. nach halbjähriger aktiver Dienstzeit mit der Waffe vorläufig entlassen sind oder am 31. März 1903 diese Dienstzeit bei guter Führung beenden, falls sie es nicht vorziehen, ihrer weiteren Dienstpflicht nach den neuen Bestimmungen zu genügen[2]).

3. Die Unterapotheker und Militärapotheker, die ihrer Dienstpflicht nach den bisherigen Bestimmungen genügen, oder genügt haben, gehören auch ferner zu den unteren Militärbeamten.

4. Befähigungszeugnisse zur Weiterbeförderung stellt der Korpsgeneralarzt aus.

5. Die Beförderung der unter 1 und 2 genannten Apotheker erfolgt: durch den Korpsgeneralarzt zum Unterapotheker[3]);

[1]) Die Neuordnung der Dienstverhältnisse der Militärapotheker machte auch eine Änderung der hierüber geltenden Punkte der Heerordnung notwendig. Die einzelnen Änderungen sind hier fortgelassen. Dafür sind alle für Militärapotheker in Betracht kommenden Bestimmungen der Heerordnung in ihrer jetzt gültigen Fassung auf S. 66 im Zusammenhange abgedruckt.

[2]) In diesem Falle ist von der nachträglichen Beibringung des Dienstzeugnisses abzusehen. (Amtl. Anmerkg.)

[3]) Militärapotheker, welche die vorgeschriebene Prüfung (Ziffer 1 und 2) vor Beendigung ihrer aktiven Dienstzeit nicht bestanden haben, dürfen behufs Erlangung des Befähigungszeugnisses zum Oberapotheker (Ziffer 4) bzw. Beförderung zum Unterapotheker zu einer Nachprüfung im Garnisonlazarett des Stationsortes des Korpsgeneralarztes zugelassen werden. Bezügliche Gesuche sind durch Vermittlung des Bezirkskommandos an den Korpsgeneralarzt zu richten. (Amtl. Anmerkg.)

durch das Kriegsministerium auf Vorschlag des Korpsgeneralarztes[1]) zum Oberapotheker.

Neben der Wehrordnung und der durch die Kabinettsorder vom 14. Mai 1902 ergänzten Verordnung über die Organisation des Sanitätskorps enthält noch die Heerordnung, die die militärische Ergänzung der Wehrordnung bildet, mehrere die Dienstverhältnisse der deutschen Apotheker berührende Bestimmungen, von denen ein sehr bedeutsamer Teil ebenfalls erst durch die Order vom 14. Mai 1902 seine jetzige Gestalt erhalten hat. In ihrer jetzt gültigen Fassung hat die Verordnung in den hier in Frage kommenden Punkten folgenden Wortlaut:

Heerordnung.

Vom 22. November 1888.

§ 17. Entlassungspapiere. 1. Jeder Soldat, welcher aus dem aktiven Dienst entlassen wird, erhält einen Militärpaß.

2. Der Militärpaß wird . . . für Unterärzte, Militärapotheker und Krankenwärter vom Korpsgeneralarzt erteilt.

4. Neben dem Militärpaß erhält jeder Mann bei seiner Entlassung aus dem aktiven Dienst ein Führungszeugnis . . . Das Führungszeugnis wird . . . für die Unterärzte und Militärapotheker vom Korpsgeneralarzt . . . unterzeichnet.

5. Mediziner, welche nach halbjährigem Waffendienst als Sanitätsmannschaften entlassen werden, erhalten statt des Führungszeugnisses ein Dienstzeugnis. Über den Inhalt dieses Dienstzeugnisses siehe § 4 der Verordnung über die Organisation des Sanitätskorps. Etwaige Strafen sind in gleicher Weise, wie bei den Führungszeugnissen vorgeschrieben, aufzunehmen. Auf einjährig-freiwillige Militärapotheker und Unterroßärzte findet vorstehendes sinngemäße Anwendung.

6. Einjährig-Freiwillige usw., welche zu Reserveoffzieraspiranten ernannt werden, erhalten bei ihrer Entlassung aus dem aktiven Dienst neben den Führungszeugnissen besondere Befähigungszeugnisse.

Befähigungszeugnisse zur Weiterbeförderung für Unterärzte, Militärapotheker und Unterapotheker werden durch den Korpsgeneralarzt ausgestellt.

§ 19. Einjährig-freiwilliger Dienst im allgemeinen. 1. Der einjährig-freiwillige Dienst wird mit der Waffe abgeleistet.

Apotheker, Apothekergehilfen, -Lehrlinge und -Anwärter[2]) dürfen ihrer einjährig-freiwilligen Dienstzeit auch ein halbes Jahr mit der Waffe und nach bestandener Prüfung als Apotheker ein halbes Jahr in einer Lazarettapotheke — einjährig-freiwilliger Militärapotheker — genügen.

§ 21. Apotheker, Apothekergehilfen, -Lehrlinge und -Anwärter.

---

[1]) Zum Oberapotheker können Unterapotheker auf ihren an die Bezirkskommandos zu richtenden Antrag vorgeschlagen werden, sofern sie mindestens zwei Jahre dem Beurlaubtenstande bei tadelloser Führung angehört haben. Den Vorschlägen sind Auszüge aus der Landwehrstammrolle beizufügen. Die Beleihung eines Unterapothekers mit einer etatsmäßigen Apothekerstelle der mobilen Feldarmee hat die Beförderung desselben zum Oberapotheker zur Folge. (Amtl. Anmerkg.)

[2]) Unter Apothekeranwärtern sind diejenigen jungen Leute zu verstehen, welche durch das vom Kreisarzt ausgestellte Zulassungszeugnis und durch eine von der Polizeibehörde beglaubigte Bescheinigung des Apothekenvorstandes nachweisen, daß sie als Lehrlinge angenommen sind. (Amtl. Anmerkg.)

1. Apotheker, Apothekergehilfen, -Lehrlinge und -Anwärter, welche die Berechtigung zum einjährig-freiwilligen Dienst haben, genügen ihrer aktiven Dienstpflicht entweder

a. ganz mit der Waffe, oder

b. ein halbes Jahr mit der Waffe und, wenn sie das Dienstzeugnis (§ 17, 5) und die Approbation als Apotheker erlangt haben, ein halbes Jahr in einer Lazarettapotheke — einjährig-freiwilliger Militärapotheker.

2. Behufs Erlangung der Approbation als Apotheker werden die unter 1b Bezeichneten, wenn sie ein halbes Jahr mit der Waffe gedient und das Dienstzeugnis erlangt haben, unter Vorbehalt der Ableistung des Restes der aktiven Dienstzeit als Sanitätsmannschaften zur Reserve beurlaubt.

3. a. Den Rest ihrer aktiven Dienstzeit müssen sie spätestens im letzten Halbjahre ihrer Zugehörigkeit zum stehenden Heere ableisten[1]).

b. Sie haben daher bis spätestens neun Monate vor Ablauf ihrer Zugehörigkeit zum stehenden Heere (W.O. § 11, 5) — d. i. bis zum 1. Juli, sofern ihre Dienstpflicht bei der Frühjahrskontrollversammlung endet, oder bis zum 1. Januar, sofern dieselbe bei der Herbstkontrollversammlung ihr Ende erreicht — sich bei ihrer Kontrollstelle zum Wiedereintritt zu melden. Ihre Einstellung erfolgt zum 1. Oktober und zum 1. April. Ausnahmen genehmigen die Generalkommandos.

c. Bei Unterlassung der Meldung werden sie durch das Bezirkskommando zum Dienst mit der Waffe (für das am 1. Oktober oder am 1. April beginnende letzte Halbjahr ihrer Zugehörigkeit zum stehenden Heere) zu einem selbstgewählten, anderenfalls zu dem nächsten Truppenteil ihrer Waffe einberufen und überwiesen.

d. Etwaige Anträge auf Verlängerung der unter a. festgesetzten Frist dürfen unter der Bedingung der entsprechenden Verlängerung der Dienstpflicht im stehenden Heere und in der Landwehr ersten Aufgebots ausnahmsweise durch die Generalkommandos genehmigt werden.

4. Die einjährig-freiwilligen Militärapotheker erhalten Unterricht in dem Sanitätsdienst im Felde und den Dienstobliegenheiten eines Oberapothekers[2]).

Die näheren Bestimmungen hierüber trifft der Korpsgeneralarzt.

5. Sie treten bei ihrer Entlassung aus dem aktiven Dienste als Unterapotheker zum Beurlaubtenstande.

6. Wer bei Beendigung seiner aktiven Dienstzeit das Befähigungszeugnis des Korpsgeneralarztes erlangt und sich im Reserveverhältnis durch eine sechswöchige Übung als Unterapotheker bei einem Garnisonlazarett oder gelegentlich einer sonstigen Einziehung das erforderliche weitere Zeugnis des Korpsgeneralarztes erworben hat, wird auf seinen Antrag zum Oberapotheker befördert.

Über Ort und Art der Übung bestimmt das Generalkommando. Im übrigen siehe § 36, 10.

7. Über die Ausstellung von Befähigungszeugnissen siehe § 17, 6.

§ 36. Allgemeine Dienstverhältnisse der Personen des Beurlaubtenstandes.

---

[1]) S. Fußnote 3 auf S. 58.

[2]) Der Unterricht wird durch den Stabsapotheker erteilt.

10. Die Oberapotheker gehören zu den oberen Militärbeamten. Die Beförderung hierzu erfolgt nach Zustimmung des Generalkommandos auf Vorschlag des Korpsgeneralarztes durch das Kriegsministerium[1]).

§ 39. Kontrollversammlungen. 5. Die Offiziere, Maschineningenieure, Sanitätsoffiziere und oberen Militär(Marine-)beamten des Beurlaubtenstandes nehmen an den Kontrollversammlungen in Uniform teil.

§ 43. Einberufung der Offiziere, Ärzte und Beamten des Beurlaubtenstandes. 4. Die zur Verwendung als . . . Feldapotheker bestimmten Personen des inaktiven Standes werden durch die Korpsgeneralärzte unmittelbar einberufen.

§ 44. Überführung zur Landwehr ersten und zweiten Aufgebots oder zum Landsturm. 1. Die Überführung der Mannschaften zur Landwehr ersten Aufgebots bzw. zweiten Aufgebots geschieht nach W.O. §§ 11, 5 bzw. 12, 4 und 13, 5. Der Übertritt bzw. die Überführung der Mannschaften zum Landsturm erfolgt nach W.O. §§ 12, 5—7 bzw. 13, 5 und 18, 5.

2. Freiwilliges Verbleiben von Mannschaften in der Landwehr ersten bzw. zweiten Aufgebots kann durch die Bezirkskommandos genehmigt werden.

3. Die Versetzung der . . . oberen Militärbeamten[2]) von der Reserve zur Landwehr ersten Aufgebots erfogt durch den Bezirkskommandeur nach denselben Grundsätzen wie die der Mannschaften . . .

Wer freiwillig in der Reserve zu verbleiben wünscht, hat dies seinem Bezirkskommando zu melden.

4. Die Versetzung der . . . oberen Militärbeamten von der Landwehr ersten Aufgebots zur Landwehr zweiten Aufgebots erfolgt bei Voraussetzung der erfüllten Dienstpflicht in ersterem auf eigenen Antrag der oberen Militärbeamten, oder wenn das Dienstinteresse es gebietet, jedoch im allgemeinen nur zu den vorgesehenen Zeitpunkten (Kontrollversammlungen).

Die Versetzung wird durch die Bezirkskommandeure verfügt und zwar, sofern ein eigener Antrag vorliegt, ohne weiteres, sofern ein solcher nicht vorliegt, nach Einholung des Einverständnisses der nächsten Waffenbehörde bzw. auf Anordnung oder Antrag derselben.

5. Auf die Dauer der Dienstpflicht im allgemeinen hat das längere Verbleiben in der Reserve bzw. in der Landwehr ersten Aufgebots keinen Einfluß.

7. Vor Überführung von oberen Militärbeamten zum Landsturm ist (ebenfalls) der Abschied nachzusuchen (Ziffer 11)[3]).

8. Für . . . obere Militärbeamte, welche dem zweiten Aufgebot der Landwehr angehören, ist nach erfüllter Gesamtdienstpflicht die Verabschiedung behufs Überführung zum Landsturm nachzusuchen, sofern sie nicht freiwillig im Beurlaubtenverhältnis verbleiben wollen.

9. . . . Obere Militärbeamte, welche für den Mobilmachungsfall unabkömmlich erklärt sind, sind in der Regel nicht über den Zeitpunkt des Ablaufs ihrer Dienstpflicht im Beurlaubtenverhältnis zu belassen.

---

[1]) Die Beleihung eines Unterapothekers mit einer etatsmäßigen Apothekerstelle der mobilen Feldarmee hat seine Beförderung zum Oberapotheker zur Folge. (Amtl. Anmerkg.)

[2]) Für die Berechnung der Dienstpflicht der . . . . oberen Militärbeamten sind die für die Mannschaften gültigen Bestimmungen maßgebend. (Amtl. Anmerkg.)

[3]) Die Frage, ob den Militärbeamten des Beurlaubtenstandes auf Grund 20jähriger Zugehörigkeit zum Beurlaubtenstande der Abschied mit der Erlaubnis zum Tragen der Landwehrarmeeuniform bewilligt werden kann, ist in der Praxis bisher verneint worden.

11. Die Verabschiedung der oberen Militärbeamten des Beurlaubtenstandes ist beim Kriegsministerium zu beantragen.

Die näheren Bestimmungen über die Sanitätseinrichtungen der Armee zu Friedenszeiten sind in ihren Einzelheiten in der Friedens-Sanitätsordnung vom 16. Mai 1891 und deren Nachträgen und Ergänzungen enthalten. Der wichtigste daraus ist nachstehend kurz zusammengefaßt:

Die oberste Leitung des Heeressanitätswesens liegt in den Händen des Kriegsministers bzw. der Medizinalabteilung, deren Chef der Generalstabsarzt der Armee ist. Für jedes Armeekorps wird ein Sanitätsamt gebildet, an dessen Spitze der Korpsgeneralarzt steht und dem auch ein Korpsstabsapotheker angehört. Das Sanitätsamt ist die vorgesetzte Behörde der Militärlazarette seines Geschäftsbereichs und regelt und beaufsichtigt den Sanitätsdienst in denselben. Es trifft diesen Lazaretten gegenüber Entscheidung in bezug auf den gesamten ärztlichen und pharmazeutischen Dienst. Vorgesetzter des gesamten Lazarettpersonals ist der Generalarzt, dessen Disziplinarstrafgewalt auch die Militärapotheker unterliegen.

Garnisonlazarette mit einer Normalkrankenzahl (4% der Garnisonskopfstärke) von 71 und darüber erhalten eine Lazarettapotheke, bestehend aus einer Abteilung für Arzneiversorgung (Arzneiabteilung) und aus der Abteilung für ärztliche Instrumente, Geräte und Verbandmittel (Verbandmittelabteilung). Vorstand der Lazarettapotheke ist in den Lazaretten am Sitz eines Generalkommandos ein Stabsapotheker, in den anderen Standorten ein Stabs- oder Oberstabsarzt. Zum Dienst in der Arzneiabteilung werden dem Lazarett einjährig-Freiwillige Militärapotheker überwiesen.

In Preußen erhalten Lazarette mit einer Normalkrankenzahl von weniger als 71 keine Lazarettapotheke, sondern eine sogenannte Arznei- und Verbandmittelanstalt.

Für jedes Armeekorps befindet sich im Garnisonlazarett am Sitz des Generalkommandos ein Sanitätsdepot, das die dem Sanitätsamt unterstellten Militärlazarette mit Arzneimitteln, Reagentien, Desinfektionsmitteln usw. zu versorgen hat. Vorstand ist der Stabsapotheker. Es besteht ebenso wie die Lazarettapotheke aus einer Arznei- und einer Verbandmittelabteilung.

In den Lazaretten am Sitz der Sanitätsämter sind außerdem noch hygienisch-chemische Untersuchungsstationen und Stationen zur Anfertigung von Arzneitabletten (Tablettenstationen) eingerichtet. Die bakteriologische Abteilung der Untersuchungsstationen leitet ein Stabarzt, die chemische der Korpsstabsapotheker des betreffenden Sanitätsamtes.

Außerdem besteht in Berlin in Verbindung mit der Kaiser Wilhelms-Akademie für das militärärztliche Bildungswesen ein hygienisch-chemisches Laboratorium; dasselbe steht unter Leitung eines Stabsarztes, dem ein Korpsstabsapotheker beigegeben ist.

Im Anhange der Friedens-Sanitätsordnung sind nochmals die persönlichen, Dienst- und Einkommensverhältnisse der Korpsstabsapotheker, Stabsapotheker und einjährig-freiwilligen Militärapotheker in aller Ausführlichkeit behandelt, worüber bereits die Kabinettsorder vom 14. Mai 1902 das wesentlichste enthält.

Die Sanitätseinrichtungen im Felde sind geregelt durch die Kriegs-Sanitätsordnung vom 27. Januar 1907.

VI. Maß- und Gewichtswesen.

Über die Beschaffenheit der Wagen und Gewichte, deren Vorhandensein in den Apothekenräumlichkeiten erforderlich ist, ergibt sich aus den zurzeit geltenden reichsgesetzlichen Bestimmungen folgendes:

Beschaffenheit der Wagen und Gewichte in den Apotheken.

Maß- und Gewichtsordnung vom 17. August 1868 (B.G.Bl. S. 473); Gesetze betr. die Abänderung der Maß- und Gewichtsordnung vom 11. Juli 1884 (R.G.Bl. S. 115) und 26. April 1893 (R.G.Bl. S. 151); Bk. der Normaleichungskommission betr. die in den Apotheken zulässigen Wagen vom 24. Oktober 1882 (R.Z.Bl. S. 418); Eichordnung für das Deutsche Reich vom 27. Dezember 1884 (R.G.Bl. 1885 S. 14); Bk. des Reichskanzlers betr. die zulässigen Fehlergrenzen der im Verkehr befindlichen Wagen und Gewichte vom 27. Juli 1885 (R.G.Bl. S. 263).

1. In den Offizinen (Arzneiverkaufslokalen) der Apotheken dürfen nur Wagen, welche mit dem Präzisionsstempel versehen sind, vorhanden sein und gebraucht werden. In allen übrigen Geschäftsräumen der Apotheken sind neben den Präzisionswagen solche Handelswagen zulässig, bei welchen die größte einseitige Tragfähigkeit oder größte zulässige Last nicht weniger als ein Kilogramm beträgt[1]).

2. An den Hebelarmen gleicharmiger Wagen dürfen sich keinerlei Ausgleichungsmittel befinden, durch welche die Wage in unbelastetem Zustand zum Einspielen gebracht werden kann. Daher sind Sattelvorrichtungen an den Tarir- und Handwagen für Rezeptur und Handverkauf verboten. Jede Wage muß die deutliche und untrennbare Angabe der größten Last, zu deren Abwägung sie bestimmt und ausreichend ist, enthalten.

3. Bei Präzisionswagen dürfen die Gewichtszulagen, welche zur Ausgleichung vorgefundener Abweichungen von der Richtigkeit genügen sollen, oder welche bei unmerklich scheinenden Abweichungen von der Richtigkeit das wirkliche Vorhandensein hinreichender Richtigkeit durch die Hervorbringung eines noch genügend deutlichen Anschlages erweisen sollen, höchstens betragen:

4,0 Milligramm für je 1 Gramm (1/250) der größten zulässigen Last, wenn dieselbe 20 Gramm und weniger beträgt.

2,0 Milligramm für je 1 Gramm (1/500) der größten zulässigen Last, wenn dieselbe mehr als 20 Gramm, aber nicht mehr als 200 Gramm beträgt.

1,0 Milligramm für je 1 Gramm (1/1000) der größten zulässigen Last, wenn dieselbe mehr als 200 Gramm, aber nicht mehr als 2 Kilogramm beträgt.

---

[1]) Obige Bestimmungen werden ergänzt durch folgende Anordnungen der preußischen Apothekenbetriebsordnung vom 18. Februar 1902 (s. Teil XIV):

§ 4. Der Rezeptiertisch soll . . . mindestens mit einer feinen Tarierwage bis zu 1000 g Tragkraft, vier Handwagen, deren kleinste 5 g Tragfähigkeit hat, sowie den zugehörigen Gewichten von 200 g abwärts ausgestattet sein.

§ 24. Sämtliche Wagen in der Offizin wie in den Nebenräumen von 1 kg Tragfähigkeit abwärts müssen ebenso wie sämtliche Gewichte von 500 g abwärts präzisiert sein und den Bestimmungen der Eichordnung für das Deutsche Reich vom 27. Dezember 1884, der Bekanntmachung vom 27. Juli 1885 (R.G.Bl. 1885, S. 14 und 263) und der Bekanntmachung über die Prüfung der Wagen und Gewichte in den Apotheken vom 10. Juli 1895 entsprechen.

0,4 Gramm für je ein Kilogramm (1/2500) der größten zulässigen Last, wenn dieselbe mehr als 2 Kilogramm, aber nicht mehr als 5 Kilogramm beträgt.

0,2 Gramm für je ein Kilogramm (1/5000) der größten zulässigen Last, wenn dieselbe mehr als 5 Kilogramm beträgt.

4. Alle Gewichte, welche auf den Präzisionswagen der Apotheken in Anwendung kommen, müssen als Präzisionsgewichte geeicht sein und den Anforderungen der §§ 42—45 der Eichordnung vom 27. Dezember 1884 entsprechen. Die einzelnen Gewichtsstücke sind in hölzernen Kästchen oder Einsätzen aufzubewahren, in welchen jedes seinen bestimmten Platz hat.

5. Bei Präzisionsgewichten[1]) darf die Abweichung vom Sollgewicht höchstens betragen:

bei einer Gewichtsgröße von

50 kg	5 g	5 g	12 mg
20 -	4 -	2 -	6 -
10 -	2,5 -	1 -	4 -
5 -	1,250 -	500 mg	2 -
2 -	0,600 -	200 -	2 -
1 -	0,400 -	100 -	2 -
500 g	250 mg	50 -	1 -
200 -	100 -	20 -	1 -
100 -	60 -	10 -	1 -
50 -	50 -	5 -	0,5 -
20 -	30 -	2 -	0,4 -
10 -	20 -	1 -	0,2 -

Die Überwachung der in den Apotheken vorhandenen Wagen und Gewichte hat in Preußen eine besondere Regelung durch nachstehende Ministerialverordnungen erfahren.

Prüfung der Wagen und Gewichte in den Apotheken.

Min.-Erl. vom 10. Juli 1895.

In betreff der Nachprüfung der Wagen und Gewichte der Apotheker bestimmen wir im Einverständnis mit der Kaiserlichen Normaleichungskommission folgendes:

1. Die Apothekenvorstände haben sämtliche in der Apotheke und den übrigen Geschäftsräumen in Gebrauch befindlichen Wagen und Gewichte alle zwei Jahre dem nächstgelegenen Königlichen Eichungsamte zur Prüfung vorzulegen.

2. Der Nachweis der erfolgten Vorlegung wird geführt durch die darüber von dem Eichamte auszustellende Bescheinigung. Damit die Frist von zwei Jahren möglichst nahe innegehalten wird, soll die Vorlegung alle zwei Jahre stets in demselben Halbjahre stattfinden, in welchem die erste Vorlegung stattgefunden hat. Die Einsendung der Wagen und Gewichte hat derartig rechtzeitig zu erfolgen, daß das Eichamt mindestens einen Monat zur Erledigung Zeit hat.

---

[1]) Die Form der Präzisionsgewichte soll sein:

für die Gewichtsstücke von 50 kg bis 1 g abwärts der Zylinder,
" " " " 5 dcg, 5 cg, 5 mg das Sechseck,
" " " " 2 " 2 " 2 " das Viereck,
" " " " 1 " 1 " 1 " das Dreieck.

Einsatzgewichte sind als Präzisionsgewichte unzulässig.

Zum Nachweise der Zugehörigkeit der in der Apotheke und den übrigen Geschäftsräumen vorhandenen Wagen und Gewichte zu den darüber ausgestellten eichamtlichen Bescheinigungen genügt es, wenn Art und Stückzahl der ersteren mit Art und Stückzahl der durch letztere als geprüft nachgewiesenen Gegenstände übereinstimmt.

3. Die königlichen Eichämter haben die ihnen alle zwei Jahre in demselben Halbjahr vorzulegenden Wagen und Gewichte der Apotheken, nach erfolgter Prüfung oder Berichtigung und Neueichung binnen spätestens einem Monat zurückzugeben und darüber Befund- bzw. Eichscheine auszustellen.

4. Die königlichen Eichämter haben an den in Ziffer 1 genannten Wagen und Gewichten außer den durch die Eichungsinstruktion vorgeschriebenen Berichtigungen bereits gestempelter Wagen und Gewichte folgende Berichtigungen auszuführen.

a. die im Zusatz 47 zur vorgenannten Instruktion (Mitteilungen der Kaiserlichen Normaleichungskommission S. 126) behandelte Berichtigung zu leichter Gewichte aus Messing, Bronze und dgl. von 20 g und darüber. Falls die hierzu erforderliche Einrichtung nicht vorhanden ist, sehe ich, der Minister für Handel und Gewerbe, einem entsprechenden schleunigen Antrage entgegen;

b. die Berichtigung anderer als gleicharmiger Balkenwagen, soweit sie durch Tarierung der Schalen (Brücken) oder des Balkens (Gegengewichtshebels) tunlich ist. Die Berichtigungsgebühren sind dieselben, wie sie in der Eichgebührentaxe für die Berichtigung neuer Wagen vorgeschrieben sind.

5. Falls sich herausstellt, daß sich eine unrichtig befundene Wage zwar nicht durch Tarierung, aber noch auf andere Weise, insbesondere durch Nachschleifen oder Ersetzen einzelner oder aller Schneiden berichtigen läßt, hat das Königliche Eichamt diese Berichtigung durch einen sachkundigen Gewerbetreibenden unter Überwachung der Angemessenheit der Berichtigungskosten[1]) baldigst herbeizuführen und die Wage dann von neuem zu eichen. Für die erste Prüfung solcher Wagen sind ebensowenig Gebühren zu erheben, wie für die erste Prüfung neuer Gegenstände, bei welcher sich die Notwendigkeit eichamtlicher Berichtigung ergibt.

6. Die Berichtigung der Präzisionswagen ist nicht nur dann aus- bzw. herbeizuführen, wenn die äußersten Grenzen der im öffentlichen Verkehr noch zu duldenden Abweichungen der Wagen von der absoluten Richtigkeit (Bekanntmachung vom 27. Juli 1885, R.G.Bl. S. 263) überschritten sind, sondern auch schon dann, wenn die Unrichtigkeit der Wage nach Aufbringung des zehnten Teiles der größten zulässigen Last das Doppelte der für diese Belastung vorgeschriebenen Eichfehlergrenze (§ 62 der Eichordnung) überschreitet.

7. Bei Rückgabe unrichtiger und nicht mehr berichtigungsfähiger Wagen und Gewichte der Apotheker sind die der Eichungsinstruktion entsprechenden Rückgabescheine auszustellen. Außerdem sind, ohne Erhebung von Gebühren, auch Rückgabescheine über diejenigen Wagen oder Gewichte auszustellen, welche nicht wegen Unrichtigkeit, sondern aus anderen Gründen unzulässig befunden worden sind.

8. Die Apothekenvorstände sind verpflichtet, alle notwendigen Berichtigungsarbeiten ausführen zu lassen und deren Kosten zu tragen.

---

[1]) Durch Ministerial-Erl. vom 1. Oktober 1897 wurde verfügt, daß die Wagen fortan erst nach Verständigung mit den Besitzern zur Reparatur weitergegeben werden sollen.

Eines Antragss auf Ausführung der notwendigen Berichtigungen beim Eichamte bedarf es nicht.

Mit kassiertem Stempel zurückgegebene Wagen oder Gewichte dürfen in die Apotheke und die übrigen Geschäftsräume überhaupt nicht mehr zurückgebracht werden, sondern sind sofort durch neue, vorschriftsmäßig geeichte zu ersetzen[1]).

9. Dem Apothekenvorstand ist es unbenommen, nach erfolgter eichamtlicher Nachprüfung seiner im Gebrauch befindlichen Wagen oder Gewichte zu deren Vermehrung neue Wagen und Gewichte anzuschaffen. Die Neuheit dieser Gegenstände ist indessen durch Vorlegung der Rechnung nachzuweisen.

10. Die unter Ziffer 2 genannten eichamtlichen Bescheinigungen bestehen aus den in Ziffer 3 und 7 genannten Eich-, Befund- und Rückgabescheinen. Der Apothekenvorstand hat diese Bescheinigungen dem mit der Revision der Apotheke betrauten Beamten zur Prüfung ihres Datums und zur Vergleichung der in ihnen aufgeführten Wagen und Gewichte mit den vorrätigen vorzulegen. Die vorhandenen alten Wagen und Gewichte müssen mit den in den Eich- und Befundscheinen nachgewiesenen übereinstimmen. An Stelle der durch Rückgabescheine als ferner unbrauchbar nachgewiesenen Wagen oder Gewichte müssen neue vorhanden sein, und zwar darf der über die Beschaffung beigebrachte Nachweis kein späteres Datum aufweisen, als 6 Wochen nach dem Datum des Rückgabescheines. Etwa seit der letzten Nachprüfung beschaffte neue Wagen oder Gewichte sind besonders vorzulegen nebst der in Ziffer 9 erwähnten Rechnung, welche ein späteres Datum als das der vorerwähnten eichamtlichen Bescheinigungen tragen muß.

11. Eine anderweite polizeiliche oder medizinalpolizeiliche Überwachung der Wagen und Gewichte in den Apotheken und deren Nebenräumen findet fernerhin nicht mehr statt[2]).

Berlin, den 10. Juli 1895.

Der Minister für Handel und Gewerbe.

Der Minister der geistlichen usw. Angelegenheiten.

---

[1]) Die Verwendung vorschriftswidriger Wagen und Gewichte wird gemäß § 369, 2 Str.G.B. bestraft (s. S. 111).

[2]) Diese Anordnung wurde in einer zweiten Verfügung derselben Minister von gleichem Datum (10. Juli 1895) noch besonders wiederholt. Es war hier gesagt:

Die Bevollmächtigten für die amtliche Besichtigung der Apotheken sind darauf hinzuweisen, daß die im § 14 der Anweisung der amtlichen Besichtigung der Apotheken usw. vom 16. Dezember 1893 vorgeschriebene Prüfung der Wagen und Gewichte in Zukunft nicht mehr stattfindet, und statt dessen nur eine Prüfung der eichamtlichen Bescheinigungen gemäß Ziffer 10 der Bekanntmachung vom heutigen Tage vorzunehmen ist. Ich, der Minister der geistlichen usw. Angelegenheiten, halte es dabei für erstrebenswert, daß diejenigen Wagebalken und Gewichte, welche für den Gebrauch in der Apotheke nicht wieder hergestellt werden können, aus dem Verkehr gezogen und vernichtet werden: dies darf jedoch nur mit Zustimmung des Apothekenvorstandes, welche in der Besichtigungsverhandlung zu erklären ist, geschehen.

Die jetzt gültige Anweisung für die amtliche Besichtigung der Apotheken vom 18. Februar 1902 (s. Teil XVIII) bestimmt dementsprechend in den §§ 14 und 15 nur folgendes:

Der bevollmächtigte Medizinalbeamte prüft die Bescheinigungen über die Richtigkeit der Wagen und Gewichte.

Der Apothekenvorstand hat die eichamtlichen Bescheinigungen über die Nachprüfung der Wagen und Gewichte auf Erfordern vorzulegen.

Hierauf hat sich also die Tätigkeit der Apothekenrevisoren hinsichtlich der Wagen und Gewichte zu beschränken.

Min.-Erl. vom 25. Juni 1896.

In der Bekanntmachung über die Prüfung der Wagen und Gewichte in den Apotheken vom 10. Juli 1895 ist die alle zwei Jahre zu wiederholende Vorlegung sämtlicher in der Apotheke und in den übrigen Geschäftsräumen befindlichen Wagen und Gewichte zur Nacheichung an das nächstgelegene Königliche Eichungsamt vorgesehen. Zur Erleichterung der den Apothekenvorständen hieraus erwachsenden Mühe und Kosten wird gestattet, daß die Handelswagen und Handelsgewichte dem nächstgelegenen Gemeindeeichungsamt zur Nacheichung vorgelegt werden können. Auch ist es zulässig, daß diese Nacheichung in den Räumen der Apotheken selbst durch den Eichmeister des betreffenden Eichamts stattfindet, wofür jedoch außer der Eichgebühr die Diäten und Reisekosten, sowie die Kosten des Transports der zur Ausführung der Nacheichung erforderlichen Hilfsmittel gemäß Ziffer 4 der allgemeinen Bestimmungen der Eichgebührentaxe vom 28. Dezember 1885 zu zahlen sind. Im übrigen gelten die in der angezogenen Bekanntmachung vom 10. Juli 1895 erlassenen Bestimmungen.

Bei der Versendung von Wagen zur Nacheichung dürfen in keinem Fall solche Teile zurückgehalten werden, welche Pfannen enthalten. Es sind also die Schalen, Gehänge und die Ständer, sofern sie Pfannen tragen, mitzusenden. Dagegen sind Stative, welche zum Aufhängen von Wagen dienen, deren Balken in einer Schere spielt, nicht mit vorzulegen, ebensowenig Gegenstände, wie Etuis, Pinzetten usw.

Berlin, den 25. Juni 1896.

Der Minister für Handel und Gewerbe.

Der Minister der geistlichen usw. Angelegenheiten.

Im Anschluß an diese Verordnungen erging noch der folgende

Min.-Erl., betr. die Normalgewichte in den Apotheken. Vom 28. Dezember 1897.

Es ist der Wunsch ausgedrückt worden, daß es gestattet werden möge, die sogenannten Normalsätze der Apotheker, die bisher zur Nachprüfung der Präzisionsgewichte bei den Apothekenrevisionen dienten, weiterhin als Präzisionsgewichte in den Offizinen zu verwenden, nachdem sie durch die vorgeschriebene zweijährige Wiederholung der Eichung der Präzisionsgewichte entbehrlich und überflüssig geworden sind[1]). Da es sich um eine Verwendung der Gewichte handelt, welche deren Eichung als Präzisionsgewichte voraussetzt, so wird diesem Wunsche nur insoweit nachgegeben werden können, als die Reichsgesetzgebung seiner Gewährung nicht entgegensteht. Es werden also alle diejenigen Normalgewichte anstandslos auch als Präzisionsgewichte in den Offizinen benutzt werden können, die einen der hierzu erforderlichen Eichungsstempel (Präzisions- oder Goldmünzstempel) tragen; auch können alle derartigen Normalgewichte, die in bezug auf Material, Gestalt und sonstige Beschaffenheit den geltenden Vor-

---

[1]) Hierzu hatte schon die (zweite) Ministerialverfügung vom 10. Juli 1895 folgendes bestimmt:

Der im § 24 Abs. 2 der Vorschriften über Einrichtung und Betrieb der Apotheken usw. vom 16. Dezember 1893 vorgeschriebene Satz Normalgewichte ist in Zukunft nicht mehr erforderlich.

Die jetzt gültige Apothekenbetriebsordnung vom 18. Februar 1902 (s. Teil XIV) erwähnt einen solchen Normalgewichtssatz daher überhaupt nicht mehr.

schriften entsprechen, der Eichung und Nacheichung als Präzisionsgewichte unterzogen und dadurch in den Offizinen verwendbar gemacht werden.

Da nach vorstehendem nur ein sehr geringer Prozentsatz der Gewichte als nicht eichungs- oder nacheichungsfähig auszuscheiden sein dürfte, so erscheint es nicht angezeigt, ihretwegen Ausnahmen von den geltenden Vorschriften zuzulassen.

Berlin, den 28. Dezember 1897.

Der Minister der geistlichen usw. Angelegenheiten.

Der Minister für Handel und Gewerbe.

Während nach vorstehenden Bestimmungen die in den Apotheken vorhandenen Wagen und Gewichte den Präzisionsstempel tragen müssen, ist für die im Laboratorium gebrauchten chemisch-analytischen Meßgeräte eine Eichpflicht nicht vorgeschrieben. Es ergingen hierüber folgende Verfügungen:

Eichung chemischer Meßgeräte.

Min.-Erl. vom 2. Januar 1897.

Im Einvernehmen mit der Kaiserl. Normaleichungskommission ist dem Kgl. Eichungsamte in Köln[1]) die Befugnis erteilt worden, chemische Meßgeräte, d. h. Geräte, wie sie bei chemischen Analysen in Fabriken, Bergwerks- und Hüttenbetrieben, Apotheken usw. zur Ausführung chemischer Untersuchungen dienen, zu eichen. Die Eichung geschieht auf Grund einer von der Normaleichungskommission ausgearbeiteten Instruktion genau nach den bei dieser Kommission üblichen Methoden und unter deren unmittelbarer Aufsicht.

Welchen Anforderungen die zur Eichung zuzulassenden Geräte hinsichtlich der äußeren Beschaffenheit, Einteilung und Genauigkeit zu genügen haben, ist aus der Bekanntmachung vom 26. Juli 1893 des Näheren zu ersehen. Auch ist das Kgl. Eichungsamt in Köln angewiesen worden, allen aus dem Publikum über diese Anforderungen etwa gestellten Anfragen, ebenso solchen über Bezugsquellen, Prüfungsgebühren usf. möglichst eingehende Beantwortung zuteil werden zu lassen. Hierauf werden insbesondere die Besitzer von Apotheken hingewiesen, deren Geräte stets diejenige Einrichtung und Genauigkeit aufweisen müssen, welche zu ordnungsmäßig auszuführenden chemischen Analysen erforderlich sind.

Berlin, den 2. Januar 1897.

Der Minister für Handel und Gewerbe.

Min.-Erl. vom 12. März 1897.

Auf den Bericht vom 25. Januar d. J. erwidern wir, daß der Erlaß vom 2. Januar d. J. mit der Bekanntmachung von demselben Tage füglich nicht hat beabsichtigen können, den Eichzwang auf Gegenstände auszudehnen, die ihm gesetzlich nicht unterliegen. Der Erlaß bezweckt nur, den Besitzern von Apotheken und chemischen Fabriken, überhaupt allen beteiligten Kreisen davon Kenntnis zu geben, wo sie chemische Meßgeräte

[1]) Laut Bk. der Normaleichungskommission vom 26. November 1896 sind ferner zur Eichung chemischer Meßgeräte ermächtigt: das großherzoglich sächsische Eichamt in Ilmenau und das herzoglich sächsische Eichamt in Gehlberg.

prüfen lassen können, weil sie ein Interesse daran haben, zur Ausführung chemischer Analysen zuverlässige Meßgeräte zu besitzen.

Berlin, den 12. März 1897.

Der Minister der geistlichen usw. Angelegenheiten.

Der Minister für Handel und Gewerbe.

Den preußischen Apothekern ist also anheimgestellt, ob sie ihre analytischen Meßgeräte eichen lassen wollen oder nicht. Die Grundsätze, nach denen die Eichung erfolgt, sind enthalten in den Bekanntmachungen der Kaiserlichen Normal-Eichungskommission vom 26. Juli 1893, 8. April 1896, 2. Juli 1897 und 9. Juli 1903.

VII. Die Branntweinsteuergesetzgebung.

Die Branntweinsteuergesetzgebung hat für den eigentlichen Apothekenbetrieb gegenwärtig nur noch geringe Bedeutung. Während ursprünglich für die Verwendung von undenaturiertem Branntwein zu Heilzwecken allgemein Steuerfreiheit gewährt wurde, ist diese Vergünstigung im Laufe der Jahre Schritt für Schritt mehr eingeschränkt worden, so daß jetzt zur Bereitung branntweinhaltiger Heilmittel steuerfreier Branntwein selbst nach vorangegangener Denaturierung nicht mehr verwendet werden darf. Nur zur Darstellung einzelner bestimmter chemisch-pharmazeutischer Präparate und anderer Heilmittel, welche Branntwein nicht mehr enthalten, ist die Benutzung steuerfreien Branntweins in unvollständig denaturiertem Zustande zugelassen.

Die Rechtslage gründet sich auf das Branntweinsteuergesetz in der durch das Gesetz vom 7. Juli 1902 festgestellten Fassung und die dazu vom Bundesrat erlassenen Branntweinsteuer-Ausführungsbestimmungen insonderheit die Branntweinsteuer-Befreiungsordnung.

Gesetz betr. die Besteuerung des Branntweins.

Vom 24. Juni 1887. In der Fassung der Gesetze vom 16. Juni 1895, 4. April 1898 und 7. Juli 1902. (R.G.Bl. 1895 S. 276, 1898 S. 159 und 1902 S. 243.)

§ 1. Der im Gebiete der Branntweinsteuergemeinschaft hergestellte Branntwein unterliegt vom 1. Oktober 1887 ab einer Verbrauchsabgabe und zu diesem Zweck der steuerlichen Kontrolle.

Die Verbrauchsabgabe beträgt, von einer nach Maßgabe des folgenden Absatzes festzusetzenden Jahresmenge (Gesamtkontingent) 0,50 Mark für das Liter reinen Alkohols, von der darüber hinaus hergestellten Menge 0,70 Mark für das Liter reinen Alkohols[1]) . . .

Von der Verbrauchsabgabe befreit und bei Feststellung der nach dem Vorstehenden maßgebenden Jahresmenge außer Ansatz bleibt:

1. Branntwein, welcher ausgeführt wird;
2. Branntwein, welcher zu gewerblichen Zwecken, zur Essigbereitung oder zu Putz-, Heizungs-, Koch- oder Beleuchtungszwecken verwendet wird, nach näherer Bestimmung des Bundesrats. Die

---

[1]) Die Defraudation der Verbrauchsabgabe, wozu auch die Verwendung steuerfreien Branntweins zu anderen als den gestatteten Zwecken gehört, wird nach § 21 des Gesetzes mit einer Geldstrafe bestraft, welche dem vierfachen Betrage der vorenthaltenen Abgabe gleichkommt. Zuwiderhandlungen gegen die sonstigen auf Grund des Gesetzes ergangenen Verwaltungsvorschriften werden nach § 26 mit einer Ordnungsstrafe bis zu 300 Mark geahndet.

Brennereibesitzer sind gegen Übernahme der Kosten berechtigt, die amtliche Denaturierung ihres Branntweins in ihren Brennereien zu verlangen.

Der Bundesrat ist ermächtigt, auch solchen Branntwein von der Verbrauchsabgabe frei zu lassen, der in öffentlichen Kranken-, Entbindungs- und ähnlichen Anstalten oder in öffentlichen wissenschaftlichen Anstalten verwendet wird.

§ 43e. Der Bundesrat wird ermächtigt:

a. den Kleinhandel mit denaturiertem Spiritus abweichend von den Vorschriften des § 33 der Gewerbeordnung zu regeln;

b. dahin Bestimmung zu treffen, daß beim Kleinhandel mit denaturiertem oder undenaturiertem Spiritus die Alkoholstärke des abzugebenden Spiritus durch Aushang an der Verkaufsstelle dem Publikum ersichtlich zu machen ist.

Zuwiderhandlungen gegen die vom Bundesrat erlassenen Bestimmungen werden mit einer Geldstrafe bis zu 150 Mark bestraft.

Zu diesen Paragraphen des Branntweinsteuergesetzes hat der Bundesrat folgende Ausführungsbestimmungen getroffen:

Branntweinsteuer-Befreiungsordnung.

Bundesratsbeschlüsse vom 28. Juni 1900, 28. März 1901, 18. September 1902, 25. Juni 1903, 9. März 1905 und 28. Juni 1906. (Bk. des Reichskanzlers vom 10. Juli 1900, 28. März 1901, 18. September 1902, 25. Juni 1903, 20. März 1905 und 11. Juli 1906.)

Erster Titel. Steuerfreie Verwendung von Branntwein.[1])

I. Umfang der Steuerbefreiung.

§ 1. Für Branntwein, der zu gewerblichen Zwecken, zur Essigbereitung, zu Putz-, Heizungs-, Koch- oder Beleuchtungszwecken oder in öffentlichen Kranken-, Entbindungs- und ähnlichen Anstalten oder in öffentlichen wissenschaftlichen Anstalten Verwendung findet, wird Steuerfreiheit nach Maßgabe der folgenden Bestimmungen dieses Titels gewährt, und zwar in der Regel nach Denaturierung des Branntweins (§§ 2—28), in besonderen Fällen ohne Denaturierung auf Grund eines Nachweises über die Verwendung des Branntweins (§§ 29—46).

---

[1]) Die Rechtslage hinsichtlich der steuerfreien Verwendung von Branntwein, soweit sie hier interessiert, ist nach den Bestimmungen der Branntweinsteuerbefreiungsordnung kurz folgende:

1. Vollständig denaturierter Branntwein darf verwendet werden zur Herstellung sämtlicher Heilmittel, welche im fertigen Zustande Branntwein nicht mehr enthalten. Die Verwendung derartigen Branntweins bedarf keiner besonderen Erlaubnis im Einzelfalle und unterliegt keiner Kontrolle außer den für den Verkehr mit denaturiertem Branntwein allgemein vorgeschriebenen Revisionen (§ 28 Befr.O.). Zusammensetzung und Verwendung des amtlichen Denaturierungsmittels sind in § 3 der Befr.O. angegeben. Verboten ist die Benutzung derartigen Branntweins zur Herstellung alkoholhaltiger Fabrikate, welche zum menschlichen Genusse dienen können (§ 14 Befr.O.).
2. Zu demselben Zwecke wie im Falle 1 ist es ferner möglich, einen unvollständig, d. h. etwas schwächer denaturierten Alkohol zu benutzen. Das Denaturierungsmittel besteht dann aus 5 l Holzgeist oder nur 0,5 l Pyridinbasen auf 100 l. Aber die Ausnutzung dieser Ermächtigung ist von einer besonderen Erlaubnis im Einzelfalle abhängig, und die Anwendung dieses schwächer denaturierten Branntweins unterliegt in allen ihren Phasen von der Abfertigung und Lagerung an bis zur endgültigen Benutzung und Verrechnung einer pein-

Die Verwendung von denaturiertem Branntwein zur Herstellung der im § 4 unter d und e aufgeführten Heilmittel und anderer Heilmittel, welche Branntwein nicht mehr enthalten, ist als eine Verwendung zu gewerblichen Zwecken anzusehen.

Die Steuerfreiheit umfaßt:

a. den Erlaß der Verbrauchsabgabe und des Zuschlags;

b. die Erstattung der Maischbottichsteuer mit 0,16 Mark für das Liter Alkohol, sofern der Branntwein dieser Steuer unterlegen hat;

---

lichen und umständlichen Kontrolle (§§ 17—21 der Befr.O.); sie ist verboten zur Herstellung von flüssigen alkoholhaltigen Parfümerien, von Kopf-, Zahn- und Mundwässern oder von alkoholhaltigen Fabrikaten, welche zum menschlichen Genusse dienen können (§ 16 Befr.O.).

3. Mit Genehmigung des Hauptamts darf bei der Fabrikation bestimmter Präparate ein noch auf andere Art unvollständig denaturierter Branntwein benutzt werden, bei dem das Denaturierungsmittel jedesmal mit besonderer Rücksicht auf das Endprodukt ausgewählt ist. Die Kontrolle ist hier dieselbe wie im Falle 2. Die Präparate, für welche steuerfreier Branntwein in dieser unvollständigen Denaturierung zugelassen ist, sind folgende:

Äther
Äthylschwefelsaure Salze
Agaricin
Aldehyd
Bleiweiß
Bromäthyl
Bromhaltige Fette zu Heilzwecken
Bromoform
Bromsilbergelatine
Bromsilberkollodium
Celluloid
Chemische Präparate, welche Branntwein nicht mehr enthalten, mit Ausnahme folgender Äther: formicicus, valerianicus, butyricus, oxalicus, sebacinicus
Chloräthyl
Chloralhydrat
Chloroform
Chlorsilberkollodium
Chlorsilbergelatine
Elektrodenplatten für elektrische Sammler
Essigäther
Essigsaure Salze (Bleizucker usw.)
Glykoside
Guajakharz
Harze und Gummiharze
Jalapenharz
Jodäthyl
Jodhaltige Fette zu Heilzwecken (Jodipin, pin, Morrhuol usw.)
Jodoform
Jodsilbergelatine
Jodsilberkollodium
Kampfer synthetischer
Klebegummipräparate
Kollodium
Lösungen von Kollodiumwolle in Branntwein und Amylacetat oder anderen Lösungsmitteln (Zaponlack)
Natronseifen
Pankreatin
Paraldehyd
Pegamoid
Pflanzenbasen (Alkaloide)
Photographische Papiere
Podophyllin
Salizylsäure
Salizylsaure Salze
Santonin
Scammonium
Tannin
Teerfarbstoffe einschließlich der zu ihrer Gewinnung bestimmten Hilfs- und Zwischenstoffe
Trockenplatten
Verbandstoffe
Wissenschaftliche (medizin., botan., zoolog.) Präparate zu Lehrzwecken
Wollfette (Lanolin).

Die für diese Fälle bestimmten Denaturierungsmittel sind: Äther, Benzol, Bromäthyl, Chloroform, Jodoform, Kampfer, Methylalkohol, Natronlauge, Petroleumbenzin, Rizinusöl, Terpentinöl, Tieröl.

4. Ohne Denaturierung darf steuerfreier Branntwein lediglich von staatlichen und kommunalen Krankenhäusern, Entbindungs- und ähnlichen Anstalten, also auch Militärlazaretten u. dgl., sowie von öffentlichen wissenschaftlichen Anstalten (Laboratorien usw.) in deren Betrieben zu allen wissenschaftlichen und Heilzwecken, den unmittelbaren wie den mittelbaren, benutzt werden.

und in den Fällen der Denaturierung:

c. die Vergütung der Brennsteuer, welche . . . sofern der Bundesrat nicht einen anderen Vergütungssatz bestimmt, 0,06 Mark für das Liter Alkohol beträgt.

Von der Steuerfreiheit ist ausgeschlossen Branntwein, der sich im freien Verkehre befindet, sowie Branntwein, der einen größeren Gehalt an Nebenerzeugnissen der Gärung und Destillation als ein Gewichtsprozent der in ihm enthaltenen Alkoholmenge besitzt.

II. Denaturierung von Branntwein.

§ 2. Die Denaturierung ist entweder eine vollständige, d. h. eine solche, die als genügend erachtet wird, den Branntwein ungenießbar zu machen, oder eine unvollständige, d. h. eine solche, neben welcher weitere Maßnahmen zur Verhütung der mißbräuchlichen Verwendung des Branntweins zu treffen sind.

§ 3. Zur vollständigen Denaturierung dient ein Gemisch von 4 Raumt. Holzgeist und 1 Raumt. Pyridinbasen (allgemeines Denaturierungsmittel), welchem bei seiner Zusammensetzung Lavendelöl oder Rosmarinöl bis zu 50 g auf jedes volle Liter hinzugefügt werden darf. Von dem Gemische sind dem zu denaturierenden Branntwein 2,5 l auf je 100 l Alkohol zuzusetzen.

Die vollständige Denaturierung kann auch in der Weise erfolgen, daß dem Branntwein 1,25 l des allgemeinen Denaturierungsmittels und außerdem 0,25 l Kristallviolettlösung und 2—20 l Benzol auf je 100 l Alkohol zugesetzt werden.

§ 4. Zur unvollständigen Denaturierung dürfen folgende Stoffe (besondere Denaturierungsmittel), die dem zu denaturierenden Branntwein in den dabei bezeichneten Mengen auf je 100 l Alkohol zuzusetzen sind, verwendet werden:

a. zu gewerblichen Zwecken aller Art, einschließlich der Heilzwecke, welche im § 1 Abs. 2 den gewerblichen Zwecken gleichgestellt sind: 5 l Holzgeist oder 0,5 l Pyridinbasen.

c. Zur Herstellung von Zelluloid, Pegamoid und synthetischem Kampfer: 1 kg Kampfer oder 2 l Terpentinöl oder 0,5 l Benzol.

d. Zur Herstellung nachbenannter Erzeugnisse: Äther (Schwefeläther) mit der aus § 27 sich ergebenden Beschränkung, äthylschwefelsaure Salze, Agaricin, Podophyllin und Scammonium, Guajakharz, Jalapenharz, sowie andere Harze und Gummiharze, Aldehyd, gewöhnlicher und Paraldehyd, Bleiweiß und essigsaure Salze (Bleizucker u. dgl.), Chlor- und Jodäthyl, Brom-(Chlor-, Jod-)silbergelatine und ähnliche Zubereitungen, sowie photographische Papiere und Trockenplatten, Chloralhydrat, Elektrodenplatten für elektrische Sammler, Essigäther mit der aus § 27 sich ergebenden Beschränkung, Glykoside, Klebegummipräparate, Kollodium und Chlor-(Brom-, Jod-)silberkollodium, sowie Lösungen von Kollodiumwolle in Branntwein und Amylacetat oder anderen Lösungsmitteln (Zaponlack), Pankreatin, Pflanzenbasen (Alkaloide), Salizylsäure und salizylsaure Salze, Santonin, Tannin, Teerfarbstoffe einschließlich der zu ihrer Gewinnung bestimmten Hilfs- und Zwischenstoffe, chemische Präparate, nicht genannte, welche Branntwein nicht mehr enthalten, mit Ausnahme der im § 71 unter c bis g bezeichneten zusammengesetzten Äther[1]), Verbandstoffe: 10 l Äther (Schwefeläther) oder 1 l Benzol oder 0,5 l Terpentinöl oder 0,025 l Tieröl.

Das aus denaturiertem Branntwein hergestellte, zum Handel bestimmte Kollodium muß mindestens ein Hundertstel seines Gewichts an Kollodiumwolle enthalten. In Zweifelsfällen sind Proben zu entnehmen und durch einen Chemiker nach der in Anlage 1a gegebenen Anleitung auf den Gehalt an Kollodiumwolle zu untersuchen.

e. Zur Herstellung von Chloroform, Jodoform, Bromoform und Bromäthyl, sowie von brom- oder jodhaltigen Fetten zu Heilzwecken (Jodipin, Morrhuol usw.): 300 g Chloroform oder 200 g Jodoform oder 300 g Bromäthyl. Es ist gestattet, das zuzusetzende Jodoform zunächst in einem Teile des zu denaturierenden Branntweins aufzulösen und den Rest des Branntweins mit der Lösung zu vermischen.

l. Zur Herstellung wissenschaftlicher (medizinischer, botanischer, zoologischer) Präparate zu Lehrzwecken: 1 l technisch reiner Methylalkohol und 1 l Petroleumbenzin.

m. Zur Herstellung von Natronseifen: 1 kg Rizinusöl und 400 g Natronlauge. Es ist gestattet, das zuzusetzende Denaturierungsmittel zunächst in einem Teile des zu denaturierenden Branntweins, auch unter Erwärmen, aufzulösen und den Rest des Branntweins mit der Lösung zu vermischen.

n. Zur Herstellung von Wollfetten (Lanolin): 5 l Petroleumbenzin.

§ 5. Die im § 3 und im § 4 unter a bis e und g bis n bezeichneten Stoffe (Holzgeist, Pyridinbasen, Lavendelöl, Rosmarinöl, Kristallviolettlösung, Schellacklösung, Kampfer, Terpentinöl, Benzol, Äther Tieröl Chloroform, Jodoform, Bromäthyl, Petroleumbenzin, technisch reiner Methylalkohol, Rizinusöl und Natronlauge) sind nach der in Anlage 2 gegebenen Anleitung durch einen Chemiker auf Kosten des Antragstellers zu prüfen. Sie müssen den dort angegebenen Erfordernissen entsprechen und sind bis zu ihrer Verwendung als Denaturierungsmittel unter amtlichem Verschluß aufzubewahren. Die Vornahme der Prüfung ist beim Hauptamte zu beantragen . . .

§ 12. Es ist verboten, aus denaturiertem Branntwein das Denaturierungsmittel ganz oder teilweise auszuscheiden oder dem denaturierten Branntwein Stoffe beizufügen, durch welche die Wirksamkeit des Denaturierungsmittels in bezug auf Geschmack, Geruch oder Farbe vermindert wird.

§ 14. Der vollständig denaturierte Branntwein darf zu sämtlichen in § 1 Abs. 1 und 2 bezeichneten Zwecken verwendet werden. Die Verwendung des Branntweins zur Herstellung alkoholhaltiger Fabrikate, welche zum menschlichen Genusse dienen können, ist unzulässig. Der Verbleib und die Verwendung dieses Branntweins unterliegen, vorbehaltlich der Vorschriften der §§ 13, 15 und 28, keiner amtlichen Kontrolle.

§ 15. Auf den Handel mit vollständig denaturiertem Branntwein findet § 33 der Gewerbeordnung keine Anwendung[2]).

---

[1]) Dies sind Aether formicicus, — valerianicus, — butyricus, — oxalicus, — sebacinicus.

[2]) Nach einer Verfügung des preußischen Finanzministers vom 1. April 1896 ist der Handel mit denaturiertem Branntwein einer Betriebssteuer nicht mehr unterworfen.

Wer mit vollständig denaturiertem Branntwein handeln will, hat dies vor Eröffnung des Handels der Hebestelle und der Ortspolizeibehörde unter Bezeichnung der Verkaufsstelle anzumelden. Die Hebestelle trägt die Anmeldung in ein Verzeichnis ein und erteilt über die Anmeldung eine Bescheinigung, ohne welche mit dem Handel nicht begonnen werden darf. Die Bescheinigung ist in der Verkaufsstelle aufzubewahren und den Beamten auf Verlangen vorzuzeigen. Liegen Tatsachen vor, welche die Unzuverlässigkeit des Gewerbetreibenden in bezug auf den Handel mit denaturiertem Branntwein wahrscheinlich machen, so hat die Hebestelle vor Erteilung der Bescheinigung an das Hauptamt zu berichten. Denaturierter Branntwein, in welchem das Alkoholometer eine Stärke von weniger als 80 Gewichtsprozent anzeigt oder der in unerlaubter Weise (§ 12) behandelt ist, darf nicht verkauft oder feilgehalten werden.

In den Verkaufsräumen ist an einer in die Augen fallenden Stelle und in deutlicher Druckschrift eine Bekanntmachung auszuhängen, wonach es verboten ist:

a. denaturierten Branntwein, in welchem das Alkoholometer eine Stärke von weniger als 80 Gewichtsprozent anzeigt, zu verkaufen oder feilzuhalten:

b. aus denaturiertem Branntwein das Denaturierungsmittel ganz oder teilweise auszuscheiden oder dem denaturierten Branntwein Stoffe beizufügen, durch welche die Wirksamkeit des Denaturierungsmittels in bezug auf Geschmack, Geruch oder Farbe vermindert wird, oder solchen Branntwein zu verkaufen oder feilzuhalten.

Das Hauptamt kann die Erteilung der Bescheinigung versagen oder die Fortsetzung des Handels mit denaturiertem Branntwein untersagen, wenn Tatsachen vorliegen, welche die Unzuverlässigkeit des Gewerbetreibenden in bezug auf diesen Gewerbebetrieb wahrscheinlich machen. Von der Entscheidung ist der Ortspolizeibehörde Mitteilung zu machen. Die im § 28 Abs. 1 bezeichneten Befugnisse stehen für den Handel mit vollständig denaturiertem Branntwein auch den Beamten der Polizeiverwaltung zu.

§ 16. Wer Branntwein unvollständig denaturieren lassen will, hat beim Hauptamte die Genehmigung hierzu schriftlich nachzusuchen und dabei das Denaturierungsmittel, den Verwendungszweck, die Art und Weise der Verwendung und den Ort der Lagerung des denaturierten Branntweins anzugeben. Die Entscheidung über den Antrag ist vom Hauptamte zu treffen; der Antrag ist abzulehnen, wenn der nach § 4 unter a zu denaturierende Branntwein zur Herstellung von flüssigen alkoholhaltigen Parfümerien, von Kopf-, Zahn- und Mundwässern oder von alkoholhaltigen Fabrikaten verwendet werden soll, welche zum menschlichen Genusse dienen können. Über die erteilten Genehmigungen ist vom Hauptamt ein Verzeichnis zu führen.

§ 17. Der unvollständig denaturierte Branntwein darf nur zu dem genehmigten Zwecke (§ 16), nur in der angemeldeten Art und Weise und, soweit nicht das Hauptamt im Einzelfalle eine Ausnahme zuläßt oder die §§ 23—26 Platz greifen, nur von demjenigen verwendet werden, auf dessen Antrag die Denaturierung erfolgt ist.

§ 18. Die unvollständige Denaturierung von Branntwein ist in den Gewerbsräumen des Antragstellers vorzunehmen. Das Hauptamt kann Ausnahmen zulassen.

§ 19. Der unvollständig denaturierte Branntwein ist ausschließlich an dem angemeldeten Orte (§ 16) zu lagern. Geschieht die Lagerung nicht in den Versandgefäßen, sondern in besonderen Lagergefäßen, so müssen diese amtlich tariert oder auf nassem Wege vermessen und nach Bestimmung des Oberkontrolleurs mit einer geprüften und gegen Veränderung gesicherten Vorrichtung zum Ablesen des Flüssigkeitsstandes versehen sein.

Wird an dem angemeldeten Orte verschiedenartig denaturierter Branntwein gelagert, so ist auf jedem Gefäße anzugeben, mit welchem Mittel der in ihm enthaltene Branntwein denaturiert ist. Gegebenenfalls sind auch diejenigen an dem angemeldeten Orte lagernden Gefäße entsprechend zu bezeichnen, welche versteuerten Branntwein oder ohne Denaturierung zur steuerfreien Verwendung abgelassenen Branntwein enthalten.

Betreibt ein Gewerbetreibender, welcher unvollständig denaturierten Branntwein verwendet, den Ausschank von Branntwein oder den Kleinhandel damit, so kann vom Hauptamt angeordnet werden, daß die Aufbewahrung und Verwendung des denaturierten Branntweins und die Aufbewahrung der daraus hergestellten Fabrikate in besonderen Räumen zu erfolgen haben. In letztere dürfen anderer Branntwein oder aus solchem hergestellte Fabrikate nicht aufgenommen werden.

§ 20. Gewerbetreibende, welche Branntwein mit einem besonderen Mittel denaturieren lassen, haben über die Verwendung des denaturierten Branntweins ein Kontrollbuch nach Muster 7 fortlaufend zu führen. Verwendet ein Gewerbetreibender verschiedenartig denaturierten Branntwein, so ist die An- und Abschreibung für jede Art in einer besonderen Abteilung des Kontrollbuches vorzunehmen.

§ 21. Alljährlich mindestens einmal findet eine amtliche Aufnahme der Vorräte an denaturiertem Branntwein statt, welcher der Gewerbetreibende beizuwohnen hat. Hierbei sind die Abschreibungen zu prüfen und der Sollbestand an denaturiertem Branntwein festzustellen. Sodann ist die vorhandene Alkoholmenge zu ermitteln und dem Sollbestande gegenüberzustellen. Über das Ergebnis ist eine Verhandlung aufzunehmen und dem Hauptamte vorzulegen. Der ermittelte Bestand an Branntwein ist im Kontrollbuche vorzutragen und bei dessen Weiterführung mit aufzurechnen. Eine Versteuerung der etwaigen Fehlmenge findet nur dann statt, wenn als erwiesen anzunehmen ist, daß der Branntwein in unzulässiger Weise verwendet worden ist.

§ 23. Die Denaturierung von Branntwein mit 5 l Holzgeist (§ 4 unter a) kann auch dann gestattet werden, wenn der Branntwein nicht in den Gewerbsräumen des Antragstellers verwendet, sondern an andere Gewerbetreibende abgegeben werden soll. Auf den Handel mit Holzgeistbranntwein finden die Vorschriften des § 15 Abs. 1, 3 und 4, sowie die §§ 24 und 25 Anwendung.

§ 24. In dem nach § 16 zu stellenden Antrag ist die Erlaubnis nachzusuchen, den denaturierten Branntwein zu verkaufen. Das Hauptamt erteilt geeignetenfalls für ein Betriebsjahr einen Verkaufserlaubnisschein nach Muster 10, der in ein Verzeichnis einzutragen ist. Der Erlaubnisschein ist bei dem Kontrollbuch aufzubewahren und spätestens am achten Tage nach Ablauf seiner Gültigkeitsfrist an das Hauptamt zurückzugeben.

Der Branntwein darf nur an Gewerbetreibende abgegeben werden, die ihre Berechtigung zum Ankaufe von Holzgeistbranntwein durch Vorzeigung ihres Ankaufserlaubnisscheines (§ 25) nachweisen. Der Händler darf den Branntwein nicht in kleineren Mengen als 2 l und nur insoweit abgeben, als dadurch die in dem Ankaufserlaubnisschein angegebene Höchstmenge nicht überschritten wird. Beim Verkaufe hat der Händler die verkaufte Menge nach Litern unter Beifügung seines Namens und des Tages jedesmal auf dem Ankaufserlaubnisscheine zu vermerken und diesen an den Käufer zurückzugeben.

Über den zum Verkaufe bestimmten Holzgeistbranntwein ist vom Händler statt des Kontrollbuches nach Muster 7 ein solches nach Muster 11 fortlaufend zu führen. Die Abschreibungen im Kontrollbuche sind auf Grund der auf den Ankaufserlaubnisscheinen eingetragenen Vermerke vom Oberkontrolleur nach näherer Bestimmung des Hauptamtes zu prüfen.

§ 25. Wer Holzgeistbranntwein beim Händler kaufen will, hat bei dem Hauptamt, in dessen Bezirk seine Gewerbsanstalt liegt, die Genehmigung hierzu nachzusuchen. Dabei sind die Art der beabsichtigten Verwendung des Branntweins und der voraussichtliche Jahresbedarf nach Litern anzugeben.

Das Hauptamt erteilt geeignetenfalls für ein Betriebsjahr einen Ankaufserlaubnisschein nach Muster 12, der in einer besonderen Abteilung des im § 24 vorgeschriebenen Verzeichnisses einzutragen ist. Erweist sich die festgesetzte Höchstmenge als unzureichend, so kann das Hauptamt sie auf Antrag erhöhen. Der Ankaufserlaubnisschein ist bei jedem Ankaufe von Holzgeistbranntwein dem Händler zur Eintragung der gekauften Menge vorzulegen, außer dieser Zeit aber zur Einsicht der Beamten bereit zu halten. Er ist dem Antrag auf Erteilung eines neuen Erlaubnisscheines beizufügen, spätestens aber am achten Tage nach Ablauf seiner Gültigkeitsfrist an das Hauptamt zurückzugeben.

Der Erlaubnisschein ist solchen Personen zu versagen, die den Branntweinausschank betreiben oder mit denaturiertem oder undenaturiertem Branntwein handeln. Er kann auch in anderen Fällen versagt werden, insbesondere wenn Tatsachen vorliegen, welche die Unzuverlässigkeit des Gewerbetreibenden in bezug auf die Verwendung denaturierten Branntweins wahrscheinlich machen.

§ 27. Für Branntwein, der zur Herstellung von Äther oder Essigäther verwendet werden soll, ist Steuerfreiheit nur unter der Bedingung zu gewähren, daß der Äther oder Essigäther unter amtlicher Kontrolle entweder ausgeführt oder im Inlande zu gewerblichen Zwecken, zur Vornahme von Untersuchungen zu wissenschaftlichen oder technischen Zwecken, zur Herstellung von Verbandstoffen und nicht ätherhaltigen Heilmitteln[1]) oder im Betriebe der im § 29 bezeichneten Anstalten und Fabriken verwendet wird.

Soweit der Äther und Essigäther nicht vom Hersteller verbraucht, sondern an andere Gewerbetreibende oder die genannten Anstalten und Fabriken abgegeben werden soll, finden die in den §§ 23—25 gegebenen Vorschriften über die Erteilung von Verkaufs- und Ankaufserlaubnisscheinen, sowie über die Führung eines Kontrollbuches durch den Verkäufer entsprechende Anwendung. Es kann verlangt werden, daß auch der Käufer durch seine Geschäfts- und Fabrikationsbücher oder durch besondere Buchführung die vorschriftsmäßige Verwendung des Äthers und Essigäthers nachweist.

---

[1]) Die steuerfreie Verwendung von Äther und Essigäther im Apothekenbetriebe ist nach einer Verfügung des Provinzialsteuerdirektors der Provinz Brandenburg als eine Verwendung zu gewerblichen Zwecken im Sinne der Branntweinsteuerbefreiungsordnung nicht anzusehen. Apotheker dürfen daher steuerfreien Äther bzw. Essigäther nur zur Vornahme wissenschaftlicher oder technischer Untersuchungen (z. B. Prüfung der Arzneistoffe), zur Herstellung von Verbandstoffen und nicht ätherhaltigen Heilmitteln beziehen und verwenden. Für die vorschriftsmäßige Verwendung des steuerfreien Quantums kann ein besondere Buchführung von der Direktivbehörde vorgeschrieben werden.

Eine Ankaufserlaubnis für Äther, der aus steuerfreiem Branntwein hergestellt ist, kann auch dann erteilt werden, wenn der Äther vom Käufer ausgeführt oder an ankaufsberechtigte Gewerbtreibende, Anstalten und Fabriken abgegeben werden soll. Der Zwischenhändler unterliegt in diesem Falle denselben Kontrollen wie der zum Verkaufe des Äthers ermächtigte Hersteller[1]).

Das Hauptamt kann Ätherfabrikanten gestatten, aus steuerfrei abgelassenem Branntwein hergestellten Äther gegen Versteuerung des verwendeten Branntweins zu anderen als den im Abs. 1 angegebenen Zwecken zu verwenden oder abzugeben. Gegebenenfalls ist der Äther zur Versteuerung anzumelden, sein Gewicht amtlich festzustellen und die zu entrichtende Steuer unter Annahme von 1,6 l Alkohol für jedes volle Kilogramm Äther zu berechnen. Hat der verwendete Branntwein verschiedenen Abgabesätzen unterlegen, so ist der höchste Satz in Rechnung zu stellen. Die näheren Anordnungen trifft die Direktivbehörde.

§ 28. Die Beamten sind befugt, die Gewerbs- und Geschäftsräume, in denen die Lagerung, die Verwendung oder der Verkauf denaturierten Branntweins stattfindet, während des Betriebes oder der Offenhaltung des Geschäftes zu jeder Zeit, sonst von morgens 6 bis abends 9 Uhr zu betreten, die Vorräte an denaturiertem und undenaturiertem Branntwein zu revidieren und Proben davon zu entnehmen. Auf Verlangen ist dem Besitzer für entnommene Proben Entschädigung in Höhe des üblichen Kaufpreises zu leisten. Die näheren Bestimmungen über die Zahl und Ausführung der Revisionen trifft die Direktivbehörde. Die Beteiligten sind verpflichtet, auf Erfordern den Bestand an denaturiertem und undenaturiertem Branntwein, sowie an Denaturierungsmitteln anzugeben und vorzuzeigen, sowie den Beamten über den Gewerbs- oder Geschäftsbetrieb Auskunft zu erteilen. Die Oberbeamten sind berechtigt, die Einkaufs- Lager-, Fabrikations- und Verkaufsbücher während der Geschäftsstunden einzusehen.

III. Steuerfreie Verwendung von undenaturiertem Branntwein.

§ 29. Ohne Denaturierung darf Branntwein steuerfrei abgelassen werden:

a. an Kranken-, Entbindungs- und ähnliche Anstalten, welche nicht nach § 30 der Gewerbeordnung der Konzessionspflicht unterliegen, sowie an öffentliche wissenschaftliche Anstalten[2]) (Laboratorien u. dgl.);

---

[1]) „Der Zwischenhändler unterliegt denselben Kontrollen wie der Hersteller." Auf den Hersteller finden aber, wenn er den Äther weiter verkauft, die in den §§ 23—25 gegebenen Vorschriften über die Erteilung von Verkaufs- und Ankaufserlaubnisscheinen „entsprechende Anwendung". In § 25 ist nun über den Ankaufserlaubnisschein gesagt: „Der Erlaubnisschein ist solchen Personen zu versagen, die den Branntweinausschank betreiben oder mit denaturiertem oder undenaturiertem Branntwein handeln." Zur Erläuterung dieser Anordnung, die also auf die Äthererlaubnisscheine „entsprechende Anwendung" finden soll, hat der preußische Finanzminister im Jahre 1901 folgende Anordnung erlassen:

Mit Rücksicht darauf, daß Ankaufserlaubnisscheine über Äther nur zuverlässigen Personen erteilt werden sollen, erscheint es unbedenklich, die Ausfertigung von Ankaufserlaubnisscheinen auch für solche Personen zu gestatten, die mit Äther, der aus versteuertem Branntwein hergestellt ist, Handel treiben.

[2]) „Öffentliche" Laboratorien sind nur solche, die aus öffentlichen Mitteln unterhalten werden. Für Privatloboratorien ist die Vergünstigung des § 29 also ohne Bedeutung.

b. an militär-technische Anstalten und an Pulver- und Knallquecksilberfabriken.

§ 30. Der ohne Denaturierung steuerfrei abgelassene Branntwein darf

a. von den im § 29 unter a bezeichneten Anstalten innerhalb ihres Betriebes zu sämtlichen wissenschaftlichen oder Heilzwecken ... verwendet werden.

In den Fällen zu a macht es keinen Unterschied, ob die Verwendung des Branntweins unmittelbar zu den bezeichneten Zwecken erfolgt oder ob nur eine mittelbare Verwendung, z. B. zum Reinigen von Geräten, zur Desinfektion des Operateurs oder des Operationsfeldes, zur Heizung von Inhalationsapparaten stattfindet.

Bevor noch die Branntweinsteuer-Befreiungsordnung die Verwendung von denaturiertem Spiritus zur Herstellung branntweinhaltiger Heilmittel in der jetzigen Bestimmtheit verboten hatte, waren über den Verkehr von Heilmitteln, die mit derartigem Branntwein bereitet waren, in Preußen zwei Verfügungen ergangen, die auch jetzt noch eine gewisse Bedeutung besitzen. Dieselben lauten:

Min.-Erl., betr. den Nachweis von Holzgeist in branntweinhaltigen Arzneimitteln. Vom 20. Juni 1905.

In den Preislisten mehrerer Großdrogenhandlungen findet sich in neuerer Zeit bei zahlreichen weingeisthaltigen Arzneimitteln der Zusatz „hergestellt aus Spiritus mit Holzgeist denaturiert“.

Obgleich die Verwendung solcher Fabrikate für Heilzwecke unzulässig ist, so besteht doch die Möglichkeit, daß dieselben in einzelnen Fällen in Apotheken Eingang finden.

Euer usw. wollen die im dortigen Bezirk mit der amtlichen Besichtigung der Apotheken betraute Kommission anweisen, die in Frage kommenden Arzneimittel bei den regelmäßigen Besichtigungen der Apotheken der Prüfung auf einen Gehalt an dem als Denaturierungsmittel verwandten acetonhaltigen Holzgeist zu unterwerfen.

Da das Arzneibuch für das Deutsche Reich, vierte Ausgabe, keine Anweisung für den Nachweis von Holzgeist in branntweinhaltigen Arzneimitteln gibt, habe ich nach Anhörung von Sachverständigen das in der anliegenden Beschreibung angegebene Verfahren für die erforderliche Untersuchung ausarbeiten lassen.

Durch Aceton oder Holzgeist verunreinigte und damit für Heilzwecke nicht geeignete Arzneimittel, welche in Apotheken oder Apothekerwarenhandlungen vorgefunden werden, sind aus dem Verkehr zu ziehen[1]) und die betreffenden Geschäftsvorstände unter Androhung weiterer Maßnahmen auf das Strafbare des Verkaufs derartig verfälschter Heilmittel hinzuweisen.

Berlin, den 20. Juni 1905.

Der Minister der geistlichen usw. Angelegenheiten.

I. A.: Althoff.

Verfahren für den Nachweis von Holzgeist in branntweinhaltigen Arzneimitteln.

Zur Denaturierung von Branntwein ist nach der Branntweinsteuer-Befreiungsordnung acetonhaltiger Holzgeist zu verwenden. In der Regel

[1]) Eine Beschlagnahme der Präparate kann nur nach den Bestimmungen der Strafprozeßordnung erfolgen, eine Einziehung nur in Gemäßheit des § 40 des Strafgesetzbuches. (Über beide s. Teil VIII.)

wird es genügen, wenn die Abwesenheit von Aceton in den zu prüfenden Arzneimitteln festgestellt wird. Zu dem Zweck sind in einem 50 ccm fassenden Kölbchen, welches mit einem aufsteigenden, zweimal rechtwinklig gebogenen, ungefähr 75 cm langen Glasrohr und einer Vorlage verbunden ist, 5 ccm der zu untersuchenden Flüssigkeit mit kleiner Flamme vorsichtig zu erhitzen, bis 1 ccm Destillat übergegangen ist. Unter Beobachtung der erforderlichen Vorsicht wird dabei der absteigende Schenkel des Glasrohrs nicht warm. Das erhaltene Destillat wird mit der gleichen Menge Natronlauge alkalisch gemacht und das Gemisch mit 5 Tropfen einer Lösung von $2^1/_2$ T. Nitroprussidnatrium in 100 T. Wasser versetzt. Bei Gegenwart von Aceton tritt Rötung bis Rotfärbung ein, die nach vorsichtigem Übersättigen der Natronlauge mittels Essigsäure in violett übergeht. Enthält die Flüssigkeit kein Aceton, so nimmt sie unter gleichen Umständen eine rein gelbe Farbe an, die auf Zusatz von Essigsäure wieder verschwindet.

Soll neben dem Aceton auch der Holzgeist nachgewiesen werden, so ist in nachstehender Weise zu verfahren:

In dem oben beschriebenen Kölbchen werden 10 ccm des Spirituspräparates unter den angegebenen Vorsichtsmaßregeln der Destillation unterworfen, bis 1 ccm Flüssigkeit übergegangen ist. Das Destillat wird mit 4 ccm verdünnter Schwefelsäure (20 prozentige) gemischt und in ein weites Reagensglas übergeführt. In das durch Eintauchen des Reagensglases in kaltes Wasser gut gekühlte Gemisch wird nach und nach unter starkem Umschütteln 1 g fein zerriebenes Kaliumpermanganat eingetragen. Sobald die Violettfärbung verschwunden ist, wird die Flüssigkeit durch ein kleines, nicht angefeuchtetes Filter in ein Reagensglas filtriert, das meist schwach rötlich gefärbte Filtrat einige Sekunden lang gelinde erwärmt und darauf 1 ccm des nun farblosen Filtrats vorsichtig mit 5 ccm konzentrierter Schwefelsäure gemischt. Dem abgekühlten Gemenge wird eine frisch bereitete Lösung von 0,05 Morphinhydrochlorid in 2,5 ccm konzentrierter Schwefelsäure hinzugefügt und durch vorsichtiges Umrühren mit einem Glasstabe die Mischung bewirkt.

Enthält das untersuchte Präparat Holzgeist, so tritt bald, spätestens innerhalb 20 Minuten, eine violette bis dunkelviolettrote Färbung ein. Holzgeistfreie Präparate zeigen nur eine schmutzige Trübung.

Für die Prüfung auf Verunreinigung durch acetonhaltigen Holzgeist kommen zunächst folgende Arzneimittel in Frage:

Spir. Angelic. comp.,	Tinct. Aloes,
,, caeruleus,	,, Arnicae,
,, camphoratus,	,, Asae foet.,
,, Cochleariae,	,, Benzoes,
,, Formicarum,	,, Catharid.,
,, russicus comp.,	,, Capsici,
,, saponato-camph.,	,, Catechu,
,, saponatus,	,, Myrrhae,
,, Sapon. kal.,	,, Jodi.
,, Sinapis.	

Letztere ist vor der Destillation durch Zusatz von 5 ccm Wasser und 2,0 fein zerriebenem Natriumthiosulfat zu 10 ccm Tinktur und darauf folgendes Schütteln zu entfärben.

Spiritus und Spiritus aethereus, sowie auch von den obengenannten Präparaten: Spiritus Angelicae compositus, Spiritus camphoratus und Spiritus Formicarum können ohne vorherige Destillation der Prüfung auf einen Gehalt an Aceton unterzogen werden. Spiritus caeruleus ist vor der Destillation mit verdünnter Schwefelsäure anzusäuern.

Min.-Erl., betr. die Abgabe von mit denaturiertem Spiritus hergestellten Heilmitteln. Vom 13. Februar 1906.

In den durch Runderlaß vom 22. Dezember 1902 mitgeteilten Grundzügen über die Regelung des Verkehrs mit Arzneimitteln außerhalb der Apotheken[1]) ist unter Nr. 8 bestimmt, daß die vorhandenen Arzneimittel echt und zum Gebrauch für Menschen und Tiere geeignet, sowie weder verdorben noch verunreinigt sein dürfen. Ferner ist in dem Erlasse vom 20. Juni 1905 darauf hingewiesen, daß es strafbar ist, Heilmittel, welche durch Verwendung von mit Holzgeist denaturiertem Spiritus hergestellt sind, in den Verkehr zu bringen.

Eine bezügliche Anfrage gibt mir jetzt Veranlassung, nach Anhören der Wissenschaftlichen Deputation für das Medizinalwesen noch besonders darauf hinzuweisen, daß mit denaturiertem Branntwein hergestellte Heilmittel, auch wenn sie nur zu äußerlichem Gebrauche bestimmt sind, als echt und zum Gebrauch geeignet nicht anzusehen sind. Sie dürfen daher außerhalb der Apotheken ebensowenig wie innerhalb derselben abgegeben werden.

Berlin, den 13. Februar 1906.

Der Minister der geistlichen usw. Angelegenheiten.

I. A.: Förster.

Ein gemeinsamer Erlaß der preußischen Minister der geistlichen usw. Angelegenheiten, der Finanzen und des Innern vom 13. Oktober 1906 richtet sich dann noch besonders gegen die Verwendung von denaturiertem Spiritus zur Herstellung von Trinkbranntweinen.

VIII. Handelsrecht, Bürgerliches und Strafrecht.

Während die Gewerbeordnung nur zu einem Teil unmittelbar auf das Apothekergewerbe anwendbar ist, gelten die großen Reichsgesetze, das Handelsgesetzbuch, das Bürgerliche Gesetzbuch und das Strafgesetzbuch für das Deutsche Reich, in vollem Umfange auch für den Apothekerstand. In diesen Gesetzbüchern sowie in den sie ergänzenden Gesetzen und Verordnungen über das gerichtliche Verfahren und das Gebührenwesen ist eine ganze Reihe von Bestimmungen enthalten, die für den Apotheker als Geschäftsmann von großer Bedeutung sind. Dieselben sind im folgenden zusammengestellt:

Handelsgesetzbuch.

Vom 10. Mai 1897 (R.G.Bl. S. 219).

Erstes Buch. Handelsstand.

Erster Abschnitt. Kaufleute.

§ 1. Kaufmann im Sinne dieses Gesetzbuchs ist, wer ein Handelsgewerbe betreibt.

Als Handelsgewerbe gilt jeder Gewerbebetrieb, der eine der nachstehend bezeichneten Arten von Geschäften zum Gegenstande hat:

---

[1]) S. Seite 48.

1. die Anschaffung und Weiterveräußerung von beweglichen Sachen (Waren) oder Wertpapieren, ohne Unterschied, ob die Waren unverändert oder nach einer Bearbeitung oder Verarbeitung weiter veräußert werden . . .[1])

§ 4. Die Vorschriften über die Firmen, die Handelsbücher und die Prokura finden auf Handwerker, sowie auf Personen, deren Gewerbebetrieb nicht über den Umfang des Kleingewerbes hinausgeht, keine Anwendung . . . .

Die Landesregierungen sind befugt, Bestimmungen zu erlassen, durch welche die Grenze des Kleingewerbes auf der Grundlage der nach dem Geschäftsumfange bemessenen Steuerpflicht oder in Ermangelung einer solchen Besteuerung nach anderen Merkmalen näher festgesetzt wird.

§ 7. Durch die Vorschriften des öffentlichen Rechtes, nach welchen die Befugnis zum Gewerbebetrieb ausgeschlossen oder von gewissen Voraussetzungen abhängig gemacht ist, wird die Anwendung der die Kaufleute betreffenden Vorschriften dieses Gesetzbuchs nicht berührt.

Zweiter Abschnitt. Handelsregister.

§ 8. Das Handelsregister wird von den Gerichten geführt.

§ 13. Soweit nicht in diesem Gesetzbuch ein anderes vorgeschrieben ist, sind die Eintragungen in das Handelsregister und die hierzu erforderlichen Anmeldungen und Zeichnungen von Unterschriften sowie die sonst vorgeschriebenen Einreichungen zum Handelsregister bei jedem Registergericht, in dessen Bezirke der Inhaber der Firma eine Zweigniederlassung besitzt, in gleicher Weise wie bei dem Gerichte der Hauptniederlassung zu bewirken.

Eine Eintragung bei dem Gerichte der Zweigniederlassung findet nicht statt, bevor nachgewiesen ist, daß die Eintragung bei dem Gerichte der Hauptniederlassung geschehen ist.

§ 14. Wer verpflichtet ist, eine Anmeldung, eine Zeichnung der Unterschrift oder eine Einreichung von Schriftstücken zum Handelsregister vorzunehmen, ist hierzu von dem Registergerichte durch Ordnungsstrafen anzuhalten. Die einzelne Strafe darf den Betrag von dreihundert Mark nicht übersteigen.

Dritter Abschnitt. Handelsfirma.

§ 17. Die Firma eines Kaufmanns ist der Name, unter dem er im Handel seine Geschäfte betreibt und die Unterschrift abgibt. Ein Kaufmann kann unter seiner Firma klagen und verklagt werden.

§ 18. Ein Kaufmann, der sein Geschäft ohne Gesellschafter oder nur mit einem stillen Gesellschafter betreibt, hat seinen Familiennamen mit mindestens einem ausgeschriebenen Vornamen als Firma zu führen[2]).

Der Firma darf kein Zusatz beigefügt werden, der ein Gesellschaftsverhältnis andeutet oder sonst geeignet ist, eine Täuschung über die Art

---

[1]) Da die Apotheker sich mit der Anschaffung und Weiterveräußerung von beweglichen Sachen (Waren), teils in unverändertem Zustande, teils nach erfolgter Bearbeitung oder Verarbeitung beschäftigen, so sind sie als Kaufleute im Sinne des Handelsgesetzbuches anzusehen und die von ihnen für ihren Geschäftsbetrieb geschlossenen Verträge nach den Bestimmungen des Handelsgesetzbuches zu beurteilen. In diesem Sinne haben entschieden: R.O.H.G. (19. Juni 1876), L.G. Karlsruhe (26. Juni 1880), O.L.G. Stuttgart (1882), O.L.G. München (27. September 1882), endlich das R.G. mit besonderem Bezug auf die preußische Gesetzgebung (28. November 1893, Ph.Ztg. 1898 Nr. 77 und 7. Juni 1899, Ph.Ztg. 1901 Nr. 35).

[2]) Eine hiermit übereinstimmende Forderung enthält § 15a der Gew.O. (s. S. 5).

oder den Umfang des Geschäfts oder die Verhältnisse des Geschäftsinhabers herbeizuführen. Zusätze, die zur Unterscheidung der Person oder des Geschäfts dienen, sind gestattet.

§ 19. Die Firma einer offenen Handelsgesellschaft hat den Namen wenigstens eines der Gesellschafter mit einem das Vorhandensein einer Gesellschaft andeutenden Zusatz oder die Namen aller Gesellschafter zu erhalten.

Die Firma einer Kommanditgesellschaft hat den Namen wenigstens eines persönlich haftenden Gesellschafters mit einem das Vorhandensein einer Gesellschaft andeutenden Zusatze zu enthalten.

Die Beifügung von Vornamen ist nicht erforderlich. Die Namen anderer Personen als der persönlich haftenden Gesellschafter dürfen in die Firma einer offenen Handelsgesellschaft oder einer Kommanditgesellschaft nicht aufgenommen werden.

§ 22. Wer ein bestehendes Handelsgeschäft unter Lebenden oder von Todeswegen erwirbt, darf für das Geschäft die bisherige Firma mit oder ohne Beifügung eines das Nachfolgeverhältnis andeutenden Zusatzes fortführen, wenn der bisherige Geschäftsinhaber oder dessen Erben in die Fortführung der Firma ausdrücklich willigen ...

Wird ein Handelsgeschäft auf Grund eines Nießbrauchs, eines Pachtvertrags oder eines ähnlichen Verhältnisses übernommen, so finden diese Vorschriften entsprechende Anwendung.

§ 23. Die Firma kann nicht ohne das Handelsgeschäft, für welches sie geführt wird, veräußert werden.

§ 24. Wird jemand in ein bestehendes Handelsgeschäft als Gesellschafter aufgenommen oder tritt ein neuer Gesellschafter in eine Handelsgesellschaft ein oder scheidet aus einer solchen ein Gesellschafter aus, so kann ungeachtet dieser Veränderung die bisherige Firma fortgeführt werden. Bei dem Ausscheiden eines Gesellschafters, dessen Name in der Firma der ausdrücklichen Einwilligung des Gesellschafters oder seiner Erben.

§ 25. Wer ein unter Lebenden erworbenes Handelsgeschäft unter der bisherigen Firma mit oder ohne Beifügung eines das Nachfolgeverhältnis andeutenden Zusatzes fortführt, haftet für alle im Betriebe des Geschäfts begründeten Verbindlichkeiten des früheren Inhabers. Die in dem Betriebe begründeten Forderungen gelten den Schuldnern gegenüber als auf den Erwerber übergegangen, falls der bisherige Inhaber oder seine Erben in die Fortführung der Firma gewilligt haben.

Eine abweichende Vereinbarung ist einem Dritten gegenüber nur wirksam, wenn sie in das Handelsregister eingetragen und bekannt gemacht oder von dem Erwerber oder dem Veräußerer dem Dritten mitgeteilt worden ist.

Wird die Firma nicht fortgeführt, so haftet der Erwerber eines Handelsgeschäfts für die früheren Geschäftsverbindlichkeiten nur, wenn ein besonderer Verpflichtungsgrund vorliegt, insbesondere wenn die Übernahme der Verbindlichkeiten in handelsüblicher Weise von dem Erwerber bekannt gemacht worden ist.

§ 29. Jeder Kaufmann ist verpflichtet, seine Firma und den Ort seiner Handelsniederlassung bei dem Gericht, in dessen Bezirke sich die Niederlassung befindet, zur Eintragung in das Handelsregister anzumelden; er hat seine Firma zur Aufbewahrung bei dem Gerichte zu zeichnen[1]).

---

[1]) Auch Apotheker sind danach zur Eintragung ihrer Firma ins Handelsregister verpflichtet. Nur solche Geschäfte, die nicht über den Umfang des Kleingewerbes hinaus-

§ 30. Jede neue Firma muß sich von allen an demselben Orte oder in derselben Gemeinde bereits bestehenden und in das Handelsregister eingetragenen Firmen deutlich unterscheiden . . .

§ 31. Eine Änderung der Firma oder ihrer Inhaber sowie die Verlegung der Niederlassung an einen anderen Ort ist nach den Vorschriften des § 29 zur Eintragung in das Handelsregister anzumelden. Das gleiche gilt, wenn die Firma erlischt. Kann die Anmeldung des Erlöschens einer eingetragenen Firma durch die hierzu Verpflichteten nicht auf dem im § 14 bezeichneten Wege herbeigeführt werden, so hat das Gericht das Erlöschen von Amts wegen einzutragen.

Vierter Abschnitt. Handelsbücher.

§ 38. Jeder Kaufmann ist verpflichtet[1]), Bücher zu führen und in diesen seine Handelsgeschäfte und die Lage seines Vermögens nach den Grundsätzen ordnungsmäßiger Buchführung ersichtlich zu machen[2]).

Er ist verpflichtet, eine Abschrift (Kopie oder Abdruck) der abgesendeten Handelsbriefe zurückzubehalten und diese Abschriften sowie die empfangenen Handelsbriefe geordnet aufzubewahren[3]).

§ 39. Jeder Kaufmann hat bei dem Beginne seines Handelsgewerbes seine Grundstücke, seine Forderungen und Schulden, den Betrag seines baren Geldes und seine sonstigen Vermögensgegenstände genau zu verzeichnen, dabei den Wert der einzelnen Vermögensgegenstände anzugeben und einen das Verhältnis des Vermögens und der Schulden darstellenden Abschluß zu machen.

Er hat demnächst für den Schluß eines jeden Geschäftsjahrs ein solches Inventar und eine solche Bilanz aufzustellen; die Dauer des Geschäftsjahrs darf zwölf Monate nicht überschreiten. Die Aufstellung des Inventars und der Bilanz ist innerhalb der einem ordnungsmäßigen Geschäftsgang entsprechenden Zeit zu bewirken.

Hat der Kaufmann ein Warenlager, bei dem nach der Beschaffenheit des Geschäfts die Aufnahme des Inventars nicht füglich in jedem Jahre geschehen kann, so genügt es, wenn sie alle zwei Jahre erfolgt. Die Verpflichtung zur jährlichen Aufstellung der Bilanz wird hierdurch nicht berührt.

---

gehen, sind nach § 4 des H.G.B. von dieser Verpflichtung befreit. Die Eintragung ins Handelsregister hat für Apotheker auch die Zugehörigkeit zu den Handelskammern zur Folge. Denn § 3 Ziffer 1 des preußischen Gesetzes über die Handelskammern vom 24. Februar 1870 bzw. 19. August 1897 bestimmt:

§ 3. Die Mitglieder der Handelskammer werden gewählt. Berechtigt an der Wahl teilzunehmen, und verpflichtet, zu den Kosten der Handelskammer beizutragen, sind, sofern sie zur Gewerbesteuer veranlagt sind: diejenigen Kaufleute (natürliche und juristische Personen), die als Inhaber einer Firma in einem für den Bezirk der Handelskammer geführten Handelsregister eingetragen stehen.

Hierzu gehören also auch die Apotheker.

[1]) Die Nichterfüllung der dem Kaufmann in den §§ 38ff. auferlegten Verpflichtungen hat, wenn er seine Zahlungen einstellt oder in Konkurs gerät, strafrechtliche Folgen (§§ 239 und 240 der Konkursordnung, s. S. 104).

[2]) Geeignete Muster zu einer praktischen Buchführung in Apotheken sind angegeben in Dr. W. Mayer: Die kaufmännische Buchführung in der Apotheke und Dr. E. Mylius: Der Apotheker als Geschäftsmann (beide Verlag von Julius Springer in Berlin).

[3]) Die Aufbewahrungszeit für die Handelsbücher und Handelsbriefe beträgt nach § 44 H.G.B. 10 Jahre.

§ 40. Die Bilanz ist in Reichswährung aufzustellen.

Bei der Aufstellung des Inventars und der Bilanz sind sämtliche Vermögensgegenstände und Schulden nach dem Werte anzusetzen, der ihnen in dem Zeitpunkte beizulegen ist, für welchen die Aufstellung stattfindet.

Zweifelhafte Forderungen sind nach ihrem wahrscheinlichen Werte anzusetzen, uneinbringliche Forderungen abzuschreiben.

§ 41. Das Inventar und die Bilanz sind von dem Kaufmanne zu unterzeichnen. Sind mehrere persönlich haftende Gesellschafter vorhanden, so haben sie alle zu unterzeichnen.

Das Inventar und die Bilanz können in ein dazu bestimmtes Buch eingeschrieben oder jedesmal besonders aufgestellt werden. Im letzteren Falle sind sie zu sammeln und in zusammenhängender Reihenfolge geordnet aufzubewahren.

§ 43. Bei der Führung der Handelsbücher und bei den sonst erforderlichen Aufzeichnungen hat sich der Kaufmann einer lebenden Sprache und der Schriftzeichen einer solchen zu bedienen.

Die Bücher sollen gebunden und Blatt für Blatt oder Seite für Seite mit fortlaufenden Zahlen versehen sein. An Stellen, die der Regel nach zu beschreiben sind, dürfen keine leeren Zwischenräume gelassen werden. Der ursprüngliche Inhalt einer Eintragung darf nicht mittels Durchstreichens oder auf andere Weise unleserlich gemacht, es darf nichts radiert, auch dürfen solche Veränderungen nicht vorgenommen werden, deren Beschaffenheit es ungewiß läßt, ob sie bei der ursprünglichen Eintragung oder erst später gemacht worden sind.

§ 44. Die Kaufleute sind verpflichtet, ihre Handelsbücher bis zum Ablaufe von zehn Jahren, von dem Tage der darin vorgenommenen letzten Eintragung an gerechnet, aufzubewahren. Dasselbe gilt in Ansehung der empfangenen Handelsbriefe und der Abschriften der abgesendeten Handelsbriefe sowie in Ansehung der Inventare und Bilanzen[1]).

Fünfter Abschnitt. Prokura und Handlungsvollmacht.

§ 48. Die Prokura kann nur von dem Inhaber des Handelsgeschäfts oder seinem gesetzlichen Vertreter und nur mittels ausdrücklicher Erklärung erteilt werden. Die Erteilung kann an mehrere Personen gemeinschaftlich erfolgen (Gesamtprokura).

§ 52. Die Prokura ist ohne Rücksicht auf das der Erteilung zugrunde liegende Rechtsverhältnis jederzeit widerruflich, unbeschadet des Anspruchs auf die vertragsmäßige Vergütung. Die Prokura ist nicht übertragbar. Die Prokura erlischt nicht durch den Tod des Inhabers des Handelsgeschäfts.

§ 53. Die Erteilung der Prokura ist von dem Inhaber des Handelsgeschäfts zur Eintragung in das Handelsregister anzumelden. Ist die Prokura als Gesamtprokura erteilt, so muß auch dies zur Eintragung angemeldet werden. Der Prokurist hat die Firma nebst seiner Namensunterschrift zur Aufbewahrung bei dem Gerichte zu zeichnen. Das Erlöschen der Prokura ist in gleicher Weise wie die Erteilung zur Eintragung anzumelden.

---

[1]) Aus der Verpflichtung, die Geschäftsbücher und -Briefe 10 Jahre lang aufzubewahren, folgt jedoch nicht ohne weiteres, daß diese Dokumente bei einem Besitzwechsel des Geschäfts vom Verkäufer dem Käufer mit übergeben werden müssen. Im allgemeinen dürften die Handlungsbücher aus einer früheren Zeit nicht als „Zubehör" des Geschäfts im Sinne der § 97 des B.G.B. (s. S. 98) anzusehen sein.

Sechster Abschnitt. Handlungsgehilfen und Handlungslehrlinge.

§ 59. Wer in einem Handelsgewerbe zur Leistung kaufmännischer Dienste gegen Entgelt angestellt ist (Handlungsgehilfe)[1]), hat, soweit nicht besondere Vereinbarungen über die Art und den Umfang seiner Dienstleistungen oder über die ihm zukommende Vergütung getroffen sind, die dem Ortsgebrauch entsprechenden Dienste zu leisten, sowie die dem Ortsgebrauch entsprechende Vergütung zu beanspruchen. In Ermangelung eines Ortsgebrauchs gelten die den Umständen nach angemessenen Leistungen als vereinbart.

§ 62. Der Prinzipal ist verpflichtet, die Geschäftsräume und die für den Geschäftsbetrieb bestimmten Vorrichtungen und Gerätschaften so einzurichten und zu unterhalten, auch den Geschäftsbetrieb und die Arbeitszeit so zu regeln, daß der Handlungsgehilfe gegen eine Gefährdung seiner Gesundheit, soweit die Natur des Betriebs es gestattet, geschützt und die Aufrechterhaltung der guten Sitten und des Anstandes gesichert ist.

Ist der Handlungsgehilfe in die häusliche Gemeinschaft aufgenommen, so hat der Prinzipal in Ansehung des Wohn- und Schlafraums, der Verpflegung sowie der Arbeits- und Erholungszeit diejenigen Einrichtungen und Anordnungen zu treffen, welche mit Rücksicht auf die Gesundheit, die Sittlichkeit und die Religion des Handlungsgehilfen erforderlich sind.

Erfüllt der Prinzipal die ihm in Ansehung des Lebens und der Gesundheit des Handlungsgehilfen obliegenden Verpflichtungen nicht, so finden auf seine Verpflichtung zum Schadensersatze die für unerlaubte Handlungen geltenden Vorschriften der §§ 842—846 des Bürgerlichen Gesetzbuchs entsprechende Anwendung.

Die dem Prinzipal hiernach obliegenden Verpflichtungen können nicht im voraus durch Vertrag aufgehoben oder beschränkt werden.

§ 63. Wird der Handlungsgehilfe durch unverschuldetes Unglück an

---

[1]) Handlungsgehilfe im Sinne des H.G.B. ist also nur, „wer in einem Handelsgewerbe zur Leistung kaufmännischer Dienste gegen Entgelt angestellt ist." Da die Apotheken zum Handelsgewerbe gehören, würden Apothekergehilfen also ohne weiteres als Handlungsgehilfen anzusehen sein, wenn ihre Dienste „kaufmännische" wären. Über letztere Frage ist sich jedoch die Rechtsprechung nicht einig. Es liegen hierüber folgende Entscheidungen vor: „Da der Apotheker Kaufmann ist, sind die in seinem Betriebe tätigen Personen, insoweit, als sie nicht ausschließlich oder vorwiegend technische Dienste verrichten, als kaufmännische Arbeiter anzusehen." R.G. 7. Juni 1899 (Ph.Ztg. 1901 Nr. 35.) Ebenso L.G. I Berlin 8. März 1900 (Ph.Ztg. 1900 Nr. 40). Noch bestimmter erklärte das K.G.: „Apothekergehilfen sind regelmäßig Handlungsgehilfen und unterliegen daher den Vorschriften des Handelsgesetzbuches." K.G. 28. Mai 1902 (Ph.Ztg. 1902 Nr. 80). Dagegen verneinten die Handlungsgehilfeneigenschaft der Apothekergehilfen folgende Gerichte, welche die Tätigkeit der angestellten Apotheker als eine vorwiegend technische ansahen: O.L.G. Breslau 15. November 1904 (Ph.Ztg. 1905 Nr. 16) und L.G. Frankfurt a. O. 15. Februar 1904 (Ph.Ztg. 1904 Nr. 28). Hierzu faßte ferner der preußische Apothekerkammerausschuß in seiner Sitzung vom 22. November 1904 folgende Resolution: „Der Apothekerkammerausschuß ist der Ansicht, daß die §§ 59—75 des Handelsgesetzes vom 10. Mai 1897 sich auf Apothekergehilfen und Apothekerlehrlinge mit beziehen."

Werden die Apothekergehilfen nicht als Handlungsgehilfen angesehen, so regeln sich ihre rechtlichen Verhältnisse nach den Bestimmungen des B.G.B. über Dienstvertrag (s. S. 99).

der Leistung der Dienste verhindert[1]), so behält[2]) er seinen Anspruch auf Gehalt und Unterhalt[3]), jedoch nicht über die Dauer von sechs Wochen hinaus.

Der Handlungsgehilfe ist nicht verpflichtet, sich den Betrag anrechnen zu lassen, der ihm für die Zeit der Verhinderung aus einer Kranken- oder Unfallversicherung zukommt. Eine Vereinbarung, welche dieser Vorschrift zuwiderläuft, ist nichtig[4]).

§ 64. Die Zahlung des dem Handlungsgehilfen zukommenden Gehalts hat am Schlusse jeden Monats[5]) zu erfolgen. Eine Vereinbarung, nach der die Zahlung des Gehalts später erfolgen soll, ist nichtig.

§ 66. Das Dienstverhältnis zwischen dem Prinzipal und dem Handlungsgehilfen kann, wenn es für unbestimmte Zeit[6]) eingegangen ist, von jedem Teile für den Schluß eines Kalendervierteljahrs unter Einhaltung einer Kündigungsfrist von sechs Wochen gekündigt werden[7])

---

[1]) § 63 des H.G.B. regelt die Fürsorge, die dem Handlungsgehilfen in Krankheitsfällen zuteil werden soll. Unter „unverschuldetem Unglück" ist in erster Reihe Krankheit zu verstehen. Wird der Handlungsgehilfe nicht durch unverschuldetes Unglück, sondern aus einem anderen von ihm nicht verschuldeten Grunde, z. B. durch Einberufung zu einer militärischen Dienstleistung, an der Verrichtung seiner Dienste verhindert, so regelt sich sein Anspruch auf Gehalt während solcher Übungen lediglich nach § 616 des B.G.B. (s. S. 100), da, wie das R.G. im März 1904 entschied (Ph.Ztg. 1904 Nr. 24) militärische Übungen nicht als „Unglück" im Sinne des § 63 H.G.B. anzusehen sind.

[2]) Behält, d. h. der Handlungsgehilfe hat den Anspruch, insoweit er ihn auch sonst haben würde. Endet das Dienstverhältnis daher infolge ordnungsmäßiger nicht wegen der Erkrankung erfolgter Kündigung auf Grund der §§ 66 und 67 vor Ablauf der sechs Wochen, so fällt mit dem Ablauf des Dienstverhältnisses auch der Anspruch auf Gehalt und Unterhalt. Das Kündigungsrecht des Prinzipals wird durch § 63 nicht berührt; insbesondere kann eine, wenn auch nur sechs Wochen anhaltende Krankheit des Gehilfen den Prinzipal zur sofortigen Lösung des Dienstverhältnisses nach § 72 Abs. 1 Ziffer 3 veranlassen, aber dem Gehilfen bleibt in diesem Falle unter allen Umständen der Anspruch aus § 63 (vgl. § 72 Abs. 2).

[3]) Handlungsgehilfen, welche in die häusliche Gemeinschaft des Prinzipals aufgenommen sind, haben nach § 617 des B.G.B. (s. S. 100) auch Anspruch auf Verpflegung und ärztliche Behandlung. Ein ausdrücklicher Anspruch auf freie Arznei ist im Gesetz nicht vorgesehen. Doch dürfte in den Fällen des § 617 B.G.B. in der hier zu leistenden Verpflegung auch die Gewähr freier Arznei mit enthalten sein. Aus der Fassung des Paragraphen, daß der Gehilfe seinen Anspruch auf Gehalt „und Unterhalt" behält, ergibt sich, daß Gehilfen, die nicht in die häusliche Gemeinschaft aufgenommen sind, also keinen Unterhalt beim Prinzipal genießen, auch nicht Ansprüche auf einen solchen „behalten" können. Sie haben nur Anspruch auf Fortzahlung des Gehalts. Die Verpflichtung des Prinzipals zur Gewährung des Unterhalts läßt sich nicht in eine Verbindlichkeit zu einer Geldleistung umwandeln. (Kfm.G. Hamburg Juni 1905, Ph.Ztg. 1905 Nr. 49).

[4]) Große Uneinigkeit herrscht in der Rechtsprechung darüber, ob nur die Bestimmung in Abs. 2 zwingendes, durch Verträge nicht abzuänderndes Recht ist, wie die Wortfassung dies andeutet, oder ob aus inneren Gründen der Passus: „Eine Vereinbarung, welche dieser Vorschrift zuwiderläuft, ist nichtig" — sich auch auf die in Abs. 1 enthaltene Pflicht zur sechswöchentlichen Gehaltszahlung bezieht. Die Reichsregierung hält letztere Auffassung für irrig.

[5]) Gemeint ist der Kalendermonat. Ist der letzte Tag eines Monats ein Sonn- oder Feiertag, so hat die Zahlung am nächsten Werktage zu erfolgen.

[6]) Das Dienstverhältnis kann auch auf bestimmte Zeit (z. B. drei Monate) eingegangen werden und endet dann mit dem Ablauf des betreffenden Zeitraums ohne weiteres. Wird das Dienstverhältnis nach Ablauf dieses Zeitraums stillschweigend fortgesetzt, so gilt es nunmehr als auf unbestimmte Zeit eingegangen.

[7]) Die gesetzliche Kündigungsfrist beträgt sechs Wochen. Der letzte zulässige Kündigungstermin ist lediglich danach zu berechnen und fällt mit dem 15. des dem Quartalsschluß vorangehenden Monats nicht zusammen.

§ 67. Wird durch Vertrag eine kürzere oder längere Kündigungsfrist bedungen, so muß sie für beide Teile gleich sein; sie darf nicht weniger als einen Monat betragen.

Die Kündigung kann nur für den Schluß eines Kalendermonats zugelassen werden.

Die Vorschriften des Abs. 1 finden auch in dem Falle Anwendung, wenn das Dienstverhältnis für bestimmte Zeit mit der Vereinbarung eingegangen wird, daß es in Ermangelung einer vor dem Ablaufe der Vertragszeit erfolgten Kündigung als verlängert gelten soll.

Eine Vereinbarung, die diesen Vorschriften zuwiderläuft, ist nichtig.

§ 68. Die Vorschriften des § 67 finden keine Anwendung, wenn der Handlungsgehilfe einen Gehalt von mindestens fünftausend Mark für das Jahr bezieht . . .

§ 69. Wird ein Handlungsgehilfe nur zu vorübergehender Aushilfe angenommen, so finden die Vorschriften des § 67 keine Anwendung, es sei denn, daß das Dienstverhältnis über die Zeit von drei Monaten hinaus fortgesetzt wird. Die Kündigungsfrist muß jedoch auch in einem solchen Falle für beide Teile gleich sein.

§ 70. Das Dienstverhältnis kann von jedem Teile ohne Einhaltung einer Kündigungsfrist gekündigt werden, wenn ein wichtiger Grund vorliegt[1]).

Wird die Kündigung[2]) durch vertragswidriges Verhalten des anderen Teiles veranlaßt, so ist dieser zum Ersatze des durch die Aufhebung des Dienstverhältnisses entstehenden Schadens verpflichtet[3]).

§ 71. Als ein wichtiger Grund, der den Handlungsgehilfen zur Kündigung ohne Einhaltung einer Kündigungsfrist berechtigt, ist es, sofern nicht besondere Umstände eine andere Beurteilung rechtfertigen, namentlich anzusehen[4]):

1. wenn der Handlungsgehilfe zur Fortsetzung seiner Dienste unfähig wird;
2. wenn der Prinzipal den Gehalt oder den gebührenden Unterhalt nicht gewährt;
3. wenn der Prinzipal den ihm nach § 62 obliegenden Verpflichtungen nachzukommen verweigert;
4. wenn sich der Prinzipal Tätlichkeiten, erhebliche Ehrverletzungen oder unsittliche Zumutungen gegen den Handlungsgehilfen zu-

---

1) Die Auflösung des Dienstverhältnisses in den hier fraglichen Fällen bedarf nicht erst eines Richterspruchs, sondern infolge der Kündigung (Rücktrittserklärung) tritt die Auflösung ohne weiteres ein, insofern dieselbe berechtigt war, worüber im Streitfalle der Richter zu entscheiden hat. Die in den §§ 71 und 72 aufgeführten Fälle sind lediglich Beispiele, die dem Richter Anhaltspunkte für die Absicht des Gesetzgebers gewähren sollen.

2) Kündigung ist hier im Sinne vorzeitiger Aufhebung des Dienstverhältnisses zu verstehen.

3) Der dem Gehilfen zu leistende Schadensersatz wird regelmäßig in der Zahlung des Gehalts für die Zeit bis zur Beendigung des Dienstvertrages oder Ablauf der Kündigungsfrist bestehen. Er muß sich jedoch dasjenige anrechnen lassen, was er durch anderweitige Verwendung seiner Arbeitskraft erwirbt oder zu erwerben böswillig unterläßt.

4) Ob bei einem Wechsel der Geschäftsinhaber der Handlungsgehilfe Aufhebung des Dienstverhältnisses verlangen kann, ist nach der Lage des einzelnen Falls zu entscheiden. Ist nach der Lage des Falls anzunehmen, daß durch den Übergang des Geschäfts eine wesentliche Änderung des Vertragsinhalts nicht stattfindet, so muß sich der Handlungsgehilfe die Vertragserfüllung seitens des neuen Geschäftsinhabers als die ihm im Vertrage gewährleistete gefallen lassen (R.O.H.G. 25. Juni 1875).

schulden kommen läßt oder es verweigert, den Handlungsgehilfen gegen solche Handlungen eines anderen Angestellten oder eines Familienangehörigen des Prinzipals zu schützen.

§ 72. Als ein wichtiger Grund, der den Prinzipal zur Kündigung ohne Einhaltung einer Kündigungsfrist berechtigt, ist es, sofern nicht besondere Umstände eine andere Beurteilung rechtfertigen, namentlich anzusehen[1]):

1. wenn der Handlungsgehilfe im Dienste untreu ist oder das Vertrauen mißbraucht oder die ihm nach § 60 obliegende Verpflichtung verletzt;
2. wenn er seinen Dienst während einer den Umständen nach erheblichen Zeit unbefugt verläßt oder sich beharrlich weigert, seinen Dienstverpflichtungen nachzukommen;
3. wenn er durch anhaltende Krankheit, durch eine längere Freiheitsstrafe oder Abwesenheit oder durch eine die Zeit von acht Wochen übersteigende militärische Dienstleistung an der Verrichtung seiner Dienste verhindert wird;
4. wenn er sich Tätlichkeiten oder erhebliche Ehrverletzungen gegen den Prinzipal oder dessen Vertreter zuschulden kommen läßt.

Erfolgt die Kündigung, weil der Handlungsgehilfe durch unverschuldetes Unglück längere Zeit an der Verrichtung seiner Dienste verhindert ist, so wird dadurch der im § 63 bezeichnete Anspruch des Gehilfen nicht berührt.

§ 73. Bei der Beendigung des Dienstverhältnisses kann der Handlungsgehilfe ein schriftliches Zeugnis über die Art und Dauer der Beschäftigung fordern. Das Zeugnis ist auf Verlangen des Handlungsgehilfen auch auf die Führung und die Leistungen auszudehnen[2]).

Auf Antrag des Handlungsgehilfen hat die Ortspolizeibehörde das Zeugnis kosten- und stempelfrei zu beglaubigen.

§ 74. Eine Vereinbarung zwischen dem Prinzipal und dem Handlungsgehilfen, durch welche dieser für die Zeit nach der Beendigung des Dienstverhältnisses in seiner gewerblichen Tätigkeit beschränkt

---

[1]) Eine sofortige Entlassung des Gehilfen kann auch noch durch andere als die hier genannten Umstände gerechtfertigt sein. So sind u. a. von den Gerichten als ausreichende Entlassungsgründe angesehen worden:

1. Ungebührliches renitentes Benehmen gegenüber dem Chef (K.G. 28. Mai 1902, Ph.Ztg. 1902 Nr. 80);
2. die Weigerung eines bei freier Wohnung engagierten Apothekergehilfen, diese freie Wohnung in der Apotheke auch zu benutzen (O.L.G. Celle 16. Oktober 1905, Ph.Ztg. 1905 Nr. 103);
3. die Weigerung eines Apothekergehilfen, telephonische Bestellungen anzunehmen (A.G. Eberswalde 23. Januar 1903, Ph.Ztg. 1903 Nr. 30);
4. abfällige Äußerungen über die Kreditfähigkeit des Chefs (O.L.G. Hamm September 1904, Ph.Ztg. 1904 Nr. 81).

Dagegen ist die Weigerung eines nur für die Rezeptur engagierten Gehilfen, auf Anordnung des Chefs auch abzufassen, kein triftiger Grund zur sofortigen Entlassung (O.L.G. Breslau 25. November 1904, Ph.Ztg. 1905 Nr. 16).

Ein ungerechtfertigt entlassener Handlungsgehilfe hat nicht nötig, um sich seine Gehaltsansprüche zu sichern, seine ferneren Dienstleistungen noch besonders anzubieten (O.L.G. Kiel November 1904, Ph.Ztg. 1904 Nr. 100).

[2]) Die Vorschrift ist obligatorisch und unverzichtbar; zu beachten ist, daß dem Handlungsgehilfen nur auf sein Verlangen ein Dienstzeugnis über die Führung und die Leistungen auszustellen ist. Falsche Ausstellung von Zeugnissen wird nach § 363 Str.G.B. bestraft (s. S. 110). Vgl. ferner § 48 der preußischen Apothekenbetriebsordnung (s. Teil XIV).

wird, ist für den Handlungsgehilfen nur insoweit verbindlich, als die Beschränkung nach Zeit, Ort und Gegenstand nicht die Grenzen überschreitet, durch welche eine unbillige Erschwerung des Fortkommens des Handlungsgehilfen ausgeschlossen wird.

Die Beschränkung kann nicht auf einen Zeitraum von mehr als drei Jahren von der Beendigung des Dienstverhältnisses an erstreckt werden

Die Vereinbarung ist nichtig, wenn der Handlungsgehilfe zur Zeit des Abschlusses minderjährig ist[1]).

§ 75. Gibt der Prinzipal durch vertragswidriges Verhalten dem Handlungsgehilfen Grund, das Dienstverhältnis gemäß den Vorschriften der §§ 70, 71 aufzulösen, so kann er aus einer Vereinbarung der im § 74 bezeichneten Art Ansprüche nicht geltend machen. Das gleiche gilt, wenn der Prinzipal das Dienstverhältnis kündigt, es sei denn, daß für die Kündigung ein erheblicher Anlaß vorliegt, den er nicht verschuldet hat, oder daß während der Dauer der Beschränkung dem Handlungsgehilfen das zuletzt von ihm bezogene Gehalt fortgezahlt wird.

Hat der Handlungsgehilfe für den Fall, daß er die in der Vereinbarung übernommene Verpflichtung nicht erfüllt, eine Strafe versprochen, so kann der Prinzipal nur die verwirkte Strafe verlangen; der Anspruch auf Erfüllung oder auf Ersatz eines weiteren Schadens ist ausgeschlossen. Die Vorschriften des Bürgerlichen Gesetzbuchs über die Herabsetzung einer unverhältnismäßig hohen Vertragsstrafe bleiben unberührt[2]).

Vereinbarungen, welche diesen Vorschriften zuwiderlaufen, sind nichtig.

§ 76. Die Vorschriften der §§ 60—63, 74, 75 finden auch auf Handlungslehrlinge Anwendung[3]).

Der Lehrherr ist verpflichtet, dafür zu sorgen, daß der Lehrling in den bei dem Betriebe des Geschäfts vorkommenden kaufmännischen Arbeiten unterwiesen wird; er hat die Ausbildung des Lehrlings entweder selbst oder durch einen geeigneten, ausdrücklich dazu bestimmten Vertreter zu leiten. Die Unterweisung hat in der durch den Zweck der Ausbildung gebotenen Reihenfolge und Ausdehnung zu geschehen.

Der Lehrherr darf dem Lehrlinge die zu seiner Ausbildung erforderliche Zeit und Gelegenheit durch Verwendung zu anderen Dienstleistungen nicht entziehen; auch hat er ihm die zum Besuche des Gottesdienstes an Sonntagen und Festtagen erforderliche Zeit und Gelegenheit zu gewähren. Er hat den Lehrling zur Arbeitsamkeit und zu guten Sitten anzuhalten.

In betreff der Verpflichtung des Lehrherrn, dem Lehrlinge die zum Besuch einer Fortbildungsschule erforderliche Zeit zu gewähren, bewendet es bei den Vorschriften des § 120 der Gewerbeordnung[4]).

---

[1]) Die §§ 74 und 75 treffen darüber Bestimmung, inwieweit die sogenannte Konkurrenzklausel wirksam ist. Die Vorschriften beziehen sich nur auf Handlungsgehilfen und nach § 76 auf Handlungslehrlinge. Eine ähnliche Bestimmung ist für technische Angestellte in § 133f der Gew.O. enthalten (s. S. 17), während im übrigen § 138 Abs. 1 des B.G.B. gilt, lautend: „Ein Rechtsgeschäft, das gegen die guten Sitten verstößt, ist nichtig."

[2]) § 343 B.G.B. bestimmt, daß, wenn eine verwirkte Strafe unverhältnismäßig hoch ist, sie auf Antrag des Schuldners durch Urteil auf den angemessenen Betrag herabgesetzt werden kann, daß bei der Beurteilung der Angemessenheit jedes berechtigte Interesse des Gläubigers, nicht blos das Vermögensinteresse in Betracht zu ziehen ist und daß nach Entrichtung der Strafe die Herabsetzung ausgeschlossen ist.

[3]) Ferner gelten laut § 77 für Handlungslehrlinge die Vorschriften der §§ 70 bis 72 über die Kündigung.

[4]) Interessiert hier nicht, weil § 120 der Gew.O. auf Gehilfen und Lehrlinge in Apotheken keine Anwendung findet.

§ 77. Die Dauer der Lehrzeit bestimmt sich nach dem Lehrvertrag, in Ermangelung vertragsmäßiger Festsetzung nach den örtlichen Verordnungen oder dem Ortsgebrauche.

Das Lehrverhältnis kann, sofern nicht eine längere Probezeit vereinbart ist, während des ersten Monats nach dem Beginne der Lehrzeit ohne Einhaltung einer Kündigungsfrist gekündigt werden. Eine Vereinbarung, nach der die Probezeit mehr als drei Monate betragen soll, ist nichtig.

Nach dem Ablaufe der Probezeit finden auf die Kündigung des Lehrverhältnisses die Vorschriften der §§ 70—72 Anwendung[1]). Als ein wichtiger Grund zur Kündigung durch den Lehrling ist es insbesondere auch anzusehen, wenn der Lehrherr seine Verpflichtungen gegen den Lehrling in einer dessen Gesundheit, Sittlichkeit oder Ausbildung gefährdenden Weise vernachlässigt[2]).

Im Falle des Todes des Lehrherrn kann das Lehrverhältnis innerhalb eines Monats ohne Einhaltung einer Kündigungsfrist gekündigt werden.

§ 78. Wird von dem gesetzlichen Vertreter des Lehrlings oder, sofern dieser volljährig ist, von ihm selbst dem Lehrherrn die schriftliche Erklärung abgegeben, daß der Lehrling zu einem anderen Gewerbe oder zu einem anderen Beruf übergehen werde, so endigt, wenn nicht der Lehrling früher entlassen wird, das Lehrverhältnis nach dem Ablauf eines Monats.

Tritt der Lehrling der abgegebenen Erklärung zuwider vor dem Ablaufe von neun Monaten nach der Beendigung des Lehrverhältnisses in ein anderes Geschäft als Handlungslehrling oder als Handlungsgehilfe ein, so ist er dem Lehrherrn zum Ersatze des diesem durch die Beendigung des Lehrverhältnisses entstandenen Schadens verpflichtet. Mit ihm haftet als Gesamtschuldner der neue Lehrherr oder Prinzipal, sofern er von dem Sachverhalte Kenntnis hatte.

§ 79. Ansprüche wegen unbefugten Austritts aus der Lehre kann der Lehrherr gegen den Lehrling nur geltend machen, wenn der Lehrvertrag schriftlich geschlossen ist[3]).

---

1) Die Kündigung der Lehrlinge ist danach wesentlich anders geregelt wie die Kündigung der Handlungsgehilfen. Eine Kündigung des Lehrverhältnisses ist vom H.G.B. nur in folgenden Fällen vorgesehen:

a. innerhalb der in der Regel einen Monat währenden Probezeit jederzeit ohne Kündigungsfrist (§ 77 Abs. 2);

b. im Falle des Todes des Lehrherrn innerhalb eines Monats ohne Kündigungsfrist (§ 77 Abs. 4);

c. bei Übertritt zu einem anderen Gewerbe oder Berufe, Kündigungsfrist ein Monat (§ 78);

d. im übrigen jederzeit ohne Kündigungsfrist, wenn ein wichtiger Grund vorliegt (§ 77 Abs. 3). Als solche wichtige Gründe gelten dieselben wie bei den Handlungsgehilfen; nur ist zugunsten der Lehrlinge noch der Grund hinzugefügt, daß der Lehrherr seine Verpflichtungen gegen den Lehrling in einer dessen Gesundheit, Sittlichkeit oder Ausbildung gefährdenden Weise vernachlässigt.

Natürlich stehen diese Bestimmungen einer besonderen Regelung der Kündigungsverhältnisse im Lehrvertrage nicht entgegen.

2) Als ein wichtiger Grund ist ferner anzusehen, wenn der Lehrherr zur Erfüllung der ihm vertragsmäßig obliegenden Verpflichtung unfähig wird. Der Übergang des Geschäfts auf einen neuen Inhaber ist unter Umständen für den Lehrling ein ausreichender Grund zur Auflösung des Lehrverhältnisses.

3) Der Lehrling aber kann auch bei mündlichem Lehrvertrage Ansprüche solcher Art gegen den Lehrherrn geltend machen.

§ 80. Bei der Beendigung des Lehrverhältnisses hat der Lehrherr dem Lehrling ein schriftliches Zeugnis über die Dauer der Lehrzeit und die während dieser erworbenen Kenntnisse und Fähigkeiten sowie über sein Betragen auszustellen[1]).

Auf Antrag des Lehrlings hat die Ortspolizeibehörde das Zeugnis kosten- und stempelfrei zu beglaubigen.

§ 81. Personen, die nicht im Besitze der bürgerlichen Ehrenrechte sind, dürfen Handlungslehrlinge weder halten, noch sich mit der Anleitung von Handlungslehrlingen befassen. Der Lehrherr darf solche Personen zur Anleitung von Handlungslehrlingen nicht verwenden.

Die Entlassung von Handlungslehrlingen, welche diesem Verbote zuwider beschäftigt werden, kann von der Polizeibehörde erzwungen werden.

§ 82. Wer die ihm nach § 62 Abs. 1, 2 oder nach § 76 Abs. 2, 3 dem Lehrlinge gegenüber obliegenden Pflichten in einer dessen Gesundheit, Sittlichkeit oder Ausbildung gefährdenden Weise verletzt, wird mit Geldstrafe bis zu einhundertfünfzig Mark bestraft.

Die gleiche Strafe trifft denjenigen, welcher entgegen der Vorschrift des § 81 Handlungslehrlinge hält, ausbildet oder ausbilden läßt.

§ 83. Hinsichtlich der Personen, welche in dem Betrieb eines Handelsgewerbes andere als kaufmännische Dienste leisten, bewendet es bei den für das Arbeitsverhältnis dieser Personen geltenden Vorschriften[2]).

Der letzte Abschnitt des Handelsgesetzbuchs über die Handlungsgehilfen und -Lehrlinge findet in den Bestimmungen des Bürgerlichen Gesetzbuchs über den Dienstvertrag eine wichtige Ergänzung. Außerdem enthält das Bürgerliche Gesetzbuch noch eine Anzahl weiterer Festsetzungen, die aus besonderen Gründen für das Apothekergewerbe von Bedeutung sind.

Bürgerliches Gesetzbuch.

Vom 18. August 1896 (R.G.Bl. S. 195).

Erstes Buch. Allgemeiner Teil.

Sachen.

§ 96. Rechte, die mit dem Eigentum an einem Grundstücke verbunden sind, gelten als Bestandteile des Grundstücks[3]).

§ 97. Zubehör sind bewegliche Sachen, die, ohne Bestandteile der Hauptsache zu sein, dem wirtschaftlichen Zwecke der Hauptsache zu dienen bestimmt sind und zu ihr in einem dieser Bestimmung entsprechenden räumlichen Verhältnisse stehen. Eine Sache ist nicht Zubehör, wenn sie im Verkehr nicht als Zubehör angesehen wird[4]).

[1]) Während das Zeugnis eines Gehilfen nach § 73 nur auf dessen Verlangen auch auf die Führung und Leistungen auszudehnen ist, hat sich das Entlassungszeugnis des Lehrlings ohne weiteres auch auf dessen Kenntnisse, Fähigkeiten und Betragen zu erstrecken.

[2]) Für die in Apotheken beschäftigten Arbeiter usw. gelten also die Bestimmungen der Gew.O.

[3]) Dieser Paragraph ist für die Erhebung der städtischen Umsatzsteuer von Apothekenberechtigungen von großer Bedeutung, indem aus ihm folgt, daß Apothekenprivilegien, welche mit dem Eigentum an einem Grundstück verbunden sind, als Bestandteile des Grundstücks gelten und daher wie dieses einer Umsatzsteuer unterliegen. (Näheres s. in Teil XIX.)

[4]) Wendet man diese Bestimmungen auf die Apotheken an, so folgt daraus, daß als Zubehör bzw. als Pertinenzstücke einer Apotheke anzusehen sind: alle Maße, Gewichte, Gerätschaften, Gefäße usw. in den Apothekenräumen, alle Möbelstücke in den

Die vorübergehende Benutzung einer Sache für den wirtschaftlichen Zweck einer anderen begründet nicht die Zubehöreigenschaft. Die vorübergehende Trennung eines Zubehörstücks von der Hauptsache hebt die Zubehöreigenschaft nicht auf.

Verjährung.

§ 196. In zwei Jahren verjähren die Ansprüche

1. der Kaufleute, Fabrikanten, Handwerker und derjenigen, welche ein Kunstgewerbe betreiben, für Lieferung von Waren, Ausführung von Arbeiten und Besorgung fremder Geschäfte, mit Einschluß der Auslagen, es sei denn, daß die Leistung für den Gewerbebetrieb des Schuldners erfolgt[1]);

14. der Ärzte, insbesondere auch der Wundärzte, Geburtshelfer, Zahnärzte und Tierärzte, sowie der Hebammen für ihre Dienstleistungen, mit Einschluß der Auslagen.

Zweites Buch. Recht der Schuldverhältnisse.

Verpflichtung zur Leistung.

§ 276. Der Schuldner hat, sofern nicht ein anderes bestimmt ist, Vorsatz und Fahrlässigkeit zu vertreten. Fahrlässig handelt, wer die im Verkehr erforderliche Sorgfalt außer acht läßt . . .

Die Haftung wegen Vorsatzes kann dem Schuldner nicht im voraus erlassen werden.

§ 278. Der Schuldner hat ein Verschulden seines gesetzlichen Vertreters und der Personen, deren er sich zur Erfüllung seiner Verbindlichkeit bedient, in gleichem Umfange zu vertreten wie eigenes Verschulden[2]). Die Vorschrift des § 276 Abs. 2 findet keine Anwendung.

Dienstvertrag.[3])

§ 611. Durch den Dienstvertrag wird derjenige, welcher Dienste zusagt, zur Leistung der versprochenen Dienste, der andere Teil zur Gewährung der vereinbarten Vergütung verpflichtet.

Kontors und auch alle Möbel und sonstigen Gerätschaften in denjenigen Räumen, welche mit dem Apothekenbetriebe in irgend einem Zusammenhang stehen, also z. B. in dem Schlafraume, der den Apothekergehilfen oder Lehrlingen zur Übernachtung angewiesen ist, denn alle diese Sachen sind bestimmt, dem wirtschaftlichen Zweck der Hauptsache zu dienen und stehen auch zu der Hauptsache in einem der wirtschaftlichen Bestimmung entsprechenden Verhältnisse.

Die Frage, ob Kaufverträge über Apotheken der notariellen Errichtung bedürfen, ist folgendermaßen geregelt. Eine lediglich konzessionierte Apotheke ist zu den beweglichen Sachen zu rechnen, eine privilegierte Apotheke zu den unbeweglichen. Kaufverträge über privilegierte Apotheken bedürfen daher der für die Grundstücksverkäufe vorgesehenen besonderen notariellen oder gerichtlichen Errichtung. Kaufverträge über konzessionierte Apotheken sind dagegen an keine besondere Form gebunden.

[1]) Auch die Forderungen der Apotheker verjähren danach in 2 Jahren. Die Verjährung wird nicht unterbrochen durch ein einfaches Mahnverfahren, sondern nur: a. durch schriftliches Anerkenntnis der Berechtigung der Forderung seitens des Schuldners; b. durch Abzahlung; c. durch gerichtliche Klage resp. Zahlungsbefehl oder d. durch Anmeldung zum Konkurse.

[2]) § 278 kommt zur Anwendung, wenn es sich um Erfüllung einer Verbindlichkeit des Prinzipals durch Angestellte handelt. Die Haftpflicht bei unerlaubten Handlungen der Angestellten, also wenn diese in Ausführung ihrer Verrichtungen einem anderen Schaden zugefügt haben, regelt sich nach § 831 B.G.B. (s. S. 103).

[3]) Für Apothekergehilfen, die nicht als Handlungsgehilfen anzusehen sind bzw. von den Gerichten nicht als solche angesehen werden, regeln sich ihre rechtlichen Ver-

Gegenstand des Dienstvertrages können Dienste jeder Art sein.

§ 612. Eine Vergütung gilt als stillschweigend vereinbart, wenn die Dienstleistung den Umständen nach nur gegen eine Vergütung zu erwarten ist.

Ist die Höhe der Vergütung nicht bestimmt, so ist bei dem Bestehen einer Taxe die taxmäßige Vergütung, in Ermangelung einer Taxe die übliche Vergütung als vereinbart anzusehen.

§ 613. Der zur Dienstleistung Verpflichtete hat die Dienste im Zweifel in Person zu leisten. Der Anspruch auf die Dienste ist im Zweifel nicht übertragbar.

§ 614. Die Vergütung ist nach der Leistung der Dienste zu entrichten. Ist die Vergütung nach Zeitabschnitten bemessen, so ist sie nach dem Ablauf der einzelnen Zeitabschnitte zu entrichten.

§ 615. Kommt der Dienstberechtigte mit der Annahme der Dienste in Verzug, so kann der Verpflichtete für die infolge des Verzugs nicht geleisteten Dienste die vereinbarte Vergütung verlangen, ohne zur Nachleistung verpflichtet zu sein. Er muß sich jedoch den Wert desjenigen anrechnen lassen, was er infolge des Unterbleibens der Dienstleistung erspart oder durch anderweitige Verwendung seiner Dienste erwirbt oder zu erwerben böswillig unterläßt.

§ 616. Der zur Dienstleistung Verpflichtete wird des Anspruchs auf die Vergütung nicht dadurch verlustig, daß er für eine verhältnismäßig nicht erhebliche Zeit durch einen in seiner Person liegenden Grund ohne sein Verschulden an der Dienstleistung verhindert wird[1]). Er muß sich jedoch den Betrag anrechnen lassen, welcher ihm für die Zeit der Verhinderung aus einer auf Grund gesetzlicher Verpflichtung bestehenden Kranken- oder Unfallversicherung zukommt[2]).

§ 617. Ist bei einem dauernden Dienstverhältnisse, welches die Erwerbstätigkeit des Verpflichteten vollständig oder hauptsächlich in Anspruch nimmt, der Verpflichtete in die häusliche Gemeinschaft aufgenommen, so hat der Dienstberechtigte ihm im Falle der Erkrankung die erforderliche Verpflegung und ärztliche Behandlung bis zur Dauer von sechs Wochen, jedoch nicht über die Beendigung des Dienstverhältnisses hinaus, zu gewähren, sofern nicht die Erkrankung von dem Verpflichteten vorsätzlich oder durch grobe Fahrlässigkeit herbeigeführt worden ist[3]). Die Verpflegung und ärztliche Behandlung kann durch Aufnahme

---

hältnisse lediglich nach den Bestimmungen über den Dienstvertrag. Die Bestimmungen kommen aber auch ganz allgemein für Handlungsgehilfen insoweit in Betracht, als das H.G.B. in seinem sechsten Abschnitt nicht ein anderes angeordnet hat.

1) Der Gehaltsanspruch eines Angestellten ist nach dieser Bestimmung also nicht wie nach § 63 H.G.B. in jedem Falle unverschuldeten Unglücks, sondern nur dann begründet, wenn die Behinderung eine „verhältnismäßig nicht erhebliche Zeit" ausfüllt. Ob dies zutrifft oder nicht, beurteilt sich im einzelnen Falle nach dem Verhältnis, in dem die Länge der Unterbrechung zur Länge der Dienstzeit steht. Daher können z. B. militärische Übungen von sechswöchentlicher Dauer unter Umständen bei jahrelanger Tätigkeit als verhältnismäßig nicht erhebliche, in anderen Fällen wieder als erhebliche Unterbrechungen angesehen werden.

2) Während § 63 des H.G.B. den Handlungsgehilfen für nicht verpflichtet erklärt, sich den Betrag anrechnen zu lassen, der ihm für die Zeit der Verhinderung aus einer Kranken- oder Unfallversicherung zukommt, und eine dieser Vorschrift zuwiderlaufende Vereinbarung ausdrücklich für nichtig bezeichnet, ist im § 616 des B.G.B. gerade das Gegenteil angeordnet. Hier muß sich der zur Dienstleistung Verpflichtete einen solchen Betrag anrechnen lassen.

3) Zur Verpflegung und ärztlichen Behandlung dürfte auch die Gewährung freier Arznei zu rechnen sein. Doch treten alle diese Verpflichtungen des § 617 nur ein, wenn folgende Voraussetzungen erfüllt sind:

des Verpflichteten in eine Krankenanstalt gewährt werden. Die Kosten können auf die für die Zeit der Erkrankung geschuldete Vergütung angerechnet werden. Wird das Dienstverhältnis wegen der Erkrankung von dem Dienstberechtigten nach § 626 gekündigt, so bleibt die dadurch herbeigeführte Beendigung des Dienstverhältnisses außer Betracht[1]).

Die Verpflichtung des Dienstberechtigten tritt nicht ein, wenn für die Verpflegung und ärztliche Behandlung durch eine Versicherung oder durch Einrichtung der öffentlichen Krankenpflege Vorsorge getroffen ist.

§ 618. Der Dienstberechtigte hat Räume, Vorrichtungen oder Gerätschaften, die er zur Verrichtung der Dienste zu beschaffen hat, so einzurichten und zu unterhalten und Dienstleistungen, die unter seiner Anordnung oder seiner Leitung vorzunehmen sind, so zu regeln, daß der Verpflichtete gegen Gefahr für Leben und Gesundheit soweit geschützt ist, als die Natur der Dienstleistung es gestattet.

Ist der Verpflichtete in die häusliche Gemeinschaft aufgenommen, so hat der Dienstberechtigte in Ansehung des Wohn- und Schlafraumes, der Verpflegung sowie der Arbeits- und Erholungszeit diejenigen Einrichtungen und Anordnungen zu treffen, welche mit Rücksicht auf die Gesundheit, die Sittlichkeit und die Religion des Verpflichteten erforderlich sind.

Erfüllt der Dienstberechtigte die ihm in Ansehung des Lebens und der Gesundheit des Verpflichteten obliegenden Verpflichtungen nicht, so finden auf seine Verpflichtung zum Schadenersatz die für unerlaubte Handlungen geltenden Vorschriften der §§ 842—846 entsprechende Anwendung.

§ 619. Die dem Dienstberechtigten nach den §§ 617, 618 obliegenden Verpflichtungen können nicht im voraus durch Vertrag aufgehoben oder beschränkt werden.

§ 620. Das Dienstverhältnis endigt mit dem Ablauf der Zeit, für die es eingegangen ist.

Ist die Dauer des Dienstverhältnisses weder bestimmt noch aus der Beschaffenheit oder dem Zwecke der Dienste zu entnehmen, so kann jeder Teil das Dienstverhältnis nach Maßgabe der §§ 621—623 kündigen.

§ 621. Ist die Vergütung nach Tagen bemessen, so ist die Kündigung an jedem Tage für den folgenden Tag zulässig.

Ist die Vergütung nach Wochen bemessen, so ist die Kündigung nur für den Schluß einer Kalenderwoche zulässig; sie hat spätestens am ersten Werktage der Woche zu erfolgen.

Ist die Vergütung nach Monaten bemessen, so ist die Kündigung nur für den Schluß eines Kalendermonats zulässig; sie hat spätestens am fünfzehnten des Monats zu erfolgen.

---

a. dauerndes Dienstverhältnis, welches die Erwerbstätigkeit des Verpflichteten vollständig oder hauptsächlich in Anspruch nimmt;
b. Aufnahme des Verpflichteten in die häusliche Gemeinschaft;
c. nicht vorsätzliche oder grob fahrlässige Herbeiführung der Erkrankung.

Angestellte, welche in die häusliche Gemeinschaft des Prinzipals aufgenommen sind, haben jedoch einen Anspruch auf Verpflegung und ärztliche Behandlung nur dann, wenn die Erkrankung während des Dienstverhältnisses sich eingestellt hat, also erst, nachdem sie ihre Stellung angetreten haben. (O.L.G. Kolmar 14. Februar 1905. Ph.Ztg. 1906 Nr. 16).

[1]) D. h. in diesem Falle (wenn infolge der Krankheit dem Angestellten gekündigt wird) ist die Verpflegung und ärztliche Behandlung auch über die Beendigung des Dienstverhältnisses hinaus auf volle sechs Wochen zu gewähren.

Ist die Vergütung nach Vierteljahren oder längeren Zeitabschnitten bemessen, so ist die Kündigung nur für den Schluß eines Kalendervierteljahres und nur unter Einhaltung einer Kündigungsfrist von sechs Wochen zulässig.

§ 622. Das Dienstverhältnis der mit festen Bezügen zur Leistung von Diensten höherer Art Angestellten, deren Erwerbstätigkeit durch das Dienstverhältnis vollständig oder hauptsächlich in Anspruch genommen wird, insbesondere der Lehrer, Erzieher, Privatbeamten, Gesellschafterinnen, kann nur für den Schluß eines Kalendervierteljahres und nur unter Einhaltung einer Kündigungsfrist von sechs Wochen gekündigt werden, auch wenn die Vergütung nach kürzeren Zeitabschnitten als Vierteljahren bemessen ist[1]).

§ 623. Ist die Vergütung nicht nach Zeitabschnitten bemessen, so kann das Dienstverhältnis jederzeit gekündigt werden; bei einem die Erwerbstätigkeit des Verpflichteten vollständig oder hauptsächlich in Anspruch nehmenden Dienstverhältnis ist jedoch eine Kündigungsfrist von zwei Wochen einzuhalten.

§ 624. Ist das Dienstverhältnis für die Lebenszeit einer Person oder für längere Zeit als fünf Jahre eingegangen, so kann es von dem Verpflichteten nach dem Ablauf von fünf Jahren gekündigt werden. Die Kündigungsfrist beträgt sechs Monate.

§ 625. Wird das Dienstverhältnis nach dem Ablauf der Dienstzeit von dem Verpflichteten mit Wissen des anderen Teiles fortgesetzt, so gilt es als auf unbestimmte Zeit verlängert, sofern nicht der andere Teil unverzüglich widerspricht.

§ 626. Das Dienstverhältnis kann von jedem Teile ohne Einhaltung einer Kündigungsfrist gekündigt werden, wenn ein wichtiger Grund vorliegt[2]).

§ 627. Hat der zur Dienstleistung Verpflichtete, ohne in einem dauernden Dienstverhältnisse mit festen Bezügen zu stehen, Dienste höherer Art zu leisten, die auf Grund besonderen Vertrauens übertragen zu werden pflegen, so ist die Kündigung auch ohne die im § 626 bezeichnete Voraussetzung zulässig.

Der Verpflichtete darf nur in der Art kündigen, daß sich der Dienstberechtigte die Dienste anderweit beschaffen kann, es sei denn, daß ein wichtiger Grund für die unzeitige Kündigung vorliegt. Kündigt er ohne solchen Grund zur Unzeit, so hat er dem Dienstberechtigten den daraus entstehenden Schaden zu ersetzen.

§ 628. Wird nach dem Beginn der Dienstleistung das Dienstverhältnis auf Grund des § 626 oder des § 627 gekündigt, so kann der Verpflichtete einen seinen bisherigen Leistungen entsprechenden Teil der Vergütung verlangen. Kündigt er, ohne durch vertragswidriges Verhalten des anderen Teiles dazu veranlaßt zu sein, oder veranlaßt er durch sein vertragswidriges Verhalten die Kündigung des anderen Teiles, so steht ihm ein Anspruch auf Vergütung insoweit nicht zu, als seine bisherigen Leistungen infolge der Kündigung für den anderen Teil kein Interesse haben. Ist die Ver-

---

[1]) Es ist anzunehmen, daß die Tätigkeit der angestellten Apotheker als Leistung von Diensten höherer Art anzusehen ist und ihr Kündigungsverhältnis nur dem § 622 unterliegt, also, wie es das H.G.B. in § 66 für die Handlungsgehilfen bestimmt, ebenfalls ein vierteljährliches ist.

[2]) Während das H.G.B. für die Beurteilung solcher „wichtiger Gründe" mehrfache Beispiele angibt, überläßt das B.G.B. die Würdigung dieser Fälle ganz dem richterlichen Ermessen.

gütung für eine spätere Zeit im voraus entrichtet, so hat der Verpflichtete sie nach Maßgabe des § 347 oder, wenn die Kündigung wegen eines Umstandes erfolgt, den er nicht zu vertreten hat, nach den Vorschriften über die Herausgabe einer ungerechtfertigten Bereicherung zurückzuerstatten.

Wird die Kündigung durch vertragswidriges Verhalten des anderen Teiles veranlaßt, so ist dieser zum Ersatze des durch die Aufhebung des Dienstverhältnisses entstehenden Schadens verpflichtet.

§ 629. Nach der Kündigung eines dauernden Dienstverhältnisses hat der Dienstberechtigte dem Verpflichteten auf Verlangen angemessene Zeit zum Aufsuchen eines anderen Dienstverhältnisses zu gewähren.

§ 630. Bei der Beendigung eines dauernden Dienstverhältnisses kann der Verpflichtete von dem anderen Teile ein schriftliches Zeugnis über das Dienstverhältnis und dessen Dauer fordern. Das Zeugnis ist auf Verlangen auf die Leistungen und die Führung im Dienste zu erstrecken[1]).

Unerlaubte Handlungen.

§ 823. Wer vorsätzlich oder fahrlässig das Leben, den Körper, die Gesundheit, die Freiheit, das Eigentum oder ein sonstiges Recht eines anderen widerrechtlich verletzt, ist dem anderen zum Ersatz des daraus entstehenden Schadens verpflichtet . . .

§ 831. Wer einen anderen zu einer Verrichtung bestellt, ist zum Ersatz des Schadens verpflichtet, den der andere in Ausführung der Verrichtung einem Dritten widerrechtlich zufügt. Die Ersatzpflicht tritt nicht ein, wenn der Geschäftsherr bei der Auswahl der bestellten Person und, sofern er Vorrichtungen oder Gerätschaften zu beschaffen oder die Ausführung der Verrichtung zu leiten hat, bei der Beschaffung oder der Leitung die im Verkehr erforderliche Sorgfalt beobachtet oder wenn der Schaden auch bei Anwendung dieser Sorgfalt entstanden sein würde[2]).

Die gleiche Verantwortung trifft denjenigen, welcher für den Geschäftsherrn die Besorgung eines der im Abs. 1 Satz 2 bezeichneten Geschäfte durch Vertrag übernimmt.

Dem Handelsgesetzbuch und dem Bürgerlichen Gesetzbuch schließen sich die Konkursordnung und die Zivilprozeßordnung an. Beide Gesetze enthalten ebenfalls einige Bestimmungen, die an dieser Stelle zu erwähnen sind.

Konkursordnung.

In der Fassung der Bk. vom 20. Mai 1898 (R.G.Bl. S. 612).

§ 61. Die Konkursforderungen werden nach folgender Rangordnung, bei gleichem Range nach Verhältnis ihrer Beträge, berichtigt:

1. die für das letzte Jahr vor der Eröffnung des Verfahrens oder dem Ableben des Gemeinschuldners rückständigen Forderungen an Lohn, Kostgeld oder anderen Dienstbezügen der Personen, welche sich dem Gemeinschuldner für dessen Haushalt, Wirtschaftsbetrieb oder Erwerbsgeschäft zur Leistung von Diensten verdungen hatten;

---

[1]) Dieser Paragraph entspricht dem § 73 des H.G.B.

[2]) Die Begrenzung der zivilrechtlichen Haftpflicht der Geschäftsinhaber für Versehen ihrer Angestellten, welche § 831 des B.G.B. getroffen hat, entspricht im allgemeinen der Regelung, welche die strafrechtliche Haftbarkeit durch die Gesetzgebung und Rechtsprechung erfahren hat. In dieser Beziehung sind zu vergleichen § 151 Gew.O. und § 367, 5 Str.G.B. (s. S. 16 und 110).

2. die Forderungen der Reichskasse, der Staatskassen und der Gemeinden, sowie der Amts-, Kreis- und Provinzialverbände wegen öffentlicher Abgaben, welche im letzten Jahre vor der Eröffnung des Verfahrens fällig geworden sind, oder nach § 65 als fällig gelten; es macht hierbei keinen Unterschied, ob der Steuererheber die Abgabe bereits vorschußweise zur Kasse entrichtet hat;
3. die Forderungen der Kirchen und Schulen, der öffentlichen Verbände und der öffentlichen, zur Annahme der Versicherung verpflichteten Feuerversicherungsanstalten wegen der nach Gesetz oder Verfassung zu entrichtenden Abgaben und Leistungen aus dem letzten Jahre vor der Eröffnung des Verfahrens;
4. die Forderungen der Ärzte, Wundärzte, Tierärzte, Apotheker, Hebammen und Krankenpfleger wegen Kur- und Pflegekosten aus dem letzten Jahre vor der Eröffnung des Verfahrens[1]) insoweit der Betrag der Forderungen den Betrag der taxmäßigen Gebührnisse nicht übersteigt;
5. die Forderungen der Kinder, der Mündel und der Pflegebefohlenen des Gemeinschuldners in Ansehung ihres gesetzlich der Verwaltung desselben unterworfenen Vermögens; das Vorrecht steht ihnen nicht zu, wenn die Forderung nicht binnen zwei Jahren nach Beendigung der Vermögensverwaltung gerichtlich geltend gemacht und bis zur Eröffnung des Verfahrens verfolgt worden ist;
6. alle übrigen Konkursforderungen.

§ 239. Schuldner, welche ihre Zahlungen eingestellt haben, oder über deren Vermögen das Konkursverfahren eröffnet worden ist, werden wegen betrüglichen Bankerutts mit Zuchthaus bestraft, wenn sie in der Absicht, ihre Gläubiger zu benachteiligen:

1. Vermögensstücke verheimlicht oder beiseite geschafft haben;
2. Schulden oder Rechtsgeschäfte anerkannt oder aufgestellt haben, welche ganz oder teilweise erdichtet sind;
3. Handelsbücher zu führen unterlassen haben, deren Führung ihnen gesetzlich oblag, oder
4. ihre Handelsbücher vernichtet oder verheimlicht, oder so geführt oder verändert haben, daß dieselben keine Übersicht des Vermögenszustandes gewähren.

Sind mildernde Umstände vorhanden, so tritt Gefängnisstrafe nicht unter drei Monaten ein.

§ 240. Schuldner, welche ihre Zahlungen eingestellt haben, oder über deren Vermögen das Konkursverfahren eröffnet worden ist, werden wegen einfachen Bankerutts mit Gefängnis bestraft, wenn sie:

1. durch Aufwand, Spiel oder Wette, oder durch Differenzhandel mit Waren oder Börsenpapieren übermäßige Summen verbraucht haben oder schuldig geworden sind;
2. in der Absicht, die Eröffnung des Konkursverfahrens hinauszuschieben, Waren oder Wertpapiere auf Kredit entnommen und diese Gegenstände erheblich unter dem Werte in einer den Anforderungen einer ordnungsmäßigen Wirtschaft widersprechenden Weise veräußert oder sonst weggegeben haben;

---

[1]) Daß es der Gemeinschuldner selbst ist, der sich in Kur und Pflege befand, ist nicht notwendig. Das Vorrecht ist auch dann begründet, wenn die Kosten durch die Erkrankung eines Familienangehörigen, Dienstboten usw. entstanden sind, sofern der Gemeinschuldner, ohne daß er gesetzlich hierzu verpflichtet ist, einen Arzt mit der Behandlung beauftragt bzw. Arzneien bezogen hat.

3. Handelsbücher zu führen unterlassen haben, deren Führung ihnen gesetzlich oblag, oder dieselben verheimlicht, vernichtet oder so unordentlich geführt haben, daß sie keine Übersicht ihres Vermögenszustandes gewähren, oder
4. es gegen die Bestimmung des Handelsgesetzbuchs unterlassen haben, die Bilanz ihres Vermögens in der vorgeschriebenen Zeit zu ziehen.

Neben der Gefängnisstrafe kann in den Fällen der Nr. 1, 2 auf Verlust der bürgerlichen Ehrenrechte erkannt werden.

Sind mildernde Umstände vorhanden, so kann auf Geldstrafe bis zu 6000 Mark erkannt werden.

Zivilprozeßordnung.

In der Fassung der Bk. vom 20. Mai 1898 (R.G.Bl. S. 410).

§ 811. Folgende Sachen sind der Pfändung nicht unterworfen:

7. bei ... Beamten, ... sowie Ärzten und Hebammen die zur Verwaltung des Dienstes oder Ausübung des Berufes erforderlichen Gegenstände, sowie anständige Kleidung;
9. die zum Betriebe einer Apotheke unentbehrlichen Geräte, Gefäße und Waren[1]).

Es folgen nunmehr die dem Gebiete des Strafrechts und des gerichtlichen Verfahrens in Strafsachen angehörenden Reichsgesetze: das Strafgesetzbuch, die Strafprozeßordnung und das Gerichtsverfassungsgesetz für das Deutsche Reich, soweit ihre Bestimmungen hier von Bedeutung sind.

Strafgesetzbuch für das Deutsche Reich.

Vom 15. Mai 1871 (R G.Bl. 1876 S. 40).

Strafen.

§ 40. Gegenstände, welche durch ein vorsätzliches Verbrechen oder Vergehen hervorgebracht, oder welche zur Begehung eines vorsätzlichen Verbrechens oder Vergehens gebraucht oder bestimmt sind, können, sofern sie dem Täter oder einem Teilnehmer gehören, eingezogen werden[2]). Die Einziehung ist im Urteile auszusprechen.

Teilnahme.

§ 47. Wenn mehrere eine strafbare Handlung gemeinschaftlich ausführen, so wird jeder als Täter bestraft.

§ 48. Als Anstifter wird bestraft, wer einen anderen zu der von demselben begangenen strafbaren Handlung durch Geschenke oder Versprechen, durch Drohung, durch Mißbrauch des Ansehens oder der Gewalt, durch absichtliche Herbeiführung oder Beförderung eines Irrtums oder durch andere Mittel vorsätzlich bestimmt hat.

Die Strafe des Anstifters ist nach demjenigen Gesetze festzusetzen, welches auf die Handlung Anwendung findet, zu welcher er wissentlich angestiftet hat.

---

[1]) Anders jedoch beim Konkursverfahren. Die Konkursordnung sagt hierzu in § 1 Abs. 2: „Die im § 811 Nr. 9 der Zivilprozeßordnung vorgesehenen Beschränkungen kommen im Konkursverfahren nicht zur Anwendung."

[2]) Bei „Übertretungen" (also z. B. Verkauf nicht freigegebener Arzneimittel durch Drogisten) ist die Einziehung somit nicht zulässig; in solchen Fällen kann daher auch nicht auf Vernichtung erkannt werden (R.G. 7. April 1898, R.G.A. II, S. 243).

§ 49. Als Gehilfe wird bestraft, wer dem Täter zur Begehung des Verbrechens oder Vergehens durch Rat oder Tat wissentlich Hilfe geleistet hat.

Die Strafe des Gehilfen ist nach demjenigen Gesetze festzusetzen, welches auf die Handlung Anwendung findet, zu welcher er wissentlich Hilfe geleistet hat, jedoch nach den über die Bestrafung des Versuches aufgestellten Grundsätzen zu ermäßigen.

Vergehen wider die Sittlichkeit.

§ 184.[1]) Mit Gefängnis bis zu einem Jahre und mit Geldstrafe bis zu eintausend Mark oder mit einer dieser Strafen wird bestraft, wer

3. Gegenstände, die zu unzüchtigem Gebrauche bestimmt sind, an Orten, welche dem Publikum zugänglich sind, ausstellt oder solche Gegenstände dem Publikum ankündigt oder anpreist[2]).

Neben der Gefängnisstrafe kann auf Verlust der bürgerlichen Ehrenrechte sowie auf Zulässigkeit von Polizeiaufsicht erkannt werden.

Verbrechen und Vergehen wider das Leben.

§ 219. Mit Zuchthaus bis zu zehn Jahren wird bestraft, wer einer Schwangeren, welche ihre Frucht abgetrieben oder getötet hat, gegen Entgelt die Mittel hierzu verschafft, bei ihr angewendet oder ihr beigebracht hat[3]).

§ 220. Wer die Leibesfrucht einer Schwangeren ohne deren Wissen und Willen vorsätzlich abtreibt oder tötet, wird mit Zuchthaus nicht unter zwei Jahren bestraft.

Ist durch die Handlung der Tod der Schwangeren verursacht worden, so tritt Zuchthausstrafe nicht unter zehn Jahren oder lebenslängliche Zuchthausstrafe ein.

§ 222. Wer durch Fahrlässigkeit den Tod eines Menschen verursacht, wird mit Gefängnis bis zu drei Jahren bestraft[4]).

---

[1]) § 184 in der Fassung des Gesetzes vom 25. Juni 1900 (R.G.Bl. S. 301).

[2]) Hierunter fallen auch Vorbeugungsmittel gegen Geschlechtskrankheiten (L.G. I Berlin 25. Juli 1904, L.G. Hamburg 20. Juli 1904, Ph.Ztg. 1904 Nr. 62; R.G. 19. Juni 1903, Ph.Ztg. 1903 Nr. 93). Polizeiverordnungen, welche den gleichen Gegenstand betreffen, in ihren Anordnungen aber über die Bestimmung in § 184, 3 Str.G.B. hinausgehen, sind ungültig (K.G. 12. Dezember 1900, Ph.Ztg. 1900 Nr. 102).

[3]) Die wissentliche Abgabe untauglicher Mittel zur Abtreibung der Leibesfrucht unter Vorspiegelung der Tauglichkeit ist kein Betrug (R.G. 3. Juli 1903 und September 1905, Ph.Ztg. 1904, Nr. 33 und 1905, Nr. 79), wohl aber ein strafbarer Betrugsversuch (R.G. 21. April 1906, Ph.Ztg. 1906 Nr. 90).

[4]) Das Strafgesetzbuch behandelt in § 222 die fahrlässige Tötung und in § 230 die fahrlässige Körperverletzung. Beide Paragraphen erhöhen die Strafen, wenn der Täter zu der Aufmerksamkeit, welche er außer Augen setzte, vermöge seines Amtes, Berufes oder Gewerbes besonders verpflichtet war. Eine Körperverletzung (Tötung) kann ebensowohl durch eine fahrlässige Unterlassung, als durch eine fahrlässige Tätigkeit verursacht werden. Fahrlässigkeit ist nach der Judikatur des R.G. Außerachtlassen der pflichtgemäßen Sorgfalt bei Voraussehbarkeit des Erfolges. Der Kausalzusammenhang zwischen der die Verletzung einer Berufspflicht enthaltenden Handlung und dem eingetretenen rechtswidrigen Erfolge ist dann als ausgeschlossen zu erachten, wenn feststeht, daß der letztere auch ohne Vorliegen der ersteren eingetreten sein würde (R.G. 20. Dezember 1886).

Eine Verursachung des Todes eines Menschen durch Fahrlässigkeit ist dagegen angenommen worden, wenn ein Apotheker bei Verordnung eines stark wirkenden Giftes in übermäßigen, mit den Höchstgaben des Arzneibuches nicht im Einklang stehenden Dosen, die besondere Erklärung des Arztes nicht eingehalten hat (R.G. 27. März 1888).

Wenn der Täter zu der Aufmerksamkeit, welche er aus den Augen setzte, vermöge seines Amtes, Berufes oder Gewerbes[1]) besonders verpflichtet war, so kann die Strafe bis auf fünf Jahre Gefängnis erhöht werden.

Körperverletzung.

§ 229. Wer vorsätzlich einem anderen, um dessen Gesundheit zu beschädigen, Gift oder andere Stoffe beibringt, welche die Gesundheit zu zerstören geeignet sind, wird mit Zuchthaus bis zu zehn Jahren bestraft.

Ist durch die Handlung eine schwere Körperverletzung verursacht worden, so ist auf Zuchthaus nicht unter fünf Jahren und, wenn durch die Handlung der Tod verursacht worden, auf Zuchthaus nicht unter zehn Jahren oder auf lebenslängliches Zuchthaus zu erkennen.

§ 230. Wer durch Fahrlässigkeit die Körperverletzung eines anderen verursacht, wird mit Geldstrafe bis zu 900 Mark oder mit Gefängnis bis zu zwei Jahren bestraft.

War der Täter zu der Aufmerksamkeit, welche er aus den Augen setzte, vermöge seines Amtes, Berufes oder Gewerbes besonders verpflichtet, so kann die Strafe auf drei Jahre Gefängnis erhöht werden[2]).

§ 231. In allen Fällen der Körperverletzung kann auf Verlangen des Verletzten neben der Strafe auf eine an denselben zu erlegende Buße bis zum Betrage von sechstausend Mark erkannt werden.

Eine erkannte Buße schließt die Geltendmachung eines weiteren Entschädigungsanspruchs aus.

Für diese Buße haften die zu derselben Verurteilten als Gesamtschuldner.

§ 232. Die Verfolgung leichter vorsätzlicher, sowie aller durch Fahrlässigkeit verursachter Körperverletzungen (§§ 223, 230) tritt nur auf Antrag ein, insofern nicht die Körperverletzung mit Übertretung einer Amts-, Berufs- oder Gewerbepflicht begangen worden ist[3]).

Betrug.

§ 263. Wer in der Absicht, sich oder einem Dritten einen rechtswidrigen Vermögensvorteil zu verschaffen, das Vermögen eines anderen

[1]) Unter dem „Gewerbe" ist nicht ein gesetzlich umschriebener Kreis von Befugnissen, sondern jede fortgesetzte auf Erwerb gerichtete Tätigkeit zu verstehen. Bei Drogisten liegt daher auch dann die Außerachtlassung einer Aufmerksamkeit, zu der sie durch ihr Gewerbe besonders verpflichtet sind, vor, wenn sie einen ihnen gesetzlich nicht gestatteten Handel betreiben (R.G. 8. April 1895, K.G.A. I, S. 113). In dem gleichen Urteil wird ausgesprochen, daß die Bestimmung in § 222 bzw. 230 Abs. 2 auch auf die Gehilfen des Geschäftsinhabers Anwendung findet.

[2]) Vgl. hierzu die Fußnoten zu § 222. Verurteilungen von Apothekern wegen fahrlässiger Körperverletzung sind namentlich einige Male wegen unerlaubter Abgabe von Morphium an Morphinisten und dadurch bedingter Gesundheitsschädigung derselben erfolgt (u. a. R.G. 6. Juli 1906, Ph.Ztg. 1906 Nr. 55). Aber auch in anderen Fällen, wenn es sich um an sich zulässige Arzneiabgabe handelt, ist schon fahrlässige Körperverletzung angenommen worden, z. B. bei übermäßig oft wiederholter Anfertigung einer opiumhaltigen Arznei, trotzdem die Anfertigung des Rezeptes nach den Vorschriften über die Abgabe starkwirkender Arzneimittel zulässig war (R.G. 12. Juli 1902, Ph.Ztg. 1902 Nr. 87). Ferner ging folgendes Urteil: Ein Apotheker, der Asthmakräuter abgibt, ohne durch schriftliche Gebrauchsanweisung darauf aufmerksam zu machen, daß dieselben nur äußerlich durch Einatmen anzuwenden sind, handelt fahrlässig, und kann, wenn durch unrichtigen Gebrauch ein Schaden entsteht, wegen fahrlässiger Körperverletzung bestraft werden (R.G. 24. April 1902, Ph.Ztg. 1902 Nr. 35).

[3]) Fahrlässige Körperverletzungen, die in Apotheken begangen werden, sind demnach von Amts wegen zu verfolgen.

dadurch beschädigt, daß er durch Vorspiegelung falscher oder durch Entstellung oder Unterdrückung wahrer Tatsachen einen Irrtum erregt oder unterhält, wird wegen Betruges mit Gefängnis bestraft, neben welchem auf Geldstrafe bis zu 3000 Mark, sowie auf Verlust der bürgerlichen Ehrenrechte erkannt werden kann.

Sind mildernde Umstände vorhanden, so kann ausschließlich auf die Geldstrafe erkannt werden. Der Versuch ist strafbar[1]).

Urkundenfälschung.

§ 267. Wer in rechtswidriger Absicht eine inländische oder ausländische öffentliche Urkunde oder eine solche Privaturkunde, welche zum Beweise von Rechten oder Rechtsverhältnissen von Erheblichkeit ist[2]), verfälscht oder fälschlich anfertigt und von derselben zum Zwecke einer Täuschung Gebrauch macht, wird wegen Urkundenfälschung mit Gefängnis bestraft.

§ 268. Eine Urkundenfälschung, welche in der Absicht begangen wird, sich oder einem anderen einen Vermögensvorteil zu verschaffen oder einem anderen Schaden zuzufügen, wird bestraft, wenn

1. die Urkunde eine Privaturkunde ist, mit Zuchthaus bis zu fünf Jahren, neben welchem auf Geldstrafe bis zu dreitausend Mark erkannt werden kann;
2. die Urkunde eine öffentliche ist, mit Zuchthaus bis zu zehn Jahren, neben welchem auf Geldstrafe von einhundertfünfzig bis zu sechstausend Mark erkannt werden kann.

Sind mildernde Umstände vorhanden, so tritt Gefängnisstrafe ein, welche bei der Fälschung einer Privaturkunde nicht unter einer Woche, bei der Fälschung einer öffentlichen Urkunde nicht unter drei Monaten betragen soll. Neben der Gefängnisstrafe kann zugleich auf Geldstrafe bis zu dreitausend Mark erkannt werden.

Verletzung fremder Geheimnisse.

§ 300. Rechtsanwälte, Advokaten, Notare, Verteidiger in Strafsachen, Ärzte, Wundärzte, Hebammen, Apotheker, sowie die Gehilfen dieser Personen werden, wenn sie unbefugt Privatgeheimnisse offenbaren, die ihnen kraft ihres Amtes, Standes oder Gewerbes anvertraut sind, mit Geldstrafe bis zu 1500 Mark oder mit Gefängnis bis zu drei Monaten bestraft[3]).

Die Verfolgung tritt nur auf Antrag ein.

---

[1]) Als Betrug ist z. B. die absichtliche Verwendung billiger Surrogate der verordneten Mittel oder teilweise Fortlassung teurer Bestandteile einer Arznei bestraft worden. (R.G. 30 Juni 1905, Ph.Ztg. 1905 Nr. 53.) Auch auf den Verkauf von wirkungslosen, schwindelhaften Geheimmitteln ist der Betrugsparagraph mit Erfolg angewendet worden.

[2]) Die Frage, ob das ärztliche Rezept eine Urkunde im strafrechtlichen Sinne ist, ist vom Reichsgericht in konstanter Praxis bejaht worden. Ärztliche Rezepte sind als Urkunden, und zwar als solche Privaturkunden anzusehen, welche geeignet und bestimmt sind, zum Beweise rechtserheblicher Tatsachen zu dienen (R.G. 8. Oktober 1901, K.G.A. IV, S. 212, ferner Rechtspr. X, S. 563).

[3]) Nur das „unbefugte" Offenbaren von Privatgeheimnissen ist strafbar. Das Strafgesetzbuch läßt also eine „befugte" Offenbarung zu, ohne diese Befugnis nach irgend einer Richtung einzuschränken; sie kann mithin durch eine andere Berufspflicht gegeben sein (R.G. 16. Mai 1906). Der Besitz von Privatgeheimnissen im Sinne des § 300 des Str.G.B. berechtigt auch zur Verweigerung der Aussage als Zeuge im Zivil- und Strafverfahren.

Gemeingefährliche Verbrechen und Vergehen.

§ 324. Wer vorsätzlich Brunnen- oder Wasserbehälter, welche zum Gebrauche anderer dienen, oder Gegenstände, welche zum öffentlichen Verkaufe und Verbrauche bestimmt sind, vergiftet, oder denselben Stoffe beimischt, von denen ihm bekannt ist, daß sie die menschliche Gesundheit zu stören geeignet sind, ingleichen wer solche vergiftete oder mit gefährlichen Stoffen vermischte Sachen wissentlich oder mit Verschweigung dieser Eigenschaft verkauft, feilhält oder sonst in Verkehr bringt, wird mit Zuchthaus bis zu zehn Jahren und, wenn durch die Handlung der Tod eines Menschen verursacht worden ist, mit Zuchthaus nicht unter zehn Jahren oder mit lebenslänglichem Zuchthaus bestraft.

Übertretungen.

§ 360. Mit Geldstrafe bis zu 150 Mark oder mit Haft wird bestraft:

7. wer unbefugt die Abbildung des Kaiserlichen Wappens oder von Wappen eines Bundesfürsten oder von Landeswappen gebraucht[1]);
8. wer unbefugt ... Titel[2]), Würden oder Adelsprädikate annimmt;

---

[1]) Die Benutzung von Phantasiewappen, Phantasieadlern usw. ist gestattet, ebenso dürfen Drogisten und Kaufleute sich der gebräuchlichen Apothekenembleme bedienen. Ferner ist durch Kaiserl. Verordnung vom 16. Mai 1872 den deutschen Fabrikanten Gebrauch und Abbildung des Reichsadlers, jedoch ohne Benutzung der Form eines Wappenschildes gestattet. Die Führung des Roten Kreuzes ist dagegen durch ein besonderes Gesetz vom 22. März 1902 verboten (s. Teil X).

[2]) Der Ausdruck: „Titel" im Sinne des § 360 Nr. 8 R.Str.G.B. bezeichnet eine durch höhere Verleihung zu erwerbende, mit Rangstellung verbundene Stellung, also eine amtliche Stellung. Auf die Bezeichnungen einer wissenschaftlichen oder gewerblichen Tätigkeit, auch wenn zu deren Ausübung eine amtliche Qualifikation, Approbation oder Konzession erforderlich ist, ist die Bezeichnung „Titel" nicht anwendbar. Der „Arzttitel" ist in § 147 der Gew.O. besonders geschützt, der „Apothekertitel" nicht. Über den Doktortitel ging nachstehende

Kgl. Verordnung, betr. die Führung der mit akademischen Graden verbundenen Titel. Vom 7. April 1897.

§ 1. Preußische Staatsangehörige, welche einen akademischen Grad außerhalb des Deutschen Reichs erwerben, bedürfen zur Führung des damit verbundenen Titels der Genehmigung des Ministers der geistlichen usw. Angelegenheiten.

§ 2. Für nichtpreußische Reichsangehörige und Ausländer, welche einen akademischen Grad außerhalb des Deutschen Reiches erwerben, gilt die Bestimmung des § 1 mit der Maßgabe, daß es, sofern sie sich nur vorübergehend oder im amtlichen Auftrage und in beiden Fällen nicht zu literarischen oder sonstigen Erwerbszwecken in Preußen aufhalten, genügt, wenn sie nach dem Recht ihres Heimatsstaats zur Führung des Titels befugt sind.

§ 3. Die Frage, ob die Voraussetzungen der §§ 29 Ab. 1 und 147 Nr. 3 der R.Gew.O. vom 21. Juni 1869/1. Juli 1883 zutreffen, wird durch die Bestimmungen der §§ 1 und 2 nicht berührt. Ebenso bleiben die statuarischen und sonstigen Vorschriften über die Habilitation von Privatdozenten an den Landesuniversitäten unverändert in Geltung.

§ 4. Die vorstehende Verordnung greift bezüglich aller akademischen Grade Platz, welche nach dem 15. April 1897 verliehen werden. Für akademische Grade, welche vor diesem Zeitpunkt verliehen sind, bewendet es bei den bisherigen Bestimmungen.

Die Rechtsgültigkeit dieser Verordnung bestätigte ein Urteil des K.G. vom Juni 1904 (Ph.Ztg. 1904 Nr. 50). Im Anschluß an diese Verordnung haben sich im Wege der Vereinbarung die hauptsächlich in Betracht kommenden Bundesregierungen dahin verständigt, nur solche im Auslande erworbenen Doktortitel zur Führung im Inlande zuzulassen, die nicht bloß gleichwertig, sondern auch gleichartig mit den von deutschen Universitäten verliehenen Doktortiteln sind.

10. wer bei Unglücksfällen oder gemeiner Gefahr oder Not, von der Polizeibehörde oder deren Stellvertreter zur Hilfe aufgefordert, keine Folge leistet, obgleich er der Aufforderung ohne erhebliche eigene Gefahr genügen konnte[1]);
11. wer ungebührlicherweise ruhestörenden Lärm erregt oder wer groben Unfug verübt.

§ 363. Wer, um Behörden oder Privatpersonen zum Zwecke seines besseren Fortkommens oder des besseren Fortkommens eines anderen zu täuschen, . . . Dienst- oder Arbeitsbücher oder sonstige auf Grund besonderer Vorschriften auszustellende Zeugnisse, sowie Führungs- oder Fähigkeitszeugnisse falsch anfertigt oder verfälscht, oder wissentlich von einer solchen falschen oder verfälschten Urkunde Gebrauch macht, wird mit Haft oder mit Geldstrafe bis zu 150 Mark bestraft.

§ 367. Mit Geldstrafe bis zu 150 Mark oder mit Haft wird bestraft:

3. wer ohne polizeiliche Erlaubnis Gift oder Arzneien, soweit der Handel mit denselben nicht freigegeben ist, zubereitet, feilhält, verkauft oder sonst an Andere überläßt[2]);
4. wer ohne die vorgeschriebene Erlaubnis Schießpulver oder andere explodierende Stoffe oder Feuerwerke zubereitet;
5. wer bei der Aufbewahrung oder bei der Beförderung von Giftwaren, Schießpulver oder Feuerwerken, oder bei der Aufbewahrung, Beförderung, Verausgabung oder Verwendung von Sprengstoffen oder anderen explodierenden Stoffen, oder bei Ausübung der Befugnis zur Zubereitung oder Feilhaltung dieser Gegenstände, sowie der Arzneien die deshalb ergangenen Verordnungen nicht befolgt[3]);

---

[1]) Hier kommt auch die Hilfeleistung bei Bränden in Betracht. Ein preußisches Gesetz vom 21. Dezember 1904 ermächtigt die Polizeibehörden zum Erlasse von Polizeiverordnungen über die Verpflichtung zur Hilfeleistung bei Bränden. Daraufhin sind in mehreren preußischen Regierungsbezirken und Provinzen Verordnungen ergangen, welche die Hilfeleistung bei Bränden bzw. die Bildung von Pflichtfeuerwehren regeln. Apotheker sind dabei in der Regel von der Teilnahme an den Übungen und von der Löschpflicht ausdrücklich befreit.

[2]) Der § 367, 3 des Str.G.B. enthält eine Strafbestimmung zur Sicherung der leiblichen Wohlfahrt des Volkes. Er richtet sich ganz allgemein gegen den unbefugten Arznei- und Giftverkehr außerhalb der Apotheken, betrifft daher sowohl Drogenhändler, welche die für sie maßgebende Verordnung vom 22. Oktober 1901 (s. S. 39) übertreten, wie auch Ärzte, Tierärzte, Krankenanstalten, Krankenkassen und Vereine, welche unerlaubterweise Arzneien an ihre Patienten bzw. Mitglieder selbst abgeben. Eine genaue Darlegung der gesamten Folgerungen, die sich aus § 367, 3 für den Arzneiverkehr außerhalb der Apotheke ergeben, insbesondere des Dispensierrechtes der Ärzte, Krankenkassen und Vereine ist in dem auf S. 39 erwähnten Kommentar zur Verordnung vom 22. Oktober 1901 von Böttger gegeben.

[3]) Unter der Herrschaft des früheren preußischen Str.G.B. vom 14. April 1851 wurden die besonderen Berufspflichten der Apotheker auf Grund des Medizinaledikts vom 27. September 1725 und der revidierten Apothekerordnung vom 11. Oktober 1801 im Disziplinarwege durch Ordnungsstrafen resp. Approbationsentziehungen aufrecht erhalten. Hierin ist durch das R.Str.G.B. insofern eine Änderung eingetreten, als § 367, 5 auch diese besonderen Berufspflichten der Apotheker umfaßt. Wenn daher ein Apotheker dieselben verletzt, so muß nunmehr die Staats- resp. Polizeianwaltschaft angegangen werden, während es nicht mehr zulässig ist, daß wegen etwaiger Verstöße gegen diese Vorschriften Ordnungsstrafen verhängt werden. Diese Auffassung ist begründet in zwei Urteilen des preußischen O.V.G. vom 29. Juni 1898 und 26. Oktober 1903, sowie einem preußischen Min.-Erl. vom 21. Januar 1902 (s. Teil XII). Unter den „Verordnungen über die Ausübung der Befugnis zur Zubereitung oder Feilhaltung

5a. wer bei Versendung oder Beförderung von leicht entzündlichen oder ätzenden Gegenständen durch die Post die deshalb ergangenen Verordnungen nicht befolgt;

6. wer Waren, Materialien oder andere Vorräte, welche sich leicht von selbst entzünden oder leicht Feuer fangen, an Orten oder in Behältnissen aufbewahrt, wo ihre Entzündung gefährlich werden kann, oder wer Stoffe, die nicht ohne Gefahr einer Entzündung beieinander liegen können, ohne Absonderung aufbewahrt;

7. wer verfälschte oder verdorbene Getränke oder Eßwaren, insbesondere trichinenhaltiges Fleisch feilhält oder verkauft[1]).

§ 369. Mit Geldstrafe bis zu 100 Mark oder mit Haft bis zu vier Wochen werden bestraft:

2. Gewerbetreibende, bei denen zum Gebrauche in ihrem Gewerbe geeignete, mit dem gesetzlichen Eichungsstempel nicht versehene, oder unrichtige Maße, Gewichte oder Wagen vorgefunden werden, oder welche sich einer anderen Verletzung der Vorschriften über die Maß- und Gewichtspolizei schuldig machen.

Im Falle der Nr. 2 ist neben der Geldstrafe oder der Haft auf die Einziehung der vorschriftswidrigen Maße, Gewichte, Wagen oder sonstigen Meßwerkzeuge zu erkennen[2]).

---

von Arzneien" sind die gesamten, den Apothekenbetrieb regelnden reichs- oder landesgesetzlichen Vorschriften zu verstehen, speziell in Preußen nicht nur Polizeiverordnungen, sondern, wie das R.G. am 24. September 1900 (Ph.Ztg. 1900 Nr. 78) entschied, auch Ministerialerlasse. Daher wurde auch die preußische Apothekenbetriebsordnung (s. Teil XIV) vom R.G. unter dem 25. Juli 1901 (Ph.Ztg. 1901 Nr. 62) als rechtsgültige Verordnung im Sinne des § 367, 5 Str.G.B. erklärt.

Über die strafrechtliche Verantwortlichkeit des Apothekenbesitzers bei Zuwiderhandlungen seiner Angestellten gegen § 367, 5 Str.G.B. traf das R.G. unter dem 23. Februar 1893 (Ph.Ztg. 1906 Nr. 36) folgende Feststellungen:

1. Ein Apotheker ist für die von seinem Gehilfen in seiner Abwesenheit begangenen Übertretungen des § 367, 5 Str.G.B. und des § 148, 8 R.Gew.O. strafrechtlich verantwortlich.

2. Seine Strafbarkeit ist jedoch ausgeschlossen, wenn der Gehilfe als Stellvertreter im Sinne des § 45 a. a. O. und ohne Vorwissen des Apothekers handelt oder wenn der Apotheker sowohl bei der Auswahl des Gehilfen, als bei den demselben erteilten Anweisungen alles ihm Mögliche getan hat, um für den Fall seiner Abwesenheit einem Mißgriff des Gehilfen vorzubeugen und Übertretungen desselben zu verhüten.

Diese Entscheidung bewegt sich also auf der gleichen Grundlage wie § 151 der Gew.O. und § 831 des B.G.B. Natürlich bleibt die Verantwortlichkeit der Angestellten für ihre Verfehlungen dadurch unberührt. Auch ein Lehrling ist für seine Versehen unter Umständen selbständig haftbar (L.G. I Berlin 18. Mai 1897, R.G.A. II, S. 168).

[1]) Durch das Nahrungsmittelgesetz vom 14. Mai 1879 (s. Teil XI) ist nach der neueren Rechtsprechung der § 367, 7 des Str.G.B. nicht außer Kraft gesetzt (O.L.G. Hamburg 28. Januar 1903, Ph.Ztg. 1903 Nr. 13; R.G. 1. August 1903, Ph.Ztg. 1903 Nr. 63). Die Bestimmung des § 367, 7 erfordert hinsichtlich des Feilhaltens in objektiver Hinsicht nicht, daß dem Gegenstande eine zur Täuschung geeignete Bezeichnung gegeben worden ist (R.G. 11. Februar 1882).

[2]) Die Einziehung ungeeichter Maße, Gewichte oder unrichtiger Wagen in Gemäßheit des § 369 des Str.G.B. kann nur im geordneten Strafverfahren erfolgen. Die Vollstreckung des Urteils wie die Verfügung über die Konfiskation ist lediglich Sache des Gerichts. Bezüglich der Vorschriften über Wagen und Gewichte s. Teil VI.

Strafprozeßordnung.

Vom 1. Februar 1877 (R.G.Bl. S. 253).

Sachverständige.

§ 73. Die Auswahl der zuzuziehenden Sachverständigen und die Bestimmung ihrer Anzahl erfolgt durch den Richter. Sind für gewisse Arten von Gutachten Sachverständige öffentlich bestellt, so sollen andere Personen nur dann gewählt werden, wenn besondere Umstände es erheischen[1]).

§ 75. Der zum Sachverständigen Ernannte hat der Ernennung Folge zu leisten, wenn er zur Erstattung von Gutachten der erforderten Art öffentlich bestellt ist, oder wenn er die Wissenschaft, die Kunst oder das Gewerbe, deren Kenntnis Voraussetzung der Begutachtung ist, öffentlich zum Erwerbe ausübt, oder wenn er zur Ausübung derselben öffentlich bestellt oder ermächtigt ist.

Zur Erstattung des Gutachtens ist auch derjenige verpflichtet, welcher sich zu derselben vor Gericht bereit erklärt hat.

§ 77. Im Falle des Nichterscheinens oder der Weigerung eines zur Erstattung des Gutachtens verpflichteten Sachverständigen wird dieser zum Ersatze der Kosten und zu einer Geldstrafe bis zu 300 Mark verurteilt. Im Falle wiederholten Ungehorsams kann noch einmal eine Geldstrafe bis zu 600 Mark erkannt werden . . .

§ 84. Der Sachverständige hat nach Maßgabe der Gebührenordnung[2]) Anspruch auf Entschädigung für Zeitversäumnis, auf Erstattung der ihm verursachten Kosten und außerdem auf angemessene Vergütung für seine Mühewaltung[3]).

§ 91. Liegt der Verdacht einer Vergiftung vor, so ist die Untersuchung der in der Leiche oder sonst gefundenen verdächtigen Stoffe durch einen Chemiker oder durch eine für solche Untersuchungen bestehende Fachbehörde vorzunehmen. Der Richter kann anordnen, daß diese Untersuchung unter Mitwirkung oder Leitung eines Arztes stattzufinden habe.

Beschlagnahme und Durchsuchung.[4])

§ 94. Gegenstände, welche als Beweismittel für die Untersuchung von Bedeutung sein können oder der Einziehung unterliegen, sind in Verwahrung zu nehmen oder in anderer Weise sicher zu stellen.

---

[1]) Für chemische Untersuchungen sind gegenwärtig in der Regel approbierte Nahrungsmittelchemiker angestellt, so daß der Apotheker nur noch selten in die Lage kommt, eine gerichtliche Untersuchung auszuführen bzw. ein darauf fußendes Interesse abzugeben. Gleichwohl ist der Apotheker auf Grund der von ihm abgelegten Staatsprüfung zur Anfertigung einer chemischen Analyse befähigt, und demnach der Richter auf Grund des § 73 in der Lage, jeden Apotheker eventuell hiermit beauftragen zu können.

[2]) Gebührenordnung für Zeugen und Sachverständige (s. S. 114).

[3]) Unter den „verursachten Kosten" sind sowohl die Kosten der etwa erforderlichen Reise, wie auch solche Auslagen zu verstehen, welche dem Sachverständigen durch die Erstattung des Gutachtens oder durch die demselben vorangegangenen sachverständigen Untersuchungen erwachsen sind.

[4]) Die Bestimmungen der Str.P.O. über Beschlagnahme und Durchsuchung gelten auch für die Revisionen der Apotheken und Drogenhandlungen. Beschlagnahmen, Durchsuchungen der Wohnung sowie der Papiere sind also hierbei nur innerhalb der von der Str.P.O. gegebenen Grenzen zulässig.

Befinden sich die Gegenstände in dem Gewahrsam einer Person und werden dieselben nicht freiwillig herausgegeben, so bedarf es der Beschlagnahme.

§ 95. Wer einen Gegenstand der vorbezeichneten Art in seinem Gewahrsam hat, ist verpflichtet, denselben auf Erfordern vorzulegen und auszuliefern.

Er kann im Falle der Weigerung durch die im § 69 bestimmten Zwangsmittel[1]) hierzu angehalten werden. Gegen Personen, welche zur Verweigerung des Zeugnisses berechtigt sind, finden diese Zwangsmittel keine Anwendung.

§ 98 Abs. 1. Die Anordnung von Beschlagnahmen[2]) steht dem Richter, bei Gefahr im Verzug auch der Staatsanwaltschaft und denjenigen Polizei- und Sicherheitsbeamten zu, welche als Hilfsbeamte der Staatsanwaltschaft den Anordnungen derselben Folge zu leisten haben[3]).

§ 102. Bei demjenigen, welcher als Täter oder Teilnehmer einer strafbaren Handlung oder als Begünstigter oder Hehler verdächtig ist, kann eine Durchsuchung der Wohnung und anderer Räume, sowie seiner Person und der ihm gehörigen Sachen, sowohl zum Zwecke seiner Ergreifung, als auch dann vorgenommen werden, wenn zu vermuten ist, daß die Durchsuchung zur Auffindung von Beweismitteln führen werde.

§ 105 Abs. 1. Die Anordnung von Durchsuchungen steht dem Richter, bei Gefahr im Verzug auch der Staatsanwaltschaft und denjenigen Polizei- und Sicherheitsbeamten zu, welche als Hilfsbeamte der Staatsanwaltschaft den Anordnungen derselben Folge zu leisten haben.

§ 110. Eine Durchsicht der Papiere des von der Durchsuchung Betroffenen steht nur dem Richter zu.

Andere Beamte sind zur Durchsicht der aufgefundenen Papiere nur dann befugt, wenn der Inhaber derselben die Durchsicht genehmigt. Anderenfalls haben sie die Papiere, deren Durchsicht sie für geboten erachten, in einem Umschlage, welcher in Gegenwart des Inhabers mit dem Amtssiegel zu verschließen ist, an den Richter abzuliefern.

Dem Inhaber der Papiere oder dessen Vertreter ist die Beidrückung seines Siegels gestattet; auch ist er, falls demnächst die Entsiegelung oder Durchsicht der Papiere angeordnet wird, wenn dies möglich, aufzufordern, derselben beizuwohnen.

Der Richter hat die zu einer strafbaren Handlung in Beziehung stehenden Papiere der Staatsanwaltschaft mitzuteilen.

Gerichtsverfassungsgesetz.

In der Fassung der Bk. vom 20. Mai 1898 (R.G.Bl. S. 371).

§ 33. Zu dem Amte eines Schöffen sollen nicht berufen werden:

1. Personen, welche zur Zeit der Aufstellung der Urliste das 30. Lebensjahr noch nicht vollendet haben;
2. Personen, welche zur Zeit der Aufstellung der Urliste den Wohnsitz in der Gemeinde noch nicht zwei volle Jahre haben . . .

---

[1]) Bei Übertretungen Haft bis sechs Wochen.

[2]) Der § 98 spricht nur von der prozessualen Beschlagnahme, bezieht sich aber nicht auf Präventivmaßregeln, welche Polizeibeamte im Interesse der öffentlichen Ordnung vornehmen (R.G. 16. November 1885, E. XIII, S. 44).

[3]) Hierher gehören u. a. die Kriminalkommissare, Polizeikommissare, Amtsvorsteher, nicht aber die Polizeisekretäre oder -Sergeanten, Schutzleute und Gendarmen, selbst dann nicht, wenn sie mit der Vertretung der Polizei bei den Besichtigungen beauftragt sind.

§ 35. Die Berufung zum Amte eines Schöffen dürfen ablehnen . . .
3. Ärzte;
4. Apotheker, welche keine Gehilfen haben;
5. Personen, welche das 65. Lebensjahr zur Zeit der Aufstellung der Urliste vollendet haben, oder dasselbe bis zum Ablaufe des Geschäftsjahres vollenden würden . . .

§ 85 Abs. 2. Die Vorschriften der §§ 32—35 über die Berufung zum Schöffenamte finden auch auf das Geschworenenamt Anwendung.

Das Gebührenwesen behandeln ebenfalls drei Gesetze, von denen das erste, die Gebührenordnung für Zeugen und Sachverständige ein Reichsgesetz ist, während die beiden anderen Gesetze über die Gebühren der Medizinalbeamten usw. und die Tagegelder und Reisekosten der Staatsbeamten dem preußischen Landesrecht angehören.

Gebührenordnung für Zeugen und Sachverständige.

In der Fassung der Bk. vom 20. Mai 1898 (R.G.Bl. S. 689).

§ 1. In den vor die ordentlichen Gerichte gehörigen Rechtssachen, auf welche die Zivilprozeßordnung, die Strafprozeßordnung oder die Konkursordnung Anwendung findet, erhalten die Zeugen und Sachverständigen Gebühren nach Maßgabe der folgenden Bestimmungen.

§ 2. Der Zeuge erhält eine Entschädigung für die erforderliche Zeitversäumnis im Betrage von 10 Pfg. bis zu einer Mark auf jede angefangene Stunde[1]).

Die Entschädigung ist unter Berücksichtigung des von dem Zeugen versäumten Erwerbes zu bemsesen und für jeden Tag auf nicht mehr als zehn Stunden zu gewähren . . .

§ 3. Der Sachverständige erhält für seine Leistungen eine Vergütung nach Maßgabe der erforderlichen Zeitversäumnis im Betrage bis zu zwei Mark auf jede angefangene Stunde.

Die Vergütung ist unter Berücksichtigung der Erwerbsverhältnisse des Sachverständigen zu bemessen und für jeden Tag auf nicht mehr als zehn Stunden zu gewähren.

Außerdem sind dem Sachverständigen die auf die Vorbereitung des Gutachtens verwendeten Kosten, sowie die für eine Untersuchung verbrauchten Stoffe und Werkzeuge zu vergüten[2]).

§ 4. Bei schwierigen Untersuchungen und Sachprüfungen ist dem Sachverständigen auf Verlangen für die aufgetragene Leistung eine Vergütung nach dem üblichen Preise derselben und für die außerdem stattfindende Teilnahme an Terminen die im § 3 bestimmte Vergütung zu gewähren.

§ 5. Als versäumt gilt für den Zeugen oder Sachverständigen auch die Zeit, während welcher er seine gewöhnliche Beschäftigung nicht wieder aufnehmen kann.

---

[1]) Ein nicht unter Abs. 3 fallender Zeuge erhält nur dann Entschädigung für Erwerbsverlust, wenn er tatsächlich Erwerb versäumt. Dem Richter steht es frei, einen besonderen Nachweis dafür zu verlangen oder nicht.

[2]) Eine Erhöhung der Entschädigung über den festgesetzten Höchstbetrag (das ist 10 Mark pro Tag für Zeugen und 20 Mark Gebühren pro Tag für Sachverständige) ist, auch wenn größere Versäumnis nachgewiesen wird, nicht statthaft. Apothekern, welche ohne Gehilfen arbeiten, und sich daher bei Vorladung als Zeuge oder Sachverständiger einen Vertreter engagieren müssen, ist die Erstattung der Auslagen für diesen von den Gerichten in der Regel nicht zugebilligt worden. In diesem Sinne haben entschieden: O.L.G. Stettin 14. Dezember 1897 und L.G. Hildesheim 23. März 1901.

§ 6. Mußte der Zeuge oder Sachverständige außerhalb seines Aufenthaltsortes einen Weg bis zur Entfernung von mehr als 2 Kilometer zurücklegen, so ist ihm außer den nach §§ 2—5 zu bestimmenden Beträgen eine Entschädigung für die Reise und für den durch die Abwesenheit von dem Aufenthaltsorte verursachten Aufwand nach Maßgabe der folgenden Bestimmungen zu gewähren.

§ 7. Soweit nach den persönlichen Verhältnissen des Zeugen oder Sachverständigen oder nach äußeren Umständen die Benutzung von Transportmitteln für angemessen zu erachten ist, sind als Reiseentschädigung die nach billigem Ermessen in dem einzelnen Falle erforderlichen Kosten zu gewähren. In anderen Fällen beträgt die Reiseentschädigung für jedes angefangene Kilometer des Hinweges und des Rückweges 5 Pfg.

§ 8. Die Entschädigung für den durch Abwesenheit von dem Aufenthaltsorte verursachten Aufwand ist nach den persönlichen Verhältnissen des Zeugen oder Sachverständigen zu bemessen, soll jedoch den Betrag von 5 Mark für jeden Tag, an welchem der Zeuge oder Sachverständige abwesend gewesen ist, und von 3 Mark für jedes außerhalb genommene Nachtquartier nicht überschreiten.

§ 9. Mußte der Zeuge oder Sachverständige innerhalb seines Aufenthaltsortes einen Weg bis zu einer Entfernung von mehr als zwei Kilometer zurücklegen, so ist ihm für den ganzen zurückgelegten Weg eine Reiseentschädigung nach den Vorschriften des § 7 zu gewähren.

§ 10. Konnte der Zeuge oder Sachverständige den erforderlichen Weg ohne Benutzung von Transportmitteln nicht zurücklegen, so sind die nach billigem Ermessen erforderlichen Kosten auch außer den in den §§ 6, 9 bestimmten Fällen zu gewähren.

§ 11. Abgaben für die erforderliche Benutzung eines Weges sind in jedem Falle zu erstatten.

§ 12. Bedarf der Zeuge wegen jugendlichen Alters oder wegen Gebrechen eines Begleiters, so sind die bestimmten Entschädigungen für beide zu gewähren.

§ 13. Soweit für gewisse Arten von Sachverständigen besondere Taxvorschriften bestehen, welche an dem Orte des Gerichts, vor welches die Ladung erfolgt, und an dem Aufenthaltsorte des Sachverständigen gelten, kommen lediglich diese Vorschriften in Anwendung. Gelten solche Taxvorschriften nur an einem dieser Orte, oder gelten an demselben verschiedene Taxvorschriften, so kann der Sachverständige die Anwendung der ihm günstigeren Bestimmungen verlangen . . .

§ 15. Ist ein Sachverständiger für die Erstattung von Gutachten im allgemeinen beeidigt, so können die Gebühren für die bei bestimmten Gerichten vorkommenden Geschäfte durch Übereinkommen bestimmt werden.

§ 16. Die Gebühren der Zeugen und Sachverständigen werden nur auf Verlangen derselben gewährt. Der Anspruch erlischt, wenn das Verlangen binnen drei Monaten nach Beendigung der Zuziehung oder Abgabe des Gutachtens bei dem zuständigen Gerichte nicht angebracht wird.

§ 17. Die einem Zeugen oder Sachverständigen zu gewährenden Beträge werden durch das Gericht oder den Richter, vor welchem die Verhandlung stattfindet, festgesetzt.

Sofern die Beträge aus der Staatskasse gezahlt und dieser nicht erstattet sind, kann die Festsetzung von dem Gerichte oder dem Richter, durch welche sie erfolgt ist, sowie von dem Gerichte der höheren Instanz von Amts wegen berichtigt werden. Gegen die Festsetzung findet Beschwerde nach Maßgabe des § 567 Abs. 2 und der §§ 568—575 der Zivilprozeßordnung sowie des § 4 Abs. 3 des Gerichtskostengesetzes, in Strafsachen nach Maßgabe der §§ 346—352 der Strafprozeßordnung statt[1]).

Gesetz, betr. die den Medizinalbeamten für die Besorgung gerichtsärztlicher, medizinal- oder sanitätspolizeilicher Geschäfte zu gewährenden Vergütungen.[2])

Vom 9. März 1872 (Pr.G.S. S. 265).

§ 8. Macht eine gerichtliche oder medizinalpolizeiliche Feststellung die Zuziehung eines Chemikers notwendig, so erhält derselbe für seine Arbeit, einschließlich des Berichts, eine Gebühr von 12—75 Mark[3]).

Die verwendeten Reagentien und verbrauchten Apparate, sowie etwaige Auslagen für Benutzung eines besonderen Lokals sind ihm neben der Gebühr zu vergüten[4]).

---

[1]) Die Beschwerden sind an keine Frist gebunden; sie richten sich gegen den Ansatz und die Höhe der Gebühren und gehen, falls die Festsetzung vom Amtsgericht erfolgt ist, an die Landgerichte, falls die Festsetzung von den Landgerichten erfolgt ist, an die Oberlandesgerichte. Unter Verlangen wird nur die einfache Erklärung verstanden, daß man Gebühren haben wolle.

[2]) Hierzu erging nachstehender preußischer

Min.-Erl., betr. die Gebühren der Beglaubigung der Dienstatteste der Apothekerlehrlinge und der Servierzeugnisse der Apothekergehilfen. Vom 16. April 1894.

Die Beglaubigung der Dienstatteste der Apothekerlehrlinge und der Servierzeugnisse der Apothekergehilfen durch die Physiker ist im wesentlichen dazu bestimmt, denjenigen Behörden, denen ein solches Zeugnis später vorgelegt werden muß, eine Garantie für die Richtigkeit desselben zu geben. Mithin gehören diese Beglaubigungen zu den medizinalpolizeilichen Verrichtungen, für welche den Medizinalbeamten nach § 1 des Gesetzes vom 9. März 1872, betreffend die den Medizinalbeamten für die Besorgung gerichtsärztlicher, medizinal- und sanitätspolizeilicher Geschäfte zu gewährenden Vergütungen (Ges.S. S. 265) keine besondere Gebühr zusteht.

Dagegen kommt bei der Ausstellung der Befähigungszeugnisse für Apothekerlehrlinge lediglich das Privatinteresse derjenigen jungen Leute in Betracht, welche dieser Zeugnisse, um als Apothekerlehrlinge eintreten zu dürfen, benötigen; ein solches Befähigungszeugnis ist im Sinne des Gesetzes vom 9. März 1872 gebührenpflichtig, die Gebühr ist im § 17 der revidierten Apothekerordnung vom 11. Oktober 1801 auf „nicht mehr als einen Taler" festgesetzt.

[3]) Ein preußischer Min.-Erl. vom 25. November 1872 besagt hierzu:

Der Justizminister erachtet es in Übereinstimmung mit dem Herrn Minister der geistlichen usw. Angelegenheiten nicht für statthaft, den § 8 des Gesetzes dahin auszulegen, daß die daselbst bestimmte Gebühr für jedes einzelne körperliche Objekt, auf welches die chemische Untersuchung zu richten ist, besonders zu berechnen sei. Es kann nicht füglich darauf ankommen, ob der Gegenstand der Untersuchung in mehrere körperlich getrennte Objekte zerfällt, oder sich in einer körperlich ungetrennten Sache darstellt. Der Wortlaut des Gesetzes und die Natur der Sache weist vielmehr darauf hin, daß eine vielfache Ansetzung der in Rede stehenden Gebühr nur dann statthaft ist, wenn die vorzunehmenden Feststellungen ihrem Zwecke nach sich als verschiedene darstellen, d. h. wenn sie auf verschiedene Beweistatsachen gerichtet sind.

Obige Gebühren können demnach nach der Zahl der vorzunehmenden, ihrem Zwecke nach verschiedenen Feststellungen berechnet werden.

[4]) Ein preußischer Min.-Erl. vom 10. Juli 1906 besagt hierzu:

Bei chemischen Untersuchungen ist dem Chemiker der Ankaufspreis für eine gute Qualität der von ihm benutzten Reagentien zu vergüten. Die Prüfung der letzteren auf Reinheit gehört mit zu dem Begriff der chemischen Untersuchung, für die im § 8 Abs. 1 des Gesetzes vom 9. März 1872 und 28. Juni 1875 die Gebühr festgesetzt ist.

§ 9. Bei Apothekenvisitationen erhält der medizinische Kommissarius an seinem Wohnort 6 Mark Tagegelder, außerhalb desselben reglementsmäßige Reisekosten und Tagegelder[1]).

Der pharmazeutische Kommissarius erhält Reisekosten und Tagegelder nach dem den Kreisphysikern zustehenden Satze[2]); außerdem 1 Mark 50 Pfg. für jede revidierte Apotheke als Ersatz für verbrauchte Reagentien.

Gesetz, betr. die Tagegelder und Reisekosten der Staatsbeamten.[3]) Vom 21. Juni 1897 (Pr.G.S. S. 193).

§ 1. Die Staatsbeamten erhalten bei Dienstreisen Tagegelder nach den folgenden Sätzen:

I. Aktive Staatsminister 35 Mark, II. Beamte der ersten Rangklasse 28 Mark, III. Beamte der zweiten und dritten Rangklasse 22 Mark, IV. Be-

---

[1]) Diese Bestimmung findet auf jeden mit der Apothekenrevision beauftragten Kommissarius, also auch auf den Regierungs-Medizinalrat, wenn er die Revision vornimmt, Anwendung (Min.-Verf. vom 20. Juli 1872). Die nach § 9 obigen Gesetzes dem medizinischen Kommissarius für die au seinem Wohnorte vorgenommenen Apothekenvisitationen zustehenden Tagegelder in Höhe von 6 Mark sind also sowohl dem Kreisarzt als dem Regierungs-Medizinalrat zu bewilligen. Demselben Kommissarius sind dagegen für Visitationen auswärtiger Apotheken reglementsmäßige Reisekosten und Tagegelder zugebilligt. Hinsichtlich der Höhe der reglementsmäßigen Reisekosten und Tagegelder gilt jetzt ausschließlich das oben abgedruckte Gesetz vom 21. Juni 1897. Für die den Kreisärzten bei Gelegenheit ihrer gelegentlichen Anwesenheit im Ort aufgetragene Kontrolle einer Apotheke gibt es keine Gebühr (Min.-Verf. vom 28. März 1873), für die aufgetragene Kontrolle am Wohnort selbst aber die Fuhrkostenentschädigung von 1,50 Mk. (Min.-Verf. vom 7. April 1873).

[2]) Der pharmazeutische Kommissarius erhält Reisekosten und Tagegelder wie der Kreisarzt, auch wenn er im Staatsdienst als pharmazeutischer Assessor angestellt ist (Min.-Verf. vom 22. Oktober 1873). Über die Höhe der Gebühren siehe die folgende Anmerkung.

[3]) Über die Anwendung dieses Gesetzes auf die Medizinalbeamten ergingen folgende Erlasse des Medizinalministers:

Min.-Erl. vom 10. Mai 1901.

Die Kreismedizinalbeamten haben vom 1. April dieses Jahres ab bei Dienstreisen in medizinal- und sanitätspolizeilichen Angelegenheiten Tagegelder und Reisekosten entsprechend den für die Staatsbeamten geltenden allgemeinen Bestimmungen, und zwar sowohl die Kreisärzte, als die Kreisassistenzärzte nach den für die Beamten der fünften Rangklasse geltenden Sätzen zu erhalten. Hinsichtlich der Dienstreisen in gerichtsärztlichen Angelegenheiten greift die Bestimmung in Artikel V, Abs. 1 des Gesetzes vom 21. Juni 1897 in Verbindung mit Art. 1, S. 2 I der Verordnung, betreffend die Tagegelder und die Reisekosten der Medizinalbeamten, vom 17. September 1876 Platz. Demgemäß stehen den Kreis-, Gerichts- und Kreisassistenzärzten bei Dienstreisen in gerichtlichen Angelegenheiten Tagegelder und Reisekosten nach den folgenden Sätzen zu: 1. an Tagegeldern 9 Mark, 2. an Reisekosten a. bei Reisen, welche auf Eisenbahnen oder Dampfschiffen gemacht werden können, für das Kilometer 9 Pfg. und für jeden Zu- und Abgang 3 Mark; b. bei Reisen, welche nicht auf Eisenbahnen, Kleinbahnen oder Dampfschiffen zurückgelegt werden können, für das Kilometer 50 Pfg.

Min.-Erl. vom 2. Dezember 1901.

Die Bestimmungen des Gesetzes, betreffend die den Medizinalbeamten für die Besorgung gerichtsärztlicher, medizinal- oder sanitätspolizeilicher Geschäfte zu gewährenden Vergütungen, vom 9. März 1872 stehen noch in fortdauernder Giltigkeit mit der alleinigen Ausnahme, daß für die Medizinalbeamten bei Dienstreisen in sanitäts- oder medizinalpolizeilichem Interesse nunmehr die Bestimmungen amte der vierten und fünften Rangklasse 15 Mark, V. Beamte, welche nicht zu obigen Klassen gehören, soweit sie bisher zu dem Tagegeldersatze von 9 Mark berechtigt waren, 12 Mark, VI. Subalternbeamte der Provinzial-, Kreis- und Lokalbehörden und andere Beamte gleichen Ranges 8 Mark, VII. Andere Beamte, welche nicht zu den Unterbeamten zu zählen sind, 6 Mark, VIII. Unterbeamte 4 Mark.

Erstreckt sich eine Dienstreise auf zwei Tage und wird sie innerhalb 24 Stunden beendet, so ist nur das Einundeinhalbfache der Sätze unter I—VIII zu liquidieren. Wird die Dienstreise an ein und demselben Tage angetreten und beendet, so tritt eine Ermäßigung der Tagegelder bei I auf 27 Mark, bei II auf 21 Mark, bei III auf 17 Mark, bei IV auf 12 Mark, bei V auf 9 Mark, bei VI auf 6 Mark, bei VII auf 4,50 Mark, bei VIII auf 3 Mark ein.

§ 4. An Reisekosten, einschließlich der Kosten der Gepäckbeförderung, erhalten:

I. bei Dienstreisen, welche auf Eisenbahnen oder Dampfschiffen gemacht werden können: 1. die im § 1 unter I—IV bezeichneten Beamten für das Kilometer 9 Pfg. und für jeden Zu- und Abgang 3 Mark. Hat einer dieser Beamten einen Diener auf die Reise mitgenommen, so kann er für denselben 5 Pfg. für das Kilometer beanspruchen; 2. die im § 1 unter V und VI genannten Beamten für das Kilometer 7 Pfg. und für jeden Zu- und Abgang 2 Mark; 3. die im § 1 unter VII und VIII genannten Beamten für das Kilometer 5 Pfg. und für jeden Zu- und Abgang 1 Mark.

II. Bei Dienstreisen, welche nicht auf Eisenbahnen, Kleinbahnen oder Dampfschiffen zurückgelegt werden können: 1. die im § 1 unter I—IV genannten Beamten 60 Pfg., 2. die im § 1 unter V und VI genannten Beamten 40 Pfg., 3. die im § 1 unter VII und VIII genannten Beamten 30 Pfg. für das Kilometer.

III. Die Bestimmung darüber, unter welchen Umständen von den Beamten bei ihren Dienstreisen Kleinbahnen zu benutzen, und welche Reisekostenvergütungen in solchen Fällen zu gewähren sind, erfolgt durch das Staatsministerium. Haben erweislich höhere Reisekosten als die unter I—III festgesetzten aufgewendet werden müssen, so werden diese erstattet.

---

in Art. I § 1 und 4 Nr. I und II des Gesetzes vom 21. Juni 1897, betreffend die Tagegelder und Reisekosten der Staatsbeamten, maßgebend sind und daß bei Dienstreisen in gerichtsärztlichen Angelegenheiten die in dem Erlasse vom 10. Mai d. J. bezeichneten Sätze Platz greifen.

Dementsprechend haben die Medizinalbeamten einschließlich der vollbesoldeten Kreisärzte in den Fällen des § 1 des Gesetzes vom 9. März 1872 bis auf weiteres noch Anspruch auf die Fuhrkostenentschädigung von 1 Mark 50 Pf.

Nach einem Min.-Erl. vom 27. Juli 1901 findet das Gesetz, betr. die Tagegelder und Reisekosten der Staatsbeamten vom 21. Juni 1897 vom 1. April 1901 ab auch auf die pharmazeutischen Kommissare Anwendung.

Für die pharmazeutischen Kommissare ergibt sich hiernach folgendes: Sie erhalten Tagegelder und Reisekosten nach den den Kreisphysikern, jetzt Kreisärzten, zustehenden Sätzen (Gesetz vom 9. März 1872), also bei Besichtigungen am Wohnorte 6 Mk. Tagegelder, bei auswärtigen Besichtigungen die reglementsmäßigen Reisekosten und Tagegelder der Kreisärzte. Da diese Beamten zur V. resp. IV. Rangklasse gehören, erhalten die pharmazeutischen Kommissare die unter IV in dem Gesetz vom 21. Juni 1897 aufgeführten Sätze, also Tagegelder 15 Mk., Reisekosten 9 resp. 60 Pfg. pro Kilometer, Ab- und Zugang 3 Mk., außerdem 1,50 Mk. für Reagentien für jede revidierte Apotheke.

IX. Die sozialpolitische Gesetzgebung.

Unter der sozialpolitischen Gesetzgebung versteht man die Gesamtheit der zum Schutze und im Interesse der arbeitenden Klassen der Bevölkerung geschaffenen gesetzlichen Bestimmungen. Im Mittelpunkte derselben stehen die drei großen Arbeiterversicherungsgesetze: das Krankenversicherungsgesetz, das Invalidenversicherungsgesetz und die Unfallversicherungsgesetze. Das Krankenversicherungsgesetz gibt den Versicherten im Erkrankungsfalle Anspruch auf freie ärztliche Behandlung und freie Arznei sowie auf Krankengeld auf die Dauer von 26 Wochen, das Invalidenversicherungsgesetz gewährt den Versicherten für den Fall dauernder oder länger als 26 Wochen dauernder Erwerbsunfähigkeit Invalidenrente und vom vollendeten 70. Lebensjahre ab Altersrente, und das Unfallversicherungsgesetz endlich legt den zuständigen Berufsgenossenschaften die Kosten des Heilverfahrens eines Körperverletzten vom Beginn der 14. Woche, sowie die Zahlung einer für die Dauer der Erwerbsunfähigkeit zu beanspruchenden Rente auf.

Das Interesse des Apothekerstandes an diesen Gesetzen ist ein doppeltes. Der Apotheker steht ihnen gegenüber einmal als Arbeitgeber, der in seinem Betriebe unter Umständen versicherungspflichtige Personen beschäftigt und zweitens als Lieferant der für die erkrankten Versicherten gebrauchten Arzneien.

Hinsichtlich der erstgenannten Beziehungen sei kurz bemerkt, daß sowohl das Krankenversicherungsgesetz wie auch das Invalidenversicherungsgesetz Apothekergehilfen und -Lehrlinge ausdrücklich von der Versicherungspflicht ausnimmt. Im Gewerbe-Unfallversicherungsgesetz sind dagegen solche Ausnahmebestimmungen nicht enthalten. Dieses Gesetz findet daher auch auf das in Apotheken beschäftigte Personal Anwendung, soweit die Apotheken als versicherungspflichtige Betriebe im Sinne des Gesetzes anzusehen sind. Alles Nähere ergibt sich aus den im folgenden angeführten wichtigsten Bestimmungen dieser Gesetze.

Krankenversicherungsgesetz.

Vom 10. April 1892 (R.G.Bl. S. 417). In der Fassung der Gesetze vom 30. Juni 1900 (R.G.Bl. S. 332) und 25. Mai 1903 (R.G.Bl. S. 233).

A. Versicherungszwang.

§ 1. Personen, welche gegen Gehalt oder Lohn beschäftigt sind:

1. . . . in Fabriken . . .
2. im Handelsgewerbe, im Handwerk und in sonstigen stehenden Gewerbebetrieben;
3. in Betrieben, in denen Dampfkessel oder durch elementare Kraft (Wind, Wasser, Dampf, Gas, heiße Luft usw.) bewegte Triebwerke zur Verwendung kommen, sofern diese Verwendung nicht ausschließlich in vorübergehender Benutzung einer nicht zur Betriebsanlage gehörenden Kraftmaschine besteht,

sind mit Ausnahme der Gehilfen und Lehrlinge in Apotheken[1]) . . ., sofern nicht die Beschäftigung durch die Natur ihres Gegenstandes

[1]) Gehilfen und Lehrlinge in Apotheken sind also nicht versicherungspflichtig, sie können aber, sofern ihr jährliches Gesamteinkommen 2000 Mk. nicht übersteigt, gemäß §§ 4 und 19 bzw. 26a Ziffer 5 freiwillig den Gemeinde- oder Ortskrankenkassen beitreten. Die Ausnahme des § 1 bezieht sich aber ebenso wie die analoge Bestimmung in § 154 der Gew.O. (vgl. Fußnote 3 auf S. 17) nur auf technisch-pharmazeutisch vorgebildete Personen, nicht auf andere Hilfskräfte (Buchhalter, Kassierer, Expedienten), die in Apotheken beschäftigt sind. Diese unterliegen also auch der Krankenversicherungspflicht.

Strittig ist, ob Dienstmädchen, welche für den Haushalt des Apothekers engagiert sind und daneben auch geringfügige Säuberungsarbeiten in den Apothekenräumlich-

oder im voraus durch den Arbeitsvertrag auf einen Zeitraum von weniger als eine Woche beschränkt ist, nach Maßgabe der Vorschriften dieses Gesetzes gegen Krankheit zu versichern . . .

§ 2b. Betriebsbeamte, Werkmeister und Techniker, Handlungsgehilfen und -Lehrlinge . . . unterliegen der Versicherungspflicht nur, wenn ihr Arbeitsverdienst an Lohn oder Gehalt sechszweidrittel Mark für den Arbeitstag oder sofern Lohn oder Gehalt nach größeren Zeitabschnitten bemessen ist, zweitausend Mark für das Jahr gerechnet, nicht übersteigt . . .

B. Gemeinde-Krankenversicherung.

§ 4. Für alle versicherungspflichtigen Personen, welche nicht einer Ortskrankenkasse (§ 16), einer Betriebs-(Fabrik-)Krankenkasse (§ 59), einer Baukrankenkasse (§ 69), einer Innungskrankenkasse (§ 73), einer Knappschaftskasse (§ 74) angehören, tritt, vorbehaltlich der Bestimmung des § 75, die Gemeindekrankenversicherung ein.

Personen der in §§ 1—3 bezeichneten Art, welche der Versicherungspflicht nicht unterliegen und deren jährliches Gesamteinkommen zweitausend Mark nicht übersteigt, sowie Dienstboten, sind berechtigt, der Gemeindekrankenversicherung der Gemeinde, in deren Bezirk sie beschäftigt sind, beizutreten. Durch statutarische Bestimmung (§ 2) kann auch anderen nichtversicherungspflichtigen Personen die Aufnahme in die Gemeindekrankenversicherung gestattet oder das Recht des Beitritts eingeräumt werden, sofern ihr jährliches Gesamteinkommen zweitausend Mark nicht übersteigt.

§ 5. Denjenigen Personen, für welche die Gemeindekrankenversicherung eintritt, ist von der Gemeinde, in deren Bezirk sie beschäftigt sind, im Falle einer Krankheit oder durch Krankheit herbeigeführten Erwerbsunfähigkeit Krankenunterstützung zu gewähren.

Von denselben hat die Gemeinde Krankenversicherungsbeiträge (§ 9) zu erheben.

§ 6. Als Krankenunterstützung ist zu gewähren:

1. vom Beginn der Krankheit ab freie ärztliche Behandlung[1]), Arznei, sowie Brillen, Bruchbänder und ähnliche Heilmittel[2]);

---

keiten vornehmen, gemäß § 1 Ziffer 2 des Gesetzes versicherungspflichtig sind. Das bayerische V.G. hat die Frage in einem Urteil vom 16. Januar 1899 (Ph.Ztg. 1900 Nr. 83) verneint. Die überwiegende Rechtsanschauung geht dahin, daß Dienstboten der Gewerbetreibenden dann als versicherungspflichtige Gewerbegehilfen anzusehen sind, wenn ihre Beschäftigung im Gewerbebetriebe, selbst wenn sie nebenher geschieht, ausdrücklich oder stillschweigend mit ausbedungen ist, und sich der Lohn darauf mit bezieht, es sei denn, daß die Tätigkeit nur eine gelegentliche ist, oder in einem unbedeutenden, nicht nennenswerten Umfange stattfindet. So Magistrat Bochum 7. Dezember 1905, O.L.G. Breslau 14. November 1905 und O.L.G. Celle 21. Januar 1907.

[1]) Die Kassen sind also zur Gewährung freier ärztlicher Behandlung verpflichtet. Behandlung durch Nichtärzte, Naturheilkundige usw. ist ausgeschlossen. Daraus folgt auch, wie in einer Verfügung des Magistrats zu Magdeburg vom 23. Mai 1905 dargelegt wird, daß die Krankenkassen nicht berechtigt sind, ohne ärztliche Verordnung Arznei- und Heilmittel an Kassenmitglieder zum Bezuge aus Apotheken usw. selbst anzuweisen.

Der Arzt ist in der Art der Behandlung erkrankter Kassenmitglieder auch in keiner Weise beschränkt. Der von einzelnen Kassen den Ärzten gegenüber ausgeübte Zwang zur Verordung besonders billiger Arzneimittel ist nach einem Urteil des L.G. I Berlin vom 13. Januar 1900 (K.G.A. III, S. 124) ungesetzlich, der Arzt kann nach diesem Urteil für die Verordnung teurerer Medikamente als die Kassenanweisung vorschreibt, nicht haftbar gemacht werden.

[2]) Das K.V.G. unterscheidet in § 6 zwischen Arznei und Heilmitteln. Die „Arznei" muß stets frei sein, „Heilmittel" sind aber nur dann zu gewähren, wenn sie den

2. im Falle der Erwerbsunfähigkeit vom dritten Tage nach dem Tage der Erkrankung ab für jeden Arbeitstag ein Krankengeld in Höhe der Hälfte des ortsüblichen Tagelohnes gewöhnlicher Tagearbeiter.

Die Krankenunterstützung endet spätestens mit dem Ablaufe der sechsundzwanzigsten Woche nach Beginn der Krankheit, im Falle der Erwerbsunfähigkeit spätestens mit dem Ablaufe der sechsundzwanzigsten Woche nach Beginn des Krankengeldbezugs. Endet der Bezug des Krankengeldes erst nach Ablauf der sechsundzwanzigsten Woche nach dem Beginne der Krankheit, so endet mit dem Bezuge des Krankengeldes zugleich auch der Anspruch auf die im Abs. 1 unter Ziffer 1 bezeichneten Leistungen.

Das Krankengeld ist nach Ablauf jeder Woche zu zahlen.

§ 6a. Die Gemeinden sind ermächtigt, zu beschließen:

6. daß die ärztliche Behandlung, die Lieferung der Arznei und die Kur und Verpflegung nur durch bestimmte Ärzte, Apotheken und Krankenhäuser zu gewähren sind und die Bezahlung der durch Inanspruchnahme anderer Ärzte, Apotheken und Krankenhäuser entstandenen Kosten, von dringenden Fällen abgesehen, abgelehnt werden kann[1]). Die auf Grund dieser

als Beispiele genannten Brillen und Bruchbändern ähnlich sind. Es sind damit also die sogenannten kleinen Heilmittel gemeint. Nach einem Urteile des O.V.G. vom 19. Dezember 1887 sind aber nicht alle mit der Krankenbehandlung in unmittelbarem Zusammenhang stehende und zur Sicherung des Erfolges der Kur notwendige Heilmittel als ähnliche Heilmittel im Sinne dieser Vorschrift anzusehen; sie sind es vielmehr nur dann, wenn sie bezüglich des Kostenpunktes den Brillen und Bruchbändern einigermaßen ähnlich sind.

Die Frage, ob Wein (und Kognak) zu denjenigen Mitteln gehört, deren freie Gewährung den Kassen gemäß § 6 obliegt, ist von den Gerichten wiederholt beantwortet worden. In der Regel ging die Entscheidung dahin, daß Wein an sich zwar nicht zu den „Arzneien", wohl aber unter Umständen zu den „Heilmitteln" zu rechnen sei. Ein Zwang zur Gewährung von Wein liege daher nur dann vor, wenn dieser als Heilmittel und in einer Quantität gebraucht werde, die im Preise den Brillen und Bruchbändern einigermaßen gleichstände. So lauten die Entscheidungen des preußischen O.V.G. vom 19. Dezember 1887, des badischen V.G. vom 24. November 1897 und des bayerischen V.G. vom 28. April 1902 (Ph.Ztg. 1902 Nr. 90). Andere Gerichte, wie L.G. Bromberg 11. April 1890 (Ph.Ztg. 1890 Nr. 59) und L.G. Hannover 18. November 1897 (Ph.Ztg. 1897 Nr. 101) haben Wein unter Umständen auch als „Arznei" gelten lassen, also eine unbedingte Verpflichtung der Kassen zur Gewährung desselben anerkannt. Indessen sind auch entgegenstehende Urteile ergangen, welche Wein weder als Arznei noch als Heilmittel ansehen, so L.G. Altona 14. Juni 1897 (K.G.A. II, S. 51) und L.G. Braunsberg 25. Januar 1904 (Ph.Ztg. 1905 Nr. 103).

Ein Urteil des L.G. Bielefeld vom 27. November 1905 (Ph.Ztg. 1905 Nr. 15) stellte ferner fest, daß Fleischsaft und Verbandstoffe als „Arzneien" und nicht nur als Heilmittel im Sinne des K.V.G. anzusehen seien.

[1]) § 6a Ziffer 6 gibt den Gemeinden das Recht, einzelne Apotheken von der Lieferung auszuschließen. In § 26a Ziffer 2b ist ein gleiches Recht den Ortskrankenkassen gewährt. Wenn die Kassen jedoch aus besonderen Gründen von dieser Befugnis in einer das Interesse der Mitglieder schädigenden Weise Gebrauch machen, so kann gemäß § 56a (s. S. 125) des Gesetzes auf Antrag von mindestens 30 Versicherten die höhere Verwaltungsbehörde weitere Apotheken zur Lieferung zulassen.

Aus Drogenhandlungen dürfen nur die den freien Verkehr überlassenen Arzneimittel für die Mitglieder der Krankenkassen entnommen werden. Hierzu erging folgender preußische Erl. der Minister der Med.-Angelegenheiten und für Handel und Gewerbe:

Min.-Erl., betr. den Arzneibezug aus Drogenhandlungen. Vom 6. Januar 1899.

Den Krankenkassen kann nicht gestattet werden, die Arzneimittel aus ausländischen Apotheken zu beziehen, da als Apotheken im Sinne des Krankenversicherungs-

Bestimmung abgeschlossenen Verträge[1]) sind der Aufsichtsbehörde mitzuteilen.

C. Ortskrankenkassen.

§ 16. Die Gemeinden sind berechtigt, für die in ihrem Bezirk beschäftigten versicherungspflichtigen Personen Ortskrankenkassen zu errichten, sofern die Zahl der in der Kasse zu versichernden Personen mindestens einhundert beträgt . . .

§ 19. Die Gewerbszweige und Betriebsarten, für welche eine Ortskrankenkasse errichtet wird, sind in dem Kassenstatut (§ 23) zu bezeichnen.

Die in diesen Gewerbszweigen und Betriebsarten beschäftigten Personen werden, soweit sie versicherungspflichtig sind, vorbehaltlich der Bestimmung des § 75, mit dem Tage, an welchem sie in die Beschäftigung eintreten, Mitglieder der Kasse, sofern sie nicht vermöge ihrer Beschäftigung einer der in §§ 59, 69, 73, 74 bezeichneten Kassen angehören.

Soweit sie nicht versicherungspflichtig sind, haben sie das Recht, der Kasse beizutreten, sofern ihr jährliches Gesamteinkommen zweitausend Mark nicht übersteigt[2]) . . .

---

gesetzes nur solche Verkaufsstellen für Arzneien zu verstehen sind, deren Einrichtungen den für das Inland erlassenen Vorschriften entsprechen und deren Geschäftsbetrieb der Aufsicht inländischer Behörden unterliegt. Im übrigen wird diesen Krankenkassen nicht verwehrt werden können, Zubereitungen, Drogen und chemische Präparate, die nach der Kaiserlichen Verordnung vom 27. Januar 1890 auch in anderen Geschäften als Apotheken feilgehalten und verkauft werden dürfen, auch aus Nichtapotheken zu beziehen und ihren Mitgliedern zu verabreichen, jedoch darf ein Zwang zum Bezuge dieser Heilmittel aus bestimmten Drogengeschäften den Kassenmitgliedern nicht auferlegt werden, da nach §§ 6a Ziffer 6, 26a Ziffer 2b des Krankenversicherungsgesetzes ein solcher Zwang nur für Apotheken ausgesprochen werden darf.

Über das Selbstdispensieren von Arzneimitteln durch Krankenkassen erging nachstehender Erl. derselben Minister:

Min.-Erl., betr. die Lieferung von Arzneimitteln an die Mitglieder von Krankenkassen. Vom 31. Januar 1902.

Einzelne Krankenkassenvorstände sind in neuerer Zeit dazu übergegangen, die Lieferung von Arzneimitteln an die Kassenmitglieder unter Übergehung der bestehenden Arzneiabgabestellen selbst zu bewirken. Insoweit es sich dabei um Arzneistoffe handelt, welche neben den Apotheken auch in anderen Geschäften feilgehalten und verkauft werden dürfen, wird sich gegen dieses Verfahren nichts einwenden lassen. Dagegen dürfen alle nach der Kaiserlichen Verordnung vom 27. Januar 1890 bzw. vom 1. April d. J. ab nach der Kaiserlichen Verordnung vom 22. Oktober 1901 den Apotheken vorbehaltenen Arzneimittel, sowie Arzneizubereitungen und Mischungen den Mitgliedern nur durch die Apotheken geliefert werden.

Durch Erl. vom 18. Januar 1907 haben dieselben Minister ferner dahin Entscheidung getroffen, „daß den Krankenkassen ein Recht, ihren Mitgliedern den Bezug der dem freien Verkehr überlassenen Mittel aus den von den Kassen selbst eingerichteten Drogenniederlagen aufzuerlegen, nicht zusteht."

Krankenkassen, welche dem freien Verkehr entzogene Mittel an ihre Mitglieder selbst abgeben, machen sich dadurch einer Übertretung des § 367, 3 Str.G.B. schuldig. (O.L.G. Breslau 29. August 1900, Ph.Ztg. 1900, Nr. 99; O.L.G. Oldenburg 22. November 1902, Ph.Ztg. 1903. Nr. 24; O.L.G. Hamm 1. Dezember 1902, Ph.Ztg. 1903, Nr. 3: K.G. 12. Januar 1903, Ph.Ztg. 1903, Nr. 6.)

[1]) Verträge mit Krankenkassen über die Anfertigung der für die Kassenmitglieder verordneten Arzneien sind keine Werkverträge, sondern Lieferungsverträge (R.G. 16. Juni 1899, Ph.Ztg. 1900 Nr. 8).

[2]) Wo Ortskrankenkassen für Kaufleute und Apotheker bestehen, können diesen also auch Apothekergehilfen beitreten, soweit ihr jährliches Einkommen 2000 Mk. nicht übersteigt.

§ 20. Die Ortskrankenkassen sollen mindestens gewähren:

1. im Falle einer Krankheit oder durch Krankheit herbeigeführten Erwerbsunfähigkeit eine Krankenunterstützung, welche nach §§ 6, 7, 8 mit der Maßgabe zu bemessen ist, daß der durchschnittliche Tagelohn derjenigen Klassen der Versicherten, für welche die Kasse errichtet wird, soweit er vier Mark für den Arbeitstag nicht überschreitet, an die Stelle des ortsüblichen Tagelohnes gewöhnlicher Tagearbeiter tritt;
3. für den Todesfall eines Mitgliedes ein Sterbegeld, im zwanzigfachen Betrage des durchschnittlichen Tagelohnes (Ziffer 1).

§ 21. Eine Erhöhung und Erweiterung der Leistungen der Ortskrankenkassen ist in folgendem Umfange zulässig:

1. Die Dauer der Krankenunterstützung kann auf einen längeren Zeitraum als sechsundzwanzig Wochen bis zu einem Jahre festgesetzt werden;
2. das Krankengeld kann auf einen höheren Betrag, und zwar bis zu drei Viertel des durchschnittlichen Tagelohnes (§ 20) festgesetzt werden; neben freier ärztlicher Behandlung und Arznei können auch andere als die im § 6 bezeichneten Heilmittel gewährt werden;
5. freie ärztliche Behandlung, freie Arznei und sonstige Heilmittel können für erkrankte Familienangehörige der Kassenmitglieder, sofern sie nicht selbst dem Krankenversicherungszwange unterliegen, auf besonderen Antrag oder allgemein gewährt werden . . .

§ 25. Die Ortskrankenkasse kann unter ihrem Namen Rechte erwerben und Verbindlichkeiten eingehen, vor Gericht klagen und verklagt werden. Für alle Verbindlichkeiten der Kasse haftet den Kassengläubigern nur das Vermögen der Kasse[1]).

---

[1]) Das K.V.G. regelt lediglich die wechselseitigen Rechte und Pflichten der Krankenkassenmitglieder und der Krankenkassen. Insbesondere besteht die Verpflichtung der Krankenkassen zur freien Arzneigewährung nur den Mitgliedern gegenüber. Apotheker können daher gegen eine Krankenkasse, der sie Kredit gewährt haben, auf Grund des K.V.G. nur dann erfolgreich auf Bezahlung der Arzneirechnungen klagen, wenn sie darüber mit der Kasse einen besonderen Vertrag geschlossen haben, wonach diese sich zur Bezahlung der ihren Mitgliedern verordneten Medikamente an die Apotheker verpflichtet (L.G. Posen 11. Oktober 1904, Ph.Ztg. 1904, Nr. 102). Auf Grund der Bestimmungen des B.G.B. über Geschäftsführung ohne Auftrag (§§ 677—687) können jedoch auch Apotheker, welche keinen Vertrag mit der Kasse abgeschlossen haben, dieselbe wegen Bezahlung von Arzneikosten unmittelbar in Anspruch nehmen, und zwar stets, wenn es sich um einen dringenden Fall handelt. In allen anderen Fällen ist die gleiche Möglichkeit dann gegeben, wenn die Kasse nicht durch statutarische Bestimmungen nur bestimmte Apotheken zur Lieferung zugelassen hat. Trifft letzteres zu, so kann die Kasse gemäß § 6a bzw. 26a des K.V.G. in nicht dringenden Fällen die Bezahlung der aus anderen Apotheken entnommenen Arzneien ablehnen. (L.G. Köln 8. April 1903, L.G. Halle a. S. 17. Dezember 1906, Ph.Ztg. 1907, Nr. 32). Wenn die Kasse nur bestimmte Ärzte zur Behandlung der Mitglieder verpflichtet hat, so muß sie in dringenden Fällen auch die von anderen Ärzten verordneten Arzneien bezahlen.

Die Rezepte ist der Apotheker nicht verpflichtet, der Kasse vor Bezahlung der Rechnung herauszugeben. Er muß sie ihr aber zur Einsicht und Prüfung am Orte seines Wohnsitzes zur Verfügung stellen (O.L.G. Celle 27. November 1906, Ph.Ztg. 1907 Nr. 8).

Über die Form der Bezahlung von Arzneirechnungen durch Krankenkassen und Berufsgenossenschaften gilt folgendes: Krankenkassen, Berufsgenossenschaften usw. haben nach den für öffentliche Kassen geltenden Bestimmungen in der Weise zu zahlen, daß der fällige Betrag entweder von dem Empfangsberechtigten bei der Kasse abgehoben

§ 26a. ... Durch das Kassenstatut kann ferner bestimmt werden:

2b. daß die ärztliche Behandlung, die Lieferung der Arznei und die Kur und Verpflegung nur durch bestimmte Ärzte, Apotheken und Krankenhäuser zu gewähren sind, und die Bezahlung der durch Inanspruchnahme anderer Ärzte, Apotheken und Krankenhäuser entstandenen Kosten, von dringenden Fällen abgesehen, abgelehnt werden kann; die auf Grund dieser Bestimmung abgeschlossenen Verträge sind der Aufsichtsbehörde (§ 44) mitzuteilen[1];

5. daß auch andere, als die in den §§ 1—3 genannten Personen als Mitglieder der Kasse aufgenommen werden können, sofern ihr jährliches Gesamteinkommen zweitausend Mark nicht übersteigt.

§ 45. Die Aufsichtsbehörde überwacht die Befolgung der gesetzlichen und statutarischen Vorschriften und kann dieselbe durch Androhung, Festsetzung und Vollstreckung von Ordnungsstrafen gegen die Mitglieder des Kassenvorstandes erzwingen ...

So lange der Vorstand oder die Generalversammlung nicht zustande kommt oder die Organe der Kasse die Erfüllung ihrer gesetzlichen oder statutenmäßigen Obliegenheiten verweigern, kann die Aufsichtsbehörde die Befugnisse und Obliegenheiten der Kassenorgane selbst oder durch von ihr zu bestellende Vertreter auf Kosten der Kasse wahrnehmen.

§ 46. Sämtliche oder mehrere Gemeindekrankenversicherungen und Ortskrankenkassen innerhalb des Bezirks einer Aufsichtsbehörde können durch übereinstimmende Beschlüsse der beteiligten Kommunalverbände und der Generalversammlungen der beteiligten Kassen sich zu einem Verbande vereinigen zum Zweck:

2. der Abschließung gemeinsamer Verträge mit Ärzten, Apotheken, Krankenhäusern und Lieferanten von Heilmitteln und anderer Bedürfnisse der Krankenpflege.

Der Verband kann unter seinen Namen Rechte erwerben und Verbindlichkeiten eingehen, vor Gericht klagen und verklagt werden ...

D. Gemeinsame Bestimmungen für die Gemeinde-Krankenversicherung und für die Ortskrankenkassen.

§ 49. Die Arbeitgeber haben jede von ihnen beschäftigte versicherungspflichtige Person, welche weder einer Betriebs-(Fabrik-)Krankenkasse (§ 59). Baukrankenkasse (§ 69), Innungskrankenkasse (§ 73), Knappschaftskasse (§ 74) angehört, noch gemäß § 75 von der Verpflichtung, der Gemeindekrankenversicherung oder einer Ortskrankenkasse anzugehören, befreit ist, spätestens am dritten Tage nach Beginn der Beschäftigung anzumelden und spätestens am dritten Tage nach Beendigung derselben wieder abzumelden ...

§ 50. Arbeitgeber, welche der ihnen nach § 49 obliegenden Anmeldepflicht vorsätzlich oder fahrlässigerweise nicht genügen, haben alle Aufwendungen, welche eine Gemeindekrankenversicherung oder eine Ortskrankenkasse auf Grund gesetzlicher oder statutarischer Vorschrift in einem vor der Anmeldung durch die nicht angemeldete Person veranlaßten Unterstützungsfalle gemacht hat, zu erstatten.

---

oder dem Empfangsberechtigten auf dessen Gefahr und Kosten kassenseits übersendet wird (O.V.G. 1. April 1901 und 5. November 1903, desgl. L.G. I Berlin 2. März 1903, Ph.Ztg. 1906 Nr. 93).

[1]) Ziffer 2b des § 26a entspricht dem § 6a Ziffer 6. Vgl. die dazu gehörenden Fußnoten.

Die Verpflichtung zur Entrichtung von Beiträgen für die Zeit, während welcher die nicht angemeldete oder nicht angezeigte Person der Gemeindekrankenversicherung oder der Ortskrankenkasse anzugehören verpflichtet war, wird hierdurch nicht berührt.

§ 51. Die Beiträge zur Krankenversicherung entfallen bei versicherungspflichtigen Personen zu zwei Dritteln auf diese, zu einem Drittel auf ihre Arbeitgeber[1]). Eintrittsgelder belasten nur die Versicherten . . .

§ 52. Die Arbeitgeber sind verpflichtet, die Beiträge und Eintrittsgelder, welche für die von ihnen beschäftigten Personen zur Gemeindekrankenversicherung oder zu einer Ortskrankenkasse zu entrichten sind, einzuzahlen . . .

§ 52b. Auf Zusatzbeiträge der Versicherten für besondere auf Antrag zu gewährende Kassenleistungen an Familienangehörige (§ 6a Abs. 1 Ziffer 5, § 9 Abs. 1 Satz 2, § 21 Abs. 1 Ziffer 5, § 22 Abs. 2) finden die Vorschriften der §§ 51 und 52 keine Anwendung.

§ 56a. Auf Antrag von mindestens dreißig beteiligten Versicherten kann die höhere Verwaltungsbehörde nach Anhörung der Kasse und der Aufsichtsbehörde die Gewährung der im § 6 Abs. 1 Ziffer 1 und § 7 Abs. 1 bezeichneten Leistungen durch weitere als die von der Kasse bestimmten Ärzte, Apotheken und Krankenhäuser verfügen, wenn durch die von der Kasse getroffenen Anordnungen eine den berechtigten Anforderungen der Versicherten entsprechende Gewährung jener Leistungen nicht gesichert ist.

Wird einer solchen Verfügung nicht binnen der gesetzten Frist Folge geleistet, so kann die höhere Verwaltungsbehörde die erforderlichen Anordnungen statt der zuständigen Kassenorgane mit verbindlicher Wirkung für die Kasse treffen.

Die nach Abs. 1 und 2 zulässigen Verfügungen sind der Kasse zu eröffnen und zur Kenntnis der beteiligten Versicherten zu bringen. Die Verfügung der höheren Verwaltungsbehörde ist endgültig.

H. Verhältnis der Knappschaftskassen und der eingeschriebenen und anderen Hilfskassen zur Krankenversicherung.[2])

§ 74. Für die Mitglieder der auf Grund berggesetzlicher Vorschriften errichteten Krankenkassen (Knappschaftskassen) tritt weder die Gemeindekrankenversicherung noch die Verpflichtung, einer nach Maßgabe der Vorschriften dieses Gesetzes errichteten Krankenkasse anzugehören, ein.

Die statutenmäßigen Leistungen dieser Kassen in Krankheitsfällen müssen die für die Betriebs-(Fabrik-)Krankenkassen vorgeschriebenen Mindestleistungen erreichen.

Die Vorschriften des § 20 Abs. 5 § 26 Abs. 1 und Abs. 2 Satz 1, § 56 Abs. 2—4, § 56a und § 57a finden auch auf Knappschaftskassen Anwendung . . .

---

[1]) Nicht versicherungspflichtige Mitglieder, die sich freiwillig einer Versicherung angeschlossen haben, müssen also die Beiträge allein zahlen.

[2]) In den Abschnitten E., F. und G. behandelt das Gesetz die Betriebs- (Fabrik-) Krankenkassen, Baukrankenkassen und Innungskrankenkassen, ohne für dieselbe besondere Vorschriften hinsichtlich der Gewährung ärztlicher Hilfe und der Arzneilieferung zu geben. In diesen Beziehungen werden vielmehr die allgemeinen Bestimmungen des K.V.G. für maßgebend erklärt.

Im übrigen bleiben die landesgesetzlichen Vorschriften über die Knappschaftskassen unberührt[1]).

§ 75. Mitglieder der auf Grund des Gesetzes über die eingeschriebenen Hilfskassen vom 7. April 1876 (R.G.Bl. S. 125) / 1. Juni 1884 (R.G.Bl. S. 54) errichteten Kassen sind von der Verpflichtung, der Gemeindekrankenversicherung oder einer nach Maßgabe dieses Gesetzes errichteten Krankenkasse anzugehören, befreit, wenn die Hilfskasse, welcher sie angehören, allen ihren versicherungspflichtigen Mitgliedern oder doch derjenigen Mitgliederklasse, zu welcher der Versicherungspflichtige gehört, im Krankheitsfalle mindestens diejenigen Leistungen gewährt, welche nach Maßgabe der §§ 6 und 7 von der Gemeinde, in deren Bezirk der Versicherungspflichtige beschäftigt ist, zu gewähren sind . . .

Mitgliedern einer eingeschriebenen Hilfskasse, welche zugleich der Gemeindekrankenversicherung oder einer auf Grund dieses Gesetzes errichteten Krankenkasse angehören, kann an Stelle der freien ärztlichen Behandlung und Arznei eine Erhöhung des Krankengeldes um ein Viertel des Betrages des ortsüblichen Tagelohnes (§ 8) ihres Beschäftigungsortes gewährt werden . . .

Das in § 75 des K.V.G. erwähnte Gesetz über die eingeschriebenen Hilfskassen enthält bezüglich der Arzneigewährung folgende Bestimmung:

Gesetz über die eingeschriebenen Hilfskassen.

Vom 7. April 1876 (R.G.Bl. S. 125) / 1. Juni 1884 (R.G.Bl. S. 54).

§ 12. Als Krankenunterstützung können den Mitgliedern Krankengeld, ärztliche Behandlung, Arznei und andere Heilmittel, Verpflegung in einem Krankenhause sowie die geeigneten Mittel zur Erleichterung der ihnen nach der Genesung verbliebenen körperlichen Mängel gewährt werden.

Auch kann die Krankenunterstützung an Wöchnerinnen gewährt und die Gewährung ärztlicher Behandlung auf die Familienangehörigen der Mitglieder ausgedehnt werden[2]).

Auch das zweite der drei großen Arbeiterversicherungsgesetze, das Invalidenversicherungsgesetz, hat die Mitglieder des Apothekerstandes von seinem Geltungsbereich ausgenommen. Da bei diesem Gesetz der Apotheker auch nicht als Lieferant von Heilmitteln in Frage kommt, so ist seine Bedeutung für ihn eine wesentlich geringere wie beim Krankenversicherungsgesetz. Der maßgebende § 1 des Gesetzes lautet:

---

[1]) Für Preußen gilt in dieser Beziehung das Gesetz vom 19. Juni 1906 betr. die Abänderung des siebenten Titels im Allgemeinen Berggesetze vom 24. Juni 1865. Das Gesetz enthält in § 171b über den Arzneibezug der knappschaftlichen Krankenkassen folgende Bestimmungen:

Die Leistungen, welche die Knappschaftsvereine und besonderen Krankenkassen ihren Mitgliedern und deren Angehörigen in Krankheits- und Sterbefällen zu gewähren haben, müssen die im Krankenversicherungsgesetze für die Betriebs-(Fabrik-)Krankenkassen vorgeschriebenen Mindestleistungen erreichen. Eine Erhöhung und Erweiterung dieser Leistungen ist nach näherer Bestimmung der Satzungen in demselben Umfange zulässig, wie es im Krankenversicherungsgesetze für die Betriebs-(Fabrik-)Krankenkassen vorgesehen ist.

Die mit Ärzten, Apothekern und Krankenhäusern über die ärztliche Behandlung, die Lieferung der Arznei und die Kur und Verpflegung der Mitglieder abgeschlossenen Verträge sind dem Oberbergamt mitzuteilen.

[2]) Freie Arznei und sonstige Heilmittel dürfen hiernach den Familienangehörigen nicht gewährt werden.

Invalidenversicherungsgesetz.

In der Fassung der Bk. vom 19. Juli 1899 (R.G.Bl. S. 463).

§ 1. Nach Maßgabe der Bestimmungen dieses Gesetzes werden vom vollendeten sechzehnten Lebensjahr ab versichert:

1. Personen, welche als Arbeiter, Gehilfen, Gesellen, Lehrlinge oder Dienstboten gegen Lohn oder Gehalt beschäftigt werden.
2. Betriebsbeamte, Werkmeister und Techniker, Handlungsgehilfen und -Lehrlinge (ausschließlich der in Apotheken beschäftigten Gehilfen und Lehrlinge)[1]), sonstige Angestellte, deren dienstliche Beschäftigung ihren Hauptberuf bildet, sowie Lehrer und Erzieher, sämtlich sofern sie Lohn oder Gehalt beziehen, ihr regelmäßiger Jahresarbeitsverdienst aber zweitausend Mark nicht übersteigt . . .

Das dritte Versicherungsgesetz, das Gewerbe-Unfallversicherungsgesetz, findet unter Umständen auch auf das in Apotheken tätige Personal Anwendung. Die grundlegenden Bestimmungen lauten hier folgendermaßen:

Gewerbe-Unfallversicherungsgesetz.

In der Fassung der Bk. vom 5. Juli 1900 (R.G.Bl. S. 585).

§ 1. Alle Arbeiter und Betriebsbeamte, letztere, sofern ihr Jahresarbeitsverdienst an Lohn oder Gehalt dreitausend Mark nicht übersteigt, werden nach Maßgabe dieses Gesetzes gegen die Folgen der bei dem Betriebe sich ereignenden Unfälle versichert, wenn sie beschäftigt sind:

1. in Bergwerken, Salinen, Aufbereitungsanstalten, Steinbrüchen, Gräbereien (Gruben), auf Werften und Bauhöfen, sowie in Fabriken[2]), gewerblichen Brauereien und Hüttenwerken;

---

[1]) Hinsichtlich dieser Ausnahmebestimmung gilt dasselbe, was auf S. 119 bezüglich des § 1 des K.V.G. und auf S. 17 hinsichtlich des § 154 der Gew.O. gesagt ist. Die Ausnahme bezieht sich danach nur auf die technisch pharmazeutisch ausgebildeten Apothekergehilfen und -Lehrlinge und nur auf die eigentlichen Apotheken, nicht auf ähnliche gewerbliche Unternehmungen, wie Drogen- und Parfümeriehandlungen oder die mit Apotheken verbundenen Mineralwasser- usw. Fabriken. Außerdem unterliegen natürlich die Arbeiter in den Apotheken sowie das Gesinde der Versicherungspflicht.

[2]) Apotheken fallen danach unter das Gew.U.V.G., wenn sie als Fabriken im Sinne von § 1 gelten. Nach § 2 des Gesetzes sind als Fabriken anzusehen: 1. Betriebe, in denen Dampfkessel oder Triebwerke zur Anwendung kommen; 2. Betriebe, in welchen Explosivstoffe oder explodierende Gegenstände gewerbsmäßig erzeugt werden; 3. alle übrigen fabrikmäßigen Betriebe, in welchen mindestens zehn Arbeiter regelmäßig beschäftigt werden. Es sind also versicherungspflichtig:

1. diejenigen Apotheken, welche mehr als zehn Arbeiter regelmäßig beschäftigen, d. h. der Betrieb muß bei regelmäßigem Geschäftsverkehr zur Zeit des vollen Betriebes auf mindestens zehn Arbeiter basiert sein, ohne Rücksicht auf eine etwa vorübergehend vorhandene Minderzahl oder durch plötzliche Arbeitshäufung bedingte Mehrzahl. Soll die Versicherungspflicht aufhören, so muß die Verminderung der Arbeiterzahl eine dauernde sein;
2. diejenigen, welche explodierende Gegenstände gewerbsmäßig erzeugen; die Verwendung allein genügt nicht;
3. diejenigen, welche die Fabrikation von Mineralwasser betreiben (besondere Unfallverhütungsvorschriften der Berufsgenossenschaft der chemischen Industrie für Mineralwasserfabriken vom 24. Juni 1891, ergänzt durch Bekanntmachung des Reichsversicherungsamts vom 5. August 1897);
4. diejenigen, in deren Betrieb Dampfkessel zur Verwendung kommen.

Als „Dampfkessel" im Sinne des U.V.G. sind nach einer Entscheidung des Reichsversicherungsamts vom 28. Oktober 1885 nur Kessel mit gespannten Dämpfen zu ver-

5. im gewerbsmäßigen Speditions-, Speicher-, Lagerei- und Kellereibetriebe;
7. in Lagerungs-, Holzfällungs- oder der Beförderung von Personen oder Gütern dienenden Betrieben, wenn sie mit einem Handelsgewerbe, dessen Inhaber im Handelsregister eingetragen steht, verbunden sind[1]).

Für Betriebe, welche mit besonderer Unfallgefahr für die darin beschäftigten Personen nicht verknüpft sind, kann durch Beschluß des Bundesrats die Versicherungspflicht ausgeschlossen werden.

§ 2. Den Betriebsbeamten im Sinne dieses Gesetzes werden Werkmeister und Techniker gleichgestellt.

Den Fabriken im Sinne dieses Gesetzes gelten alle Betriebe gleich, für welche Dampfkessel oder durch elementare Kraft (Wind, Wasser,

---

stehen. Keine Anwendung findet das Gesetz auf Kochgefäße, in welchen mittels Dampfes gekocht wird, der einem anderen Dampfentwickler entnommen ist, auf Dampferhitzer und Kochkessel, in welchen Dampf aus Wasser durch Einwirkung von Feuer erzeugt wird, sofern dieselben mit der Atmosphäre durch ein unverschließbares, in den Wasserraum hinabreichendes Standrohr von nicht über 5 m Höhe und mindestens 8 cm Weite verbunden werden.

Über die Anwendbarkeit des U.V.G. auf Apotheken hat auch die technische Kommission für pharmazeutische Angelegenheiten unter dem 23. Juni 1886 ein Gutachten erstattet. Nach demselben ist, wie ein Bescheid des R.V.A. vom 23. Juli 1886 besagt, nicht anzunehmen, „daß es gerechtfertigt sein würde, alle Apotheken, soweit sie nicht reine Dispensieranstalten sind, als Betriebe, in welchen Explosivstoffe oder explodierende Gegenstände gewerbsmäßig erzeugt werden, anzusehen und auf Grund der U.V.G. für versicherungspflichtig zu erklären, vielmehr wird im einzelnen Falle zu prüfen sein, ob und eventuell welche besonderen Gründe für die Unfallversicherungspflicht vorliegen." Apotheken, welche auf Grund von § 1 Ziffer 1 des Gesetzes als Fabriken versicherungspflichtig sind, gehören der Berufsgenossenschaft der chemischen Industrie (4. Gefahrenklasse) an.

[1]) Nach § 1 Ziffer 7 ist der mit einem Handelsgewerbe verbundene Lagerungs- und Beförderungsbetrieb von Gütern versicherungspflichtig. Für diese Versicherung ist die Lagereiberufsgenossenschaft zuständig. Zu den Lagerungsarbeiten ist nach einer Entscheidung des R.V.A. insbesondere zu rechnen: das Aus- und Einpacken, Sortieren, Vermessen und Auszeichnen der Waren, das Umgehen mit Waren bei der Inventarisierung, ihr Einbringen und Einstellen in die Geschäftsräume, ihr Verbringen aus dem einen Geschäftsraum in den anderen, sowie die Instandhaltung (Aufräumung, Reinigung usw.) der Lagervorräte und der Geschäftsräume. Als Beförderungsarbeit gilt der Transport von Waren außerhalb der Geschäftsräume (von und zur Bahn, Post, sowie zur Kundschaft), ohne Rücksicht darauf, ob oder welche Transportmittel dabei verwendet werden.

Es ist nun vielfach versucht worden, auch Apotheken auf Grund dieser Bestimmungen als versicherungspflichtig zu erklären. Aus verschiedenen Entscheidungen der R.V.A. ergeben sich jedoch hierfür folgende Grundsätze:

Der reine Apothekenbetrieb ist nicht nach § 1, Abs. 1, Ziffer 7 des Gew.U.V.G. versicherungspflichtig. Der Apothekenbetrieb kann dies nur werden, wenn der Umsatz in fertig bezogenen Handelswaren wie Spirituosen, Drogen, kosmetischen Mitteln usw. so groß ist und die Beförderung von Waren an die Kundschaft durch Ausfahren, Austragen usw. einen solchen Umfang hat, daß zu den hierfür erforderlichen Lagerungs- oder Beförderungsarbeiten, oder auf beide zusammen mindestens 100 Arbeitstage entfallen. Die für die Herstellung von Heilmitteln in der Apotheke erforderlichen Arbeiten, insbesondere auch das Umgehen mit den dabei verwendeten Geräten, begründen eine Versicherungspflicht nicht. Versicherungspflichtig sind auch nur die mit Lagerungs- oder Beförderungsarbeiten beschäftigten Personen, also namentlich Lageristen, Expedienten, Packer, Hausdiener, Laufburschen, Kutscher usw.

Apotheken, die bereits bei der Berufsgenossenschaft der chemischen Industrie versichert sind, sind von der Versicherungspflicht bei der Lagereiberufsgenossenschaft befreit.

Dampf, Gas, heiße Luft, Elektrizität usw.) oder durch tierische Kraft bewegte Triebwerke nicht bloß vorübergehend zur Anwendung kommen.

Im übrigen gelten als Fabriken im Sinne dieses Gesetzes insbesondere diejenigen Betriebe, in welchen die Bearbeitung oder Verarbeitung von Gegenständen gewerbsmäßig ausgeführt wird und zu diesem Zwecke mindestens zehn Arbeiter regelmäßig beschäftigt werden, sowie Betriebe, in welchen Explosivstoffe oder explodierende Gegenstände gewerbsmäßig erzeugt werden. Welche Betriebe außerdem als Fabriken im Sinne dieses Gesetzes anzusehen sind, bestimmt das Reichsversicherungsamt . . .

§ 3. Die Versicherung erstreckt sich auf häusliche und andere Dienste, zu denen versicherte Personen neben der Beschäftigung im Betriebe von ihren Arbeitgebern oder von deren Beauftragten herangezogen werden.

§ 9. Im Falle der Verletzung werden als Schadensersatz vom Beginne der vierzehnten Woche nach Eintritt des Unfalls ab gewährt:

1. freie ärztliche Behandlung, Arznei und sonstige Heilmittel, sowie die zur Sicherung des Erfolges des Heilverfahrens und zur Erleichterung der Folgen der Verletzung erforderlichen Hilfsmittel (Krücken, Stützapparate und dergleichen);
2. eine Rente für die Dauer der Erwerbsunfähigkeit.

§ 12 Abs. 2. Den nach §§ 1 oder 2 versicherten Arbeitern und Betriebsbeamten, letzteren bei einem Jahresarbeitsverdienste bis zu zweitausend Mark, welche nicht nach den Bestimmungen des Krankenversicherungsgesetzes versichert sind, hat der Betriebsunternehmer die in den §§ 6, 7 des Krankenversicherungsgesetzes vorgesehenen Unterstützungen einschließlich des aus dem vorhergehenden Absatze sich ergebenden Mehrbetrags für die ersten dreizehn Wochen aus eigenen Mitteln zu gewähren. Die Berufsgenossenschaft kann die dem Unternehmer obliegenden Leistungen ganz oder teilweise statt desselben übernehmen. Der Unternehmer hat in diesem Falle der Berufsgenossenschaft Ersatz zu leisten . . .

X. Das geistige und gewerbliche Eigentum.

Ein besonderes Kapitel der Reichsgesetzgebung ist dem Schutze des geistigen und gewerblichen Eigentums gewidmet. Hierher gehören in erster Reihe das Patentgesetz, die Gesetze zum Schutze von Gebrauchsmustern und Warenzeichen[1]) sowie zur Bekämpfung des unlauteren Wettbewerbs. Ihnen schließt sich dann das ursprünglich aus militärischen Gründen geschaffene Gesetz zum Schutze des Genfer Neutralitätszeichens an.

Aus dem Patentgesetz und Gebrauchsmusterschutzgesetz seien nachstehend nur die allerwichtigsten Bestimmungen angeführt.

Patentgesetz.

Vom 7. April 1891 (R.G.Bl. S. 79).

§ 1. Patente werden erteilt[2]) für neue Erfindungen, welche eine gewerbliche Verwertung gestatten.

---

[1]) Eine vollständige Sammlung aller den Geschäftskreis des Patentamtes berührenden Gesetze und ergänzenden Anordnungen ist unter dem Titel „Taschenbuch des Patentwesens" in amtlicher Ausgabe in Carl Heymanns Verlag in Berlin erschienen.

[2]) Die vom Patentamt unter dem 22. November 1898 erlassenen näheren Bestimmungen über die Anmeldung von Erfindungen sind in Teil II des Pharmazeutischen Kalenders abgedruckt.

Ausgenommen sind:

1. Erfindungen, deren Verwertung den Gesetzen oder guten Sitten zuwiderlaufen würde;
2. Erfindungen von Nahrungs-, Genuß- und Arzneimitteln, sowie von Stoffen, welche auf chemischem Wege hergestellt werden, soweit die Erfindungen nicht ein bestimmtes Verfahren zur Herstellung der Gegenstände betreffen[1]).

§ 4. Das Patent hat die Wirkung, daß der Patentinhaber ausschließlich befugt ist, gewerbsmäßig den Gegenstand der Erfindung herzustellen, in Verkehr zu bringen, feilzuhalten oder zu gebrauchen. Ist das Patent für ein Verfahren erteilt, so erstreckt sich die Wirkung auch auf die durch das Verfahren unmittelbar hergestellten Erzeugnisse[2]).

§ 7. Die Dauer des Patents ist fünfzehn Jahre; der Lauf dieser Zeit beginnt mit dem auf die Anmeldung der Erfindung folgenden Tage . . .[3])

§ 35. Wer wissentlich oder aus grober Fahrlässigkeit den Bestimmungen der §§ 4 und 5 zuwider eine Erfindung in Benutzung nimmt, ist dem Verletzten zur Entschädigung verpflichtet. Handelt es sich um eine Erfindung, welche ein Verfahren zur Herstellung eines neuen Stoffes zum Gegenstand hat, so gilt bis zum Beweise des Gegenteils jeder Stoff von gleicher Beschaffenheit als nach dem patentierten Verfahren hergestellt.

§ 36. Wer wissentlich den Bestimmungen der §§ 4 und 5 zuwider eine Erfindung in Benutzung nimmt, wird mit Geldstrafe bis zu fünftausend Mark oder mit Gefängnis bis zu einem Jahre bestraft.

Die Strafverfolgung tritt nur auf Antrag ein. Die Zurücknahme des Antrages ist zulässig.

Wird auf Strafe erkannt, so ist zugleich dem Verletzten die Befugnis zuzusprechen, die Verurteilung auf Kosten des Verurteilten öffentlich bekannt zu machen. Die Art der Bekanntmachung, sowie die Frist zu derselben ist im Urteil zu bestimmen.

§ 37. Statt jeder aus diesem Gesetze entspringenden Entschädigung kann auf Verlangen des Beschädigten neben der Strafe auf eine an ihn zu erlegende Buße bis zum Betrage von zehntausend Mark erkannt werden. Für diese Buße haften die zu derselben Verurteilten als Gesamtschuldner. Eine erkannte Buße schließt die Geltendmachung eines weiteren Entschädigungsanspruches aus.

§ 39. Die Klagen wegen Verletzung des Patentrechts verjähren rücksichtlich jeder einzelnen dieselbe begründenden Handlung in drei Jahren.

§ 40. Mit Geldstrafe bis zu eintausend Mark wird bestraft:

1. wer Gegenstände oder deren Verpackung mit einer Bezeichnung versieht, welche geeignet ist, den Irrtum zu erregen, daß die Gegenstände durch ein Patent nach Maßgabe dieses Gesetzes geschützt seien;

---

[1]) Arzneimittel sind also nicht patentierbar, wohl aber kann ein neues chemisches Verfahren zur Herstellung eines bekannten oder neuen Arzneimittels schutzfähig sein (Patentamt 9. November 1893). Diese Bestimmung kann, wie es z. B. beim Antipyrin der Fall war, dann, wenn nur ein einziges gewerblich verwertbares Verfahren bekannt ist, tatsächlich im Endergebnis zu einem Patentschutz und Monopol für das Präparat selbst führen.

[2]) Dies trifft also auf pharmazeutische Präparate zu, die nach einem patentierten Verfahren hergestellt werden.

[3]) Der Patentschutz läuft in jedem Falle mit 15 Jahren ab. Eine Verlängerung der Schutzdauer, wie bei Gebrauchsmustern und Warenzeichen, ist bei Patenten ausgeschlossen.

2. wer in öffentlichen Anzeigen, auf Aushängeschildern, auf Empfehlungskarten oder in ähnlichen Kundgebungen eine Bezeichnung anwendet, welche geeignet ist, den Irrtum zu erregen, daß die darin erwähnten Gegenstände durch ein Patent nach Maßgabe dieses Gesetzes geschützt seien[1]).

Gesetz, betr. den Schutz von Gebrauchsmustern.

Vom 1. Juni 1891 (R.G.Bl. S. 290).

§ 1. Modelle von Arbeitsgerätschaften oder Gebrauchsgegenständen oder von Teilen derselben werden, insoweit sie dem Arbeits- oder Gebrauchszweck durch eine neue Gestaltung, Anordnung oder Vorrichtung dienen sollen, als Gebrauchsmuster[2]) nach Maßgabe dieses Gesetzes geschützt[3])...

§ 4. Die Eintragung eines Gebrauchsmusters im Sinne des § 1 hat die Wirkung, daß dem Eingetragenen ausschließlich das Recht zusteht, gewerbsmäßig das Muster nachzubilden, die durch Nachbildung hervorgebrachten Gerätschaften und Gegenstände in Verkehr zu bringen, feilzuhalten oder zu gebrauchen . . .[4])

§ 8. Die Dauer des Schutzes ist drei Jahre; der Lauf dieser Zeit beginnt mit dem auf die Anmeldung folgenden Tage. Bei Zahlung einer weiteren Gebühr von sechzig Mark vor Ablauf der Zeit tritt eine Verlängerung der Schutzfrist um drei Jahre ein . . .

§ 9. Wer wissentlich oder aus grober Fahrlässigkeit den Bestimmungen der §§ 4 und 5 zuwider ein Gebrauchsmuster in Benutzung nimmt, ist dem Verletzten zur Entschädigung verpflichtet. Die Klagen wegen Ver. letzung des Schutzrechtes verjähren rücksichtlich jeder einzelnen dieselbe begründenden Handlung in drei Jahren.

§ 10. Wer wissentlich den Bestimmungen der §§ 4 und 5 zuwider ein Gebrauchsmuster in Benutzung nimmt, wird mit Geldstrafe bis zu fünftausend Mark oder mit Gefängnis bis zu einem Jahre bestraft. Die Strafverfolgung tritt nur auf Antrag ein. Die Zurücknahme des Antrags ist zulässig.

Wird auf Strafe erkannt, so ist zugleich dem Verletzten die Befugnis zuzusprechen, die Verurteilung auf Kosten des Verurteilten öffentlich be-

---

[1]) Die übliche, vom Patentamt empfohlene Bezeichnung patentierter Gegenstände ist: „Deutsches Reichs-Patent" oder abgekürzt „D. R. P." unter Beifügung der Nummer des Patentes; Gegenstände, die zum Patent angemeldet sind, können die Bezeichnung „D. R. P. angemeldet" oder „Patent angemeldet" erhalten, nicht aber etwa „D. R. P. a." oder „Patent a." (R.G. 9. Juni 1898). Als irreführend sind strafbar Bezeichnungen wie „Patenttisch", „patentamtlich geschützt", falls das Patent noch nicht erteilt ist. Ebenso stellen Bezeichnungen wie „patentamtlich geschützt" und alle ähnlichen für Gegenstände, die nur Gebrauchsmuster- oder Warenzeichenschutz genießen, eine nach § 40 des P.G. strafbare Patentanmaßung dar (K.G. 12. Februar 1900, Ph.Ztg. 1900 Nr. 35; O.L.G. Kolmar 5. November 1901, Ph.Ztg. 1902 Nr. 28; L.G. II Berlin 8. April 1904, Ph.Ztg. 1904 Nr. 32).

[2]) Gebrauchsmusterfähig ist alles, was durch ein „Modell", d. h. durch eine einheitlich nachbildliche oder abbildliche Darstellung verkörpert werden kann.

[3]) Die vom Patentamt unter dem 22. November 1898 erlassenen Bestimmungen über die Anmeldung von Gebrauchsmustern sind in Teil II des Pharmazeutischen Kalenders abgedruckt.

[4]) Üblich für Gebrauchsmuster und vom Patentamt empfohlen ist die Bezeichnung „Deutsches Reich, Gebrauchsmuster" oder abgekürzt „D. R. G. M." unter Beifügung oder Weglassung der Nummer der Eintragung. Strafbar ist als irreführend bei Gebrauchsmustern die Bezeichnung „patentamtlich geschützt" (s. Fußnote 1).

kannt zu machen. Die Art der Bekanntmachung, sowie die Frist zu derselben ist im Urteil zu bestimmen.

§ 11. Statt jeder aus diesem Gesetze entspringenden Entschädigung kann auf Verlangen des Beschädigten neben der Strafe auf eine an ihn zu erlegende Buße bis zum Betrage von zehntausend Mark erkannt werden. Für diese Buße haften die zu derselben Verurteilten als Gesamtschuldner. Eine erkannte Buße schließt die Geltendmachung eines weiteren Entschädigungsanspruchs aus.

Eine wesentlich tiefere Einwirkung auf die pharmazeutische Praxis als die vorerwähnten beiden Gesetze[1]), übt das dritte der den Schutz des geistigen Eigentums betreffenden gesetzlichen Bestimmungen, das Warenzeichengesetz, aus.

Gesetz zum Schutz der Warenbezeichnungen.

Vom 12. Mai 1894 (R.G.Bl. S. 441).

§ 1. Wer in seinem Geschäftsbetriebe zur Unterscheidung seiner Waren von den Waren anderer[2]) eines Warenzeichens[3]) sich bedienen will, kann dieses Zeichen zur Eintragung in die Zeichenrolle anmelden.

§ 2. Die Zeichenrolle wird bei dem Patentamt geführt[4]). Die Anmeldung eines Warenzeichens hat schriftlich bei dem Patentamt zu erfolgen. Jeder Anmeldung muß die Bezeichnung des Geschäftsbetriebes, in welchem das Zeichen verwendet werden soll, ein Verzeichnis der Waren, für welche es bestimmt ist, sowie eine deutliche Darstellung und soweit erforderlich eine Beschreibung des Zeichens beigefügt sein.

Das Patentamt erläßt Bestimmungen über die sonstigen Erfordernisse der Anmeldung[5]).

---

[1]) Außer Patenten und Gebrauchsmustern existieren noch die sogenannten Geschmacksmuster. Hierunter sind zu verstehen Muster und Modelle, welche auf einer Fläche oder als plastische Gebilde in Erscheinung tretende Formen darstellen und als Vorbilder für die äußerliche Ausstattung irgend welcher gewerblicher Erzeugnisse zu dienen bestimmt sind. Die Eintragung der Geschmacksmuster erfolgt nicht beim Patentamt, sondern bei denjenigen Gerichtsbehörden, welche mit der Führung der Handelsregister beauftragt sind.

[2]) Das Gesetz gibt das Recht zur Eintragung eines Warenzeichens also nur demjenigen, der „in seinem Geschäftsbetriebe zur Unterscheidung seiner Waren von den Waren anderer eines Warenzeichens sich bedienen will". Danach ist die Eintragung von sogenannten Vereinsmarken an sich ausgeschlossen. Doch kann das mit der Schaffung solcher Vereinsmarken erstrebte Ziel, nach einer Denkschrift des Patentamts vom 31. Januar 1896, in der Weise erreicht werden, daß die Eintragung von einem Teilnehmer nachgesucht wird und dieser sich zur Gestattung der Benutzung gegenüber den übrigen Mitgliedern der Vereinigung verpflichtet.

[3]) Unter Warenzeichen sind solche Kennzeichnungen zu verstehen, die auf der Ware selbst oder deren Verpackung angebracht werden. Das Warenzeichen kann in einem Bilde (Bildzeichen) oder auch nur in einem Worte (Wortzeichen) bestehen. Auf dem Gebiete der Arzneimittel haben insbesondere diese Wortzeichen eine außerordentlich große Bedeutung erlangt. Die übliche Kennzeichnung des Warenzeichenschutzes ist: „Etikette bzw. Name gesetzlich geschützt", oder „unter Nr. . . . als Warenzeichen geschützt".

[4]) Das Patentamt hat die Waren, für welche Zeichen angemeldet werden, in bestimmte Warenklassen gruppiert. Zurzeit gibt es deren 42. Klasse 2 betrifft: „Arzneimittel und Verbandstoffe für Menschen und Tiere, Drogen, Tier- und Pflanzenvertilgungsmittel, Konservierungsmittel, Desinfektionsmittel".

[5]) Die vom Patentamt unter dem 22. November 1898 erlassenen näheren Bestimmungen über die Anmeldung von Warenzeichen sind in Teil II des Pharmazeutischen Kalenders abgedruckt.

Für jedes Zeichen ist bei der Anmeldung eine Gebühr von dreißig Mark, bei jeder Erneuerung der Anmeldung eine Gebühr von zehn Mark zu entrichten. Führt die erste Anmeldung nicht zur Eintragung, so werden von der Gebühr zwanzig Mark erstattet.

§ 4. Die Eintragung in die Rolle ist zu versagen für Freizeichen[1]), sowie für Warenzeichen,

1. welche ausschließlich in Zahlen, Buchstaben oder solchen Wörtern bestehen, die Angaben über Art, Zeit und Ort der Herstellung, über die Beschaffenheit, über die Bestimmung[2]), über Preis-, Mengen- oder Gewichtsverhältnisse der Ware enthalten;
2. welche in- oder ausländische Staatswappen oder Wappen eines inländischen Ortes, eines inländischen Gemeinde- oder weiteren Kommunalverbandes enthalten;
3. welche Ärgernis erregende Darstellungen oder solche Angaben enthalten, die ersichtlich den tatsächlichen Verhältnissen nicht entsprechen und die Gefahr einer Täuschung begründen.

Zeichen, welche gelöscht sind, dürfen für die Waren, für welche sie eingetragen waren, oder für gleichartige Waren zugunsten eines anderen, als des letzten Inhabers erst nach Ablauf von zwei Jahren seit dem Tage der Löschung von neuem eingetragen werden.

§ 7. Das durch die Anmeldung oder Eintragung eines Warenzeichens begründete Recht geht auf die Erben über und kann durch Vertrag oder durch Verfügung von Todeswegen auf andere übertragen werden. Das Recht kann jedoch nur mit dem Geschäftsbetriebe, zu welchem das Warenzeichen gehört, auf einen anderen übergehen. Der Übergang wird auf Antrag des Rechtsnachfolgers in der Zeichenrolle vermerkt, sofern die Einwilligung des Berechtigten in beweisender Form beigebracht wird. Ist der Berechtigte verstorben, so ist der Nachweis der Rechtsnachfolge zu führen[3]).

Solange der Übergang in der Zeichenrolle nicht vermerkt ist, kann der Rechtsnachfolger sein Recht aus der Eintragung des Warenzeichens nicht geltend machen . . .

§ 8. Auf Antrag des Inhabers wird das Zeichen jederzeit in der Rolle gelöscht.

---

[1]) Unter „Freizeichen" versteht man solche Zeichen, welche im freien Gebrauche aller oder gewisser Klassen von Gewerbetreibenden sich befinden. Bei den einzelnen Warenklassen sind auch im Lauf der Zeit bestimmte Zeichen ausdrücklich als Freizeichen erklärt bzw. bestätigt worden. In Klasse 2: „Arzneimittel und Verbandstoffe" sind dies bis jetzt folgende Zeichen:

a. Wortzeichen: Barraco, Bullrichs Salz, Camphorin, Carbolineum, Dentila, Expeller, Hämatogen, Hien-Fong-Essenz, St. Jacobsbalsam, Klapperbeinsches Pflaster, Lanolin, Mentholin, Phenacetin, Sulfonal, Urbanuspillen, Vaseline, Wundergeist.

b. Bildzeichen: Der Aeskulapstab, Bild eines Engels, Etikett mit Bild zweier Tauben und Inschrift „Tilly, echtes Harlemer Öl", Maria mit Jesuskind.

[2]) Worte, welche Angaben über die Bestimmung der Ware enthalten, sollen nur dann von der Eintragung ausgeschlossen sein, wenn sich der Verkehr derselben bedienen muß, um nach dem üblichen Sprachgebrauche Waren zu beschreiben, und die deshalb in dieser ihrer Zweckbestimmung unersetzlich sind. Danach ist Antipyrin für eintragungsfähig erklärt.

[3]) Geht das Geschäft, dem ein Warenzeichen dient, durch Vertrag auf einen anderen über, so geht im Zweifel auch das Recht auf das Warenzeichen ohne weiteres auf den neuen Inhaber über (R.G. 9. Februar 1892). Wird ein Zeichen ohne den Geschäftsbetrieb übertragen, so verliert es seine rechtliche Existenz und geht unter (R.G. 15. Januar 1904).

Von Amts wegen erfolgt die Löschung:

1. wenn seit der Anmeldung des Zeichens oder seit ihrer Erneuerung zehn Jahre verflossen sind;
2. wenn die Eintragung des Zeichens hätte versagt werden müssen.

Soll die Löschung ohne Antrag des Inhabers erfolgen, so gibt das Patentamt diesem zuvor Nachricht. Widerspricht er innerhalb eines Monats nach der Zustellung nicht, so erfolgt die Löschung. Widerspricht er, so faßt das Patentamt Beschluß. Soll infolge Ablaufs der zehnjährigen Frist die Löschung erfolgen, so ist von derselben abzusehen, wenn der Inhaber des Zeichens bis zum Ablauf eines Monats nach der Zustellung unter Zahlung einer Gebühr von zehn Mark neben der Erneuerungsgebühr die Erneuerung der Anmeldung nachholt; die Erneuerung gilt dann als an dem Tage des Ablaufs der früheren Frist geschehen[1]).

§ 9. Ein Dritter kann die Löschung eines Warenzeichens beantragen:

1. wenn das Zeichen für ihn auf Grund einer früheren Anmeldung für dieselben oder für gleichartige Waren in der Zeichenrolle oder in den nach Maßgabe des Gesetzes über den Markenschutz vom 30. November 1874 geführten Zeichenregistern eingetragen steht;
2. wenn der Geschäftsbetrieb, zu welchem das Warenzeichen gehört, von dem eingetragenen Inhaber nicht mehr fortgesetzt wird;
3. wenn Umstände vorliegen, aus denen sich ergiebt, daß der Inhalt des Warenzeichens den tatsächlichen Verhältnissen nicht entspricht und die Gefahr einer Täuschung begründet . . .

Der Antrag auf Löschung ist im Wege der Klage geltend zu machen und gegen den eingetragenen Inhaber oder, wenn dieser gestorben, gegen dessen Erben zu richten . . .

§ 10. Anmeldungen von Warenzeichen, Anträge auf Übertragung und Widersprüche gegen die Löschung derselben werden in dem für Patentangelegenheiten maßgebenden Verfahren durch Vorbescheid und Beschluß erledigt . . .

Gegen den Beschluß, durch welchen ein Antrag zurückgewiesen wird, kann der Antragsteller, und gegen den Beschluß, durch welchen Widerspruchs ungeachtet die Löschung angeordnet wird, der Inhaber des Zeichens innerhalb eines Monats nach der Zustellung bei dem Patentamt Beschwerde einlegen . . .

§ 11. Das Patentamt ist verpflichtet, auf Ersuchen der Gerichte über Fragen, welche eingetragene Warenzeichen betreffen, Gutachten abzugeben, sofern in dem gerichtlichen Verfahren voneinander abweichende Gutachten mehrerer Sachverständigen vorliegen.

---

[1]) Eine Bk. des P.A. vom 5. Mai 1904 gibt hierzu folgende Erläuterungen:

Die Schutzdauer läuft seit dem Tage, an dem das Zeichen bei dem Kaiserlichen Patentamt angemeldet worden ist. Die Erneuerung kann innerhalb der zehnjährigen Frist jederzeit bewirkt werden. Der neue zehnjährige Zeitraum beginnt nicht mit Ablauf der bisherigen Frist, sondern schon mit dem Zeitpunkt der Erneuerung.

Zur Erneuerung genügt die an das Patentamt zu richtende unterschriebene Erklärung, des in der Zeichenrolle eingetragenen Zeicheninhabers oder seines bevollmächtigten Vertreters, daß die Anmeldung des — mit der Rollennummer zu bezeichnenden — Warenzeichens erneuert werde, und die gleichzeitig porto- und bestellgeldfreie Zahlung der Erneuerungsgebühr von 10 Mark bei der Kasse des Patentamts. Der Vorlegung der Eintragsurkunde bedarf es nicht.

Nur der eingetragene Zeicheninhaber kann die Erneuerung der Anmeldung bewirken, und nur an ihn ergehen Zustellungen.

§ 12. Die **Eintragung** eines **Warenzeichens** hat die **Wirkung**, daß dem Eingetragenen **ausschließlich** das Recht zusteht, Waren der angemeldeten Art oder deren Verpackung oder Umhüllung mit dem Warenzeichen **zu versehen**, die so bezeichneten Waren in **Verkehr zu setzen**, sowie auf Ankündigungen, Preislisten, Geschäftsbriefen, Empfehlungen, Rechnungen oder dergleichen das Zeichen **anzubringen**[1]).

Im Falle der Löschung können für die Zeit, in welcher ein Rechtsgrund für die Löschung früher bereits vorgelegen hat, Rechte aus der Eintragung nicht mehr geltend gemacht werden.

§ 13. Durch die Eintragung eines Warenzeichens wird niemand gehindert, seinen **Namen**, seine **Firma**, seine **Wohnung**, sowie Angaben über Art, Zeit und Ort der Herstellung, über die Beschaffenheit, über die Bestimmung, über Preis-, Mengen- oder Gewichtsverhältnisse von **Waren**, sei es auch in abgekürzter Gestalt, auf Waren, auf deren Verpackung oder Umhüllung anzubringen und derartige Angaben im Geschäftsverkehr zu gebrauchen.

§ 14.[2]) Wer wissentlich oder aus grober Fahrlässigkeit, Waren oder

---

[1]) § 12 des Gesetzes, der die rechtlichen Wirkungen des Warenzeichenschutzes kennzeichnet, und dem die Strafbestimmung in § 14 zur Seite steht, ist auch von grundlegender Bedeutung für den **Wortzeichenschutz von Arzneimitteln**. Bei der Beurteilung der Tragweite dieses Schutzes hat man sich zunächst zu vergegenwärtigen, daß das ganze Gesetz nur das durch Druck, Schrift oder sonstwie sichtbar angebrachte, also mit den Augen wahrgenommene Zeichen schützt, nicht aber das gesprochene und mit dem Gehör erfaßte Wort. Die **mündliche Benennung** einer Ware mit einem geschützten Zeichen kann also niemals unter **dieses** Gesetz fallen (wieweit hier eventuell § 263 Str.G.B. in Betracht käme, ist eine andere Frage). Strafbar ist immer nur die gesetzwidrige Anbringung oder Benutzung eines sichtbaren Zeichens. (R G. 2. November 1897, 15. April 1898 und 18. November 1898, Ph.Ztg. 1898 Nr. 101).

Andererseits ist aber die **Verwendung und Anbringung des geschützten Zeichens** nach § 12 das **ausschließliche Recht des Eingetragenen**. Diese Bestimmung ist nach grundlegenden Entscheidungen des R.G. vom 4. Mai 1897 (Ph.Ztg. 1905 Nr. 13) und 2. November 1897 (Ph.Ztg. 1898 Nr. 12) dahin zu verstehen, daß **nur der Inhaber** der geschützten Zeichen berechtigt ist, die Ware damit **zu versehen**, der Zwischenhändler das Warenzeichen also auch für die echte Ware nicht oder höchstens mit ausdrücklicher Einwilligung des Berechtigten anbringen darf. Danach darf also der Apotheker Arzneimittelnamen, die als Wortzeichen geschützt sind, auch für das Originalpräparat nur mit Einwilligung des Fabrikanten benutzen. Für die Rezeptur dürfte zwecks Anbringung des Zeichens auf Standgefäßen und Abschrift des ärztlichen Rezeptes auf der Signatur eine solche Einwilligung wohl in der Regel vorauszusetzen sein, im Handverkauf wird sie aber von manchen Fabrikanten nicht gewährt, so daß hier der Apotheker das Mittel entweder in Originalpackung oder ohne Anbringung des geschützten Namens verkaufen muß. Diese reichsgesetzliche Bestimmung geht natürlich etwaigen anderslautenden landesrechtlichen Anordnungen ohne weiteres vor. Daher erklärte auch das R.G. in einem Urteil vom 10. Mai 1904 (Ph.Ztg. 1904 Nr. 76), daß der preußische Erl. über die Abschrift ärztlicher Verordnungen auf dem Arzneibehälter nur von der Voraussetzung ausgegangen sein kann, „daß durch die Anbringung der Bezeichnung nicht in fremde ausschließliche Rechte eingegriffen werde."

Wichtig sind noch folgende Feststellungen betr. den Warenzeichenschutz im Zwischenhandel: **In einem mit einem geschützten Warenzeichen versehenen Gefäß darf eine andere Ware als die, für welche das Zeichen geschützt ist, weder aufbewahrt noch verkauft werden.** Letzteres ist auch dann unzulässig, wenn es im Einverständnis oder gar auf Wunsch des Käufers in mitgebrachten Gefäßen geschieht (R.G. 25. März und 23. Dezember 1904, 9. Januar, 29. Juni und 3. Oktober 1905, Ph.Ztg. 1905 Nr. 64, 1906 Nr. 5).

[2]) § 14 enthält die in der Regel angewendete Strafbestimmung des Gesetzes. Der Paragraph unterscheidet zwischen Bestrafung und Entschädigung. Erstere ist von der

deren Verpackung oder Umhüllung, oder Ankündigungen, Preislisten[1]), Geschäftsbriefe, Empfehlungen, Rechnungen[2]) oder dergleichen mit dem Namen oder der Firma eines anderen oder mit einem nach Maßgabe dieses Gesetzes geschützten Warenzeichen widerrechtlich versieht[3]) oder desgleichen widerrechtlich gekennzeichnete Waren in Verkehr bringt oder feilhält, ist dem Verletzten zur Entschädigung verpflichtet.

Hat er die Handlung wissentlich begangen, so wird er außerdem mit Geldstrafe von einhundertfünfzig bis fünftausend Mark oder mit Gefängnis bis zu sechs Monaten bestraft. Die Strafverfolgung tritt nur auf Antrag ein. Die Zurücknahme des Antrages ist zulässig.

§ 15. Wer zum Zweck der Täuschung in Handel und Verkehr Waren oder deren Verpackung oder Umhüllung, oder Ankündigungen, Preislisten, Geschäftsbriefe, Empfehlungen, Rechnungen oder dergleichen mit einer Ausstattung, welche innerhalb beteiligter Verkehrskreise als Kennzeichen gleichartiger Waren eines anderen gilt, ohne dessen Genehmigung versieht, oder wer zu dem gleichen Zweck derartig gekennzeichnete Waren in Verkehr bringt oder feilhält, ist dem Verletzten zur Entschädigung verpflichtet und wird mit Geldstrafe von einhundert bis dreitausend Mark oder mit Gefängnis bis zu drei Monaten bestraft[4]). Die Strafverfolgung tritt nur auf Antrag ein. Die Zurücknahme des Antrages ist zulässig.

§ 16. Wer Waren oder deren Verpackung oder Umhüllung oder Ankündigungen, Preislisten, Geschäftsbriefe, Empfehlungen, Rechnungen oder dergleichen fälschlich mit einem Staatswappen oder mit dem Namen oder Wappen eines Ortes, eines Gemeinde- oder weiteren Kommunalverbandes[5]) zu dem Zweck versieht, über Beschaffenheit und Wert der Waren einen Irrtum zu erregen, oder wer zu dem gleichen Zweck derartig

---

Voraussetzung abhängig gemacht, daß die widerrechtliche Benutzung eines geschützten Zeichens „wissentlich" erfolgt ist, während für die Entschädigungspflicht auch schon grobe Fahrlässigkeit genügt. Weitere Voraussetzungen als eine wissentliche Zeichenverletzung werden jedoch in § 14 Abs. 2 nicht gefordert. Insbesondere gehören zum Tatbestand des Vergehens aus § 14 Abs. 2 weder eine auf Täuschung der Käufer gerichtete Absicht des Täters, noch auch nur die Möglichkeit einer derartigen Täuschung (R.G. 13. April 1901, Ph.Ztg. 1901 Nr. 46; R.G. 17. November 1905, Ph.Ztg. 1907 Nr. 4).

[1]) Die Aufnahme eines einem anderen geschützten Wortzeichens in eine Preisliste in der Weise, daß bei dem geschützten Worte ohne Preisangabe auf den allgemein üblichen Warennamen verwiesen wird (z. B. Exalgin vide Methylacetanilid), kann weder auf Grund des Warenbezeichnungsgesetzes, noch auf Grund des Wettbewerbgesetzes beanstandet werden (R.G. 1900, Ph.Ztg. 1900 Nr. 74).

[2]) Unter Rechnungen im Sinne dieses Paragraphen sind Rechnungsformulare, nicht die ausgeschriebenen Rechnungen gemeint. Die Benennung einer Ware mit einem als Warenzeichen geschütztem Wort auf einer ausgeschriebenen Rechnung ist kein unbefugtes Anbringen des Warenzeichens (O.L.G. Naumburg 14. November 1903, Ph.Ztg. 1904 Nr. 29).

[3]) Schon das bloße widerrechtliche „Versehen" einer Ware mit einem geschützten Warenzeichen ist strafbar. „Die Anwendbarkeit des § 14 erfordert nicht den Nachweis der Absicht, die widerrechtlich gekennzeichnete Ware feilzuhalten. Es genügt, daß die so gekennzeichnete Ware im Geschäftslokal für das kaufende Publikum sichtbar aufgestellt ist, und daß der Angeklagte sich dessen bewußt ist" (R.G. 20. März 1905, Ph.Ztg. 1905 Nr. 64).

[4]) § 15 befaßt sich nicht mit den in die Zeichenrolle des Patentamts eingetragenen Warenzeichen, sondern er will die äußere Ausstattung schützen, durch welche eine Ware sich dem Auge des Kunden als die eines bestimmten Gewerbetreibenden präsentiert.

[5]) Nicht verboten ist die Anwendung von Ländernamen.

bezeichnete Waren in Verkehr bringt oder feilhält, wird mit Geldstrafe von einhundertfünfzig bis fünftausend Mark oder mit Gefängins bis zu sechs Monaten bestraft.

Die Verwendung von Namen, welche nach Handelsgebrauch zur Benennung gewisser Waren dienen, ohne deren Herkunft bezeichnen zu sollen, fällt unter diese Bestimmung nicht.

§ 18. Statt jeder aus diesem Gesetze entspringenden Entschädigung kann auf Verlangen des Beschädigten neben der Strafe auf eine an ihn zu erlegende Buße[1]) bis zum Betrage von zehntausend Mark erkannt werden. Für diese Buße haften die zu derselben Verurteilten als Gesamtschuldner.

Eine erkannte Buße schließt die Geltendmachung eines weiteren Entschädigungsanspruchs aus.

§ 19. Erfolgt eine Verurteilung auf Grund der §§ 14—16, 18, so ist bezüglich der im Besitz des Verurteilten befindlichen Gegenstände auf Beseitigung der widerrechtlichen Kennzeichnung, oder, wenn die Beseitigung in anderer Weise nicht möglich ist, auf Vernichtung der damit versehenen Gegenstände zu erkennen.

Erfolgt die Verurteilung im Strafverfahren, so ist in den Fällen der §§ 14 und 15 dem Verletzten die Befugnis zuzusprechen, die Verurteilung auf Kosten des Verurteilten öffentlich bekannt zu machen. Die Art der Bekanntmachung sowie die Frist zu derselben ist in dem Urteil zu bestimmen.

§ 20. Die Anwendung der Bestimmungen dieses Gesetzes wird durch Abweichungen nicht ausgeschlossen, mit denen fremde Namen, Firmen, Zeichen, Wappen und sonstige Kennzeichnungen von Waren wiedergegeben werden, sofern ungeachtet dieser Abweichungen die Gefahr einer Verwechslung im Verkehr vorliegt[2]).

---

[1]) Auch gegen den Gehilfen kann, wenn er wissentlich zur Herbeiführung des strafrechtlich verpönten Erfolges mitgewirkt hat, auf Buße erkannt werden (R.G. 24. Oktober 1905, Ph.Ztg. 1906 Nr. 47).

[2]) § 20 hat für den Warenzeichenschutz von Arzneimitteln dadurch Bedeutung gewonnen, daß sich die Gewohnheit eingebürgert hat, für Ersatzmittel geschützter Waren das eingetragene Warenzeichen mit Benutzung der Worte „Ersatz für" oder dgl. zu gebrauchen; also z. B. „Acetylsalizylsäure, Ersatz für Aspirin" oder „Mentholum valerianicum (Validolersatz)". Die Rechtsprechung hat nun entschieden, daß solche Bezeichnungen nicht unter § 20 des Warenzeichengesetzes fallen, also keinen Verstoß gegen das Gesetz darstellen, wenn die ganze Anordnung der Etikette oder Bezeichnung schon dem gewöhnlichen Durchschnittspublikum erkennen läßt, daß nicht das Original, sondern ein Ersatzpräparat vorliegt. Besonders wurde auch dann die Anwendbarkeit des § 20 versagt, wenn die Bezeichnung in Preislisten erfolgt ist, die nur für Sachverständige bestimmt sind (R.G. 8. März, 10. April und 27. Juli 1906, O.L.G. Hamburg 26. Mai 1906, Ph.Ztg. 1906 Nr. 30, 50, 61 und 93). Dagegen liegt eine Verletzung des geschützten Zeichens vor, wenn dieses lediglich durch Klammern oder Gleichheitsstriche mit anderen Worten verbunden ist, z. B. Acetylsalizylsäure = Aspirin (R.G. 20. Oktober 1903).

Zur Beurteilung der Frage, ob eine Verwechslungsgefahr im Sinne von § 20 vorliegt, kommt es im allgemeinen darauf an, ob auch bei oberflächlicher Betrachtung des Warenzeichens durch das kaufende Publikum die Verwechslungsmöglichkeit ausgeschlossen ist (R.G. 18. Juni 1906, Ph.Ztg. 1906 Nr. 50).

Die Bildung neuer Wortzeichen aus bereits eingetragenen Wortzeichen ist nach einem Urteil des R.G. vom 1. April 1898 betr. Boroglyzerinlanolin dann zulässig, wenn in der Neubildung das geschützte Wortzeichen mit anderen Worten in eine solche Verbindung getreten ist, daß es der äußeren Erscheinung und dem Klanglaute nach mit diesen eine organische Verbindung eingegangen ist und in dieser Zusammensetzung als einheitlicher Name in die Erscheinung tritt unter Aufgabe seiner eigenen Individualität.

Als Ergänzung der drei vorgenannten Gesetze erging noch ein Gesetz betr. den Schutz von Erfindungen, Mustern und Warenzeichen auf Ausstellungen vom 18. März 1904 (R.G.Bl. S. 141).

In nahen Beziehungen zum Warenzeichengesetz steht das folgende Gesetz, welches den Gebrauch des früher als Freizeichen angesehenen roten Kreuzes einer einschränkenden Regelung unterworfen hat.

Gesetz zum Schutze des Genfer Neutralitätszeichens.

Vom 22. März 1902 (R.G.Bl. S. 125).

§ 1. Das in der Genfer Konvention zum Neutralitätszeichen erklärte rote Kreuz auf weißem Grunde sowie die Worte „Rotes Kreuz" dürfen, unbeschadet der Verwendung für Zwecke des militärischen Sanitätsdienstes, zu geschäftlichen Zwecken, sowie zur Bezeichnung von Vereinen oder Gesellschaften oder zur Kennzeichnung ihrer Tätigkeit nur auf Grund einer Erlaubnis gebraucht werden.

Die Erlaubnis wird von den Landeszentralbehörden nach den vom Bundesrate festzustellenden Grundsätzen für das Gebiet des Reiches erteilt[1]). Die Erlaubnis darf Vereinen oder Gesellschaften, welche sich im Deutschen Reiche der Krankenpflege widmen und für den Kriegsfall zur Unterstützung des militärischen Sanitätsdienstes zugelassen sind, nicht versagt werden.

Die von dem Bundesrate festgestellten Grundsätze sind dem Reichstage alsbald zur Kenntnisnahme mitzuteilen.

§ 2. Wer den Vorschriften dieses Gesetzes zuwider das rote Kreuz gebraucht, wird mit Geldstrafe bis zu einhundertfünfzig Mark oder mit Haft bestraft.

§ 3. Die Anwendung der Vorschriften dieses Gesetzes wird durch Abweichungen nicht ausgeschlossen, mit denen das im § 1 erwähnte Zeichen wiedergegeben wird, sofern ungeachtet dieser Abweichungen die Gefahr einer Verwechslung vorliegt[2]).

§ 4. Dieses Gesetz tritt am 1. Juli 1903 in Kraft.

---

[1]) Die Erlaubnis zur Führung des Roten Kreuzes wird nach den vom Reichskanzler unter dem 7. Mai 1903 (R.G.Bl. S. 215) bekannt gegebenen Grundsätzen nur „denjenigen Vereinen oder Gesellschaften einschließlich der Ritterorden sowie der geistlichen Orden und Kongregationen erteilt, welche sich im Deutschen Reiche der Krankenpflege widmen und durch eine Bescheinigung des zuständigen Kriegsministeriums nachweisen, daß sie für den Kriegsfall zur Unterstützung des militärischen Sanitätsdienstes zugelassen sind." Für Gewerbetreibende einschließlich der Apotheker ist also die Führung des Roten Kreuzes zu geschäftlichen Zwecken irgend welcher Art, Firmenbezeichnungen, Preislisten, Geschäftspapieren, Umhüllungen oder Etiketten von Waren u. dgl., ausgeschlossen.

[2]) Als verwechslungsfähig mit dem Genfer Kreuz im Sinne von § 3 des Gesetzes sind von der Rechtsprechung bisher folgende Zeichen angesehen worden: Ein dem Genfer Kreuz ähnliches Kreuz auf goldfarbigem Grunde (P.A. Abt. II f. Warenzeichen 21. März 1904, Ph.Ztg. 1904 Nr. 80). Ein dunkelrosa schraffiertes Kreuz mit den Umrissen des Genfer Kreuzes auf hellrosa Grunde (P.A. Beschw.-Abt. I 6. Februar 1904, Ph.Ztg. 1904 Nr. 39). Ein rotes Kreuz mit goldenem Stern in der Mitte und goldenen Verzierungen an den Kreuzbalken (O.L.G. Breslau 10. Mai 1904, Ph.Ztg. 1904 Nr. 39).

Dagegen wurde die Gefahr einer Verwechslung bei folgenden Zeichen verneint: Ein rotes Kreuz, in dessen Fläche ein weißes Johanniterkreuz ausgespart ist (P.A. Beschw.-Abt. I 4. Juli 1904, Ph.Ztg. 1905 Nr. 40). Ein weißes Kreuz in rotem Felde in den Formen des Genfer Kreuzes (L.G. Darmstadt August 1906, Ph.Ztg. 1906 Nr. 67).

§ 7.[1]) Warenzeichen, welche das rote Kreuz enthalten, sind von der Verkündung des Gesetzes ab von der Eintragung in die Zeichenrolle ausgeschlossen, sofern nicht die Anmeldung vor dem 1. Juli 1901 erfolgt ist[2]).

Während das Patentgesetz, das Gebrauchsmuster- und Warenzeichengesetz dazu bestimmt sind, gewisse Arten des geistigen Eigentums bei ihrer gewerblichen Verwertung zu schützen, hat das folgende Gesetz zur Bekämpfung des unlauteren Wettbewerbs eine allgemeine Sicherung und Stärkung des gewerblichen Rechtsschutzes zur Aufgabe.

Gesetz zur Bekämpfung des unlauteren Wettbewerbes.

Vom 27. Mai 1896 (R.G.Bl. S. 145).

§ 1.[3]) Wer in öffentlichen Bekanntmachungen oder in Mitteilungen, welche für einen größeren Kreis von Personen bestimmt sind, über geschäftliche Verhältnisse, insbesondere über die Beschaffenheit, die Herstellungsart oder die Preisbemessung von Waren oder gewerblichen Leistungen über die Art des Bezuges oder die Bezugsquelle von Waren, über den Besitz von Auszeichnungen, über den Anlaß oder den Zweck des Verkaufs unrichtige Angaben tatsächlicher Art[4]) macht, welche geeignet sind, den Anschein eines besonders günstigen Angebots hervorzurufen, kann auf Unterlassung der unrichtigen Angaben in Anspruch genommen werden. Dieser Anspruch kann von jedem Gewerbetreibenden, der Waren oder Leistungen gleicher oder verwandter Art herstellt oder in den geschäftlichen Verkehr bringt, oder von Verbänden zur Förderung gewerblicher Interessen geltend gemacht werden, soweit die Verbände als solche in bürgerlichen Rechtsstreitigkeiten klagen können.

Neben dem Anspruch auf Unterlassung der unrichtigen Angaben haben die vorerwähnten Gewerbetreibenden auch Anspruch auf Ersatz des durch die unrichtigen Angaben verursachten Schadens gegen denjenigen, der die Angaben gemacht hat, falls dieser ihre Unrichtigkeit kannte oder kennen mußte. Der Anspruch auf Schadensersatz kann gegen Redakteure, Verleger Drucker oder Verbreiter von periodischen Druckschriften nur geltend gemacht werden, wenn dieselben die Unrichtigkeit der Angaben kannten.

Die Verwendung von Namen, welche nach dem Handelsgebrauch zur Benennung gewisser Waren dienen, ohne deren Herkunft bezeichnen zu sollen, fällt unter die vorstehenden Bestimmungen nicht.

---

[1]) Die §§ 5 und 6 des Gesetzes, welche die Weiterbenutzung des Genfer Neutralitätszeichens genehmigten bei Waren, die bei Verkündung des Gesetzes schon mit dem roten Kreuze bezeichnet waren, sowie bis 1. Juli 1906 bei gewissen Warenzeichen, Firmen und Vereinen, haben jetzt keine Bedeutung mehr.

[2]) Auch die vor dem 1. Juli 1901 angemeldeten Warenzeichen haben nach § 6 des Gesetzes am 1. Juli 1906 ihre Rechtskraft verloren, müssen daher in der Zeichenrolle des Patentamts von Amts wegen gelöscht werden.

[3]) Das Gesetz gibt in den §§ 1—3 zivilrechtliche, in § 4 sowie den §§ 6—8 strafrechtliche Mittel zur Verfolgung eines unlauteren Wettbewerbes.

[4]) Das Gesetz bezieht sich in den §§ 1 und 4 lediglich auf „Angaben tatsächlicher Art“. Es müssen somit Tatsachen behauptet werden. Äußerungen, die lediglich eine Meinung, ein Urteil zum Ausdruck bringen, werden selbst dann, wenn sie Übertreibungen enthalten, von dem Gesetz nicht betroffen (R.G. 5. Januar 1903). Für das zivilrechtliche Einschreiten (§ 1) genügt im übrigen, daß die Angaben tatsächlicher Art unrichtig und geeignet sind, den Anschein eines besonders günstigen Angebots hervorzurufen. Ein strafrechtliches Einschreiten auf Grund des § 4 ist jedoch nur dann möglich, wenn die Angaben tatsächlicher Art wissentlich unwahr und zur Irreführung geeignet und in der Absicht erfolgt sind, den Anschein eines besonders günstigen Angebots hervorzurufen.

Im Sinne der Bestimmungen des Absatzes 1 und 2 sind den Angaben tatsächlicher Art bildliche Darstellungen und sonstige Veranstaltungen gleich zu achten, die darauf berechnet und geeignet sind, solche Angaben zu ersetzen.

Unter Waren im Sinne dieses Gesetzes sind auch landwirtschaftliche Erzeugnisse, unter gewerblichen Leistungen auch landwirtschaftliche zu verstehen.

§ 2. Für Klagen auf Grund des § 1 ist ausschließlich zuständig das Gericht, in dessen Bezirk der Beklagte seine gewerbliche Niederlassung oder in Ermangelung einer solchen seinen Wohnsitz hat . . .

§ 3. Zur Sicherung des im § 1 Abs. 1 bezeichneten Anspruchs können einstweilige Verfügungen erlassen werden, auch wenn die in den §§ 814, 819 der Zivilprozeßordnung[1]) bezeichneten Voraussetzungen nicht zutreffen. Zuständig ist auch das Amtsgericht, in dessen Bezirk die den Anspruch begründende Handlung begangen ist; im übrigen finden die Vorschriften des § 820 der Zivilprozeßordnung[2]) Anwendung.

§ 4. Wer in der Absicht, den Anschein eines besonders günstigen Angebots hervorzurufen, in öffentlichen Bekanntmachungen oder in Mitteilungen, welche für einen größeren Kreis von Personen bestimmt sind, über die Beschaffenheit, die Herstellungsart oder die Preisbemessung von Waren oder gewerblichen Leistungen, über die Art des Bezuges oder die Bezugsquelle von Waren, über den Besitz von Auszeichnungen, über den Anlaß oder den Zweck des Verkaufs wissentlich unwahre und zur Irreführung geeignete Angaben tatsächlicher Art macht, wird mit Geldstrafe bis zu eintausendfünfhundert Mark bestraft[3]).

Ist der Täter bereits einmal wegen einer Zuwiderhandlung gegen die vorstehende Vorschrift bestraft, so kann neben oder statt der Geldstrafe auf Haft oder auf Gefängnis bis zu sechs Monaten erkannt werden; die Bestimmungen des § 245 des Strafgesetzbuchs finden entsprechende Anwendung.

§ 6. Wer zu Zwecken des Wettbewerbes über das Erwerbsgeschäft eines anderen, über die Person des Inhabers oder Leiters des Geschäfts, über die Waren oder gewerblichen Leistungen eines anderen Behauptungen tatsächlicher Art aufstellt oder verbreitet, welche geeignet sind, den Betrieb des Geschäfts oder den Kredit des Inhabers zu schädigen, ist, sofern die Behauptungen nicht erweislich wahr sind, dem Verletzten zum Ersatze des entstandenen Schadens verpflichtet. Auch kann der Verletzte den Anspruch geltend machen, daß die Wiederholung oder Verbreitung der Behauptungen unterbleibe.

Die Bestimmungen des ersten Absatzes findet keine Anwendung, wenn der Mitteilende oder der Empfänger der Mitteilung an ihr ein berechtigtes Interesse hat.

§ 7. Wer wider besseres Wissen über das Erwerbsgeschäft eines anderen, über die Person des Inhabers oder Leiters des Geschäfts, über die Waren oder gewerblichen Leistungen eines anderen unwahre Behauptungen tatsächlicher Art aufstellt oder verbreitet, welche ge-

---

[1]) Jetzt §§ 935 und 940 der Zivilprozeßordnung, Fassung der Bk. vom 20. Mai 1898 (R.G.Bl. S. 410).

[2]) Jetzt § 942 der Zivilprozeßordnung, Fassung der Bk. vom 20. Mai 1898 (R.G.Bl. S. 410).

[3]) Auf Grund dieses § 4 ist wiederholt die Bestrafung von nicht approbierten Heilkünstlern wegen unlauteren Wettbewerbes durch unwahre, übertriebene Anpreisung ihrer Leistungen oder der von ihnen angewendeten Heilmittel erfolgt.

eignet sind, den Betrieb des Geschäfts zu schädigen, wird mit Geldstrafe bis zu eintausendfünfhundert Mark oder mit Gefängnis bis zu einem Jahre bestraft.

§ 8. Wer im geschäftlichen Verkehr einen Namen, eine Firma oder die besondere Bezeichnung eines Erwerbsgeschäfts, eines gewerblichen Unternehmens oder einer Druckschrift in einer Weise benutzt, welche darauf berechnet und geeignet ist, Verwechslungen mit dem Namen, der Firma oder der besonderen Bezeichnung hervorzurufen, deren sich ein anderer befugterweise bedient, ist diesem zum Ersatze des Schadens verpflichtet. Auch kann der Anspruch auf Unterlassung der mißbräuchlichen Art der Benutzung geltend gemacht werden.

§ 9. Mit Geldstrafe bis zu dreitausend Mark oder mit Gefängnis bis zu einem Jahre wird bestraft, wer als Angestellter, Arbeiter oder Lehrling eines Geschäftsbetriebes Geschäfts- oder Betriebsgeheimnisse, die ihm vermöge des Dienstverhältnisses anvertraut oder sonst zugänglich geworden sind, während der Geltungsdauer des Dienstverhältnisses unbefugt an andere zu Zwecken des Wettbewerbes oder in der Absicht, dem Inhaber des Geschäftsbetriebes Schaden zuzufügen mitteilt.

Gleiche Strafe trifft denjenigen, welcher Geschäfts- oder Betriebsgeheimnisse, deren Kenntnis er durch eine der im Abs. 1 bezeichneten Mitteilungen oder durch eine gegen das Gesetz oder die guten Sitten verstoßende eigene Handlung erlangt hat, zu Zwecken des Wettbewerbes unbefugt verwertet oder an Andere mitteilt.

Zuwiderhandlungen verpflichten außerdem zum Ersatze des entstandenen Schadens. Mehrere Verpflichtete haften als Gesamtschuldner.

§ 10. Wer zum Zweck des Wettbewerbes es unternimmt, einen anderen zu einer unbefugten Mitteilung der im § 9 Abs. 1 bezeichneten Art zu bestimmen, wird mit Geldstrafe bis zu zweitausend Mark oder mit Gefängnis bis zu neun Monaten bestraft.

§ 11. Die in den §§ 1, 6, 8, 9 bezeichneten Ansprüche auf Unterlassung oder Schadensersatz verjähren in sechs Monaten von dem Zeitpunkt an, in welchem der Anspruchsberechtigte von der Handlung und von der Person des Verpflichteten Kenntnis erlangt, ohne Rücksicht auf diese Kenntnis in drei Jahren von der Begehung der Handlung an.

Für die Ansprüche auf Schadensersatz beginnt der Lauf der Verjährung nicht vor dem Zeitpunkt, in welchem ein Schaden entstanden ist.

§ 12. Die Strafverfolgung tritt mit Ausnahme der im § 5 bezeichneten Fälle nur auf Antrag ein. In den Fällen des § 4 hat das Recht den Strafantrag zu stellen, jeder der im § 1 Abs. 1 bezeichneten Gewerbetreibenden und Verbände[1]).

Die Zurücknahme des Antrages ist zulässig.

Strafbare Handlungen, deren Verfolgung nur auf Antrag eintritt, können von dem zum Strafantrage Berechtigten im Wege der Privatklage verfolgt werden, ohne daß es einer vorgängigen Anrufung der Staatsanwalt-

---

[1]) Danach können gemäß § 1 Ärzte und deren Verbände (Ärztekammern und -Vereine) nur gegen Personen, die „Leistungen gleicher oder verwandter Art" in den geschäftlichen Verkehr bringen, also Personen, welche die Heilkunst ausüben, Strafantrag stellen. Das R.G. hat jedoch hierzu unter dem 27. Mai 1904 (Ph.Ztg. 1905 Nr. 22) und dem 11. Januar 1906 (Ph.Ztg. 1906 Nr. 68) folgenden Grundsatz aufgestellt: Die Ankündigung eines Mittels gegen bestimmte Krankheiten ist eine der ärztlichen Leistung verwandte Tätigkeit. Demgemäß sind die Ärzte als Produzenten verwandter gewerblicher Leistungen berechtigt, auch gegen Ankündigungen von Heilmitteln auf Grund des Gesetzes zur Bekämpfung des unlauteren Wettbewerbes Strafantrag zu stellen.

schaft bedarf. Die öffentliche Klage wird von der Staatsanwaltschaft nur dann erhoben, wenn dies im öffentlichen Interesse liegt.

Geschieht die Verfolgung im Wege der Privatklage, so sind die Schöffengerichte zuständig.

§ 13. Wird in den Fällen des § 4 auf Strafe erkannt, so kann angeordnet werden, daß die Verurteilung auf Kosten des Schuldigen öffentlich bekannt zu machen sei.

Wird in den Fällen des § 7 auf Strafe erkannt, so ist zugleich dem Verletzten die Befugnis zuzusprechen, die Verurteilung innerhalb bestimmter Frist auf Kosten des Verurteilten öffentlich bekannt zu machen.

Auf Antrag des freigesprochenen Angeschuldigten kann das Gericht die öffentliche Bekanntmachung der Freisprechung anordnen; die Staatskasse trägt die Kosten, insofern dieselben nicht dem Anzeigenden oder dem Privatkläger auferlegt worden sind.

Ist in den Fällen der §§ 1, 6 und 8 auf Unterlassung Klage erhoben, so kann in dem Urteile der obsiegenden Partei die Befugnis zugesprochen werden, den verfügenden Teil des Urteils innerhalb bestimmter Frist auf Kosten der unterliegenden Partei öffentlich bekannt zu machen.

Die Art der Bekanntmachung ist im Urteil zu bestimmen.

§ 14. Neben einer nach Maßgabe dieses Gesetzes verhängten Strafe kann auf Verlangen des Verletzten auf eine an ihn zu erlegende Buße bis zum Betrage von zehntausend Mark erkannt werden. Für diese Buße haften die zu derselben Verurteilten als Gesamtschuldner. Eine erkannte Buße schließt die Geltendmachung eines weiteren Entschädigungsanspruchs aus.

XI. Die Nahrungsmittelgesetzgebung.

Der Verkehr mit Nahrungsmitteln, Genußmitteln und Gebrauchsgegenständen ist im Deutschen Reiche durch ein allgemeines Gesetz und eine Reihe spezieller Gesetze geregelt. Es sind dies im ganzen in chronologischer Folge nachstehende Gesetze[1]):

1. Gesetz betr. den Verkehr mit Nahrungsmitteln, Genußmitteln und Gebrauchsgegenständen vom 14. Mai 1879. Das sogenannte allgemeine Nahrungsmittelgesetz.
2. Gesetz betr. den Verkehr mit blei- und zinkhaltigen Gegenständen vom 25. Juni 1887. Das sogenannte Blei und Zinkgesetz.
3. Gesetz betr. die Verwendung gesundheitsschädlicher Farben bei der Herstellung von Nahrungsmitteln, Genußmitteln und Gebrauchsgegenständen vom 5. Juli 1887. Das sogenannte Farbengesetz.
4. Gesetz betr. den Verkehr mit Butter, Käse, Schmalz und deren Ersatzmitteln vom 15. Juni 1897. Das sogenannte Margarinegesetz.
5. Gesetz betr. die Schlachtvieh- und Fleischbeschau vom 3. Juni 1900. Das sogenannte Fleischbeschaugesetz.
6. Gesetz betr. den Verkehr mit Wein, weinhaltigen und weinähnlichen Getränken vom 24. Mai 1901. Das sogenannte Weingesetz.
7. Süßstoffgesetz vom 7. Juli 1902.

---

[1]) Eine ausführliche Bearbeitung dieser Gesetze ist erschienen unter dem Titel: Die Nahrungsmittelgesetzgebung im Deutschen Reich. Von Geh. Reg.-Rat Prof. Dr. K. von Buchka. Berlin 1901, Verlag von Julius Springer.

Von diesen Gesetzen haben das Blei- und Zinkgesetz[1]), das Margarinegesetz[2]) und das Fleischbeschaugesetz[3]) vorliegend kein Interesse. Dagegen stehen die übrigen angeführten Gesetze auch zum Apothekenwesen und zum Arzneiverkehr in Beziehungen. Ihre diesbezüglichen Bestimmungen sind daher im folgenden im Wortlaut wiedergegeben.

Gesetz, betr. den Verkehr mit Nahrungsmitteln, Genußmitteln und Gebrauchsgegenständen.

Vom 14. Mai 1879 (R.G.Bl. S. 145).

§ 1. Der Verkehr mit Nahrungs- und Genußmitteln[4]), sowie mit Spielwaren, Tapeten, Farben, Eß-, Trink- und Kochgeschirr und mit Petroleum unterliegt der Beaufsichtigung nach Maßgabe dieses Gesetzes.

§ 2. Die Beamten der Polizei sind befugt, in die Räumlichkeiten, in welchen Gegenstände der im § 1 bezeichneten Art feilgehalten[5]) werden, während der üblichen Geschäftsstunden oder während die Räumlichkeiten dem Verkehre geöffnet sind, einzutreten. Sie sind befugt, von den Gegenständen der im § 1 bezeichneten Art, welche in den angegebenen Räumlichkeiten sich befinden, oder welche an öffentlichen Orten, auf Märkten, Plätzen, Straßen oder im Umherziehen verkauft oder feilgehalten werden, nach ihrer Wahl Proben zum Zwecke der Untersuchung gegen Empfangsbescheinigung zu entnehmen. Auf Verlangen ist dem Besitzer ein Teil der Probe amtlich verschlossen oder versiegelt zurückzulassen. Für die entnommenen Proben ist Entschädigung in Höhe des üblichen Kaufpreises zu leisten.

§ 3. Die Beamten der Polizei sind befugt, bei Personen, welche auf Grund der §§ 10, 12, 13 dieses Gesetzes zu einer Freiheitsstrafe verurteilt

---

[1]) Aus dem Blei- und Zinkgesetz ist nur folgende in § 2 enthaltene Bestimmung hervorzuheben:

Zur Herstellung von Mundstücken für Saugflaschen, Saugringen und Warzenhütchen darf blei- oder zinkhaltiger Kautschuk nicht verwendet sein.

[2]) Zur Ausführung des Margarinegesetzes erging eine umfangreiche amtliche Anweisung zur chemischen Untersuchung von Fetten und Käsen. Bekanntmachung des Reichskanzlers vom 1. April 1898.

[3]) Eine mit dem Fleischbeschaugesetz in Verbindung stehende Verfügung betr. die Zulassung von Apothekern zur Trichinenschau ist bereits auf S. 8 abgedruckt. Eine erläuterte Ausgabe des Schlachtvieh- und Fleischbeschaugesetzes nebst sämtlichen Ausführungsbestimmungen von Geh. Rat von Buchka ist im Verlage von Julius Springer in Berlin erschienen.

[4]) Auf Arzneimittel bezieht sich das Gesetz somit nicht. Nach einem Urteil des R.G. vom 15. Januar 1906 (Ph.Ztg. 1906 Nr. 6) geht aus dem Gesetz bezüglich der Arzneien nichts hervor. „Genußmittel sind solche Stoffe, die gewohnheitsmäßig in den Körper aufgenommen werden. Das ist bei Arzneien nicht ohne weiteres der Fall". Andererseits schließt aber bei einem Präparat, der sowohl als Arzneimittel wie als Genußmittel dienen soll, z. B. ein Lebensbitter, die Anpreisung als Arzneimittel dessen gleichzeitige Auffassung als Genußmittel nicht aus. „Stehen der Herstellung und dem Vertrieb nach beiderlei Richtung verschiedene gesetzliche Verbote entgegen, so enthält die den Verboten zuwider erfolgte Herstellung usw. auch eine Verletzung der mehreren Strafgesetze (R.G. 13. Juli 1881).

[5]) Der Rechtsbegriff des Feilhaltens im Sinne des Nahrungsmittelgesetzes hat zur notwendigen Voraussetzung, daß die feilgehaltenen Gegenstände, und zwar in der Regel wenigstens von einem bestimmten Orte aus, zum Ankauf durch das Publikum bereit gehalten und diesem zugänglich gemacht werden (R.G. 12. März 1903, Ph.Ztg. 1904 Nr. 25).

sind, in den Räumlichkeiten, in welchen Gegenstände der im § 1 bezeichneten Art feilgehalten werden, oder welche zur Aufbewahrung oder Herstellung solcher zum Verkaufe bestimmter Gegenstände dienen, während der im § 2 angegebenen Zeit Revisionen vorzunehmen.

Diese Befugnis beginnt mit der Rechtskraft des Urteils und erlischt mit dem Ablaufe von drei Jahren von dem Tage an gerechnet, an welchem die Freiheitsstrafe verbüßt, verjährt oder erlassen ist.

§ 4. Die Zuständigkeit der Behörden und Beamten zu den in §§ 2 und 3 bezeichneten Maßnahmen richtet sich nach den einschlägigen landesrechtlichen Bestimmungen. Landesrechtliche Bestimmungen, welche der Polizei weitergehende Befugnisse als die in §§ 2 und 3 bezeichneten geben, bleiben unberührt.

§ 9. Wer den Vorschriften der §§ 2—4 zuwider den Eintritt in die Räumlichkeiten, die Entnahme einer Probe oder die Revision verweigert, wird mit Geldstrafe von 50 bis zu 150 Mark oder mit Haft bestraft.

§ 10. Mit Gefängnis bis zu sechs Monaten und mit Geldstrafe bis zu 1500 Mark oder mit einer dieser Strafen wird bestraft:

1. wer zum Zwecke der Täuschung im Handel und Verkehr Nahrungs- oder Genußmittel nachmacht oder verfälscht[1]),
2. wer wissentlich Nahrungs- oder Genußmittel, welche verdorben oder nachgemacht oder verfälscht sind, unter Verschweigung dieses Umstandes verkauft oder unter einer zur Täuschung geeigneten Bezeichnung feilhält.

§ 11. Ist die im § 10 Nr. 2 bezeichnete Handlung aus Fahrlässigkeit begangen worden, so tritt Geldstrafe bis zu 150 Mark oder Haft ein.

§ 12. Mit Gefängnis, neben welchem auf Verlust der bürgerlichen Ehrenrechte erkannt werden kann, wird bestraft:

1. wer vorsätzlich Gegenstände, welche bestimmt sind, anderen als Nahrungs- und Genußmittel zu dienen, derart herstellt, daß der Genuß derselben die menschliche Gesundheit zu beschädigen geeignet ist, ingleichen wer wissentlich Gegenstände, deren Genuß die menschliche Gesundheit zu beschädigen geeignet ist, als Nahrungs- oder Genußmittel verkauft, feilhält, oder sonst in Verkehr bringt;
2. wer vorsätzlich Bekleidungsgegenstände, Spielwaren, Tapeten, Eß-, Trink- oder Kochgeschirr oder Petroleum derart herstellt, daß der bestimmungsgemäße oder vorauszusetzende Gebrauch dieser Gegenstände die menschliche Gesundheit zu beschädigen geeignet ist, ingleichen wer wissentlich solche Gegenstände verkauft, feilhält oder sonst in Verkehr bringt. Der Versuch ist strafbar.

Ist durch die Handlung eine schwere Körperverletzung oder der Tod eines Menschen verursacht worden, so tritt Zuchthausstrafe bis zu fünf Jahren ein.

§ 13. War in den Fällen des § 12 der Genuß oder Gebrauch des Gegenstandes die menschliche Gesundheit zu zerstören geeignet und war diese Eigenschaft dem Täter bekannt, so tritt Zuchthausstrafe bis zu zehn Jahren, und wenn durch die Handlung der Tod eines Menschen verursacht worden ist, Zuchthausstrafe nicht unter zehn Jahren oder lebenslängliche Zuchthausstrafe ein.

---

[1]) Ein Verfälschen liegt vor, wenn mit der ursprünglichen Ware durch Zusetzen von Stoffen eine äußerlich nicht erkennbare Verschlechterung vorgenommen oder einer minder guten Ware durch Anwendung künstlicher Mittel der Schein einer besseren Ware gegeben ist (R.G. 21. April 1885).

Neben der Strafe kann auf Zulässigkeit von Polizeiaufsicht erkannt werden.

§ 14. Ist eine der in den §§ 12, 13 bezeichneten Handlungen aus Fahrlässigkeit begangen worden, so ist auf Geldstrafe bis zu 1000 Mark oder Gefängnisstrafe bis zu sechs Monaten und, wenn durch die Handlung ein Schaden an der Gesundheit eines Menschen verursacht worden ist, auf Gefängnisstrafe bis zu einem Jahre, wenn aber der Tod eines Menschen verursacht worden ist, auf Gefängnisstrafe von einem Monat bis zu drei Jahren zu erkennen.

§ 15. In den Fällen der §§ 12—14 ist neben der Strafe auf Einziehung der Gegenstände zu erkennen, welche den bezeichneten Vorschriften zuwider hergestellt, verkauft, feilgehalten oder sonst in Verkehr gebracht sind, ohne Unterschied, ob sie dem Verurteilten gehören oder nicht; in den Fällen der §§ 8, 10, 11 kann auf die Einziehung erkannt werden.

Ist in den Fällen der §§ 12—15 die Verfolgung oder die Verurteilung einer bestimmten Person nicht ausführbar, so kann auf die Einziehung selbständig erkannt werden.

§ 16. In dem Urteil oder dem Strafbefehl kann angeordnet werden, daß die Verurteilung auf Kosten des Schuldigen öffentlich bekannt zu machen sei.

Auf Antrag des freigesprochenen Angeschuldigten hat das Gericht die öffentliche Bekanntmachung der Freisprechung anzuordnen; die Staatskasse trägt die Kosten, insofern dieselbe nicht dem Anzeigenden auferlegt worden sind. In der Anordnung ist die Art der Bekanntmachung zu bestimmen.

Sofern infolge polizeilicher Untersuchung von Gegenständen der im § 1 bezeichneten Art eine rechtskräftige strafrechtliche Verurteilung eintritt, fallen dem Verurteilten die durch die polizeiliche Untersuchung erwachsenen Kosten zur Last. Dieselben sind zugleich mit den Kosten des gerichtlichen Verfahrens festzusetzen und einzuziehen[1]).

§ 17. Besteht für den Ort der Tat eine öffentliche Anstalt zur technischen Untersuchung von Nahrungs- und Genußmitteln, so fallen die auf Grund dieses Gesetzes auferlegten Geldstrafen, soweit dieselben dem Staate zustehen, der Kasse zu, welche die Kosten der Unterhaltung der Anstalt trägt.

Gesetz, betr. die Verwendung gesundheitsschädlicher Farben bei der Herstellung von Nahrungsmitteln, Genußmitteln und Gebrauchsgegenständen.

Vom 5. Juli 1887 (R.G.Bl. S. 277).

§ 1. Gesundheitsschädliche Farben dürfen zur Herstellung von Nahrungs- und Genußmitteln, welche zum Verkaufe bestimmt sind, nicht verwendet werden.

Gesundheitsschädliche Farben im Sinne dieser Bestimmung sind diejenigen Farbstoffe und Farbzubereitungen, welche: Antimon, Arsen, Baryum, Blei, Cadmium, Chrom, Kupfer, Quecksilber, Uran, Zink, Zinn, Gummigutti, Korallin, Pikrinsäure enthalten.

Der Reichskanzler ist ermächtigt, nähere Vorschriften über das bei

---

[1]) Abs. 3 des § 16 ist durch Gesetz vom 29. Juni 1887 (R.G.Bl. S. 276) hinzugefügt.

der Feststellung des Vorhandenseins von Arsen und Zinn anzuwendende Verfahren zu erlassen[1]).

§ 2. Zur Aufbewahrung oder Verpackung von Nahrungs- und Genußmitteln, welche zum Verkauf bestimmt sind, dürfen Gefäße, Umhüllungen oder Schutzbedeckungen, zu deren Herstellung Farben der im § 1 Abs. 2 bezeichneten Art verwendet sind, nicht benutzt werden.

Auf die Verwendung von schwefelsaurem Baryum (Schwerspat, blanc fixe), Barytfarblacken, welche von kohlensaurem Baryum frei sind, Chromoxyd, Kupfer, Zinn, Zink und deren Legierungen als Metallfarben, Zinnober, Zinnoxyd, Schwefelzinn als Musivgold, sowie auf alle in Glasmassen, Glasuren oder Emails eingebrannte Farben und auf den äußeren Anstrich von Gefäßen aus wasserdichten Stoffen findet diese Bestimmung nicht Anwendung.

§ 3. Zur Herstellung von kosmetischen Mitteln (Mitteln zur Reinigung, Pflege oder Färbung der Haut, des Haares oder der Mundhöhle), welche zum Verkauf bestimmt sind, dürfen die im § 1 Abs. 2 bezeichneten Stoffe nicht verwendet werden.

Auf schwefelsaures Baryum (Schwerspat, blanc fixe), Schwefelcadmium, Chromoxyd, Zinnober, Zinkoxyd, Zinnoxyd, Schwefelzink, sowie auf Kupfer, Zinn, Zink und deren Legierungen in Form von Puder findet diese Bestimmung nicht Anwendung[2]).

§ 8 Abs. 2. Die Herstellung der Oblaten unterliegt den Bestimmungen im § 1, jedoch sofern sie nicht zum Genusse bestimmt sind, mit der Maßgabe, daß die Verwendung von schwefelsaurem Baryum (Schwerspat, blanc fixe), Chromoxyd und Zinnober gestattet ist.

§ 10. Auf die Verwendung von Farben, welche die im § 1 Abs. 2 bezeichneten Stoffe nicht als konstituierende Bestandteile, sondern nur als Verunreinigungen, und zwar höchstens in einer Menge enthalten, welche sich bei den in der Technik gebräuchlichen Darstellungsverfahren nicht vermeiden läßt, finden die Bestimmungen der §§ 2—9 nicht Anwendung.

§ 11. Auf die Färbung von Pelzwaren finden die Vorschriften dieses Gesetzes nicht Anwendung.

§ 12. Mit Geldstrafe bis zu 150 Mark oder mit Haft wird bestraft:

1. wer den Vorschriften der §§ 1—5, 7, 8 und 10 zuwider Nahrungsmittel, Genußmittel oder Gebrauchsgegenstände herstellt, aufbewahrt oder verpackt, oder derartig hergestellte, aufbewahrte oder verpackte Gegenstände gewerbsmäßig verkauft oder feilhält;

§ 13. Neben der im § 12 vorgesehenen Strafe kann auf Einziehung der verbotswidrig hergestellten, aufbewahrten, verpackten, verkauften oder feilgehaltenen Gegenstände erkannt werden, ohne Unterschied, ob sie dem Verurteilten gehören oder nicht.

---

[1]) Auf Grund dieser Bestimmung erging die Bekanntmachung des Reichskanzlers vom 10. April 1888 betr. die Untersuchung von Farben, Gespinsten und Geweben auf Arsen und Zinn.

[2]) § 3 des Gesetzes gilt auch für den Verkauf von kosmetischen Mitteln in Apotheken. Danach ist insbesondere ein Verkauf von Sommersprossensalben, die Quecksilberpräzipitat enthalten, oder von sogenanntem Kummerfeldschen Waschwasser, das unter Zusatz von Bleiacetat hergestellt ist, strafbar. Verurteilungen sind hinsichtlich quecksilberhaltiger Sommersprossensalbe schon einige Male bekannt geworden (R.G. März 1899, Ph.Ztg. 1899 Nr. 25). Natürlich kommt das Farbengesetz nur dann in Betracht, wenn die Mittel lediglich zu kosmetischen Zwecken bestimmt sind. Präparate, die zu Heilzwecken dienen sollen, unterliegen bei ihrer Abgabe in Apotheken nicht dem Farbengesetz, sondern nur den Vorschriften über die Abgabe starkwirkender Arzneimittel (siehe Teil XV).

Ist die Verfolgung oder Verurteilung einer bestimmten Person nicht ausführbar, so kann auf die Einziehung selbständig erkannt werden.

§ 14. Die Vorschriften des Gesetzes, betreffend den Verkehr mit Nahrungsmitteln, Genußmitteln und Gebrauchsgegenständen, vom 14. Mai 1879 bleiben unberührt. Die Vorschriften in den §§ 16, 17 desselben finden auch bei Zuwiderhandlungen gegen die Vorschriften des gegenwärtigen Gesetzes Anwendung.

Gesetz, betr. den Verkehr mit Wein, weinhaltigen und weinähnlichen Getränken.

Vom 24. Mai 1901 (R.G.Bl. S. 175)[1].

§ 1. Wein ist das durch alkoholische Gärung aus dem Safte der Weintraube hergestellte Getränk.

§ 3. Es ist verboten die gewerbsmäßige Herstellung oder Nachmachung von Wein unter Verwendung . . .

5. von Säuren, säurehaltigen Stoffen, insbesondere von Weinstein, und Weinsäure, von Bouquetstoffen, künstlichen Moststoffen oder Essenzen, unbeschadet der Verwendung aromatischer oder arzneilicher Stoffe bei der Herstellung von solchen Weinen, welche als landesübliche Gewürzgetränke oder als Arzneimittel unter den hierfür gebräuchlichen Bezeichnungen (Wermutwein, Maiwein, Pepsinwein, Chinawein und dergleichen) in den Verkehr kommen.

§ 7. Die nachbenannten Stoffe, nämlich:

lösliche Aluminiumsalze (Alaun u. dgl.), Baryumverbindungen, Borsäure, Glyzerin[2], Kermesbeeren, Magnesiumverbindungen, Salizylsäure, unreiner (freien Amylalkohol enthaltender) Sprit, unreiner (nicht technisch reiner) Stärkezucker, Strontiumverbindungen, Teerfarbstoffe),

oder Gemische, welche einen dieser Stoffe enthalten, dürfen Wein, weinhaltigen oder weinähnlichen Getränken, welche bestimmt sind, anderen als Nahrungs- oder Genußmittel zu dienen, bei oder nach der Herstellung nicht zugesetzt werden.

Der Bundesrat ist ermächtigt, noch andere Stoffe zu bezeichnen, auf welche dieses Verbot Anwendung zu finden hat[3]).

§ 8. Wein, weinhaltige und weinähnliche Getränke, welchen, den Vorschriften des § 7 zuwider, einer der dort oder der vom Bundesrate gemäß § 7 bezeichneten Stoffe zugesetzt ist, dürfen weder feilgehalten noch verkauft, noch sonst in Verkehr gebracht werden.

§ 10. Bis zur reichsgesetzlichen einheitlichen Regelung der Beaufsichtigung des Verkehrs mit Nahrungs- und Genußmitteln treffen

---

[1]) Die oben nicht abgedruckten Bestimmungen des Weingesetzes haben nur für den Weinbau und den Weinkellerbetrieb Bedeutung. Die §§ 13—18 enthalten Strafbestimmungen.

[2]) Das Verbot des Glyzerinzusatzes ist deshalb interessant, weil das Deutsche Arzneibuch bei Pepsinwein einen Gehalt von 2 Prozent Glyzerin vorschreibt. Solange der Pepsinwein nur als Heilmittel dienen soll — und das ist natürlich die Regel —, ist ein Konflikt mit dem Weingesetz ausgeschlossen. Soll er aber gleichzeitig als Nahrungs- oder Genußmittel dienen, so würde die Abgabe eines nach der offiziellen Vorschrift hergestellten Präparates gegen das Weingesetz verstoßen.

[3]) Durch die Bekanntmachung vom 2. Juli 1901 (R.G.Bl. S. 257) ist das Verbot des § 7 Abs. 1 auf lösliche Fluorverbindungen und Wismutverbindungen, sowie auf Gemische, welche einen dieser Stoffe enthalten, ausgedehnt worden.

die Landesregierungen darüber Bestimmung, welche Beamten und Sachverständigen für die in den nachfolgenden Vorschriften bezeichneten Maßnahmen zuständig sind[1]).

Diese Beamten und Sachverständigen sind befugt, außerhalb der Nachtzeit und, falls Tatsachen vorliegen, welche annehmen lassen, daß zur Nachtzeit gearbeitet wird, auch während dieser Zeit, in Räume, in denen Wein, weinhaltige oder weinähnliche Getränke gewerbsmäßig hergestellt, aufbewahrt, feilgehalten oder verpackt werden[2]), einzutreten, daselbst Besichtigungen vorzunehmen[3]), geschäftliche Aufzeichnungen, Frachtbriefe

---

[1]) Durch § 10 ist die sogenannte Kellerkontrolle eingeführt worden. Über die Auswahl der Beamten, denen in Preußen diese Kontrolle obliegt, bestimmt ein Min.-Erl. vom 23. Januar 1902 folgendes:

Diese Aufsicht wird nicht den niederen Polizeiorganen, welchen dazu Vorbildung und Sachkenntnis fehlt, zu überlassen, vielmehr, soweit nicht die Einhaltung rein formeller Vorschriften in Betracht kommt, sachkundigen Personen, beispielsweise Angestellten von Weinbauschulen, von öffentlichen Untersuchungsanstalten für Nahrungs- und Genußmittel, unabhängigen Nahrungsmittelchemikern und ähnlichen Sachverständigen zu übertragen sein. In den weinbautreibenden Distrikten empfiehlt es sich, vor der Auswahl der für die Kontrolle bestimmten Persönlichkeiten die Landwirtschaftskammern zu Vorschlägen aufzufordern.

In Preußen wird die Kontrolle zurzeit ehrenamtlich ausgeübt. Die Entschädigung usw. beruht auf einer jeweiligen Vereinbarung zwischen Landrat und Sachverständigen, die vor der Ernennung erfolgt.

[2]) Die einzelnen Geschäftsbetriebe, welche der Kontrolle unterliegen, sind für Preußen in einem Min.-Erl. vom 28. Juli 1903 folgendermaßen gekennzeichnet:

Nicht nur Räume, in welchen Wein gekeltert und auf anderem Wege hergestellt wird, sind in der vorgeschriebenen Weise durch geeignete Sachverständige zu überwachen, sondern alle Räume, in denen Wein, weinhaltige oder weinähnliche Getränke gewerbsmäßig hergestellt, aufbewahrt, feilgehalten oder verpackt werden, sind der Kontrolle zu unterwerfen.

Über die Frage, inwieweit Apotheken, Drogenhandlungen und ähnliche Geschäfte der Weinkontrolle unterliegen, wird in einem Min.-Erl. vom 11. November 1904 gesagt,

daß die Ausdehnung der Kontrolle auf Flaschenlager in Krämereien, Drogenhandlungen und ähnlichen Geschäften nicht erforderlich ist, falls kein Bezug von Wein in Fässern stattfindet. Für die gebrauchsfertigen Flaschen genügt alsdann der glaubwürdige Nachweis, daß dieselben in einem der regelmäßigen polizeilichen Kontrolle unterstellten Betriebe abgefüllt worden sind. Apotheken unterliegen der Kontrolle im Sinne des Weingesetzes nur dann, wenn in denselben ein Nebenhandel mit Wein betrieben wird, für welchen die angeführten Bedingungen nicht in Betracht kommen.

Ein weiterer Min.-Erl. vom 19. Juli 1905 betont dann noch, daß die Beibringung eines Nachweises über die Herkunft der Flaschenweine nicht durch polizeiliche Anordnung erzwungen werden kann, sondern den Händlern nur anheimgestellt ist, um dadurch Befreiung von der eingehenden Weinkontrolle zu erzielen.

Apotheker, die Weine lediglich im eigentlichen Apothekenbetriebe verwenden zur Darstellung von weinhaltigen Heilmitteln oder zur Verwendung in der Rezeptur, können daher nach dem erwähnten Min.-Erl. der Beaufsichtigung überhaupt nicht unterworfen werden, gleichgültig, wie und woher sie den Wein bezogen haben. Nur sofern ein wenn auch unbedeutender Nebenhandel mit Wein vorliegt, ist die Berechtigung der Weinkontrolle gegeben. Sie tritt jedoch auch dann nur in zwei Fällen ein, nämlich: a. wenn der Wein in Fässern bezogen ist oder b. wenn der Bezug zwar in gebrauchsfertigen Flaschen erfolgte, jedoch nicht der glaubwürdige Nachweis erbracht werden kann, daß die Flaschen in einem der regelmäßigen polizeilichen Kontrolle unterstellten Betriebe abgefüllt sind.

[3]) In Preußen sollen nach dem Min.-Erl. vom 28. Juli 1903 „die in dem § 10 des Gesetzes näher bezeichneten Räume im Laufe von drei Jahren mindestens einer unvermuteten Kontrolle durch die Sachverständigen unterworfen werden".

und Bücher einzusehen, auch nach ihrer Auswahl Proben zum Zwecke der Untersuchung gegen Empfangsbescheinigung zu entnehmen. Auf Verlangen ist ein Teil der Probe amtlich, verschlossen oder versiegelt zurückzulassen und für die entnommene Probe eine angemessene Entschädigung zu leisten.

Die Nachtzeit umfaßt in dem Zeitraume vom ersten April bis dreißigsten September die Stunden von neun Uhr abends bis vier Uhr morgens und in dem Zeitraume vom ersten Oktober bis einunddreißigsten März die Stunden von neun Uhr abends bis sechs Uhr morgens.

§ 11. Die Inhaber der im § 10 bezeichneten Räume sowie die von ihnen bestellten Betriebsleiter und Aufsichtspersonen sind verpflichtet, den zuständigen Beamten und Sachverständigen auf Erfordern Auskunft über das Verfahren bei Herstellung der Erzeugnisse, über den Umfang des Betriebs, über die zur Verwendung gelangenden Stoffe, insbesondere auch über deren Menge und Herkunft, zu erteilen, sowie die geschäftlichen Aufzeichnungen, Frachtbriefe und Bücher vorzulegen. Die Erteilung von Auskunft kann jedoch verweigert werden, soweit derjenige, von welchem sie verlangt wird, sich selbst oder einem der im § 51 Nr. 1—3 der Strafprozeßordnung bezeichneten Angehörigen die Gefahr strafgerichtlicher Verfolgung zuziehen würde.

§ 12. Die Sachverständigen (§ 10) sind, vorbehaltlich der Anzeige von Gesetzwidrigkeiten, verpflichtet, über die Tatsachen und Einrichtungen, welche durch die Aufsicht zu ihrer Kenntnis kommen, Verschwiegenheit zu beobachten und sich der Mitteilung und Nachahmung der von den Gewerbetreibenden geheim gehaltenen, zu ihrer Kenntnis gelangten Betriebseinrichtungen und Betriebsweisen, solange als diese Betriebsgeheimnisse sind, zu enthalten. Sie sind hierauf zu beeidigen.

§ 19. Die Vorschriften des Gesetzes vom 14. Mai 1879 bleiben unberührt, soweit die §§ 2—11 des gegenwärtigen Gesetzes nicht entgegenstehende Bestimmungen enthalten. Die Vorschriften in den §§ 16, 17 des Gesetzes vom 14. Mai 1879 finden auch bei Zuwiderhandlungen gegen die Vorschriften des gegenwärtigen Gesetzes Anwendung.

§ 21. Der Bundesrat ist ermächtigt, Grundsätze aufzustellen, nach welchen die zur Ausführung dieses Gesetzes sowie des Gesetzes vom 14. Mai 1879 in bezug auf Wein, weinhaltige und weinähnliche Getränke erforderlichen Untersuchungen vorzunehmen sind[1]).

Süßstoffgesetz.

Vom 7. Juli 1902 (R.G.Bl. S. 253).

§ 1. Süßstoff im Sinne dieses Gesetzes sind alle auf künstlichem Wege gewonnenen Stoffe, welche als Süßmittel dienen können und eine höhere Süßkraft als raffinierter Rohr- oder Rübenzucker, aber nicht entsprechenden Nährwert besitzen[2]).

---

[1]) Bereits zu dem früheren Weingesetz ist vom Reichskanzler unter dem 25. Juni 1896 eine Anweisung zur chemischen Untersuchung des Weines erlassen worden, welche durch Verordnung vom 2. Juli 1901 mit einigen wenigen Änderungen auch für das neue Gesetz als maßgebend bezeichnet worden ist.

[2]) Nachdem durch das Süßstoffgesetz bzw. dessen Ausführungsbestimmungen die Herstellung von Süßstoff zum Monopol einer einzigen Fabrik erklärt worden ist, sind die verschiedenen bisher im Handel befindlichen Süßstoffe verschwunden. Es existiert jetzt nur noch das Saccharin in seinen verschiedenen Stärkegraden.

Die Saccharinfabrik bringt zurzeit folgende Präparate in den Handel:

§ 2. Soweit nicht in den §§ 3—5 Ausnahmen zugelassen sind, ist es verboten:

a. Süßstoff herzustellen oder Nahrungs- oder Genußmitteln bei gewerblicher Herstellung zuzusetzen;
b. Süßstoff oder süßstoffhaltige Nahrungs- oder Genußmittel aus dem Ausland einzuführen;
c. Süßstoff oder süßstoffhaltige Nahrungs- oder Genußmittel feilzuhalten oder zu verkaufen[1]).

§ 3. Nach näherer Bestimmung des Bundesrats ist für die Herstellung oder die Einfuhr von Süßstoff die Ermächtigung einem oder mehreren Gewerbetreibenden zu geben.

Die Ermächtigung ist unter Vorbehalt des jederzeitigen Widerrufs zu erteilen und der Geschäftsbetrieb des Berechtigten unter dauernde amtliche Überwachung zu stellen. Auch hat der Bundesrat in diesem Falle zu bestimmen, daß bei dem Verkaufe des Süßstoffs ein gewisser Preis nicht überschritten werden sowie ob und unter welchen Bedingungen eine Ausfuhr von Süßstoff in das Ausland erfolgen darf.

§ 4. Die Abgabe des gemäß § 3 hergestellten oder eingeführten Süßstoffs im Inland ist nur an Apotheken und an solche Personen gestattet, welche die amtliche Erlaubnis zum Bezuge von Süßstoff besitzen.

Diese Erlaubnis ist nur zu erteilen:

a. an Personen, welche den Süßstoff zu wissenschaftlichen Zwecken verwenden wollen;
b. an Gewerbetreibende zum Zwecke der Herstellung von bestimmten Waren, für welche die Zusetzung von Süßstoff aus einem die Verwendung von Zucker ausschließenden Grunde erforderlich ist;
c. an Leiter von Kranken-, Kur-, Pflege- und ähnlichen Anstalten zur Verwendung für die in der Anstalt befindlichen Personen;
d. an die Inhaber von Gast- und Speisewirtschaften in Kurorten[2]), deren Besuchern der Genuß mit Zucker versüßter Lebensmittel ärztlicherseits untersagt zu werden pflegt, zur Verwendung für die im Orte befindlichen Personen.

Die Erlaubnis ist ferner nur unter Vorbehalt jederzeitigen Widerrufs und nur dann zu erteilen, wenn die Verwendung des Süßstoffs zu den angegebenen Zwecken ausreichend überwacht werden kann.

§ 5. Die Apotheken dürfen Süßstoff außer an Personen, welche eine amtliche Erlaubnis (§ 4) besitzen, nur unter den vom Bundesrate festzustellenden Bedingungen abgeben.

Die im § 4 Abs. 2 zu b benannten Bezugsberechtigten dürfen den Süßstoff nur zur Herstellung der in der amtlichen Erlaubnis bezeichneten Waren verwenden und letztere nur an solche Abnehmer abgeben, welche

---

1.	Raffiniertes Saccharin 550fach	= 100	p. c.
2.	Leicht lösliches raffiniertes Sachcarin 475fach	= 90	"
3.	Kristall-Saccharin 450fach	= 75	"
4.	Saccharintäfelchen Nr. 1 110fach	= 20	"
5.	" Nr. 2 180fach	= 33	"
6.	" Nr. 3 350fach	= 64	"

1) Die früher vielfach übliche Gratisbeigabe von Süßstofftabletten durch Brauereien ist als ein verschleiertes Verkaufen derselben anzusehen und demnach unzulässig (R.G. 27. Juli 1904, Ph.Ztg. 1904 Nr. 62; R.G. 23. Mai 1905).

2) Als Kurort im Sinne dieser Bestimmung ist nach den Ausführungsbestimmungen zurzeit nur Neuenahr anzusehen.

derart zubereitete Waren ausdrücklich verlangen. Der Bundesrat kann bestimmen, daß diese Waren unter bestimmten Bezeichnungen und in bestimmten Verpackungen feilgehalten und abgegeben werden müssen.

Die zu c und d genannten Bezugsberechtigten dürfen Süßstoff oder unter Verwendung von Süßstoff hergestellte Nahrungs- oder Genußmittel nur innerhalb der Anstalt (zu c) oder des Ortes (zu d) abgeben.

§ 7. Wer der Vorschrift des § 2 vorsätzlich zuwiderhandelt, wird, soweit nicht die Bestimmungen des Vereinszollgesetzes Platz greifen, mit Gefängnis bis zu sechs Monaten und mit Geldstrafe bis zu eintausendfünfhundert Mark oder mit einer dieser Strafen bestraft.

Ist die Handlung aus Fahrlässigkeit begangen worden, so tritt Geldstrafe bis zu einhundertfünfzig Mark oder Haft ein.

§ 8. Der Strafe des § 7 Abs. 1 unterliegen auch diejenigen, in deren Besitz oder Gewahrsam Süßstoff in Mengen von mehr als 50 Gramm vorgefunden wird, sofern sie nicht den Nachweis erbringen, daß sie den Süßstoff nach Inkrafttreten dieses Gesetzes von einer zur Abgabe befugten Person bezogen haben[1]).

Ist in solchen Fällen den Umständen nach anzunehmen, daß der vorgefundene Süßstoff nicht verbotswidrig hergestellt oder eingeführt worden ist, so tritt statt der Strafe des § 7 Abs. 1 diejenige des Abs. 2 daselbst ein.

§ 9. In den Fällen des § 7 und § 8 ist neben der Strafe auf Einziehung der Gegenstände zu erkennen, mit Bezug auf welche die Zuwiderhandlung begangen worden ist.

Ist die Verfolgung oder Verurteilung einer bestimmten Person nicht ausführbar, so kann auf die Einziehung selbständig erkannt werden.

§ 10. Zuwiderhandlungen gegen die auf Grund dieses Gesetzes erlassenen und öffentlich oder den Beteiligten besonders bekannt gemachten Verwaltungsvorschriften werden mit einer Ordnungsstrafe von einer bis zu dreihundert Mark geahndet.

Ausführungsbestimmungen zum Süßstoffgesetze vom 7. Juli 1902.

Vom 23. März 1903 (R.Z.Bl. S. 103).

Der Bundesrat hat in seiner Sitzung vom 5. ds. Mts. beschlossen, die nachstehend abgedruckten Ausführungsbestimmungen zum Süßstoffgesetze vom 7. Juli 1902 zu genehmigen.

Berlin, den 23. März 1903.

Der Reichskanzler.

I. V.: Freiherr von Thielmann.

§ 1. Die Durchführung der Vorschriften des Süßstoffgesetzes wird in den einzelnen Bundesstaaten denjenigen Behörden und Beamten übertragen, denen die Verwaltung der Zölle und indirekten Steuern obliegt. Auch sind die Behörden und Beamten der Lebensmittelpolizei verpflichtet, bei der allgemeinen Überwachung des Verkehrs mit Nahrungs- und Genußmitteln darüber zu wachen, daß eine unzulässige Verwendung von Süßstoff nicht stattfindet.

Die Reichsbevollmächtigten für Zölle und Steuern und die Stationskontrolleure haben in bezug auf die Ausführung des Süßstoffgesetzes die

[1]) Diese Bestimmung bezieht sich nach einem Urteil des R.G. vom Dezember 1904 (Ph.Ztg. 1904 Nr. 101) nicht auf die Bruttomenge der vorhandenen Saccharinpräparate, sondern nur auf deren Inhalt an reinem Süßstoff.

selben Rechte und Pflichten, welche ihnen bezüglich der Verwaltung der Zölle und Verbrauchssteuern beigelegt sind.

Der Reichskanzler ist ermächtigt, im Einvernehmen mit den beteiligten Bundesregierungen auch andere Behörden und Beamte zur Durchführung des Gesetzes heranzuziehen.

Zu § 3 des Gesetzes.

§ 2. Zur Herstellung von Süßstoff wird unter Vorbehalt des jederzeitigen Widerrufs die Saccharinfabrik, Aktiengesellschaft, vorm. Fahlberg, List & Co. in Salbke-Westerhüsen ermächtigt.

Als Süßstoff im Sinne dieser und der nachfolgenden Bestimmungen gelten auch diejenigen süßstoffhaltigen Zubereitungen, welche nicht unmittelbar zum Genusse bestimmt sind, sondern nur als Mittel zur Süßung von Nahrungs- und Genußmitteln dienen.

§ 4. Bei dem Verkaufe des Süßstoffs seitens der Fabrik an inländische Abnehmer darf der Preis von 30 Mark für ein Kilogramm raffiniertes Saccharin nicht überschritten werden. Der Reichskanzler wird ermächtigt, die Höchstpreise für die einzelnen in der Fabrik hergestellten Süßstoffarten unter Zugrundelegung des vorgenannten Einheitspreises festzusetzen.

Zu § 4 des Gesetzes.

§ 6. Im Inlande darf die Fabrik Süßstoff nur gegen Vorlegung des amtlichen Bezugsscheins (§ 7) und nur gegen vorschriftsmäßig ausgestellte Bestellzettel (§ 8) abgeben.

Auf der Rückseite des dem Besteller zurückzugebenden Bezugsscheins hat die Fabrikleitung den Tag der Lieferung sowie die Art und die Menge des gelieferten Süßstoffs einzutragen und diese Eintragung durch Beischrift von Ort und Bezeichnung der Fabrik und des Namens des Eintragenden zu bescheinigen.

Die Bestellzettel sind mit einem Vermerk über die Ausführung der Bestellung und mit der Nummer, unter der die Abschreibung des abgegebenen Süßstoffs im Lagerbuche (§ 3) erfolgt ist, zu versehen und bei diesem Buche aufzubewahren.

§ 7. Die Leiter von Apotheken sowie die im § 4 Abs. 2 des Gesetzes bezeichneten Personen haben, soweit sie Süßstoff beziehen wollen, die Ausstellung eines Bezugsscheins — für jedes Kalenderjahr besonders — bei der Steuerbehörde durch Vermittlung der Bezirkssteuerstelle zu beantragen. In den Anträgen der im § 4 Abs. 2 des Gesetzes bezeichneten Personen ist der Verwendungszweck des Süßstoffs anzugeben.

Die Ausstellung der Bezugsscheine hat für die Leiter von Apotheken seitens der zuständigen Hauptzoll- oder Hauptsteuerämter nach Muster 1 zu erfolgen.

Die Erteilung der Erlaubnis zum Bezug und zur Verwendung von Süßstoff an die im § 4 Abs. 2 des Gesetzes bezeichneten Personen bleibt der Direktivbehörde vorbehalten[1]). Sie erfolgt durch Ausstellung eines Bezugsscheines nach Muster 2.

---

[1]) Hieraus wie aus § 4 Abs. 1 des Gesetzes geht hervor, daß die Leiter von Apotheken, im Gegensatz zu den anderen im § 4 des Gesetzes genannten Personen, zum Bezuge von Süßstoff einer besonderen amtlichen Erlaubnis nicht bedürfen. Sie dürfen aber nach §§ 7 und 8 der Ausführungsbestimmungen Süßstoff nur dann einkaufen, wenn sie im Besitze des vorgeschriebenen Bezugsscheines sind (O.L.G. Hamm 1906, Ph.Ztg. 1906 Nr. 56).

In den Bezugsscheinen für die im § 4 Abs. 2 zu b des Gesetzes bezeichneten Gewerbetreibenden sind auch die Waren, bei deren Herstellung der Süßstoff verwendet werden soll, genau zu bezeichnen.

Zur erstmaligen Erteilung eines Bezugsscheins an die im § 4 Abs. 2 zu b des Gesetzes bezeichneten Gewerbetreibenden und bei einer Änderung des Verwendungszwecks für den von diesen Gewerbetreibenden zu beziehenden Süßstoff (Herstellung anderer Waren unter Verwendung von Süßstoff als der bisher erlaubten) bedarf die Direktivbehörde der Zustimmung der obersten Landesfinanzbehörde und des Reichskanzlers[1]).

Jedem Bezugsschein ist ein Muster zum Süßstoff-Bestellzettel (§ 8) beizufügen. Widerrufene oder abgelaufene Bezugsscheine sind einzuziehen.

§ 8. Die Inhaber von Bezugsscheinen (§ 7) können ihren Bedarf an Süßstoff entweder unmittelbar aus der Süßstofffabrik (§ 2) oder aus einer inländischen Apotheke beziehen.

Die Bestellungen haben schriftlich mittels eines nach Muster 3 auszustellenden Bestellzettels zu erfolgen. Jeder Bestellung ist der Bezugsschein beizufügen.

Zu § 5 des Gesetzes.

§ 10. Die Apotheken dürfen Süßstoff entweder gegen Vorlegung des amtlichen Bezugsscheins (§ 7) und vorschriftsmäßig ausgestellte Bestellzettel (§ 8) oder gegen schriftliche, mit Ausstellungstag und Unterschrift versehene Anweisung eines Arztes, Zahnarztes oder Tierarztes abgeben[2]).

Gegen eine ärztliche Anweisung dürfen nicht mehr als 50 g Süßstoff verabfolgt werden[3]).

Süßstofftäfelchen von höchstens 110facher Süßkraft in Fabrikpackung (Glasröhrchen) von nicht mehr als 25 Stück mit zusammen nicht

---

[1]) In bestimmten Fällen hat der preußische Finanzminister im Einvernehmen mit dem Reichskanzler den Zolldirektivbehörden die selbständige Erteilung von Süßstoffbezugsscheinen zum Zwecke der Herstellung von bestimmten Waren, für welche die Zusetzung von Süßstoff aus einem die Verwendung von Zucker ausschließenden Grunde erforderlich ist, übertragen (s. Ph.Ztg. 1905 Nr. 99).

[2]) Die Abgabe von Süßstoff darf danach in Apotheken nur erfolgen:
a. an Inhaber eines Bezugsscheines gegen Vorlegung desselben und eines vorschriftsmäßigen Bestellzettels oder
b. gegen schriftliche, mit Datum und Unterschrift versehene Anweisung eines Arztes, Zahnarztes oder Tierarztes (jedoch in diesem Falle gegen eine Anweisung nicht mehr als 50 g reinen Süßstoff) oder
c. im Handverkauf Süßstofftäfelchen von höchstens 110facher Süßkraft in Fabrikpackung (Glasröhrchen) von nicht mehr als 25 Stück mit zusammen nicht über 0,4 g Gehalt an reinem Süßstoff (ein Röhrchen in jedem Falle).

[3]) Der Finanzminister hat in Übereinstimmung mit dem Reichskanzler diese Bestimmung dahin ausgelegt (Erl. vom Jahre 1904), „daß die Apotheker gegen eine ärztliche Anweisung 50 g reinen Süßstoff, gleichviel in welcher Form und Mischung, also auch Süßstoff von weniger als 550facher Süßkraft in Mengen von mehr als 50 g, verabfolgen, sofern nur der Gehalt an reinem Süßstoff in der abgegebenen Menge die Grenze von 50 g nicht übersteigt." Im gleichen Sinne entschied auch A.G. I Berlin 4. Juni 1904 (Ph.Ztg. 1904 Nr. 49). Eine Tabelle, welche die Mengen der verschiedenen Saccharine angibt, die 50 g reinem Süßstoff entsprechen, ist im Pharmazeutischen Kalender Teil I abgedruckt. Obige Beschränkung gilt indessen nur für jedes einzelne Rezept. Liegen mehrere ärztliche Anweisungen gleichzeitig vor, so darf natürlich auf jedes derselben bis 50 g Süßstoff verabfolgt werden.

über 0,4 g Gehalt an reinem Süßstoffe dürfen auch ohne ärztliche Anweisung abgegeben werden[1]).

Die vorgelegten *Bezugsscheine* sind, nachdem auf ihrer Rückseite der Tag der Abgabe sowie Art und Menge des abgegebenen Süßstoffs eingetragen und diese Eintragung durch Beischrift von Ort und Bezeichnung der abgebenden Apotheke und des Namens ihres Leiters bescheinigt worden ist, dem Besteller zurückzugeben.

Die *Bestellzettel* und die ärztlichen Anweisungen sind zurückzubehalten und, geordnet nach dem Tage der Abgabe des Süßstoffs, dem Süßstoffausgabebuche (§ 11) als Belege beizufügen[2]).

§ 11. Über den Verbleib des Süßstoffs hat der Leiter der Apotheke ein besonderes Buch — *Süßstoffausgabebuch* — für jedes Kalenderjahr zu führen[3]). In dieses ist jede auf Bestellzettel abgegebene Süßstoffmenge sofort nach der Abgabe unter Angabe des Tages der Abgabe, des Empfängers und der Form und Menge des abgegebenen Süßstoffs einzeln einzutragen. Die Eintragung des sonst abgegebenen und des im Apothekenbetriebe verwendeten Süßstoffs kann monatlich im Gesamtbetrag erfolgen.

---

[1]) Dieser den *Handverkauf* von *Süßstoff* regelnde Absatz hat durch Urteil des R.G. vom 11. Juli 1904 (Ph.Ztg. 1904 Nr. 68) folgende Auslegung erfahren: „Der Abs. 3 des § 10 der Ausführungsbestimmungen kann nur dahin verstanden werden, daß *in jedem Einzelfalle* an eine Person *nur ein Glasröhrchen* von nicht mehr als 25 Stück Süßstofftäfelchen von höchstens 110facher Süßkraft mit zusammen nicht über 0,4 g Gehalt an reinem Süßstoffe ohne ärztliche Anweisung abgegeben werden darf."

Auch in späteren Erkenntnissen vom 23. Mai 1905 und 9. Januar 1906 (Ph.Ztg. 1906 Nr. 5) hat das R.G. an dieser Auffassung festgehalten. Um die gleiche Zeit hat jedoch der Reichskanzler den Bundesregierungen mitgeteilt, daß nunmehr (nachdem die Ein- und Verkaufspreise für diese Röhrchen wesentlich erhöht worden waren) „*gegen die gleichzeitige Abgabe von mehreren der bezeichneten Röhrchen an eine und dieselbe Person nichts mehr einzuwenden ist*, sofern es sich nicht um Massenabgabe handelt." Gleichzeitig erging folgende

Bk. des Reichskanzlers, betr. die Fabrikpackung der Saccharintabletten. Vom 22. Januar 1906.

Die in Deutschland und Luxemburg allein zum Handverkauf — ohne ärztliche Anweisung — in den Apotheken zugelassenen Fabrikpackungen von 25 Stück Süßstofftäfelchen von höchstens 110facher Süßkraft und einem Gehalte von zusammen nicht über 0,4 g reinen Süßstoff (zu vgl. § 10, Abs. 3 der Ausführungsbestimmungen zum Süßstoffgesetze) werden seit dem 1. Januar 1906 von der Saccharinfabrik in Salbke-Westerhüsen nur noch in einer Aufmachung abgegeben. Diese Aufmachung besteht aus einem verkorkten Glasröhrchen — ohne Pappumhüllung usw. —, auf welchem folgende Aufschrift aufgeklebt ist:

„25 Saccharin-Täfelchen Nr. 1 (20% raff. Saccharin) 1 Täfelchen = 1½ Stück Würfelzucker.

Einziger, ärztlicher empfohlener Ersatz für Zucker bei Diabetes, Fettleibigkeit, Gicht, Magenleiden.

Ausgezeichnet zum Versüßen von allen Speisen und Getränken.

Diese Packungen dürfen in den Apotheken ohne ärztliche Anweisungen abgegeben werden. Saccharin-Fabrik, A.-G., Salbke a. d. Elbe."

Die Aufschrift ist rot überdruckt mit dem Namenszuge: „Dr. Fahlberg".

[2]) Rezepte, welche nicht lediglich auf Süßstoff lauten, sondern die Grundlage für Herstellung von *Arzneimitteln* bilden, bei deren Zubereitung Süßstoff mit verwendet worden ist, brauchen nicht zurückbehalten werden, da es sich in diesen Fällen um eine Verwendung von Süßstoff im Apothekenbetriebe im Sinne von § 11 der Ausführungsbestimmungen, dessen Eintragung monatlich im Gesamtbetrage erfolgen kann, handelt. (Bescheide der Zoll- und Steuerdirektion in Dresden vom 25. Juni 1903 und des Mecklenburgischen Hauptsteueramts vom Februar 1904).

[3]) Ein geeignetes Muster für das *Süßstoffausgabebuch* ist folgendes:

Den Oberbeamten der Steuerverwaltung sind der Bezugsschein, das Süßstoffausgabebuch nebst Belegen sowie die Bestände an Süßstoff auf Verlangen vorzulegen.

Am Schlusse des Jahres sind die von den Lieferern des Süßstoffs auf dem abgelaufenen Bezugsscheine gemachten Anschreibungen und das Süßstoffausgabebuch abzuschließen, die nach dem Süßstoffausgabebuche verwendete oder abgegebene Menge auf dem Bezugsschein abzusetzen und der verbliebene Bestand in dem neuen Bezugsscheine vorzutragen oder, falls auf einen solchen verzichtet ist, im Süßstoffausgabebuche für das neue Jahr zu vermerken. Alsdann sind der abgelaufene Bezugsschein und das Süßstoffausgabebuch mit den zugehörigen erledigten Bestellzetteln und ärztlichen Anweisungen der Bezirkssteuerstelle einzureichen.

§ 12. Den Apothekern ist es ferner gestattet, von Gewerbetreibenden denen die Erlaubnis erteilt ist, bestimmte Waren unter Verwendung von Süßstoff herzustellen, derart zubereitete Waren zum Wiederverkaufe zu beziehen. Soweit es sich hierbei um Nahrungs- oder Genußmittel handelt, ist beim Verkaufe die Vorschrift im § 16 Abs. 2 zu beachten.

§ 13. Auf Apotheken, in denen Waren unter Verwendung von Süßstoff zum Verkaufe hergestellt werden, finden für die Herstellung und den Vertrieb dieser Waren die Vorschriften des § 7 Abs. 3—5 und der §§ 16, 17 Anwendung[1]).

§ 14. Personen, welchen die Erlaubnis zur Verwendung von Süßstoff zu wissenschaftlichen Zwecken erteilt ist, sowie staatliche Behörden und öffentliche Anstalten zur Untersuchung von Nahrungs- und Genuß-

Süßstoffausgabebuch.

Laufende Nummer	Tag der Abgabe	Empfänger	Des abgegebenen Süßstoffes				Bemerkungen
			Zahl und Art der Packungen	Bezeichnung (raffiniertes Saccharin, Kristallsaccharin usw.) und Süßkraft	Gehalt an reinem Süßstoff kg	g	
1	2	3	4	5	6		7

Genaue Tabellen zur Berechnung des Gehaltes an reinem Süßstoff sind im Pharmazeutischen Kalender Teil I abgedruckt.

[1]) Diese Bestimmung bezieht sich auf alle Apotheker, die überhaupt in ihrem Betriebe süßstoffhaltige Waren, sei es im großen zum Wiederkauf, sei es auch im kleinen zur direkten Abgabe an das Publikum, herstellen. Hierüber erging folgender

Erl. des Reichskanzlers, betr. die Herstellung süßstoffhaltiger Waren durch Apotheker. Vom 1. September 1903.

Nach § 13 der Ausführungsbestimmungen sollen die im § 7 Abs. 2 und den §§ 10 und 11 für die Apotheker erlassenen milderen Vorschriften keine Anwendung finden, wenn und soweit die Apotheken süßstoffhaltige Waren zum Verkaufe herstellen. In diesem Falle sollen die Apotheker vielmehr als Gewerbetreibende der im § 4, Abs. 2 zu b des Gesetzes bezeichneten Art angesehen und den für diese erlassenen schärferen Bestimmungen unterstellt werden. Eine Unterscheidung zwischen denjenigen Apothekern, welche die süßstoffhaltigen Waren zum Großhandel und denjenigen, welche sie zum Absatze im Handverkaufe herstellen, ist dabei nicht gemacht. Alle Apotheker, welche süßstoffhaltige Waren, wie Saccharin-Strychningetreide, Salolmundwasser, versüßten Lebertran usw. zum Verkauf herstellen wollen, auch diejenigen, welche bereits Inhaber eines Süßstoffsbezugsscheins nach Muster 1 sind und die hergestellten Waren nur im Handverkaufe des eigenen Geschäfts abzusetzen beabsichtigtigen, haben hiernach bei der zuständigen Steuerbehörde die Erlaubnis zur Herstellung der süßstoffhaltigen Waren nachzusuchen, welche durch Ausstellung eines Bezugsscheins nach mitteln sind von besonderen Anschreibungen über den Bezug und die Verwendung des Süßstoffs befreit. Sie sind jedoch verpflichtet, hierüber der Direktivbehörde auf Verlangen Auskunft zu geben.

Am Schlusse des Jahres haben sie die von den Lieferern des Süßstoffs auf ihrem Bezugsscheine gemachten Anschreibungen abzuschließen, die Menge des im Laufe des Jahres verwendeten Süßstoffs abzusetzen, den verbliebenen Bestand in dem neuen Bezugsscheine vorzutragen und alsdann den abgelaufenen Schein der Bezirkssteuerstelle einzusenden.

§ 15. Leiter von Kranken-, Kur-, Pflege- und ähnlichen Anstalten, welchen die Erlaubnis zur Verwendung von Süßstoff für die in der Anstalt befindlichen Personen erteilt ist, dürfen Süßstoff oder unter Verwendung von Süßstoff hergestellte Nahrungs- oder Genußmittel nur innerhalb der Anstalt abgeben. Sie haben über den abgegebenen oder zur Herstellung von Nahrungs- oder Genußmitteln verwendeten Süßstoff monatlich Anschreibungen zu machen, welche mit dem ihnen erteilten Bezugsscheine den Oberbeamten der Steuerverwaltung auf Verlangen zur Einsichtnahme vorzulegen sind.

Am Schlusse dès Jahres sind diese Anschreibungen abzuschließen, ihre Summe von der nach den Anschreibungen der Lieferer des Süßstoffs bezogenen Menge auf dem Bezugsschein abzusetzen und der verbliebene Süßstoffbestand in dem neuen Bezugsscheine vorzutragen.

Der abgelaufene Bezugsschein ist durch den Leiter der Anstalt mit einer Bescheinigung dahin zu versehen, daß die abgeschriebene Menge lediglich für die in der Anstalt befindlichen Personen verwendet worden ist, und sodann der Bezirkssteuerstelle einzureichen.

§ 16. Die im § 4 Abs. 2 zu b des Gesetzes benannten Gewerbetreibenden dürfen den bezogenen Süßstoff nur zur Herstellung der in dem amtlichen Bezugsscheine bezeichneten Waren verwenden. Soweit es sich hierbei um Nahrungs- oder Genußmittel handelt, müssen diese Waren in den Verkaufsräumen an besonderen Lagerstellen aufbewahrt werden, welche von den Lagerstellen für die ohne Verwendung von Süßstoff hergestellten Waren getrennt und durch eine entsprechende Aufschrift gekennzeichnet sind.

Die unter Verwendung von Süßstoff hergestellten Nahrungs- oder Genußmittel dürfen zum Wiederverkaufe nur an Apotheken[1]), im übrigen nur an solche Abnehmer, welche derart zubereitete Waren ausdrücklich verlangen, und nur in äußeren Umhüllungen oder Gefäßen abgegeben werden, welche an in die Augen fallender Stelle die deutliche, nicht verwischbare Inschrift

„Mit künstlichem Süßstoffe zubereitet. Wiederverkauf außerhalb der Apotheken gesetzlich verboten.“

tragen.

Die Ausfuhr der unter Verwendung von Süßstoff hergestellten Waren unterliegt keiner Beschränkung.

Muster 2 erteilt wird, unterliegen hinsichtlich des genannten Betriebes der steuerbehördlichen Aufsicht und haben die für solche Betriebe vorgesehene besondere Buchführung zu beobachten.

Apotheker, welche außer dem Handel mit Süßstoff selbst noch saccharinhaltige Präparate herstellen wollen, bedürfen also dazu einer besonderen Erlaubnis, eines besonderen Bezugsscheines und müssen besonderen Süßstoff ausschließlich zu diesem Zwecke beziehen. Ihr sonstiger Süßstoff darf dabei nicht verwendet werden. Die Verwendung von Süßstoff bei der Anfertigung ärztlicher Rezepte ist natürlich dieser Beschränkung nicht unterworfen.

1) Dadurch ist den Apothekern das Monopol für den Wiederverkauf süßstoffhaltiger Nahrungs- und Genußmittel verliehen.

§ 17. Der Geschäftsbetrieb der im § 4 Abs. 2 zu b des Gesetzes benannten Gewerbetreibenden[1]) untersteht der amtlichen **Aufsicht**, deren Umfang im einzelnen Falle von der Direktivbehörde zu bestimmen ist. Den Oberbeamten der Steuerverwaltung sind auf Verlangen die Geschäftsbücher, soweit sie Angaben über den Bezug von Süßstoff und seine Verwendung sowie über die Herstellung und den Absatz der unter Verwendung von Süßstoff zubereiteten Waren enthalten, zur Einsichtnahme vorzulegen und die Bestände an Süßstoff und an Waren, die unter Verwendung von Süßstoff hergestellt sind, vorzuzeigen.

Nach Anleitung dieser Oberbeamten hat der Gewerbetreibende für jedes Kalenderjahr fortlaufende Anschreibungen über die bezogenen und verwendeten Süßstoffmengen und über die unter Verwendung von Süßstoff hergestellten Waren zu führen.

Die Anschreibungen sind am Schlusse des Jahres abzuschließen und mit dem abgelaufenen Bezugsscheine der Bezirkssteuerstelle einzureichen, nachdem die verbliebenen Bestände in den Anschreibungen für das neue Jahr vorgetragen sind.

§ 18. Der Reichskanzler ist ermächtigt, eine vorübergehende Erhöhung der gemäß § 4 festgestellten **Höchstpreise für Süßstoff** sowie in einzelnen Fällen die Einfuhr von Süßstoff aus dem Ausland unter Festsetzung der Bedingungen zuzulassen.

Direktivbezirk.................... *Muster 1.*

Süßstoffbezugsschein für Apotheken.

Nr............ für 19..... .

(Name des Bezugsberechtigten) ....
ist berechtigt, im Kalenderjahr 19..... für die von ihm geleitete ....
Apotheke zu (Ort, Straße, Hausnummer) ....
Süßstoff aus anderen inländischen Apotheken oder unmittelbar aus der Saccharinfabrik zu Salbke-Westerhüsen bei Magdeburg gegen vorschriftsmäßig ausgestellte Bestellzettel zu beziehen.

(Ort und Tag) ....

....................**Haupt**....................**amt.**

(Stempel) (Unterschrift)

Ein Muster zum Süßstoffbestellzettel liegt an.

Anleitung zum Gebrauche.

1. Bei jeder Süßstoffbestellung ist dieser Bezugsschein dem Lieferer vorzulegen. Letzterer hat den gelieferten Süßstoff auf der Rückseite dieses Scheins in den Spalten 1—5 einzutragen, die Richtigkeit der Eintragung durch Ausfüllung der Spalten 6/7 zu bescheinigen und alsdann den Bezugsschein dem Besteller zurückzugeben, den Bestellzettel aber als Beleg zum Süßstoffausgabebuche (Lagerbuche) zurückzubehalten.
2. Der Besteller (Inhaber des Bezugsscheins) hat in Spalte 8 den Tag des Eintreffens der bestellten Süßstoffsendung zu vermerken. Am Jahresschlusse hat er die Eintragungen der Lieferer des Süßstoffs auf der Rückseite dieses Scheines abzuschließen, von der Summe die nach dem Süßstoffausgabebuche abgegebene oder verwendete Menge abzusetzen und den verbliebenen Bestand in dem Bezugsscheine für das neue Jahr vorzutragen.
3. Der abgelaufene Bezugsschein ist alsdann mit dem abgeschlossenen Süßstoffausgabebuch und den zu diesem gehörigen Belegen (erledigte Bestellzettel und ärztliche Anweisungen) der Bezirkssteuerstelle einzureichen.

[1]) Also auch derjenigen **Apotheker**, welche die Genehmigungen zur Herstellung bestimmter Waren unter Verwendung von Süßstoff besitzen.

Rückseite von Muster 1 und 2.

Laufende Nummer der Lieferungen	Eintragungen des Lieferers							Eintragungen des Empfängers
	Tag der Absendung oder Abgabe des Süßstoffes	Des gelieferten Süßstoffes				Des Lieferers		
		Zahl und Art der Packungen	**Bezeichnung (raffiniertes Saccharin, Kristallsaccharin usw.) und Süßkraft**	Gehalt an reinem Süßstoffe kg	g	Firma und Wohnsitz	Namensbeischrift	Die Süßstoffsendung ist eingetroffen am:
1	2	3	4	5		6	7	8
Bestand aus dem Vorjahre								
			Probeeintragung					
1	*10. April 1903*	*10 Dosen zu je 1 kg*	*Raffiniertes Saccharin, 550 fach*	*10*		*Saccharinfabrik, vorm. Fahlberg, List & Co. in Salbke-Westerhüsen*	*Fahlberg*	*14./4. 03.*
		10 Gläser zu je ¼ kg	*Kristallsaccharin, 450 fach. . . .*	*2*	*045*			
		1000 Röhrchen zu je 25 Stück	*Täfelchen Nr. 1, 110 fach, 13 500 = 1 kg*	.	*370*			
2								
			usw.					

Direktivbezirk........................ *Muster 2.*

Süßstoffbezugsschein für andere Personen als Apotheker.

Nr. .... für 19.....

(Genaue Bezeichnung des Inhabers des Bezugsscheins) ....

zu (Ort, Straße, Hausnummer) ....

wird hiermit unter Vorbehalt jederzeitigen Widerrufs die Erlaubnis erteilt, im Kalenderjahr 19..... Süßstoff aus einer inländischen Apotheke oder unmittelbar von der Saccharinfabrik in Salbke-Westerhüsen bei Magdeburg gegen vorschriftsmäßig ausgestellte Bestellzettel zu beziehen und den bezogenen Süßstoff

(Angabe des Verwendungszweckes; bei den unter § 4 Abs. 2 unter b des Gesetzes bezeichneten Gewerbetreibenden genaue Bezeichnung der Waren, bei deren Herstellung Süßstoff verwendet werden soll.)

zu verwenden.

(Ort und Tag)..

(Bezeichnung der Direktivbehörde) ....

(Stempel und Unterschrift)..

Ein Muster zum Süßstoffbestellzettel liegt an.

Anleitung zum Gebrauche.

1. Bei jeder Süßstoffbestellung ist dieser Bezugsschein dem Lieferer vorzulegen. Letzterer hat den gelieferten Süßstoff auf der Rückseite dieses Scheines in den Spalten 1 bis 5 einzutragen, die Richtigkeit der Eintragung durch Ausfüllung der Spalten 6 und 7 zu bescheinigen und alsdann den Bezugsdem Besteller zurückzugeben, den Bestellzettel aber als Beleg zum Süßstoffausgabebuche (Lagerbuche) zurückzubehalten.
2. Der Besteller (Inhaber des Bezugsscheins) hat in Spalte 8 den Tag des Eintreffens der bestellten Süßstoffsendung zu vermerken.
3. Der bezogene Süßstoff darf nur zu den im vorstehendeu Bezugsschein angegebenen Zwecken verwendet werden.
4. Am Jahresschlusse hat der Inhaber des Bezugsscheins die Eintragungen der Lieferer des Süßstoffs auf der Rückseite dieses Scheines abzuschließen, die verwendete Süßstoffmenge abzusetzen und den verbliebenen Bestand in dem Bezugsscheine für das neue Jahr vorzutragen.
5. Der abgelaufene Bezugsschein ist alsdann — mit der im § 15 Abs. 3 der Ausführungsbestimmungen vorgeschriebenen Bescheinigung — mit den im § 17 der Ausführungsbestimmungen vergeschriebenen Anschreibungen — der Bezirkssteuerstelle einzureichen.

Muster 3.

Süßstoffbestellzettel.

Auf Grund des anliegenden von de..

....

zu .... unter Nr.......... ausgestellten Bezugsscheins für das Kalenderjahr 19..... bestelle ich hiermit

(Form und Menge des gewünschten Süßstoffes sowie sonstige Wünsche hinsichtlich der Lieferung.)

(Ort und Tag)..

(Firma)..

(Unterschrift) ....

Außer den in den vorstehenden Gesetzen behandelten Gegenständen gibt es im Verkehr mit Nahrungs- und Genußmitteln noch eine ganze Anzahl Materien, die nicht durch Spezialgesetze geregelt sind. Dazu gehört insbesondere die Herstellung und der Vertrieb künstlicher Mineralwässer, worüber auf Grund eines preußischen Ministerialerlasses vom 18. Juni 1896 in den meisten Regierungsbezirken besondere Polizeiverordnungen erlassen worden sind. Die Rechtsgültigkeit dieser Verordnungen ist sowohl durch das O.V.G. (25. Februar 1899, Ph.Ztg. 1899 Nr. 21) wie auch das K.G. (27. März 1905, Ph.Ztg. 1905 Nr. 27) bestätigt worden. Über die Prüfung der zur Herstellung der künstlichen Mineralwässer dienenden Apparate erging ein preußisches Gesetz betr. die Kosten der Prüfung überwachungsbedürftiger Anlagen vom 8. Juli 1905. Nach demselben kann den Besitzern von Mineralwasserapparaten in Polizeiverordnungen die Verpflichtung auferlegt werden, die zur Prüfung der Apparate nötigen Arbeitskräfte und Vorrichtungen bereitzustellen und die Kosten der Prüfungen zu tragen.

Im Zusammenhange mit der Durchführung der Nahrungsmittelgesetze erfolgte der Erlaß besonderer Prüfungsvorschriften für Nahrungsmittelchemiker.

Vorschriften, betr. die Prüfung der Nahrungsmittelchemiker.[1]

Bundesratsbeschluß vom 22. Februar 1894.[2]

§ 1. Über die Befähigung zur chemisch-technischen Beurteilung von Nahrungsmitteln, Genußmitteln und Gebrauchsgegenständen (Reichsgesetz vom 14. Mai 1879) wird demjenigen, welcher die in folgendem vorgeschriebenen Prüfungen bestanden hat, ein Ausweis nach dem beiliegenden Muster erteilt.

§ 2. Die Prüfungen bestehen in einer Vorprüfung und einer Hauptprüfung.

Die Hauptprüfung zerfällt in einen technischen und einen wissenschaftlichen Abschnitt.

A. Vorprüfung.

§ 3. Die Kommission für die Vorprüfung besteht unter dem Vorsitz eines Verwaltungsbeamten aus einem oder zwei Lehrern der Chemie und je einem Lehrer der Botanik und der Physik.

Der Vorsitzende leitet die Prüfung und ordnet bei Behinderung eines Mitgliedes dessen Vertretung an.

---

[1]) Eine Sammlung aller Bestimmungen über die Prüfung der Nahrungsmittel-Chemiker für das Deutsche Reich und die einzelnen Bundesstaaten ist im Verlage von Julius Springer in Berlin erschienen.

[2]) Die Prüfungsvorschriften sind im Bundesrat nur „vereinbart" worden, ihre rechtliche Wirksamkeit finden sie erst durch entsprechende Einführungsverordnungen der Einzelstaaten. Für Preußen ist die Einführung der Vorschriften durch Erl. des Ministers der Medizinalangelegenheiten vom 10. Mai 1895 erfolgt. In diesem Erl. heißt es ferner:

Diejenigen Chemiker, welche den Befähigungsausweis erworben haben, sollen vorzugsweise berücksichtigt werden, und zwar vornehmlich:

a. bei der öffentlichen Bestellung (§ 36 der Gew.O.) von Sachverständigen für Nahrungsmittelchemie;
b. bei der Auswahl von Gutachtern für die mit der Handhabung des Nahrungsmittelgesetzes in Verbindung stehenden chemischen Fragen, sowie
c. bei der Auswahl der Arbeitskräfte für die öffentlichen Anstalten zur technischen Untersuchung von Nahrungs- und Genußmitteln (§ 17 des Nahrungsmittelgesetzes).

§ 4. In jedem Studienhalbjahr finden Prüfungen statt. Gesuche, welche später als vier Wochen vor dem amtlich festgesetzten Schluß der Vorlesungen eingehen, haben keinen Anspruch auf Berücksichtigung im laufenden Halbjahr. Die Prüfung kann nur bei der Prüfungskommission derjenigen Lehranstalt, bei welcher der Studierende eingeschrieben ist oder zuletzt eingeschrieben war, abgelegt werden.

§ 5. Dem Gesuche sind beizufügen:

1. Das Zeugnis der Reife von einem Gymnasium, einem Realgymnasium, einer Oberrealschule oder einer durch Beschluß des Bundesrats als gleichberechtigt anerkannten anderen Lehranstalt des Reichs[1]).

   Das Zeugnis der Reife einer gleichartigen außerdeutschen Lehranstalt kann ausnahmsweise für ausreichend erachtet werden.

2. Der durch Abgangszeugnisse oder, soweit das Studium noch fortgesetzt wird, durch das Anmeldebuch zu führende Nachweis eines naturwissenschaftlichen Studiums von sechs Halbjahren, deren letztes indessen zurzeit der Einreichung des Gesuchs noch nicht abgeschlossen zu sein braucht. Das Studium muß auf Universitäten oder auf technischen Hochschulen des Reichs zurückgelegt sein.

   Ausnahmsweise kann das Studium auf einer gleichartigen außerdeutschen Lehranstalt oder die einem anderen Studium gewidmete Zeit in Anrechnung gebracht werden.

3. Der durch Zeugnisse der Laboratoriumsvorsteher zu führende Nachweis, daß der Studierende mindestens fünf Halbjahre in chemischen Laboratorien der unter Nr. 2 bezeichneten Lehranstalten gearbeitet hat.

§ 6. Der Vorsitzende der Prüfungskommission entscheidet über die Zulassung und verfügt die Ladung des Studierenden. Letztere erfolgt mindestens zwei Tage vor der Prüfung, unter Beifügung eines Abdrucks dieser Bestimmungen. Die Prüfung kann nach Beginn der letzten sechs Wochen des sechsten Studienhalbjahres stattfinden. Zu einem Prüfungstermin werden nicht mehr als vier Prüflinge zugelassen. Wer in dem Termin ohne ausreichende Entschuldigung nicht rechtzeitig erscheint, wird in dem laufenden Prüfungshalbjahr zur Prüfung nicht mehr zugelassen.

§ 7. Die Prüfung erstreckt sich auf unorganische, organische und analytische Chemie, Botanik, Physik. Bei der Prüfung in der unorganischen Chemie ist auch die Mineralogie zu berücksichtigen.

Die Prüfung ist mündlich; der Vorsitzende und zwei Mitglieder müssen bei derselben ständig zugegen sein.

Die Dauer der Prüfung beträgt für jeden Prüfling etwa eine Stunde, wovon die Hälfte auf Chemie, je ein Viertel auf Botanik und Physik entfällt.

Wer die Prüfung für das höhere Lehramt bestanden hat, wird sofern er in Chemie oder Botanik die Befähigung zum Unterricht in allen Klassen oder in Physik die Befähigung zum Unterricht in den mittleren Klassen erwiesen hat, in dem betreffenden Fach nicht geprüft.

---

[1]) Der Bundesrat hat in seiner Sitzung vom 13. Mai 1902 beschlossen, das an der chemisch-technischen Abteilung einer bayerischen Industrieschule erworbene Reifezeugnis für den Übertritt in die technische Hochschule, sowie das an der chemischen Abteilung der Königlich sächsischen Gewerbeakademie zu Chemnitz erlangte Absolutorialzeugnis als gleichberechtigt im Sinne des § 5 Ziffer 1 der Vorschriften betr. die Prüfung der Nahrungsmittelchemiker, anzuerkennen.

§ 8. Die Gegenstände und das Ergebnis der Prüfung werden von dem Examinator für jeden Geprüften in ein Protokoll eingetragen, welches von dem Vorsitzenden und sämtlichen Mitgliedern der Kommission zu unterzeichnen ist.

Die Zensur wird für das einzelne Fach von dem Examinator erteilt, und zwar unter ausschließlicher Anwendung der Prädikate „sehr gut", „gut", „genügend" oder „ungenügend".

Wenn in der Chemie von zwei Lehrern geprüft wird, haben beide sich über die Zensur für das gesamte Fach zu einigen. Gelingt dies nicht, so entscheidet die Stimme desjenigen Examinators, welcher die geringere Zensur erteilt hat.

§ 9. Ist die Prüfung nicht bestanden, so findet eine Wiederholungsprüfung statt. Dieselbe erstreckt sich, wenn die Zensur in der ersten Prüfung für Chemie und für ein zweites Fach „ungenügend" war, auf sämtliche Gegenstände der Vorprüfung und findet dann nicht vor Ablauf von sechs Monaten statt.

In allen anderen Fällen beschränkt sich die Wiederholungsprüfung auf die nicht bestandenen Fächer. Die Frist, vor deren Ablauf sie nicht stattfinden darf, beträgt mindestens zwei und höchstens sechs Monate und wird von dem Vorsitzenden nach Benehmen mit dem Examinator festgesetzt. Meldet sich der Prüfling ohne eine nach dem Urteil des Vorsitzenden ausreichende Entschuldigung innerhalb des nächstfolgenden Studiensemesters nach Ablauf der Frist nicht rechtzeitig (§ 4) zur Prüfung, so hat er die ganze Prüfung zu wiederholen.

Lautet in jedem Fache die Zensur mindestens „genügend", so ist die Prüfung bestanden. Als Schlußzensur wird erteilt „sehr gut", wenn die Zensur für Chemie und ein anderes Fach „sehr gut", für das dritte Fach mindestens „gut" lautet; „gut", wenn die Zensur nur in Chemie „sehr gut" oder in Chemie und noch einem Fach mindestens „gut" lautet; „genügend" in allen übrigen Fällen.

§ 10. Tritt ein Prüfling ohne eine nach dem Urteil des Vorsitzenden ausreichende Entschuldigung im Laufe der Prüfung zurück, so hat er dieselbe vollständig zu wiederholen. Die Wiederholung ist vor Ablauf von sechs Monaten nicht zulässig.

§ 11. Die Wiederholung der ganzen Prüfung kann auch bei einer anderen Prüfungskommission geschehen. Die Wiederholung der Prüfung in einzelnen Fächern muß bei derselben Kommission stattfinden.

Eine mehr als zweimalige Wiederholung der ganzen Prüfung oder der Prüfung in einem Fache ist nicht zulässig.

Ausnahmen von vorstehenden Bestimmungen können aus besonderen Gründen gestattet werden.

§ 12. Über den Ausfall der Prüfung wird ein Zeugnis erteilt. Ist die Prüfung ganz oder teilweise zu wiederholen, so wird statt einer Gesamtzensur die Wiederholungsfrist in dem Zeugnis vermerkt. Dieser Vermerk ist, falls der Prüfling bei einer akademischen Lehranstalt nicht mehr eingeschrieben ist, auch in das letzte Abgangszeugnis einzutragen. Ist der Prüfling bei einer akademischen Lehranstalt noch eingeschrieben, so hat der Vorsitzende den Ausfall der Prüfung und die Wiederholungsfristen alsbald der Anstaltsbehörde mitzuteilen. Von dieser ist, falls der Studierende vor vollständig bestandener Vorprüfung die Lehranstalt verläßt, ein entsprechender Vermerk in das Abgangszeugnis einzutragen.

§ 13. An Gebühren sind für die Vorprüfung vor Beginn derselben 30 Mark zu entrichten.

Für Prüflinge, welche das Befähigungszeugnis für das höhere Lehramt besitzen, betragen in den im § 7 Abs. 5 vorgesehenen Fällen die Gebühren 20 Mark. Dasselbe gilt für die Wiederholung der Prüfung in einzelnen Fächern (§ 9 Abs. 2).

B. Hauptprüfung.

§ 14. Die Kommission für die Hauptprüfung besteht unter dem Vorsitz eines Verwaltungsbeamten aus zwei Chemikern, von dener einer auf dem Gebiete der Untersuchung von Nahrungsmitteln, Genußmitteln und Gebrauchsgegenständen praktisch geschult ist, und aus einem Vertreter der Botanik. Der Vorsitzende leitet die Prüfung und ordnet bei Behinderung eines Mitgliedes dessen Vertretung an.

§ 15. Die Prüfungen beginnen jährlich im April und enden im Dezember.

Die Prüfung kann vor jeder Prüfungskommission abgelegt werden.

Die Gesuche um Zulassung sind bei dem Vorsitzenden bis zum 1. April einzureichen. Wer die Vorbereitungszeit erst mit dem September beendigt, kann ausnahmsweise noch im laufenden Prüfungsjahre zur Prüfung zugelassen werden, sofern die Meldung vor dem 1. Oktober erfolgt.

§ 16. Der Meldung sind beizufügen:

1. ein kurzer Lebenslauf;
2. die in § 5 Nr. 1—3 aufgeführten Nachweise;
3. das Zeugnis über die Vorprüfung (§ 12);
4. Zeugnisse der Laboratoriums- oder Anstaltsvorsteher darüber, daß der Prüfling vor oder nach der Vorprüfung an einer der im § 5 Nr. 2 bezeichneten Lehranstalten mindestens ein Halbjahr an Mikroskopierübungen teilgenommen und nach bestandener Vorprüfung mindestens drei Halbjahre[1]) mit Erfolg an einer staatlichen Anstalt zur technischen Untersuchung von Nahrungs- und Genußmitteln tätig gewesen ist.

Wer die Prüfung als Apotheker mit dem Prädikat „sehr gut" bestanden hat[2]), bedarf, sofern er die im § 5 Nr. 2 bezeichnete Vorbedingung erfüllt hat, der im § 5 Nr. 1 und 3 vorgesehenen Nachweise sowie des Zeugnisses über die Vorprüfung nicht[3]). Wer die Befähigung für das höhere Lehramt in Chemie und Botanik für alle Klassen und in Physik für die mittleren Klassen dargetan hat, bedarf, sofern er den im § 5 unter Nr. 3 vorgesehenen Nachweis erbringt, des Zeugnisses über die Vorprüfung nicht. Wer an einer

---

[1]) Nach einer Entscheidung des badischen Ministers des Innern ist unter „Halbjahr" im Sinne obiger Vorschriften bei Anstalten, welche einer Universität angegliedert sind, ein Universitätssemester, bei sonstigen Anstalten ein Kalenderhalbjahr zu verstehen.

[2]) Nach dem Wortlaut dieser Bestimmung genügt das Bestehen der pharmazeutischen Staatsprüfung mit Note I, der Besitz der Approbation als Apotheker, die jetzt erst zwei Jahre nach der Staatsprüfung erteilt wird, ist nicht erforderlich. Es dürfte danach denjenigen Kandidaten der Pharmazie, welche die Staatsprüfung mit dem Prädikat „sehr gut" bestanden haben, freistehen, in unmittelbarem Anschluß daran unter den oben genannten Vergünstigungen Nahrungsmittelchemie zu studieren und erst nachher die Approbation durch Ableistung der praktischen Tätigkeit zu erwerben.

[3]) Apotheker mit dem Prädikat „sehr gut" in der Staatsprüfung haben demnach außer den in § 16 Ziffer 1 und 4 genannten Forderungen nur ein sechssemesteriges Studium nachzuweisen. Erlassen ist ihnen der Nachweis der Reife, einer fünfsemesterigen Tätigkeit in chemischen Laboratorien und der bestandenen Vorprüfung. Über die Zulassung der Apotheker zur Prüfung als Nahrungsmittelchemiker erging ferner der auf S. 168 abgedruckte Erl. des Reichskanzlers vom 26. Januar 1897.

technischen Hochschule die Diplom-(Absolutorial-)Prüfung für Chemiker bestanden hat, bedarf des Zeugnisses über die Vorprüfung nicht, wenn die bestehenden Prüfungsvorschriften als ausreichend anerkannt sind[1]).

Wer nach der Vorprüfung ein halbes Jahr an einer Universität oder technischen Hochschule dem naturwissenschaftlichen Studium, verbunden mit praktischer Laboratoriumstätigkeit, gewidmet hat, bedarf nur für zwei Halbjahre des Nachweises über eine praktische Tätigkeit an Anstalten zur Untersuchung von Nahrungs- und Genußmitteln.

Den staatlichen Anstalten dieser Art können von der Zentralbehörde sonstige Anstalten zur technischen Untersuchung von Nahrungs- und Genußmitteln, sowie landwirtschaftliche Untersuchungsanstalten gleichgestellt werden[2]).

§ 17. Der Vorsitzende der Kommission entscheidet über die Zulassung des Studierenden. Dieser hat sich bei dem Vorsitzenden persönlich zu melden.

Die Zulassung zur Prüfung ist zu versagen, wenn Tatsachen vorliegen, welche die Unzuverlässigkeit des Nachsuchenden in bezug auf die Ausübung des Berufs als Nahrungsmittelchemiker dartun.

§ 18. Die Prüfung ist nicht öffentlich. Sie beginnt mit dem technischen Abschnitt. Nur wer diesen Abschnitt bestanden hat, wird zu dem wissenschaftlichen Abschnitt zugelassen. Zwischen beiden Abschnitten soll ein Zeitraum von höchstens drei Wochen liegen; jedoch kann der Vorsitzende aus besonderen Gründen eine längere Frist, ausnahmsweise auch eine Unterbrechung bis zur nächsten Prüfungsperiode gewähren.

§ 19. Die technische Prüfung wird in einem mit den erforderlichen Mitteln ausgestatteten Staatslaboratorium abgehalten. Es dürfen daran gleichzeitig nicht mehr als acht Kandidaten teilnehmen.

Die Prüfung umfaßt vier Teile. Der Prüfling muß sich befähigt erweisen:

1. eine, ihren Bestandteilen nach dem Examinator bekannte chemische Verbindung oder eine künstliche, zu diesem Zweck besonders zusammengesetzte Mischung qualitativ zu analysieren und mindestens vier einzelne Bestandteile der von dem Kandidaten bereits qualitativ untersuchten oder einer anderen dem Examinator in bezug auf Natur und Mengenverhältnis der Bestandteile bekannten chemischen Verbindung oder Mischung quantitativ zu bestimmen;
2. die Zusammensetzung eines ihm vorgelegten Nahrungs- oder Genußmittels qualitativ und quantitativ zu bestimmen;
3. die Zusammensetzung eines Gebrauchsgegenstandes aus dem Bereich des Gesetzes vom 14. Mai 1879 qualitativ und nach dem Ermessen des Examinators auch quantitativ zu bestimmen;
4. einige Aufgaben auf dem Gebiete der allgemeinen Botanik (der pflanzlichen Systematik, Anatomie und Morphologie) mit Hilfe des Mikroskops zu lösen.

---

[1]) Als gleichwertig mit der Vorprüfung für Nahrungsmittelchemiker im Sinne des § 16 Abs. 2 der obigen Prüfungsordnung sind bisher von dem Reichskanzler anerkannt worden die Diplomprüfungen der Technischen Hochschulen in Stuttgart, Karlsruhe, Darmstadt und Braunschweig.

Die Frage, ob die an einer deutschen Universität erfolgte Promotion zum Doktor der Philosophie als Ersatz der Vorpfüfung gelten könne, wird in einem Erl. des preußischen Medizinalministers vom 4. November 1896 verneint.

[2]) Ein Verzeichnis der zur Ausbildung der Nahrungsmittelchemiker zugelassenen Anstalten ist im Pharmazeutischen Kalender Teil II abgedruckt.

Die Prüfung wird in der hier angegebenen Reihenfolge ohne mehrtägige Unterbrechung erledigt. Zu einem späteren Teil wird nur zugelassen, wer den vorhergehenden Teil bestanden hat.

Die Aufgaben sind so zu wählen, daß die Prüfung in vier Wochen abgeschlossen werden kann.

Sie werden von den einzelnen Examinatoren bestimmt und erst bei Beginn jedes Prüfungsteils bekannt gegeben. Die technische Lösung der Aufgabe des ersten Teils muß, soweit die qualitative Analyse in Betracht kommt, in einem Tage, diejenige der übrigen Aufgaben innerhalb der vom Examinator bei Überweisung der einzelnen Aufgaben festzusetzenden Frist beendet sein.

Die Aufgaben und die gesetzten Fristen sind gleichzeitig dem Vorsitzenden von den Examinatoren schriftlich mitzuteilen.

Die Prüfung erfolgt unter Klausur dergestalt, daß der Kandidat die technischen Untersuchungen unter ständiger Anwesenheit des Examinators oder eines Vertreters desselben zu Ende führt und die Ergebnisse täglich in ein von dem Examinator gegenzuzeichnendes Protokoll einträgt.

§ 20. Nach Abschluß der technischen Untersuchungen (§ 19) hat der Kandidat in einem schriftlichen Bericht den Gang derselben und den Befund zu beschreiben, auch die daraus zu ziehenden Schlüsse darzulegen und zu begründen. Die schriftliche Ausarbeitung kann für die beiden Analysen des ersten Teils zusammengefaßt werden, falls dieselbe Substanz qualitativ und quantitativ bestimmt worden ist; sie hat sich für Teil 4 auf eine von dem Examinator zu bezeichnende Aufgabe zu beschränken. Die Berichte über die Teile 1, 2 und 3 sind je binnen drei Tagen nach Abschluß der Laboratoriumsarbeiten, der Bericht über die mikroskopische Aufgabe (Teil 4) binnen zwei Tagen, mit Namensunterschrift versehen, dem Examinator zu übergeben.

Der Kandidat hat bei jeder Arbeit die benutzte Literatur anzugeben und eigenhändig die Versicherung hinzuzufügen, daß er die Arbeit ohne fremde Hilfe angefertigt hat.

§ 21. Die Arbeiten werden von den Fachexaminatoren zensiert und mit den Untersuchungsprotokollen und Zensuren dem Vorsitzenden der Kommission binnen einer Woche nach Empfang vorgelegt.

§ 22. Die wissenschaftliche Prüfung ist mündlich. Der Vorsitzende und zwei Mitglieder der Kommission müssen bei derselben ständig zugegen sein. Zu einem Termin werden nicht mehr als vier Kandidaten zugelassen.

Die Prüfung erstreckt sich:

1. auf die unorganische, organische und analytische Chemie mit besonderer Berücksichtigung der bei der Zusammensetzung der Nahrungs- und Genußmittel in Betracht kommenden chemischen Verbindungen, der Nährstoffe und ihrer Umsetzungsprodukte, sowie auf die Ermittlung der Aschenbestandteile und der Gifte mineralischer und organischer Natur;
2. auf die Herstellung und die normale und abnorme Beschaffenheit der Nahrungs- und Genußmittel, sowie der unter das Gesetz vom 14. Mai 1879 fallenden Gebrauchsgegenstände. Hierbei ist auch auf die sogenannten landwirtschaftlichen Gewerbe (Bereitung von Molkereiprodukten, Bier, Wein, Branntwein, Stärke, Zucker u. dgl. m.) einzugehen;
3. auf die allgemeine Botanik (pflanzliche Systematik, Anatomie und Morphologie) mit besonderer Berücksichtigung der pflanzlichen Roh-

stofflehre (Drogenkunde u. dgl.), sowie ferner auf die bakteriologischen Untersuchungsmethoden des Wassers und der übrigen Nahrungs- und Genußmittel, jedoch unter Beschränkung auf die einfachen Kulturverfahren;

4. auf die den Verkehr mit Nahrungsmitteln, Genußmitteln und Gebrauchsgegenständen regelnden Gesetze und Verordnungen, sowie auf die Grenzen der Zuständigkeit des Nahrungsmittelchemikers im Verhältnis zum Arzt, Tierarzt und anderen Sachverständigen, endlich auf die Organisation der für die Tätigkeit eines Nahrungsmittelchemikers in Betracht kommenden Behörden.

Die Prüfung in den ersten drei Fächern wird von den Fachexaminatoren, im vierten Fache von dem Vorsitzenden, geeignetenfalls unter Beteiligung des einen oder des anderen Fachexaminators abgehalten. Die Dauer der Prüfung beträgt für jeden Kandidaten in der Regel nicht über eine Stunde.

§ 23. Für jeden Kandidaten wird über jeden Prüfungsabschnitt ein Protokoll unter Anführung der Prüfungsgegenstände und der Zensuren, bei der Zensur „ungenügend" unter kurzer Angabe ihrer Gründe aufgenommen.

§ 24. Über den Ausfall der Prüfung in den einzelnen Teilen des technischen Abschnitts und in den einzelnen Fächern des wissenschaftlichen Abschnitts werden von den betreffenden Examinatoren Zensuren unter ausschließlicher Anwendung der Prädikate „sehr gut", „gut", „genügend", „ungenügend" erteilt.

Für Botanik und Bakteriologie muß die gemeinsame Zensur, wenn bei getrennter Beurteilung in einem dieser Zweige „ungenügend" gegeben werden würde, „ungenügend" lauten.

§ 25. Ist die Prüfung in einem Teile des technischen Abschnitts nicht bestanden, so findet eine Wiederholungsprüfung statt. Die Frist, vor deren Ablauf die Wiederholungsprüfung nicht erfolgen darf, beträgt mindestens drei Monate und höchstens ein Jahr; sie wird von dem Vorsitzenden nach Benehmen mit dem Examinator festgesetzt.

Hat der Kandidat die Prüfung in einem Fache des wissenschaftlichen Abschnitts nicht bestanden, so kann er nach Ablauf von sechs Wochen zu einer Nachprüfung zugelassen werden. Die Nachprüfung findet in Gegenwart des Vorsitzenden und der beteiligten Fachexaminatoren statt. Besteht der Kandidat auch in der Nachprüfung nicht, oder verabsäumt er es, ohne ausreichende Entschuldigung sich innerhalb 14 Tagen nach Ablauf der für die Nachpfrüung gestellten Frist zu melden, so hat er die Prüfung in dem ganzen Abschnitt zu wiederholen. Dasselbe gilt, wenn der Kandidat die Prüfung in mehr als einem Fache dieses Abschnitts nicht bestanden hat. Die Wiederholung ist vor Ablauf von sechs Monaten nicht zulässig.

§ 26. Erfolgt die Meldung zur Wiederholung eines Prüfungsteils nicht spätestens in dem nächsten Prüfungsjahre, so muß die ganze Prüfung von neuem abgelegt werden.

Wer bei der Wiederholung nicht besteht, wird zu einer weiteren Prüfung nicht zugelassen.

Ausnahmen von vorstehenden Bestimmungen können aus besonderen Gründen gestattet werden.

§ 27. Nachdem die Prüfung in allen Teilen bestanden ist, ermittelt der Vorsitzende aus den Einzelzensuren die Schlußzensur, wobei die Zensuren für jeden einzelnen Teil des ersten Abschnitts doppelt gezählt werden, so daß im ganzen zwölf Einzelzensuren sich ergeben.

Die Schlußzensur „sehr gut“ darf nur dann gegeben werden, wenn die Mehrzahl der Einzelzensuren „sehr gut“, alle übrigen „gut lauten; die Schlußzensur „gut“ nur dann, wenn die Mehrzahl mindestens „gut“ oder wenigstens sechs Einzelzensuren „sehr gut“ lauten. In allen übrigen Fällen wird die Schlußzensur „genügend“ gegeben.

Nach Feststellung der Schlußzensur legt der Vorsitzende die Prüfungsverhandlungen derjenigen Behörde vor, welche den Ausweis über die Befähigung als Nahrungsmittelchemiker (§ 1) erteilt.

§ 28. Wer einen Prüfungstermin ohne ausreichende Entschuldigung versäumt, wird in dem laufenden Prüfungsjahr zur Prüfung nicht mehr zugelassen. Der Vorsitzende hat die Zurückstellung bei der im § 27 bezeichneten Behörde zu beantragen, falls er die Entschuldigung nicht für ausreichend hält.

Tritt ein Prüfling ohne ausreichende Entschuldigung von einem begonnenen Prüfungsabschnitt zurück, oder hält er eine der im § 19 Abs. 4 und § 20 vorgesehenen Fristen nicht ein, so hat dies die Wirkung, als wenn er in allen Teilen des Abschnitts die Zensur „ungenügend“ erhalten hätte.

§ 29. Die Prüfung darf nur bei derjenigen Kommission fortgesetzt und wiederholt werden, bei welcher sie begonnen ist. Ausnahmen können aus besonderen Gründen gestattet werden.

Die mit dem Zulassungsgesuch eingereichten Zeugnisse werden dem Kandidaten nach bestandener Gesamtprüfung zurückgegeben. Verlangt er sie früher zurück, so ist, falls die Zulassung zur Prüfung bereits ausgesprochen war, vor der Rückgabe in die Urschrift des letzten akademischen Abgangszeugnisses ein Vermerk hierüber, sowie über den Ausfall der schon zurückgelegten Prüfungsteile einzutragen.

§ 30. An Gebühren sind für die Hauptprüfung vor Beginn derselben 180 Mark zu entrichten. Davon entfallen:

I. auf den technischen Abschnitt für jeden der ersten drei Teile 25 Mark, für den vierten Teil 15 Mark,
II. auf den wissenschaftlichen Abschnitt 30 Mark,
III. auf allgemeine Kosten 60 Mark.

Wer von der Prüfung zurücktritt oder zurückgestellt wird, erhält die Gebühren für die noch nicht begonnenen Prüfungsteile ganz, die allgemeinen Kosten zur Hälfte zurück, letztere jedoch nur dann, wenn der dritte Teil des technischen Abschnitts noch nicht begonnen war.

Bei einer Wiederholung sind die Gebührensätze für diejenigen Prüfungsteile, welche wiederholt werden, und außerdem je 15 Mark für jeden zu wiederholenden Prüfungsteil auf allgemeine Kosten zu entrichten. Für die Nachprüfung in einem Fache des wissenschaftlichen Abschnitts sind 15 Mark zu zahlen.

§ 31. Über die Zulassung der in vorstehenden Bestimmungen vorgesehenen Ausnahmen entscheidet die Zentralbehörde.

Ausweis für geprüfte Nahrungsmittelchemiker.

Dem Herrn . . . . . . aus . . . . wird hierdurch bescheinigt, daß er seine Befähigung zur chemisch-technischen Untersuchung und Beurteilung von Nahrungsmitteln, Genußmitteln und Gebrauchsgegenständen durch die von der . . . . . . Prüfungskommission zu . . . . . . mit dem Prädikate . . . . . . abgelegte Prüfung nachgewiesen hat.

. . . . . ., den . . .ten . . . . . . 18. . . .

. . . .

(Siegel und Unterschrift der bescheinigenden Behörde.)

Die in vorstehender Prüfungsordnung für Nahrungsmittelchemiker vorgesehenen Vergünstigungen für Apotheker bei der Zulassung zur Hauptprüfung erfuhren eine Erläuterung durch die folgende Bekanntmachung des Reichskanzlers:

Bk., betr. die Zulassung von Apothekern zur Prüfung als Nahrungsmittelchemiker. Vom 26. Januar 1897.

Nachdem die in § 16 Abs. 2 der Prüfungsvorschriften für Nahrungsmittelchemiker den Apothekern mit der Prüfungsnote „sehr gut" eingeräumten Vergünstigungen hinsichtlich ihrer Zulassung zur Hauptprüfung mehrfach zu Zweifeln Anlaß gegeben haben, beehre ich mich in nachstehendem die Auslegung, welche diesseits den gedachten Bestimmungen gegeben wird, mitzuteilen.

Zunächst steht nach dem Wortlaute und Sinne der bezeichneten Vorschriften nichts entgegen, daß denjenigen Apothekern, welche das für die Zulassung der Prüfung erforderliche naturwissenschaftliche Studium von sechs Halbjahren vor Ablegung der Apothekerprüfung noch nicht ganz zurückgelegt haben, die Nachholung der fehlenden Studiensemester nach der bestandenen Apothekerprüfung gestattet wird. Was ferner die praktische Tätigkeit an einer staatlichen Untersuchungsanstalt für Nahrungs- und Genußmittel (§ 16 Abs. 1 Ziffer 4 der Prüfungsvorschriften) anlangt, so darf dieselbe, ebenso wie sie bei Nahrungsmittelchemikern mit regelmäßigem Studiengange nach ausdrücklicher Vorschrift erst für die Zeit nach bestandener Vorprüfung vorgesehen ist, bei Apothekern erst nach der als Ersatz für die Vorprüfung geltenden Apothekerprüfung erfolgen. Diese praktische Tätigkeit in der Untersuchung von Nahrungs- und Genußmitteln zeitlich zusammenfallen zu lassen mit demjenigen Universitätsstudium, welches ein Apotheker behufs Erreichung der vorgeschriebenen sechssemesterigen Studienzeit nach der bestandenen Apothekerprüfung ablegt, ist meines Erachtens mit den geltenden Vorschriften nicht vereinbar. Durch die Bestimmung in § 16 Abs. 2 Satz 1 der Prüfungsvorschriften ist denjenigen Apothekern, welche die Prüfung mit dem Prädikate „sehr gut" bestanden haben, mit Rücksicht auf die hierdurch nachgewiesenen Kenntnisse die Vorprüfung sowie der Nachweis der Gymnasialreife und der $2^1/_2$ jährigen Beschäftigung in chemischen Laboratorien erlassen, dagegen ist die Einräumung noch größerer Vergünstigungen nicht beabsichtigt. Als eine weitere und zwar nicht unerhebliche Erleichterung würde es aber anzusehen sein, wenn die bei den Nahrungsmittelchemikern getrennten Teile des Studienganges, nämlich das theoretische Studium auf einer Hochschule und die praktische Tätigkeit in einer Untersuchungsanstalt, bei den in Frage stehenden Apothekern miteinander verbunden werden dürften.

Außerdem erscheint eine so weitgehende Begünstigung der Prüfungskandidaten mit pharmazeutischer Vorbildung auch im Interesse einer tunlichst gründlichen Ausbildung der Nahrungsmittelchemiker nicht wünschenswert, es ist vielmehr besonderer Wert darauf zu legen, daß die praktische Tätigkeit erst nach Abschluß des gesamten theoretischen Studiums beginnt.

Berlin, den 26. Januar 1897.

Der Reichskanzler.
I. V.: von Boetticher.

B. Landesgesetzgebung.

XII. Verwaltung in Preußen.

1. Zentralbehörden.

a. Das Ministerium.

Die Oberaufsicht über das gesamte Apothekenwesen in Preußen führt das durch Verordnung vom 23. Oktober 1817 gegründete Ministerium der geistlichen, Unterrichts- und Medizinal-Angelegenheiten. Die Medizinalabteilung desselben besteht aus einem Direktor und aus vortragenden, teils technischen, teils für die Verwaltung qualifizierten Räten (zurzeit fünf). Ferner sind bei der Medizinalabteilung drei Hilfsarbeiter tätig, darunter seit 1. Oktober 1898 ein Apotheker.

Über das Verordnungsrecht der Minister bestimmt das Gesetz über die allgemeine Landesverwaltung vom 30. Juli 1883 (Pr.G.S. S. 195) in § 136 folgendes:

§ 136. Soweit die Gesetze ausdrücklich auf den Erlaß besonderer polizeilicher Vorschriften (Verordnungen, Anordnungen, Reglements usw.) durch die Zentralbehörden verweisen, sind die Minister befugt, innerhalb ihres Ressorts dergleichen Vorschriften für den ganzen Umfang der Monarchie oder für einzelne Teile derselben zu erlassen und gegen die Nichtbefolgung dieser Vorschriften Geldstrafen bis zum Betrage von einhundert Mark anzudrohen . . .

Zum Erlasse der im § 367 Nr. 5[1]) des Strafgesetzbuches für das Deutsche Reich gedachten Verordnungen sind auch die zuständigen Minister befugt.

In dieser letztgenannten Bestimmung finden fast alle vom preußischen Medizinalminister über das Apothekenwesen erlassenen Anordnungen ihre rechtliche Grundlage.

Als technisch begutachtende Konsultativbehörden bzw. als Standesvertretungen stehen unter der Medizinalabteilung:

b. Die wissenschaftliche Deputation für das Medizinalwesen.

Sie besorgt den wissenschaftlichen Teil des Medizinalwesens, prüft die darin gemachten Fortschritte, teilt selbige zur Anwendung in polizeilicher Hinsicht der Abteilung mit und unterstützt dieselbe mit ihrem Gutachten über Gegenstände, wobei es auf kunstverständige und wissenschaftliche Gutachten ankommt (Instr. vom 23. Januar 1817). Ein direkter Eingriff in die Verwaltung steht ihr nicht zu.

Die Deputation besteht zurzeit aus einem Direktor, 18 Mitgliedern und zwei ständigen Hilfsarbeitern.

---

[1]) Über § 367, 5 Str.G.B. s. Seite 110.

c. Die technische Kommission für pharmazeutische Angelegenheiten.

Über die Kompetenz derselben erging die nachstehende

Instruktion für die technische Kommission für pharmazeutische Angelegenheiten. Vom 27. Oktober 1849.

§ 1. Die technische Kommission für pharmazeutische Angelegenheiten ist eine konsultative Behörde, welche auf Erfordern des Ministers der Medizinalangelegenheiten in pharmazeutischen Angelegenheiten Gutachten abzugeben hat. Der bisherige Name: Kommission zur Bearbeitung der Arzneitaxe, welcher für den Geschäftskreis derselben zu eng ist, fällt weg.

§ 2. Die Kommission besteht aus einem Dirigenten, welchen der Minister der usw. Medizinalangelegenheiten in der Regel aus einem Rate der Medizinalabteilung auswählen wird, und mindestens dreien von dem Minister aus der Zahl der hier wohnhaften Apotheker auf drei Jahre zu ernennenden Mitgliedern. Die nach Ablauf dieser Frist Ausscheidenden können wieder ernannt und etwa säumige Mitglieder auch vor Ablauf der dreijährigen Frist ihres Auftrags entbunden werden. Die Zuziehung außerordentlicher Hilfsarbeiter erfolgt auf Antrag des Dirigenten durch den Minister.

§ 3. Der Dirigent und die Mitglieder werden bei ihrer Einführung auf die Erfüllung ihrer Amtspflichten und die Pflicht der Amtsverschwiegenheit insbesondere verpflichtet.

§ 4. Die Stelle des Dirigenten und der Mitglieder der Kommission sind Ehrenämter und werden als solche unentgeltlich verwaltet.

§ 5. Alle Geschäfte der Kommission werden ihr von dem Minister der usw. Medizinalangelegenheiten aufgetragen, so daß sie mit keiner anderen Behörde in offizieller Verbindung steht und demnach auch nur mit dem Minister zu korrespondieren hat.

§ 6. Der Geschäftsgang ist möglichst einfach zu gestalten und wird, soweit nicht in gegenwärtiger Instruktion oder sonst eine bestimmte Norm vorgeschrieben ist, von dem Dirigenten geregelt und kontrolliert.

§ 7. Die Aufträge, welche die Kommission erhält, werden derselben in der Regel durch Marginaldekrete, welche der Minister oder der Direktor der Medizinalabteilung vollzogen hat, zugefertigt. Sie werden dem Dirigenten behändigt, der sie zuschreibt und (zur Eintragung in das Journal der Kommission, welches an jedem Vortragstage dem Dirigenten vorgelegt wird, und zur weiteren Beförderung) an die Registratur der Medizinalabteilung des Ministeriums übersendet.

§ 8. Es steht dem Dirigenten frei, dieselbe Sache — mit möglichst gleichmäßiger Geschäftsverteilung — einem oder zweien Referenten, oder einem Referenten und einem Korreferenten zuzuschreiben.

§ 9. Zur Einhaltung eines prompten Geschäftsganges werden die zugeschriebenen Sachen von den Referenten resp. Korreferenten, wenn irgend möglich, jedesmal in der nächsten Sitzung zum Vortrag gebracht und bei Meinungsverschiedenheit wird abgestimmt, wobei die Stimme des Dirigenten für den Fall der Stimmengleichheit den Ausschlag gibt.

§ 10. Keine Sache darf ohne Vortrag abgemacht werden und jedes Gutachten wird von sämtlichen anwesenden Mitgliedern in der Sitzung vollzogen.

§ 11. Zu jeder Sitzung, welche durchschnittlich alle 14 Tage in dem Lokale des Ministeriums der Medizinalangelegenheiten in einer Abendstunde stattfinden wird, ladet der Dirigent schriftlich ein. Die Zahl der Sitzungen bestimmt sich nach den vorliegenden Geschäften.

§ 12. In jeder Sitzung wird ein Protokoll, in welchem die vorgetragenen Sachen verzeichnet sind, geführt. Die Sitzungsprotokolle werden dem Minister am 1. Juni und am 1. Dezember jeden Jahres vorgelegt.

§ 13. Jedem Mitgliede steht es frei, bei abweichender Meinung von dem Conclusum der Kommission ein Votum separatum dem Gutachten beizufügen.

§ 14. Die Gutachten und sonstigen Berichte der Kommission werden unter Rückgabe der etwa mitgeteilten Aktenstücke von dem Dirigenten br. m. dem Minister vorgelegt. Die Protokolle und sonstigen Schriftstücke der Kommission werden in der Registratur der Medizinalabteilung verwahrt. Die Kommission hat demnach keine besondere Registratur.

d. Der Apothekerrat.

Derselbe wurde durch Kabinettsorder vom 29. April 1896 begründet. Für seine Wirksamkeit wurde nachstehende Geschäftsanweisung erlassen:

Geschäftsanweisung für den Apothekerrat.

§ 1. Der Apothekerrat ist eine beratende Behörde. Er hat die Aufgabe, der Medizinalverwaltung in Organisations- und Verwaltungsfragen, welche das Apothekerwesen betreffen, als Beirat zu dienen und Gutachten zu erstatten.

Demgemäß hat der Apothekerrat

1. über alle ihm von dem Minister der Medizinalangelegenheiten vorgelegten Verhandlungen, Vorschläge oder Fragen sich gutachtlich zu äußern.
2. aus eigenem Antriebe dem Minister Vorschläge zur Abstellung von Mängeln in bezug auf das Apothekerwesen zu machen, auch neue Maßnahmen in Anregung zu bringen, welche ihm geeignet erscheinen, das Apothekerwesen zu fördern.

§ 2. Der Apothekerrat besteht:

1. Aus dem Direktor der Medizinalabteilung des Ministeriums der geistlichen usw. Angelegenheiten als Direktor,
2. aus den technischen vortragenden Räten der Medizinalabteilung,
3. aus vier Apothekenbesitzern,
4. aus vier approbierten, nichtbesitzenden Apothekern als Mitgliedern.

Der Direktor wird vom König, die Mitglieder werden vom Minister der Medizinalangelegenheiten ernannt, und zwar diejenigen aus dem Apothekerstande auf die Dauer von fünf Jahren. Der Direktor und die Mitglieder werden bei ihrer Einführung mit Verweisung auf die sonst etwa geleisteten Amtseide durch Handschlag auf die Erfüllung ihrer Amtspflichten, insbesondere auf die Pflicht der Amtsverschwiegenheit verpflichtet.

§ 3. Der Direktor und die in Berlin wohnhaften Mitglieder erhalten keine Besoldung oder Entschädigung, die auswärtigen Mitglieder dagegen Tagegelder und Reisekosten nach den im Art. I § 2 I Nr. 1 A und B der Verordnung, betreffend die Tagegelder und die Reisekosten der Medizinalbeamten vom 17. September 1876 (G.-S. S. 411), vorgeschriebenen Sätzen.

4. Der Apothekerrat wird von dem Minister der Medizinalangelegenheiten in der Regel jährlich einmal berufen.

Der Direktor erläßt die erforderlichen Einladungen zu den Sitzungen. Das Nichterscheinen eines Mitgliedse bedarf einer Entschuldigung mit Angabe des Behinderungsgrundes.

§ 5. Der Apothekerrat ist beschlußfähig, wenn außer dem Direktor oder seinem Stellvertreter und einem der technischen vortragenden Räte mindestens vier der Mitglieder aus dem Apothekerstande anwesend sind.

§ 6. Die Beschlüsse des Apothekerrats werden durch Stimmenmehrheit gefaßt. Bei Stimmengleichheit entscheidet die Stimme des Direktors.

§ 7. Der Direktor regelt den Geschäftsgang des Apothekerrats. Er hat dabei die von dem Minister der Medizinalangelegenheiten getroffenen Bestimmungen genau zu beachten.

In Behinderungsfällen wird er durch den anwesenden dienstältesten technischen Rat vertreten, sofern seitens des Ministers nicht anderweitige Verfügung getroffen wird.

Alle Anträge auf Erstattung von Gutachten oder auf Äußerung über zweifelhafte Fragen, welche von anderen Behörden oder von Privatpersonen an den Apothekerrat oder den Direktor gelangen, sind dem Minister zur Verfügung vorzulegen.

§ 8. Die Aufträge, welche der Minister der Medizinalangelegenheiten dem Apothekerrat erteilt, werden an den Direktor abgegeben.

Der Direktor überträgt die schriftliche Bearbeitung je zwei Mitgliedern als Referenten und Korreferenten und sorgt für die Erledigung.

Die von dem Minister dem Apothekerrat zur Beratung überwiesenen Vorlagen werden nebst den Referaten vervielfältigt und den Mitgliedern vor der Sitzung zugestellt.

In der Sitzung trägt der Referent das von ihm verfaßte Referat vor, der Korreferent nur die von ihm etwa zu machenden Änderungsvorschläge.

Keine Sache darf ohne Vortrag erledigt werden.

§ 9. Über die Verhandlungen in den Sitzungen des Apothekerrats ist ein Protokoll zu führen. Dasselbe muß den wesentlichen Inhalt der Beratungen und die gefaßten Beschlüsse nach ihrem Wortlaut enthalten.

Das Protokoll ist nach Abschluß der Verhandlungen von einer Kommission zu redigieren und zu unterschreiben; diese Kommission besteht aus dem Direktor, dem Protokollführer und einem von dem Direktor zu bestimmenden Mitgliede des Apothekerrats. Einwendungen gegen das Protokoll können bei dem Direktor angebracht werden.

§ 10. Nach Abschluß der Verhandlungen des Apothekerrats überreicht der Direktor mittels Berichts dem Minister der Medizinalangelegenheiten die beschlossenen Gutachten und Anträge nebst den Protokollen.

Diese und die sonstigen Schriftstücke werden in der Registratur der Medizinalabteilung des Ministeriums aufbewahrt.

e. Die Apothekerkammern.

Durch Königliche Verordnung vom 2. Februar 1901 ist in den Apothekerkammern eine vollständig ausgebildete pharmazeutische Standesvertretung geschaffen worden, die neben dem Apothekerrat besteht[1]).

[1]) Eine Eingabe des Apothekerkammerausschusses um Ersetzung des Apothekerrats durch den Kammerausschuß ist vom Minister unter dem 6. Oktober 1903 abgelehnt worden.

Verordnung, betr. die Einrichtung einer Standesvertretung der Apotheker. Vom 2. Februar 1901 (Pr.G.S. S. 49).

Erster Abschnitt.

Die Apothekerkammern.

§ 1. Für jede Provinz ist eine Apothekerkammer zu errichten. Der Bezirk der Apothekerkammer der Provinz Brandenburg hat zugleich den Stadtkreis Berlin, der Bezirk der Apothekerkammer der Rheinprovinz zugleich die Hohenzollernschen Lande zu umfassen.

Die Kammern erhalten ihren Sitz am Amtssitze des Oberpräsidenten, die Kammer der Provinz Brandenburg und des Stadtkreises Berlin erhält ihren Sitz in Berlin.

§ 2. Der Geschäftskreis der Apothekerkammern umfaßt die Erörterung aller Fragen und Angelegenheiten, welche den Apothekerberuf oder die Arzneiversorgung betreffen oder auf die Wahrnehmung und Vertretung der Standesinteressen der Apotheker gerichtet sind. Die Apothekerkammern sind befugt, innerhalb ihres Geschäftskreises Vorstellungen und Anträge an die Staatsbehörden zu richten, und sollen die letzteren geeignetenfalls den Apothekerkammern Gelegenheit geben, sich über einschlägige Fragen gutachtlich zu äußern[1]).

§ 3. Die Mitglieder der Apothekerkammern werden gewählt. Die Wahl erfolgt innerhalb des Bezirks der Kammer, getrennt nach Regierungsbezirken (Wahlbezirken). Der Stadtkreis Berlin bildet einen eigenen Wahlbezirk.

Wahlberechtigt und wählbar sind diejenigen approbierten Apotheker, welche innerhalb des Wahlbezirks ihren Wohnsitz haben, Angehörige des Deutschen Reichs sind und sich im Besitze der bürgerlichen Ehrenrechte befinden. Zu den Apothekern im Sinne der vorstehenden Bestimmung gehören neben den Apothekenbesitzern auch diejenigen approbierten Apotheker, welche als Verwalter oder Gehilfen in einer Apotheke tätig sind, der Erfüllung ihrer Militärdienstpflicht obliegen, ein pharmazeutisches staatliches Amt bekleiden, sowie auch diejenigen, welche die Ausübung des Apothekerberufs nicht mehr betreiben, sofern sie sich nicht einem anderen Berufe zugewendet haben.

Das Wahlrecht und die Wählbarkeit der in dem Abs. 2 aufgeführten Apotheker gehen verloren, sobald eins dieser Erfordernisse bei dem bis dahin Wahlberechtigten nicht mehr zutrifft.

Das Wahlrecht und die Wählbarkeit ruhen während der Dauer eines Konkurses, während der Dauer des Verfahrens auf Zurücknahme der Approbation als Apotheker und während der Dauer einer gerichtlichen Untersuchung, wenn dieselbe wegen Verbrechen oder wegen solcher Vergehen, welche den Verlust der bürgerlichen Ehrenrechte nach sich ziehen oder nach sich ziehen können, eingeleitet, oder wenn die gerichtliche Haft verfügt ist.

§ 4. Apothekern, welche die Pflichten ihres Berufs in erheblicher Weise oder wiederholt verletzt oder sich durch ihr Verhalten der Achtung, welche ihr Beruf erfordert, unwürdig gezeigt haben, ist durch Beschluß des Vorstands der Apothekerkammer das Wahlrecht und die Wählbarkeit

---

[1]) Durch Verfügung des Justizministers vom 19. März 1901 ist angeordnet worden, daß bei der Vereidigung gerichtlicher Sachverständigen, bei denen das Apothekenwesen interessiert ist, die Apothekerkammern vorher zu hören sind.

dauernd oder auf Zeit zu entziehen[1]). Denselben ist vorher Gelegenheit zu geben, sich über die gegen sie erhobenen Anschuldigungen zu äußern. Zu der Beratung und Beschlußfassung über die Entziehung des Wahlrechts ist ein von dem Oberpräsidenten zu ernennender Kommissarius zuzuziehen, welcher das Recht hat, jederzeit gehört zu werden. Ein Stimmrecht steht demselben nicht zu.

Gegen den Beschluß steht dem Betroffenen innerhalb vier Wochen von der Zustellung ab die Beschwerde an den Minister der Medizinalangelegenheiten zu.

Die Bestimmungen über die Entziehung des Wahlrechts finden keine Anwendung auf Apotheker, welche als solche ein mittelbares oder unmittelbares Staatsamt bekleiden oder dem Spruche der Militärehrengerichte unterliegen.

§ 5. Die Wahlen finden alle drei Jahre im November statt. Der dreijährige Zeitraum, für welchen die Mitglieder gewählt werden, beginnt mit dem Anfange des nächstfolgenden Jahres.

Vor jeder Wahl ist für jeden Wahlbezirk, das erstemal von dem Regierungspräsidenten, in künftigen Fällen von dem Vorstande der Apothekerkammer, eine Liste der Wahlberechtigten aufzustellen. Dieselbe ist in jedem Kreise (Oberamtsbezirke) in der zweiten Hälfte des der Wahl vorhergehenden Monats Juli vierzehn Tage öffentlich auszulegen, nachdem die Zeit und der Ort der Auslegung vorher öffentlich bekannt gemacht sind.

Einwendungen gegen die Liste sind unter Beifügung der erforderlichen Bescheinigungen innerhalb vierzehn Tagen nach beendigter Auslegung der Liste bei dem Vorstande der Apothekerkammer — das erstemal bei dem Regierungspräsidenten — anzubringen. Gegen die hierauf ergehende Entscheidung findet innerhalb vierzehn Tagen Beschwerde an den Oberpräsidenten statt, welcher endgültig entscheidet.

§ 6. Zu wählen sind für jede Apothekerkammer auf je vierzig Wahlberechtigte ein Mitglied und ein Stellvertreter, mindestens aber je sechs Mitglieder und Stellvertreter. Wie viele Mitglieder und Stellvertreter hiernach auf jeden Wahlbezirk entfallen, wird von dem Oberpräsidenten auf Einreichung der Liste der Wahlberechtigten bestimmt und ist bei Veröffentlichung des Wahltermins bekannt zu machen[2]).

Die Festsetzung und Ausschreibung des Wahltermins geschieht durch den Vorstand der Apothekerkammer, das erstemal durch den Regierungspräsidenten. Die Wahl erfolgt schriftlich durch Einsendung des Stimmzettels an den Vorstand der Apothekerkammer, das erstemal durch Einsendung an den Regierungspräsidenten.

Jeder Stimmzettel muß Namen, Stand und Wohnort des Wählenden, der von ihm gewählten Mitglieder und der von ihm gewählten Stellvertreter

[1]) Hierzu bemerkte eine Verfügung des Med.-Ministers vom 23. April 1901:

Disziplinare Befugnisse über die Apotheker ihres Bezirks sind den Apothekerkammern nicht beigelegt. Es ist nur der Gefahr, daß unwürdige Mitglieder des Apothekerstandes an der neuen Organisation Anteil erhielten, dadurch vorgebeugt worden, daß dem Vorstande der Apothekerkammer das Recht beigelegt ist, derartigen Apothekern, soweit sie nicht ein mittelbares oder unmittelbares Staatsamt bekleiden oder dem Spruche der Militärehrengerichte unterliegen, das Wahlrecht und die Wählbarkeit dauernd oder auf Zeit zu entziehen.

[2]) In der zweiten Wahlperiode der Apothekerkammern, umfassend die Jahre 1905 bis 1907, betrug die Gesamtzahl der Mitglieder 148.

enthalten und rechtzeitig bis zu dem bekannt gemachten Endtermin (Wahltermin) eingereicht werden. Ungültig sind:

1. Stimmzettel, welche die Person des Wählenden nicht erkennen lassen, oder von einer nicht wahlberechtigten Person ausgestellt sind;
2. Stimmzettel, welche keinen oder keinen lesbaren Namen enthalten;
3. Stimmzettel, auf welchen mehr Namen als zu wählende Personen verzeichnet sind;
4. Stimmzettel, welche einen Protest oder Vorbehalt enthalten;
5. Stimmzettel, insoweit dieselben die Person des Gewählten nicht unzweifelhaft erkennen lassen, oder den Namen einer nicht wählbaren Person bezeichnen, oder der Angabe entbehren, ob der Betreffende als Mitglied oder als Stellvertreter gewählt worden ist.

Gewählt sind diejenigen, welche die meisten Stimmen auf sich vereinigen. Bei Stimmengleichheit entscheidet erforderlichenfalls das Los. Das Ergebnis der Wahl ist das erstemal von dem Regierungspräsidenten, demnächst von dem Vorstande der Apothekerkammer, innerhalb acht Tagen nach Ablauf des Wahltermins, festzustellen und den Gewählten bezüglich der auf sie gefallenen Wahl mit der Aufforderung bekannt zu geben, sich über die Annahme oder Ablehnung innerhalb acht Tagen zu erklären.

Wer diese Erklärung nicht abgibt, wird als ablehnend betrachtet, und tritt an seine Stelle derjenige, welcher die nächstmeisten Stimmen erhalten hat. Das Ergebnis der Wahl ist dem Oberpräsidenten anzuzeigen, welcher dasselbe für den ganzen Bezirk der Apothekerkammer bekannt macht. Jede Wahl verliert ihre Wirkung mit dem gänzlichen oder zeitweisen Aufhören einer der für die Wählbarkeit vorgeschriebenen Bedingungen.

Der Vorstand der Apothekerkammer hat darüber zu befinden, ob einer dieser Fälle eingetreten ist.

Eine Ersatzwahl ist nur dann anzuordnen, wenn einschließlich der für die Ausgeschiedenen einberufenen Stellvertreter die Zahl der Mitglieder der Apothekerkammer weniger als sechs beträgt.

Die Mitglieder der Apothekerkammern verwalten ihr Amt als ein Ehrenamt.

§ 7. In dem auf die Wahl folgenden Monat Januar sind die Mitglieder der Apothekerkammern von dem Oberpräsidenten behufs Wahl des Vorstandes zusammen zu berufen.

Mitglieder, welche am Erscheinen behindert sind, haben hiervon behufs Einladung der Stellvertreter rechtzeitig Anzeige zu machen.

Die in jedem Wahlbezirke gewählten Stellvertreter werden in der Reihenfolge einberufen, in welcher sie der Stimmenzahl nach gewählt sind. Bei Stimmengleichheit entscheidet das Los.

In der Wahlversammlung führt der Oberpräsident oder dessen Stellvertreter den Vorsitz.

Der Vorstand ist für die Dauer der Wahlperiode der Apothekerkammer zu wählen und hat aus einem Vorsitzenden und mindestens zwei Mitgliedern zu bestehen. Die Apothekerkammer beschließt mit dieser Maßgabe nach absoluter Stimmenmehrheit, wie viele Vorstandsmitglieder zu wählen sind. Für den Vorsitzenden und jedes Mitglied ist zugleich ein Stellvertreter zu wählen. Der Vorstand führt auch nach Ablauf der Wahlperiode bis zur Konstituierung des neuen Vorstandes die Geschäfte einstweilen weiter.

Die Wahl erfolgt in geheimer Abstimmung durch Stimmzettel in besonderen Wahlgängen.

Der Vorsitzende wird zuerst gewählt.

Ungültige Stimmzettel (§ 6) werden als nicht abgegeben betrachtet. Über die Gültigkeit entscheidet die Apothekerkammer.

Als gewählt sind diejenigen zu betrachten, welche die absolute Stimmenmehrheit erhalten haben. Ergibt sich keine absolute Stimmenmehrheit, so wird zu einer engeren Wahl zwischen denjenigen zwei Personen geschritten, welche die meisten Stimmen erhalten haben. Bei Stimmengleichheit entscheidet das von dem Vorsitzenden zu ziehende Los darüber, wer auf die engere Wahl zu bringen beziehungsweise wer als schließlich gewählt zu betrachten ist.

Die Gewählten haben sich über die Annahme der Wahl, sofern sie anwesend sind, sofort, anderenfalls nach Mitteilung der auf sie gefallenen Wahl durch den Oberpräsidenten binnen acht Tagen zu erklären.

Wer diese Erklärung nicht abgibt, wird als ablehnend betrachtet.

§ 8. Der Vorstand der Apothekerkammer vertritt dieselbe nach außen und vermittelt den Verkehr derselben mit den Staatsbehörden.

Der Vorstand faßt seine Beschlüsse nach absoluter Stimmenmehrheit. Bei Stimmengleichheit entscheidet die Stimme des Vorsitzenden, sofern es sich nicht um die Entziehung des Wahlrechts (§ 4) handelt, welche in diesem Falle als abgelehnt gilt.

Zur Beschlußfähigkeit des Vorstandes ist die Teilnahme der Mehrheit der Mitglieder erforderlich. Besteht der Vorstand nur aus dem Vorsitzenden und zwei Mitgliedern, so ist zur Beschlußfähigkeit die Teilnahme aller Mitglieder erforderlich. Die Beschlüsse des Vorstandes können mittels schriftlicher Abstimmung gefaßt werden, sofern nicht ein Mitglied mündliche Abstimmung verlangt, oder über die Entziehung des Wahlrechts zu beschließen ist.

§ 9. Der Vorsitzende hat den Verkehr der Apothekerkammer und des Vorstandes zu vermitteln und die Beschlüsse derselben zur Ausführung zu bringen.

Der Vorsitzende beruft die Versammlungen der Apothekerkammer und des Vorstandes und leitet in beiden die Verhandlungen. Die Berufung der Apothekerkammer muß erfolgen, wenn die Hälfte der Mitglieder derselben unter Angabe des zu verhandelnden Gegenstandes schriftlich darauf anträgt, oder der Vorstand dieselbe beschließt.

Die Berufung des Vorstandes muß erfolgen, wenn in gleicher Weise zwei Vorstandsmitglieder dieselbe beantragen.

Die Berufung des Vorstandes und der Apothekerkammer erfolgt mittels schriftlicher Einladung, welche spätestens acht Tage vor der Versammlung eingeschrieben zur Post zu geben ist.

Bei der Berufung der Apothekerkammer muß der Gegenstand, über welchen in der Versammlung ein Beschluß gefaßt werden soll, bezeichnet werden. Über andere Gegenstände, mit Ausnahme des Antrags auf abermalige Berufung der Apothekerkammer, darf ein Beschluß nicht gefaßt werden.

Hinsichtlich der Teilnahme der Stellvertreter an den Sitzungen der Apothekerkammer finden die Vorschriften des § 7, Abs. 2 und 3 Anwendung.

Im übrigen regelt die Apothekerkammer ihre Geschäftsordnung selbständig.

§ 10. Die Kosten der ersten, im Jahre 1901 stattfindenden Wahl zur Apothekerkammer, sowie der von dem Oberpräsidenten ausgehenden Veröffentlichung des Ergebnisses der Wahlen trägt der Staat.

Im übrigen bleibt es den Apothekerkammern überlassen, für die Bereitstellung der erforderlichen Mittel selbst Sorge zu tragen[1]).

§ 11. Die allgemeine Staatsaufsicht über die Apothekerkammer und deren Vorstand wird durch den Oberpräsidenten geführt.

Zweiter Abschnitt.

Der Apothekerkammerausschuß.

§ 12. Der Apothekerkammerausschuß wird aus Delegirten der Apothekerkammern gebildet. Jede Apothekerkammer wählt in den Ausschuß einen Delegierten. Für den letzteren wird zugleich ein Stellvertreter gewählt.

Der Apothekerkammerausschuß hat seinen Sitz in Berlin.

Die Mitglieder des Ausschusses verwalten ihr Amt als ein Ehrenamt.

§ 13. Der Apothekerkammerausschuß hat die Aufgabe, innerhalb der den Apothekerkammern zugewiesenen Zuständigkeit eine vermittelnde Tätigkeit auszuüben und zwar sowohl zwischen dem Minister der Medizinalangelegenheiten und den Apothekerkammern, als auch zwischen diesen untereinander.

Insbesondere liegt demselben ob:

1. die Vorberatung der von dem Minister ihm überwiesenen Vorlagen; zu diesem Zwecke hat er die Vorlagen den Apothekerkammern zur Beratung und Beschlußfassung mitzuteilen, die Ergebnisse der Beratung und die Beschlüsse der Apothekerkammern zusammenzustellen und unter Beifügung der Beschlüsse und der ihnen zugrunde liegenden Verhandlungen an den Minister gutachtlich zu berichten;
2. die Vorberatung der von einzelnen Apothekerkammern oder von Mitgliedern des Apothekerkammerausschusses an ihn gerichteten Anträge; zu diesem Zweck hat er die Anträge den Apothekerkammern zur Beratung und Beschlußfassung mitzuteilen, nach den Ergebnissen der Beratung die Anträge im Sinne der Mehrheit der gefaßten Beschlüsse zu erledigen und hiervon die Apothekerkammern zu benachrichtigen.

Die Zuständigkeit der Apothekerkammern wird durch den Apothekerkammerausschuß nicht beschränkt.

§ 14. Die Mitglieder des Apothekerkammerausschusses und deren Stellvertreter werden für die Dauer der Wahlperiode der Apothekerkammern gewählt. Die Wahl derselben erfolgt unter sinngemäßer Anwendung der für die Wahl des Vorstandes der Apothekerkammer gegebenen Vorschriften in der im § 7, Abs. 1 bezeichneten Wahlversammlung.

Der Ausschuß führt auch nach Ablauf der Wahlperiode bis zur Konstituierung des neuen Ausschusses die Geschäfte einstweilen weiter.

§ 15. Der Apothekerkammerausschuß wählt aus seiner Mitte einen Vorsitzenden und einen Stellvertreter.

Das erstemal erfolgt die Berufung des Ausschusses durch den Minister der Medizinalangelegenheiten, welcher auch für diesmal entweder selbst oder durch einen von ihm ernannten Kommissar die Wahl des Vorsitzenden und des Stellvertreters leitet.

---

[1]) In einem Bescheide vom 20. April 1903 bemerkte der Med.-Minister: daß den Apothekerkammern im Gegensatze zu den Ärztekammern ein Umlagerecht nicht zusteht und daß dieselben einen Zwang bei Erhebung von Beiträgen nicht ausüben können.

Der Vorsitzende hat den Verkehr des Ausschusses nach außen zu vermitteln und für die Ausführung der Beschlüsse desselben Sorge zu tragen.

Der Vorsitzende beruft, so oft es die Lage der Geschäfte erfordert, jährlich jedoch in der Regel einmal die Mitglieder zu Sitzungen und leitet in denselben die Verhandlungen.

Die Berufung erfolgt mittels schriftlicher Einladung, welche die Gegenstände der Tagesordnung enthalten muß und spätestens 14 Tage vor der Sitzung eingeschrieben zur Post zu geben ist.

Mitglieder, welche am Erscheinen behindert sind, haben hiervon behufs Einladung der Stellvertreter dem Vorsitzenden rechtzeitig Anzeige zu machen.

Der Vorsitzende hat binnen 14 Tagen nach erfolgter Konstituierung des Ausschusses hiervon unter Einreichung eines Verzeichnisses der Mitglieder und ihrer Stellvertreter dem Minister der Medizinalangelegenheiten Anzeige zu erstatten.

§ 16. Der Apothekerkammerausschuß beschließt nach absoluter Stimmenmehrheit. Stimmengleichheit gilt als Ablehnung.

Zur Beschlußfähigkeit des Ausschusses ist die Teilnahme der Mehrheit der Mitglieder erforderlich. Die Beschlüsse des Ausschusses können mittels schriftlicher Abstimmung gefaßt werden, sofern nicht ein Mitglied mündliche Abstimmung verlangt. Im übrigen regelt der Ausschuß seine Geschäftsordnung selbständig.

§ 17. Den Apothekerkammern bleibt es überlassen, die für den Apothekerkammerausschuß erforderlichen Mittel bereit zu stellen.

§ 18. Die allgemeine Staatsaufsicht über den Apothekerkammerausschuß wird durch den Minister der Medizinalangelegenheiten geführt.

§ 19. Diese Verordnung ist durch die Gesetzsammlung zu veröffentlichen.

Gegeben Windsor, den 2. Februar 1901.

Wilhelm.

2. Provinzial- und Lokalbehörden.

a. Der Oberpräsident.

An der Spitze des Provinzial-Medizinalwesens steht der Oberpräsident. Derselbe leitet, kraft der ihm allgemein übertragenen Machtvollkommenheit, die Verwaltung aller die Gesamtheit der Provinz betreffenden, oder über den Bereich eines einzelnen Regierungsbezirkes hinausgehenden Gegenstände. Ferner gehört nach § 2 der Instruktion vom 31. Dezember 1825 zu seinen speziellen Verwaltungsangelegenheiten die Konzessionierung neuer Apotheken.

Ihm ist auch durch § 3 der Vorsitz in dem Medizinalkollegium der Provinz übertragen und als technischer Referent der Medizinalrat derjenigen Regierung unterstellt, an deren Sitz er seinen Wohnort hat. Der Oberpräsident ist gemäß § 137 des Gesetzes über die allgemeine Landesverwaltung (s. S. 169) befugt, sowohl für den Umfang der ganzen Provinz, wie auch für mehr als einen Regierungsbezirk, oder auch für mehrere Kreise, sofern dieselben verschiedenen Regierungsbezirken angehören, gültige Polizeiverordnungen zu erlassen und gegen die Nichtbefolgung derselben Geldstrafen bis zum Betrage von 60 Mk. anzudrohen. Diese Polizeiverordnungen bedürfen der Zustimmung des Provinzialrats[1]).

[1]) Die das Heilmittelwesen und den Arzneiverkehr betreffenden Polizeiverordnungen der Oberpräsidenten und Regierungspräsidenten gründen sich in der Regel auf § 6 des Gesetzes über die Polizeiverwaltung vom 11. März 1850 (Pr.G.S. S. 265), lautend:

b. Die Provinzial-Medizinal-Kollegien.

Die am Hauptorte jeder Provinz eingesetzten Provinzial-Medizinal-Kollegien bestehen aus 4—6 ärztlichen Mitgliedern, einem Apotheker und einem Tierarzt (letztere beide mit dem Titel „Assessor"). Die Medizinalkollegien sind nach § 1 der Instruktion vom 23. Oktober 1817 rein wissenschaftliche und technisch ratgebende Behörden für die Regierungen und Gerichte im Fache der gerichtlichen Medizin und haben mithin keine Verwaltung.

c. Der Regierungspräsident.

Neben und teilweise unter dem Oberpräsidenten steht die Regierung mit dem Regierungspräsidenten an ihrer Spitze. Zu deren Ressort und zwar zu dem der inneren Abteilung gehören (nach § 2 der Regierungsinstruktion vom 23. Oktober 1817, aufrecht erhalten durch das Gesetz vom 31. Dezember 1825): Medizinal- und Gesundheitsangelegenheiten in polizeilicher Rücksicht, z. B. Verkehr mit Medikamenten, Verhütung von Kuren durch unbefugte Personen, Vorkehrungen gegen ansteckende Krankheiten und Seuchen unter Menschen und Tieren, Kranken- und Irrenhäusern usw.

Außerdem haben die Regierungspräsidenten über das Gesundheits- und Apothekenwesen ihres Bezirks regelmäßig dem Minister Bericht zu erstatten.

Der Regierungspräsident ist gemäß § 137 des Gesetzes über die allgemeine Landesverwaltung (s. S. 169) befugt, für mehrere Kreise oder für den Umfang des ganzen Regierungsbezirkes gültige Polizeiverordnungen zu erlassen, welche der Zustimmung des Bezirksausschusses bedürfen[1]).

Der Regierungspräsident übt auch die Aufsicht über die Apotheken seines Bezirkes aus. Diese Aufsichtsgewalt der Regierungen und Polizeibehörden über das Apothekenwesen berechtigt indessen nicht zur Verhängung von Ordnungsstrafen gegen Apotheker wegen nicht pflichtgemäßer Ausübung des Berufes. In einem Min.-Erl. vom 23. September 1871, der die Untersagung der Ausübung der Heilkunde durch Apotheker begründen sollte, wurde zwar noch der entgegengesetzte Standpunkt vertreten, daß es nicht Aufgabe des Richters, sondern der Verwaltungsbehörden sei, die Erfüllung der besonderen Berufspflichten der Apotheker sicherzustellen. Das O.V.G. hat jedoch regelmäßig — so in den Urteilen vom 29. Juni 1898 (K.G.A. II, S. 165) und 26. Oktober 1903 (Ph.Ztg. 1904 Nr. 28) — entgegengesetzt entschieden und den Grundsatz aufgestellt, daß den Regierungspräsidenten eine von ihrer Landespolizeigewalt verschiedene Aufsichtsgewalt über die Apotheken, sowie ein Ordnungsstrafrecht den Apothekern gegenüber nicht zustehe. In dem Urteil vom 29. Juni 1898 heißt es:

„Den zur Aufsicht über die Apotheken berufenen Polizeibehörden steht zwar zu dem Zweck, die Besitzer der Apotheken zu einer den Gesetzen und sonstigen rechtsgültigen Verordnungen entsprechenden Geschäftsführung zu nötigen, die Anwendung der in § 132ff. des Gesetzes über die allgemeine Landesverwaltung vorgesehenen Zwangsbefugnisse zu, d. h. sie dürfen ihnen zur Erreichung dieses Zweckes unter Androhung von Zwangsmitteln und gegebenenfalls auch von Strafen bestimmte Handlungen und Unterlassungen und insbesondere die Abstellung der bei den Revisionen festgestellten Un-

---

Zu den Gegenständen der ortspolizeilichen Vorschriften gehören:
a. der Schutz der Personen und des Eigentums;
f. Sorge für Leben und Gesundheit.

[1]) In Berlin tritt an Stelle des Regierungspräsidenten der Polizeipräsident, der das Recht zum Erlasse von Polizeiverordnungen sowohl für den Stadtkreis Berlin wie auch für den Landespolizeibezirk Berlin (d. s. die Stadtkreise Berlin, Charlottenburg, Schöneberg, Rixdorf und Wilmersdorf, Ges. vom 13. Juni 1900 und 27. März 1907) besitzt.

regelmäßigkeiten aufgeben, dagegen läßt sich aus der Polizeigewalt die Befugnis zur Verhängung von Strafen, weil in der Vergangenheit die Geschäftsführung den bestehenden Vorschriften nicht entsprochen hat, nicht herleiten. Dazu bedurfte es eines die Polizeibehörden hierzu ermächtigenden Gesetzes, und hieran fehlt es."

Darauf hat sich denn auch der Minister in einer Verfügung vom 21. Januar 1902 zu diesem Standpunkt bekannt und die in dem erwähnten Erlasse seines Amtsvorgängers vom 23. September 1871 niedergelegte Anschauung als nicht mehr zutreffend bezeichnet.

Min.-Erl., betr. das Aufsichtsrecht der Polizeibehörden über die Apotheker. Vom 21. Januar 1902.

Der in dem Berichte vom 5. August 1901 dargelegten Auffassung, daß den Regierungspräsidenten ein von der Landespolizeigewalt verschiedenes Aufsichtsrecht über die Apotheker auf Grund der revidierten Apothekerordnung vom 11. Oktober 1801 zusteht, vermag ich in Übereinstimmung mit der Rechtsprechung des Oberverwaltungsgerichts vom 29. Juni 1898 — Entscheidungen Band 33, S. 356 ff. — nicht beizutreten.

Die zur Aufsicht über die Apotheker berufenen Polizeibehörden sind, wie die gedachte Entscheidung hervorhebt, zwar berechtigt, in Gemäßheit des § 132 des Gesetzes über die allgemeine Landesverwaltung zum Zwecke der Herbeiführung einer den gesetzlichen und reglementarischen Vorschriften entsprechenden Geschäftsführung dem Apotheker unter Androhung von Zwangsmitteln und gegebenenfalls auch von Strafen bestimmte Handlungen und Unterlassungen und insbesondere die Abstellung der bei den Revisionen festgestellten Unregelmäßigkeiten aufzugeben. Aber die Befugnis, einen Apotheker mit einer Ordnungsstrafe zu belegen, weil seine Geschäftsführung in der Vergangenheit den bestehenden Vorschriften nicht entsprochen hat, kann aus der Polizeigewalt nicht hergeleitet werden. Die für Verletzungen der Berufspflichten in Tit. III., § 2, Lit. e der revidierten Apothekerordnung vom 11. Oktober 1801 vorgesehenen Strafen haben, wie ich abweichend von der in dem Erlasse meines Herrn Amtsvorgängers vom 23. September 1871 (M.-Bl. f. d. i. V. S. 335) vertretenen Auffassung bemerke, den Charakter von Kriminalstrafen — vgl. auch § 367, Nr. 5 des Reichsstrafgesetzbuches —, deren Festsetzung nach Lage der bestehenden Gesetzgebung durch die zuständigen Polizei- bzw. Gerichtsbehörden zu erfolgen hat. (Vgl. §§ 447 u. ff., §§ 453 u. ff. der Reichsstrafprozeßordnung, Gesetz, betreffend den Erlaß polizeilicher Strafverfügungen wegen Übertretungen, vom 23. April 1883 G.S. S. 65.)

Ihrem pflichtmäßigen Ermessen muß es überlassen bleiben, darüber zu entscheiden, in welchen Fällen die Bestrafung der bei den Revisionen der Apotheken festgestellten Unregelmäßigkeiten oder Verstöße durch polizeiliche oder gerichtliche Strafverfügung herbeizuführen ist. In leichteren Fällen wird es sich empfehlen, von einer solchen Bestrafung Abstand zu nehmen und dem Apotheker in der auf den Revisionsbefund zu erlassenden Verfügung wegen Abstellung der Unregelmäßigkeiten das sonst Erforderliche zu eröffnen.

d. Der Regierungs- und Medizinalrat.

Der technische Beirat des Regierungspräsidenten für die sämtlichen Medizinalangelegenheiten ist der Regierungs- und Medizinalrat. Seine Stellung wird bestimmt durch § 47 der Instruktion vom 23. Oktober 1817, welcher lautet:

Der Medizinalrat bearbeitet bei den Regierungen alle in die Gesundheits- und Medizinalpolizei einschlagende Sachen und hat in Beziehung darauf alle Rechte, Pflichten und Verantwortlichkeiten der übrigen Departementsräte. Er muß die wichtigen Medizinalanstalten von Zeit zu Zeit revidieren, auch das beachten, was aus der Instruktion für die Medizinalkollegien von heute auf ihn Anwendung findet. Er darf zwar medizinische Praxis treiben, aber nur insoweit, daß seine Amtsgeschäfte darunter nicht leiden.

Der Regierungs- und Medizinalrat ist Vorsitzender der Kommissionen für die pharmazeutische Vorprüfung und für die Besichtigung der Apotheken (vgl. Teil III und XVIII).

e. Der Landrat.

Oberster Kreispolizeibeamter ist der Landrat. Als solcher repräsentiert er auch gleichzeitig die Kreis-Medizinalpolizei und hat in dieser Eigenschaft die Verpflichtung, auf alles zu achten, was das öffentliche Gesundheitswesen in seinem Kreise betrifft.

Auch der Landrat ist gemäß § 142 des Gesetzes über die allgemeine Landesverwaltung (s. S. 169) befugt, unter Zustimmung des Kreisausschusses für mehrere Ortspolizeibezirke oder für den ganzen Umfang des Kreises gültige Polizeiverordnungen zu erlassen.

f. Der Kreisarzt.

Als technischer Berater in Sachen des Gesundheitswesens steht dem Landrat der Kreisarzt zur Seite. Die Befugnisse desselben und seine Stellung sind geregelt durch das Gesetz, betr. die Dienststellung des Kreisarztes und die Bildung von Gesundheitskommissionen vom 16. September 1899. Dasselbe enthält u. a. folgende Bestimmungen:

Gesetz, betr. die Dienststellung des Kreisarztes. Vom 16. September 1899 (Pr.G.S. S. 172).

§ 1. Der staatliche Gesundheitsbeamte des Kreises ist der Kreisarzt. Er ist der technische Berater des Landrats, in Stadtkreisen der Polizeibehörde. Der Kreisarzt ist dem Regierungspräsidenten unmittelbar unterstellt. . .

§ 3. Die Besoldung des Kreisarztes ist pensionsfähig. Wo besondere Verhältnisse es erfordern, können vollbesoldete Kreisärzte angestellt werden. Dieselben beziehen ein festes Diensteinkommen unter Ausschluß von Gebühren. Soweit nach den bestehenden Vorschriften für gewisse Verrichtungen Gebühren zu entrichten sind, fließen dieselben zur Staatskasse . . .

§ 6. Der Kreisarzt hat insbesondere die Aufgabe:

2. die gesundheitlichen Verhältnisse des Kreises zu beobachten und auf die Bevölkerung aufklärend und belehrend einzuwirken;
3. die Durchführung der Gesundheitsgesetzgebung und der hierauf bezüglichen Anordnungen zu überwachen und nach Maßgabe der bestehenden Vorschriften die Heilanstalten und anderweitige Einrichtungen im Interesse des Gesundheitswesens zu beaufsichtigen; auch hat er über das Apotheken- und Hebammenwesen, über die Heilgehilfen und anderes Hilfspersonal des Gesundheitswesens die Aufsicht zu führen.

§ 9. Der Kreisarzt ist der Gerichtsarzt seines Amtsbezirks. Wo besondere Verhältnisse es erfordern, kann die Wahrnehmung der gerichtsärztlichen Geschäfte besonderen Gerichtsärzten übertragen werden.

Der Kreisarzt übt somit im Namen des Regierungspräsidenten die tatsächliche Aufsicht über das Apothekenwesen seines Kreises aus, er ist das eigentliche Organ der Regierung in bezug auf Medizinal- und Sanitätspolizei. Von großer Bedeutung für seine Tätigkeit auf diesem Gebiete ist die vom Minister erlassene Dienstanweisung, die folgende Bestimmungen über die Beziehungen des Kreisarztes zum Apothekenwesen und dem Arzneiverkehr enthält:

Dienstanweisung für die Kreisärzte. Vom 23. März 1901.

§ 45. Der Kreisarzt hat die An- und Abmeldungen der in seinem Bezirke sich niederlassenden, um- oder abziehenden Ärzte, Zahnärzte, Apothekenbesitzer nebst Gehilfen und Lehrlingen, Hebammen und sonstigen geprüften Heilpersonen in Gemäßheit der darüber bestehenden Bestimmungen (vgl. auch Erlaß vom 11. Dezember 1875, Min.-Bl. f. d. i. V. 1876, S. 5) entgegenzunehmen, und die Approbationen Prüfungszeugnisse, sowie bei der Führung des Doktor- oder eines anderen Titels die Berechtigungsausweise hierfür sich vorlegen zu lassen. Säumige sind zu erinnern und bei erfolgloser Erinnerung der Polizeibehörde anzuzeigen.

§ 47. Der Geschäftsbetrieb in den selbständigen Apotheken, Zweig-(Filial-)Apotheken, Krankenhausapotheken (Dispensieranstalten) und ärztlichen Hausapotheken untersteht der Aufsicht des Kreisarztes.

Der Kreisarzt hat alle Apotheken seines Amtsbezirkes einmal jährlich, die außerhalb seines Wohnortes befindlichen tunlichst gelegentlich anderweiter Anwesenheit am Orte außerordentlich und unangemeldet zu besuchen und im allgemeinen, namentlich hinsichtlich der Ordnung und der Sauberkeit in den Räumen, an und in den Arzneibehältnissen sowie hinsichtlich der Beachtung der gesetzlichen Vorschriften über den Betrieb zu mustern.

Ungünstige Befunde und sonst zu seiner Kenntnis gelangende Unregelmäßigkeiten im Geschäftsbetriebe, wie unbefugte Ausübung der Heilkunde, gesetzwidrige Abgabe von Geheimmitteln oder starkwirkenden Arzneimitteln, Verwendung von Luxusgefäßen, Überschreitungen der Taxe, Betrieb von Nebengeschäften ohne Genehmigung, unbefugtes Halten von Lehrlingen, sind dem Regierungspräsidenten anzuzeigen.

Bei der Musterung der Apotheken sind die vorhandenen Lehrlinge nach Vorschrift zu prüfen. (Vgl. §§ 469, 470 II 8 A. L.-R., Revid. Apothekenordnung vom 11. Oktober 1801, § 367, Nr. 5 Str.G.B., § 28 der Anweisung vom 16. Dezember 1893[1]).)

§ 48. Zu den Apothekenbesichtigungen, welche im Auftrage des Regierungspräsidenten durch den Regierungs- und Medizinalrat und einen pharmazeutischen Bevollmächtigten vorgenommen werden, ist der Kreisarzt rechtzeitig und vertraulich einzuladen. Er hat, falls nicht triftige Gründe ihn hindern, jedenfalls zu erscheinen, wenn eine Apotheke an seinem Wohnorte besichtigt wird.

Der Kreisarzt kann ausnahmsweise von dem Regierungspräsidenten mit der Vertretung des Regierungs- und Medizinalrates bei den Besichtigungen beauftragt werden, der nicht vollbesoldete Kreisarzt jedoch nicht an seinem Wohnorte, es sei denn, daß die Einwohnerzahl des Ortes mehr als 100 000 beträgt.

Die Erledigung der Bescheide, welche auf Grund der Besichtigung von dem Regierungspräsidenten erlassen werden, ist von dem Kreisarzte für die Apotheken seines Wohnortes mit Ablauf der gesetzlichen Frist, an

---

[1]) Jetzt Revisionsanweisung vom 18. Februar 1902 (s. Teil XVIII).

auswärtigen Orten gelegentlich anderweiter Anwesenheit oder bei der Jahresmusterung zu überwachen.

Die von den Apothekenvorständen einzureichenden Berichte über die Erledigung der Besichtigungsbescheide hat der Kreisarzt unter Beifügung etwaiger Bemerkungen dem Regierungspräsidenten einzureichen.

Vgl. die §§ 20, 21 der Anweisung vom 16. Dezember 1893[1]).

§ 49. Gesuche und Eingaben der Apothekenvorstände an den Regierungspräsidenten sind durch Vermittlung des Kreisarztes einzureichen. Dieser hat sie mit etwaigen Bemerkungen ohne Verzug weiter zu geben. Der Kreisarzt hat darüber zu wachen, daß bei Abwesenheit oder Behinderung des Apothekenvorstandes, falls sie länger als 24 Stunden dauert, die Verwaltung der Apotheke durch einen geprüften Gehilfen, und wenn die Abwesenheit oder Behinderung länger als 14 Tage dauert, durch einen approbierten Apotheker besorgt wird. Der Apothekenvorstand ist verpflichtet, jede Behinderung, sofern sie die Dauer von 24 Stunden übersteigt, unter Benennung des Vertreters dem Kreisarzte rechtzeitig anzuzeigen[2]).

Wird der ordnungsmäßige Betrieb einer Apotheke durch Erkrankung, Tod usw. des Apothekenvorstandes unterbrochen, so hat der Kreisarzt bei dem Mangel eines geeigneten Vertreters bis zu dem Eintritte eines solchen die Schließung der Apotheke bei dem Regierungspräsidenten unverzüglich zu beantragen.

§ 50. Der Kreisarzt hat darüber zu wachen, daß in den Apotheken nur solche Apothekergehilfen beschäftigt werden, welche die durch die Bekanntmachung des Reichskanzlers vom 13. November 1875[3]) und vom 13. Januar 1883 vorgeschriebene Prüfung bestanden haben.

Der Kreisarzt hat weiter darauf zu achten, daß der Apothekenvorstand seiner Verpflichtung entsprechend ihm den Eintritt und den Abgang jedes Gehilfen unter Vorlegung des Gehilfenzeugnisses oder der Approbation, und bei der Entlassung des Entlassungszeugnisses binnen acht Tagen nach dem Eintritte oder bei dem Abgange anzeigt. Das Entlassungszeugnis hat der Kreisarzt namentlich auch hinsichtlich der Beschäftigungszeit zu beglaubigen. (§§ 45, 46 der Vorschriften vom 16. Dezember 1893)[4]).

§ 51. Der Kreisarzt hat demjenigen, welcher als Lehrling in eine Apotheke eintreten will, auf Grund der ihm vorzulegenden Papiere (Zeugnis über die wissenschaftliche Vorbildung, Zeugnis über die Wiederimpfung, selbstgeschriebener Lebenslauf) ein Zulassungszeugnis auszustellen[5]), aus dem auch der Tag des Eintrittes in die Apotheke ersichtlich sein muß. Ohne dieses Zeugnis darf kein Apothekenvorstand einen Lehrling annehmen.

Die Ausbildung der Lehrlinge untersteht der Aufsicht des Kreisarztes, welcher alljährlich gelegentlich der vorgeschriebenen Apotheken-

---

[1]) Jetzt Revisionsanweisung vom 18. Februar 1902 (s. Teil XVIII).

[2]) Nach dieser Bestimmung ist der Apotheker also zur Anzeige einer die Dauer von 24 Stunden übersteigenden Behinderung verpflichtet. Dagegen besagt § 41 der Apothekenbetriebsordnung vom 18. Februar 1902:

Der Apothekenvorstand ist verpflichtet, jede Behinderung in der Leitung der Apotheke, wenn sie die Dauer von drei Tagen übersteigt, unter Benennung des Vertreters dem Kreisarzt rechtzeitig anzumelden.

Es wird hierbei sein Bewenden zu behalten haben.

[3]) Jetzt Prüfungsordnung für Apotheker vom 18. Mai 1904 (s. Teil III).

[4]) Jetzt Apothekenbetriebsordnung vom 18. Februar 1902 (s. Teil XIV).

[5]) Im Reg.-Bez. Bromberg ist hierbei durch Verf. vom 13. April 1893 auch eine Prüfung der Apothekerlehrlinge auf Farbenblindheit vorgeschrieben.

musterung sich von ihren Kenntnissen und Fortschritten zu überzeugen hat. Hierbei hat er auch die Pflanzensammlung, sowie das Arbeitsbuch der Lehrlinge zu besichtigen und die Handschrift auf ihre Deutlichkeit zu prüfen. Über diesen Vorgang ist eine Verhandlung aufzunehmen, welche von dem Kreisarzte und dem Lehrherrn zu unterschreiben und bei günstigem Ergebnisse der kreisärztlichen Registratur einzuverleiben, im entgegengesetzten Falle aber dem Regierungspräsidenten einzureichen ist.

Das von dem Apothekenvorstande auszustellende Schlußzeugnis, welches außer einem Urteile über die Leistungen und Führung des Lehrlinges auch eine Bescheinigung über ununterbrochene Lehrzeit enthalten muß, sowie das bei der Abmeldung einzureichende Entlassungszeugnis ist von dem Kreisarzte auf seine Richtigkeit zu prüfen und amtlich zu beglaubigen. (Vgl. die §§ 41—46 der Vorschriften vom 16. Dezember 1893.)[1])

§ 52. Im Auftrage des Regierungspräsidenten hat der Kreisarzt in Gemeinschaft mit einem als zweites Mitglied der Prüfungskommission zuzuziehenden Apotheker Diakonissen und Mitglieder staatlich anerkannter geistlicher Genossenschaften für Krankenpflege (barmherzige Schwestern, barmherzige Brüder usw.), welche die Verwaltung der Dispensieranstalt eines Krankenhauses übernehmen wollen, zu prüfen. Die Verhandlungen sind dem Regierungspräsidenten einzureichen, welcher bei günstigem Prüfungsergebnisse das Befähigungszeugnis zur Verwaltung einer Krankenhausapotheke ausstellt.

§ 53. Dem Kreisarzte liegt es ob, darauf zu achten, daß die im Interesse einer geregelten Arzneiversorgung liegende Vermehrung der Apotheken mit der Zunahme der Bevölkerung tunlichst gleichen Schritt hält.

Er hat daher gleichzeitig, unter gewissenhafter Erwägung der Bedürfnisfrage und unter Berücksichtigung der Erhaltung der Lebensfähigkeit der bestehenden Apotheken, die Errichtung neuer Apotheken bei dem Regierungspräsidenten anzuregen (vgl. auch Verordnung wegen Anlegung neuer Apotheken vom 24. Oktober 1811, G.-S. S. 359, Min.-Erl. vom 13. Juli 1840 und vom 25. September 1866. — Min.-Bl. f. d. i. V. 1840, S. 310 und 1866, S. 194).

§ 54. Der Kreisarzt hat darüber zu wachen, daß die gesetzlichen Bestimmungen über den Verkehr mit Arzneimitteln außerhalb der Apotheken, über den Handel mit Giften und über das Anpreisen von Geheimmitteln beobachtet werden. Zuwiderhandlungen hat er zur Kenntnis der zuständigen Behörden zu bringen.

Wegen der Beteiligung des Kreisarztes an den Revisionen derjenigen Verkaufsstellen, in denen Arzneimittel, Gifte oder giftige Farben feilgehalten werden — Drogen-, Material-, Farben- und ähnlicher Handlungen —, bewendet es bei den bestehenden Vorschriften (vgl. Min.-Erl. vom 1. Februar 1894)[2]).

§ 55. Eine Zusammenstellung der besichtigten Drogen- usw. Handlungen, der festgestellten Übertretungen und der erfolgten Bestrafungen nach Formular IV ist dem Regierungspräsidenten mit dem Jahresberichte einzureichen.

§ 56. Der Kreisarzt prüft, sei es auf Ersuchen der Konzessionsbehörde oder auf direkte Meldung, diejenigen Personen, welche die Genehmigung zum Handel mit Giften nachsuchen. Die Prüfung erstreckt sich auf

---

[1]) Jetzt Apothekenbetriebsordnung vom 18. Februar 1902 (s. Teil XIV).

[2]) Jetzt Min.-Erl. vom 22. Dezember 1902 (s. Teil IV).

die allgemeine Befähigung, insbesondere auf die Kenntnis der bestehenden Bestimmungen über die Aufbewahrung und Abgabe von Giften.

Bei günstigem Ausfalle der Prüfung wird ein Zeugnis erteilt.

Auf Ersuchen des Kreis-(Stadt-)Ausschusses hat der Kreisarzt sich auch über die Bedürfnisfrage, sowie darüber zu äußern, ob eine Beschränkung der Genehmigung auf bestimmte, genau zu bezeichnende Stoffe geboten ist.

Weitere Bestimmungen über die Stellung der Kreisärzte zu den Apothekern sind enthalten in der revidierten Apothekerordnung Tit. I § 17, Tit. II § 7 (s. Teil XIII), in der Apothekenbetriebsordnung §§ 33, 41, 43, 46 und 48 (s. Teil XIV) und der Apothekenrevisionsanweisung §§ 6, 7, 21 und 28 (s. Teil XVIII).

g. Die Ortspolizeibehörde.

Während der Regierungspräsident die Landespolizeigewalt innehat, ist die Ortspolizeibehörde diejenige Instanz, welche wegen Übertretung der medizinalpolizeilichen Vorschriften Polizeistrafen verfügt und die Aufsicht über den Arznei- und Giftverkehr außerhalb der Apotheken ausübt.

Zu unterscheiden von diesen Strafverfügungen, die repressiv wegen Zuwiderhandlung gegen bestehende Vorschriften ergehen und gegen welche auf richterliche Entscheidung beantragt werden kann, sind die ein präventives Gebot oder Verbot enthaltenden polizeilichen Verfügungen, die sich auf § 132 des Gesetzes über die allgemeine Landesverwaltung (s. S. 169) gründen. Nach diesem Paragraphen sind der Regierungspräsident, der Landrat, die Ortspolizeibehörde und der Gemeinde-(Guts-)Vorsteher(-Vorstand) berechtigt, die von ihnen in Ausübung der ortspolizeilichen Gewalt getroffenen, durch ihre gesetzlichen Befugnisse gerechtfertigten Anordnungen durch Anwendung von Zwangsmitteln durchzusetzen[1]). Als solches Zwangsmittel kommt hauptsächlich die Androhung und Vollstreckung bestimmter Strafen (Geld- oder Haftstrafe) in Betracht.

Gegen derartige Verfügungen steht den davon Betroffenen die Klage im Verwaltungsstreitverfahren offen, und zwar gegen polizeiliche Verfügungen des Regierungspräsidenten[2]) innerhalb zweier Wochen die Beschwerde an den Oberpräsidenten und gegen den vom Oberpräsidenten auf die Beschwerde erlassenen Bescheid innerhalb gleicher Frist die Klage bei dem Oberverwaltungsgericht (§ 130 des Landesverwaltungsgesetzes).

---

[1]) Nach einem Urteil des O.V.G. vom 26. Oktober 1903 (Ph.Ztg. 1904 Nr. 28) sind Verfügungen, welche gesundheits- und gewerbepolizeiliche Zwecke verfolgen, nicht von der Landespolizeibehörde (dem Regierungspräsidenten), sondern von der Ortspolizeibehörde zu erlassen. „Die Handhabung der Gesundheits- und Gewerbepolizei gebührt grundsätzlich, und insoweit die Gesetze nicht ein anderes bestimmen, den Ortspolizeibehörden.“ Die vom Regierungspräsidenten an einen Apotheker gerichtete Verfügung, die Leitung seiner Apotheke selbst zu übernehmen, wurde daher vom O.V.G., „weil von einer unzuständigen Behörde getroffen,“ außer Kraft gesetzt.

[2]) Die Klage im Verwaltungsstreitverfahren ist jedoch nur gegen „polizeiliche Verfügungen“ im Sinne des § 130 des Landesverwaltungsgesetzes zulässig. Gegen eine Verfügung, die der Regierungspräsident lediglich in Erledigung eines vom Minister erhaltenen Auftrages an einen Apotheker erlassen hat, ist in Preußen die Beschreitung des Klageweges nicht zulässig (O.V.G. 26. Oktober 1903, Ph.Ztg. 1904 Nr. 28).

XIII. Errichtung und Verlegung von Apotheken.

Die landesgesetzlichen Bestimmungen über die Rechte und Pflichten der preußischen Apotheker sind enthalten in der Apothekerordnung nebst ihren Nachträgen und Ergänzungen: der Apothekenbetriebsordnung und den Vorschriften über den Verkehr mit Arzneimitteln, Geheimmitteln und Giften. Das Allgemeine Landrecht, welches in Teil II, Tit. 8, Abschnitt 6 einige Bestimmungen über Apotheker enthielt, hat praktisch jetzt keine Bedeutung mehr.

Das Grundgesetz des preußischen Apothekenwesens ist die Revidierte Apothekerordnung vom 11. Oktober 1801. Dieselbe ordnete die gesamten rechtlichen Verhältnisse der Apotheker, sie ist formell noch in vollem Umfange gültig, praktisch aber zur Zeit hinsichtlich der eigentlichen Betriebsvorschriften durch spätere besondere Verordnungen ersetzt. Dagegen wird durch die Apothekerordnung und die zu ihrer Ausführung erlassenen Verordnungen noch jetzt in erster Reihe geregelt die Errichtung und Verlegung von Apotheken, zwei Punkte, deren Erledigung in § 6 der Reichs-Gew.O. (s. S. 3) der Landesgesetzgebung vorbehalten geblieben ist. Wegen ihrer Bedeutung ist die Revidierte Apothekerordnung nachstehend zunächst im Wortlaut abgedruckt.

Revidierte Apothekerordnung.

Vom 11. Oktober 1801.

Bei der unermüdeten Sorgfalt, welche Wir auf alle Zweige Unserer Staatsverwaltung richten, ist es Uns nicht entgangen, wie sehr das Wohl Unserer getreuen Untertanen von einer zweckmäßigen Einrichtung der Apotheken in Unseren Landen und von einer sicheren Ausübung der Apothekerkunst selbst abhange. Unsere durchlauchtigten Vorfahren in der Regierung haben zwar bereits im Jahre 1693 eine Ordnung, nach welcher sich die Apotheker in Unseren Landen richten sollen, abfassen, und das Wesentlichste daraus in die Medizinalordnung vom 27. September 1725 aufnehmen lassen; auch sind seit dieser Zeit mehrere heilsame Verordnungen ergangen, und im Jahre 1795 von Unserm Ober-Collegio Medico et Sanitatis in eine besondere gedruckte Sammlung gebracht, auch bei der Approbation der Apotheker ihnen zur Nachachtung mitgegeben worden. Da indes teils die Fortschritte in der Pharmazie und Chemie, teils der überall eingeführte ordnungsmäßige Betrieb aller mit der Staatsadministration verwandten Gegenstände eine Revision und Vervollkommnung der bisherigen Gesetze und Verordnungen, welche sich auf das Kunstgewerbe der Apotheker beziehen, nötig gemacht haben, so ist von Uns beschlossen worden, die gegenwärtige

revidierte Ordnung, nach welcher die Apotheker in Unsern Landen ihr Kunstgewerbe betreiben sollen,

in Kraft eines Landesgesetzes abfassen zu lassen und zur allgemeinen Richtschnur vorzuschreiben[1]).

[1]) Da die revidierte Apothekerordnung ein Gesetz darstellt, welches also auch nur auf dem verfassungsmäßigen Wege der Gesetzgebung abgeändert oder aufgehoben werden kann, haben die späteren durch Ministerialerlasse eingeführten Betriebsvorschriften nur insoweit rechtliche Geltung, als sie sich mit der als Gesetz erlassenen Apothekerordnung von 1801 decken (O.V.G. 18. Februar 1907, Ph.Ztg. 1907 Nr. 16). Daß neben der revidierten Apothekerordnung aber noch das Medizinaledikt vom 27. September 1725 als gültig anzusehen ist, entschied das O.V.G. unter dem 29. März 1897 (K.G.A. II, S. 116). Die Rechtssätze, die sich aus diesem Urteil ableiten lassen, lauten in konkreter Fassung: 1. Der Staat besitzt kein Aufsichtsrecht über die Ärzte. 2. Die Polizeibehörde ist

Titel I.

Von den Apothekern überhaupt.

§ 1. Zur Ausübung der Apothekerkunst an einem Orte berechtigt nur
1. ein landesherrliches Privilegium,
2. das Approbationspatent.

---

jedoch auf Grund der ihr zustehenden medizinal-polizeilichen Befugnisse berechtigt, die Durchführung ihrer Anordnungen auch Ärzten gegenüber durch polizeiliche Zwangsmittel zu erzwingen. 3. Das Medizinaledikt vom 27. September 1725 und die königl. Verordnung vom 17. November 1798 haben noch Gesetzeskraft.

Bezüglich des letzteren Punktes führt das Urteil aus:

„Das Medizinaledikt vom 27. September 1725 bestimmt an dem angeführten Orte (Abschnitt ‚Von den Medicis', Ziffer 3 Abs. 6): ‚Endlich wird auch denen Medicis gänzlich verboten, einen Apotheker vor den anderen vorzuschlagen und zu recommendiren, sondern es muß denen Patienten darin freyer Wille gelassen werden.' Diese Bestimmung ist in der Verordnung vom 17. November 1798 wegen Abschaffung des Gebrauches, nach welchem die Apotheker den praktizierenden Ärzten sogenannte Weihnachtsgeschenke machen (Novum corpus constitutionum, Tom. X, S. 1789 No. 85 de 1798), ‚den ausübenden Ärzten' mit dem Zusatz in ernstliche Erinnerung gebracht worden, ‚nur bei seltenen oder mit vorzüglicher Geschicklichkeit zuzubereitenden Arzneimitteln wollen Wir den Ärzten überlassen, dem Patienten die Apotheke, worin solches Medikament zu haben ist, zu benennen, auch bei gewöhnlichen Arzneimitteln, welche bei ihrer Zubereitung schon eine mehr als gemeine Geschicklichkeit der Pharmacie erfordern, wollen wir den ausübenden Arzt nicht verschränken, falls er nach seiner Sachkenntnis glaubt, daß solche in dieser oder jener Apotheke des Orts nicht gleich gut verfertigt werden, dem Patienten die Apotheke nachzuweisen, worin das verschriebene Arzneimittel zubereitet werden kann.' Auch die Verordnung vom 17. November 1798 ist wie das Medizinaledikt vom Könige erlassen und gehörig publiziert worden. Sie hat daher ebenfalls Gesetzeskraft. Weder die in Rede stehende Bestimmung in ihr, noch die im Medizinaledikt sind ausdrücklich oder durch entgegenstehende Vorschriften, namentlich nicht mittelbar durch die Freigabe der Heilkunde, aufgehoben worden. Sie gelten daher noch."

Die revidierte Apothekerordnung vom 11. Oktober 1801 ist nicht in allen Provinzen der Monarchie publiziert worden. Nach einer Arbeit von Regierungsassessor Kuhn (Verwaltungsarchiv Bd. 15 Heft 1) hat die revidierte Apothekerordnung keine Geltung in Neuvorpommern, Rügen, den ostrheinischen Teilen des Reg.-Bez. Koblenz, den ehemalig französischen westrheinischen Gebieten, den früheren Herzogtümern Jülich-Cleve-Berg, in Sigmaringen und Hechingen, dem durch den Staatsvertrag vom 1. Dezember 1853 erworbenen Jadegebiet, ferner in den 1866 neu erworbenen Landesteilen Hannover, Hessen-Nassau, Frankfurt a. M., Schleswig-Holstein sowie den durch die Landesverträge mit Bayern und Hessen an Preußen abgetretenen ehemals bayerischen und hessischen Gebietsteilen. In allen diesen Bezirken gelten statt der revidierten Apothekerordnung noch die Bestimmungen der einzelnen Landesgesetze. Es sind dies: in Neuvorpommern, Rügen und Schleswig-Holstein die dänische Medizinal- und Apothekerordnung für die königlichen Reiche und Lande vom 4. Dezember 1672 nebst den Reskripten vom 15. August 1746 und 16. Oktober 1705, im Großherzogtum Berg, woselbst die französische Herrschaft das einheimische Apothekergesetz unberührt gelassen hatte, die kurfürstliche Medizinalordnung für die Herzogtümer Jülich und Berg vom 8. Juni 1773, in den übrigen ehemals französischen Gebieten die französischen Medizinalgesetze, in Sigmaringen-Hechingen die Verordnung betr. Bekanntmachung einer allgemeinen Apothekerordnung für das Fürstentum Hohenzollern-Sigmaringen vom 4. Mai 1835, im Jadegebiet die oldenburgische Verordnung vom 30. März 1832 betr. das Kollegium medicum, in den 1866 neu erworbenen Landesteilen die hannoversche Verordnung betr. das Apothekenwesen pp. vom 19. Dezember 1820, die kurfürstlich hessische Medizinalordnung vom 10. Juli 1830, die Medizinalordnung für das Landgrafentum Hessen vom 1. Juni 1831, die Verordnung vom 28. April 1837 betr. die Annahme von Lehrlingen in Apotheken und die Instruktion der Apotheker vom 12. Dezember 1856 ebenfalls für das Landgrafentum Hessen, das Herzoglich-Nassauische Edikt, betr. Einrichtung der Med.-Verw. und die Instruktion für die Medizinalbeamten, beide

Das erstere wird von Unserem General-Directorio, das letztere von Unserem Ober-Collegio Medico et Sanitatis erteilt[1]).

§ 2. Die Apotheken-Privilegia, welche einmal in einem Orte fundiert sind, sind sowohl erblich als überhaupt veräußerlich[2]), es wäre denn, daß sie nur dem Besitzer für seine Person verliehen worden[3]); doch gehört zur Besitzfähigkeit des Erwerbers, daß er selbst ein gelernter Apotheker sei und als solcher von der Medizinalbehörde approbiert werde.

§ 3. Fällt daher eine Apotheke einem nicht gelernten Apotheker, es sei durch Erbgangsrecht oder durch andere zum Erwerb eines Eigentums geschickte Titel zu, so muß er solche binnen Jahresfrist, welche jedoch bei erheblichen Umständen von den Medizinalbehörden auf sechs Monat erweitert werden kann, auf einen qualifizierten Besitzer bringen, bis dahin aber solche durch einen vom Ober-Collegio Medico de Sanitatis approbierten und vereideten Provisor verwalten lassen.

§ 4. Nur den Witwen eines privilegierten Apothekers während ihres Witwenstandes, und den minorennen Kindern desselben bis zu ihrer Großjährigkeit, soll es nach wie vor vergönnt sein, die Apotheke durch einen qualifizierten Provisor verwalten zu lassen[4]).

---

vom 14. März 1818, die Medizinalordnung für die Freie Stadt Frankfurt vom 29. Juli 1841 und schließlich für die ehemals bayerischen Teile die Apothekerordnung für das Königreich Bayern vom 27. Januar 1842. Daß die Apothekerordnung insbesondere in Köln keine Geltung hat, entschied das K.G. unter dem 3. Februar 1887 (Joh. VII, S. 225).

Betreffend die Medizinalverwaltung in den 1866 neu erworbenen Landesteilen erging die Königliche Verordnung vom 13. Mai 1867, wonach der Minister der geistlichen usw. Angelegenheiten ermächtigt wurde, „in Angelegenheiten, welche betreffen die Bedingungen für die Anlegung und den Geschäftsbetrieb, sowie für die Visitation der Apotheken, die Beaufsichtigung des Medizinalwesens, der Medizinal-, Sanitäts- und Veterinär-Polizei, die Feststellung der Arzneitaxe, den Debit der Arzneiwaren, in demselben Maße Verfügung zu treffen, wie ihm solches in den älteren Landesteilen der Monarchie ressortmäßig zukommt."

Das preußische Konzessionsverfahren und die in den Teilen XIV—XVIII angeführten weiteren Betriebsvorschriften gelten jedoch gegenwärtig für den Gesamtumfang der Monarchie.

[1]) Seit Erlaß des Gewerbeedikts vom 2. November 1810 werden Privilegien nicht mehr verliehen, sondern geschieht die Neuerrichtung von Apotheken auf Grund von Konzessionen, welche die Oberpräsidenten erteilen (s. Seite 199).

[2]) Hierzu entschied das R.G. unter dem 28. Januar 1895 (Ph.Ztg. 1906 Nr. 90): Alle Apothekenprivilegien, die in Preußen seit Inkrafttreten der revidierten Apothekerordnung vom 11. Oktober 1801 nicht durch Errichtung und Betrieb einer Apotheke in Wirksamkeit gesetzt (fundiert) worden sind, müssen seit genanntem Zeitpunkt als erloschen angesehen werden.

[3]) Im Bereich der preußischen Apothekerordnung sind alle in den älteren, nicht unter französischer, westfälischer oder bergischer Gesetzgebung gestandenen Landesteilen vor Emanation des Gewerbeedikts vom 2. November 1810 verliehenen pharmazeutischen Gewerbeberechtigungen nach § 2 der Apothekerordnung als vererbliche und veräußerliche Realprivilegien zu betrachten, sofern die Verleihung nicht ausdrücklich auf eine bestimmte Person beschränkt ist. Letzteres ist aber nur ausnahmsweise der Fall. Der Beweis, daß ein Apothekenprivilegium dem ersten Besitzer nur für seine Person verliehen worden sei, ist von der Regierung, sofern sie diese Behauptung aufstellt, selbst zu erbringen. Kann sie das nicht, so ist die Vererb- und Veräußerlichkeit desselben nicht zu beanstanden. So entschied das preuß. Obertribunal unter dem 3. Juli 1877. Ferner erging folgendes Urteil: Ein ursprünglich nur auf bestimmte Zeit gewährtes Apothekenprivilegium kann für das betreffende Grundstück auch durch unvordenkliche Verjährung erworben sein und muß demnach als Privileg anerkannt werden (R.G. 4. Februar 1905, Ph.Ztg. 1905 Nr. 69).

[4]) Der obige Paragraph findet jetzt auf sämtliche Apotheken, auch auf die konzessionierten und die unverkäuflichen Personalkonzessionen Anwendung (s. S. 199 und 216).

§ 5. Sobald indes ein Sohn, welcher die Apothekerkunst gelernt hat, solche annehmen, oder eine Tochter an solchen sich verheiraten will, so hört die Administration derselben auf, und der Annehmer muß die Miterben nach einer billigmäßigen Taxe abfinden, da dem Staate daran gelegen ist, daß die Apotheken sich in den Händen gelernter Apotheker befinden, und nicht durch den Weg der Versteigerung zu gar zu hohen Preisen getrieben werden.

§ 6. Wenn an einem Orte, wo bereits privilegierte Apotheken vorhanden, neue Apotheken-Privilegia gesucht werden, so wird das Finanzdepartement zuvor mit dem Medizinaldepartement darüber konzertieren, weil die zu große Konkurrenz derselben der treuen Ausübung der Kunst schädlich ist, doch müssen sich die Apotheker eines solchen Orts den gemeinschaftlichen Beschluß dieser Behörden gefallen lassen[1]).

§ 7. Zur Qualifikation eines Apothekers, in Hinsicht auf die Kunst nach § 1, gehört, daß er, unter Beibringung des Privilegii und des Attestes der Obrigkeit des Ortes seines Etablissements, welchergestalt er die Apotheke rechtsgültig erworben, auch falls er kantonpflichtig ist, eines Losscheins von seiten der kompetenten Kantonbehörde, den Lehrbrief, auch die erforderlichen Zeugnisse über die gesetzliche Servierzeit beibringe. Alle diese Dokumente reicht er bei dem Provinzial-Collegio Medico et Sanitatis ein, welches sodann seine theoretische und praktische Prüfung veranlaßt, und davon, unter Einsendung des Prüfungsprotokolls samt Beilagen, nach Titel II § 2 der Instruktion vom 21. April 1800, berichtet.

§ 8. Nur diejenigen Kandidaten, die sich in Städten etablieren wollen, welche kursierte Medizinalpersonen erfordern, müssen sich selbst unter Beilegung der obigen Dokumente und Zeugnisse bei Unserm Ober-Collegio Medico et Sanitatis melden und antragen, daß sie zum hiesigen pharmazeutischen Cursu und großen Examen, nach Anleitung des Reglements vom 1. Februar 1798, verstattet werden, da sie denn auf den Bericht der Immediatkommissionen ihr Approbationspatent erhalten.

§ 9. Dieser Qualifikation müssen sich auch die bereits auf kleinere Städte approbierten Apotheker unterwerfen, wenn sie aus diesen in die obigen größeren Städte übergehen, außer, daß sie von dem Examine rigoroso frei sind, falls sie von dem Collegio Medico der Provinz unmittelbar, und nicht bloß durch einen Physikus examiniert worden.

§ 10. Zu den Städten, welche kursierte Apotheker und Chirurgen erfordern, gehören: Aurich, Berlin, Brandenburg, Bialystock, Bromberg, Cleve, Crossen, Danzig, Duisburg, Elbing, Emden, Frankfurt, Graudenz, Halberstadt, Halle, Hamm, Kalisch, Königsberg in Preußen, Küstrin, Kulm, Lissa, Magdeburg, Marienwerder, Minden, Plock, Posen, Potsdam, Stargard i. Pomm., Stettin, Thorn, Tilsit, Warschau, Wesel, Züllichau.

Die in den Vorstädten solcher großen Städte sich etablierenden Apotheker sind zwar nur ebenso, als die in den kleineren Städten sich etablierenden Medizinalpersonen zu prüfen; sie müssen sich aber alsdann alles Gewerbes in der Stadt selbst enthalten, oder kursieren.

§ 11. Den in einigen Provinzen aus älterer Zeit entstandenen Mißbrauch, daß die Collegia Medica auch mit solchen Personen, die sich in den vorgeschriebenen Städten etablieren wollen, Präliminarprüfungen unter dem Titel von Tentamen veranstalten, schaffen Wir als unnütz hiermit ganz ab.

---

[1]) Bezüglich der Grundsätze für die Neuerrichtung von Apotheken gilt jetzt die königliche Verordnung vom 24. Oktober 1811 (s. Seite 201).

§ 12. Dagegen verbleibt den Provinzial-Collegiis Medicis et Sanitatis die Prüfung aller Provisoren, sie mögen Apotheken in großen oder kleinen Städten vorstehen; jedoch müssen sie davon ebenso, als von der Prüfung der Apotheker, behufs der zu erteilenden Approbation, an das Ober-Collegium Medicum et Sanitatis berichten.

§ 13. Der solchergestalt privilegierte und approbierte Apotheker eines Ortes ist nicht allein berechtigt, darin seine Apothekerkunst ungehindert auszuüben, sondern er ist auch gleich jedem Materialisten, dem Apotheker-Privilegio gemäß, zum Verkauf aller Materialwaren und Spezereien befugt; dagegen steht dem Materialisten kein Debit der präparierten Arzneimittel zu. Damit auch der zwischen den Apothekern und Materialisten über den privativen und kumulativen Debit der rohen Arzneiwaren seit vielen Jahren bestandene Streit für die Zukunft aufhören möge, haben Wir dieser revidierten Ordnung ein besonderes Verzeichnis der rohen Arzneiwaren beifügen lassen, womit die Drogisten und Materialisten in der dort vorgeschriebenen Quantität handeln und den Debit exerzieren können, und werden die Apotheker, Drogisten und Materialisten hierüber aus Unserm Finanz- und Medizinaldepartement durch ein besonderes Reglement noch instruiert werden[1]).

§ 14. Die Ausübung der Apothekerkunst erstreckt sich aber weder auf ärztliche noch chirurgische Verrichtungen[2]). Sollte jedoch an einem Orte oder dessen Nähe bis auf zwei Meilen sich kein Arzt etabliert haben, so soll der Apotheker, insofern nicht etwa der dortige Chirurgus auf innere Kuren bereits examiniert ist und von Unserm Ober-Collegio Medico et Sanitatis approbiert worden, befugt sein, auf seine Prüfung zur Verrichtung gewöhnlicher leichter innerer Kuren bei dem Collegio Medico der Provinz anzutragen, welches alsdann darüber an Unser Ober-Collegium Medicum et Sanitatis zur Approbation berichten muß. Dagegen erfordert aber auch das allgemeine Beste, daß Ärzte und zur innerlichen Praxis autorisierte Wundärzte an solchen Orten, wo keine öffentliche Apotheke vorhanden oder in der Nähe befindlich ist, eine mit den notwendigsten Arzneimitteln versehene kleine Hausapotheke sich halten können, jedoch lediglich nur zum Gebrauch in ihrer Praxis, nicht aber zum Wiederverkauf an andere Personen[3]). Auch müssen diese Mittel, besonders die Praeparata und Composita, von einem approbierten Apotheker im Lande, welcher für deren Güte verantwortlich sein kann, nicht aber von auswärtigen Laboranten und Krämern entnommen werden. Imgleichen müssen dieselben davon keinen übermäßigen Vorteil verlangen, und in den Preisen dafür die Patienten nicht überteuern, sondern ihre Arzneirechnungen ganz nach der bestehenden Taxe einrichten, indem sie für die Mühe des einzelnen Dispensierens hinlänglich durch den Rabatt entschädigt werden, den Apo-

---

[1]) An Stelle des am Schlusse des § 13 erwähnten Verzeichnisses der Arzneiwaren, mit denen die Drogisten handeln dürfen, ist gegenwärtig die Reichsverordnung vom 22. Oktober 1901 mit ihren Nachträgen getreten (s. Teil IV).

[2]) Das Verbot der Ausübung ärztlicher Tätigkeit durch Apotheker in Tit. I § 14 der revidierten Apothekerordnung ist durch § 144 der Gew.O. ausdrücklich aufrecht erhalten. Zuwiderhandlungen hiergegen sind durch gerichtliches Strafverfahren, nicht im Disziplinarwege zu ahnden (K.G. 18. November 1889 und 3. Februar 1887, Joh. X, S. 180, und VII, S. 225). Vgl. indes § 37 der Ap.B.O. (Teil XIV).

[3]) Die hier vorgesehenen Beschränkungen des Arzneiabgabenrechts der Ärzte sind nach einem Urteil des K.G. vom 7. Mai 1900 (K.G.A. III, S. 208) gegenwärtig nur noch betreffs der den Apotheken vorbehaltenen Arzneimittel in Kraft.

theker, von welchen sie sich die Arzneimittel undispensiert liefern lassen, zu geben pflegen[1]).

Von den Lehrlingen.[2])

§ 15. Jeder gelernte, privilegierte und approbierte Apotheker ist Lehrlinge anzunehmen und Gehilfen zu halten befugt. Die Erfahrung hat aber gelehrt, daß die Apotheker bei Annahme der Lehrlinge zum öftern ohne die nötige Auswahl und ohne genugsame Rücksicht auf deren Tauglichkeit verfahren, bloß ihren Privatnutzen beabsichtigen, und ihrer Verbindlichkeit, aus selbigen tüchtige und brauchbare Subjekte zu bilden, zu wenig Genüge leisten.

Es wird daher den Apothekern folgendes zur Pflicht gemacht:

a. Sollen sie so viel wie möglich dahin sehen, daß sie nur solche Lehrlinge annehmen, die bei einem von der Natur nicht vernachlässigten Kopfe, durch eine einigermaßen wissenschaftliche Ausbildung und durch eine gute sittliche Erziehung zur Erlernung dieser Kunst hinlänglich vorbereitet sind. Damit auch der zur Apothekerkunst bestimmte Jüngling dem ihm nötigen Schulunterricht nicht zu früh entzogen werde, so wird den Apothekern hiermit anbefohlen, keinen Lehrling jünger als zu vollen 14 Jahren anzunehmen.

   Da auch insbesondere die Kenntnis der lateinischen Sprache zum richtigen Verstehen der Rezepte und der in den Dispensatorien enthaltenen Vorschriften ganz unentbehrlich ist, so sollen die Apotheker fernerhin keine Lehrlinge annehmen, die von der lateinischen Sprache nicht wenigstens so viel erlernt haben, daß sie leichte Stellen aus einem lateinischen Autor fertig übersetzen können.

   Diese Beurteilung soll aber in Zukunft nicht den Lehrherren allein überlassen sein, sondern es wird ihnen hiermit zur Pflicht gemacht, ihre anzunehmenden Lehrlinge in dieser Hinsicht durch den Physikum des Orts zuvor prüfen zu lassen.

   Die Apotheker haben ferner dahin zu sehen, ob auch der anzunehmende Lehrling eine fertige und gehörig deutliche Hand schreibe. Dieses ist besonders deshalb notwendig, um zu verhüten, daß durch

---

[1]) Der § 14 hat im übrigen in den §§ 37 und 51 der Apothekenbetriebsordnung vom 18. Februar 1902 (s. Teil XIV) eine anderweitige Fassung erhalten.

[2]) Durch die Reichs-Prüfungsordnung für Apotheker vom 18. Mai 1904 (s. Teil III) sind die einschlägigen Bestimmungen der einzelnen Apothekerordnungen selbstredend überall modifiziert. Die der preußischen, welche im Tit. 1, §§ 15—17 von den Lehrlingen und §§ 18—20 von den Gehilfen handelt, wurden bereits vor längerer Zeit (11. August 1864) aufgehoben und durch neuere ersetzt, indes auch dieses „Reglement über die Lehr- und Servierzeit, sowie über die Prüfung der Apothekerlehrlinge und -Gehilfen" ist durch die genannte Prüfungsordnung und die preußische Apothekenbetriebsordnung in vielen Punkten abgeändert worden. Von Interesse ist aus dem Reglement höchstens noch der folgende § 16:

§ 16. Der Gehilfe steht zu dem Apothekenbesitzer, seinem Prinzipal, in dem persönlichen Verhältnisse eines ihm für den Geschäftsbetrieb Dienenden und ist dessen Anordnungen pünktlichen Gehorsam schuldig. Der Apothekenbesitzer darf dem Gehilfen das Dispensieren von Arzneimitteln in der Offizin (das Rezeptieren) und die Anfertigung von pharmazeutischen Präparaten im Laboratorium (das Defektieren) selbständig überlassen, ist aber für die Arbeiten des Gehilfen verantwortlich. Während kurzer zufälliger Abwesenheit des Apothekenbesitzers ist der Gehilfe dessen Stellvertreter. Bei längerer Entfernung vom Geschäft (Reisen) aber ist der Apotheker, falls sein Gehilfe nicht bereits die Approbation als Apotheker erlangt haben sollte, verpflichtet, einen approbierten Apotheker als seinen Stellvertreter anzunehmen und dies dem Kreisphysikus anzuzeigen.

ihn keine, aus unleserlich geschriebenen Signaturen leicht entspringende Zweifel und Irrtümer auf seiten des Patienten veranlaßt werden.

b. Da auch vielfältig wahrgenommen wird, daß Lehrherren ihre Zöglinge als bloße Arbeitsleute behandeln, hingegen um deren Bildung zu brauchbaren Apothekern unbekümmert sind, und genug getan zu haben glauben, wenn sie selbige nach verflossenen Lehrjahren mit einem Lehrbriefe entlassen, so werden sie hiermit ernstlich erinnert, die ihnen gegen ihre Lehrlinge obliegenden Pflichten nicht außer acht zu lassen, sondern selbige durch treue Anweisung und gründlichen Unterricht sowohl im theoretischen, als praktischen Teil der Pharmazie, verbunden mit Darreichung guter Bücher und Überlassung der nötigen Zeit zu deren Benutzung, zu geschickten und in ihrem Fache tüchtigen Staatsbürgern zu erziehen.

c. Ist vielfältig der Mißbrauch eingerissen, daß die Apotheker, vornehmlich an solchen Orten, wo sie neben ihrem Hauptgeschäft noch andere Gewerbe treiben, gar keine Gehilfen, dagegen aber zwei bis drei Lehrlinge halten, auch hierzu sogar am liebsten rohe, unwissende, schlecht erzogene Knaben von noch unreifem Alter auswählen, weil sie diese am besten zu ihren oft mit niedrigen Arbeiten verknüpften Nebengewerben zuziehen und gebrauchen zu können glauben. Da aber hierdurch die Zahl unwissender und höchstens nur zu einigen mechanischen Arbeiten brauchbarer Apothekergehilfen jährlich vergrößert wird, so wird hiermit verordnet, daß die Apotheker nur so viel Discipel halten dürfen, als sie ausgelernte Gehilfen haben. Haben sie nur einen Gehilfen, so dürfen sie auch nur einen Lehrling annehmen. Sind aber ihre Geschäfte so unbeträchtlich, daß sie solche überhaupt nur mit einem Menschen bestreiten können, so dürfen sie gar keinen Lehrling, sondern bloß einen Gehilfen halten, es sei denn, daß sie erweisen können, keinen Gehilfen bekommen zu können, oder daß sie als geschickte und ihr Hauptwerk selbst mit Tätigkeit abwartende Männer bekannt sind.

d. Um überhaupt dem Anwachsen schlecht erzogener, unwissender und untauglicher Apothekergehilfen um so mehr vorzubeugen, so wird hiermit festgesetzt: daß hinfüro kein Lehrherr befugt sein soll, seinen Lehrlingen den Lehrbrief oder das Attest wohlüberstandener Lehrjahre zu erteilen, bevor nicht dieser durch eine von dem Physikus des Orts im Beisein des Lehrherrn zu veranstaltende Prüfung, welche dem, was man von einem solchen jungen Menschen billigerweise fordern kann, angemessen sein muß, als tüchtig befunden worden. Bei dieser Prüfung ist besonders darauf zu sehen, ob der Ausgelernte sich praktische Kenntnisse der Pharmazie und eine hinlängliche Fertigkeit in kunstmäßigen Arbeiten erworben habe, da solches bei einem guten Apotheker der Theorie vorangehen muß. Findet es sich, daß er noch nicht reif genug ist, um als ein brauchbarer Apothekergehilfe anerkannt zu werden, so hat der Physikus ihm anzudeuten, daß er noch nicht entlassen werden könne, sondern so lange in der Lehre bleiben müsse, bis er sich hinlänglich qualifiziert habe. Ergäbe es sich aber, daß die Schuld der Versäumnis in den Lehrjahren weniger am Lehrling, als vielmehr am Lehrherrn selbst liege, sie bestehe nun in vorsätzlicher Vernachlässigung des Lehrlings, oder in erwiesener Unfähigkeit, brauchbare Subjekte zu bilden, so soll einem solchen Apotheker die weitere Befugnis, Lehrlinge zu halten, gänzlich untersagt werden. Der Lehrling soll aber verpflichtet sein, so lange bei einem anderen Apotheker in die Lehre zu treten, bis er sich die erforderliche Kenntnis und Geschicklichkeit erworben hat.

§ 16. Was die Dauer der Lehrjahre und die sonstigen Bedingungen der Rezeption eines Lehrlings betrifft, so hängt zwar dies von der Bestimmung des mit den Eltern, Vormündern oder Verwandten desselben zu errichtenden schriftlichen Kontraktes ab; doch soll die Lehrzeit nie unter vier Jahre bestimmt, auch von dem Lehrherrn dem Lehrling nur insoweit ein Nachlaß auf etwa sechs Monate bewilligt werden, als der Physikus des Orts nach genugsamer Prüfung von der Reife des Lehrlings sich überzeugt und solches schriftlich attestiert hat.

§ 17. Kein Lehrherr soll daher dem Lehrling den Lehr- oder Gesellenbrief eher erteilen, bis der Physikus des Orts demselben das Fähigkeitszeugnis dazu gegeben hat, wofür er, sowie für das Attest bei der Rezeption des Lehrlings außer dem Stempelpapier, an Gelde nicht mehr als einen Taler erhält[1]).

Von den Apothekergehilfen.

§ 18. Der solchergestalt mit dem Lehrbriefe versehene Lehrling wird nun ein Apothekergehilfe. Als solcher übernimmt er in der Apotheke, bei welcher er sich engagiert, eben die allgemeinen Verpflichtungen, unter welchen der Prinzipal, dem er sich zugesellt, zur öffentlichen Ausübung dieses Kunstgewerbes von seiten des Staates autorisiert ist. Er muß sich daher sogleich mit denjenigen landesherrlichen Medizinalgesetzen und Verordnungen, welche das pharmazeutische Fach betreffen, bekannt machen, damit er in Beobachtung derselben, soweit sie auf ihn Bezug haben, sich nichts zuschulden kommen lassen möge. Hat selbiger seine Lehrjahre in einer inländischen Apotheke zugebracht, so ist zu erwarten, daß er mit den Vorschriften der Pharmacopoea Borrussica und mit der Arzneitaxe schon bekannt sei; ist er aber ein Ausländer so muß er sich angelegen sein lassen, diese zu studieren, um sich nach Anleitung derselben der Anfertigung, Dispensierung und Taxierung der Arzneimittel unterziehen zu können.

Bei der Rezeptur hat er die Behutsamkeit und Genauigkeit in Dispensierung der verschriebenen Arzneimittel anzuwenden. Zu dem Ende muß er die Vorschrift des Rezepts nicht nur zuvor mit Aufmerksamkeit überlesen, sondern auch das angefertigte Medikament nicht eher aus der Hand stellen, bevor er nicht das Rezept nochmals mit Bedacht gelesen, und von der geschehenen richtigen Anfertigung und Signatur sich überzeugt hat. Im Laboratorio muß er die Composita und Praeparata, nach Vorschrift der Pharmacopea Borrussica, reinlich, ordentlich und gewissenhaft bereiten und wohl bezeichnet aufbewahren.

Übrigens wird von einem jeden konditionierenden Apotheker vorausgesetzt, daß er den Inbegriff seiner Obliegenheiten kenne und stets vor Augen habe; daß er, demzufolge, als ein rechtschaffener Gehilfe und Mitarbeiter seines Prinzipals die ihm anvertrauten Geschäfte mit Treue und Fleiß abwarte, ohne dabei die wisssenschaftlichen Kenntnisse seines Fachs zu versäumen; daß er sich vorzüglich auch eines guten moralischen Wandels befleißige, gegen jedermann höflich und bescheiden sei, aller ausschweifen-

[1]) Letztere Bestimmung ist noch heute gültig. Vgl. dazu den auf S. 116 abgedruckten Erlaß vom 16. April 1894.

den und verführerischen Gesellschaften sich enthalte, keine unnötigen und unanständigen Besuche in der Offizin annehme, und überall in Erfüllung seiner Pflichten den ihm untergeordneten Lehrlingen mit musterhaftem Beispiele vorangehe.

§ 19. Die Bestimmung des Gehaltes und der sonstigen Emolumente eines Gehilfen hängt von dem schriftlichen Verein beider Teile ab. Wäre dergleichen Kontrakt nicht gemacht, so muß sich der Gehilfe in einer der § 10 benannten Städte, neben freier Station, exkl. Kleidung, jährlich mit demjenigen Gehalt begnügen, welches ein Apothekergehilfe dieses Orts gewöhnlich erhält.

§ 20. Die Servierzeit eines Gehilfen wird auf fünf Jahre festgesetzt. Sollte aber derselbe in Berlin, oder auf Akademien Gelegenheit gehabt haben, Vorlesungen in der Chemie, Pharmazie, Botanik usw. zu hören, und er darüber gute Zeugnisse der Lehrer beibringen, auch bei der Prüfung zum Apotheker die nötige Geschicklichkeit beweisen, so soll Unser Ober-Collegium Medicum et Sanitatis befugt sein, ihm ein, höchstens zwei Jahre zu erlassen, weil nicht bloß Theorie, sondern mehrjährige Ausübung der Apothekerkunst zur Bildung eines guten praktischen Apothekers erfordert wird und keine andere als die Medizinalbehörde fähig ist zu beurteilen, ob einem Kandidaten der Pharmazie die Ausübung der Apothekerkunst mit Sicherheit anvertraut werden kann.

Von den Provisoren.[1])

§ 21. Ein Kandidat der Pharmazie, wenn ihm die Direktion einer Apotheke übertragen wird, führt den Namen Provisor.

§ 22. Niemand kann zum Provisor angenommen werden, der nicht die Lehr- und wenigstens drei Servierjahre überstanden, auch bei dem Collegio Medico et Sanitatis der Provinz die geordnete Prüfung ausgehalten hat.

§ 23. Er ist an alle den Betrieb der Apothekerkunst betreffende Gesetze und Verordnungen gebunden, und besonders dafür verantwortlich, daß in der Apotheke, welcher er vorsteht, das Kunstgewerbe im ganzen Umfange vorschriftsmäßig ausgeübt werde, zu welchem Ende er von dem Ober-Collegio Medico et Sanitatis approbiert und dessen Vereidigung verfügt werden muß.

§ 24. Seine Verhältnisse gegen den Eigentumsherrn der Apotheke bestimmt der mit ihm schriftlich zu errichtende Kontrakt.

---

1) Der Titel „Provisor" ist gegenwärtig nicht mehr üblich, vielmehr heißen die Betreffenden „Apothekenverwalter". Die Verwaltung einer Apotheke (Haupt- oder Filialapotheke) kann nur ein approbierter Apotheker übernehmen; von jeder Verwaltungsübernahme ist der Bezirksregierung Anzeige zu machen, welche den Betreffenden, sofern dies noch nicht geschehen ist, vereidet. Für die Vereidigung der Apotheker ist in der Verfügung des Med.-Ministers vom 13. November 1888 folgende Eidesformel festgesetzt:

Ich N. N. schwöre bei Gott dem Allmächtigen und Allwissenden, daß, nachdem mir die Approbation zum selbständigen Betriebe einer Apotheke im Gebiete des Deutschen Reiches erteilt worden ist, ich alle mir vermöge meines Berufse obliegenden Pflichten nach den darüber bestehenden oder noch ergehenden Verordnungen, auch sonst nach meinem besten Wissen und Gewissen genau erfüllen will. So wahr mir Gott helfe.

Dem Schwörenden bleibt es überlassen, diesen Eidesworten die seinem religiösen Bekenntnisse entsprechende Bekräftigungsformel beizufügen. Die Vereidigung findet durch die Landratsämter statt.

Titel II.

Von der Oberaufsicht über die Apotheken.[1])

§ 1. Die pharmazeutische Praxis gehört ihrer Natur nach zu denjenigen Gegenständen, welche die strengste Aufsicht Unseres Ober-Collegii Medici et Sanitatis und der von selbigen abhängenden Provinzial-Collegiorum erheischen. Aus dieser Ursache sind, außer der den Medizinalbehörden obliegenden allgemeinen Wachsamkeit über die Apotheken, noch insbesondere die Visitationen derselbsen eingeführt. Zu den gewöhnlichen Visitationen ist ein Zeitraum von drei Jahren festgesetzt, bei dringenden Veranlassungen aber finden auch außerordentliche Visitationen zu unbestimmten Zeiten statt.

§ 2. Bei gewöhnlichen Visitationen hat der Apotheker den dazu ernannten Kommissarien vorzulegen:

1. das Privilegium und die auf dessen Besitz sich beziehenden Dokumente;
2. die Approbation Unseres Ober-Collegii medici et Sanitatis, oder wenn die Apotheke durch einen Provisor verwaltet wird, dessen Konfirmation;
3. die Pharmacopoea Borrussica, die Arzneitaxe, das Medizinaledikt, die gegenwärtige revidierte Ordnung für die Apotheker, und die etwa in der Folge dazu nötig gefundenen nachträglichen Verordnungen;
4. das Elaborationsbuch;
5. die Giftscheine, mit der darüber geführten Kontrolle;
6. das in den Offizinen vorrätig zu haltende Herbarium vivum einheimischer offizineller Pflanzen;
7. einige Pakete taxierter Rezepte.

§ 3. Die Gehilfen haben ihren Lehrbrief und Testimonia vorzuzeigen, einige zur Prüfung ihrer Fähigkeit ihnen vorzulegende Fragen aus der Materia pharmaceutica und der Chemie zu beantworten, ein Pensum aus der Pharmacopoea Borrussica ins Deutsche zu übersetzen, auch eine Probe ihrer Handschrift ad Acta zu geben.

§ 4. Auf ähnliche Art werden auch die Lehrlinge in Rücksicht ihrer Fähigkeiten und Fortschritte nach Verhältnis ihrer zurückgelegten Lehrzeit geprüft.

§ 5. Die Apotheker nebst ihren Gehilfen und Lehrlingen sind verpflichtet, den Kommissarien weder bei genereller Besichtigung der Offizin, des Laboratorii, der Materialkammern, Kräuterböden, Keller usw., noch bei spezieller Prüfung der Arzneimittel nach dem vorgeschriebenen Verzeichnisse irgend Hindernisse in den Weg zu legen, vielmehr selbigen mit Achtung und Bereitwilligkeit entgegenzukommen, die von selbigen geschehenen Erinnerungen und Belehrungen bescheiden anzunehmen, und den von selbigen etwa für nötig erachteten Anordnungen willige Folge zu leisten. In streitigen Fällen aber haben sie ihre Gegenerinnerungen bescheiden zu Protokoll zu geben und die Entscheidung von der Behörde zu erwarten.

§ 6. Die auf die gewöhnlichen Visitationen gehenden Gebühren und Kosten, wie solche in der Medizinalordnung S. 72 und dem hier beiliegen-

---

[1]) Statt der obigen §§ 1—6 gilt jetzt die Anweisung zur Besichtigung der Apotheken vom 18. Februar 1902 (s. Teil XVIII). Die Kosten der Revisionen trägt die Staatskasse.

den Circulari Unseres General-Directorii vom 6. Februar 1798 bestimmt sind, tragen die Stadtkämmerei und die Apotheker zu gleichen Teilen.

§ 7. Außerdem stehen die Apotheker immerwährend unter der unmittelbaren Aufsicht der Physiker oder derjenigen Personen, denen sonst die Aufsicht von der oberen Behörde übertragen worden, als deren Pflicht es ist, die Apotheken von Zeit zu Zeit zu besuchen und acht zu geben, ob darin alles wohl hergehe und in gutem Stande gehalten werde, daher denn auch ein Apotheker, wenn er auf mehrere Tage oder Wochen verreisen will, verbunden ist, die Aufsicht über seine Offizin einer dazu qualifizierten Person, die während seiner Abwesenheit nötigenfalls die Verantwortlichkeit übernimmt, zu übertragen, und solches dem Physikus des Orts anzuzeigen[1]).

Titel III.

Von der Ausübung der pharmazeutischen Kunst selbst.[2])

§ 1. Von den Pflichten der Apotheker in Anschaffung, Bereitung und Aufbewahrung der Medikamente überhaupt.

a. Ein jeder Apotheker in Unsern Landen ist schon durch seinen geleisteten Eid verpflichtet, stets dafür zu sorgen, daß seine Apotheke diejenigen sowohl rohen, als zubereiteten Arzneimittel, welche in der nach Maßgabe für größere und kleinere Städte entworfenen Designation spezifiziert sind, in bestmöglichster Beschaffenheit und Güte und in einer den Bedürfnissen des Orts angemessenen Menge vorrätig enthalte.

Die einfachen Arzneimittel aus dem Tier- und Pflanzenreiche muß er im Durchschnitte alle zwei Jahre, die gebräuchlichsten aber, oder die durch die Zeit leicht an der Kraft verlieren, alle Jahre frisch und in gehöriger Güte und Menge anschaffen, zur rechten Zeit einsammeln, säubern, mit allem Fleiße trocknen und in saubern, dichten Gefäßen unter richtiger Bezeichnung aufbewahren.

Gleichergestalt muß er auf die kunstmäßige Bereitung der pharmazeutischen und chemischen Praeparata alle Aufmerksamkeit und Sorgfalt richten. Bei Anfertigung derselben hat er sich genau an die Vorschriften der Pharmacopoea Borrussica zu halten und darf er sich dabei keine willkürlichen Abweichungen erlauben. Jedoch ist ihm unverwehrt, neben den nach der Pharmacopoea Borrussica angefertigten Praeparatis und Compositis, dergleichen auch nach anderweitigen Dispensatoriis oder besonderen Vorschriften vorrätig zu halten, wenn dergleichen von den Ärzten verlangt werden.

b. Die Apotheker sind zwar überhaupt angewiesen, die chemischen Arzneimittel selbst zu bereiten. In dem Falle aber, daß sie in der eigenen Anfertigung gehindert sind, oder ihre bedürfende Menge dazu zu gering ist, müssen sie sich damit aus einer anderen guten inländischen Apotheke versorgen, dürfen aber dergleichen nicht von gemeinen Laboranten oder ausländischen Drogisten kaufen.

c. Es ist die Pflicht eines jeden Apothekers, daß er seine sämtlichen Waren und Medizinalien oft und fleißig revidiere, um sowohl die abgängig gewordenen, als durch Alter oder Zufall verdorbenen Mittel sogleich ergänzen zu können, damit er stets von der Güte und tadellosen Beschaffen-

---

[1]) Hierüber sind jetzt in § 41 der Apothekenbetriebsordnung (s. Teil XIV) neue Bestimmungen getroffen.

[2]) An Stelle von Titel III ist jetzt die in Teil XIV abgedruckte Apothekenbetriebsordnung getreten.

heit jedes einzelnen Artikels seines Vorrats überzeugt sein und dafür die Gewähr leisten könne.

§ 2. Von dem besonderen Verhalten bei Anfertigung der Rezepte.

a. Sobald ein Rezept zur Bereitung in die Apotheke gebracht wird, auf welches der Arzt das Datum, die Jahreszahl, den Namen des Patienten und, wenn dem Apotheker dessen Hand nicht bekannt ist, auch seinen eigenen Namen geschrieben haben muß, so ist der Apotheker verpflichtet, es entweder selbst zu verfertigen, oder einem tüchtigen Gehilfen, allenfalls auch einem Lehrlinge, welcher aber wenigstens drei Jahre in der Lehre gestanden und sich wohl appliziert haben muß, zur Bereitung zuzustellen. Sowohl die Apotheker, als deren Gehilfen und Lehrlinge, sind verbunden, die Arzneimittel auf einem mit Gittern umgebenen Rezeptiertische nach Vorschrift der Rezepte ohne Aufschub vorsichtig und pünktlich zu bereiten, die angefertigten Medikamente daselbst bis zur Abholung zu bewahren, und solche nebst den Rezepten so wenig während der Anfertigung als nachher jemandem vorzuzeigen, noch weniger Abschriften davon zu geben oder nehmen zu lassen. Damit auch derjenige, welcher am Rezeptiertische die Medikamente zusammenmischt, nicht gestört werde, so soll außer den in die Offizin gehörigen Personen niemand zu solchen zugelassen werden.

b. Bei der Rezeptur muß die strengste Genauigkeit, Ordnung und Reinlichkeit herrschen. Sämtliche Gefäße und Instrumente müssen stets rein und sauber, auch Wagen und Gewichte im akkuraten Zustande gehalten werden. Auch das Reinhalten der Seihetücher zu Dekokten und Infusionen ist nicht zu vernachlässigen. Mixturen, Pulver, Pillenmassen usw., zu denen salinische und metallische Präparate kommen, dürfen in keinem metallischen, sondern sollen in steinernen, gläsernen oder porzellanenen Mörsern bereitet werden. Zu scharfen heftig wirkenden Mitteln, als Quecksilbersublimat, ingleichen zu stark riechenden, als Moschus und Asa foetida, sollen besondere Mörser und Wageschalen gehalten werden. Der in einigen Apotheken noch übliche Gebrauch, Pulver- und Pillenschachteln mit Goldpapier auszufuttern, wovon die darin aufbewahrten Arzneimittel leicht mit Kupferteilchen verunreinigt werden, wird hiermit untersagt.

c. Bei Dispensierung der Arzneimittel soll nichts gemessen, viel weniger nach den bloßen Augenmaße genommen, sondern alles ordentlich und genau abgewogen werden. Bei den Wässern kann jedoch das Abmessen wohl statt haben, nur müssen die eigens dazu bestimmten Mensuren nach dem absoluten Gewicht des Wassers richtig abgeteilt sein. Sollten auch noch Ärzte im Gebrauch haben, Vegetabilien manipulweise zu verschreiben, so sollen diese dennoch gewogen und statt eines Manipuls bei Kräutern eine halbe Unze und bei Blumen drei Drachmen nach Gewicht genommen werden.

d. Zu mehrerer Verhütung, daß keine Verwechslung der Medikamente sich zutragen möge, soll in der Apotheke jedesmal der Name des Patienten, welcher auf dem Rezepte steht, ingleichen der Name des Apothekers, bei welchem das Rezept verfertigt worden, nebst dem Dato, auf der Signatur bemerkt werden. Auch soll auf der Signatur die auf dem Rezept bestimmte Gabe und Zeit des Einnehmens nicht mit Ziffern bezeichnet, sondern jedesmal mit Buchstaben deutlich und leserlich geschrieben werden. Ebenso muß die Taxe der Medikamente auf den Rezepten, wenn sie bei erfolgender Bezahlung zurückgegeben werden, mit deutlichen Ziffern bemerkt sein.

e. Da noch die Erfahrung gelehrt, daß öfters diejenigen Arzneien, welche die Patienten auf Verordnung ihres Arztes zum zweiten oder öftern

Male machen lassen, nicht vollkommen gleich, sondern in Farbe, Quantität, Geschmack und Geruch verschieden sind und hierdurch den Patienten verdächtig werden, so soll derjenige Apotheker, in dessen Offizin dergleichen Nachlässigkeit erweislich gemacht worden, in 5 Taler Strafe verfallen. Damit man aber wisse, wer den Fehler bei der Reiteratur begangen, so soll derjenige, der solche verfertigt, jedesmal seinen Namen auf die Signatur schreiben.

f. In gleiche Strafe soll derjenige Apotheker genommen werden, welcher die ihm zugeschickten Rezepte, es sei bei Tage oder bei Nacht, nicht sogleich ohne Aufhaltung verfertigt, den Handkauf vorzieht und die Patienten ohne Not auf die Medizin warten läßt. Besonders sollen diejenigen Rezepte, die mit cito bezeichnet worden, sogleich bereitet und die Arzneien den Boten, welche die Rezepte einhändigen, mitgegeben werden.

g. Übrigens sollen solche von approbierten Ärzten und Wundärzten einmal verschriebenen und verfertigten Rezepte, welche Drastica, Vomitoria, Menses et Urinam moventia, Opiata und andere dergleichen stark wirkende Medikamente enthalten, ohne Vorwissen und Bewilligung des Arztes zum anderen Male nicht wieder gemacht werden, weil dergleichen Mittel, die, zur rechten Zeit verordnet, von guter Wirkung gewesen, dem Kranken, wenn er solche zur Unzeit nimmt, den Tod zu Wege bringen können.

h. Wenn dem Apotheker in den vorgeschriebenen Rezepten ein Irrtum oder Verstoß von der Art, daß davon ein Nachteil für den Patienten zu besorgen sei, bemerklich werden sollte, so hat er sogleich dem Arzte, welcher das Rezept verschrieben, seine Bedenklichkeit und seinen Zweifel bescheiden zu eröffnen. Wenn der Arzt den Vorstoß nicht anerkennt, und auf die Anfertigung des Rezeptes nach seiner Vorschrift besteht, so kann es der Apotheker zwar auf dessen Verantwortung verfertigen; doch hat er zu seiner eigenen Rechtfertigung den Fall sogleich dem Physikus, oder wenn dieser das verdächtige Rezept verschrieben hätte, dem kompetenten Collegio Medico anzuzeigen.

i. Sollte es sich zutragen, daß ein verschriebenes Ingredienz nicht vorrätig oder sogleich nicht anzuschaffen sei, so darf der Apotheker nicht willkürlich ein anderes dafür substituieren oder etwas hinweglassen, sondern er hat solches sofort dem Arzte anzuzeigen und es diesem zu überlassen, an dessen Statt ein anderes Mittel von gleicher Eigenschaft zu verordnen[1]).

k. Da auch verlauten will, das noch hier und da unbefugte Personen sich mit innerlichen und äußerlichen Kuren befassen, so wird den Apothekern hiermit anbefohlen, sich der Verfertigung solcher Rezepte, die von dazu nicht qualifizierten Personen verschrieben worden, zu enthalten, und sich hierunter lediglich nach dem § 5, S. 28 Unseres Medizinaledikts vom Jahre 1725 zu achten; am wenigstens aber Medikamente von heftiger und bedenklicher Wirkung, als Drastica, Vomitoria, Mercurialia, Narcotica, Emmenagoga, namentlich auch Resina und Tinctura Jalapae, von der Hand, ohne ein von einem approbierten Arzte verschriebenes Rezept verabfolgen zu lassen[2]).

---

[1]) Wenn der Apotheker ein unter bestimmtem Namen bekanntes, aus bestimmten Ingredienzien zusammengesetztes Arzneimittel unter Benutzung der gleichen Bestandteile herstellt, so ist darin eine Übertretung der Apothekerordnung durch willkürliche Anwendung nicht verordneter Arzneistoffe nicht zu finden (L.G. II Berlin 14. April 1905, Ph.Ztg. 1905 Nr. 31).

[2]) Jetzt geregelt durch die Verordnung betr. die Abgabe starkwirkender Arzneimittel (s. Teil XV).

l. Es haben demnach alle und jede Apotheker in Unseren Landen, bei Vermeidung von fünf bis zwanzig Taler Strafe auf jeden Kontraventionsfall, und bei wiederholter Kontravention bei noch höherer Geldstrafe, sich nach diesen Verordnungen zu achten, auch bei Vermeidung gleicher Strafe dafür zu sorgen, daß von ihren Gehilfen und Lehrlingen dieselben auf das genaueste befolgt werden, gleichwie sie für das, was ihre Gehilfen oder andere zu ihrem Hause gehörige Personen hierin zuwiderhandeln, schlechterdings einstehen müssen, obschon ihnen das Recht vorbehalten bleibt, ihren Regreß an gedachte Personen zu nehmen[1]).

Übrigens haben Wir, um dieser revidierten Ordnung desto mehr Vollständigkeit zu geben, eine Revision der hauptsächlichsten Verordnungen und Gesetze für die Apotheker veranstalten und sie denselben im Anhange beifügen lassen[2]).

So geschehen Berlin, den 11. Oktober 1801.

Friedrich Wilhelm.

Gr. v. d. Schulenburg.

Die wichtigsten Bestimmungen der Revidierten Apothekerordnung sind in den ersten sechs Paragraphen derselben enthalten. Sie behandeln den rechtlichen Charakter der Apothekenberechtigungen, sind aber im Laufe der Jahre durch eine große Anzahl späterer Verordnungen mehr oder weniger abgeändert worden, so daß sich eine kurze historische Betrachtung dieser Verhältnisse nötig macht.

Die Apothekerordnung kennt nur eine Art der Apothekenberechtigung, nämlich Privilegien, bei denen sie a. vererbliche und veräußerliche Privilegien und b. persönliche Privilegien unterscheidet. Die Erteilung neuer Real-Gewerbeberechtigungen wurde jedoch bereits durch den Erlaß des Gewerbesteuergesetzes vom 2. November 1810 aufgehoben, und es traten seitdem an Stelle der Apothekenprivilegien die Apothekenkonzessionen. Die Konzession war lediglich an die zum Betriebe des Apothekergewerbes befugte Person des Konzessionars geknüpft und erlosch, wenn der, welchem sie erteilt war, aufhörte, das Geschäft selbst zu betreiben.

Durch die Kabinettsorder vom 9. Dezember 1827 wurden die Regierungen jedoch autorisiert, die in den §§ 4 und 5 der Revidierten Apothekerordnung vom 11. Oktober 1801 zugunsten der Hinterbliebenen eines privilegierten Apothekers enthaltenen Vorschriften (Verwaltung der Apotheke durch einen Administrator während des Witwenstandes der Besitzerin bzw. während des Vorhandenseins minorenner Kinder) auch auf die Hinterbliebenen eines konzessionierten Apothekers auszudehnen. Und durch die Zirkularverfügung vom 23. Juni 1832

[1]) Die in der Apothekerordnung angedrohten Strafen sind nicht Disziplinarstrafen, sondern Kriminalstrafen (K.G. 3. Februar 1887 und 18. November 1889, Joh. VII, S. 225 und X, S. 180). Über den Charakter der hier genannten Strafen vgl. auch die Ausführungen auf Seite 179 und 180.

[2]) Im Anhange waren folgende Verordnungen enthalten:

1. wegen sorgfältiger Aufbewahrung und vorsichtiger Verabfolgung der Giftwaren;
2. wegen Abschaffung der mit Blei versetzten zinnernen Gefäße;
3. wegen Anschaffung der Magnesia Nitri;
4. wegen Nichtanwendung des Sapo hispanicus oder Sapo venetus zum innerlichen Gebrauch;
5. wegen Anschaffung und Haltung eines Herbarii vivi plantarum officinalium.

Diese Materien sind jetzt teils durch besondere Gesetze und Verordnungen, teils durch das Arzneibuch und die Apothekenbetriebsordnung anderweitig geregelt. Der über die Aufbewahrung und Verabfolgung der Giftwaren handelnde Abschnitt I des Anhanges ist durch Gesetz vom 13. August 1895 (Pr.G.S. S. 519) aufgehoben worden.

wurden die Regierungen angewiesen, immer erst bei dem Ministerium anzufragen, ehe sie über eine erledigte Konzession anderweitig zu verfügen gedächten. Beweise, daß das Ministerium den durch das Gewerbegesetz geschaffenen Unterschied zwischen privilegierten und konzessionierten Apotheken wenigstens damals nicht tatsächlich in die Praxis zu übertragen gesonnen war.

Da aber infolge dieses Verfahrens die Apotheker mit der Zeit ihre konzessionierten Apotheken, ohne die Erlaubnis des Staates zuvor eingeholt zu haben, zu verkaufen begannen, so erließ das Ministerium, um die ihm zustehende, aber allmählich abhanden gekommene freie Verfügung über die Apothekenkonzessionen wieder zurückzuerlangen auf Grund einer Kabinettsorder vom 8. März 1842 die Zirkularverfügung vom 13. August 1842, in welcher die Regierungen angewiesen wurden, in künftigen Fällen der Konzessionserledigung nicht ferner, wie bisher öfter geschehen, dem abgehenden Apotheker oder dessen Erben den Vorschlag des Nachfolgers in der Konzession zu gestatten, sondern die Auswahl des letzteren nach Maßgabe der bestehenden Vorschriften selbst zu treffen.

Die allgemeine Unzufriedenheit der Apotheker mit dieser Verfügung und verschiedene Hindernisse, die sich der Ausführung derselben in der Praxis entgegenstellten, ließen indessen schon am 5. Oktober 1846 eine neue Kabinettsorder erscheinen, die die Zirkularverfügung vom 13. August 1842 und das darin enthaltene Konkurrenzverfahren wieder aufhob und die Regierungen anwieß, beim Abgange eines nicht privilegierten Apothekers die Konzession dem von letzteren, resp. von dessen Erben präsentierten Geschäftsnachfolger, falls derselbe vorschriftsmäßig qualifiziert ist, jedoch mit Vorbehalt der Wiedereinziehung bei dem dereinstigen Abgange des neu Konzessionierten zu verleihen. Diese Kabinettsorder sollte bis zum Erlaß eines entsprechenden Gesetzes in Gültigkeit bleiben.

Auf Grund derselben erschien darauf die Zirkularverfügung vom 21. Oktober 1846. In dieser erkannte der Minister an, daß die Voraussetzungen, von denen die Verfügung vom 13. August 1842 ausgegangen war, sich im Leben nicht bestätigt hätten und daher Nachteile entstanden wären, zu deren Beseitigung die Regierungen auf Grund der Kabinettsorder vom 5. Oktober 1846 angewiesen seien:

> beim Ausscheiden eines nicht privilegierten Apothekers aus seinem Geschäft die Konzession dem von dem abgehenden Apotheker oder dessen Erben präsentierten Geschäftsnachfolger, sofern derselbe vorschriftsmäßig qualifiziert ist, jedoch immer nur für seine Person und unter ausdrücklichem Vorbehalt der Wiedereinziehung der Konzession bei seinem dereinstigen Abgange zu erteilen.

Eine definitive gesetzliche Regelung dieses Gegenstandes hat bis jetzt noch nicht stattgefunden, und so werden seit jener Zeit bei vorkommendem Wechsel alle Genehmigungen zur Übernahme und Fortführung (bis 1894) konzessionierter Apotheken immer noch und nur auf Grund dieser Zirkularverfügung, bzw. der Kabinettsorder vom 5. Oktober 1846 verliehen.

Aus dem Wortlaut der zitierten Zirkularverfügung geht hervor, daß der Staat sich das Bestätigungsrecht für den nach dem Ausscheiden des ersten Konzessionars präsentierten Nachfolger allerdings vorbehalten, dem Konzessionar selbst aber die freie Disposition über die Apotheke keineswegs entzogen hat. Abgesehen davon, daß es in der Verfügung heißt: „dem von dem abgehenden Apotheker oder dessen Erben präsentierten Geschäftsnachfolger usw.", daß also das Recht des Apothekers, bei Lebzeiten über die Apotheke zu disponieren, ausgesprochen ist, ist dieses Recht in der Ministerialverfügung vom 9. Mai 1851 (Lehnert) noch ganz klar in folgenden Worten zum Ausdruck gekommen:

> Bei der Extrahierung und dem Erlaß der Allerhöchsten Order vom 5. Oktober 1846, sowie bei der darauf sich gründenden Zirku-

larverfügung vom 21. desselben Monats und Jahres hat hauptsächlich die Absicht vorgewaltet, den Besitzern konzessionierter Apotheken die freie Veräußerung derselben, soweit als dies, ohne der künftigen Gesetzgebung vorzugreifen, geschehen kann, möglich zu machen, sowie diejenigen, welche dem Besitzer einer konzessionierten Apotheke, im Vertrauen auf deren Veräußerlichkeit, Geld geliehen haben, vor Verlusten zu schützen.

Und ebenso unzweideutig heißt es in einer Ministerialverfügung vom 15. Juli 1857 (Lehnert) folgendermaßen:

> Der Vorbehalt der Wiedereinziehung der Konzession bei dem dereinstigen Abgange des Konzessionars hat nur die Bedeutung, daß durch die Verfügung vom 21. Oktober 1846 der definitiven legislatorischen Regulierung der Angelegenheit nicht präjudiziert werde, nicht aber hat dadurch der Aufsichtsbehörde die Befugnis beigelegt werden sollen, beim Verkaufe dem Käufer die Konzession deshalb zu versagen, weil derselbe nach der Meinung der Behörde zu teuer gekauft hat.

Die Verkäuflichkeit neu errichteter Apotheken wurde jedoch später zunächst wesentlich beschränkt und schließlich ganz aufgehoben. Durch Kabinettsorder vom 7. Juli 1886 wurde das Recht der Verkäuflichkeit nur solchen Apotheken belassen, seit deren Errichtung zehn Jahre verflossen sind, und durch Kabinettsorder vom 30. Juni 1894 wurde schließlich bestimmt, daß den Besitzern neu zu errichtender Apotheken nicht mehr gestattet werden solle, die Apotheke an einen Geschäftsnachfolger zu verkaufen. Danach bestehen, nachdem die zehnjährig unverkäuflichen Apotheken inzwischen sämtlich verkäuflich geworden sind, gegenwärtig folgende drei Arten Apothekenberechtigungen nebeneinander:

1. Apothekenprivilegien (—1810, verkäuflich),
2. Realkonzessionen (1811—1894, verkäuflich),
3. Personalkonzessionen (seit 1894, unverkäuflich).

Im folgenden sind diejenigen zur Ergänzung der Revidierten Apothekerordnung ergangenen Verordnungen angeführt, welche die Anlage neuer Apotheken, das Konzessionsverfahren und den rechtlichen Charakter der Berechtigungen betreffen.

1. Anlage neuer Apotheken.

Hierüber ergingen folgende Verordnungen und Erlasse:

Kgl. Verordnung wegen Anlegung neuer Apotheken. Vom 24. Oktober 1811 (Pr.G.S. S. 356).

Wir Friedrich Wilhelm, von Gottes Gnaden König von Preußen usw. haben, da die bisherigen polizeilichen Gesetze darüber,

> unter welchen Umständen die Anlegung neuer Apotheken zu gestatten oder zu versagen sei?

unzulänglich und mangelhaft befunden worden, folgendes zu beschließen geruht:

§ 1. In Absicht der vorschriftsmäßigen Prüfung und Qualifikation der Apotheker, sowie ihrer Legitimation, um den Gewerbeschein zum Betriebe ihres Gewerbes lösen zu können, behält es bei den schon bestehenden Gesetzen sein Bewenden, und versteht es sich von selbst, daß auch, wer eine neue Apotheke anlegen will, allen desfallsigen Forderungen zu genügen hat.

§ 2. Die Anlegung neuer Apotheken findet wie in Städten, so in Flecken und Dörfern nur statt, wenn das Bedürfnis einer Vermehrung derselben erwiesen ist.

§ 3. Wenn der Kreisphysikus im Einverständnis mit der Polizeibehörde (in den größeren Städten sind es die Magistrate oder Polizeipräsidien, in den kleineren Städten oder in Flecken, die unter der Kreispolizei stehen, ist es diese) die Anlage einer neuen Apotheke aus Gründen nötig finden, so suchen sie von der Medizinaldeputation der Provinzialregierung die Erlaubnis dazu nach[1]).

§ 4. Für zureichende Gründe werden angenommen:
eine bedeutende Vermehrung der Volksmenge,
bedeutende Erhöhung ihres Wohlstandes.

§ 5. Findet die Medizinaldeputation die angegebenen Gründe hinreichend und klar, so erteilt sie die Erlaubnis zur Anlage einer neuen Apotheke, wenn
entweder noch gar keine Apotheke am Orte vorhanden ist, oder, wenn der oder die schon vorhandenen Apotheker, nach vorhergegangener Aufforderung, der Ansetzung eines neuen nicht widersprechen, oder ihren Widerspruch nicht begründen können.

§ 6. Ist die Medizinaldeputation der Meinung, daß ein solches Widerspruchrecht begründet sei, so überläßt sie nach der genauesten Ausmittlung aller Umstände die Sache dem allgemeinen Polizeidepartement zur Entscheidung.

§ 7. In den drei großen Städten Berlin, Königsberg und Breslau wird die Entscheidung der Frage über die Anlegung neuer Apotheken von dem Polizeipräsidio, im Einverständnis mit dem Stadtphysikus, allemal unmittelbar von dem Allgemeinen Polizeidepartement nachgesucht.

§ 8. Dieses bestimmt, wenn der Vorteil des Ganzen die Anlegung neuer Apotheken erfordert, die Entschädigung der bis dahin bestandenen nach den Grundsätzen des über die polizeilichen Verhältnisse der Gewerbe erschienenen Gesetzes vom 7. September d. J.[2]).

---

[1]) In einem Bescheide vom 29. April 1893 erwiderte der Kultusminister auf eine Eingabe aus pharmazeutischen Kreisen,

daß es jedermann freisteht, die Anlage neuer Apotheken bei den zuständigen Behörden zu beantragen und gegen deren Bescheid eventuell die Entscheidung der höheren Instanzen anzurufen.

[2]) Über die Ablösung der sogenannten Exklusivprivilegien äußert sich ein Erl. des Med.-Ministers vom 19. März 1840 (s. Seite 217) dahin, daß die „Ablösung der Gewerbegerechtigkeiten älterer Verfassung auf die Fälle einer mit dem Privilegium noch etwa besonders verbundenen Exklusivberechtigung, und nur bei eintretendem Falle einer wirklichen Apothekenanlage an dem betreffenden Orte beschränkt ist."

Die Rechtsprechung hat hierzu in mehreren Entscheidungen folgende Grundsätze aufgestellt: Preußische ausschließliche Apothekengerechtigkeiten haben im Falle der Neuerrichtung einer Apotheke innerhalb ihres Ausschließungsbereichs ein Anrecht auf Entschädigung. Vor Konzessionierung der neuen Apotheke besteht jedoch kein Entschädigungsanspruch. Die Entschädigung ist von dem Neukonzessionar im Verein mit der Stadtgemeinde aufzubringen. Die Höhe der Ablösungssumme und das Verhältnis, in dem die zur Entschädigung Verpflichteten zu derselben beizutragen haben, wird von der Regierung festgesetzt. Letztere hat auch zu entscheiden, welcher Zeitpunkt für die Schätzung des Wertes der Apothekengerechtigkeit maßgebend ist. In der Regel wird als Zeitpunkt der Wertschätzung der 1. November 1810 anzunehmen sein. Vgl. hierzu die Urteile des R.G. vom 3. Oktober 1881 (Ph.Ztg. 1881 Nr. 94) und 29. Oktober 1903 (Ph.Ztg. 1904 Nr. 18); L.G. Frankfurt a. O. 11. Mai 1895 und Bezirksausschuß Frankfurt a. O. 20. Dezember 1898 (Ph.Ztg. 1899 Nr. 5); L.G. II Berlin 10. Oktober 1904 (Ph.Ztg. 1905 Nr. 8). Es handelte sich hierbei um Apotheken in Öls, Striegau, Fürstenwalde an der Spree und Nauen.

§ 9. Die Bestimmung, inwiefern mit den Apothekern der kleineren Städte Gewürzkram oder Materialhandel verbunden sein dürfe, gebührt allemal den Polizei- und Medizinaldeputationen der Provinzialregierungen[1]).

Allgemeine Preußische Gewerbeordnung. Vom 17. Januar 1845 (Pr.G.S. S. 41).

§ 54. Außer der Approbation bedürfen Apotheker, welche sich nicht im Besitze eines Realprivilegiums befinden, einer Konzession des Oberpräsidenten[2]), in welcher der Ort und das Grundstück, wo das Gewerbe betrieben werden soll, bestimmt sein muß.

§ 64. Neue Realgewerbeberechtigungen dürfen fortan nicht mehr begründet werden.

Min.-Erl., betr. rechtzeitige Ausschreibung neuer Apothekenkonzessionen. Vom 10. Februar 1892.

Die Vermehrung der Apotheken hat in der Mehrzahl der Regierungsbezirke während der letztverflossenen zwanzig Jahre, mit der Zunahme der Bevölkerung und dem anerkannt erhöhten Wohlstand nicht gleichen Schritt gehalten. Ein derartiges Zurückhalten mit der Errichtung neuer Apotheken liegt weder im staatlichen, noch im Interesse des Apothekerstandes, gereicht vielmehr den zur Zeit im Besitz befindlichen Apothekern zum Vorteil und fördert den sogenannten Apothekenschacher. Bei fast jedem Apothekenverkauf werden höhere als die vorher gezahlten Preise erzielt, zum Teil aus dem Grunde, weil der Käufer voraussetzt, daß die Zunahme des Kundenkreises nach dem bisherigen Gange der Dinge behördlicherseits durch eine Neuanlage nicht eingeschränkt werden wird. Die Preise der Apotheken haben infolge dieser Umstände aller Orten eine außerordentliche Höhe erreicht, da bei der großen Anzahl nichtbesitzender Apotheken von Wohlhabenden jede Forderung der Besitzenden oft anstandslos erfüllt wird, um zur Selbständigkeit zu gelangen. Durch die hohen Kaufpreise ist die Zinsenlast meist derartig gewachsen, daß viele Apotheker kaum noch das tägliche Leben aus den Geschäftseinkünften bestreiten können und behufs Erhöhung der Einnahmen zu allerlei Manipulationen ihre Zuflucht nehmen, welche der öffentlichen Gesundheitspflege nicht zum Nutzen gereichen; ich führe beispielsweise nur den Handel mit Geheimmitteln an. Es ist aber auch nicht ausgeschlossen, daß der dürftig gestellte Apotheker nicht immer die besten und deshalb teuersten Arzneimittel vorrätig hält, wie die Ergebnisse der dreijährigen Revisionen hier und dort gezeigt haben. So werden die Arzneibedürftigen benachteiligt, jungen Apothekern wird die Erreichung der Selbständigkeit erschwert, das geschäftliche Verfahren einzelner Apotheker setzt den Apothekerstand in den Augen der Bevölkerung herab und führt letztere den dauernd sich vermehrenden Drogenhandlungen zu. Um jenen stetig zunehmenden Übelständen wirksamer zu begegnen, erscheint eine dauernde Vermehrung der Apotheken nach dem Beispiele von Berlin, Schleswig, Liegnitz, Oppeln u. a. am Platze.

Ew. Exzellenz ersuche ich ganz ergebenst, die nachgeordneten Behörden unter Hinweis auf den diesseitigen Erlaß vom 25. September 1866 (Min.-Bl. für innere Verw. S. 194), welcher bereits eine stärkere Ver-

---

[1]) Jetzt ersetzt durch § 39 der Apothekenbetriebsordnung (s. Teil XIV).

[2]) Bereits durch die Instruktion vom 31. Dezember 1825 (s. Seite 178) war die Konzessionierung neuer Apotheken den Oberpräsidenten übertragen worden.

mehrung der Apotheken ohne zu große Rücksichtnahme auf die im Besitz befindlichen Apotheker empfohlen hat, dahin zu verständigen, daß die Errichtung von Apotheken überall in ernsteste Erwägung zu ziehen und zur Ausführung zu bringen ist, falls es das Bedürfnis der Bevölkerung, das medizinalpolizeiliche Interesse z. B. bei Vermehrung von Drogenhandlungen, schnellem Besitzwechsel in einzelnen Apotheken mit immer steigenden Verkaufspreisen, oder sonst das öffentliche Interesse fordert[1]). In bezug auf das Bedürfnis der Bevölkerung bemerke ich noch, daß die von einzelnen Ortsbehörden, besonders aber von den Besitzern beliebte und oft zur Geltung gebrachte Anschauung, daß dem Bedürfnis durch ein großes Geschäft mit vielem Hilfspersonal genügt sei, und daß Klagen über die Geschäftsführung des oder der vorhandenen Apotheker nicht laut geworden seien, vom medizinalpolizeilichen Standpunkte als unzutreffend zu bezeichnen ist.

Vom staatswirtschaftlichen Gesichtspunkte kommt es nicht darauf an, möglichst umfangreiche Arzneibezugsquellen, sondern eine möglichst große Zahl lebensfähiger Arzneiversorgungsstellen zu schaffen. Sache der den Regierungspräsidenten beigegebenen Regierungsmedizinalräten ist es, die einschlagenden Verhältnisse jederzeit im Auge zu haben und rechtzeitig die Anlage neuer Apotheken in Anregung zu bringen. Nicht eine bestimmte Einwohnerzahl kann für eine Neuanlage als Norm aufgestellt werden; in wohlhabenden Gegenden, besonders in großen Städten mit starkem Verkehr, reichen schon 6000, ja 5000 Seelen vollkommen hin, den Bestand einer Apotheke zu sichern, während in dünn bevölkerten und armen Bezirken die doppelte Einwohnerzahl erforderlich ist. Für die Entscheidung der Frage müssen alle Verhältnisse in jedem Einzelfalle eingehend erwogen werden. Nur wenn die Lebensfähigkeit einer bestehenden Apotheke durch die Neuanlage tatsächlich gefährdet wird, ist letztere aufzuschieben. Doch kann ich nicht umhin, besonders darauf ganz ergebenst aufmerksam zu machen, daß die Einwendungen der angeblich benachteiligten Apotheker mit größter Vorsicht zu behandeln sind, da dieselben, wie die Erfahrung gelehrt hat, selten begründet und meistens auf nichts anderes, als auf die Abwendung auch des kleinsten Nachteiles gerichtet sind. Aus naheliegenden Gründen beruhen auch die gutachtlichen Berichte der örtlichen Behörden zuweilen auf irrtümlichen Anschauungen. Den Medizinalbeamten, als den berufenen Sachverständigen, liegt es ob, derartige Irrtümer aufzuklären und irrigen Angaben der Apothekenbesitzer zu begegnen.

Zirkular-Erl. der Regierungspräsidenten vom Jahre 1894, betr. die Anlage neuer Apotheken.

Gegen die Neuanlage von Apotheken ist mehrfach von den durch solche Neuanlagen in ihrem Geschäftsumsatze benachteiligten Apothekenbesitzern Widerspruch erhoben und dieser damit begründet worden, daß sie erst vor kürzerer Zeit zu hohen Preisen ihre Apotheken gekauft und namentlich für die Verzichtleistung ihrer Geschäftsvorgänger auf die Erlaubnis zum Apothekenbetriebe sehr hohe Entschädigungen in der Annahme gezahlt hätten, daß neue Apotheken in ihrer Nähe nicht errichtet und ihre Einnahmen durch die hieraus erfolgende Einschränkung des Ab-

[1]) Weitere an die Oberpräsidenten gerichtete Erlasse des Med.-Ministers vom 7. September 1896 und 15. Oktober 1906 wiesen im Anschluß an die Ergebnisse der Volkszählungen vom 2. Dezember 1895 und vom 1. Dezember 1905 ebenfalls darauf hin, „daß mit der Bevölkerungszunahme tunlichst auch die Vermehrung der Apotheken gleichen Schritt zu halten hat“.

satzgebietes nicht wesentlich vermindert werden würden. Durch die geplante Neuanlage würden sie aber so geschädigt, daß sie ihre Familie nicht mehr standesgemäß erhalten und ihre Gläubiger nicht befriedigen könnten.

Dem gegenüber sehe ich mich veranlaßt, den beteiligten Kreisen zur Verhütung von Verlusten hiermit größere Vorsicht beim An- und Verkaufe von Apotheken zu empfehlen und sie besonders darauf aufmerksam zu machen, daß bei der Erteilung der Erlaubnis zur Neueinrichtung von Apotheken das allgemeine Wohl entscheidend sein muß und die Apothekenbesitzer nicht darauf rechnen können, daß zu ihren Gunsten wegen des von ihnen für ihre Apotheken gezahlten hohen Preises von der Neuanlage einer an sich notwendigen Apotheke abgesehen werden werde.

Es ist daher den Käufern von Apotheken, um späteren Verlusten zu entgehen, anzuraten, gleich bei dem Kaufe diesem beregten Umstande gebührende Rechnung zu tragen und namentlich für die Verzichtleistung auf die Genehmigung zum Apothekenbetriebe nicht so hohe Preise zu zahlen, daß durch die Neuanlage einer Apotheke in der Nähe ein größerer Schaden für sie entstehen muß. Gegen einen solchen werden sie sich daher am sichersten schützen, wenn sie bei dem Kaufe von Apotheken dem Umstande Rechnung tragen, daß die Möglichkeit der Anlage einer neuen Apotheke nicht ausgeschlossen bleibt und wenn sie, dies stets mit in Rechnung ziehend, für die Verzichtleistung auf die Genehmigung zum Apothekenbetriebe nicht Preise bezahlen, welche mit Rücksicht aller übrigen in Betracht kommenden Verhältnisse als viel zu hoch angesehen werden müssen.

Min.-Erl., betr. die Konzessionierung neuer Apotheken. Vom 12. Juli 1894.

Durch die Allerhöchste Order vom 30. Juni, mitgeteilt durch meinen Erlaß vom 5. Juli 1894, ist zur Regelung des Apothekenwesens in Preußen ein neuer Weg eröffnet worden, durch dessen richtige Benutzung diese Frage ihrer Lösung wesentlich näher geführt werden kann.

Um eine tunlichst gleichmäßige Behandlung der Sache im gesamten Staatsgebiete herbeizuführen, sehe ich mich veranlaßt, die leitenden Gesichtspunkte ganz ergebenst mitzuteilen.

Im Anschlusse an den vertraulichen Erlaß vom 10. Februar 1892, betreffend die zeitgemäße Vermehrung der Apotheken, ersuche ich das Hauptaugenmerk darauf zu richten, daß die Vergrößerung der Idealwerte veräußerlicher Apotheken und die Entstehung solcher Werte bei den nach Ablauf von zehn Jahren veräußerlichen Anlagen (Erlaß vom 21. Juli 1886) tunlichst verhindert werde. Zu dem Zwecke werden in der Nähe solcher Apotheken unter Wahrung der Lebensfähigkeit derselben Neuanlagen so rechtzeitig zu konzessionieren sein, daß eine Erhöhung des zuletzt gezahlten Kaufpreises, sowie bei den für zehn Jahre unverkäuflichen Anlagen die Erzielung eines hohen Idealwertes (Preis für die Konzession) wenn möglich vermieden wird.

Ew. Exzellenz ersuche ich daher ganz ergebenst, die in Gemäßheit des § 3 der königl. Verordnung vom 24. Oktober 1811 zur Erörterung der Vorfrage behufs Anlage neuer Apotheken berufenen Ortsbehörden einschließlich der Kreisphysiker unter Mitwirkung der Grundsätze des erwähnten Erlasses vom 10. Februar 1892 mit geeigneter vertraulicher Anweisung gefälligst versehen zu lassen.

Die Entwicklung des Geschäftsbetriebes solcher Apotheken dagegen, welche auf Grund der Allerhöchsten Order vom 30. Juni d. J. konzessioniert worden sind, wird, soweit es das Gemeinwohl und eine schnelle Versorgung des Publikums mit Arzneien zulassen, nicht zu beschränken, sondern bis zu gewissen Grenzen zu fördern sein, da für solche Anlagen die Entstehung neuer Idealwerte ausgeschlossen ist.

2. Konzessionsverfahren.

Mit dem bei der Erteilung neuer oder der Wiederverleihung heimgefallener Apothekenkonzessionen zu beachtenden Verfahren befassen sich folgende Verordnungen:

Zirkularverfügung, betr. die Verleihung von Apothekenkonzessionen. Vom 13. Juli 1840.

Aus der obigen Festsetzung[1]) des hierbei überall streng zu beachtenden Instanzenzuges leuchtet zugleich ein, daß alle und jede Gesuche, welche sich auf die Errichtung einer neuen Apotheke an einem Orte beziehen, zuvörderst an die betreffende Ortsbehörde und den betreffenden Kreisphysikus gerichtet werden müssen.

Was nun für den Fall, daß die Anlegung einer neuen Apotheke an einem Orte als statthaft anerkannt sein und um die Verleihung einer Konzession dazu sich mehrere Apotheker beworben haben sollten, die Entscheidung der Frage betrifft, welchem von den Bewerbern die in Rede stehende Konzession zu erteilen sei, so ist hierbei ein ähnliches Verfahren zu beobachten. Es haben daher die betreffende Ortsbehörde und der betreffende Kreisphysikus in dem von ihnen an die betreffende Regierung wegen Anlegung einer neuen Apotheke zu richtenden Anfrage zugleich diejenigen Apotheker namhaft zu machen, welche sich um die Ertellung der fraglichen Konzession beworben haben, und demnächst unter ausführlicher Erörterung der Gründe sich gutachtlich darüber zu äußern, welchem von den Bewerbern der Vorzug einzuräumen sein möchte. Die Königliche Regierung und resp. das Königliche Polizeipräsidium in Berlin prüfen die gemachten Vorschläge und legen dieselben in einem darüber zu erstattenden gutachtlichen motivierten Berichte dem betreffenden Königlichen Oberpräsidium zur Entscheidung vor. Um nun den Behörden für die hierzu erforderliche Beurteilung einen Maßstab an die Hand zu geben, hat ein jeder Apotheker, welcher sich um die Erteilung der Konzession zur Anlegung einer neuen Apotheke an einem Orte bewirbt, mit seinem desfallsigen Gesuche zugleich ein vollständiges Curriculum vitae einzureichen, welchem die Zeugnisse über seine Führung während der Lehr- und Servierjahre, die durch Ablegung der Staatsprüfung erworbene Approbation, ein Nachweis, über seine Beschäftigung und über seine Führung nach erlangter Approbation, der genügende Ausweis darüber, ob er auch die zur Etablierung einer Apotheke und zum Betriebe des Geschäfts erforderlichen Mittel besitze, die Angabe, ob er bereits eine Apotheke besessen habe, und wodurch er den Besitz derselben aufzugeben veranlaßt worden sei, und die nähere Anführung der Umstände beizufügen sind, auf welche einen Anspruch zu begründen er sich glaubt berechtigt halten zu dürfen[2]).

---

[1]) In ihrem ersten hier nicht mit abgedruckten Abschnitt wiederholt obige Verfügung lediglich die in der kgl. Verordnung vom 24. Oktober 1811 niedergelegten Bestimmungen über die Anlage neuer Apotheken.

[2]) In der Regel wird jetzt verlangt: 1. der Lebenslauf mit Angabe der Konfession und der Familienverhältnisse; 2. die Approbation; 3. die kreisärztlich beglaubigten, nach der Zeitfolge geordneten und gehefteten Zeugnisse über die bisherige Beschäftigung seit Ablegung der Staatsprüfung in Urschrift oder beglaubigter Abschrift.

Indem das Ministerium die Königliche Regierung auffordert, obige Vorschriften durch die Amtsblätter zur öffentlichen Kenntnis zu bringen, teilt solches derselben zugleich zur besonderen Richtschnur hinsichtlich der zu treffenden Wahl unter den verschiedenen Bewerbern um die Konzession zur Anlegung einer neuen Apotheke an einem Orte die hierbei zugrunde zu legenden Prinzipien mit, welche nach dem Sr. Maj. dem Könige hierüber gehaltenen Vortrage von Allerhöchstdemselben durch die Allerh. Kab.-Order vom 30. Juni v. J. genehmigt worden sind und strenge befolgt werden müssen, wenn bei den bedeutenden Vorteilen, die der Gewählte erlangt, und bei den mithin hierunter auf das Wesentlichste beteiligten Interessen der einzelnen Bewerber nicht zu begründeten Beschwerden über den einem der Bewerber gewährten unverdienten Vorzug Veranlassung gegeben werden soll.

Die hierbei zu berücksichtigenden Punkte sind:

1. Die Führung und Applikation des Bewerbers während seiner Lehr- und Servierjahre, die von ihm bei der Ablegung der Staatsprüfung gezeigte geringere oder höhere Qualifikation.
2. Das frühere oder spätere Datum der Approbation als Provisor, welche ihm auf den Grund des bestandenen Staatsexamens erteilt worden ist[1]).
3. Die Führung und Leistung nach empfangener Approbation, ob derselbe sich ununterbrochen dem Apothekergeschäft gewidmet hat und dabei eine immer höhere Ausbildung in seinem Fache sich zu erwerben bemüht gewesen ist, dadurch also auch zu desto besseren Erwartungen hinsichtlich der künftigen Verwaltung seiner eigenen Apotheke berechtigt, oder ob dieses nicht der Fall ist, ob er vielleicht durch die Übernahme anderweitiger Geschäfte auf einige Zeit seinem eigentlichen Berufe mehr oder weniger sich entfremdet hat[2]).

Diesen Zeugnissen ist ein Inhaltsverzeichnis beizufügen, aus welchem die Zeitdauer ersichtlich ist, auf welche sich die einzelnen Zeugnisse beziehen; 4. polizeiliche, der Zeitfolge nach geordnete und geheftete Führungszeugnisse aus allen Orten, an denen der Bewerber seit Ablegung der Staatsprüfung als Apotheker oder in sonstiger Beschäftigung tätig gewesen ist; 5. ein amtlich beglaubigter, aus neuester Zeit herrührender Nachweis über die zur Anlegung und zum Betriebe einer Apotheke erforderlichen Geldmittel; 6. die pflichtmäßige Versicherung, bisher eine Apotheke noch nicht besessen zu haben, oder, wenn dieses der Fall gewesen ist, die genaue Angabe der Verhältnisse, die den Bewerber zur Veräußerung seiner Apotheke veranlaßt haben, sowie des Kaufs- und Verkaufspreises. Über die Stempelpflicht der Führungszeugnisse und beglaubigten Abschriften s. Teil XIX Steuergesetzgebung.

In den neueren Konzessionsausschreibungen ist jetzt noch die Klausel enthalten, daß eine anderweitige Regelung des Apothekenkonzessionswesens beabsichtigt ist, und daß dabei in Frage steht, ob es sich nicht empfehle, den Konzessionaren eine nach den Erträgnissen des Geschäftes abgestufte, mehr oder minder erhebliche Betriebsabgabe aufzuerlegen. Es bleibt vorbehalten, dieser Betriebsabgabe wie den sonstigen Bestimmungen des neuen Gesetzes auch die vom 1. Juli 1903 ab erteilten Konzessionen zu unterwerfen.

[1]) Hierzu wird in dem auf Seite 35 abgedruckten Min.-Erl. vom 15. September 1904 angeregt, „bei Bewerbungen um Apothekenkonzessionen die etwa abgeleistete Militärdienstzeit auf das Approbationsalter der Bewerber insoweit in Anrechnung zu bringen, als durch die Erfüllung der Militärdienstpflicht die Erlangung der Approbation verzögert worden ist". Eine gleiche Bestimmung traf schon ein früherer Erl. vom 6. Januar 1898.

[2]) In einem Min.-Erl. vom 3. September 1903 wird darauf hingewiesen, daß die Auswahl unter den Bewerbern um die Konzession zur Anlegung einer neuen Apotheke nach den Allerhöchst genehmigten Grundsätzen stattfindet, welche in dem Ministerial-

4. Die frühere oder spätere Meldung zu der Konzessionserteilung zur Anlegung der Apotheke und
5. der nachzuweisende Besitz der zum Betriebe seines Geschäfts erforderlichen Mittel.
6. Anderweitige Verhältnisse, welche zugunsten des einen oder anderen Bewerbers sprechen, z. B. unter Voraussetzung übrigens ganz gleicher Qualifikation die Anerkennung von Verdiensten, welche der Bewerber durch vorzügliche Leistungen irgend einer Art sich erworben hat usw.[1]).

Es bedarf wohl keiner Befürwortung, daß nicht ein einzelner dieser Punkte als der allein bestimmende betrachtet werden kann; denn wollte man als solchen z. B. die früher oder später stattgefundene Meldung gelten lassen, so dürfte nur jeder Apotheker unmittelbar nach erhaltener Approbation mit den Anmeldungen für verschiedene Orte, in welchen die früher oder später eingetretene Statthaftigkeit der Anlegung einer neuen Apotheke vorauszusehen ist, sich beeilen, um vor allen späteren, in jeder anderen Hinsicht vielleicht bei weitem vorzüglicheren Bewerbern den Vorzug zu erlangen. Nur die unparteiische Berücksichtigung aller dieser Momente und das Resultat der sorgfältigen Abwägung der einzelnen gegeneinander darf daher die zu treffende Wahl begründen.

Schließlich bemerkt das Ministerium nur noch, daß einem Apotheker, welcher bereits eine Apotheke besessen hat, die Konzession zur Anlegung einer neuen Apotheke nicht zu erteilen ist, wenn nicht besondere Umstände obwalten, durch welche eine hierunter zu machende Ausnahme gerechtfertigt erscheinen dürfte, in welchem Falle jedoch jedesmal die Genehmigung des Ministeriums dazu einzuholen ist.

Min.-Erl., betr. Ausschreibung von Apothekenkonzessionen. Vom 7. April 1905.

Es ist mir aufgefallen, daß von den Herren Regierungspräsidenten bei der Ausschreibung von Konzessionen für Apotheken mehrfach die Aufforderung zur Einreichung von Bewerbungen auf preußische Staatsangehörige beschränkt worden ist. Ich mache darauf aufmerksam, daß eine solche Beschränkung dem Art. 3 der Reichsverfassung widerspricht[2]).

---

erlasse vom 13. Juli 1840 niedergelegt sind. „Unter den zu berücksichtigenden Punkten wird die höhere Fachausbildung besonders hervorgehoben, zugleich aber darauf hingewiesen, daß durch Übernahme anderweitiger Geschäfte, also auch solcher wissenschaftlicher Natur, eine Entfremdung von dem eigentlichen Apothekerberuf nicht herbeigeführt werden darf."

In Übereinstimmung hiermit bemerkt ein Min.-Erl. vom 31. Oktober 1902, „daß die Anrechnung der, nach abgelegter Apothekerprüfung, auf weiteres Studium oder zur Erlangung des Doktorgrades verwandten Zeit bei Bewerbung um eine Apothekenkonzession auch nach den zurzeit geltenden Bestimmungen nicht ausgeschlossen ist". Den Erlaß einer allgemeinen Anordnung lehnte der Minister ab, „da es der Entscheidung der zuständigen Behörde im Einzelfall vorzubehalten ist, ob das weitere Studium der höheren Ausbildung des Bewerbers gedient hat".

[1]) Hierzu erging ein Min.-Erl. vom 2. Oktober 1902:

Ein Spezialfall gibt mir Veranlassung, darauf aufmerksam zu machen, daß das Vorliegen eines Zivilversorgungsscheines als Anlaß zu besonderer Berücksichtigung bei der Verleihung von Apothekenkonzessionen nicht anzuerkennen ist, wenn dadurch ältere, wissenschaftlich gleich befähigte Bewerber zurückgesetzt werden. Bei sonst gleicher Befähigung der Bewerber ist mit Bezug auf den Erlaß vom 13. Juli 1840 bei der Verleihung von Apothekenkonzessionen dem höheren Approbationsalter eine mehr ausschlaggebende Bedeutung beizumessen.

[2]) Artikel 3 der Reichsverfassung lautet in den beiden ersten Absätzen:

Min.-Erl., betr. die Mitbewerbung von Apothekenbesitzern um Apothekenkonzessionen. Vom 17. November 1893.

In neuerer Zeit haben wiederholt Apothekenbesitzer durch Vermittlung und unter Befürwortung der Provinzialbehörden bei mir die Genehmigung dazu nachgesucht, daß sie gegen Verzichtleistung auf die ihnen gehörige Apothekengerechtigkeit sich um die Konzession zu einer Apothekenanlage bewerben dürfen.

Ich habe in solchen Fällen die Genehmigung erteilt, wenn der Gesuchsteller nach den angestellten Ermittlungen ein tüchtiger Apotheker war und auch sonst einer besonderen Berücksichtigung würdig erschien, außerdom aber in bindender Form sich verpflichtet hatte, die folgenden Bedingungen zu erfüllen:

1. Er darf die von ihm bis dahin betriebene Apotheke nicht selbstständig verkaufen, muß vielmehr auf die Konzession oder das Privilegium verzichten.
2. Die so frei werdende Apothekengerechtigkeit ist in der bei Apothekenanlagen üblichen Weise auszuschreiben; dem neuen Konzessionar darf in analoger Anwendung der Allerhöchsten Order vom 8. März 1842 und des dazu ergangenen Erlasses vom 13. August 1842 nur die Verpflichtung auferlegt werden, die Apothekeneinrichtung und die bei der Geschäftsübernahme vorhandenen Warenbestände gegen einen dem wahren zeitigen Wert entsprechenden Preis zu übernehmen, welcher eventuell durch Sachverständige festzusetzen ist; die Abschätzungskosten sind von dem Verkäufer und dem Käufer zu gleichen Teilen zu tragen. (Es sind drei Sachverständige zu wählen, und zwar von der Regierung, dem bisherigen Besitzer und dem Konzessionar je einer. Der Sachverständige der Regierung hat das Verfahren zu leiten und den Übernahmepreis, gegen dessen Festsetzung eine Berufung auf richterliche Entscheidung nicht zulässig ist, endgültig zu bestimmen.)
3. Zur Übernahme des Apothekengrundstücks ist der Geschäftsnachfolger nicht verpflichtet; will er dasselbe jedoch erwerben, so wird darauf zu halten sein, daß es nicht zu einem höheren Preise, als sein jetziger Wert beträgt, in Rechnung gestellt werde.
4. Hinsichtlich der Verkäuflichkeit der nach Maßgabe der Ziffer 2 neu konzessionierten Apotheke greifen, sobald dieselbe nicht mehr im Besitz des ehemaligen Inhabers ist, die Bestimmungen des Allerhöchsten Erlasses vom 7. Juli 1886 und der im Anschluß daran ergangenen Rundverfügung vom 21. Juli 1886 Platz.

   Diese Bedingungen zu 1—4 sind in die zu erlassenden Wettbewerbbekanntmachungen aufzunehmen.
5. Sobald der Inhaber der schon bestehenden Apotheke auf Grund der ihm eventuell zu erteilenden Genehmigung in den Besitz einer

Art. 3. Für ganz Deutschland besteht ein gemeinsames Indigenat mit der Wirkung, daß der Angehörige (Untertan, Staatsbürger) eines jeden Bundesstaates als Inländer zu behandeln und demgemäß zum festen Wohnsitz, zum Gewerbebetriebe, zu öffentlichen Ämtern, zur Erwerbung von Grundstücken, zur Erlangung des Staatsbürgerrechts und zum Genusse aller sonstigen bürgerlichen Rechte unter denselben Voraussetzungen wie der Einheimische zuzulassen, auch in betreff der Rechtsverfolgung und des Rechtsschutzes demselben gleich zu behandeln ist.

Kein Deutscher darf in der Ausübung dieser Befugnis durch die Obrigkeit seiner Heimat oder durch die Obrigkeit eines anderen Bundesstaates beschränkt werden.

neuen Apothekenkonzession gelangt ist, hat er dies dem bisher zuständigen Oberpräsidenten anzuzeigen, damit der Wettbewerb um die erledigte Apotheke ohne Säumen eingeleitet werden kann; letztere hat er so lange weiterzuführen, bis sein mit der Konzession versehener Nachfolger die Geschäfte übernommen hat.

Ich stelle ganz ergebenst anheim, hiernach in geeigneten Fällen meine Genehmigung zu beantragen und ersuche zugleich, mir nach Erfolg der Verleihung über den für die alte Apothekeneinrichtung nebst Warenbestand vereinbarten oder nach Abschätzung gezahlten Preis gefälligst Mitteilung zu machen, damit hier die Höhe der Preise, sowie die Art der Abschätzung nach den einzelnen Provinzen vergleichsweise zusammengestellt werden können.

Min.-Erl., betr. die Mitbewerbung früherer Apothekenbesitzer um Apothekenkonzessionen. Vom 2. Dezember 1893.

Der Runderlaß vom 13. Juli 1840, betreffend die Anlegung neuer Apotheken (Min.-Bl. f. d. inn. Verw., S. 310), bestimmt in Schlußsatz:

„daß einem Apotheker, welcher bereits eine Apotheke besessen hat, die Konzession zur Anlegung einer neuen Apotheke nicht zu erteilen ist, wenn nicht besondere Umstände obwalten, durch welche eine hierunter zu machende Ausnahme gerechtfertigt erscheinen dürfte, in welchem Falle jedoch jedesmal die Genehmigung des Ministeriums dazu einzuholen ist."

Diese Bestimmung ist zur Vereinfachung des Verfahrens seit langer Zeit in der Weise gehandhabt worden, daß solche Apotheker um eine Konzession sich nur bewerben durften, nachdem sie die diesseitige Genehmigung dazu erhalten hatten.

Nach dem Wortlaut der Bestimmung ist aber nicht die Bewerbung, sondern die Erteilung der Konzession von meiner Genehmigung abhängig. Ew. Exzellenz ersuche ich daher ganz ergebenst, in Zukunft Bewerbungen von Apothekern, welche bereits eine Apotheke besessen haben, nicht zurückzuweisen, sondern die Verhältnisse, welche den Betreffenden zur Veräußerung seiner Apotheke veranlaßt haben, sorgfältig zu prüfen und in Fällen, welche danach zur Berücksichtigung geeignet erscheinen, behufs Entscheidung über die Zulässigkeit der Erteilung einer Konzession unter Beifügung der stattgehabten Ermittlungsverhandlungen an mich gefälligst eingehend zu berichten.

Ich mache dabei zugleich darauf ganz ergebenst aufmerksam, daß Bewerber, welche ihre Apotheke mit Gewinn verkauft oder bereits mehrere Apotheken besessen haben, oder durch eigene Schuld zum Verkauf genötigt worden sind, oder durch ihre sittliche Führung zu Bedenken Anlaß geben, sich nicht zur Berücksichtigung eignen.

Min.-Erl., betr. die Verleihung von Apothekenkonzessionen an ehemalige Apothekenbesitzer. Vom 11. Dezember 1894.

Nachdem seit Erlaß meiner Verfügung vom 2. Dezember 1893 die Grundsätze über die Verleihung von Apothekenkonzessionen an ehemalige Apothekenbesitzer gleichmäßige Anwendung gefunden haben, überlasse ich (den Herren Oberpräsidenten), künftighin nach eigenem pflichtmäßigen Ermessen darüber Entscheidung zu treffen, ob einem solchen Bewerber nach Maßgabe der gedachten Verfügung eine Konzession zu verleihen ist oder nicht.

Min.-Erl., betr. die Verleihung von Apothekenkonzessionen an Apothekenbesitzer und die Anlegung von Zweigapotheken. Vom 4. Mai 1895.

Um in der Bearbeitung der Apothekenangelegenheiten eine größere Dezentralisation der Geschäfte herbeizuführen, bestimme ich hierdurch folgendes:

I. Durch Runderlaß vom 11. Dezember 1894 (10 359) habe ich es den Herren Oberpräsidenten überlassen, nach eignem pflichtmäßigen Ermessen darüber Entscheidung zu treffen, ob einem ehemaligen Apothekenbesitzer falls er sich um eine Apothekenkonzession bewirbt, eine solche zu verleihen ist oder nicht.

Im Anschluß hieran ermächtige ich die Herrn Oberpräsidenten, künftighin auch darüber selbständig zu befinden, ob ein noch im Besitz einer Apotheke befindlicher Apotheker nach Verzichtleistung auf die Apothekengerechtigkeit zur Bewerbung um eine andere Apothekenkonzession zuzulassen ist oder nicht. Es werden hierbei die in den diesseitigen Runderlassen vom 17. November 1893 (M. 10 103) und 5. September 1894 (M. 8386) dargelegten Grundsätze zu beachten sein.

II. Außerdem will ich es den Herren Oberpräsidenten überlassen, in Zukunft ihrerseits die Genehmigung zur Anlegung und Fortführung von Zweigapotheken, und zwar nach Maßgabe der diesseitigen Erlasse vom 7. Februar 1848 und 29. Juni 1854 (Eulenberg, das Medizinalwesen in Preußen, S. 486/487), zu erteilen[1]).

Ich mache hierbei zur gefälligen Beachtung zugleich darauf ganz ergebenst aufmerksam, daß die Genehmigung zur Anlegung oder Fortführung einer Zweigapotheke der bisherigen Praxis entsprechend immer nur auf drei Jahre zu erteilen ist und daß, wie dies bereits durch Erlaß vom 18. April 1893 (M. 3684) angeordnet worden, die Zweigapotheke von dem Inhaber des Hauptgeschäftes bei etwaiger späterer Abgabe des letzteren nicht mit verkauft oder in Anrechnung gebracht werden darf. Auch setze ich voraus, daß die Herren Oberpräsidenten ihr Augenmerk gefälligst darauf richten werden, daß die Umwandlung einer Zweigapotheke in eine selbständige Apotheke erfolgt, sobald nach Lage des einzelnen Falles und der dabei in Betracht kommenden Umstände der Zeitpunkt hierfür eingetreten ist.

Min.-Erl., betr. die Verleihung von Apothekenkonzessionen an Apothekenbesitzer. Vom 3. Mai 1905.

Zur Beseitigung hervorgetretener Zweifel bemerke ich, daß die in dem Runderlasse vom 4. Mai 1895 den Herren Oberpräsidenten beigelegte

---

[1]) Der Erl. über die Konzessionierung von Filialapotheken vom 7. Februar 1848 enthält u. a. folgende Grundsätze:

Filialapotheken sind zu keiner Zeit bleibende, vielmehr von Zeit und Umständen abhängige, vorübergehende Einrichtungen gewesen und daher besonders für Badeorte während der Badezeit passend erachtet und gestattet worden. Hiernach richtet sich auch der Vorteil, der aus einer solchen Anstalt zu ziehen ist. Das Geschäft muß soviel abwerfen, daß mit der Leitung desselben ein examinierter und vereidigter Gehilfe beauftragt werden kann. Sobald der Gewinn so hoch steigt, daß auch nur mit mäßigen Ansprüchen während des ganzen Jahres eine Haushaltung dabei bestehen kann, so steht der Erteilung der Konzession zu einer neuen Apothekenanlage nichts weiter im Wege. Es könnte sonst leicht dahin kommen, daß zwei Apotheken nur einen Besitzer haben.

Der Erlaß vom 29. Juni 1854 sagt mit Bezug auf einen bestimmten Fall, „daß die Errichtung von Filialapotheken aus entscheidenden Gründen nicht ratsam ist".

Befugnis der selbständigen Entscheidung auch dann Anwendung findet, wenn ein im Besitze einer persönlichen Konzession befindlicher Apotheker, der auf diese seine Apothekenkonzession verzichtet, als Bewerber um eine andere Apothekenkonzession für die Verleihung in Frage kommt.

Apotheker, welche unter Verzicht auf eine verkäufliche Apothekengerechtigkeit sich um eine ausgeschriebene Apothekenkonzession bewerben, sollen wie bisher, bei sonst gleichen Verhältnissen, nach Maßgabe der Rundverfügung vom 13. Juli 1840, Ziffer 3 und 6 vor ihren Mitbewerbern den Vorzug haben.

Min.-Erl., betr. die Bewerbung früherer Apothekenbesitzer um Apothekenkonzessionen. Vom 30. Oktober 1901.

Auf den Bericht vom 25. Juli d. J. erwidere ich Ew. Exzellenz ergebenst, daß einem Apotheker, welcher bereits eine Apotheke besessen hat, bei der Bewerbung um eine ausgeschriebene Apothekenkonzession die Zeit des früheren Besitzes von dem Approbationsalter abzurechnen ist, wenn der Bewerber nicht einwandsfrei nachweisen kann, daß er zum Verkauf seiner Apotheke ohne eigenes Verschulden gezwungen wurde. Ist diese Voraussetzung nicht erfüllt, so findet der Erlaß vom 2. Dezember 1893 entsprechende Anwendung, womit sich die Frage der Abrechnung der Besitzzeit von selbst erledigt.

Min.-Erl., betr. die Weiterführung einer Apotheke durch den ehemaligen Besitzer. Vom 24. Februar 1903.

Ein Spezialfall gibt mir Veranlassung, unter Hinweis auf den Runderlaß vom 17. November 1893 in Erinnerung zu bringen, daß ein Apothekenbesitzer, welcher in den Besitz einer neuen Apothekenkonzession gelangt, die von ihm bisher betriebene Apotheke so lange weiter zu führen hat, bis sein Nachfolger die Konzession erhalten und die Geschäfte übernommen hat. Eine Betriebsunterbrechung, welche namentlich in Ortschaften mit nur einer Arzneiabgabestelle zu bedenklichen Folgen führen könnte, ist unter allen Umständen zu vermeiden und der Besitzwechsel derartig zu vollziehen, daß ein Geschäftsschluß, auch nur auf kurze Zeit, überhaupt nicht stattfindet.

3. Besitzverhältnisse konzessionierter Apotheken.

Während die auf Grund der Kabinettsorder vom 5. Oktober 1846 und der Zirkularverfügung vom 21. Oktober 1846 verliehenen Konzessionen den Charakter unbeschränkt verkäuflicher Rechte haben, ja die Übertragung der Konzession nicht einmal wegen zu hohen Kaufpreises versagt werden darf (Min.-Erl. vom 15. Juli 1857, s. S. 201) wurde später die Übertragbarkeit der Konzessionen zur Errichtung neuer Apotheken beschränkt und schließlich ganz aufgehoben. Die diesbezüglichen Verordnungen sind folgende:

Min.-Erl., betr. die Veräußerung neu konzessionierter Apotheken. Vom 21. Juli 1886

S. M. der Kaiser und König haben infolge der in letzter Zeit vorgekommenen zahlreichen Fälle, daß neu konzessionierte Apotheker unmittelbar oder doch nur ganz kurze Zeit nach der Eröffnung ihrer Apotheke diese veräußerten, durch Allerhöchste Order vom 7. d. M. auf meinen Antrag zu genehmigen geruht, daß die in der Allerhöchsten Order vom

5. Oktober 1846 der Regierung erteilte Ermächtigung bis zur anderweiten gesetzlichen Regelung des Apothekenwesens nur bei denjenigen Apotheken in Anwendung zu bringen ist, seit deren Errichtung[1]) zehn Jahre verflossen sind, und mich gleichzeitig ermächtigt, die Regierungen entsprechend mit Anweisungen zu versehen.

Auf Grund dieser Allerhöchsten Ermächtigung bestimme ich hiermit unter Abänderung der diesseitigen Zirkularverfügung vom 21. Oktober 1846 (Eulenberg, das Medizinalwesen in Preußen usw. S. 476 und 477), daß bis zur anderweiten Regelung des Apothekenwesens innerhalb der nächsten zehn Jahre nach der Errichtung einer neuen Apotheke der Inhaber der Konzession ohne besondere Genehmigung der Aufsichtsbehörde nicht befugt ist, der Regierung nach Maßgabe der Allerhöchsten Order vom 5. Oktober 1846 eine qualifizierte Person mit dem Rechte der Nachfolge zu präsentieren; die Regierung soll vielmehr, wenn ein Apotheker innerhalb dieser Frist sein Geschäft aufgeben will, ermächtigt sein, die Konzession anderweitig zu verleihen. Ausnahmsweise und unter ganz besonderen Umständen wird dem abgehenden Apotheker die Veräußerung gestattet werden können, dies indessen nur nach ganz genauer Prüfung der obwaltenden Verhältnisse und unter Feststellung von Bedingungen geschehen dürfen, welche den bisherigen Inhaber bzw. dessen Erben zwar schadlos halten, jedoch eine gewinnsüchtige Verwertung der Konzession ausschließen.

Die Erteilung der Genehmigung in allen dergleichen Fällen bleibt meiner Entschließung vorbehalten.

Diese Bestimmung findet auch auf Apotheken Anwendung, welche verlegt worden sind.

Min.-Erl., betr. die Verlegung von Apotheken. Vom 24. November 1891.

Ew. . . . erwidere ich auf den gefälligen Bericht vom 2. d. Mts., betreffend Anwendung der Allerhöchsten Order vom 7. Juli 1886 auf die Verlegung bestehender Apotheken, ganz ergebenst, daß unter dieselbe auch alle diejenigen Apothekenverlegungen fallen, welche auf Antrag des Besitzers genehmigt werden. Welche Deutung in solchen Fällen dem Begriffe „anderer Stadtteil“ zu geben ist, wird nach den jeweiligen örtlichen Verhältnissen in jedem Einzelfalle zu entscheiden sein. Wo die Apotheken nahe beieinander liegen, wie mehrfach in alten Stadtteilen großer Städte, kann die Verschiebung einer Apotheke in derselben Straße oder um eine Straßenecke gegen die nächstgelegene Apotheke der Verlegung von einem Stadtteil in einen anderen durchaus gleichkommen und wird demgemäß zu beurteilen sein.

Der Apotheker N. in N. ist daher nicht berechtigt, vor Ablauf von zehn Jahren nach der letzten, im Jahre 1890 stattgehabten Verlegung seiner Apotheke eine qualifizierte Person mit dem Rechte der Nachfolge ohne meine besondere Genehmigung zu präsentieren.

Ebenfalls mit der Verlegung konzessionierter Apotheken befaßt sich ein Min.-Erl. vom 24. Februar 1892. Über denselben machte eine im „Reichsanzeiger“ vom 10. März 1892 enthaltene amtliche Mitteilung folgende Angaben:

Nach dem Inkrafttreten des Erlasses vom 21. Juli 1886, betreffend die Vorstellung eines Geschäftsnachfolgers vor Ablauf von zehn Jahren seit Eröffnung einer Apotheke, sind wiederholt bestehende Apotheken verlegt

[1]) Unter „Errichtung“ ist der Tag der Eröffnung der Apotheke zu verstehen.

worden, ohne daß dem zeitigen Besitzer mitgeteilt worden ist, daß die Genehmigung zur Verlegung von Apotheken sachlich einer Neukonzessionierung gleich zu erachten ist, und daß infolgedessen der Inhaber einer verlegten Apotheke den Bestimmungen des eingangs erwähnten Erlasses über die Vorstellung eines Geschäftsnachfolgers unterliegt. Dabei macht es keinen Unterschied, ob eine Apotheke aus dem bisherigen Grundstück in ein anderes oder in einen anderen Stadtteil oder in eine andere Ortschaft verlegt wird.

Der Minister der geistlichen usw. Angelegenheiten hat die Oberpräsidenten ersucht, behufs Vermeidung von irrtümlichen Auffassungen der Beteiligten dafür Sorge zu tragen, daß denjenigen Apothekern, welche eine Verlegung ihrer Apotheke nachsuchen, vor Genehmigung derselben eröffnet werde, daß die Vorstellung eines Geschäftsnachfolgers in Gemäßheit des Erlasses vom 21. Juli 1886 vor Ablauf von zehn Jahren nach Eröffnung der Apotheke auf dem neuen Grundstück ohne Genehmigung des Ministers nicht gestattet sei.

Durch Kabinettsorder vom 30. Juni 1894 wurde angeordnet, daß neuverliehene Konzessionen überhaupt nicht mehr veräußert oder vererbt werden können. Dies bedeutete die Einführung der reinen Personalkonzessionen im preußischen Apothekenwesen.

Kabinettsorder, betr. die Präsentation von Geschäftsnachfolgern. Vom 30. Juni 1894.

Auf den Bericht vom 23. d. Mts. genehmige Ich unter entsprechender Abänderung der königlichen Erlasse vom 5. Oktober 1846 und 7. Juli 1886, daß bis zur anderweiten gesetzlichen Regelung des Apothekenwesens denjenigen Apothekern, welchen in Zukunft neue Konzessionen zur Errichtung von Apotheken verliehen werden, die Präsentation von Geschäftsnachfolgern überhaupt nicht mehr zu gestatten ist, die Konzession vielmehr beim Ausscheiden eines Apothekers aus seinem Geschäft zur anderweiten Verleihung in allen Fällen an den Staat zurückfällt. Den Witwen und Waisen der neuen Konzessionare sollen jedoch die im § 4 Titel 1 der revidierten Apothekerordnung vom 11. Oktober 1801 bezeichneten Vergünstigungen zuteil werden. Ich ermächtige das Staatsministerium, hiernach das Weitere zu veranlassen.

An Bord M. J. „Hohenzollern", Kiel, den 30. Juni 1894.

Wilhelm R.

Min.-Erl., betr. die Erteilung neuer Apothekenkonzessionen. Vom 5. Juli 1894.

Seine Majestät der König haben durch die in der Anlage (s. o.) abschriftlich beigefügte Allerhöchste Order vom 30. Juni 1894 auf Antrag des königlichen Staatsministeriums zu genehmigen geruht, daß bis zur anderweiten Regelung des Apothekenwesens denjenigen Apothekern, welchen in Zukunft die Konzession zur Errichtung einer neuen Apotheke verliehen wird, die Präsentation eines Geschäftsnachfolgers überhaupt nicht mehr zu gestatten ist.

In Ausführung dieses Allerhöchsten Order bestimme ich hierdurch unter Abänderung der Erlasse vom 21. Oktober 1846 und 21. Juli 1886 (Min.-Bl. f. d. i. V. 1846 S. 209 und 1886 S. 900), daß, von dem Tage der Veröffentlichung dieses Erlasses im Reichs- und Staatsanzeiger an, Konzessionen zur Errichtung neuer Apotheken oder Weiterverleihungen von an den Staat zurückgefallenen Apothekergerechtigkeiten nur mit dem Zusatz erteilt werden dürfen, daß dem Inhaber die Präsentation eines

Geschäftsnachfolgers in Gemäßheit der Allerhöchsten Order vom 30. Juni 1894 nicht gestattet sei.

In den Wettbewerbbekanntmachungen ist auf diese Bestimmung hinzuweisen.

Den Witwen und Waisen eines Apothekers, welcher eine solche unveräußerliche und unvererbliche Konzession erhalten hat, soll es erlaubt sein, die Apotheke nach Maßgabe des § 4 der revidierten Apothekenordnung vom 11. Oktober 1801 verwalten zu lassen.

Min.-Erl., betr. die Behandlung heimgefallener und verlegter Apotheken. Vom 5. September 1894.

Im Anschluß an den Erlaß vom 5. Juli d. J., betreffend die Einführung der Personalkonzession für Apothekengerechtigkeiten, weise ich zur Beseitigung von Zweifeln, welche inzwischen in der Fachpresse laut geworden sind, ganz ergebenst darauf hin, daß auch die von dem bisherigen Inhaber an den Staat zurückgegebenen Gerechtigkeiten (Erlaß vom 17. November 1893 Ziffer 2 und 4) und solche Konzessionen, welche während der zehnjährigen Unverkäuflichkeit (Erlaß vom 21. Juli 1886) an den Staat zurückfallen, in Gemäßheit der allerhöchsten Order vom 30. Juni d. J. und des eingangs bezeichneten Erlasses zu behandeln sind.

Solche Apothekengerechtigkeiten sind daher jeder Zeit in der bei Apothekenneuanlagen üblichen Weise auszuschreiben und zu verleihen; dem neuen Konzessionar darf in Anwendung der allerhöchsten Order vom 8. März 1842 und des dazu ergangenen Erlasses vom 13. August 1842 nur die Verpflichtung auferlegt werden, die Apothekeneinrichtung und die bei der Geschäftsübernahme vorhandenen Warenbestände gegen einen dem wahren zeitigen Wert entsprechenden Preis zu übernehmen, welcher eventuell durch Sachverständige festzusetzen ist. Die Abschätzungskosten tragen Käufer und Verkäufer zu gleichen Teilen.

Zur Übernahme des Apothekengrundstückes ist der Geschäftsnachfolger nicht verpflichtet; will er dasselbe jedoch erwerben, so ist behufs Vermeidung der Entstehung neuer Idealwerte darauf zu halten, daß es nicht zu einem höheren Preise, als sein zeitiger Wert beträgt, in Rechnung gestellt werde.

Bei der Verlegung von Apotheken (Erlaß vom 24. Februar 1892) ist nach Maßgabe meines eingangs angezogenen Erlasses zu verfahren, wenn durch die Verlegung dem Inhaber der Gerechtigkeit finanzielle Vorteile erwachsen oder wenn durch die Verlegung die Errichtung einer neuen Apotheke verhindert oder verzögert wird.

Filialapotheken sollen nach den Min.-Erlassen vom 4. Mai 1895 und 18. April 1893 (s. S. 211) mit der Mutterapotheke nicht mitverkauft werden. In der Praxis geschieht es aber in der Regel, da eine Filiale in der Tat ein Zubehör der Mutterapotheke ist, zu der sie auch wirtschaftlich für einen bestimmten, bewilligten Zeitraum gehört.

Bezüglich der Verpachtung der Apotheken erging der nachstehende

Min.-Erl., betr. die Verpachtung von Apotheken. Vom 21. September 1886.

Abweichend von den Bestimmungen des Zirkularreskripts vom 19. Mai 1821 (v. Kamptz, Annal., Band 5, S. 457), welches die Verpachtung von Apotheken als den medizinalpolizeilichen Interessen widersprechend und mit den Bestimmungen der revidierten Apothekerordnung vom 11. Oktober 1801 unvereinbar verbietet, geht der Erlaß vom 28. Februar 1870 (Eulenberg, Medizinalwesen S. 482) von der Annahme aus, daß nach dem Inkrafttreten der Gewerbeordnung die Verpachtung der Apotheken nicht beanstandet werden könne. Zur Begründung dieser Ansicht wird darauf hingewiesen, daß die Zulässigkeit einer Stellvertretung im Betriebe von Apotheken nach den Bestimmungen der Gewerbeordnung für den Norddeutschen Bund, namentlich nach den §§ 45 und 151 derselben zu beurteilen, der privatrechtliche Titel aber, auf Grund dessen die Stellvertretung stattfindet, einer amtlichen Kognition nicht zu unterziehen sei. Diese Ausführung erscheint indessen, auch wenn die Grundsätze der Gewerbeordnung über die Stellvertretung hinsichtlich der Apotheken für anwendbar erachtet werden, aus dem Grunde nicht haltbar, weil als Stellvertreter im Sinne der Gewerbeordnung nur solche Personen angesehen werden können, welchen das ganze Geschäft im Namen und für Rechnung des Eigentümers übertragen ist. Da diese Voraussetzungen — vgl. Erkenntnis des Obertribunals vom 19. Dezember 1878 (Oppenhof Rechtspr. Bd. 19, S. 589), Erk. des Ober-Verw.-Ger. vom 10. Mai 1883 (Reger, Entsch. der Gerichte usw., Bd. 4, S. 21 ff.), Erk. des Reichsgerichts vom 4. März 1881 (Entsch. in Strafs. Bd. 3, S. 419) — bei einem Pächter nicht zutreffen, veranlasse ich Ew. pp. unter gleichzeitiger Aufhebung des erwähnten Erlasses vom 28. Februar 1870, fortan die Verpachtung von Apotheken, soweit dieselbe nicht für bestimmte Fälle durch gesetzliche Vorschriften ausdrücklich gestattet ist, nicht mehr zuzulassen und die Auflösung der dieser Anordnung zuwider zurzeit bestehenden Pachtverhältnisse, sobald dies nach den Bestimmungen der Pachtverträge ausführbar ist, in geeigneter Weise herbeizuführen[1]).

Die Bestimmung im § 4 der Apothekerordnung gilt auch für die Witwen und minorennen Kinder von konzessionierten Apothekern. Unter Kindern sind auch Adoptivkinder zu verstehen.

Min.-Erl., betr. die Stellung der Witwen und Kinder. Vom 23. April 1889.

Auf die Eingabe vom 2. März d. J. erwidere ich Ew. Wohlgeboren, daß die Allerhöchste Order vom 8. Juli 1886 und die darauf ergangene Zirkularverfügung vom 21. dess. Mts. die Frage nicht betroffen hat, ob in geeigneten Fällen beim Tode eines konzessionierten Apothekers der Witwe während ihres Witwenstandes bzw. den minderjährigen Kindern desselben bis zu ihrer Großjährigkeit zu gestatten ist, die Apotheke durch einen qualifizierten Apotheker verwalten zu lassen. In dieser Beziehung sind vielmehr, wovon Ew. Wohlgeboren die Mitunterzeichneten gefälligst in Kenntnis setzen wollen, die vor Erlaß der Allerhöchsten Order vom 8. Juli 1886 und der darauf ergangenen Zirkularverfügung vom 21. Juli dess. Js. ergangenen Bestimmungen maßgebend geblieben.

Den Witwen und Waisen der Inhaber reiner Personalkonzessionen ist die gleiche Vergünstigung in der Kabinettsorder vom 30. Juni 1894 (s. S. 214) ausdrücklich zugesichert.

4. Sonstige Rechtsverhältnisse der Apotheken.

a. Apothekenprivilegien.

1. Die Eintragungsfähigkeit der Apothekenprivilegien in die Grund- resp. Hypothekenbücher war lange Zeit Gegenstand der Kontroverse. Unter dem 19. März 1840 erschien das nachstehende Ministerialreskript:

[1]) Bei privilegierten Apotheken kann jedoch die Verpachtung gemäß § 48 der Gew.O. (s. Seite 11) nicht verboten werden.

Min.-Reskript, betr. die Eintragung von Apothekenprivilegien in das Hypothekenbuch. Vom 19. März 1840.

Die vererb- und veräußerlichen Privilegien älterer Apotheken sind nicht aufgehoben, da die in § 16 des Edikts vom 2. November 1801 angeordnete Ablösung der Gewerbegerechtigkeiten älterer Verfassung in Hinsicht auf die Apotheker zu keiner allgemeinen Ausführung gekommen, sondern in der Verordnung vom 24. Oktober 1811, auf welche der § 8 des Gesetzes vom 7. September desselben Jahres verweist, nur auf die Fälle einer mit dem Privilegium noch etwa besonders verbundenen Exklusivberechtigung und nur bei eintretendem Falle einer wirklichen Apothekenanlage an dem betreffenden Orte beschränkt ist.

Die Eintragung der solchergestalt noch fortdauernden, älteren Apothekenprivilegien in das Hypothekenbuch unterliegt nach Tit. I § 14 der Hypothekenordnung an und für sich überall keinem Bedenken. Ebenso ist auch ihre Verbindung mit einem bestimmten Grundstücke als Realpertinenz und die diesfallsige Eintragung nach Vorschrift der Hypothekenordnung Tit. I § 12, wenn zwar dadurch nach § 4 des Edikts vom 9. Oktober 1807 und § 33 des Gesetzes vom 7. September 1811 keine untrennbare Zubehörigkeit entsteht, doch für überhaupt unstatthaft um so weniger zu erachten, als es dem allgemeinen Interesse des Sanitätswesens in der Regel nur zuträglich sein kann, wenn die Apotheken bei den für ihr Geschäft einmal zweckmäßig eingerichteten Grundstücken verbleiben, aus welchen sie ohnehin nicht anders, als nach einer von der Medizinalbehörde erteilten, von Zweckmäßigkeit der Lage und der sonstigen Beschaffenheit wiederum abhängigen Genehmigung des neuen Lokals verlegt werden können.

Die jetzt geltende deutsche Grundbuchordnung in der Fassung der Bk. vom 20. Mai 1898 (R.G.Bl. S. 754) bestimmt lediglich in § 8 folgendes:

§ 8. Rechte, die dem jeweiligen Eigentümer eines Grundstücks zustehen, sind auf Antrag auch auf dem Blatte dieses Grundstücks zu vermerken.

Weitere Bestimmungen enthält das preußische Ausführungsgesetz zur Grundbuchordnung vom 26. September 1899 (Pr.G.S. S. 307):

Artikel 22. Die sich auf Grundstücke beziehenden Vorschriften der Grundbuchordnung und dieses Gesetzes finden, soweit nicht ein anderes bestimmt ist, auf Bergwerke, selbständige Kohlenabbaugerechtigkeiten und andere selbständige Gerechtigkeiten entsprechende Anwendung.

Artikel 27 Abs. 2. Für andere selbständige Gerechtigkeiten wird ein Grundbuchblatt nur auf Antrag des Berechtigten angelegt, soweit sich nicht aus den für die Anlegung der Grundbücher geltenden Vorschriften ein anderes ergibt.

Die hieraus sich für Apothekenprivilegien ergebende Rechtslage faßt ein Urteil des K.G. vom 9. März 1903 (Ph.Ztg. 1903 Nr. 39) dahin zusammen:

„Für eine Apothekengerechtigkeit, die als eine selbständige Gerechtigkeit im Sinne des Artikels 40 Preuß. Ausf.G. z. B.G.B. zu erachten ist, kann gemäß Artikel 27 Abs. 2. Ausf.G. z. Grundbuchordnung vom 26. September 1899 ein besonderes Grundbuchblatt angelegt werden. Apothekengerechtigkeiten, welche mit einem Grundstücke verbunden sind, sind auf das Grundbuchblatt dieses Grundstückes eintragbar."

Die Eintragung der Apothekenprivilegien im Grundbuch spielt bei der Heranziehung derselben zur städtischen Umsatzsteuer eine große Rolle. Weiteres hierüber ist in Teil XIX Steuergesetzgebung mitgeteilt.

2. Von geringerer Bedeutung für die Praxis ist die Frage der Enteignung von Grundstücken, auf denen Apothekerprivilegien ruhen. Hierüber

besagt ein vom Syndikus Dr. von Kayser-Berlin erstattetes Gutachten (Deutsche Juristen-Ztg. 1903):

„Die vor 1810 erteilten Apothekerprivilegien gelten sowohl nach dem alten (§ 69 Eig.Erw.G. vom 5. Mai 1872) wie nach neuem (Art. 40 Pr.A.G. z. B.G.B.) Recht als selbständige Gerechtigkeiten (Verordnung vom 24. Oktober 1811, Reskript vom 19. März 1840; Oberneck, Reichs-Grundbuchrecht S. 379, § 80 sub 3). Für diese ‚selbständigen Gerechtigkeiten', sofern sie — wie in diesem Falle — ein Grundbuchblatt erhalten haben, gelten die sich auf Grundstücke beziehenden Vorschriften des B.G.B. und die für den Erwerb des Eigentums und die Ansprüche aus dem Eigentum an Grundstücken geltenden Vorschriften (Art. 49 Pr.A.G. zum B.G.B.). Diese Gerechtigkeiten sind weder Bestandteile, noch im technischen Sinne Belastungen oder Rechte irgend eines Grundstückes; sie bestehen für sich selbst und können ohne den Besitz eines Grundstückes für sich ausgeübt, folglich auch für sich veräußert, verpfändet und — enteignet werden; ihre Gleichstellung mit den Grundstücken geht so weit, daß für sie ein eigenes Grundbuchblatt angelegt wird, und daß z. B. ein Wechsel im Eigentum derselben durch Auflassung (oder deren Surrogate) erfolgen muß. In allen diesen Beziehungen unterstehen sie den Normen des Immobilienrechts, und es ist nicht zweifelhaft, daß sie auch ordnungsmäßig enteignet werden können. Denn das Gesetz über die Enteignung von Grundeigentum vom 11. Juni 1874 ist eine ‚für den Erwerb des Eigentums an Grundstücken geltende Vorschrift' im Sinne des Art. 30 Pr.Ausf.G., und seine Geltungskraft ist vom neuen Rechte unberührt geblieben (Art. 109 Einf.G.). Bei dieser Sachlage kann § 6 Enteignungsgesetz nicht in Frage kommen, sondern das Apothekerprivilegium ist nach §§ 1 ff. selbständig als solches zu enteignen."

b. Apothekenkonzessionen.

1. Über die rechtliche Bedeutung der verkäuflichen Konzessionen im allgemeinen ist folgendes zu bemerken: Die Konzession ist keine selbständige Gerechtigkeit, sondern sie ist eine persönliche gewerbliche Befugnis ähnlich wie eine Gastwirtschaftskonzession, nur mit der Besonderheit ausgestattet, daß der Apotheker bei den vor dem 30. Juni 1894 erteilten Konzessionen einen Nachfolger präsentieren kann und letzterer, seine formelle Qualifikation vorausgesetzt, konzessioniert werden muß. In dieser Besonderheit liegt der Wert der Konzession. Zubehör des Apothekengrundstückes ist dieselbe aber nicht. Es würde beispielsweise nichts entgegen stehen, daß der Apotheker sein Grundstück verkaufte und darin selbst als Mieter die Apotheke fortsetzte. Den rechtlichen Charakter der verkäuflichen Apothekenkonzession erläutert nachstehender

Min.-Erl., betr. den Verkauf konzessionierter Apotheken. Vom 10. August 1871.

Die Existenz einer konzessionierten Apotheke, im Gegensatz zu einer privilegierten, beruht auf der ihrem Inhaber für seine Person erteilten Konzession. Die letztere ist kein Gegenstand privatrechtlicher Übertragung und der Käufer einer konzessionierten Apotheke erlangt die Konzession nicht durch Sukzession in die Rechte seines Verkäufers, sondern kraft einer neuen staatlichen Verleihung, ohne welche die Apotheke die Bedingung ihrer Leistung einbüßen würde[1]). Vom rechtlichen Gesichtspunkte be-

[1]) Über die Übertragung der Apothekenkonzessionen hat der Regierungspräsident in Marienwerder unter dem 18. April 1898 nachstehende Verfügung an die Apothekenbesitzer erlassen:

In den letzten Jahren ist es wiederholt vorgekommen, daß zur Veräußerung gelangte konzessionierte Apotheken von dem Käufer bereits in Besitz genommen und weiter betrieben waren, noch bevor die Übertragung der Apothekenkonzession bei mir überhaupt nachgesucht worden war oder meinerseits stattgefunden hatte.

Dieses Verfahren ist ungesetzlich und veranlaßt mich, die Herren Apotheker ausdrücklich darauf hinzuweisen, daß eine konzessionierte Apotheke nach ihrem Verkauf von dem neuen Besitzer erst dann weiter betrieben werden darf, nachdem von mir die Apothekenkonzession auf ihn übertragen worden ist.

trachtet, enthält der Übergang einer bloß konzessionierten Apotheke an einen anderen allemal die Errichtung einer neuen Apotheke, weil die Konzession des Verkäufers durch den Verkauf erlischt. An diesem Verhältnis hat die Gewerbeordnung nichts geändert und ist somit der Gegenstand auch ferner in derselben Weise wie früher zu behandeln.

2. Die Hypotheken. Es ist nicht zweifelhaft, daß die Apothekenkonzession nicht unter die Hypotheken fällt. Denn dieses folgt mit Notwendigkeit daraus, daß sie nicht Zubehör des Grundstückes ist.

3. Verpfändbarkeit der Konzession. Hierüber erging im Jahre 1896 nachstehendes amtliches Schreiben:

In Apothekerkreisen scheint die Ansicht verbreitet zu sein, daß die Konzession zur Errichtung einer Apotheke als Pfandobjekt für dargeliehene Gelder dienen könne. Diese Ansicht ist nicht zutreffend. Nur Apothekenprivilegien können Pfandobjekte sein. Wenn die Ministerialerlasse vom 9. Mai 1851 und 19. März 1852 es für zulässig erklären, daß bei Zwangsversteigerungen von Grundstücken, in welchen sich eine konzessionierte Apotheke befindet, die Konzession für dieselbe dem Ersteher des Grundstückes, falls er ein qualifizierter Apotheker ist, verliehen werden darf, so stützten sich diese Bestimmungen darauf, daß die Allerhöchste Order vom 5. Oktober 1846 und der darauf ergangene Erlaß vom 21. desselben Monats (Min.-Bl. f. d. i. V. S. 209) die Veräußerlichkeit konzessionierter Apotheken (Präsentation eines Geschäftsnachfolgers) bis auf weiteres zugestanden hatten. Anders verhält es sich mit den Apotheken, für welche die Konzession nach Maßgabe der Allerhöchsten Order vom 7. Juli 1886 und des dazu ergangenen Erlasses vom 21. desselben Monats (Min.-Bl. f. d. i. V. S. 161) erteilt worden ist. Solche Apotheken sind zehn Jahre nach ihrer Errichtung unveräußerlich; während dieser Zeit ist die Präsentation eines Geschäftsnachfolgers also nicht gestattet. Es kann deshalb, falls ein Grundstück, in welchem eine solche Apotheke eingerichtet ist, zur Zwangsversteigerung kommt, die Apothekenkonzession dem Ersteher, selbst wenn er ein qualifizierter Apotheker ist, nicht verliehen werden. Die Konzession verbleibt vielmehr dem damit Beliehenen oder fällt während der Dauer der Unveräußerlichkeit, falls der Beliehene eine Apotheke einzurichten oder zu betreiben nicht mehr imstande ist, an den Staat zurück. Personalkonzessionen, welche auf Grund der Allerhöchsten Order vom 30. Juni 1894 verliehen worden sind, kommen für diese Frage überhaupt nicht in Betracht.

Von anderer Seite (Rechtsanwalt und Notar Lewinsky in Ph.Ztg. 1904 Nr. 72 und 1905 Nr. 78) wird die Ansicht verteidigt, daß die verkäufliche Apothekenkonzession rechtsgültig verpfändet werden kann.

Um jegliche Verzögerung bei der Übertragung einer Apothekenkonzession zu vermeiden, hat der Verkäufer mir unmittelbar nach der Veräußerung der Apotheke hiervon unter Rückgabe der Konzessionsurkunde Anzeige zu erstatten, während gleichzeitig von dem Käufer der Antrag auf Übertragung der Konzession unter Vorlage des Kaufvertrags im Original oder in beglaubigter Abschrift, der Approbation, eines von der Polizeibehörde seines bisherigen Aufenthaltsortes ausgestellten und verstempelten Führungszeugnisses, sowie einer kurzen Lebensbeschreibung bei mir einzureichen ist.

Ähnliche Verfügungen sind auch in anderen Regierungsbezirken ergangen.

Ein Min.-Bescheid vom 27. April 1894 besagt ferner, daß der Regierungspräsident als Aufsichtsbehörde berechtigt ist, die Vorlegung des zwischen dem Verkäufer und Käufer einer Apotheke abgeschlossenen Kaufvertrages behufs Einsichtnahme zu verlangen.

4. Im Konkurse eines Apothekers hat der Konkursverwalter mit Zustimmung des Gläubigerausschusses die Verfügung über das Apothekengrundstück und die Konzession, sofern letztere verkäuflich ist. Es ist aber zweifelhaft, ob er befugt ist, gegen den Willen des Schuldners durch einen Dritten die Apotheke für Rechnung der Masse fortsetzen zu lassen. Dagegen kann der Konkursverwalter unzweifelhaft das Apothekengrundstück freihändig oder durch Zwangsversteigerung verkaufen und in beiden Fällen dem Käufer den Verzicht auf die Konzession und die Präsentation des Käufers als Nachfolger zusichern.

Hierüber ergingen zwei Min.-Erlasse vom 9. Mai 1851 und 19. März 1852, die sich auf verkäufliche Konzessionen beziehen und folgendes besagen:

Bei Subhastation eines Apothekengrundstückes ist das die Subhastation leitende Gericht befugt, qualifizierte Apotheker zum Mitbieten auf das Grundstück und die Apotheke dadurch zu veranlassen, daß es denselben zusichert, den Meistbietenden unter ihnen der königl. Regierung zur Verleihung der Konzession zu präsentieren, und die königl. Regierung ist sowohl dem Gerichte, als auch dem Adjudikatar gegenüber verpflichtet, dem zu Präsentierenden, seine formelle Qualifikation vorausgesetzt, die Konzession zu verleihen.

Bei unverkäuflichen Personalkonzessionen ist ein gleiches Verfahren natürlich ausgeschlossen. Vgl. hierüber das auf S. 219 abgedruckte amtliche Schreiben.

Die Entscheidung, ob bei Zwangsversteigerungen die Apothekeneinrichtung nebst Gerätschaften und Materialien als Pertinenzien des Hauses anzusehen sind, hängt von der Feststellung ab, ob der Besitzer der Allgemeinheit gegenüber eine dauernde Verbindung zwischen jener Einrichtung und dem Hause hat herstellen wollen. In diesem Sinne ergingen die Urteile des K.G. vom 18. Juni 1895 und des R.G. vom 16. Januar 1895 und 18. März 1896 (Ph.Ztg. 1898 Nr. 50, 57 und 70). Vgl. ferner § 97 B.G.B. (S. 98).

XIV. Apothekenbetrieb.

Die Bestimmungen über den eigentlichen Apothekenbetrieb, welchem die Revidierte Apothekerordnung ihren dritten Titel „Von der Ausübung der pharmazeutischen Kunst selbst" gewidmet hat, sind gegenwärtig in einer besonderen Apothekenbetriebsordnung neu zusammengefaßt worden. Diese Betriebsordnung regelt indessen den Apothekenbetrieb nicht erschöpfend. Sie wird ergänzt durch eine große Anzahl weiterer Verordnungen. Die wichtigsten dieser Betriebsvorschriften sind folgende:

1. die Apothekenbetriebsordnung;
2. die Verordnung über die Abgabe starkwirkender Arzneimittel;
3. die Verordnung über den Verkehr mit Geheimmitteln;
4. die Polizeiverordnung über den Handel mit Giften;
5. das Süßstoffgesetz nebst Ausführungsbestimmungen;
6. die Verordnungen über die Prüfung der Wagen und Gewichte;
7. die Verordnungen über den Verkehr mit Lymphe, Diphtherieserum und Tuberkulin;
8. die Verordnungen über den Verkehr mit Mineralölen;
9. die Bestimmungen über die Beförderung von Arzneimitteln auf Eisenbahnen;
10. die Series Medicaminum.

Von diesen Bestimmungen sind das Süßstoffgesetz und die Verordnungen über Wagen und Gewichte bereits im reichsgesetzlichen Abschnitt behandelt worden.

Die Verordnungen über starkwirkende Arzneimittel, Geheimmittel und Gifte finden wegen ihrer größeren Selbständigkeit und Bedeutung in besonderen Teilen (XV, XVI und XVII) ihre Erledigung. Die Betriebsordnung selbst aber, sowie die übrigen genannten Verordnungen und das große Heer der kleineren erläuternden Erlasse und Verfügungen sind nachstehend abgedruckt.

Apothekenbetriebsordnung.[1])

Vom 18. Februar 1902.

A. Einrichtung.

§ 1. Eine Apotheke soll aus folgenden **Räumen** bestehen:
1. der in der Regel im Erdgeschoß befindlichen Offizin;
2. dem Vorratsraume für die trocken aufzubewahrenden Mittel — Material- und Kräuterkammer nebst Giftkammer oder Giftverschlag[2]) —;
3. dem Vorratsraume zur Aufbewahrung der kühl zu haltenden Mittel — Arzneikeller (Gewölbe, Wandschrank usw.) —;
4. dem Laboratorium;
5. der Stoßkammer.

Sämtliche Räumlichkeiten sollen verschließbar sein und nach Größe und Einrichtung dem Geschäftsumfang entsprechen. Ihre Zweckbestimmung muß von dem zuständigen Regierungspräsidenten genehmigt sein[3]). Sie dürfen ohne dessen Genehmigung weder zu anderen Zwecken benutzt, noch **baulich wesentlich verändert** werden und sind stets in gutem baulichen Zustande, sauber und ordentlich zu erhalten.

§ 2. Der Apothekenvorstand (Besitzer, Verwalter) **muß in demselben Hause wohnen,** in welchem die Apotheke sich befindet[4]).

---

[1]) Die preußische Apothekenbetriebsordnung ist nach einem Urteil des K.G. vom 25. Juli 1901 (Ph.Ztg. 1901 Nr. 62) als rechtsgültige Verordnung im Sinne des § 367, 5 Str.G.B. anzusehen. Übertretungen derselben werden daher, wenn sie strafrechtlich verfolgt werden, nach diesem Paragraphen (s. Seite 110) bestraft. Vgl. hierzu den (auf Seite 180 abgedruckten) Erl. vom 21. Januar 1902. Wie das O.V.G. in dem (schon auf S. 186 erwähnten) Urteile vom 18. Februar 1907 (Ph.Ztg. 1907 Nr. 16) ausführte, ist jedoch die Ap.B.O. als Ausführungsverordnung zur Apothekerordnung nur insoweit gültig, als ihre Bestimmungen sich mit der als Gesetz erlassenen revidierten Apothekerordnung vom 11. Oktober 1801 decken. Dies gilt besonders für die §§ 2, 42 und 45.

In der Verfügung vom 18. Februar 1902, mit welcher der Minister die Ap.B.O. den Regierungspräsidenten überwies, war bezüglich der Neuerungen derselben gesagt:

Die neuen Bestimmungen sind, soweit sie von den bisherigen abweichen, zur Vermeidung von Härten unter Berücksichtigung der Verhältnisse der einzelnen Apotheken mit entsprechender Fristbewilligung zur Geltung zu bringen.

Die Apothekenbetriebsordnung gilt für den ganzen Umfang des preußischen Staates.

[2]) Vgl. § 9 der Polizeiverordnung über den Handel mit Giften vom 22. Februar 1906. (Amtl. Anmerkg.)

[3]) Den Konzessionsempfängern wird daher bei Übermittelung der Konzessionsurkunde seitens des Regierungspräsidenten zur Pflicht gemacht, von der Wahl des für die Anlage der neuen Apotheke in Aussicht genommenen Grundstückes Anzeige zu erstatten. „Vor stattgehabter Besichtigung des Grundstückes und Erteilung der Genehmigung zur Einrichtung darf die Apotheke nicht eingerichtet und vor stattgehabter Revision nicht in Betrieb gesetzt werden."

[4]) Der Bezug einer Sommerwohnung auf kürzere Zeit würde selbstredend keiner Genehmigung bedürfen Nur der Apotheker selbst, nicht seine Familie, ist zum Wohnen in der Apotheke verpflichtet. Aber es erscheint fraglich, ob selbst diese Bestimmung sich rechtlich begründen läßt. In der rev. Ap.O. ist sie nicht enthalten.

Ausnahmen sind mit Genehmigung des Regierungspräsidenten zulässig. Das Haus, in welchem eine Apotheke sich befindet, muß außen mit der Bezeichnung **„Apotheke"** und neben dem Eingang mit einer für die Apotheke bestimmten **Nachtglocke** versehen sein.

1. Die Offizin.

§ 3. Die **Offizin** soll trocken, leicht lüftbar, hell und heizbar, mit Rezeptier- und Handverkaufstisch, sowie mit den erforderlichen Warengestellen ausgestattet sein, deren oberer Teil offene Reihen für die Standgefäße bietet, während der untere Schränke oder **Schiebekästen** aus geruchlosem Holze enthält, welch letztere in vollen Füllungen laufen oder Staubdeckel haben müssen.

Die **Warengestelle** in den zu ebener Erde belegenen Räumen sollen so eingerichtet sein, daß zwischen der letzten Kastenreihe und dem Fußboden sich eine Luftschicht befindet[1]).

Die Offizin ist abends durch künstliche **Beleuchtung** von oben, insbesondere am Rezeptiertische, gut zu erhellen.

§ 4. Der **Rezeptiertisch** soll geräumig, mit einer leicht zu reinigenden Platte versehen, auch bei Tage gut beleuchtet, mindestens mit einer feinen Tarierwage bis zu 1000 g Tragkraft, vier Handwagen, deren kleinste 5 g Tragfähigkeit hat, sowie den zugehörigen Gewichten von 200 g abwärts[2]) und den erforderlichen Arbeitsgeräten ausgestattet, vom Handverkaufstische räumlich oder in sonst geeigneter Weise getrennt und gegen das Publikum abgesperrt sein.

§ 5. Der **Handverkaufstisch,** welcher eine Verlängerung des Rezeptiertisches sein kann, ist mit eigenen Wagen und Gewichten, sowie mit besonderen Geräten auszustatten; derselbe soll ebenfalls eine leicht zu reinigende Platte haben.

§ 6. Für die **Rezeptur** sind mindestens folgende **Geräte**[3]) erforderlich:

---

[1]) Die Bekleidung des Fußes der Warengestelle durch eine mit Luftlöchern versehene Schutzleiste entspricht der Bestimmung des § 3 der Betriebsordnung (Min.-Erl. vom 3. April 1901).

[2]) Siehe auch den hierzu gehörigen § 24.

[3]) Nach der Apothekenbetriebsordnung sollen in jeder Vollapotheke also wenigstens vorhanden sein (§§ 4, 5, 6, 10, 12, 14, 16, 17, 21, 22):

a. für den Rezeptiertisch:
1 Tarierwage bis 1 kg Tragkraft;
4 Handwagen (die kleinste mit 5 g Tragfähigkeit);
Gewichte von 200 g abwärts;
1 Emulsionsmörser von Porzellan oder Marmor mit Holzpistill;
4 Porzellanmörser;
2 eiserne Pillenmörser;
2 Porzellan-Salbenmörser;
1 Pillenmaschine aus Eisen;
1 Pillenmaschine aus Holz, Hartgummi oder Horn, signiert „Gift";
1 Tablettenmaschine;
1 Handdampfkocher mit je 1 Infundierbüchse von Zinn und Porzellan nebst Koliervorrichtungen;
Pulverschiffchen, Spatel, Löffel;

b. für den Giftschrank der Offizin: je 1 Mörser, Löffel, Wage, signiert „Gift";

c. für das Morphiumschränkchen: je 1 Mörser, Löffel, Wage, signiert „Morphinum";

d. für den Jodoformkasten: je 1 Mörser, Löffel, Wage, signiert „Jodoformium" (die Wage außerhalb aufzubewahren);

ein Emulsionsmörser von Porzellan oder Marmor mit hölzernem Pistill,
vier Porzellanmörser außer den bezeichneten (Messingmörser sind daneben zulässig),
zwei eiserne Pillenmörser,
zwei Porzellansalbenmörser,
je ein bezeichneter Porzellanmörser für Gifte, Morphinum, Jodoformium,
eine eiserne und eine aus Holz, Hartgummi oder Horn hergestellte Pillenmaschine, letztere, für die Mittel der Tab. B des Arzneibuches[1]) bestimmt, mit „Gift" bezeichnet,
eine Vorrichtung zur Herstellung von zusammengepreßten Arzneizubereitungen (Tabletten),
ein Handdampfkocher mit je einer Infundierbüchse von Zinn und Porzellan und den erforderlichen Koliervorrichtungen,
außerdem Pulverschiffchen von Horn oder Hartgummi, Spatel, Löffel von Horn, Holz, Hartgummi oder edlem Metall, darunter bezeichnete Löffel, je einer für Gifte, Morphinum und Jodoformium,
endlich die erforderlichen Gefäße, Kästchen usw. zur Aufnahme der zu bereitenden Arzneien in ausreichender Zahl.

Die Ausstattung mit Geräten, sowie mit Wagen und Gewichten (§ 4) richtet sich nach dem Umfange des Geschäftsbetriebes.

§ 7. In der Offizin oder in einem an dieselbe anstoßenden Nebenraum ist eine **Reinigungs-(Spül-)Vorrichtung**, wenn möglich mit fließendem Wasser, anzubringen.

---

e. für den Handverkaufstisch: eigene Wagen und Gewichte;
f. für die Material- und Kräuterkammer: die erforderlichen Wagen und Gewichte;
g. für die Giftkammer: je 1 Mörser, Löffel, Wage, signiert „Gift";
h. für das Laboratorium:
1 Dampfkoch- und Destillationsapparat;
1 Einrichtung für freie Feuerung (Windofen);
1 Trockenschrank;
die erforderlichen Wagen und Gewichte;
1 Presse mit Zinn oder verzinnten Platten;
1 Schränkchen für die Kolier- und Preßtücher;
je 1 Kolben zu 1 Liter und 500 g;
1 Meßkolben 100 g mit Marke am Halse;
4 Vollpipetten von 5, 10, 20, 25 cm;
2 Meßpipetten zu 5 und 10 cm in $^1/_{10}$ geteilt;
2 Büretten zu 25, 50 cm $^1/_{10}$ geteilt mit Glashahn und Stativ;
1 Scheidetrichter;
1 Glaszylinder 100 cm mit Glasstöpsel in 1 cm geteilt;
2 Uhrgläser mit Klemme;
1 Mohrsche oder Westphalsche Wage;
1 Exsikkator;
1 Luftbad;
1 Siedethermometer;
Kapillarröhrchen, Siedekölbchen, Bechergläser, Reagiergläser;
1 Mikroskop;
1 Perkolator;
i. für die Stoßkammer:
1 Metallmörser;
1 Wiege-, Schneide- oder Stampfmesser mit Brett oder Kasten;
6 Siebe Nr. 1—6.

Ferner müssen in jeder Apotheke die in § 26 genannten Bücher vorhanden sein.

[1]) Unter „Arzneibuch" wird stets das geltende „Arzneibuch für das Deutsche Reich" verstanden (vgl. § 26).

§ 8. Die Arzneimittel sind in **Behältnissen** von Glas, Porzellan, Steingut, verzinntem Blech, geruchlosem Holz oder sonst geeignetem Material aufzubewahren.

Die Arzneibehältnisse sind in den durch den Ministerialerlaß vom 22. Juni 1896 (Min.-Bl. f. d. inn. V. S. 123) bestimmten **Farben**[1]) nach der Nomenklatur des Arzneibuches[2]) inhaltsgemäß in dauerhafter Schrift deutlich zu bezeichnen; **lackierte Papierschilder** mit Druck- oder deutlicher Schrift sind zulässig. Für die **Standgefäße der Säuren und Laugen,** sowie des Bromum und Jodum ist radierte Schrift statthaft[3]). Sämtliche Behältnisse und Bezeichnungen sind in gutem Zustande zu erhalten.

§ 9. Jedes **Arzneibehältnis** darf nur das der äußeren Bezeichnung entsprechende Arzneimittel enthalten; in geteilten **Kästen** oder in Kästen mit einzeln bezeichneten Einsatzgefäßen von geeignetem Material kann derselbe Stoff in verschiedener Form (ganz und zerkleinert) aufbewahrt werden.

Papierbeutel als Einlagen in Kästen sind unstatthaft. Auf Arzneimittel, **welche zur schnellen Abgabe verpackt** in ordnungsmäßigen Behältnissen aufbewahrt werden, findet diese Vorschrift keine Anwendung.

Arzneispezialitäten dürfen nur dann gemeinsam in Schränken oder Schiebekästen aufbewahrt werden, wenn sie in abgeschlossenen Packungen sich befinden, einzeln bezeichnet, sowie ordnungsmäßig und übersichtlich aufgestellt sind. Eine äußere Bezeichnung der Schränke oder Schiebekästen ist in diesem Falle nicht erforderlich.

§ 10. Die sehr vorsichtig aufzubewahrenden Mittel **(Tab. B des Arzneibuches),** sowie alle dort nicht verzeichneten Mittel von gleicher Wirkung, mit Ausnahme des **Phosphors,** welcher in den Arzneikeller gehört, dürfen in der Offizin oder in einem geeigneten Nebenraum in kleinen Mengen in einem besonderen, äußerlich mit „Gift" oder „Tab. B" oder „Venena" bezeichneten Behältnis vorrätig gehalten werden. Hinter der äußeren Tür desselben, welche außer der Zeit der Benutzung stets verschlossen zu halten ist, müssen drei oder vier ebenfalls verschließbare Abteilungen (Schränkchen oder zum Verschließen eingerichtete Schubfächer), je eine zur Aufnahme der Alcaloida, bei welchen auch die Cyanverbindungen aufbewahrt werden können, Arsenicalia und Mercurialia sich befinden. Die Türen dieser Abteilungen sind mit entsprechender dauerhafter Bezeichnung zu versehen[4]).

---

[1]) Die Bezeichnung der Arzneigefäße wird geregelt durch den Erlaß des Ministers der Medizinalangelegenheiten vom 22. Juni 1896 (s. Teil XV). Die Polizeiverordnung über den Handel mit Giften kommt für diesen Fall nicht in Betracht (Min.-Erl vom 3. April 1901).

[2]) Nach einem Min.-Erl. vom 8. März 1906 ist es unbedenklich, wenn in Apotheken mit älteren Einrichtungen auf den Standgefäßen für Arzneisirupe die früher übliche Schreibweise Syrupus neben der jetzigen Sirupus bis auf weiteres zugelassen wird.

[3]) Eine gleiche Bestimmung ist in § 10 der Verordnung vom 22. Juni 1896 (s. S. 274) und in § 4 der Giftverordnung (s. S. 287) enthalten.

[4]) Vgl. hierzu die §§ 5—9 der Verordnung über den Handel mit Giften (Teil XVII). Die für die Apotheken bestehenden Vorschriften über die Aufbewahrung von Giften, welche über die Vorschriften der Giftverordnung hinausgehen, sind nach § 21 der Verordnung vom 22. Februar 1906 in Kraft geblieben. Über die Bezeichnung der Abteilungen des Giftschrankes ergingen folgende Min.-Bescheide:

Die Bezeichnung „Vegetabilia" an der Abteilung des Giftschrankes, welche die Alkaloide enthält, ist sinnentsprechend und war früher ganz gebräuchlich, daher nicht zu beanstanden.

Die Bezeichnung „Hydrargyra" statt „Mercurialia" an den Giftbehältnissen oder den Geräten, ebenso die Bezeichnung „Medicamenta tab. B." darf als sinnentsprechend belassen werden.

In diesem Giftbehältnis oder in einem besonderen Kästchen müssen sich die mit „Gift" oder „Tab. B" oder „Venena" bezeichneten **Geräte**, mindestens: 1 Wage, 1 Löffel, 1 Mörser ebenfalls befinden; dieselben sind stets für die Verabfolgung und Verarbeitung jener Stoffe zu benutzen und nach dem Gebrauch sorgfältigst zu reinigen[1]).

Der **Schlüssel** zum Giftbehältnis ist zuverlässig aufzubewahren[2]).

§ 11. Die vorsichtig aufzubewahrenden Mittel **(Tab. C des Arzneibuches)**, sowie alle dort nicht verzeichneten Mittel von gleicher Wirkung sind in besonderen, nur für diese Mittel bestimmten Abteilungen der Warengestelle unterzubringen[3]).

§ 12. **Morphinum** und dessen Salze, sowie für die Rezeptur vorrätige Zubereitungen derselben (Verreibungen, Lösungen) sind in der Offizin in einem besonderen, lediglich für diesen Zweck bestimmten, verschließbaren, mit „Tab. C" bezeichneten Schränken, welches aber von dem sonstigen Aufstellungsplatz der Mittel der „Tab. C" entfernt angebracht sein muß, aufzubewahren.

Als Zubereitungen des Morphinum und seiner Salze für die Rezeptur sind allein zulässig:

1. eine Verreibung von 1 T. des Morphinum hydrochloricum oder eines anderen Morphinumsalzes mit 9 T. Zucker;
2. Lösungen von 1 T. dieser Salze in 49 T.:
   a. Aqua destillata,
   b. Aqua amygdalarum amararum.

Als Standgefäße für Morphinum, dessen Salze und die vorbezeichneten Zubereitungen sind dreieckige Gläser zu verwenden, welche an einer Seite die vorschriftsmäßige Bezeichnung des Inhalts in eingebrannter roter Schrift auf weißem Schilde tragen[4]).

---

[1]) Daß jede Abteilung des Giftschränkchens besondere Geräte haben müßte, ist somit nicht erforderlich. Es genügt eine Wage, ein Löffel und ein Mörser für alle Abteilungen zusammen. Besondere Gewichte brauchen nicht vorhanden zu sein, wie sich auch aus § 8 der Giftverordnung deutlich ergibt (s. S. 289).

[2]) Eine bestimmte Person, welche die Schlüssel an sich zu nehmen hat, ist nicht genannt. Es wird also genügen, den Schlüssel zum Giftschrank tagsüber am Rezeptiertisch oder im Kontor aufzubewahren.

[3]) Hierzu ergingen folgende Min.-Erlasse:

Die Anbringung besonderer Mahnungen zur Aufmerksamkeit an den Gefäßen einzelner differenter Mittel ist durch die geltenden Bestimmungen nicht verboten (1899).

Auf den Standgefäßen der trocknen narkotischen Extrakte genügt die einfache Bezeichnung Extr. Belladonn. sicc., Digit. sicc. usw. Zusätze wie: 1 + 1, sumatur duplum u. dgl. sind nicht notwendig. (3. April 1901).

Die Aufbewahrung von Hydrarg. oxydul. nigr. unter den vorsichtig aufzubewahrenden Arzneimitteln kann nicht beanstandet werden. (3. April 1901).

Migränin, mit einem Gehalte von nur 9 T. Coffeïn auf 90 T. Antipyrin, ist zu den Mitteln der Tabelle C des Arzneibuches für das Deutsche Reich nicht zu rechnen; die Standgefäße für Migränin in den Apotheken sind deshalb mit schwarzer Schrift auf weißem Grunde zu bezeichnen. (20. Februar 1900.)

Die mit Sublimat und Jodoform usw. getränkten Verbandstoffe sind ohne Einschränkung dem freien Verkehr überlassen, können daher von Apothekern anstandslos ohne ärztliche Verordnung abgegeben werden; eine Verweisung dieser Stoffe in den Separandenraum oder Giftschrank würde den Verkehr ohne zwingenden Grund erschweren. (15. Februar 1892.)

[4]) Wie aus § 6 der Betriebsordnung sowie § 9 der Giftverordnung (s. Teil XVII) hervorgeht, müssen auch besondere Geräte für Morphium (Wage, Mörser, Löffel) vorhanden sein. Über dieselben besagt ein Min.-Erl. von 1899 folgendes:

Der Innenraum des Schränkchens muß aus zwei Abteilungen bestehen, deren eine, mit verschließbarer Tür versehen, für die unvermischten Morphinumpräparate bestimmt ist, während in der anderen offenen die Lösungen und Mischungen aufzubewahren sind.

Es ist verboten, **abgeteilte Pulver von Morphinum oder dessen Salzen, sowie von Hydrargyrum chloratum** oder — abgesehen von Abs. 2 Nr. 1 dieses Paragraphen — Verreibungen dieser Mittel mit anderen Stoffen vorrätig zu halten.

§ 13. **Lösungen von Extrakten** mit Ausnahme der narkotischen[1]), **abgeteilte Pulver für die Rezeptur**[2]), **zusammengepreßte Arzneizubereitungen,** welche Arzneistoffe der Tabellen B oder C des Arzneibuches enthalten, mit Ausnahme der Santoninum bis 0,05 g oder Coffeïnum bis 0,1 g enthaltenden[3]), fertige **Abkochungen, Aufgüsse,** mit Ausnahme der in das Arzneibuch aufgenommenen, dürfen nicht vorrätig gehalten werden.

Salzlösungen vorrätig zu halten, ist gestattet, wenn die gelöste Substanz nicht zersetzbar und die Lösung haltbar ist; das Lösungsverhältnis ist auf der Signatur des Standgefäßes in gleicher Weise wie die Bezeichnung des Inhalts zu vermerken[4]). Die Lösungen sind ordnungsmäßig aufzubewahren.

Die Bezeichnung „Gift" auf den für die Dispensation vom Morphin bestimmten Geräten ist mit Rücksicht auf die ungenügende Unterscheidung von den Geräten für die Arzneistoffe der Tab. B nicht zulässig. Die Geräte sind entweder mit „Tab. C" oder mit „Morphinum" zu bezeichnen.

[1]) Lösungen narkotischer Extrakte nach Vorschrift des Arzneibuchs bereitet (Extrakt 10, Wasser 6, Glyzerin 3, Weingeist 1) dürfen also vorrätig gehalten werden.

[2]) Der § 12 verbietet das Vorrätighalten abgeteilter Pulver von Morphium und Kalomel, der § 13 das Vorrätighalten abgeteilter Pulver überhaupt, indes nur von solchen, welche für die Rezeptur dienen. Abgeteilte Pulver für den Handverkauf dürfen vorrätig gehalten werden. Dieselben dürfen aber natürlich nur solche Stoffe enthalten, deren Abgabe im Handverkauf nach den hierüber bestehenden Vorschriften (s. Teil XV) zulässig ist. Der Nebensatz: „welche Arzneistoffe der Tabellen B oder C des Arzneibuchs enthalten" bezieht sich nur auf „zusammengepreßte Arzneizubereitungen", nicht auch auf „abgeteilte Pulver für die Rezeptur".

[3]) Hierzu erging folgender ergänzender Min.-Erl. vom 31. Dezember 1906:

Die Bestimmung im § 13 der Apothekenbetriebsordnung vom 18. Februar 1902 über das Vorrätighalten zusammengepreßter Arzneizubereitungen, die Arzneimittel der Tabellen B oder C des Arzneibuches enthalten, findet sinngemäße Anwendung auch auf die zusammengepreßten Zubereitungen aller in jenen Tabellen nicht verzeichneten Arzneimittel von gleicher Wirkung.

Bei Arzneimitteln, deren Zugehörigkeit zu den Mitteln der Tabellen B oder C nicht unzweifelhaft feststeht, kann bis zur anderweiten Entscheidung den Apothekern die Aufbewahrung und Beschilderung überlassen bleiben.

In einer Verfügung vom 14. Juli 1905 gab der Berliner Polizeipräsident bekannt:

daß nach Entscheidung des Herrn Ministers der geistlichen usw. Angelegenheiten vom 28. Juni 1905 das Verbot in § 13 der Apothekenbetriebsordnung vom 18. Februar 1902 sich nur auf das Vorrätighalten von zusammengepreßten Arzneizubereitungen bezieht, es aber den Apothekern überlassen bleibt, auf ärztliche Verordnungen verlangte Präparate dieser Art von Fall zu Fall zu beschaffen.

[4]) Über die Bezeichnung der Lösungsverhältnisse erging nachstehender Min.-Erl. vom 28. Mai 1902:

Auf die an die Technische Kommission für pharmazeutische Angelegenheiten gerichtete, mir vorgelegte Eingabe vom 5. März d. J. erwidere ich nach Anhörung der Kommission, daß das Arzneibuch für das Deutsche Reich (IV. Ausg.) auf Seite 19 unter 2 Anweisung gibt, wie ein durch Bindestriche bezeichnetes Lösungsverhältnis aufzufassen ist. Seitdem ist es in den Apotheken ein allgemeiner Gebrauch geworden,

§ 14. Diejenigen Mittel, welche durch **Lichteinfluß** leiden, sind in schwarzen oder gelben Gläsern oder sonst nach Vorschrift des Arzneibuches, alle übrigen Mittel so aufzubewahren, daß sie in tadellosem Zustande bleiben; **narkotische und aromatische Pflanzenteile** sollen in gut schließenden Behältnissen, **Jodoformium** mit den bezeichneten Dispensiergeräten in einem besonderen Schrank oder Kasten untergebracht werden. Eine bezeichnete **Wage für Jodoformium** ist außerhalb dieses Behältnisses gesondert aufzubewahren.

§ 15. Die Standgefäße und Schiebekästen sind in Gruppen **alphabetisch** übersichtlich zu ordnen.

2. Die Material- und Kräuterkammer.

Vorratsraum für die trocken aufzubewahrenden Mittel, mit der Giftkammer oder dem Giftverschlag.

§ 16. Dieser Vorratsraum, welcher zur Aufnahme aller trocken aufzubewahrenden Mittel dient, soll hell, trocken, leicht lüftbar und mit einfachen, dauerhaft gestrichenen **Warengestellen**, sowie den erforderlichen **Wagen** und **Gewichten**[1]) ausgestattet sein. **Schiebekästen** müssen aus geruchlosem Holz gefertigt sein, in vollen Füllungen laufen oder Staubdeckel haben.

Ist für größere Vorräte ein besonderer Raum, z. B. eine besondere **Kräuterkammer**, vorhanden, so ist derselbe entsprechend auszustatten.

§ 17. Die **Giftkammer**[2]) soll sich in dem Vorratsraume (§ 16) befinden und eine durchbrochene oder feste Umwehrung haben, welche außer der Zeit der Benutzung stets verschlossen zu halten ist. Sie muß durch Tageslicht gut erhellt und so geräumig sein, daß ein erwachsener Mensch sich zum Abwägen der Gifte frei darin bewegen kann. Die Eingangstür ist an der Außenfläche auf schwarzem Grunde in weißer Schrift mit der Bezeichnung „Gift" oder „Tab. B" oder „Venena" zu versehen.

In der Giftkammer ist der mit dem erforderlichen Arbeitstische (Dispensierplatte) versehene **Giftschrank** aufzustellen, dessen Tür in gleicher Weise wie die Eingangstür zur Giftkammer zu bezeichnen und außer der Zeit der Benutzung stets verschlossen zu halten ist. In dem Giftschranke müssen sich die im § 10 erwähnten drei oder vier verschlossenen und an den Türen entsprechend bezeichneten Abteilungen für die Vorräte der sehr vorsichtig aufzubewahrenden Mittel befinden. Die im § 10 bezeichneten Geräte müssen auch hier vorhanden sein.

---

alle Angaben, betreffend das Lösungsverhältnis, möge dasselbe durch Doppelpunkte, Bindestriche, Bruchstrich oder Klammern bezeichnet sein, ebenso aufzufassen. Es ist daher ein Rezept — Solutio acidi borici 10 : 500 — so auszuführen, daß 10 g Borsäure in 490 g Wasser gelöst werden, und ist dementsprechend dasselbe zu berechnen. Bei Verordnungen, auf welchen nicht ausführbare Lösungsverhältnisse angegeben sind, ist Rücksprache mit dem Arzt zu nehmen.

Eine gleiche Bestimmung ist in der Deutschen Arzneitaxe Ziffer 12b enthalten.

[1]) Ein Min.-Erl. vom 20. Februar 1900 besagt hierzu:

Die Zahl und Art der für die Laboratorien und die Materialstuben der Apotheken erforderlichen Wagen und Gewichte wird in jedem Einzelfalle durch den Umfang des Geschäftsbetriebes bestimmt. Das Vorhandensein von Präzisionswagen, deren Tragfähigkeit weniger als 1 kg beträgt, kann in diesen Geschäftsräumen nur dann verlangt werden, wenn der Geschäftsbetrieb solche Wagen erforderlich macht.

[2]) Vgl. hierzu §§ 5—9 der Giftverordnung (Teil XVII). Für Apotheken besteht nach der Giftverordnung eine Verpflichtung zur Anlage einer besonderen Giftkammer nicht, sondern die Vorräte können in der Offizin untergebracht werden.

Wo die Verhältnisse die Anlage der Giftkammer in dem Vorratsraume nicht gestatten, darf ein anderer, sicher und wenn möglich neben dem Vorratsraume belegener, von den Wohnräumen und Wirtschaftsgelassen völlig getrennter Raum dazu benutzt werden.

Sollten vorübergehend größere Mengen zubereiteter Gifte gebraucht werden, so können dieselben in dichten und festen und fest verschlossenen Behältnissen auch außerhalb des Schrankes in der Giftkammer mit den zur Herstellung solcher Giftmischungen dienenden Gefäßen usw. aufgestellt werden.

Der **Schlüssel zum Giftschrank** ist zuverlässig aufzubewahren[1]).

Ist der Bedarf an Gift so gering, daß der gesamte Vorrat in dem **Giftbehältnis der Offizin** aufbewahrt werden kann, so ist eine besondere Giftkammer nicht erforderlich.

Der **Handel mit Giften** ist durch die Polizeiverordnungen vom 24. August 1895 und 16. Oktober 1901 geregelt[2]).

§ 18. Ein etwa vorhandener **Trockenboden** soll fugendicht und sauber gehalten sein.

3. Der Arzneikeller.

Vorratsraum für die kühl aufzubewahrenden Mittel.

§ 19. Die kühl zu bewahrenden Arzneimittelvorräte gehören in den **Arzneikeller,** welcher gepflastert oder zementiert oder asphaltiert oder gedielt, möglichst hell, luftig und trocken sein soll.

An gleicher Stelle ist auch, vor Licht geschützt, der **tierische Impfstoff** aufzubewahren. Der Verkehr mit Impfstoff unterliegt den Vorschriften des Erlasses vom 28. Februar 1900[3]).

Der Arzneikeller ist in ähnlicher Weise wie die Materialkammer einzurichten, jedoch ist eine **Wage** nicht erforderlich.

Falls ein Keller wegen Grundwassers oder aus sonstigen triftigen Gründen nicht brauchbar ist, so kann an seiner Stelle ein **Gewölbe** oder ein großer **Wandschrank** im Erdgeschoß benutzt werden. Dieser Raum darf so wenig wie der Arzneikeller mit Wirtschaftsräumen oder dem Laboratorium in unmittelbarer Verbindung stehen.

Der **Phosphor** muß im Arzneikeller, und zwar unter Wasser, in einer mit Glasstöpsel verschlossenen, bezeichneten Flasche, welche in Sand oder Asbest in einer außen lackierten, bezeichneten Eisenblechkapsel steht, aufbewahrt und nebst allen Phosphorzubereitungen in einer Mauernische, welche mittels einer eisernen oder mit Eisenblech beschlagenen, bezeichneten Tür verschlossen ist, oder in einem eisernen Schranke oder in einer anderen, gleich feuersicheren Weise unter Verschluß aufgestellt werden.

§ 20. Wenn besondere Räume zur Aufnahme **überschießender Vorräte,** welche in den vorhandenen Standgefäßen nicht untergebracht werden können, eingerichtet sind, so müssen dieselben unter Berücksichtigung der Vorschriften über die Absonderung der vorsichtig aufzubewahrenden Mittel bei deutlicher Bezeichnung der Behältnisse ordentlich gehalten werden.

Mittel der Tab. B des Arzneibuches dürfen hier niemals Platz finden.

---

[1]) Vgl. hierzu die Note 2 auf Seite 225.
[2]) Jetzt P.V. vom 22. Februar 1906 (s. Teil XVII).
[3]) Siehe Seite 258.

4. Das Laboratorium.[1])

§ 21. Das **Laboratorium** soll nach Größe und Ausstattung dem Geschäftsbetriebe entsprechen, hell und leicht lüftbar, feuersicher, am Fußboden wasserdicht und mit feuerfester Decke versehen sein[2]).

Dasselbe soll mindestens mit einer kleinen **Dampfkoch- und Dampfdestillationsvorrichtung**[3]) nebst erforderlichen Ausrüstungsgegenständen,

---

[1]) In dem Apothekenlaboratorium können jederzeit auch chemische Untersuchungen von Nahrungsmitteln, Genußmitteln, Gebrauchsgegenständen oder physiologische Untersuchungen (Harn, Magensaft, Sputum usw.) ausgeführt werden. Bei Ausführung bakteriologischer Arbeiten sind jedoch die durch Bk. des Reichskanzlers vom 4. Mai 1904 (R.G.Bl. S. 159) veröffentlichten, vom Bundesrat auf Grund des § 27 des Gesetzes betr. die Bekämpfung gemeingefährlicher Krankheiten erlassenen Vorschriften über das Arbeiten und den Verkehr mit Krankheitserregern, ausgenommen Pesterreger, zu berücksichtigen. Dieselben bestimmen folgendes:

§ 1. Wer mit den Erregern der Cholera oder des Rotzes oder mit Material, welches solche Erreger enthält, arbeiten will, ferner wer derartige Erreger in lebendem Zustand aufbewahren oder abgeben will, bedarf dazu der Erlaubnis der Landeszentralbehörde . . . Die Erlaubnis darf nur für bestimmte Räume und nur nach Ausweis der erforderlichen wissenschaftlichen Ausbildung erteilt werden.

§ 2. Wer mit anderen als den im § 1 bezeichneten Erregern von Krankheiten, welche auf Menschen übertragbar sind, oder von Tierkrankheiten, welche der Anzeigepflicht unterliegen, oder mit Material, welches solche Erreger enthält, arbeiten will, ferner wer derartige Erreger in lebendem Zustand aufbewahren will, bedarf dazu der Erlaubnis der zuständigen Polizeibehörde des Ortes, in welchem der Arbeits- oder Aufbewahrungsraum liegt. Die Erlaubnis darf nur für bestimmte Räume und nur nach Ausweis der erforderlichen wissenschaftlichen Ausbildung erteilt werden . . .

§ 5. Die im § 1 Abs. 1, § 2 Abs. 1 bezeichnete Tätigkeit . . . ist einzustellen, wenn die Erlaubnis der Landeszentralbehörde oder Polizeibehörde zurückgenommen oder wenn die Tätigkeit von der zuständigen Behörde untersagt wird. Die Zurücknahme der Erlaubnis oder die Untersagung soll erfolgen, wenn aus Handlungen oder Unterlassungen der betreffenden Person der Mangel derjenigen Eigenschaften erhellt, welche für jene Tätigkeit vorausgesetzt werden müssen.

[2]) Über die feuersichere Anlegung des Laboratoriums erging nachstehender Min.-Erl. vom 22. Juni 1894:

Der § 21 des Erlasses vom 16. Dezember 1893, die Einrichtung und den Betrieb der Apotheken betreffend, macht einen Unterschied zwischen feuersicher und feuerfest, indem er vorschreibt, daß das Laboratorium überhaupt feuersicher, die Decke aber feuerfest sein soll. Danach genügt es, daß in den Wänden etwa vorhandene Holzteile berohrt und mit einer 2 cm starken Kalk- oder Zementschicht überputzt sind. Dagegen muß von einer feuerfesten Decke verlangt werden, daß sie entweder ganz gemauert, also gewölbt oder durch einen Mantel von Wellblech geschützt sei, welcher letztere an den Deckenteilen befestigt sein kann.

Mit Rücksicht jedoch darauf, daß explosive oder feuergefährliche Stoffe in den Apothekerlaboratorien heutzutage kaum noch zur Verarbeitung gelangen, will ich es bei den bestehenden Apothekern als genügend ansehen, wenn die Decke keine freien Holzteile zeigt, sondern wenn diese, soweit sie vorhanden sind, in der vorgedachten Weise durch eine Kalk- oder Gipsschicht von mindestens 2 cm Stärke bekleidet sind.

Bei Neuanlagen von Laboratorien aber muß es jedenfalls bei der Forderung einer feuerfesten Decke verbleiben.

[3]) Hierzu erging ein gemeinsamer Erl. der Minister für Handel und Gewerbe und der Med.-Angelegenheiten vom 16. Januar 1894.

Min.-Erl., betr. die Dampfapparate in den Laboratorien der Apotheken. Vom 16. Januar 1894.

Die in den Laboratorien der Apotheken verwendeten Dampfapparate lassen sich von dem Gesichtspunkte der Betriebsüberwachung aus in drei Gruppen teilen:

einer Einrichtung für **freie Feuerung** und einem **Trockenschrank** sowie mit den erforderlichen **Wagen und Gewichten** ausgestattet sein.

Mit Genehmigung des Regierungspräsidenten kann der Trockenschrank auch an einem anderen Orte aufgestellt werden, muß dann aber verschließbar sein und den sonstigen Vorschriften entsprechen.

Eine **Presse** mit Zinn- oder verzinnten Einsätzen (Platten), sowie ein mit Luftlöchern versehenes Schränkchen zur Aufbewahrung der **Kolier- und Preßtücher** ist hier oder an einem benachbarten anderen Orte sachgemäß aufzustellen. Die Kolier- und Preßtücher (Beutel) sind, soweit erforderlich, zu bezeichnen.

---

1. die regelmäßigen, mit höherem Druck betriebenen Dampfkessel,
2. die offenen, sogenannten Dampfkessel,
3. die Apothekerkessel von geschlossener Bauart.

Die zu 1. bezeichneten Kessel unterliegen den Vorschriften über die Genehmigung und Untersuchung der Dampfkessel (Anweisung des Ministers für Handel und Gewerbe vom 16. März 1892 / 6. Mai 1893). Sie umfassen ohne Ausnahme alle die Kessel, die mit einem höheren Überdrucke als dem einer halben Atmosphäre betrieben werden.

Die offenen Apothekerkessel — meist Gefäße, deren Deckplatten mit Löchern versehen sind, in die Töpfe ohne weitere Befestigung eingehängt werden — unterliegen, da sie als Dampfkessel nicht angesehen werden können, den für Dampfkessel erlassenen Vorschriften nicht.

Die Apothekerkessel von geschlossener Bauart endlich, die meist so hergestellt sind, daß die Töpfe durch Einschrauben oder durch einen festen Verschluß (Bajonett-, Bügelverschluß usw.) gehindert sind, sich bei entstehendem Überdruck zu heben, müssen rechtlich als Dampfkessel angesehen werden und deshalb entweder allen Vorschriften des Dampfkesselrechts unterstellt, oder nach § 22 Abs. 3 der allgemeinen polizeilichen Bestimmungen über die Anlegung von Dampfkesseln (Bekanntmachung des Reichskanzlers vom 5. August 1890, R.G.Bl. S. 163) mit der Atmosphäre durch ein unverschließbares in den Wasserraum hinabreichendes Standrohr von nicht über 5 m Höhe und mindestens 8 cm Weite verbunden werden.

Da jedoch die Betriebsgefahr bei der geringen Größe dieser Apparate und dem unbedeutenden Druck, mit dem sie betrieben werden, nur unerheblich ist und sich noch dadurch mindert, daß sie meist von sachverständigen und überlegten Personen gebraucht werden, so werden für diese Apothekerkessel von geschlossener Bauart auf Grund des gedachten § 22 Ziffer 3 folgende Erleichterungen zugelassen:

An Stelle des in den Wasserraum hinabreichenden 8 cm weiten Standrohrs darf ein vom Dampfraum ausgehendes und von ihm nicht abschließbares offenes Standrohr entweder in Hebform oder nach Art der abgekürzten Manometer mit mehreren auf und nieder steigenden Ästen oder Schenkeln angewendet werden, bei dem die Summe der Längen der aufsteigenden Schenkel bei Wasserfüllung 5 m, bei Quecksilberfüllung 368 mm nicht übersteigen darf, und dessen lichte Weite bei einem Inhalte des Kessels von 0—60 l wenigstens 25 mm, von 60—95 l wenigstens 30 mm, von 95—160 l wenigstens 40 mm, von 160—250 l wenigstens 50 mm, von 250—350 l wenigstens 60 mm, von 350 bis 450 l wenigstens 70 mm, von 450 ∞ l wenigstens 80 mm betragen muß.

Für Apothekerkessel bis zu 60 l Inhalt darf von einem Standrohre gänzlich abgesehen werden und an seine Stelle ein direkt belastetes Sicherheitsventil treten.

Ferner erließ der Handelsminister unter dem 14. April 1898 noch folgende Bestimmung:

Auf Grund der Ziffer 3 des § 22 der Bekanntmachung des Reichskanzlers vom 5. August 1890 (R.G.Bl. S. 163) über die Anlegung von Dampfkesseln bestimme ich hierdurch, daß bei Kochkesseln, worin Dampf aus Wasser durch Einwirkung von Feuer erzeugt wird, an Stelle des 5 m hohen und 8 cm weiten, in den Wasserraum reichenden Standrohrs allgemein gestattet werde, vom Dampfraum ausgehende, nicht abschließbare Rohre in Heberform oder mit mehreren auf und ab steigenden Schenkeln anzuwenden, deren aufsteigende Äste zusammen bei Wasserfüllung nicht über 5 m, bei Quecksilberfüllung nicht über 0,37 m Höhe haben dürfen, während der lichte Durchmesser runder Rohre überall bei einer wasserberührten Heizfläche

Die in dem Arzneibuche vorgeschriebenen **Reagentien und maßanalytischen Lösungen** nebst den dazu gehörigen **Geräten**[1]), nämlich mindestens:

ein Kolben zu 1 l,
ein Kolben zu 500 g,
ein Kolben zu 100 g Inhalt mit engem Hals und einer Marke,
vier Vollpipetten von 5, 10, 20, 25 ccm,
zwei Meßpipetten zu 5 und 10 ccm Inhalt, in $^1/_{10}$ ccm abgeteilt,
zwei Büretten zu 25—50 ccm Inhalt, in $^1/_{10}$ ccm abgeteilt, mit Glasverschluß versehen, nebst Stativ,

ferner:

ein Scheidetrichter,
ein Glaszylinder zu 100 ccm Inhalt mit Glasstöpsel, ohne Tülle, in 1 ccm abgeteilt,
zwei Uhrgläser mit Klemme,
eine Wage zur Bestimmung des spezifischen Gewichts und für feinere Wägungen (z. B. eine Mohrsche oder Westphalsche Wage),
ein Exsikkator,
ein Luftbad,
ein Siedethermometer,
mehrere Kapillarröhrchen,
mehrere Siedekölbchen, Bechergläser und Reagierzylinder,
ein Mikroskop[2]),
ein Perkolator,

sind vorrätig zu halten und sachgemäß in den Geschäftsräumen aufzubewahren.

---

bis	zu	1	qm	mindestens	25	mm
-	-	2	-	-	30	-
-	-	3	-	-	35	-
-	-	4	-	-	40	-
-	-	5	-	-	45	-
-	-	6	-	-	50	-
-	-	7,5	-	-	55	-
-	-	8,5	-	-	60	-
-	-	10,0	-	-	65	-
-	-	11,5	-	-	70	-
-	-	13,0	-	-	75	-
über		13,0	-	-	80	-

betragen muß.

Hat das Standrohr oder ein Teil desselben einen anderen Querschnitt, so ist eine Querschnittsgröße maßgebend, die der Kreisfläche mit dem angegebenen Durchmesser gleichkommt.

Durch diese Vorschriften, die auch auf die Verfügung vom 16. Januar 1894 (B. 12 855 M. f. H. und M. 217 M. d. g. A.) für Apothekerkessel sinngemäß Anwendung finden, werden alle früheren Erlasse, die sich auf den gleichen Gegenstand beziehen, aufgehoben.

Die in den Laboratorien der Apotheken vorhandenen, lediglich zu pharmazeutischen oder Unterrichtszwecken benutzten Destillierapparate, sind von der ständigen Kontrolle frei, auch wenn der Dampfkessel bzw. die größere Blase mehr als 17,175 l Inhalt hat. Dagegen ist die Kontrolle über die zum Abtreiben von Maische geeigneten Destillierapparate in Apotheken, wenn die Blasen einen 17,175 l übersteigenden Inhalt haben, aufrecht zu erhalten (Min.-Verf. vom 10. Dezember 1881).

[1]) Eine Verpflichtung zur Eichung dieser Geräte für das Laboratorium der Apotheker liegt nicht vor. Vgl. hierüber die Ausführungen auf Seite 75.

[2]) Um die vom Arzneibuch vorgeschriebenen Untersuchungen ausführen zu können, ist es erforderlich, daß das Mikroskop mit einem Okularmikrometer ausgestattet ist.

Für diejenigen Reagentien, welche in einem anderen Raum der Apotheke in gebrauchsfähigem Zustande vorrätig gehalten oder welche bei Bedarf hergestellt werden, sind besondere Gefäße nicht erforderlich.

5. Die Stoßkammer.

§ 22. Zum Zerkleinern der Arzneimittel dient ein besonderer, heller Raum, in welchem außer einem **Arbeitstische** die erforderlichen **Werkzeuge** (Metallmörser, Wiege, Schneide- oder Stampfmesser mit Brett oder Kasten und dgl.) ihren Platz finden. Die im Arzneibuche geforderten **Siebe** sind. mit den vorgeschriebenen Nummern versehen, an geeignetem Platze, gegen Verunreinigung geschützt, aufzubewahren. **Siebe für stark wirkende und stark riechende Mittel** sind entsprechend zu bezeichnen[1]).

§ 23. Alle Nebenräume, mit Ausnahme der in den §§ 18 und 20 erwähnten, sind mit einem **Arbeitstisch** auszustatten; sie sind außer der Zeit der Benutzung tunlichst verschlossen zu halten.

§ 24. Sämtliche **Wagen** in der Offizin wie in den Nebenräumen von 1 kg Tragfähigkeit abwärts müssen ebenso wie sämtliche Gewichte von 500 g abwärts präzisiert sein und den Bestimmungen der Eichordnung für das Deutsche Reich vom 27. Dezember 1884, der Bekanntmachung vom 27. Juli 1885 (Reichsgesetzbl. 1885, S. 14 und 263) und der Bekanntmachung über die Prüfung der Wagen und Gewichte in den Apotheken vom 10. Juli 1895, entsprechen[2]).

Alle zwei Jahre sind sämtliche in der Offizin und den Nebenräumen in Gebrauch befindlichen Wagen und Gewichte dem nächstliegenden Königl. Eichungsamt zur Prüfung vorzulegen. Handelswagen und Handelsgewichte dürfen auch dem nächstliegenden Gemeindeeichungsamt zur Nacheichung vorgelegt werden.

Damit die Frist von zwei Jahren möglichst innegehalten wird, soll die Vorlegung alle zwei Jahre in demselben Halbjahre stattfinden, in welchem die erste Vorlegung stattgefunden hat.

Der Nachweis der erfolgten Vorlegung wird durch die darüber von dem Eichungsamte auszustellende Bescheinigung geführt.

§ 25. Die Vorschriften der §§ 8, 9, 11, 13, 14 und 15 gelten auch für die Vorratsräume. Ausgenommen sind die im § 14 für **Jodoformium** getroffenen Bestimmungen.

§ 26. In jeder Apotheke müssen vorhanden sein[3]):

das **Arzneibuch** für das Deutsche Reich[4]),

---

[1]) Dieser Satz ist nach einem Min.-Bescheid vom Jahre 1899 dahin zu verstehen, daß, sobald sich das Bedürfnis für den Gebrauch eines Siebes für starkwirkende Mittel in der Apotheke ergibt, ein solches zu beschaffen und entsprechend zu bezeichnen ist.

[2]) Siehe hierüber Teil VI, Maß- und Gewichtswesen, Seite 70.

[3]) Die Bestimmung wiederholt sich im § 15 der Anweisung für die amtliche Besichtigung der Apotheken (s. Teil XVIII).

[4]) Zurzeit gilt die vierte Ausgabe des Arzneibuches. Die dazu erlassenen Einführungsverordnungen lauten:

Bk. des Reichskanzlers, betr. das Arzneibuch für das Deutsche Reich. Vom 30. Juni 1900.

Der Bundesrat hat in der Sitzung vom 7. Juni 1900 beschlossen, daß das Arzneibuch für das Deutsche Reich, vierte Ausgabe, vom 1. Januar 1901 ab an Stelle der zurzeit in Geltung befindlichen dritten Ausgabe nebst Nachtrag treten soll.

Dies wird hierdurch mit dem Bemerken zur öffentlichen Kenntnis gebracht, daß das Arzneibuch in R. von Deckers Verlag (G. Schenk) zu Berlin erscheinen und im Wege

die **Arzneitaxe**[1]),
die reichs- und landesgesetzlichen, sowie die reglementarischen **Bestimmungen** über das Apothekenwesen[2]),
die in einem Aktenheft vereinigten auf die Apotheke bezüglichen behördlichen **Verfügungen**[3]) in Druckexemplaren oder Originalen nach dem Datum geordnet und der Bescheid über die letzte amtliche Besichtigung,
ein **Giftverkaufsbuch** nebst Belegen (Giftscheinen),
wissenschaftliche Bücher für die Fortbildung der Gehilfen und zur Ausbildung von Lehrlingen,
eine **Pflanzensammlung** oder ein Werk mit guten Abbildungen von Pflanzen und Pflanzenteilen.

Vorstehend bezeichnete Bücher usw. und die **Urkunden** über die Befähigung, Betriebs- und Besitzberechtigung, sowie das Arbeitstagebuch **(Elaborationsbuch)**, das Buch mit den Eintragungen über den Empfang und die Abgabe von tierischem **Impfstoff**[4]) und die vorhandenen **Rezepte**[5]) sind bei Besichtigungen auf Erfordern vorzulegen.

---

des Buchhandels zum Ladenpreis von 2,05 Mark für ein geheftetes und von 3,65 Mark für ein gebundenes Exemplar zu beziehen sein wird.

Min.-Erl., betr. das Arzneibuch für das Deutsche Reich. Vom 7. Dezember 1900.

In Gemäßheit des Bundesratsbeschlusses vom 7. Juni d. J. tritt das Arzneibuch für das Deutsche Reich, vierte Ausgabe, vom 1. Januar 1901 ab an Stelle der zurzeit geltenden dritten Ausgabe nebst dem Nachtrag von 1895.

Demgemäß bestimme ich, was folgt:

1. Die in der vierten Ausgabe des Arzneibuches neu eingeführten Bezeichnungen der Arzneimittel sind auf den Behältnissen in allen Apothekenräumen bei Neueinrichtungen sogleich, in bestehenden Apotheken bis zum 31. Dezember 1902 herzustellen.
2. Die Behältnisse für Arzneimittel, welche nach der vierten Ausgabe des Arzneibuches in die Verzeichnisse der vorsichtig (Tab. C) oder sehr vorsichtig (Tab. B) aufzubewahrenden Mittel neu aufgenommen sind oder jetzt in jenen Verzeichnissen fehlen, sind in den jetzt vorgeschriebenen Farben bis zum 31. Dezember 1901 zu bezeichnen.
3. In jeder Voll-, Zweig- und Krankenhausapotheke müssen vom 1. Januar 1901 ab mindestens ein Arzneibuch für das Deutsche Reich, vierte Ausgabe, erschienen im Verlage von R. von Decker (G. Schenk) in Berlin, und ein bei A. Hirschwald erscheinendes Arzneimittelverzeichnis vorhanden sein. Dieses Verzeichnis ist bei Apothekenbesichtigungen vorzulegen; die mit einem Stern bezeichneten Arzneimittel müssen in jeder Apotheke vorrätig sein.

Alle entgegenstehenden Bestimmungen sind mit dem 1. Januar 1901 aufgehoben.

[1]) Es gilt die von den Bundesregierungen vereinbarte Deutsche Arzneitaxe (vgl. Seite 14).

[2]) Nach dem Revisionsschema werden verlangt: Die revidierte Apothekerordnung, die auf die Apotheke bezüglichen, ordnungsmäßig gehefteten neuesten behördlichen Verfügungen nebst den Besichtigungsbescheiden.

[3]) Die Akten sollen mit der Konzessionsurkunde beginnen. Bei Übermittelung derselben wird den Empfängern derselben von den Reg.-Präsidenten in der Regel folgendes aufgegeben:

Mit dieser Verfügung beginnend, wollen Sie über die Apotheke Akten anlegen und diese zwecks jedesmaliger Vorlegung bei späteren Revisionen ordnungsmäßig fortführen und verwahren.

[4]) Ein Schema zu diesem Buche ist in den zugehörigen Bestimmungen (s. Seite 259) angegeben. Zu den hier genannten Geschäftsbüchern kommt noch das Süßstoffausgabebuch, sofern Saccharin geführt wird (s. S. 154).

[5]) Die Bestimmung, daß auch die vorhandenen Rezepte vorgelegt werden sollen, steht mit dem § 35 der Betriebsordnung in Widerspruch (vgl. Fußnote 4 auf S. 305).

B. Betrieb.

§ 27. In jeder Apotheke müssen die im Arzneiverzeichnis **(Series Medicaminum)** mit einem (*) bezeichneten Mittel[1]) stets vorrätig und alle vorhandenen Mittel von vorschriftsmäßiger Beschaffenheit sein. Dieselben Waren in **verschiedener Güte** zu führen, ist dem Apotheker nicht gestattet.

---

[1]) Das hier angezogene „Verzeichnis der Arzneimittel nach dem Arzneibuch für das Deutsche Reich. Vierte Ausgabe. Zum Gebrauch bei den Apotheken-Visitationen" ist nur im Buchhandel erschienen und trägt weder Datum noch Unterschrift. Ihm sind folgende amtliche Bestimmungen vorgedruckt:

Die hierin mit einem (Stern) * bezeichneten Arzneimittel müssen in sämtlichen Apotheken der Preußischen Monarchie jederzeit vorrätig sein.

Der Revision unterliegen außerdem aber auch alle in dem Verzeichnis nicht mit einem (Stern) * bezeichneten, oder darin nicht aufgeführten Arzneimittel, welche in den Apotheken vorrätig sind.

Die mit dem Zusatz „tot" versehenen Arzneistoffe müssen **auch** in ganzer Ware vorhanden sein.

Die mit einem (Stern)* bezeichneten Arzneimittel sind folgende:

Acetanilidum.
Acidum aceticum dilutum.
— arsenicosum.
— benzoïcum.
— boricum.
— carbolicum.
— — liquefactum.
— hydrochloricum.
— nitricum.
— phosphoricum.
— salicylicum.
— sulfuricum.
— tannicum.
— tartaricum.
Adeps lanae anhydricus.
— — cum Aqua.
— suillus.
Aether.
— aceticus.
— pro narcosi.
Aloë.
Alumen.
Ammonium chloratum.
Aqua Amygdalarum amararum.
— Calcariae.
— destillata.
Argentum nitricum.
Atropinum sulfuricum.
Balsamum peruvianum.
Bismutum subnitricum.
Calcium sulfuricum ustum.
Camphora.
Cantharides.
Cera flava.
Chininum hydrochloricum.
— sulfuricum.
Chloralum hydratum.
Chloroformium.
Cocaïnum hydrochloricum.
Collodium.
Cortex Aurantii Fructus tot.
— Chinae tot.
— Cinnamomi.
— Condurango tot.
— Frangulae.
Crocus tot.
Cuprum sulfuricum.
Emplastrum adhaesivum.
— Cantharidum ordinarium.
— fuscum camphoratum.
— Lithargyri.
— saponatum.
Extractum Aloës.
— Belladonnae.
— Filicis.
— Gentianae.
— Hydrastis fluidum.
— Hyoscyami.
— Opii.
— Rhei.
— Secalis cornuti.
— Strychni.
Ferrum oxydatum saccharatum.
— pulveratum.
— sulfuricum.
Flores Arnicae.
— Chamomillae.
— Sambuci.
— Tiliae.
— Verbasci.
Folia Digitalis tot.
— Farfarae.
— Menthae piperitae.
— Salviae.
— Sennae.
Folia Trifolii fibrini.
— Uvae Ursi.
Fructus Anisi.
— Cardamomi.
— Foeniculi.
— Juniperi.
Gelatina alba.
Glycerinum.
Gossypium depuratum.
Gummi arabicum.
Herba Hyoscyami tot.
Hirudines.
Hydrargyrum.
— bichloratum.
— bijodatum.
— chloratum.
— oxydatum.
— — via humida paratum.
— praecipitatum album.
Jodoformium.
Jodum.
Kalium bicarbonicum.
— bromatum.
— carbonicum.
— chloricum.
— jodatum
— permanganicum.
Kreosotum.
Lichen islandicus.
Liquor Ammonii anisatus.
— — caustici.
— Ferri sesquichlorati.
— Kalii acetici.
— — arsenicosi.
— Plumbi subacetici.
Lithargyrum.
Lycopodium.
Magnesia usta.
Magnesium carbonicum.

Ausgenommen hiervon sind die lediglich zu technischen Zwecken dienenden, als solche unzweideutig bezeichneten Waren.

§ 28. Der Apothekenvorstand ist für die **Güte aller Mittel** verantwortlich, gleichviel, ob er dieselben bezogen oder selbst hergestellt hat[1]), die **Herstellung** darf nur nach Vorschrift des Arzneibuchs stattfinden[2]).

Die selbstbereiteten Mittel sind in ein **Arbeitstagebuch** einzutragen[3]), die gekauften Mittel dagegen nach den Bestimmungen des Arzneibuchs vor Ingebrauchnahme auf Echtheit und Reinheit sorgfältig zu **prüfen**[4]).

Magnesium sulfuricum.
Minium.
Mixtura sulfurica acida.
Morphinum hydrochloricum.
Myrrha.
Natrium bicarbonicum.
— bromatum.
— salicylicum.
— sulfuricum.
Oleum Amygdalarum.
— Anisi.
— Cacao.
— Hyoscyami.
— Jecoris Aselli.
— Lini.
— Menthae piperitae.
— Olivarum.
— Ricini.
— Sinapis.
Opium.
Paraffinum liquidum.
— solidum.
Pepsinum.
Phenacetinum.
Plumbum aceticum.
— — crudum.
Pulvis Liquiritae compositus.
Pyrazolonum phenyldimethylicum.
Radix Althaeae.
— Gentianae.
— Ipecacuanhae tot.
— Liquiritiae.
— Rhei tot.
— Senegae tot.
— Valerianae.
Resina Jalapae.
Rhizoma Calami.
— Galangae.
— Iridis.
— Zingiberis.
Saccharum.
— Lactis.
Sapo medicatus.
Secale cornutum.
Semen Colchici.
— Sinapis tot.
— Strychni.
Serum Antidiphthericum Nr. 2.
Sirupus Rubi Idaei.
— simplex.
Species pectorales.
Spiritus.
— aethereus.
— camphoratus.
— Lavandulae.
— saponatus.
— Sinapis.
Succus Liquiritiae depuratus.
Sulfur depuratum.
Tartarus depuratus.
— natronatus.
— stibiatus.
Terebinthina.
Tinctura aromatica.
— Chinae composita.
— Cinnamomi.
— Colchici.
— Digitalis.
— Jodi.
— Myrrhae.
— Opii benzoïca.
— — crocata.
— — simplex.
— Rhei aquosa.
— — vinosa.
— Strychni.
— Valerianae.
— — aetherea.
Unguentum Hydrargyri cinereum.
— Paraffini.
— Zinci.
Veratrinum.
Zincum oxydatum crudum.
— sulfuricum.

Reagentien und volumetrische Lösungen.

1) Der Apotheker ist in Preußen gemäß § 28 der Betriebsordnung nur für die Güte der offizinellen Mittel verantwortlich, und es dürfen in den Apotheken auch solche Mittel geführt werden, welche im Arzneibuch nicht verzeichnet sind und nach dessen Vorschriften nicht geprüft werden können (K.G. 2. März 1905, Ph.Ztg. 1905 Nr. 67).

2) Eine Verpflichtung des Apothekers zur Selbstdarstellung seiner Präparate ist auch hier nicht ausgesprochen, ebenso ist der Apotheker hinsichtlich seiner Bezugsquellen unbeschränkt. Die Bestimmung, daß die Darstellung der „Mittel" nur nach Vorschrift des Arzneibuches stattfinden darf, kann sich selbstredend nur auf die wenigen Präparate beschränken, für welche das Arzneibuch eine Vorschrift zur Selbstdarstellung gibt. Alle übrigen können nach den sonst dafür bestehenden Vorschriften dargestellt bzw. fertig gekauft werden.

Als Brusttee darf nach einem Min.-Bescheid vom 3. April 1901 nur ein nach Vorschrift des Arzneibuches für das Deutsche Reich bereitetes Teegemisch abgegeben werden.

3) Alphabetisch und nach Monaten geordnete Eintragungen in das Arbeitstagebuch sind nach einem Min.-Bescheide von 1899 als zweckentsprechend anzusehen.

4) Die Eintragung der Prüfungsergebnisse in ein Warenprüfungsbuch ist nicht mehr vorgeschrieben.

§ 29. Der Apothekenvorstand hat fortlaufend die Arzneistoffe, insbesondere die dem Verderben oder der Zersetzung unterliegenden, sorgfältig zu **prüfen** und erforderlichenfalls durch einwandfreie Waren zu ersetzen.

§ 30. Ärztliche Verordnungen **(Rezepte)** sind unter Beobachtung größter Sauberkeit und Sorgfalt ohne Verzug auszuführen[1]); vom Arzte als **„eilig"** bezeichnete gehen anderen Verordnungen vor. Die einzelnen Bestandteile dürfen nicht abgemessen, sondern müssen abgewogen werden.

Die zur Verarbeitung von Giften und von stark riechenden Mitteln bestimmten Geräte dürfen anderweitig nicht benutzt werden.

Ärztliche Verordnungen dürfen von **Lehrlingen** nur unter Aufsicht des Vorstandes oder eines Gehilfen, unter deren Verantwortlichkeit, angefertigt werden.

Für die **Farbe der Signaturen** und die Wiederholung stark wirkender Arzneimittel sind die Bestimmungen des Ministerialerlasses vom 22. Juni 1896 maßgebend[2]).

§ 31. Die **Signatur** muß in deutscher Sprache deutlich und leserlich enthalten:

a. die Bezeichnung der verabfolgenden Apotheke[3]),
b. den Tag der Herstellung der Arznei,
c. die Gebrauchsanweisung[4]).

Gebrauchsanweisungen in fremder Sprache sind daneben zulässig. Außerdem müssen die verordneten Bestandteile der Arznei[5]) und, wenn

---

[1]) Die Verpflichtung des Apothekers, ärztliche Rezepte „ohne Verzug auszuführen, schließt indes nicht die Verpflichtung ein, jede Arznei, auch ohne vorhergehende Bezahlung abzugeben. Eine Min.-Verf. vom 18. Mai 1821 sagt hierüber:

Es ist ganz unbedenklich, daß nach den bestehenden Gesetzen die Apotheker Kredit zu geben ebenso wenig genötigt werden können wie jeder Handeltreibende und daß sie keine größere Verpflichtung haben, Unvermögenden unentgeltlich Arzneien verabfolgen zu lassen als jeder Dritte, den Unvermögenden das zur Bezahlung der Arznei nötige Geld vorzuschießen.

Die fehlende gesetzliche Verpflichtung des Apothekers zum Kreditieren von Arzneien im allgemeinen wird der Ausübung seiner moralischen Verpflichtung zur Abgabe von Arzneien in dringenden Notfällen natürlich nicht im Wege stehen.

Die Frage, ob das, was im obigen Paragraphen über „Rezepte" gesagt ist, auch auf den sogenannten Handverkauf gilt, läßt die Betriebsordnung offen. Nach den geltenden medizinal-polizeilichen Begriffen ist die Apotheke eine Anstalt, welche, und zwar ausschließlich, das Recht und die Pflicht hat, die Arzneibedürfnisse des Publikums zu befriedigen. Die Arzneien, deren das Publikum bedarf, werden indes nur teilweise durch die Vermittlung des Arztes aus der Apotheke bezogen; teilweise besorgt sie sich das Publikum selbst. Da aber ein Unterschied in der Dignität der Arzneimittel aus dieser Tatsache nicht hergeleitet werden kann, wird der Grundsatz aufgestellt werden dürfen, daß der Apotheker verpflichtet ist, auch die im Handverkauf geforderten Arzneimittel, selbstredend indes nur, soweit er sie vorrätig hat und soweit er nach den bestehenden Bestimmungen sie abgeben darf, ohne Verzug abzugeben.

[2]) Siehe Teil XV.

[3]) Firmenbezeichnungen in polnischer Sprache auf Signaturen von Arzneien sind unzulässig. Durch den § 31 der Apothekenbetriebsordnung ist es ausgeschlossen, daß die Bezeichnung der verabfolgenden Apotheke in fremder Sprache auf der Signatur vermerkt werden darf (K.G. 6. November 1905, Ph.Ztg. 1906 Nr. 16).

[4]) Wenn sich eine Gebrauchsanweisung in der ärztlichen Verordnung nicht findet, ist der Apotheker auch nicht verpflichtet, eine Gebrauchsanweisung auf der Signatur zu vermerken. (Erklärung des Geh. Ob.-Med.-Rats Dr. Dietrich in der Sitzung des preußischen Apothekerkammerausschusses vom 22. November 1904.)

[5]) Hierzu erging ein Min.-Erl. vom 14. Juli 1902:

aus der Verordnung ersichtlich, auch der Name des Kranken auf der Signatur vermerkt sein.

§ 32. Auf der ärztlichen Verordnung ist sogleich nach der Anfertigung der ausgeschriebene **Name des Anfertigers**[1]) und baldigst die **Taxe** leserlich zu vermerken.

Auf ärztlichen Verordnungen, welche aus öffentlichen oder Krankenkassen (Krankenversicherungsgesetz in der Fassung vom 10. April 1892, Reichsgesetzblatt S. 379) bezahlt werden, ist die Taxe für die Mittel, Arbeiten, Gefäße usw. nach den Einzelpreisen auszuwerfen[2]).

§ 33. Wenn der Apotheker in einer ärztlichen Verordnung einen **Verstoß** gegen die bestehenden Vorschriften oder einen Irrtum zu finden glaubt, so muß er darüber den verordnenden Arzt mündlich oder in einem verschlossenen Briefe verständigen. Besteht der Arzt auf Anfertigung seiner Verordnung, so kann der Apotheker dieselbe zwar auf dessen Verantwortung anfertigen, ist aber verpflichtet, dem Kreisarzt sogleich Anzeige zu machen, oder, wenn dieser die Arznei verordnet haben sollte, die Verordnung dem Regierungspräsidenten zur Prüfung durch den Regierungs- oder Medizinalrat einzusenden[3]).

Ist der verordnende Arzt nicht zu erreichen, so ist bei Überschreitung

---

Auf die Eingabe vom 30. Juni d. J. erwidere ich, daß die Bestimmungen des letzten Absatzes des § 31 der Apothekenbetriebsordnung vom 18. Februar 1902 dahin auszulegen sind, daß auf der Signatur nicht nur die Bezeichnungen, sondern auch die Gewichtsmengen der verordneten Bestandteile der Arzneien zu vermerken sind. Ein Anlaß, die Bestimmung durch Aufnahme der Worte „und Gewichtsmenge" zu ergänzen, kann hiernach als vorliegend nicht erachtet werden.

[1]) Die Benutzung eines Stempels oder Faksimiles statt der Namensunterschrift kann nicht beanstandet werden, anbetrachtlich, daß selbst die Chefs vieler Behörden davon zur Erleichterung und Abkürzung Gebrauch machen. Trotzdem wird sie von einzelnen Revisoren moniert.

Über die Vermerke des Apothekers auf der ärztlichen Verordnung erging folgender Min.-Erl. vom 3. Juni 1903:

Der § 32 der Apothekenbetriebsordnung vom 18. Februar 1902 schreibt vor, daß auf der ärztlichen Verordnung sogleich nach der Anfertigung der ausgeschriebene Name des Anfertigers zu vermerken ist. Daneben wird bei der Abgabe der Arznei häufig auch ein Stempel mit der Firma der Apotheke auf die Verordnung aufgedruckt. Hierbei ist in letzter Zeit beobachtet worden und hat auch in einem mir bekannt gewordenen Falle gelegentlich der Erneuerung eines solchen Rezeptes einen folgenschweren Irrtum herbeigeführt, daß diese Vermerke zuweilen in den Text der Verordnung derart hineingeschrieben und gedruckt werden, daß die Angaben des Arztes nicht mehr deutlich zu lesen sind.

Dies gibt mir Veranlassung, zur künftigen Beachtung anzuordnen, daß alle Vermerke des Apothekers so anzubringen sind, daß der Text der ärztlichen Niederschrift durch dieselben nicht berührt oder verdeckt wird. Insbesondere wird es sich bei Mangel an genügendem Raume empfehlen, die Apothekenstempel der Rückseite der Verordnung aufzudrucken.

[2]) Seit Inkrafttreten der Deutschen Arzneitaxe (1. April 1905) ist durch Ziffer 20 derselben die Verpflichtung des Apothekers zum Vermerk des Arzneipreises nach seinen Einzelansätzen auf alle Rezepte, also auch Privatrezepte, ausgedehnt. Eine Verf. des Reg.-Präs. in Koblenz vom 7. Dezember 1905 erklärte es für empfehlenswert, die Einzelansätze stets nur auf der Rückseite der Rezepte, dagegen die sich daraus ergebende Summe nur auf der Vorderseite der Rezepte zu verzeichnen.

Eine Verpflichtung zur Eintragung der ärztlichen Verordnungen in ein Rezeptbuch besteht jetzt nicht mehr.

[3]) Ob diese Bestimmung den Apotheker vor Strafe schützen könnte, im Fall z. B. der Arzt geisteskrank ist und direkt tödliche Dosen verschreibt, wäre doch fraglich.

der Maximaldosen die vorgeschriebene Grenze herzustellen und dem Arzte tunlichst bald Kenntnis davon zu geben[1]).

Unleserlich geschriebene Verordnungen dürfen ohne Aufklärung durch den Arzt nicht angefertigt werden.

Es ist nicht gestattet, **für ein verschriebenes Arzneimittel ein anderes** zu verwenden[2]).

§ 34. Arzneien, welche **nicht von approbierten Ärzten** verschrieben sind, dürfen nur dann angefertigt werden, wenn dieselben lediglich aus solchen Mitteln bestehen, welche auch im Handverkauf abgegeben werden dürfen (Ministerialerlaß vom 22. Juni 1896)[3]).

§ 35. Die in den Apotheken befindlichen **ärztlichen Verordnungen** dürfen anderen Personen als dem verordnenden Arzte, dem Kranken und dessen Beauftragten oder Vertreter weder gezeigt, noch in Ur- oder Abschrift verabfolgt werden[4]).

§ 36. Der Verkehr mit **Geheimmitteln** regelt sich nach den hierüber bestehenden Bestimmungen[5]).

---

[1]) Hierzu enthält das Arzneibuch in seiner Maximaldosentabelle (Anlage II) folgende Bestimmung:

Der Apotheker darf eine Arznei zum innerlichen Gebrauche, welche eines der untenstehenden Mittel in größerer als der hier bezeichneten Gabe enthält, nur dann abgeben, wenn die größere Gabe durch ein Ausrufungszeichen (!) seitens des Arztes besonders hervorgehoben worden ist. Dies gilt auch für die Verordnung eines der genannten Mittel in der Form des Klystiers oder des Suppositoriums.

[2]) Unter einem „anderen" Arzneimittel ist hier ein seinem Wesen nach anderes Mittel zu verstehen. Die mit dem wissenschaftlichen Namen bezeichneten Präparate stehen jedoch den chemisch identischen wortgeschützten Mitteln nicht als „andere" im Sinne des obigen Paragraphen gegenüber. Bei der Abgabe und Bezeichnung dieser Mittel kommen lediglich die Bestimmungen des Warenzeichengesetzes in Betracht (s. Seite 132). Im Zusammenhang hiermit stehen folgende Erlasse: Ein Min.-Erl. betr. die Verordnung wortgeschützter Arzneimittel vom 28. Juli 1903 regte an, „diejenigen Ärzte, welche Arzneien auf Staats- und Gemeindekosten sowie auf Kosten von Krankenkassen oder von Vereinigungen zur Erleichterung der öffentlichen Armenpflege verschreiben, anzuweisen, sich für jene Wortschutz genießenden Mittel der Bezeichnungen des Arzneibuches für das Deutsche Reich zu bedienen".

Darauf erging ein Min.-Erl. betr. die Prüfungen der Arzneirechnungen durch die pharmazeutischen Revisoren vom 6. Mai 1902:

Die nach dem Erlasse vom 26. April 1900 mit der Prüfung der Rezepte und Rechnungen über die an Staatsanstalten gelieferten Arzneien betrauten pharmazeutischen Revisoren sind in der Lage, gleichzeitig Verstöße gegen die gebotene Sparsamkeit durch Verwendung unnötig teurer Arzneimittel, wie Antipyrin, Salipyrin, Dermatol und andere, deren Namen geschützt sind, zu überwachen. Zur Vereinfachung des Geschäftsbetriebes haben daher die mit der Prüfung der Arzneirechnungen betrauten pharmazeutischen Revisoren in der Folge diese Überwachung auszuüben und die revidierten Rechnungen mit einem entsprechenden Prüfungsvermerk zu versehen.

[3]) Hierzu bemerkte der Reg.-Präsid. in Köln in einer Verfügung vom 22. Juni 1901:

daß diese Bestimmung keineswegs so aufzufassen ist, als ob die Apotheker verpflichtet wären, jedes dieser Vorschrift entsprechende Rezept einer nicht approbierten Person überhaupt anzufertigen, sondern daß es vielmehr dem Ermessen der Apotheker überlassen ist, ob sie solche Rezepte anfertigen wollen. Dementsprechend schreibt der § 30 der angezogenen Vorschriften ausdrücklich vor, daß „ärztliche Verordnungen (Rezepte)" jederzeit ohne Verzug auszuführen sind. Rezepte von Nichtärzten fallen also nicht unter diese Bestimmung.

Vgl. jedoch Fußnote 1 auf Seite 236.

[4]) Vgl. indessen § 26 letzter Absatz.

[5]) Die betreffenden Bestimmungen sind in dem Min.-Erl. vom 8. Juli 1903 über den Verkehr mit Geheimmitteln enthalten (s. Teil XVI).

§ 37. Die **Ausübung der Heilkunst** ist den Apothekern untersagt. Bei lebensgefährlichen Verletzungen, Vergiftungen oder besonders eiligen Notfällen ist es dem Apotheker ausnahmsweise gestattet, mangels rechtzeitiger ärztlicher Hilfe die von ihm für zutreffend erachteten Mittel abzugeben. Er hat aber dafür zu sorgen, daß beim Eintreffen eines Arztes diesem sofort genaue Mitteilung gemacht werde.

Einfache, die Anwendung eines Mittels erläuternde, kurze Anweisung zu geben, ist gestattet[1]).

§ 38. Es ist den Apothekern untersagt, mit Ärzten oder anderen Personen, welche sich mit der Behandlung von Krankheiten befassen, über

---

[1]) Die Bestimmung in § 37 der Ap.B.O. gründet sich auf § 14 der revidierten Ap.O., wonach die Ausübung der Apothekerkunst sich „weder auf ärztliche noch chirurgische Verrichtungen" erstreckt. Die Frage, ob das den Apothekern gemachte Verbot der Ausübung ärztlicher Verrichtungen auch nach erfolgter Freigebung der Arztpraxis noch fortbesteht, ist seitens des preußischen Med.-Ministeriums bejaht worden. Ein Zirkular-Erl. vom 23. September 1871 führt hierüber aus:

Ein Apotheker, welcher sich mit Behandlung von Krankheiten befaßt, verletzt die besonderen Pflichten seines Berufes. Die hiergegen gerichteten Strafbestimmungen haben mit der Medizinalpfuscherei keinen Zusammenhang, sondern beruhen auf der durch die gegenseitige Kontrolle bedingten Scheidung zwischen den Tätigkeiten des Arztes und des Apothekers. Dem Verbote des Kurierens seitens der Apotheker entspricht das Verbot des Selbstdispensierens seitens der Ärzte. Ob durch eine Verletzung dieser Verbote außerdem gegen Strafgesetze verstoßen wird, wie es hinsichtlich des ersteren bis zum Erlasse der Gewerbeordnung der Fall war, hinsichtlich des letzteren noch gegenwärtig der Fall ist, läßt der Charakter der Verletzung einer besonderen Berufspflicht unberührt. Es folgt aber daraus, daß die hiergegen verordneten besonderen Strafen zu denen gehören, welche der § 144 der Gewerbeordnung ausdrücklich fortbestehen läßt.

Vgl. ferner die auf Seite 15, Fußnote 2 angeführten analogen Urteile des K.G.

Die wichtige Frage, wie weit der Begriff „Ausübung der Heilkunde" zu erstrecken ist, ist nach folgenden Gesichtspunkten zu beurteilen: Der Schwerpunkt der ärztlichen Tätigkeit liegt zweifellos in der Untersuchung des Kranken und der Diagnose, also in der Feststellung der Krankheit. Erst in zweiter Linie kommt dann die Verordnung der dagegen anzuwendenden Mittel, die durchaus nicht immer Arzneimittel zu sein brauchen. Hat der Arzt den Kranken untersucht, so liegt selbstverständlich auch die Behandlungsart in seinen Händen. In den Tausenden von Fällen aber, die täglich vorkommen, wo der Patient seine Leiden seit Jahren selbst kennt, oder es sich nur um geringfügige Dinge handelt, entfällt die Tätigkeit des Arztes. Die Heilmittel sind heute nicht mehr wie im Mittelalter Geheimnis der Ärzte, die Medizin ist eine durchaus populäre Wissenschaft geworden. Dazu kommt, daß neuerdings die Industrie die Darstellung fertiger Arzneimittel in die Hand genommen hat, und nach irgend einem guten Rezepte hergestellte Präparate, welche auf den Etiketten die Krankheiten genau angeben, gegen welche sie dienen sollen, in den Handel kommen. Diese Mittel sind also Handelsartikel geworden, deren Abgabe, sofern sie keine starkwirkenden Stoffe enthalten, jedem Apotheker im Handverkauf freisteht. In diesem Sinne hat jedenfalls auch die revidierte Ap.O. die Sache aufgefaßt, wenn sie nur von ärztlichen Verrichtungen spricht.

Die gleiche Anschauung vertritt auch die Rechtsprechung. Es ergingen folgende Urteile:

Die Abgabe eines nach einer bestimmten Vorschrift hergestellten Heilmittels auf Verlangen nach einem bestimmten Mittel gegen die betreffende Krankheit ist keine unbefugte Ausübung der Heilkunde (K.G. 29. Mai 1902, Ph.Ztg. 1902, Nr. 45). — Wenn ein Apotheker einem Kunden, der ein Mittel gegen ein bestimmtes Leiden fordert, mehrere derartige, ihren Eigenschaften nach zu dem gewünschten Zwecke geeignete Präparate zwecks eigener Auswahl namhaft macht, so liegt darin keine Ausübung der Heilkunde (O.L.G. Rostock 28. Oktober 1904, Ph.Ztg. 1905 Nr. 11). — In der bloßen Reklame für ein Mittel gegenüber dem Publikum kann nicht die Ausübung der Heilkunde erblickt werden. Die Ausübung der Heilkunde beginnt erst, wenn sich ein Patient an eine Person die Zuwendung von Arzneiverordnungen **Verträge** zu schließen[1]) oder denselben dafür Vorteile zu gewähren, oder Arzneien anzufertigen, deren Bestandteile durch **erdichtete, unverständliche Ausdrücke** bezeichnet sind.

§ 39. **Nebengeschäfte** dürfen Apotheker nur mit Genehmigung des Regierungspräsidenten, und zwar in besonderen, von den Apothekenräumen getrennten und mit eigenem Eingang versehenen Gelassen treiben[2]).

§ 40. Apothekern, welche ihre Apotheke ohne Gehilfen betreiben, kann auf ihren Antrag durch den Regierungspräsidenten widerruflich gestattet werden, während bestimmter Stunden sich **aus der Apotheke zu entfernen,** wenn Fürsorge getroffen ist, daß im Bedarfsfalle der Apotheker innerhalb einer Stunde zurückgerufen werden kann. In Orten mit zwei oder mehreren Apotheken kann nach Vereinbarung unter den Apothekenvorständen mit Zustimmung des Regierungspräsidenten an den **Sonntagen und Feiertagen** abwechselnd ein Teil der Apotheken geschlossen

---

wendet, um Heilung zu suchen, und jene Person Heilung verspricht (K.G. 7. Dezember 1903, 21. und 28. Mai 1906, Ph Ztg. 1903 Nr. 99 und 1906 Nr. 42 und 44).

Die Verfügungen einiger Regierungen (u. a. Posen 28. Februar 1891, Merseburg 2. März 1897, Köln 8. Dezember 1897), welche schon die Anempfehlung und Abgabe von Heilmitteln im Handverkauf gegen bestimmte Krankheiten als Ausübung der Heilkunde bezeichneten, sind damit gegenstandslos geworden.

1) Diesem Paragraphen hat das K.G. in zwei Entscheidungen eine ziemlich weitgehende Auslegung gegeben Unter dem 27. Februar 1905 (Ph.Ztg. 1905 Nr. 18) sprach es sich dahin aus, daß sich der § 38 auch auf die Vorsteher von Krankenheilanstalten beziehen kann, in welchen die Patienten nicht von dem Institutsvorsteher, sondern von Ärzten behandelt werden, die von den Institutsvorstehern zur Behandlung der Kranken angestellt worden sind. Und unter dem 2. Oktober 1905 (Ph.Ztg. 1905 Nr. 80) führte es aus: „Der Gesetzgeber wollte durch den § 38 offenbar verhüten, daß Ärzte zugunsten eines Apothekers mehr und kostspieligere Rezepte ausfertigen, als nötig seien. Der Begriff Zuwendung sei im allgemeinen Sinne gebraucht: auch der wende zu, welcher durch seine eigene Tätigkeit dafür sorge, daß ein anderer Vermögensvorteile erhalte. Was die Verträge anbelange, welche zwischen Krankenkassen, Kliniken usw. und Apothekern abgeschlossen seien, so müsse von Fall zu Fall geprüft werden, ob der Vertrag unter § 38 der Ap.B.O. falle." Einfache „Arzneilieferungsverträge" dürften jedenfalls mit dem § 38, der nur „Zuwendungsverträge" betrifft, nicht kollidieren. Auch staatliche Anstalten und Behörden schließen ja mit Apothekern Arzneilieferungsverträge ab.

2) Der Schlußsatz obiger Bestimmung berechtigt zu der Annahme, daß es sich hier nur um solche Nebengeschäfte handelt, welche mit dem Apothekerberuf nicht zusammenhängen und besonderer Gelasse bedürfen. Das Verbot der Fabrikation von Mineralwässern, Verbandstoffen u. dgl. entspricht dem Zweck und Sinn der Vorschrift nicht. Zur Annahme eines staatlichen oder städtischen Amtes bedarf der Apotheker keiner besonderen Genehmigung.

Ferner erging hierüber ein Min.-Erl. vom 11. Januar 1898:

Einem Apotheker wird mit Hinblick auf § 3 der Reichsgewerbeordnung im allgemeinen nicht verboten werden können, neben dem Apothekenbetriebe sich noch anderweitige Betriebsquellen auf gewerblichem Gebiete zu verschaffen. Ebenso wie ein Apotheker Eigentümer eines Rittergutes sein kann, wird er auch Eigentümer eines Drogengeschäftes sein dürfen, vorausgesetzt, daß er den Betrieb der Apotheke persönlich leitet und die Nebengeschäfte durch Bevollmächtigte besorgen läßt. Dies schließt jedoch das Recht der Behörde nicht aus, wenn im Einzelfalle gegründete Veranlassung vorliegt, anzunehmen, daß dem ordnungsmäßigen Apothekenbetriebe aus dem Betriebe eines zweiten Geschäftes Nachteile erwachsen werden, dem Bewerber um die Konzession einer Apotheke die Aufgabe des zweiten Geschäftes als Bedingung vorzuschreiben. Dies gilt nicht nur von Neukonzessionierungen, sondern auch von der Bestätigung eines präsentierten Geschäftsnachfolgers. § 3 der Reichsgewerbeordnung steht in diesem Punkte nicht entgegen, da die Errichtung von Apotheken — die Präsentation eines Geschäftsnachfolgers gehört auch hierher — sich in Gemäßheit des § 6 a. a. O. nach Landesrecht regelt.

werden. Durch öffentliche Bekanntmachung am Ort und Aushang in der Apotheke ist die erteilte Genehmigung zur allgemeinen Kenntnis zu bringen.

§ 41. Der Apothekenvorstand ist verpflichtet, jede **Behinderung in der Leitung** der Apotheke, wenn sie die Dauer von drei Tagen übersteigt, unter Benennung des Vertreters dem Kreisarzt rechtzeitig anzumelden[1]). Bei Abwesenheit oder Behinderung des Vorstandes bis zu 14 Tagen kann die Vertretung durch einen Gehilfen, bei längerer Dauer muß sie durch einen approbierten Apotheker ausgeübt werden. Kein Apothekenvorstand darf ohne Genehmigung des Regierungspräsidenten länger als drei Monate im Zusammenhang und während eines Jahres nicht mehr als vier Monate in der Leitung der Apotheke vertreten werden[2]).

C. Personal.

§ 42.[3]) Jeder Apothekenvorstand kann soviel **Lehrlinge** als er Gehilfen hat, zur Ausbildung annehmen. Wer keinen Gehilfen hält, kann einen Lehrling ausbilden, bedarf aber hierzu der Erlaubnis des Regierungspräsidenten, welche widerruflich ist. In Zweigapotheken dürfen Lehrlinge nicht ausgebildet oder beschäftigt werden.

§ 43. Wer als Lehrling in eine Apotheke eintreten will, hat vorher ein von dem zuständigen Kreisarzt auf Grund 1. des Zeugnisses über die in Gemäßheit der Bekanntmachung des Reichskanzlers vom 5. März 1875 § 4 Nr. 1[4]) erforderliche wissenschaftliche Vorbildung, 2. des Revaccinationsscheines, 3. des selbstgeschriebenen Lebenslaufes ausgestelltes **Zulassungszeugnis** dem Apothekenvorstand vorzulegen. Aus dem Zeugnis muß auch der Tag des Eintritts in die Apotheke ersichtlich sein. Ohne dieses Zeugnis darf kein Apothekenvorstand einen Lehrling annehmen.

Ein Lehrling, welcher während der Lehrzeit die **Lehrstelle wechselt,** hat von dem für die neue Lehrstelle zuständigen Kreisarzt das Zulassungs-

---

1) Nach § 49 der Dienstanweisung für die Kreisärzte (s. Seite 183) soll der Apotheker schon eine die Dauer von 24 Stunden übersteigende Behinderung dem Kreisarzte melden. Für Apotheker dürfte indessen nur die in ihrer Betriebsordnung enthaltene Bestimmung maßgebend sein.

2) Wie schon auf Seite 11 erwähnt, haben sowohl das R.G. 7. Juni 1899 (Ph.Ztg. 1901 Nr. 35) wie auch das O.V.G. 2. November 1905 (Ph.Ztg. 1906 Nr. 88) entschieden, daß die Landeszentralbehörde nicht berechtigt ist, die Stellvertretung im Apothekergewerbe bzw. die Verwaltung von Apotheken durch eine qualifizierte Person zu beschränken oder von ihrer Genehmigung abhängig zu machen, da § 45 der Gew.O. auch auf das Apothekergewerbe Anwendung findet. Für das Recht, das die Bezirksregierungen neuerdings in Anspruch nehmen, jeden Apothekenverwalter besonders zu bestätigen, fehlt es somit an einer gesetzlichen Unterlage. Die Regierung kann nur den Nachweis verlangen, daß der betreffende Apotheker im Besitz der Approbation sich befindet (qualifiziert ist); ist dieser Nachweis geliefert, dann ist die Stellvertretung rechtsgültig eingesetzt. Demgemäß erklärte das O.V.G. die entgegenstehenden Anordnungen des § 41 der Betriebsordnung für ungültig. Das Urteil des O.V.G. ist wegen seiner besonderen Bedeutung für den preußischen Apothekerstand auf Seite 253 im Wortlaut abgedruckt.

3) §§ 42 und 43 in der Fassung des Erlasses des Ministers der usw. Medizinalangelegenheiten vom 27. August 1903. Nach der neuen Fassung des § 42 bedarf der ohne Gehilfen arbeitende Apotheker nur einer generellen Erlaubnis zur Annahme eines Lehrlings. Doch kann § 42 für den Geltungsbereich der dänischen Medizinal- und Apothekerordnung (s. S. 187) nicht als gültig angesehen werden, da nach § 14 dieses Gesetzes die Annahme von Lehrlingen an keine Beschränkung gebunden ist.

4) Jetzt Prüfungsordnung für Apotheker vom 18. Mai 1904, § 6, Nr. 1 (siehe Seite 20).

zeugnis genehmigen zu lassen. In dem Abgangszeugnis aus der früheren Stelle ist der Grund des Abganges von dem Lehrherrn anzugeben. Ohne ein so ergänztes Zulassungszeugnis darf kein Lehrling von einem anderen Lehrherrn angenommen werden.

§ 44. Der Apothekenvorstand ist für die sachgemäße **Ausbildung des Lehrlings** verantwortlich. Er hat für die erforderlichen Lehrmittel zu sorgen, dem Lehrling hinreichend geschäftsfreie Zeit zum Studium, im Sommer zum Sammeln von Pflanzen, zu gewähren, die Anlegung und Ordnung der Pflanzensammlung zu überwachen, sowie selbst oder durch einen Gehilfen den Lehrling in den praktischen Arbeiten zu unterweisen und für die Eintragung des Verlaufes dieser Arbeiten in das Arbeitsbuch Sorge zu tragen.

§ 45. Einem Apothekenvorstand, welcher seine Pflichten als Lehrherr nicht erfüllt oder sich anderweitig in sachlicher oder sittlicher Beziehung unzuverlässig erweist, kann die **Befugnis, Lehrlinge auszubilden,** durch den Regierungspräsidenten auf Zeit oder dauernd entzogen werden[1]).

§ 46. Die Ausbildung des Lehrlings untersteht der **Aufsicht des zuständigen Kreisarztes**, welcher alljährlich gelegentlich der vorgeschriebenen Apothekenmusterung sich von den Kenntnissen und Fortschritten der Lehrlinge zu überzeugen hat. Zu dem Zwecke hat er auch die Pflanzensammlung, sowie das Arbeitsbuch derselben zu besichtigen und die Handschriften auf ihre Deutlichkeit zu prüfen.

Die über den gesamten Vorgang aufzunehmende Verhandlung wird von dem Kreisarzt und dem Lehrherrn unterschrieben, bei günstigem Ergebnis der kreisärztlichen Registratur einverleibt, im entgegengesetzten Falle aber dem Regierungspräsidenten eingereicht[2]).

§ 47. Über die **Prüfung als Gehilfe** und die weitere Ausbildung zum Apotheker enthalten die Bekanntmachungen des Reichskanzlers vom 5. März und 13. November 1875 (Zentralblatt f. d. D. R. 1875, S. 167 und 761) die näheren Bestimmungen[3]).

Apothekergehilfen, welche diesen Bestimmungen nicht genügt haben, dürfen in Apotheken nicht tätig sein. Ausnahmen sind in Gemäßheit der

---

[1]) Die Apothekerordnung vom 11. Oktober 1801 sagt im § 15 Abs. d, daß einem Apotheker „wegen vorsätzlicher Vernachlässigung des Lehrlings oder erwiesener Unfähigkeit, brauchbare Subjekte zu bilden", die Befugnis zum Halten von Lehrlingen untersagt werden kann. Die obige Bestimmung erweitert dies dahin, daß auch einem Apotheker, der sich „anderweitig in sachlicher oder sittlicher Beziehung unzuverlässig erweist", dieses Recht entzogen werden kann. Diese Erweiterung entbehrt nach einem Urteil des O.V.G. vom 18. Februar 1907 (Ph.Ztg. 1907 Nr. 16) der Rechtsgültigkeit Nach dieser Entscheidung hat die Betriebsordnung von 1902 nur insofern Bedeutung, als sie sich mit der als Gesetz erlassenen Apothekerordnung von 1801 deckt. Hiernach kann dem Apotheker das Recht, Lehrlinge auszubilden, nur dann entzogen werden, wenn ihm ein schuldhaftes Verhalten zur Last fällt.

Nach einem weiteren Urteil des O.V.G. vom 29. Juni 1898 (Ph.Ztg. 1898 Nr. 74) hat der § 45 für das ehemalige Herzogtum Nassau keine Gültigkeit. Dieses Urteil besagt, daß die Aufsichtsbehörde zur Entziehung der Befugnis Apothekerlehrlinge auszubilden, nur da berechtigt ist, wo die gesetzlich gültigen Apothekerordnungen ihr ein solches Recht einräumen; ist dies nicht der Fall, so steht ihr eine solche Berechtigung nicht zu und kann ihr auch nicht durch ministerielle Bestimmungen eingeräumt werden Aus diesem Grunde muß der § 45 der Ap.B.O. außer in Nassau auch im ehemaligen Landgrafentum Hessen, in Frankfurt a. M., Schleswig-Holstein, Neuvorpommern und Rügen als ungültig erachtet werden.

[2]) Vgl. hierzu § 51 der Dienstanweisung für die Kreisärzte (s. Seite 183).

[3]) Jetzt: Prüfungsordnung für Apotheker vom 18. Mai 1904 (s. Seite 18).

Bekanntmachung des Reichskanzlers vom 12. Februar 1902 (Zentralblatt f. d. D. R. 1902, S. 23) zulässig[1]).

§ 48. Der Apothekenvorstand ist verpflichtet, jeden **Eintritt und Austritt eines Lehrlings,** sowie den Eintritt und den Abgang jedes **Gehilfen** unter Beifügung des Gehilfenzeugnisses[2]) oder der Approbation, und bei der Entlassung des Entlassungszeugnisses behufs amtlicher Beglaubigung desselben dem Kreisarzt binnen acht Tagen nach dem Eintritt oder beim Abgang anzuzeigen[3]). Das **Entlassungszeugnis** muß eine entsprechende

---

[1]) Diese schon auf Seite 38 abgedruckte Bk. lautet:

Der Reichskanzler wird ermächtigt, in Übereinstimmung mit der zuständigen Landeszentralbehörde in besonderen Fällen Personen, welche die Prüfung der Apothekergehilfen im Inlande nicht abgelegt haben, mit Rücksicht auf eine im Auslande abgelegte gleichartige Prüfung ausnahmsweise in einer deutschen Apotheke als Apothekergehilfen zuzulassen.

[2]) Über die Anmeldung von Studenten der Pharmazie als Vertreter erließ der Reg.-Präsident in Breslau unter dem 9. November 1906 nachstehende Verfügung:

Es ist wiederholt beobachtet worden, daß der Anmeldung von Studierenden der Pharmazie als Gehilfen oder als Vertreter des Apothekenvorstandes bei dem zuständigen Kreisarzte die Gehilfenzeugnisse nicht beigefügt werden, weil diese Befähigungsnachweise angeblich auf der Universitätsquästur niedergelegt seien.

Dieses Verfahren widerspricht den Bestimmungen des § 48 der Apothekenbetriebsordnung vom 28. Februar 1902, worin auch für die Studierenden der Pharmazie, sofern sie während der Studienzeit als Gehilfen oder Vertreter für längere oder kürzere Zeit in Apotheken tätig sein wollen, keine Ausnahme in bezug auf den Anmeldungsmodus vorgesehen ist. Falls daher die Pharmaziestudierenden nicht in der Lage sein sollten, über das Originalzeugnis zu verfügen, so werden sich dieselben für den Zweck ihres Eintritts in eine Apotheke während der Studienzeit eine beglaubigte Abschrift des Gehilfenzeugnisses anfertigen lassen müssen, welche dem Apothekenvorstande zwecks Anmeldung bei dem zuständigen Kreisarzte vorzulegen ist.

Andererseits bemerkte jedoch der Polizeipräsident von Berlin in einer Bk. vom 6. Februar 1900 über die Tätigkeit von Studierenden in Apotheken folgendes:

Nach § 5 der Vorschriften für die Studierenden der Landesuniversitäten vom 1. Oktober 1879 dürfen Personen, welche dem Gewerbestande angehören, als „Studierende" nicht aufgenommen werden. Hierzu gehören auch, wie vom Herrn Rektor der hiesigen Königlichen Friedrich-Wilhelms-Universität unter dem 26. Januar d. J. ausdrücklich mitgeteilt ist, die in einer Apotheke tätigen Pharmazeuten. Da demgemäß solche Pharmazeuten, sobald sich herausstellte, daß sie den Apothekerberuf praktisch ausübten, in den Büchern der Universität wieder gestrichen worden sind, werden Sie hiervon mit dem Ersuchen in Kenntnis gesetzt, Studierende der Phamazie als Gehilfen bzw. ständige Vertreter nicht anzunehmen.

Gegen die gelegentliche Vertretung durch Studenten der Pharmazie dürfte aber nichts einzuwenden sein.

[3]) Die Pflicht zur Anmeldung der Gehilfen und Lehrlinge ist in obigem Paragraphen nicht diesen, sondern dem Apothekenvorstand auferlegt. Über die Meldepflicht der Medizinalpersonen (Ärzte, Zahnärzte, Apotheker) bestehen jedoch in verschiedenen Regierungsbezirken noch besondere Polizeiverordnungen Derartige Verordnungen sind ergangen für die Reg.-Bezirke Gumbinnen unter dem 9. Oktober 1902, Danzig 17. Juni 1903, Frankfurt 30. Juni 1902, Stettin 11. Oktober 1902, Köslin 16. Juli 1902, Stralsund 30. Mai 1900, Posen 26. November 1902, Bromberg 21. Juni 1898, Magdeburg 15. Mai 1902, Merseburg 26. Juli 1902, Schleswig 8. August 1902, Hannover 26. Mai 1903, Lüneburg 11./19. September 1902, Arnsberg 19. März 1904, Köln 1. August 1903, Düsseldorf 15. Dezember 1902, Koblenz 21. August 1900. Dabei ist in den Verordnungen von Danzig, Stettin, Merseburg, Hannover, Arnsberg und Düsseldorf abweichend von der Apothekenbetriebsordnung bestimmt, daß auch die Gehilfen und Lehrlinge sich selbst bei dem Kreisarzte an- und abzumelden haben.

Die Ausstellung eines Entlassungszeugnisses ist in obigem § 48 dem Apotheken-

Erklärung enthalten, wenn die Beschäftigung des Gehilfen in der Apotheke nur eine aushilfsweise, auf Tage oder Stunden beschränkte, war.

Anderes, als das **bei dem Kreisarzt angemeldete Personal** darf in den Apotheken nicht beschäftigt werden[1]).

D. Zweig-, Krankenhaus- und ärztliche Hausapotheken.

§ 49. Für eine **Zweig-**, wie für eine **Krankenhausapotheke** genügt eine vorschriftsmäßig, entsprechend den örtlichen Verhältnissen eingerichtete Offizin mit einem Vorratsraum, in welchem auch kleinere Arbeiten vorgenommen werden können[2]).

§ 50. Sämtliche Arzneimittel einer Zweigapotheke müssen aus der **Stammapotheke** bezogen werden, deren Vorstand für die Beschaffenheit und Güte der Arzneimittel der Zweigapotheke verantwortlich bleibt.

Für Krankenhausapotheken, in welchen kein approbierter Apotheker tätig ist, sowie für die ärztlichen Hausapotheken müssen sämtliche Arzneimittel **aus einer Apotheke im Deutschen Reich** entnommen werden[3]).

---

vorstand zur Pflicht gemacht. Mit Bezug hierauf bemerkte eine Regierungspräsidialentscheidung vom 7. November 1894 folgendes:

Die Ausstellung des mit der pflichtmäßigen Anzeige vorzulegenden Entlassungszeugnisses ist nicht von einem besonderen Verlangen des Austretenden abhängig gemacht und demnach ebenso sehr eine vorschriftsmäßige Verpflichtung des Apothekenvorstandes, wie die zu erstattende Anzeige. Letzterem hat der Physikus das mit dem Beglaubigungsvermerk versehene Zeugnis dem Sinne der Vorschriften gemäß auch wieder zuzustellen, und dem Austretenden kann es anheim gestellt bleiben, ob er es sich von dem Apothekenvorstand aushändigen lassen will.

1) Die Bestimmung ist nicht streng wörtlich aufzufassen, da sonst auch Hausdiener und Laboratoriumsarbeiter (Stößer) darunter fallen würden, was natürlich nicht beabsichtigt sein kann. Gemeint kann nur das im eigentlichen pharmazeutischen Betriebe tätige Personal sein, das also entweder mit der Herstellung und Prüfung von Arzneimitteln in der Defektur oder mit der Anfertigung von Rezepten bzw. der Abgabe von Arzneien und Handverkaufsartikeln an das Publikum beschäftigt ist. Demgemäß besagte auch ein Min.-Erl. vom 9. April 1894, daß gegen die Anstellung von besonderen Kassierern oder Kassiererinnen in Apotheken kein Bedenken vorliegt, „solange die mit der Wahrnehmung des Kassengeschäftes betrauten Personen keine Verwendung als pharmazeutisches Hilfspersonal finden". Auch ein Min.-Bescheid vom 30. Januar 1900, nach welchem „das Halten eines Drogisten in einer Apotheke oder in der mit einer solchen in dem gleichen Raume verbundenen Drogenabgabe unzulässig ist" — dürfte in diesem Sinne zu verstehen sein.

2) Material- und Kräuterkammer, Arzneikeller, Laboratorium und Stoßkammer werden also hier nicht gefordert. Ebensowenig brauchen alle in der Series mit einem Stern bezeichneten Mittel in den obengenannten Apotheken vorrätig sein.

3) Diese Bestimmung ist wichtig. Sie gestattet den Krankenhausverwaltungen, in denen kein Apotheker, sondern nur eine Diakonissin angestellt ist, sowie Ärzten im allgemeinen nicht, ihre Arzneiwaren aus Drogenhandlungen oder einem ärztlichen Warenhause zu entnehmen. Von Apothekern geleitete Krankenhausapotheken sind bezüglich der Bezugsquelle ihrer Waren nicht beschränkt.

Über das Vorrätighalten von Arzneien in Krankenhäusern erließ der Reg.-Präsident in Kassel unter dem 12. Februar 1894 nachstehende Verfügung:

I. Krankenhäuser und andere Anstalten, in denen kein approbierter Apotheker tätig ist, sind, wie jedermann, befugt, ohne besondere Genehmigung gewisse Arzneien für den Hausbedarf vorrätig zu halten (Hausapotheke), müssen dieselben aber

1. sämtlich aus einer Apotheke im Deutschen Reich entnehmen und dürfen
2. nur die gangbarsten einfachen Drogen und Präparate, die in einer Apotheke zubereitet oder dispensiert sind, oder die ohne weitere Zubereitung abgegeben werden können (wie Kräuter, Öle, Salben, Salze, Tinkturen u. dgl.), jedoch

§ 51. Für **ärztliche Hausapotheken** ist in einem besonderen tageshellen, nur für diesen Zweck zu verwendenden Raume ein verschließbarer

---

nur in verschlossenem Raume oder Schranke (mit Brettertür) vorschriftsmäßig bezeichnet und aufgestellt vorrätig halten (pro statione) bzw. an die einzelnen Kranken in der Anstalt selbst (nicht aber an außerhalb derselben Wohnende) durch den Hausarzt verteilen lassen.

Jede Zubereitung bzw. Dispensierung zusammengesetzter Arzneiformen darf nur auf jedesmalige ärztliche Verordnung und nur in einer Apotheke erfolgen.

II. Krankenhäuser und andere Anstalten, welche Arzneien für den Hausbedarf selbst zubereiten und dispensieren lassen wollen (Dispensieranstalt), bedürfen hierzu meiner Genehmigung.

Dieselbe wird nur widerruflich und unter besonderen Bedingungen erteilt, je nachdem ein approbierter Apotheker oder eine hierzu besonders geprüfte Pflegeschwester in der Anstalt tätig ist.

III. Sowohl die Hausapotheken (I.) als auch die Dispensieranstalten (II.) stehen unter der besonderen Aufsicht meiner Bevollmächtigten sowie des zuständigen königlichen Kreisphysikus, welche dieselben unvermutet zu besichtigen und über etwa vorgefundene Ungehörigkeiten mir zu berichten haben.

Eine Verf. des Reg.-Präsidenten in Minden betr. Betrieb von Krankenanstalten vom 3. Juli 1905 besagt in § 13 folgendes:

§ 13. Zur Errichtung einer vollständigen Arzneiabgabestelle (Dispensieranstalt) bedarf es meiner besonderen Erlaubnis: dagegen ist es den Krankenanstalten auch ohne eine solche gestattet, einzelne Arzneimittel und Arzneizubereitungen für den eigenen Bedarf und in einer diesem Bedarf entsprechenden Menge unter folgenden Bedingungen vorrätig zu halten:

a. Die Arzneimittel und Zubereitungen müssen aus einer Apotheke bezogen werden; sie dürfen dem Verderben nicht leicht ausgesetzt sein.
b. Ihre Aufbewahrung (Beschaffenheit und Bezeichnung der Standgefäße usw.) muß genau den für die Apotheken gegebenen Vorschriften entsprechen, namentlich gilt dies betreffs der scharfwirkenden und giftigen Stoffe.
c. Es ist Vorsorge zu treffen, daß die Arzneimittel usw. nur befugten Personen (Ärzten, Pflegepersonal) zugänglich sind und jeder Mißbrauch durch Kranke oder andere Personen ausgeschlossen ist.
d. Reste von Arzneien, die Kranken verordnet und von diesen nicht völlig aufgebraucht sind, dürfen nicht etwa zu einem späteren Verbrauche zurückgestellt werden, sondern sind stets sofort zu vernichten.

Diese Bestimmungen gelten auch für die in Krankenanstalten mit vollständigen Arzneiabgabestellen etwa eingerichteten Arzneischränke auf den einzelnen Abteilungen.

Eine ähnliche Verordnung über den Bezug, das Vorrätighalten und die Abgabe von Arzneien in Krankenanstalten hat auch der Reg.-Präsid. in Potsdam unter dem 26. November 1906 erlassen.

Neuerdings ist auch den Diakonissen ein erweitertes Arzneidispensierrecht verliehen worden.

Min.-Erl., betr. die von den Diakonissen abzugebenden Arzneimittel. Vom 8. März 1904.

Auf den gefälligen Bericht vom 19. Januar d. J. will ich mich damit einverstanden erklären, daß fortan die in dem beifolgenden Verzeichnis aufgeführten Arzneimittel und Arzneizubereitungen, deren Abgabe im allgemeinen nicht gestattet ist, den in der Gemeindepflege tätigen Diakonissen zur unentgeltlichen Abgabe an Kranke überlassen werden dürfen. Ich setze dabei voraus, daß auch diese Mittel stets aus der nächstbelegenen Apotheke bezogen werden.

Verzeichnis

derjenigen Arzneimittel und Arzneizubereitungen, deren Abgabe im allgemeinen nicht gestattet ist, aber den in der Gemeindepflege tätigen Diakonissen überlassen werden darf.

Argentum nitricum	Höllenstein als Ätzstift, nur zum äußerlichen Gebrauch.
Chininum hydrochloricum	in abgeteilten Pulvern von 0,25 gegen Fieber.

Schrank mit Fächern und Schiebekästen aufzustellen, welche die vorschriftsmäßige Absonderung der sehr vorsichtig aufzubewahrenden Mittel ermög-

Emplastrum cantharidum ordinarium	Spanischfliegenpflaster.
Emplastrum cantharidum perpetuum	Zugpflaster.
Emplastrum fuscum camphoratum	Mutterpflaster, Hamburger Pflaster.
Jodoformium	Jodoform, lediglich zur Herstellung von Verbandstoffen, niemals direkt als Heilmittel.
Liquor Aluminii acetici	Essigsaure Tonerde.
Liquor Ammonii anisatus	Anisölhaltige Ammoniakflüssigkeit.
Liquor plumbi subacetici	Bleiessig.
Mixtura sulfurica acida	Hallersches Sauer, als Zusatz zum kühlenden Getränk.
Pulvis Liquiritiae compositus	Brustpulver.
Pulvis Magnesiae cum Rheo	Kinderpulver.
Species pectorales	Brusttee.
Tinctura amara	Bittere Tinktur.
Tinctura Chinae composita	Zusammengesetzte Chinatinktur.
Unguentum acidi borici	Borsalbe.
Unguentum basilicum	Königssalbe zum Verband eiternder Wundflächen.
Unguentum Plumbi	Bleisalbe.
Unguentum Zinci	Zinksalbe.

Über die Erteilung der Berechtigung zur Führung einer Hausapotheke an Diakonissen erging eine Zirkularverfügung des Ministers der Med.-Angelegenheiten vom 2. Juli 1853. Diese Verfügung (abgedruckt in Ph.Ztg. 1901 Nr. 85) enthält Bestimmungen: 1. in betreff des Umfanges der Kenntnisse, welche von den Diakonissen, die zu Apothekerinnen in der Dispensieranstalt eines Krankenhauses bestimmt sind, verlangt werden müssen; 2. in betreff des Unterrichts der zu Apothekerinnen bestimmten Diakonissen und 3. in betreff der Prüfung der Apothekerinnen.

Die Kenntnisse sollten sich danach beschränken auf die äußeren Merkmale der gebräuchlichen Drogen und Präparate, auf giftige und heftig wirkende Stoffe, auf die Aufbewahrung der Mittel und die Beherrschung der wichtigeren Rezepturfertigkeiten. Der Unterricht sollte in der Offizin eines Apothekers erfolgen und die Prüfung vor einer aus einem Kreisphysikus und einem Apotheker bestehenden Kommission stattfinden. Letzter Punkt ist jetzt in der Dienstanweisung für die Kreisärzte § 52 (s. Seite 184) berücksichtigt. Zur Erläuterung dieser Verhältnisse ergingen neuerdings folgende Verfügungen:

Min.-Erl. vom 6. April 1905.

Der § 52 der Dienstanweisung für die Kreisärzte bezieht sich ausschließlich auf barmherzige Schwestern, Diakonissen und Mitglieder sonstiger geistlicher Krankenpflegegenossenschaften. Ich bemerke jedoch, daß es weiblichen Personen, welche die Bedingungen für die Zulassung zu den pharmazeutischen Prüfungen erfüllen, unbenommen ist, den Apothekerberuf zu ergreifen. Ausnahmen hiervon sind zurzeit nur bei den in dem § 52 der Dienstanweisung für die Kreisärzte angeführten Mitgliedern geistlicher Krankenpflegevereinigungen und zwar nur dann zulässig, wenn sie in einem von dieser Vereinigung unterhaltenen und versorgten Krankenhause den Apothekerberuf ausüben sollen.

Verfügung vom 25. September 1906.

Nach den bestehenden Bestimmungen dürfen nur solche Personen zur Prüfung für die Verwaltung der Dispensieranstalt eines Krankenhauses zugelassen werden, welche Diakonissen oder Mitglieder einer staatlich anerkannten geistlichen Genossenschaft für Krankenpflege sind. Alle anderen im Krankenpflegeberuf stehenden Personen sind von der Prüfung ausgeschlossen, und auch die Mitglieder geistlicher Genossenschaften erwerben nach dem Erlaß vom 2. Juli 1853 durch das Bestehen der Prüfung nur die Berechtigung zur Verwaltung der Dispensieranstalt in einer unter der Leitung ihrer Genossenschaft stehenden Anstalt. Nach der Verfügung des Ministers der Medizinalangelegenheiten vom 25. September d. J. kann ein Bedürfnis zur Abändelichen; außerdem müssen sich hier befinden: das erforderliche Arbeitsgerät an präzisierten Wagen und Gewichten, Mörsern usw., ein Arbeitstisch mit Schiebekästen, sowie ein Handdampfkocher mit Zinn- und Porzellaninfundierbüchse.

Ebenso müssen das Arzneibuch, die Arzneitaxe, die Bestimmungen über Hausapotheken[1]), das Belagbuch über den Einkauf der Arzneimittel und ein Tagebuch zum Eintragen der Verordnungen nebst deren Taxpreisen, sowie die Genehmigung zum Halten einer Hausapotheke und die Apothekenbetriebsordnung vorhanden sein.

Die Genehmigung zur Einrichtung einer **Krankenhausapotheke**[2]), sowie zum Halten einer **ärztlichen Hausapotheke**[3]) wird von dem Re-

---

rung der vorstehenden Bestimmungen im Sinne einer Ausdehnung der den Diakonissen und Mitgliedern geistlicher Genossenschaften gewährten Begünstigungen auf andere Personen nicht anerkannt werden.

1) Was unter diesen „Bestimmungen über Hausapotheken" zu verstehen ist, ist nicht ganz klar, da außer den obengenannten weitere Bestimmungen nicht bestehen.

2) Eine besondere Verfügung der Minister der Med.-Angelegenheiten und des Innern erging über die Hausapotheken bei den Strafanstalten:

Min.-Erl., betr. die Hausapotheken bei den Strafanstalten. Vom 12. Mai 1903.

Bei den Strafanstalten und größeren Gefängnissen in der Verwaltung des Innern sind Hausapotheken einzurichten, in denen Arzneimittel vorrätig zu halten sind, welche in größerer Menge gebraucht werden und dem Verderben nicht ausgesetzt sind. Die Regierungspräsidenten können, nach Anhörung des Regierungs- und Medizinalrats, bestimmen, welche Arzneimittel hierfür zu beschaffen sind.

Derartige Einrichtungen sind als ärztliche Handapotheken anzusehen und zu behandeln. Als solche bedürfen sie keiner Musterung durch die Kreisärzte, es genügt, wenn der Regierungs- und Medizinalrat bei den jährlichen Revisionen der sanitären Einrichtungen der Anstalt diese Handapotheken besichtigt.

Die Arzneivorräte sind in geeigneten, festen, deutlich bezeichneten Behältnissen in zweckentsprechenden Schränken übersichtlich geordnet aufzustellen. Ein besonderes Zimmer für diese Schränke ist nicht überall erforderlich, vielmehr kann die Aufstellung im Dienstzimmer des Arztes oder Lazarettaufsehers erfolgen.

Starkwirkende Arzneimittel (Tabelle C des D. A.-B. IV) sind stets unter Verschluß des Arztes zu halten und dürfen nur von diesem abgegeben werden.

Die Anfertigung einfacher Lösungen in den Handapotheken zum Gebrauche für die Anstaltsinsassen ist gestattet. Die Arzneizubereitungen müssen aber in der Regel auf den Namen des einzelnen Kranken aus einer öffentlichen Apotheke verschrieben werden.

Für den Bezug der Arzneien und Drogen sowie für den Abschluß von Verträgen bleibt mein, des Ministers des Innern, Erlaß vom 24. Dezember 1899 maßgebend.

Der hier angezogene Erl. des Ministers des Innern vom 24. Dezember 1899 lautet:

Bei dem Abschlusse von Verträgen über die Lieferung von Drogen und Arzneien ist in der Strafanstaltsverwaltung meines Ressorts bisher verschieden verfahren worden, in dem der Preisberechnung entweder die Preisliste einer Drogengroßhandlung mit einem bestimmten prozentualen Aufschlage oder die preußische Arzneitaxe ohne oder mit einem prozentualen Abschlage zugrunde gelegt wurde.

Nach Benehmen mit dem Herrn Minister der geistlichen, Unterrichts- und Medizinalangelegenheiten bestimme ich, daß fortab bei dem Abschlusse von Verträgen der vorgedachten Art für Strafanstalten, Gefängnisse und Erziehungsanstalten lediglich die Ansätze der Arzneitaxe zugrunde zu legen und je nach dem Umfange der Lieferung ein höherer oder geringerer prozentualer Abzug von jenen Preisansätzen zu vereinbaren ist. Die Regierungs- und Medizinalräte sind mit der Prüfung der Verträge vor deren Genehmigung zu betrauen.

3) Feste Grundsätze, nach denen die Genehmigung zur Errichtung von ärztlichen Hausapotheken zu erteilen ist, fehlen leider. Nach der Apothekerordnung § 14 soll Ärzten „an solchen Orten, wo keine öffentliche Apotheke vorhanden oder in der Nähe

gierungspräsidenten auf Antrag nach Prüfung der Verhältnisse widerruflich erteilt; derselbe stellt nach Anhörung des Regierungs- und Medizinalrats das Verzeichnis der für eine ärztliche Hausapotheke zulässigen Arzneimittel fest[1]). Die Entscheidung über die in einer Krankenhausapotheke vorrätig zu haltenden Arzneimittel ist dem Vorstande des Krankenhauses überlassen.

E. Homöopathische Apotheken und ärztliche homöopathische Hausapotheken.

§ 52. Wenn in Verbindung mit einer Apotheke **homöopathische Mittel**[2]) in einem Schrank vorrätig gehalten werden, so ist derselbe in einem besonderen, gut belichteten Raume aufzustellen[3]).

---

befindlich ist", gestattet werden, „eine mit den notwendigsten Arzneimitteln versehene kleine Hausapotheke zu halten", jedoch lediglich zum Gebrauch in ihrer Praxis, nicht zum Wiederverkauf an andere Personen. Den etwas unbestimmten Ausdruck „in der Nähe" kommentierte ein Gutachten der wissenschaftlichen Deputation für das Medizinalwesen vom 28. Januar 1852 wie folgt: „Nur an Orten, die wenigstens eine Meile von der nächsten Apotheke entfernt sind, ist dem Arzt ausnahmsweise gestattet, Arzneimittel für seine Kranken zu dispensieren." Und eine Ministerialverfügung vom 2. September 1840 bestimmte: „Die Befugnis zum Halten einer Hausapotheke fällt weg, sobald an dem betreffenden Orte eine selbständige Apotheke errichtet worden ist."

Ohne besondere Konzession dürfen Ärzte nur die dem freien Verkehr überlassenen Arzneimittel selbst dispensieren (K.G. 7. Mai 1900, K.G.A. III, S. 208), sie dürfen jedoch auch alle übrigen Heilmittel bei der Behandlung ihrer Patienten benutzen (durch Einreiben, Aufpinseln, Einträufeln usw.), sofern die Mittel bei dieser Verwendung verbraucht und den Kranken nicht als solche überlassen werden (R.G. 16. Juni 1900, K.G.A. III, S. 272; K.G. 19. Juni 1899, K.G.A. III, S. 379). Vgl. hierzu § 367, 3 Str.G.B. (s. Seite 110).

1) Die Anzahl der in ärztlichen Hausapotheken zu haltenden Mittel behandelte ein Erl. vom 14. Januar 1861:

Hinsichtlich der Hausapotheken praktischer Ärzte muß bemerkt werden, daß ein Hauptgrund der in derselben vorgefundenen Mängel darin zu liegen scheint, daß die betreffenden Ärzte eine zu große Anzahl von Arzneimitteln halten, von denen viele wegen Nichtgebrauchs verderben müssen. Es ist daher darauf zu halten, daß in den Hausapotheken praktischer Ärzte nur eine gewisse Zahl, nach einem von der Königlichen Regierung zu revidierenden Verzeichnisse der für die dringendsten Fälle der Praxis erforderlichen Medikamente geführt werde. Dahin gehören namentlich (Erlaß vom 28. Juni 1859): Acidum hydrochloratum, Äther, Alumen, Chloroformium, Cuprum sulfuricum, Gummi arabicum pulveratum, Hydrargyrum chloratum mite, Liquor Ammoniaci caustici, Oleum Olivarum, Oleum Ricini, Radix Jalapae, Radix Ipecacuanhae, Secale cornutum pulveratum, Spiritus vini rectificatus, Stibio-Kali tartaricum, Tinctura Cinnamomi, Tinctura Opii simplex, Tinctura Valerianae.

2) Den Begriff „Homöopathische Arzneimittel" definierte ein Urteil des O.L.G. München vom 31. März 1903 (Ph.Ztg. 1903 Nr. 28) wie folgt:

„Es sind die Grundsätze maßgebend, daß zur Anfertigung der Medikamente nur ein Stoff verwendet werden darf, bei welchem genau die Potenz der Verdünnung usw. angegeben sein muß, daß kein Stoff unverdünnt usw. hergegeben werden darf, und daß kein Stoff, der eine starke Wirkung hervorrufen würde, als Arznei verordnet werden darf, daß also Form und Dosis des Arzneimittels neben der Einheitlichkeit des Stoffes wesentliche Kriterien des homöopathischen Heilmittels sind."

Ferner ist in einem Urteil des K.G. vom 31. März 1898 (K.G.A. II, S. 126) angenommen worden, daß ein Arzneimittel dann als nach homöopathischen Grundsätzen zubereitet anzusehen ist, wenn die Herstellung nach dem Zentesimal- oder Dezimalsystem erfolgt, d. h. wenn die Arznei eine Verdünnung des Heilstoffes im Verhältnis von 1 : 100 oder 1 : 10 bedeutet.

3) Über die Aufstellung von Homöopathischen Schrankapotheken in den Apotheken erging folgender Min.-Erl. vom 18. Juli 1906:

Handelt es sich nach dem Ermessen des Regierungspräsidenten um eine vollständige **homöopathische Apotheke,** so muß dieselbe in einem nur für diesen Zweck zu verwendenden hellen Raume ordnungsmäßig eingerichtet sein.

Die Urstoffe und Urtinkturen, sowie Verreibungen und Verdünnungen bis einschließlich der dritten Dezimalpotenz müssen nach Maßgabe der Bestimmungen des Arzneibuchs über milde und vorsichtig aufzubewahrende Mittel (Tab. C) voneinander getrennt aufgestellt, die Gifte (Tab. B) mit Giftwage und Löffel in einem verschlossen zu haltenden, als solches bezeichneten Giftbehältnis verwahrt werden; auch muß ein mit der Aufschrift „Gift" oder „Tab. B" oder „Venena" bezeichneter Mörser vorhanden sein. Die Bezeichnung der Standgefäße unterliegt den Bestimmungen des Ministerialerlasses vom 22. Juni 1896[1]).

Ein Arbeitstisch, Dispensiergeräte und ein **homöopathisches Arzneibuch**[2]) müssen vorhanden sein.

Die ärztlichen **homöopathischen Hausapotheken** müssen ebenfalls in einem lediglich diesem Zwecke dienenden, gut belichteten Raume aufgestellt sein. Ein homöopathisches Arzneibuch[2]), die Arzneitaxe und die gesetzlichen Bestimmungen über homöopathische Hausapotheken, sowie die ärztliche Approbation und die Genehmigung zum Halten einer homöopathischen Hausapotheke müssen vorhanden sein[3]). Der Arzt hat in

---

Unter einem besonderen Raume, wie ihn § 52 der Apothekenbetriebsordnung vom 18. Februar 1902 für die Aufstellung eines Schrankes mit homöopathischen Mitteln fordert, ist ein solcher Raum zu verstehen, der in der Betriebsordnung als Bestandteil der Apotheke nicht aufgeführt ist, z. B. das sogenannte Geschäftszimmer. Es ist auch nicht zu beanstanden, wenn in diesem Raume gleichzeitig andere als homöopathische Arzneimittel, diätetische Präparate, Weine usw. in vollständig geschlossenen festen Gefäßen und in geschlossenen Schränken aufbewahrt werden. Selbst gegen die Aufstellung von Reagentien im gleichen Raume sind Einwendungen nicht zu erheben.

Eine andere Frage, die Aufbewahrung von Gläsern mit homöopathischen Arzneimitteln in Schiebladen behandelt ein Min.-Erl. vom 30. Juni 1900:

Die Aufbewahrung der Gläser in Kästen darf nur in Kästen mit abgeteilten Fächern stattfinden, und zwar jedes Fach nur ein Fläschchen aufnehmen. Die Fläschchen müssen gleichmäßig nach Inhalt und Verdünnung oder Verreibung in Worten und Zahl bezeichnet sein. In gleicher Weise sind Urtinkturen und Urstoffe aufzubewahren. Wenn die Korke außerdem entsprechende Bezeichnung haben, so ist dagegen nichts einzuwenden.

[1]) Siehe Teil XV.

[2]) Es kommen vornehmlich zwei neuere derartige Bücher in Betracht. Das Deutsche Homöopathische Arzneibuch von Dr. Willmar Schwabe in Leipzig und das vom Deutschen Apothekerverein herausgegebene Deutsche Homöopathische Arzneibuch. Aber auch die älteren Pharmakopöen von Gruner und andere sind als genügend anzusehen.

[3]) Über das Dispensierrecht der Homöopathen bestehen folgende Bestimmungen:

Reglement über die Befugnis der approbierten Medizinalpersonen zum Selbstdispensieren der nach homöopathischen Grundsätzen bereiteten Arzneimittel. Vom 20. Juni 1843.

Da in bezug auf das Heilverfahren nach homöopathischen Grundsätzen eine Modifikation der Vorschrift, nach welcher Ärzte usw. die von ihnen verordneten Arzneien in der Regel nicht selbst dispensieren dürfen, angemessen befunden worden ist, so werden über die Befugnisse der Medizinalpersonen zum Selbstdispensieren der nach homöopathischer Weise bereiteten Arzneien für den ganzen Umfang der Monarchie nachstehende Vorschriften gegeben:

§ 1. Einer jeden Medizinalperson soll, soweit sie nach Inhalt ihrer Approbation zur Zivilpraxis berechtigt ist, künftig, nach Maßgabe der nachfolgenden näheren Beseinem Krankentagebuch entsprechende Vermerke über Menge, Inhalt und Taxpreise der abgegebenen Mittel zu machen.

---

stimmungen, gestattet sein, nach homöopathischen Grundsätzen bereitete Arzneimittel selbst zu dispensieren.

§ 2. Wer von dieser Befugnis (§ 1) Gebrauch machen will, muß hierzu die Erlaubnis des Ministers der Medizinalangelegenheiten einholen.

§ 3. Da die durch das Prüfungsreglement vom 1. Dezember 1825 angeordneten Staatsprüfungen der Ärzte und Wundärzte auf Erforschung der pharmakologischen Kenntnisse und der pharmazeutisch-technischen Ausbildung der Kandidaten nicht mit gerichtet sind, bei dem Heilverfahren nach homöopathischen Grundsätzen auch mehrere, in die Landespharmakopöe nicht aufgenommene Arzneistoffe angewendet werden, so kann die Erlaubnis zum Selbstdispensieren der erwähnten Mittel nur denjenigen Medizinalpersonen erteilt werden, welche in einer besonderen Prüfung nachgewiesen haben, daß sie die erforderlichen Kenntnisse und Fertigkeiten besitzen, um die verschiedenen Arzneimittel voneinander unterscheiden, die verschiedenen Qualitäten derselben genügend bestimmen und Arzneimittel gehörig bereiten zu können.

Diese Prüfung soll vor einer Kommission erfolgen, welche der Minister der geistlichen, Unterrichts- und Medizinalangelegenheiten aus dazu qualifizierten und insbesondere mit der Botanik, Chemie und Pharmakologie, sowie mit den Grundsätzen des homöopathischen Heilverfahrens praktisch vertrauten Männern bestellen wird. Diese Kommission hat ihren Sitz in Berlin. Dem genannten Minister bleibt es indes vorbehalten, bei eintretender besonderer Veranlassung die erwähnte Prüfung auch anderswo durch dazu besonders bestellte Kommissarien abhalten zu lassen.

§ 4. Die Einrichtungen, welche zur Bereitung und Dispensation der Arzneien von den dazu für befugt erklärten Medizinalpersonen getroffen worden sind, unterliegen in gleicher Art, wie dies bei den Hausapotheken stattfindet, welche ausnahmsweise einzelnen Ärzten gestattet sind, zeitweisen Visitationen durch die Medizinalpolizeibehörde.

Bei den Visitationen müssen die betreffenden Medizinalpersonen sich darüber ausweisen:

a. daß sie zur Bereitung und Dispensation der Arzneien ein nach den Grundsätzen des homöopathischen Heilverfahrens zweckmäßig eingerichtetes, besonderes Lokal besitzen;
b. daß die vorhandenen Arzneistoffe und Drogen von untadelhafter Beschaffenheit sind;
c. daß die wichtigsten Arzneistoffe, deren namentliche Bezeichnung erfolgen wird, in der ersten Verdünnung angetroffen werden, damit die erforderliche chemische Prüfung derselben in bezug auf ihre Reinheit angestellt werden könne; und
d. daß ein Tagebuch geführt wird, in welches die ausgegebenen Arzneien nach ihrer Beschaffenheit und Dosis, unter genauer Bezeichnung des betreffenden Patienten und des Datums der Verabreichung, eingetragen werden.

§ 5. Es ist allen Medizinalpersonen untersagt, zubereitete homöopathische Arzneien zum Behufe des Selbstdispensierens, sei es in größeren oder geringeren Quantitäten, direkt oder indirekt aus ausländischen Apotheken oder Fabriken zu entnehmen.

§ 6. Wer homöopathische Arzneien selber dispensiert, ist nur befugt, dieselben an diejenigen Kranken zu verabreichen, welche er selbst behandelt.

§ 7. Den Medizinalpersonen, welche die Genehmigung zum Selbstdispensieren homöopathischer Arzneimittel erhalten haben, bleibt es untersagt, unter dem Vorwande homöopathischer Behandlung, nach den Grundsätzen der sogenannten allopathischen Methode bereitete Arzneimittel selbst zu dispensieren.

§ 8. Wer ohne die im § 2 vorgeschriebene Genehmigung sogenannte homöopathische Arzneimittel selbst dispensiert, soll von der Befugnis hierzu für immer ausgeschlossen bleiben und außerdem nach den allgemeinen Vorschriften über den unbefugten Verkauf von Arzneien bestraft werden.

§ 9. Eben diese Strafe (§ 8) und zugleich der Verlust der Befugnis zum Selbstdispensieren soll denjenigen treffen, welcher sich einer Überschreitung der Vorschriften der §§ 6 und 7 schuldig macht.

§ 10. Übertretungen der §§ 4 und 5 sind mit einer Geldbuße bis zu 50 Taler zu ahnden und können, bei Wiederholung des Vergehens, nach vorangegangener zwei-

Schlußbestimmungen.

§ 53. Die Befugnisse, welche in diesen Vorschriften dem Regierungspräsidenten zugewiesen sind, werden innerhalb des der Zuständigkeit des

---

maliger Bestrafung mit Entziehung der Befugnis zum Selbstdispensieren bestraft werden.

§ 11. Die Untersuchung und Bestrafung der Vergehen gegen die Bestimmungen dieses Reglements erfolgt nach den allgemeinen Vorschriften über das Strafverfahren gegen Medizinalpersonen wegen Verletzung ihrer Berufspflichten.

§ 12. Auf die sogenannten isopathischen Arzneimittel findet gegenwärtiges Reglement keine Anwendung.

Durch eine spätere Kabinettsorder ist der Minister ermächtigt, bewährten Homöopathen unter gewissen Bedingungen die besondere Prüfung zu erlassen. Die Ausnahme soll nur bei solchen approbierten Ärzten stattfinden, welche sich entweder als Schriftsteller über Homöopathie ausgezeichnet, oder diese Heilmethode erweislich seit mindestens 5 Jahren ausgeübt haben. Die Gesuche um Zulassung zum Examen oder Erlaß desselben sind durch die Regierung dem Minister einzureichen (Zirk.-Verf. des Ministers der Med.-Angelegenheiten vom 23. September 1844).

Nach der Zirkularverfügung des Ministers vom 28. Februar 1846 sind die in § 4 Abs. c des Reglements vom 20. Juni 1843 gedachten Arzneistoffe folgende:

1. Aconitum. Napellus.
2. Alumina.
3. Antimonium crudum.
4. — tartaricum.
5. Arnica montana.
6. Arsenicum album.
7. Aurum foliatum
8. Belladonna (Atropa).
9. Bryonia alba.
10. Calcarea carbonica.
11. Cantharides.
12. Carbo vegetabilis.
13. Chamomilla (Matricaria).
14. China (regia et fusca).
15. Cina (Cinae semen).
16. Cocculus.
17. Coffea arabica.
18. Crocus sativus.
19. Cuprum (metallicum).
20. Digitalis purpurea.
21. Drosera rotundifola.
22. Dulcamara (Solanum).
23. Euphrasia officinalis.
24. Graphites.
25. Hepra sulphuris calcareum.
26. Hyoscyamus niger.
27. Ignatia amara.
28. Ipecacuanha (Cephaelis).
29. Kali carbonicum.
30. Lycopodium clavatum.
31. Magnesia carbonica.
32. Mercurius solubilis.
33. Natrium chloratum.
34. Nitri acidum.
35. Nux vomica(Strychnos).
36. Opium.
37. Petroleum.
38. Phosphorus.
39. Pulsatilla pratensis.
40. Rhus Toxicodendron.
41. Sabina (Juniperus).
42. Secale cornutum.
43. Sepiae succus.
44. Silicea.
45. Spigelia anthelmia.
46. Spongia marina tosta.
47. Stannum metallicum.
48. Staphisagria (Delphinium).
49. Stramonium (Datura).
50. Sulphur.
51. Thuja occidentalis.
52. Veratrum album.

Zu § 5 des Reglements vom 20. Juni 1843 besagt ein Min.-Bescheid vom 21. Dezember 1863:

Wenn § 5 ausdrücklich untersagt, zubereitete homöopathische Arzneien weder direkt noch indirekt aus ausländischen Apotheken oder Fabriken zu entnehmen, so bezieht sich dieses Verbot mehr noch auf das Entnehmen derartiger Arzneien von Nichtapothekern.

Ferner erging folgender

Min.-Erl., betr. das Dispensierrecht homöopathischer Ärzte. Vom 19. Januar 1897.

Die Vorschriften des Reglements über die Befugnis der approbierten Medizinalpersonen zum Selbstdispensieren der nach homöopathischen Grundsätzen bereiteten Arzneimittel vom 20. Juni 1843 (G.-S. S. 305) haben vielfach die Auslegung erfahren, daß Ärzte, welche die im § 3 des Reglements bezeichnete Prüfung bestanden haben, schon auf Grund des erlangten Befähigungszeugnisses sich zum Selbstdispensieren homöopathischer Arzneimittel für berechtigt halten, ohne hierzu die Erlaubnis des Ministers der geistlichen, Unterrichts- und Medizinalangelegenheiten erhalten zu haben. Daß diese Auslegung eine irrige ist, ergeben die Vorschriften der §§ 2 und 3, welche das Recht, nach homöopathischen Grundsätzen bereitete Arzneimittel selbst zu dispensieren, außer von der durch das Bestehen einer Prüfung nachzuweisenden Befähigung

Polizeipräsidenten zu Berlin unterstellten Bezirks[1]) von dem letzteren ausgeübt.

§ 54. Die vorstehende Betriebsordnung tritt mit dem 1. März 1902 in Kraft. Mit demselben Tage treten die Vorschriften über Einrichtung und Betrieb der Apotheken, Zweig-(Filial-)Apotheken, Krankenhausapotheken (Dispensieranstalten) und ärztlichen Hausapotheken, sowie die Anweisung zur amtlichen Besichtigung der Apotheken vom 16. Dezember 1893 außer Kraft.

Berlin, den 18. Februar 1902.

Der Minister der geistlichen usw. Angelegenheiten.
Studt.

Stellvertretung im Apothekergewerbe.

Wie bereits auf Seite 11 und 241 erwähnt, hat das preußische O.V.G. unter dem 2. November 1905 die die Verwaltung einer Apotheke einschränkende Bestimmung in § 41 Abs. 3 der Ap.B.O. für ungültig erklärt, indem es in

---

noch von einer besonderen Erlaubnis des Ministers ausdrücklich abhängig machen. Wer ohne diese Genehmigung homöopathische Arzneimittel selbst dispensiert, soll gemäß der Bestimmung im § 8 daselbst von der Befugnis hierzu für immer ausgeschlossen bleiben und außerdem nach den allgemeinen Vorschriften über den unbefugten Verkauf von Arzneien bestraft werden.

Indem ich Veranlassung nehme, die vorstehenden Anordnungen des Reglements erneut in Erinnerung zu bringen, bemerke ich zugleich, daß ich beabsichtige, bei der Handlhabung dieser Angeegenheit in Zukunft nach Maßgabe der nachstehenden Gesichtspunkte zu verfahren:

1. Denjenigen homöopathischen Ärzten, welche bisher ohne ministerielle Erlaubnis homöopathische Arzneimittel selbst dispensiert haben, wird die Genehmigung ohne weiteres erteilt werden, sofern nicht Verfehlungen des Antragstellers gegen die medizinal-polizeilichen Vorschriften oder sonstige die Zuverlässigkeit der Person in Frage stellende Hinderungsgründe eine Versagung erforderlich erscheinen lassen.
2. Der Umstand, daß bei den vorhandenen Apothekern eines Ortes homöopathische Arzneiabgabestellen eingerichtet sind, bildet kein Hindernis für die Erteilung der Genehmigung.
3. Beim Wechsel des Wohnortes des Arztes erlischt die Genehmigung nicht; dagegen ist der Arzt verpflichtet, von dem Wechsel dem Regierungspräsidenten und, falls der Wohnort in den Bezirk einer anderen Regierung verlegt wird, auch dem Präsidenten dieser Regierung Anzeige zu erstatten.
4. Die zurzeit bestehenden Vorschriften über die Einrichtung und Beaufsichtigung der ärztlichen Hausapotheken bleiben auch ferner maßgebend (vgl. die §§ 49, 50 der Vorschriften über Einrichtung und Betrieb der Apotheken usw. vom 16. Dezember 1893 und §§ 1, 25, 26 der Anweisung zur amtlichen Besichtigung der Apotheken usw. vom 16. Dezember 1893).

Indem ich die entgegengesetzten Bestimmungen des Runderlasses vom 14. November 1895 aufhebe, ersuche ich Ew. Hochwohlgeboren ergebenst, bei berichtlichen Anträgen die vorstehenden Gesichtspunkte gefälligst zu beachten.

Nach einem Erl. des Reg.-Präsidenten in Minden vom 26. Juni 1894 haben die Bestimmungen über die Signatur der Arzneien (§§ 30 und 31 der Apothekenbetriebsordnung) auch für die homöopathischen Hausapotheken Geltung.

Die Arzneiabgabe durch homöopathische Vereine an deren Mitglieder ist lediglich nach § 367, 3 Str.G.B. (s. S. 110) zu beurteilen.

[1]) Die Zuständigkeit des Berliner Polizeipräsidenten gegenüber dem Apothekenwesen erstreckt sich auf den ganzen Landespolizeibezirk Berlin. Derselbe umfaßt nach den Gesetzen vom 13. Juni 1900 und 27. März 1907 die Stadtkreise Berlin, Charlottenburg, Schöneberg, Rixdorf und Deutsch-Wilmersdorf.

Übereinstimmung mit dem R.G. entschied, daß für die Stellvertretung im Apothekergewerbe lediglich § 45 der Gew.O. maßgebend sei, die Verwaltung einer Apotheke durch einen approbierten Apotheker mithin auch ohne Genehmigung der Regierung erfolgen könne. Das Urteil enthält so wertvolle Untersuchungen über die Beziehungen zwischen Reichsgewerbeordnung und preußischer Apothekenbetriebsordnung, daß es nachstehend als Ergänzung zur Ap.B.O. im Wortlaut wiedergegeben ist.

Urteil des O.V.G. vom 2. November 1905.

Die vom Minister der geistlichen, Unterrichts- und Medizinalangelegenheiten am 18. Februar 1902 erlassene Ap.B.O. (Ministerialblatt für Medizinal- und medizinische Unterrichtsangelegenheiten, Jahrgang 1902, S. 63) bestimmt im § 41 Abs. 3:

„Kein Apothekenvorstand darf ohne Genehmigung des Regierungspräsidenten länger als drei Monate im Zusammenhang und während eines Jahres nicht mehr als vier Monate in der Leitung der Apotheke vertreten werden."

Ohne zuvorige Einholung der hier vorgeschriebenen Genehmigung hat sich der Kläger in der Zeit nach dem 1. Februar 1903 in der Leitung seiner in Schönhausen a. E. belegenen Apotheke länger als drei Monate im Zusammenhange und länger als vier Monate während eines Jahres durch den von ihm als Stellvertreter bestellten Apotheker Schenk vertreten lassen. Er wurde deshalb am 17. Mai 1904 von dem Amtsvorsteher in Schönhausen a. E. unter Bezugnahme auf die obige Vorschrift der Ap.B.O. unter Androhung einer Geldstrafe von 60 Mk. aufgefordert, die Verwaltung seiner Apotheke binnen vier Wochen selbst wieder zu übernehmen.

Die hiergegen eingelegte Beschwerde wies der Königl. Landrat des Kreises Jerichow II durch Verfügung vom 27. Juni 1904 als unbegründet zurück.

Auch die weitere Beschwerde blieb erfolglos, indem der beklagte Regierungspräsident dem Kläger am 22. August 1904 folgendes eröffnete:

„Ihre Beschwerde gegen die Ortspolizeibehörde in Schönhausen vom 17. Mai, durch welche Ihnen die persönliche Verwaltung Ihrer Apotheke daselbst aufgegeben worden war, ist durch Verfügung des Herrn Landrats in Genthin vom 27. Juni zurückgewiesen. Die gegen diese Verfügung durch Ihren Rechtsanwalt Dr. Hugo Marcuse in Berlin unter dem 11. v. M. bei mir eingelegte Beschwerde weise ich ebenfalls als unbegründet zurück.

Unter ‚Apothekenvorstand' versteht die Ap.B.O. vom 18. Februar 1902 den Besitzer und den Verwalter, d. h. also, den seine Apotheke selbst verwaltenden Besitzer und, falls dieser an der Verwaltung dauernd verhindert ist (wenn nämlich die Witwe oder minderjährige Kinder Besitzer sind oder wenn der Besitzer in Siechtum verfällt), den förmlich eingesetzten Verwalter (§ 2 Ap.B.O.).

Apothekenvorstand sind im vorliegenden Falle Sie selbst, da ein Verwalter nicht eingesetzt ist, Sie vielmehr Ihre Apotheke mit eigener Verantwortlichkeit verwalten.

Es findet daher die Vorschrift des § 41 Abs. 3 der B.O. auf Sie Anwendung, wonach Sie während eines Jahres nicht mehr als vier Monate in der Leitung der Apotheke ohne meine Genehmigung vertreten werden dürfen.

Diese Bestimmung haben Sie verletzt, die Verfügung des Amtsvorstehers in Schönhausen ist daher gerechtfertigt."

Gegen diesen Bescheid hat der Kläger rechtzeitig Klage erhoben und beantragt, ihn und die Verfügung des Amtsvorstehers vom 17. Mai 1904 außer Kraft zu setzen. Zur Begründung dieses Antrages ist unter Bezugnahme auf das Urteil des R.G. vom 7. Juni 1899 (Juristische Wochenschr. 1899 S. 496) im wesentlichen geltend gemacht worden, daß der § 45 der R.G.O. auch für das Apothekergewerbe Platz greife.

Der Beklagte hat um Abweisung der Klage gebeten.

In der mündlichen Verhandlung vor dem Gerichtshofe hat der vom Minister der geistlichen, Unterrichts- und Medizinalangelegenheiten auf Grund des § 74 Abs. 2 des L.V.G. bestellte Kommissar zur Wahrnehmung des öffentlichen Interesses des näheren ausgeführt, daß der § 45 a. a. O. auf das Apothekergewerbe nicht Anwendung finden könne.

Die auf die Klage zu treffende Entscheidung hängt im wesentlichen davon ab, ob der § 45 der R.G.O., lautend:

„Die Befugnisse zum stehenden Gewerbebetriebe können durch Stellvertreter ausgeübt werden: diese müssen jedoch den für das in Rede stehende Gewerbe insbesondere vorgeschriebenen Erfordernissen genügen" —

auch auf das Apothekergewerbe Anwendung findet. Denn wenn dies zu bejahen ist, so entbehrt der oben wiedergegebene § 41 Abs. 3 der Ap.B.O., insofern man ihn mit dem Beklagten und dem Ministerialkommissar dahin auslegt, daß unter „Apothekenvorstand" nur der Besitzer der Apotheke und der beim Vorhandensein einer Witwe oder minorenner Kinder (§ 4 Titel I der revidierten Ap.O. vom 11. Oktober 1801) oder der im Falle eines Siechtums des Besitzers förmlich eingesetzte Verwalter zu verstehen sei, der Rechtsgültigkeit, und das auf ihn allein gestützte Vorgehen der Polizei ermangelt der rechtlichen Grundlage.

Die obige Frage ist nun verschieden beantwortet worden. Verneint wird sie u. a., und zwar meistens ohne nähere Begründung, in den Kommentaren zur G.O. von von Schenkel (Bd. I S. 39), von Schicker (Bd. I S. 15), Hoffmann (3. Aufl. S. 118), Kayser-Steiniger (3. Aufl. S. 142) und Berger-Wilhelmy (16. Aufl. S. 105); bejaht von von Landmann (unter gewissen Beschränkungen, 4. Aufl., Bd. I S. 398), Neukamp (5. Aufl. S. 88), Günzel, Das deutsche Apothekergewerbe (S. 24), Köhler, Die Stellvertretung im Gewerbebetriebe (S. 29), Pistor, Über das Apothekenwesen (S. 5), Böttger, Die preußische Apothekengesetzgebung (S. 34 und 294), vom R.G. in dem bereits erwähnten Urteile vom 7. Juni 1899 (Juristische Wochenschr. 1899 S. 496) und vom K.G. (Johow, Jahrbücher, Bd. XIII, S. 291).

Der unterzeichnete Senat hat sich auf Grund folgender Erwägungen insoweit der Auffassung des R.G. angeschlossen, als er den § 45 a. a. O. auf das Apothekergewerbe für anwendbar erachtet.

Die G.O. enthält in den §§ 6, 29 (Abs. 1, 3 und 5), 40, 41 (Abs. 2), 53, 80 (Abs. 1), 148 Nr. 8, 151 (Abs. 2) und 154 (Abs. 1) Bestimmungen über das Apothekergewerbe. Von diesen kommen für die zur Entscheidung stehende Frage insbesondere folgende in Betracht:

§ 6 Abs. 1: „Das gegenwärtige Gesetz findet keine Anwendung auf...die Errichtung und Verlegung von Apotheken... — Auf... den Verkauf von Arzneimitteln... findet das gegenwärtige Gesetz nur insoweit Anwendung, als dasselbe ausdrückliche Bestimmungen darüber enthält."

§ 41 Abs. 2: „In betreff der Berechtigung der Apotheker, Gehilfen und Lehrlinge anzunehmen, bewendet es bei den Bestimmungen der Landesgesetze."

§ 154 Abs. 1: „Die Bestimmungen der §§ 105—133e, 139c bis 139m finden auf Gehilfen und Lehrlinge in Apotheken... keine Anwendung."

Aus diesen Vorschriften erhellt, daß die G.O. den Apothekenbetrieb, der seiner Natur nach zweifellos ein Gewerbe ist, auch als ein solches ansieht. Denn sie würde sonst nicht in der Art, wie es geschehen, im § 6 einen Vorbehalt hinsichtlich des Apothekergewerbes treffen und bei denjenigen Vorschriften, die für Apotheker nicht Platz greifen sollen, dies besonders anordnen können. Stellt aber der Apothekenbetrieb ein Gewerbe im Sinne der G.O. dar, so muß auch der § 45 a. a. O. auf ihn Anwendung finden, insofern nicht die oben wiedergegebenen Bestimmungen die gegenteilige Annahme rechtfertigen. Das ist aber nicht der Fall.

Was zunächst den § 6 Abs. 1 Satz 1 a. a. O. angeht, so läßt sich aus der dort gegebenen Bestimmung nicht herleiten, daß der § 45 der R.G.O. nach dem ausdrücklich oder stillschweigend erklärten Willen des Gesetzgebers zu den für den Apothekenbetrieb ausgenommenen Vorschriften gehöre. Nach ihr soll, wie das R.G. in seinem oben angezogenen Urteile hervorhebt, zwar „die Errichtung und Verlegung von Apotheken", nicht das Apothekergewerbe schlechthin außerhalb des Geltungsbereichs des Gesetzes bleiben. Die Stellvertretung des Apothekenbesitzers im Betriebe seiner Apotheke kann aber nicht unter die „Errichtung" oder gar unter die „Verlegung" einer Apotheke gebracht werden; denn sie betrifft weder diese noch jene, sondern den Apothekenbetrieb (vgl. auch die allerdings von Genehmigungen unpersönlicher Natur handelnden §§ 16, 27 der G.O., in denen die Worte „Errichtung" und „Errichtung oder Verlegung" die Stellvertretung nicht in sich begreifen, da es zweifellos im Belieben der Unternehmer steht, ob sie den Betrieb der dort bezeichneten Anlagen selbst oder durch Stellvertreter führen wollen).

Daß der Gesetzgeber nicht beabsichtigt hat, durch den hinsichtlich der Errichtung und Verlegung von Apotheken gemachten Vorbehalt die Zulässigkeit eines Stellvertretungsverhältnisses nach § 45 a. a. O. auszuschließen, ergibt sich auch aus der Art und Weise, wie die Bestimmungen der preußischen allgemeinen G.O. über die Stellvertretung durch die G.O. für den Norddeutschen Bund abgeändert worden sind. Die preußische allgemeine G O. vom 17. Januar 1845 (Gesetzsammlung S. 41), welche derjenigen für den Norddeutschen Bund bzw. der R.G.O. im allgemeinen als Vorbild gedient hat (vgl. z. B. von Landmann-Rohmer a. a. O. S. 2), behandelte die Stellvertretung in den §§ 61, 62 und 63. Diese lauten:

„§ 61. Die Befugnisse zum Gewerbebetriebe können durch Stellvertreter ausgeübt werden; diese müssen jedoch nicht nur den für den selbständigen Gewerbebetrieb im allgemeinen, sondern auch den für das in Rede stehende Gewerbe insbesondere vorgeschriebenen Erfordernissen genügen.

§ 62. Nach dem Tode eines Gewerbetreibenden darf das Gewerbe für Rechnung der Witwe während des Witwenstandes, oder, wenn minderjährige Erben vorhanden sind, für deren Rechnung durch einen nach § 61 qualifizierten Stellvertreter betrieben werden, insofern die über den Betrieb einzelner Gewerbe bestehenden besonderen Vorschriften nicht ein anderes anordnen. Dasselbe gilt während der Dauer einer Kuratel oder Nachlaßregulierung.

§ 63. Inwiefern für die in den §§ 51—54 bezeichneten Personen eine Stellvertretung zulässig ist, hat in jedem einzelnen Falle die Behörde zu bestimmen, welcher die Anstellung oder Konzessionierung zusteht.

Bei den im § 55 bezeichneten Gewerben ist der Betrieb durch Stellvertreter nicht statthaft."

Nach den hier gegebenen Bestimmungen hatte, da der im § 63 angezogene § 54 von den Apothekern handelt, die konzessionierende Behörde im Einzelfalle über die Zulässigkeit einer Stellvertretung im Apothekergewerbe zu befinden. Die §§ 61 und 62 sind nun, abgesehen von einer selbstverständlichen Änderung, welche die Beseitigung der für den selbständigen Gewerbebetrieb im allgemeinen vorgeschriebenen Erfordernisse zum Gegenstand hat, wörtlich in die G.O. für den norddeutschen Bund und später in die R.G.O. übernommen worden. Anders verhält es sich dagegen mit dem § 63. Dieser hat zwar ebenfalls als § 47 in seinem Grundsatze Aufnahme gefunden. Er deckt sich aber hinsichtlich des Kreises der Gewerbetreibenden, auf den er Anwendung finden soll, nicht mehr mit dem § 63, und führt insbesondere die Apotheker nicht mehr auf. Denn er hat in der G.O. für den Norddeutschen Bund bzw. in der R.G.O. den nachstehenden Wortlaut erhalten:

„§ 47. Inwiefern für die nach den §§ 34 und 36 konzessionierten oder angestellten Personen eine Stellvertretung zulässig ist, hat in jedem einzelnen Falle die Behörde zu bestimmen, welcher die Konzessionierung oder Anstellung zusteht.

Dasselbe gilt in Beziehung auf diejenigen Schornsteinfeger, denen ein Kehrbezirk zugewiesen ist (§ 39)."

Wenn hier die Apotheker, welche nicht zu den „nach den §§ 34 und 36 konzessionierten oder angestellten Personen" gehören, im Gegensatz zum § 63 der preußischen G.O. nicht mehr erwähnt werden, so kann das nur dadurch erklärt werden, daß die bisher in Preußen für die Zulässigkeit der Stellvertretung im Apothekergewerbe geltende Beschränkung in Fortfall kommen sollte. Wollte der Gesetzgeber trotz der Abänderung des § 63 den bisherigen Rechtszustand beibehalten, so hätte es ohne Zweifel nahe gelegen, dies auf irgend eine Weise erkennbar zu machen und zum Ausdruck zu bringen, daß er ihn durch anderweit getroffene Bestimmungen, namentlich durch den im § 6 gemachten Vorbehalt, für gesichert erachte. Das hat er aber nicht nur unterlassen, sondern der Begründung zu den §§ 6, 43—46 des Entwurfs einer G.O. für den Norddeutschen Bund eine Fassung gegeben, welche, wie auch das R.G. anerkennt, für die Annahme, das Wort „Errichtung" habe dem gewöhnlichen Sprachgebrauch zuwider die Stellvertretung mit in sich begreifen sollen, nicht den mindesten Anhalt bietet (vgl. Stenographische Berichte über die Verhandlungen des Reichstags des Norddeutschen Bundes, I. Legislaturperiode, Session 1869, III. Bd. S. 113 und 120, woselbst es heißt:

„§§ 43—46 handeln von dem Gewerbebetrieb durch Stellvertreter; die im übrigen zugelassene Stellvertretung mußte für die im § 34 unter 3 bezeichneten Personen von besonderer Genehmigung abhängig gemacht werden, weil es sich hier nicht um eigentliche Gewerbetreibende, sondern um in beschränkter Zahl Angestellte handelt.")

Hiernach läßt sich die Stellvertretung nicht unter den hinsichtlich der Errichtung und Verlegung von Apotheken getroffenen Vorbehalt bringen. Ist das aber der Fall, so muß der im § 63 der preußischen allgemeinen G.O. aufgestellte Grundsatz durch die vom Prinzip der freien Stellvertretung beherrschte, ihren Gegenstand in erschöpfender Weise regelnde reichsgesetzliche Bestimmung des § 45 der R.G.O. als für den Apothekenbetrieb beseitigt gelten. Der Gerichtshof hat deshalb auch dem R.G. nicht darin beizutreten vermocht, daß, weil im § 6 der R.G.O. das ganze Konzessionsverfahren dem Landesrechte vorbehalten worden sei, die preußische Landesgesetzgebung in der Lage gewesen wäre, die Erteilung von Konzessionen von der Bedingung abhängig zu machen, daß die Einsetzung von Stellvertretern allgemein oder doch ohne eine besondere Genehmigung der Regierung nicht stattfinde. Fällt die Stellvertretung im Apothekenbetriebe nicht unter den Vorbehalt der Errichtung und Verlegung von Apotheken, und ist sie mithin nach der reichsgesetzlichen Vorschrift des § 45 a. a. O. in den dort bestimmten Grenzen statthaft, so kann sie auch durch ein Landesgesetz nicht wieder ausgeschlossen oder weiter eingeschränkt werden. Wäre dies zulässig, so ließe sich überdies nicht absehen, weshalb dem § 63 der preußischen G.O. die fortdauernde Geltung und die Bedeutung einer den § 45 einschränkenden landesgesetzlichen Vorschrift abzusprechen wäre. Durch diese Erwägungen finden diejenigen Ausführungen des Ministerialkommissars ihre Widerlegung, welche an die reichsgerichtliche Entscheidung und die von von Landmann a. a. O. vertretene Ansicht anknüpfen, wonach der § 45 für die Stellvertreter im Apothekergewerbe nur eine reichsgesetzliche Mindestforderung aufstellt, weitergehende landesrechtliche Anforderungen aber nicht ausschließt. Denn sie laufen darauf hinaus, daß der § 63 a. a. O. eine noch gültige weitergehende landesrechtliche Vorschrift darstelle und die preußische Landesregierung ermächtige, die Konzession an die Bedingung zu knüpfen, daß ein Stellvertreter nur mit Genehmigung der konzessionierenden Behörde bestellt werden dürfe.

Ebensowenig kann dem Ministerialkommissar darin beigepflichtet werden, daß die Nichtanwendbarkeit des § 45 auf das Apothekergewerbe aus dem oben wiedergegebenen Satze 2 des Abs. 1 im § 6 der R.G.O. in Verbindung mit § 63 der preußischen allgemeinen G.O. gefolgert werden müsse.

Es kann zunächst dem Gesetzgeber nicht unterstellt werden, daß er mit den Worten: „Verkauf von Arzneimitteln" dasselbe habe ausdrücken wollen, wie etwa: „Apothekergewerbe". Wäre das beabsichtigt gewesen, so würde es weder des im Satz 1 ausgesprochenen Vorbehalts wegen der Errichtung und Verlegung von Apotheken, noch des Erlasses der im § 41 Abs. 2 der R.G.O. gegebenen Vorschrift bedurft haben, wonach es in betreff der Berechtigung der Apotheker, Gehilfen und Lehrlinge anzunehmen, bei den Bestimmungen der Landesgesetze bewendet. Die obigen Worte können deshalb nur die Bedeutung haben, die ihnen nach dem gewöhnlichen Sprachgebrauche zukommt. Wird hiervon ausgegangen, so soll allerdings auf den Verkauf von Arzneimitteln die R.G.O. nur insoweit Anwendung finden, als sie Bestimmungen darüber enthält. Und es bezieht sich dieser Vorbehalt zweifellos auch auf den in Apotheken sich vollziehenden Verkauf von Arzneimitteln (vgl. die ursprüngliche Fassung des § 6, nach welcher sich hinter den Worten „Verkauf von Arzneimitteln" der von den Apothekertaxen handelnde § 80 der G.O. angezogen findet). Allein daraus ergibt sich noch nicht die Nichtanwendbarkeit des § 45 auf den Apothekenbetrieb schlechthin. Denn der Betrieb einer Apotheke umfaßt, wie keiner weiteren Ausführung bedarf, weit mehr als den bloßen Verkauf von Arzneimitteln; dieser Verkauf ist nur ein kleiner Teil, gewissermaßen ein Ausschnitt des gesamten Apothekenbetriebes, und steht mithin auch zu der Stellvertretung des Apothekenbesitzers in der Leitung des gesamten Apothekenbetriebes in dem Verhältnis eines Teiles zu einem Ganzen. Für den Apothekenbetrieb ist aber der § 63 der preußischen G.O. nach den vorstehenden Ausführungen durch den § 45 der R.G.O. beseitigt worden. Es ist deshalb nicht angängig, den § 63 für die gesamte Stellvertretung noch deshalb als gültig anzusehen, weil der § 6, Abs. 1, Satz 2 a. a. O. einen Vorbehalt wegen des Verkaufes von Arzneimitteln trifft. Aus diesem Vorbehalt in Verbindung mit § 63 a. a. O. würde höchstens gefolgert werden können, daß der Betrieb der Apotheken insoweit nicht unter die G.O. falle, als er den Verkauf von Arzneimitteln zum Gegenstande hat. Aber auch das darf nicht angenommen werden. Es kann hier nicht von dem Teile auf das Ganze, sondern nur von dem Ganzen auf den Teil geschlossen werden. Wollte der Gesetzgeber die Stellvertretung für einen Teil des Apothekenbetriebes, den Verkauf von Arzneimitteln, ausschließen, so hätte das im Gesetze besonderen Ausdruck finden müssen. Da dies nicht geschehen ist, so rechtfertigt sich die Annahme des Gegenteils. Es würde auch den Bedürfnissen des wirklichen Lebens in keiner Weise entsprechen und zu völlig unannehmbaren Folgen führen, wenn eine Stellvertretung des Apothekers im Sinne der R.G.O. zwar im allgemeinen zulässig, hinsichtlich des Verkaufs von Arzneimitteln aber unstatthaft sein sollte. Den Materialien zum § 6 der G.O. für den Norddeutschen Bund, dessen Vorschriften durch das Gesetz vom 1. Juli 1883 (R.G.Bl. S. 159) materielle Änderungen nicht erfahren haben (vgl. z. B. von Landmann a. a. O. S. 61), läßt sich auch in diesem Punkte irgend etwas Gegenteiliges nicht entnehmen. Übrigens würde selbst dann, wenn die Nichtanwendbarkeit des § 45 auf den Verkauf von Arzneimitteln anzuerkennen wäre, der § 41 Abs. 3 der Ap.B.O. vom 18. Febr. 1902 als zu weitgehend der Rechtsgültigkeit entbehren, da nach ihm kein Apothekenvorstand ohne Genehmigung des Regierungspräsidenten länger als drei Monate im Zusammenhang und während eines Jahres nicht mehr als vier Monate in der Leitung der Apotheke vertreten werden darf.

Es bleibt demnach nur noch zu prüfen, ob die oben angezogenen Vorschriften des § 41 Abs. 2 und des § 154 Abs. 1 der R.G.O. die Gültigkeit des § 45 für das Apothekergewerbe ausschließen. Auch diese Frage muß im verneinenden Sinne beantwortet werden. Aus den in jenen Paragraphen gemachten Vorbehalten ist allerdings gefolgert worden, daß der § 45 für das Apothekergewerbe nicht Platz greife (vgl. Kayser-Steiniger a. a. O.). Zur Widerlegung dieser Ansicht genügt jedoch ein Hinweis auf das oft gedachte Urteil des R.G., in dem sich hierüber folgendes ausgeführt findet:

„Nun bleibt zwar noch zu erwägen, daß sich gemäß § 41 Abs. 2 der G.O. die Berechtigung des Apothekers, Gehilfen und Lehrlinge zu halten, nach den Landesgesetzen bestimmt, und daß gemäß § 154 Abs. 1 daselbst der Titel VII des Gesetzes, durch den die Verhältnisse der gewerblichen Arbeiter geregelt werden, auf Gehilfen und Lehrlinge in Apotheken keine Anwendung findet. Diese Tatsachen sind aber doch für die Frage der Stellvertretung ohne Bedeutung. Denn der Stellvertreter des Apothekers gilt nicht als Apothekergehilfe. Die Übernahme einer Apothekenverwaltung ist erst nach Beendigung der Lehr- und Gehilfen(Servier-)jahre, sowie nach Ablegung der Apothekerprüfung gestattet. Der Stellvertreter muß ein approbierter Apotheker sein, und der Apothekenverwalter wird im Gegensatz zum Gehilfen als Apothekenvorstand bezeichnet (Titel I §§ 21ff. der preußischen revidierten Ap.O. vom 11. Oktober 1801; §§ 2ff. der Bekanntmachung des Bundesrats, betreffend die Prüfung der Apotheker vom 5. März 1875; § 2 des preußischen Ministerialerlasses, betreffend die Vorschriften über Einrichtung und Betrieb der Apotheken usw., vom 16. Dezember 1893)."

Diesen Ausführungen ist lediglich beizutreten.

Schließlich mag hier noch hervorgehoben werden, daß die preußischen Verwaltungsbehörden die von dem erkennenden Senate im vorstehenden vertretene Auffassung lange Zeit geteilt haben. So spricht insbesondere der Erlaß des Ministers der usw. Medizinalangelegenheiten vom 28. Februar 1870 (Eulenberg, Medizinalwesen, S. 482, und Böttger, Apothekengesetze, S. 34) ausdrücklich aus, daß „die Zulässigkeit einer Stellvertretung im Betriebe von Apotheken nach den Bestimmungen der G.O., und namentlich der §§ 45 und 151 derselben zu beurteilen, der privatrechtliche Titel aber, auf Grund dessen die Stellvertretung stattfindet, einer amtlichen Kognition nicht zu unterwerfen sei". Und dieser Erlaß ist durch denjenigen vom 21. September 1886 (Min.-Blatt der inneren Verwaltung 1886, S. 198) nur hinsichtlich der Verpachtung von Apotheken aufgehoben worden. Wenn aber der preußische Minister der Medizinalangelegenheiten im Jahre 1870, also kurz nach Erlaß der G.O. für den Norddeutschen Bund, der Ansicht gewesen ist, daß die §§ 45, 151 a. a. O. auf Apotheker anwendbar und allein maßgebend seien, so rechtfertigt auch das den Schluß, daß die gesetzgebenden Faktoren bei Erlaß der G.O. der rechtlichen Überzeugung gewesen sind, es sollte für die Stellvertretung im Apothekergewerbe die im § 63 der preußischen G.O. ausgesprochene Beschränkung in Fortfall kommen.

Bei dieser Rechtslage kann dahingestellt bleiben, ob mit Rücksicht darauf, daß der § 2 der Ap.B.O. vom 18. Februar 1902 den Begriff „Apothekenvorstand" durch die in Klammern beigefügten Worte: „Besitzer, Verwalter" erläutert, nicht auch ein vom Apothekenbesitzer gemäß § 45 der R.G.O. bestellter Stellvertreter als Verwalter und damit als Apothekenvorstand im Sinne des § 41 Abs. 3 der obigen Betriebsordnung angesehen werden könnte.

Nach den vorstehenden Ausführungen entbehrt die letztere Bestimmung in der ihr vom Beklagten gegebenen Auslegung der Rechtsgültigkeit. Die auf sie allein gestützte Verfügung des Amtsvorstehers in Schönhausen a. E. vom 17. Mai 1904 und der diese aufrecht erhaltende Bescheid des Beklagten vom 22. August 1904 mußten daher außer Kraft gesetzt werden.

Verkehr mit Lymphe.

Die Bestimmungen, welche den Verkehr mit Lymphe in den Apotheken regeln, sind enthalten in einer Verfügung der Minister der Medizinalangelegenheiten und des Innern vom 28. Februar 1900, die sich darstellt als Ausführungsverordnung zum Impfgesetz vom 8. April 1874, erlassen auf Grund eines Bundesratsbeschlusses vom 28. Juni 1899. Die Verordnung lautet in den hier in Betracht kommenden Teilen folgendermaßen:

Min.-Erl., betr. die Schutzpockenimpfung. Vom 28. Februar 1900.

Für den Handel mit Tierlymphe in den Apotheken gelten folgende Vorschriften:

a. Die Lymphe muß aus den staatlichen (Landes-)Anstalten oder aus deren Niederlagen oder aus solchen Privatanstalten, welche einer staatlichen Aufsicht unterstehen[1]) bezogen sein.

b. Die Lymphe ist an einem kühlen Orte und vor Licht geschützt aufzubewahren.

c. Die Lymphe darf nur in der von der Anstalt gelieferten Verpackung abgegeben werden, und dieser Verpackung müssen die Bezeichnung der Anstalt, Angaben über die Nummer des Versandbuches, über den Tag der Abnahme der Lymphe und über die in der Verpackung enthaltenen Portionen, sowie eine Gebrauchsanweisung beigefügt sein. Letztere hat den Wortlaut der §§ 13—19 der Vorschriften, welche von den Ärzten bei der Ausführung des Impfgeschäftes zu befolgen sind, zu enthalten.

d. Lymphe, welche vor mehr als drei Monaten abgenommen ist, darf nicht abgegeben werden.

e. Über den Empfang und die Abgabe der Lymphe ist ein Buch zu führen, in welchem der Tag des Empfanges, die Bezeichnung der Anstalt, in welcher die Lymphe gewonnen ist, der Tag der Abgabe, der Name und die Wohnung des Abnehmers einzutragen sind.

Die Medizinalbeamten sind anzuweisen, auf die Innehaltung dieser Vorschriften seitens der Apotheken bei den regelmäßigen Revisionen derselben zu achten.

Grundsätze für die Einrichtung von Niederlagen der Königlichen Anstalten zur Gewinnung tierischen Impfstoffes[2]) und für deren Betrieb.

Niederlagen der Anstalten zur Gewinnung tierischen Impfstoffes können ständig in Orten, deren Einwohnerzahl einen dauernden Betrieb gewährleistet, vorübergehend aber auch an anderen Orten, in welchen sich das Bedürfnis geltend macht, eingerichtet werden.

---

[1]) Als private Anstalten zur Gewinnung von Tierlymphe, die der staatlichen Aufsicht unterliegen, sind in den Min.-Erlassen vom 13. November 1900 und 7. Oktober 1901 die Anstalten des Sanitätsrats Dr. Pissin zu Berlin, des Arztes Dr. Protze zu Elberfeld und des Hofbesitzers Jessen in Kronprinzenkoog bezeichnet worden.

[2]) In einem Min.-Erl. vom 20. Juli 1905 wird bestimmt, daß die Anstalten zur Gewinnung tierischen Impfstoffes dem Regierungspräsidenten desjenigen Bezirkes, in welchem sie liegen, unterstellt sind und fortan die Bezeichnung „Königlich preußische Impfanstalt zu ...“ zu führen haben.

Der Vertrieb des tierischen Impfstoffes kann sowohl Behörden, als auch Apothekenbesitzern und -Leitern übertragen werden.

Die Auswahl der Niederlagen erfolgt nach Anhörung des Dirigenten der zuständigen Anstalt durch den zuständigen Regierungspräsidenten, in Berlin durch den Polizeipräsidenten.

In den Niederlagen ist der Impfstoff an einem kühlen Orte und vor Licht geschützt aufzubewahren. Impfstoff, welcher sich bereits vier Wochen in der Niederlage befindet, ist der Anstalt zurückzugeben.

Die Niederlagen haben den Impfstoff in der Originalverpackung der Anstalt an die Abnehmer abzugeben und ein Buch nach beiliegendem Schema zu führen.

Von den Behörden wird die Lymphe nur auf schriftliche Bestellung an Ärzte gegen eine bar zu entrichtende Vergütung von 20 Pfg. für eine zu einer Einzelimpfung und von 60 Pfg. für eine zu fünf Impfungen ausreichende Menge abgegeben.

Befinden sich Niederlagen in Apotheken, so ist den Besitzern oder Leitern derselben nicht gestattet, Kuhpockenstoff aus irgend einer anderen Bezugsquelle zu vertreiben. Sie dürfen den Impfstoff nicht an Wiederverkäufer abgeben und haben sich jeglicher Reklame mit demselben zu enthalten. können aber den Ärzten ihres Vertriebsbezirkes zweimal jährlich anzeigen, daß ihnen die Niederlage seitens der Behörde übertragen sei.

Sie dürfen den Impfstoff auch ohne ärztliche Verordnung gegen eine Gebühr a. von 30 Pfg. für eine zu einer Impfung, b. von 1 Mark für eine zu fünf Impfungen ausreichende Menge abgeben. Hiervon haben sie 20 Pfg. von jeder Einnahme zu a., 60 Pfg. von jeder Einnahme zu b. an die Anstalt vierteljährlich abzuführen.

Schema zum Geschäftsbuche der Niederlagen.

Laufende Nummer.
Datum des Empfanges aus der Anstalt.
Ob Packung zu 1 oder zu 5 Impfungen.
Name und Wohnung des Käufers.
Datum des Verkaufes.
Der Anstalt zurückgegeben.
Wann?
Eingenommen.
Bemerkungen.

Verkehr mit Diphtherieheilserum.

Über den Verkehr mit Diphtherieheilserum ist seit der Einführung des Mittels in den Arzneischatz eine größere Anzahl einzelner Verordnungen ergangen, von denen mehrere jedoch im Laufe der Zeit durch spätere Anordnungen abgeändert oder außer Wirksamkeit gesetzt wurden. Die gegenwärtig zu Recht bestehenden Verordnungen regeln den Verkehr mit Diphtherieserum, soweit dadurch der Apothekenbetrieb berührt wird, in folgender Weise:

Min.-Erl., betr. das Diphtherieheilserum. Vom 25. Februar 1895.

Hinsichtlich der Aufbewahrung und Abgabe[1]) des Mittels in den Apotheken treffe ich noch die nachstehenden Anordnungen:

[1]) Im Anfang gibt der Erl. Vorschriften über die Bezeichnung und Plombierung der Fläschchen, worüber jetzt das Arzneibuch entsprechende Angaben enthält. Dazu

1. Das Serum antidiphthericum ist vor Licht geschützt und an einem zwar kühlen, aber frostfreien Orte aufzubewahren, da das Serum durch Gefrieren nach den bisherigen Beobachtungen eine bleibende Trübung erfahren kann.
2. Dasselbe soll klar sein und darf höchstens einen geringen Bodensatz haben. Serum mit bleibenden Trübungen oder stärkerem Bodensatz, sowie Serum einer bestimmten Kontrollnummer, dessen Einziehung auf Grund der Untersuchung der Kontrollstation bestimmt wird[1]), darf nicht abgegeben werden[2]). Die Fabrikationsstätten für Serum[3]): Chemische Fabrik auf Aktien vorm. E. Schering in Berlin und die Farbwerke vorm. Meister Lucius & Brüning in Höchst a. M. haben sich bereit erklärt, derartige von ihnen gelieferte, mit Plombenverschluß noch versehene Fläschchen gegen einwandfreie Präparate franko gegen franko umzutauschen.
3. Auf das Diphtherieserum finden die Bestimmungen in den §§ 1 und 3 der Vorschriften, betreffend die Abgabe starkwirkender Arzneimittel usw. in den Apotheken, vom 4. Dezember 1891[4]) Anwendung, so daß dasselbe hinfort nur gegen ärztliches Rezept verabfolgt werden darf.
4. Vom 1. April d. J. ab dürfen nur noch mit dem staatlichen Prüfungszeichen versehene Fläschchen verkauft und feilgehalten werden.

---

bestimmt ein Min.-Erl. vom 13. Dezember 1904, „daß von jetzt ab auf dem Deckpapier, mit welchem die staatlich kontrollierten Fläschchen mit Diphtherieheilserum umhüllt werden, das Datum der Prüfung in Fortfall kommen darf."

[1]) Bisher sind folgende Nummern des Diphtherieserums zur Einziehung bestimmt worden:

1. aus der Fabrik Farbwerke vorm. Meister u. Lucius Brüning in Höchst a. M.: 40, 114, 173, 207, 259, 266, 273, 275, 282, 304, 312, 314, 317, 319, 321, 358, 603, 651, 699, 700, 701, 703, 705, 706, 707, 708, 710, 714, 715, 716, 718, 719, 720, 722, 723, 724, 725, 726, 727, 728, 731, 732, 733, 734, 735, 736, 737, 738, 739, 767, 769, 770, 774, 776, 779, 783, 818, 823, 824, 825, 826, 859, 863, 881, 903, 931, 934;

2. aus der Fabrik von E. Merck in Darmstadt: 13, 27, 31, 34, 36, 37, 47, 50, 63, 64, 65, 66, 67, 68a, 70, 71, 72, 73, 74, 78, 79, 80, 81, 82, 83, 86, 87, 102, 103, 104, 105, 112, 117, 120, 123, 124, 125, 137, 138, 149, 151, 153, 155, 157, 158, 162, 163;

3. aus der chemischen Fabrik auf Aktien vorm. E. Schering in Berlin: 14, 87, 123, 132, 134, 136, 143, 148, 149, 164, 204, 209;

4. aus dem Serum-Laboratorium Rüte-Enoch in Hamburg: 25, 26, 29, 38, 49, 53, 71, 101, 102, 103, 116.

Ein Min.-Erl. vom 19. März 1907 bestimmt dazu, „daß fortan sämtliche Proben von Diphtherieheilserum drei Jahre nach Ausführung ihrer ersten staatlichen Prüfung serienweise der laufenden Kontrollnummer nach einzuziehen sind".

[2]) Das Arzneibuch hat diese Bestimmung in folgender Fassung übernommen:

Serum mit starker, bleibender Trübung oder stärkerem Bodensatz, sowie Serum mit bestimmter Kontrollnummer, dessen Einziehung verfügt wurde, darf in den Apotheken nicht abgegeben werden.

[3]) Die zugelassenen Fabrikationsstätten für Diphtherieserum sind gegenwärtig folgende:

die Farbwerke vorm. Meister Lucius u. Brüning zu Höchst a. M.;
die chemische Fabrik auf Aktien vorm. E. Schering, Berlin N. 39;
die chemische Fabrik von E. Merck in Darmstadt;
das Serum-Laboratorium Rüte Enoch in Hamburg;
das Serum-Laboratorium von Dr. Pröscher in Darmstadt-Bessungen.

[4]) Jetzt Min.-Erl. vom 22. Juni 1896 (s. Teil XV).

Min.-Erl., betr. die Kennzeichnung des Diphtherieheilserums. Vom 11. März 1902.

Es ist vielfach als Übelstand empfunden worden, daß seitens der Fabrikationsstätten von Diphtherieheilserum bei der Verpackung und Kennzeichnung der Serumfläschchen nicht gleichmäßig verfahren wird. Im Einverständnis mit dem Herrn Reichskanzler (Reichsamt des Innern) bestimme ich daher, daß von jetzt ab der Inhalt der Fläschchen in Kubikzentimetern und in Immunisierungseinheiten auf der Umhüllung der Fläschchen aufzudrucken und als Farbe der Umhüllung bzw. des Etiketts zu wählen ist bei

200— 599	Immunisierungseinheiten	gelb
600— 999	„	grün
1000—1499	„	weiß
1500—1999	„	rot
2000—2999	„	violett
3000 und mehr	„	blau.

Die Apotheken sind mit entsprechender Weisung versehen worden.

Min.-Erl., betr. die Verpackung des Diphtherieheilserums in Glasampullen. Vom 10. Mai 1902.

Nach Anhörung des Herrn Direktors des Königlichen Instituts für experimentelle Therapie in Frankfurt a. M., Geheimen Med.-Rats Prof. Dr. Ehrlich, erkläre ich mich damit einverstanden, daß fortan das Diphtherieheilserum sowohl, wie bisher, in Fläschchen, welche mit Korkstopfen verschlossen sind, als auch in zugeschmolzenen Glasampullen, deren Hals sich an einer eingefeilten Marke leicht abbrechen läßt, in den Handel gebracht werden darf. Die Glasampullen müssen ebenso wie die Fläschchen vor der Füllung durch trockne Hitze von 150° C keimfrei gemacht werden, auch ist durch vorsichtiges Einfüllen des Serums in die Ampullen zu verhüten, daß eine Gerinnung von Serum beim Zuschmelzen der Ampullen erfolgt. Der Hals der Ampullen muß an der mit Feilstrich versehenen Bruchstelle so weit sein, daß er die Einführung der Spritzenkanüle behufs Aussaugung des Serums mittels der Spritze bequem gestattet. Die beste Art der Serumentnahme muß auf einer den Ampullen beizufügenden Gebrauchsanweisung deutlich beschrieben sein.

Die durch Runderlaß vom 25. Februar 1895 vorgeschriebene Sicherung der im Institut für experimentelle Therapie in Frankfurt a. M. kontrollierten Fläschchen durch Plombenverschluß ist bei dem in Ampullen abgefüllten Serum an der Verpackungshülse anzubringen. Wegen der Verpackung und Kennzeichnung des in Glasampullen abgefüllten Serums hat mein Erlaß vom 11. März d. J. Beachtung zu finden.

Min.-Erl., betr. die Preise des Diphtherieheilserums. Vom 24. November 1904.

In Abänderung meiner Erlasse vom 25. Februar und 4. April 1895 setze ich den Maximalpreis des Serum antidiphthericum für den Verkehr zwischen den Fabrikationsstätten mit den Apotheken nachstehend fest:

1. Von dem Serum, welches mindestens 350 Immunitätseinheiten in 1 ccm enthalten muß,

für ein Fläschchen mit 200 Immunitätseinheiten (Nr. 0) auf 0,45 Mark,
für ein Fläschchen mit 600 Immunitätseinheiten (Nr. I) auf 1,10 Mark,
für ein Fläschchen mit 1000 Immunitätseinheiten (Nr. II) auf 1,75 Mark,
für ein Fläschchen mit 1500 Immunitätseinheiten (Nr.III) auf 2,55Mark,

2. Von 500fachem Serum für ein Fläschchen mit 1 ccm 1,20 Mark. 2 ccm 2,25 Mark, 3 ccm 3,35 Mark, 4 ccm 4,40 Mark.

Die in meinem Erlaß vom 25. Februar 1895 angegebenen Preisermäßigungen für Institute, Kassen, Personen usw. kommen nicht mehr zur Anwendung.

Das dem Apotheker zustehende Entgelt für seine Bemühungen beim Vertriebe des Serums, welches von jetzt ab nur in ganzen Fläschchen abgegeben werden darf, wird nachstehend festgesetzt:

1. Von dem mindestens 350fachen Serum für ein Fläschchen Nr. 0 25 Pfg., Nr. I 40 Pfg., Nr. II 50 Pfg. und Nr. III 55 Pfg.
2. von dem 500fachen Serum für ein Fläschchen mit 1 ccm 40 Pfg., 2 ccm 50 Pfg., 3 ccm 55 Pfg. und 4 ccm 60 Pfg.

Hiernach erhält der Apotheker für die Abgabe eines Fläschchens[1]):

1. des mindestens 350fachen Serums Nr. 0 0,70 Mark, Nr. I 1,50 Mark, Nr. II 2,25 Mark und Nr. III 3,10 Mark,
2. des 500fachen Serums zu 1 ccm 1,60 Mark, zu 2 ccm 2,75 Mark, zu 3 ccm 3,90 Mark und zu 4 ccm 5 Mark.

Diese sämtlichen vorstehenden Preisfestsetzungen treten mit dem 1. Januar 1905 in Kraft.

Über das feste Diphtherieheilserum erging ein besonderer Erlaß, der in seinen ersten vier Ziffern die Beschaffenheit, Prüfung und Verpackung dieses Serums behandelt, worüber sich jetzt entsprechende Angaben im Arzneibuch befinden. Für den Verkehr in Apotheken haben nur die beiden folgenden Ziffern Bedeutung:

Min.-Erl., betr. das feste Diphtherieheilserum. Vom 16. August 1898.

5. Der Vertrieb des geprüften und plombierten Serums darf nur in den Apotheken geschehen. Das Mittel darf von den Apothekern an Nichtärzte nur auf schriftliche, mit Datum und Unterschrift versehene Anweisung (Rezept) eines Arztes und, soweit auf dem Rezept nicht anderes vorgeschrieben ist, nur in Lösung verabfolgt werden. Die Lösung soll mittels destillierten sterilisierten Wassers von 1 ccm auf je 250 Immunisierungseinheiten in dem Originalfläschchen jedesmal frisch bereitet werden; sie soll bis auf kleine Eiweißflöckchen, von klarem Aussehen sein und in den Originalfläschchen abgegeben werden.

6. Der Preis des festen Diphtherieheilserums wird bis auf weiteres auf höchstens 2 Mark für eine Dosis von 250 und auf höchstens 8 Mark für eine solche von 1000 Immunisierungseinheiten festgesetzt. Eine Preisermäßigung für Krankenhäuser, Kassen usw. findet bis auf weiteres nicht statt. Dem Apotheker stehen für die Lösung und den Vertrieb des festen Diphtherieheilserum 75 Pfg. für ein Fläschchen mit 250 und 1,25 Mark für ein solches mit 1000 Immunisierungseinheiten zu.

Verkehr mit Tuberkulin.

Auch über das Tuberkulin alt und das Tuberkulin neu sind mehrere Verordnungen ergangen, die einander vielfach ergänzen. Die beiden ersten über das Mittel erlassenen Verordnungen sind deshalb im folgenden bereits zusammengezogen worden.

---

[1]) Die gleichen Preisansätze sind auch in der Deutschen Arzneitaxe aufgenommen worden.

Min.-Erl., betr. Tuberkulin alt. Vom 1. März 1891 und 25. November 1896.

Hinsichtlich der Aufbewahrung und Abgabe des Mittels in den Apotheken treffe ich die nachstehenden Anordnungen:

1. Das Tuberculinum Kochii ist unter den Separanden vor Licht geschützt aufzustellen.
2. Dasselbe ist nur in den unversehrten Originalfläschchen und nur gegen schriftliche Anweisung eines approbierten Arztes an diesen selbst oder eine von ihm beauftragte Person abzugeben[1]).
3. Der Taxpreis des Tuberculinum Kochii wird hiermit für das Fläschchen mit 1 ccm Inhalt auf 1,20 Mark, für das mit 5 ccm Inhalt auf 3 Mark und für das mit 50 ccm Inhalt auf 22,50 Mark festgesetzt[2]). Die von der Fabrikationsstätte berechneten Verpackungskosten sind in diesen Preisen inbegriffen.

Min.-Erl., betr. Tuberkulin neu. Vom 30. Juni 1897.

Das von dem Geh. Med.-Rat, Prof. Dr. Koch erfundene neue Heilmittel gegen die Tuberkulose (T. R.), welches von den Farbwerken Meister Lucius und Brüning zu Höchst a. M. unter der Bezeichnung „Neues Tuberkulin Koch" in den Handel gebracht wird, darf ebenso wie das alte Tuberculinum Kochii — abgesehen vom Großhandel — nur in Apotheken abgegeben werden. Hinsichtlich der Aufbewahrung und Abgabe des Mittels in den Apotheken treffe ich nachstehende Anordnungen:

1. Das „neue Tuberkulin Koch" ist unter den Separanden vor Licht geschützt aufzubewahren.
2. Dasselbe ist nur in den unversehrten Originalflaschen und nur gegen schriftliche Anweisung eines approbierten Arztes an diesen selbst oder eine von ihm beauftragte Person abzugeben.
3. Der Taxpreis des „neuen Tuberkulins Koch" wird hiermit (einschließlich der Verpackungskosten) für das Fläschchen mit 1 ccm Inhalt auf 8,50, für das mit 5 ccm Inhalt auf 42,50 Mark festgesetzt.

Min.-Erl., betr. die Prüfung des Tuberkulins. Vom 24. März 1902.

Nach dem Arzneibuch für das Deutsche Reich — vierte Ausgabe, S. 395 — unterliegt das Tuberkulinum Kochii der staatlichen Aufsicht, welche sich auf seinen gleichbleibenden Gehalt an spezifischem Toxin bezieht, und wird in amtlich plombierten Fläschchen geliefert; auch darf das Tuberkulin gemäß der Kaiserl. Verordnung vom 22. Oktober 1901 nur in den Apotheken abgegeben werden.

Mit der Prüfung des Tuberkulins habe ich das Institut für experimentelle Therapie in Frankfurt a. M. beauftragt.

Die kontrollierten Fläschchen sind am Stopfen mit Papier überbunden (tektiert) und plombiert. Auf dem von dem Plombenverschluß gesicherten

---

[1]) Auf Anweisung eines Tierarztes darf also Tuberkulin nicht abgegeben werden. Das durch die Verordnung vom 1. März 1891 vorgeschriebene Buch, welches der Apotheker über Ankauf und Abgabe von Tuberkulin führen sollte, ist durch den Min.-Erl. vom 25. November 1896 aufgehoben worden. In dem der Anweisung für die amtliche Besichtigung der Apotheken vom 18. Februar 1902 (s. Teil XVIII) beigegebenen Schema wird jedoch das „Buch über Tuberkulinverkauf" irrtümlicherweise noch erwähnt.

[2]) Diese sowie die in dem Min.-Erl. vom 30. Juni 1897 für das TR festgesetzten Taxpreise sind auch von der Deutschen Arzneitaxe übernommen mit der einzigen Abweichung, daß der Preis für 1 ccm Tuberkulin alt 1,50 Mk. beträgt.

Deckpapier tragen dieselben das Datum der Prüfung und die Kontrollnummer; auf der einen Seite der Plombe befindet sich als Zeichen der Prüfungsstelle ein Adler. Außerdem müssen die Fläschchen mit einer Angabe über den Ort und die Fabrikationsstätte der Herstellung versehen sein.

Vom 1. Juni d. J. ab dürfen nur noch mit dem staatlichen Prüfungszeugnis versehene Fläschchen feilgehalten und verkauft werden.

Min.-Erl., betr. Tuberkulinverdünnungen. Vom 7. April 1902.

Gemäß Erlaß vom 1. März 1891 darf Tuberkulinum Kochii in den Apotheken nur in den unversehrten Originalfläschchen und nur gegen schriftliche Anweisung eines approbierten Arztes an diesen selbst oder eine von ihm beauftragte Person abgegeben werden. Die zur Anwendung des Tuberkulins erforderlichen Verdünnungen können einwandfrei nur vermittels sterilisierter Meßzylinder und Pipetten hergestellt werden, die nicht im Besitz eines jeden Arztes, wohl aber in den Apotheken vorhanden zu sein pflegen; seitens der letzteren soll deshalb das Tuberkulin fortan auch in verdünntem Zustande abgegeben werden dürfen. Da aber das Tuberkulin in Verdünnungen schnell verdirbt, wenn zur Verdünnung nicht ein entwicklungshemmendes Mittel, am besten eine schwache Karbolsäurelösung, verwendet wird, so bestimme ich, daß die Verdünnungen nur mit 0,5 prozentiger Karbolsäurelösung geschehen, in der Regel erst kurz vor Anwendung des Mittels vorgenommen und nicht länger als vier Wochen vorrätig gehalten werden dürfen. Die zur Herstellung der Verdünnungen bestimmten Meßzylinder und Pipetten, sowie die zur Aufnahme der Verdünnungen bestimmten Arzneigläser — sechseckige Gläser mit weitem Halse und eingeschliffenem Glasstöpsel — sind unmittelbar vor der Herstellung im Trockenschrank bei 150° C zu sterilisieren. Zunächst wird durch Vermischung von einem Raumteil Tuberculinum Kochii mit neun Raumteilen einer 0,5prozentigen Karbolsäurelösung eine 10 prozentige Tuberkulinlösung hergestellt, welche als Stammlösung für weitere Verdünnungen dienen kann. Das Aufnahmegefäß ist mit dem Gehalt der Lösung an Tuberkulin und dem Tage der Herstellung zu signieren. Die Stammlösung darf jedoch nicht länger als vier Wochen vorrätig gehalten werden[1]).

Die weiteren Verdünnungen sind so herzustellen, daß von der Stammlösung ein Volumteil mit 9 T. 0,5 prozentiger Karbolsäurelösung und von der so gewonnenen Lösung wieder ein Volumteil mit 9 T. 0,5 prozentiger Karbolsäurelösung vermischt wird usw.

Diese weiteren Verdünnungen dürfen jedoch immer nur auf schriftliche Anweisung (Rezept) eines approbierten Arztes angefertigt und nur an diesen selbst oder eine von ihm beauftragte Person abgegeben werden.

Verkehr mit Mineralölen.

Eine Angelegenheit, die ebenfalls in den Betrieb der Apotheken eingreift, der Verkehr mit Mineralölen, ist durch gleichlautende Polizeiverordnungen in einheitlicher Weise geordnet. Diese Verordnungen sind auf Grund einer von den Ministern des Innern und für Handel und Gewerbe unter dem 28. August 1902 angegebenen und durch Erlaß vom 20. Januar 1906 in einigen Punkten abgeänderten Normalpolizeiverordnung teils von den Oberpräsidenten für den

[1]) In einem Erl. vom 9. August 1902 ist der Minister der Auffassung beigetreten, daß der Inhalt angebrochener Originalfläschchen mit Tuberculinum Kochii sogleich zu der Stammlösung, die nicht länger als vier Wochen vorrätig zu halten ist, verarbeitet werden muß.

Umfang der Provinz, teils von den Regierungspräsidenten für den Regierungsbezirk erlassen worden[1]). Soweit diese Verordnungen vorliegend interessieren, haben sie folgenden Wortlaut:

Polizeiverordnungen über den Verkehr mit Mineralölen.

§ 1. Die gegenwärtige Polizeiverordnung findet Anwendung auf Rohpetroleum und dessen Destillationsprodukte (leichtsiedende Öle, Leuchtöle und leichte Schmieröle), aus Braunkohlenteer oder Steinkohlenteer bereitete flüssige Kohlenwasserstoffe (Photogen, Solaröl, Benzol usw.) und Schieferöle.

§ 2. Die im § 1 aufgeführten Flüssigkeiten werden, wenn sie bei einem Barometerstande von 760 mm bei einer Erwärmung auf weniger als 21° des hundertteiligen Thermometers entflammbare Dämpfe entwickeln, zur Klasse I, wenn sie solche bei einer Erwärmung von 21—65° entwickeln, zur Klasse II, von 65 bis zu 140° zur Klasse III gerechnet[2]). Öle mit höherem Entflammungspunkt sind den Bestimmungen dieser Verordnung nicht unterworfen.

I. Abschnitt.

Vorschriften für die Klasse I.

§ 3. I. In den zum dauernden Aufenthalt und in den zum regelmäßigen Verkehr von Menschen bestimmten Räumen, insbesondere in Wohnräumen, Schlafräumen, Küchen, Korridoren, Treppenhäusern und Kontoren, in Gast- und Schankwirtschaften dürfen, sofern nicht in nachstehendem etwas

---

[1]) Die gegenwärtige Rechtslage über den Verkehr mit Mineralölen gründet sich auf folgende einzelne Polizeiverordnungen:

Provinz Ostpreußen	P.-V. vom	12. März 1903	und 1. Mai 1906,
„ Westpreußen	„ „	3. April 1903	„ 5. Juni 1906,
Landespolizeibez. Berlin	„ „	3. März 1906,	
Übrige Prov. Brandenburg	„ „	16. Juni 1903	„ 16. Mai 1906,
Provinz Pommern	„ „	29. Mai 1906,	
Reg.-Bez. Posen	„ „	25. April 1906,	
„ Bromberg	„ „	25. Mai 1906,	
Provinz Schlesien	„ „	1. Mai 1906,	
Provinz Sachsen	„ „	15. Oktbr. 1902	„ 9. Mai 1906,
Reg.-Bez. Schleswig	„ „	3. April 1906,	
Provinz Hannover	„ „	7. Febr. 1903	„ 6. April 1906,
Provinz Westfalen	„ „	17. März 1903	„ 21. Juni 1906,
Provinz Hessen-Nassau	„ „	18. Juni 1903	„ 7. Mai 1906,
Reg.-Bez. Köln	„ „	21. April 1906,	
„ Düsseldorf	„ „	10. Nov. 1902	„ 2. Mai 1906,
„ Koblenz	„ „	24. April 1906,	
„ Aachen	„ „	30. Nov. 1902	„ 2. April 1906,
„ Trier	„ „	31. März 1906,	
„ Sigmaringen	„ „	21. Jan. 1903	„ 27. April 1906.

[2]) Zu den durch § 2 gebildeten drei Klassen gehören in der Hauptsache folgende Flüssigkeiten:

Klasse I (Entflammungspunkt unter 21° C): Benzin, Benzinäther, Benzinnaphtha, Benzol, Canadol, Gasäther, Gasolin, Ligroin, Naphtha (Rohpetroleum), Petroleumäther, Petroleumbenzin, Petroleumessenz, Petroleumsprit, künstliches Terpentinöl, Toluol.

Klasse II (Entflammungspunkt zwischen 21 und 65° C): Benzinöl, Erdöl, Kaiseröl, Leuchtöl, Mineralbrennöl, Leucht- und Brennpetroleum, Photogen, Putzöl, Salonöl, Solaröl, Steinöl.

Klasse III (Entflammungspunkt zwischen 65 und 140° C): Blauöl, Gasöl, Gelböl, Paraffinöle, Putzöl aus Braunkohlenteer, Rotöl, leichte Schmieröle, Vulkanöl.

anderes bestimmt ist, nicht mehr als insgesamt 15 kg der Flüssigkeiten aufbewahrt werden.

II. Die Aufbewahrung darf in den im Abs. I genannten Räumen nur in geschlossenen Gefäßen erfolgen. Gefäße zur Aufbewahrung größerer Mengen als 2 kg müssen aus verzinntem, verzinktem oder verbleitem Blech hergestellt sein; ihre Öffnungen sind durch sicher mit dem Gefäß verbundene, auswechselbare feinmaschige Drahtnetze gegen das Hindurchschlagen von Flammen zu sichern. Die Nähte der Gefäße müssen, sofern sie nicht durch Nietung, Hartlötung oder Schweißung hergestellt sind, doppelt gefalzt und gelötet sein. Dicht verschlossene Gefäße müssen ein Sicherheitsventil (Federventil, Schmelzplatte) haben, das bei Erhitzung der Gefäße eine schädliche Dampfspannung verhütet. Das Umfüllen von einem Gefäß in ein anderes darf nur bei Tageslicht, bei Außenbeleuchtung, bei elektrischem Glühlicht oder unter Benutzung von elektrischen oder Davyschen Sicherheitslampen erfolgen.

§ 4. I. In den Verkaufs- oder sonstigen Geschäftsräumen der Kleinhändler dürfen insgesamt 30 kg der Flüssigkeiten aufbewahrt werden, wenn diese Räume in keiner Verbindung mit Räumen der im § 3 Abs. I gedachten Art stehen oder von ihnen rauch- und feuersicher abgeschlossen sind, jedoch dürfen Verkaufs- und sonstige zur Aufbewahrung von Flüssigkeiten dieser Klasse dienende Geschäftsräume mit Kontoren in Verbindung stehen, wenn sie zusammen von den übrigen im § 3 Abs. I genannten Räumen rauch- und feuersicher abgeschlossen sind.

Werden vorstehende Bestimmungen nicht erfüllt, so sind die Lagermengen in den Verkaufs- und sonstigen Geschäftsräumen der Kleinhändler gemäß § 3 Abs. I zu beschränken.

II. Hinsichtlich der Aufbewahrung und des Umfüllens gelten die Vorschriften der §§ 3 Abs. II und 13 Abs. II.

§ 5. I. Mengen von mehr als 30 kg, aber nicht mehr als 300 kg dürfen nur nach vorausgegangener Anzeige an die Ortspolizeibehörde gelagert werden.

II. Sie dürfen in Kellern oder zur ebenen Erde gelegenen Räumen, die durch massive Wände und Decken von allen übrigen Räumen geschieden sind, keine Abflüsse nach außen (Straßen, Höfen usw.), keine Heizvorrichtungen und Schornsteinöffnungen und reichliche Lüftung haben, gelagert werden, sofern die Aufbewahrung in eisernen Fässern oder in hart gelöteten oder genieteten Metallgefäßen mit luftdichtem Verschluß unter Beachtung der Bestimmungen im § 13 Abs. II erfolgt.

Kellerräume, die eine unmittelbare Verbindung mit solchen Treppenhäusern besitzen, welche den einzigen Zugang zu höher liegenden, zum regelmäßigen Aufenthalt oder zum Verkehr von Menschen bestimmten Räumen bilden, sowie Kellerräume, die zum Lagern von Zündwaren oder Explosivstoffen dienen, dürfen zur Lagerung nicht benutzt werden. Der zur Lagerung dienende Teil der Räume muß mit einer aus undurchlässigem und feuersicherem Baustoff hergestellten Sohle und Umwehrung von solcher Höhe umgeben sein, daß der Raum innerhalb der Umwehrung die aufbewahrten Flüssigkeiten vollständig aufzunehmen vermag. Die Türen der Lagerräume müssen nach außen aufschlagen und rauch- und feuersicher sein.

III. Das Umfüllen von Flüssigkeiten in solchen Lagerräumen darf nur mittels Hahn oder Pumpe bei Tageslicht, bei Beleuchtung durch unter Luftabschluß brennende Glühlampen mit dichtschließenden Überglocken, die auch die Fassung einschließen, oder bei dicht von dem Raume abgeschlossener Außenbeleuchtung erfolgen. Schalter und Widerstände dürfen in dem Raume nicht vorhanden sein. Das Anzünden von Feuer oder Licht, sowie das Rauchen in dem Lagerraum ist untersagt. Diese Vorschrift ist an den Eingangstüren zum Lagerraum in augenfälliger, dauerhafter Weise anzubringen.

II. Abschnitt.

Vorschriften für die Klasse II.

§ 9. In d n im § 3 Abs. I bezeichneten Räumen dürfen nicht mehr als 25 kg der Flüssigkeiten aufbewahrt werden.

§ 10. In den Verkaufs- und sonstigen Geschäftsräumen der Kleinhändler dürfen insgesamt bis zu 50 kg Flüssigkeiten dieser Klasse in beliebigen geschlossenen Gefäßen, größere Mengen bis zu 200 kg im Faß aufbewahrt werden. Bei Verwendung von geschlossenen, mit Abfüllvorrichtung versehenen Metallgefäßen, die unter Benutzung von Pumpen oder flammenstickenden gepreßten Gasen mit Vorratsfässern in Nebenräumen oder Kellern in Verbindung stehen, darf die Gesamtmenge dieses Vorrates bis zu 600 kg betragen. Bei anderer Art der Abfüllung dürfen gleiche Mengen nur auf Höfen in Schuppen oder solchen Kellern gelagert werden, die von angrenzenden Räumen feuersicher abgeschlossen sind.

III. Abschnitt.

Vorschriften für die Klasse III.

§ 12. I. Bei der Lagerung von Mengen von nicht mehr als 10 000 kg in Fässern ist das Fortfließen der Flüssigkeit durch Tieferlegung der Sohle oder durch eine aus undurchlässigem und feuersicherem Baustoff hergestellte Umwehrung zu verhindern.

IV. Abschnitt.

Gemeinsame Bestimmungen.

§ 13. I. Werden der Klasse nach verschiedene unter diese Verordnung fallende Flüssigkeiten miteinander oder mit anderen leicht entzündlichen Flüssigkeiten (Spiritus, Ätherarten, Spritlacken und dergleichen) in demselben Raume oder in solchen Räumen, welche nicht feuersicher voneinander getrennt sind, zusammengelagert, so finden, unbeschadet der für die anderen leicht entzündlichen Flüssigkeiten etwa bestehenden besonderen Vorschriften[1]), auf die Gesamtmenge aller leicht entzündlichen Flüssigkeiten hinsichtlich des Lagerraumes die für die

---

[1]) Bestimmungen über andere feuergefährliche Stoffe, auf welche die Verordnung in § 13 Bezug nimmt und die danach auch weiter in Geltung bleiben sollen, bestehen vornehmlich im Stadtkreis Berlin in Gestalt einer Polizeiverordnung vom 30. April 1891 über Lagerung und Aufbewahrung von Äther, Kollodium, Schwefelkohlenstoff und anderen feuergefährlichen Stoffen, deren Siedepunkt unter 60° C liegt und welche zugleich bereits bei gewöhnlicher Temperatur leicht entflammbare Dämpfe entwickeln. Die Verordnung enthält in § 5 folgende Sonderbestimmung für Apotheken:

In den Vorrats-(Medizinal-)Kellern dürfen die im § 1 erwähnten Stoffe nur in Mengen von höchstens je 2 kg aufbewahrt werden. Größere Mengen bis zu 15 kg können in einem besonderen Keller vorrätig gehalten werden. Für Mengen über 15 kg gelten die Bestimmungen des § 2, bei Neuanlagen derartiger Räume sind die Laboratorien von den Vorratsräumen durch eine Brandmauer zu trennen.

§ 2 schreibt für die Lagerung von größeren Mengen als 15 kg ortspolizeiliche Erlaubnis vor und nennt gleichzeitig die näheren Bedingungen, an welche die Erteilung dieser Erlaubnis zu knüpfen ist.

leichtest entflammbare Flüssigkeit geltenden Vorschriften Anwendung. Die Beschaffenheit der Gefäße bestimmt sich nach der Art und Menge der einzelnen Flüssigkeiten.

In den Verkaufs- und sonstigen Geschäftsräumen der Kleinhändler dürfen Mineralöle miteinander oder mit anderen leicht entzündlichen Flüssigkeiten bis zu einer Gesamtmenge von 150 kg aufbewahrt werden. Darunter dürfen sich bis zu 30 kg Mineralöle der Klasse 1 bef nden, wenn die Vorschriften des § 4 erfüllt sind; im anderen Falle bestimmt sich die Höchstmenge letzterer Flüssigkeit nach § 3.

II. An den in den Lagerräumen zur Aufbewahrung der Flüssigkeiten dienenden Gefäßen oder auf besonderen dabei angebrachten Tafeln muß die leicht lesbare und nicht ve wischbare Aufschrift „Feuergefährlich" und eine Bezeichnung angebracht sein, die die Tara und das Fassungsvermögen nach dem Gewicht derjenigen Flüssigkeit angibt, für welche die Gefäße dienen. Bei Berechnung der gelagerten Flüssigkeiten werden auch die nur teilweise gefüllten Gefäße nach ihrem vollen Fassungsvermögen berechnet.

V. Abschnitt.

Übergangs- und Schlußbestimmungen.

§ 17. Ausnahmen von den Bestimmungen dieser Verordnung können auf Antrag durch die Landespolizeibehörden genehmigt werden[1]).

§ 18. Übertretungen dieser Verordnung werden, sofern nicht die Bestimmungen des Strafgesetzbuches, insbesondere § 367, Nr. 6[2]) Anwendung finden, mit Geldstrafe bis zu 60 Mark oder entsprechender Haft bestraft.

Beförderung von Arzneimitteln auf Eisenbahnen.

Im Anschluß an die vorstehend aufgeführten engeren Betriebsvorschriften der Apotheker seien im folgenden noch die neuerdings erlassenen Bestimmungen über eine vereinfachte Beförderung von Arzneimitteln auf Eisenbahnen wiedergegeben. Dieselben sind auf Grund eines Erlasses des Eisenbahnministers vom 10. Februar 1905 von der Eisenbahndirektion Berlin namens der übrigen Eisenbahndirektionen für den Verkehr auf den preußisch-hessischen Staatsbahnen in Geltung gesetzt worden.

Bk., betr. regelmäßige Beförderung von Arzneimitteln auf den preußisch-hessischen Bahnen. Vom 17. Februar 1905.

Zur Erleichterung und Beschleunigung der Beförderung von Arzneimitteln nach solchen — zumeist ländlichen — Orten, an denen sich eine Apotheke nicht befindet, wird auf den preußisch-hessischen Staatseisenbahnen vom 1. März d. J. ab versuchsweise eine regelmäßige Beförderung von Arzneimitteln nach den hierunter abgedruckten Bedingungen eingerichtet werden. Nähere Auskunft erteilen die Gepäckabfertigungsstellen.

---

[1]) Auf Grund dieses Paragraphen hat der Reg.-Präsident in Oppeln unter dem 21. März 1905 folgendes bestimmt:

In Apotheken dürfen im Verkaufsraum und im Arzneikeller, bzw. der Tinkturenkammer von der Klasse 1 (§ 2) der in § 1 der Polizeiverordnung genannten Stoffe Mengen bis zu 2 kg in dicht verschlossenen Glasgefäßen aufbewahrt werden, und zwar unabhängig davon, ob die Bedingungen in § 4 I der Polizeiverordnung erfüllt sind oder nicht.

[2]) S. Seite 111.

Bedingungen für die regelmäßige Beförderung von Arzneimitteln.

§ 1. Eine regelmäßige Beförderung von Arzneimitteln nach bestimmten nicht mehr als 25 km vom Versandort entfernten Stationen, an denen eine Apotheke nicht vorhanden ist, findet versuchsweise auf besonderen Antrag (§ 10) unter nachstehenden Bedingungen statt.

§ 2. Die Arzneimittel sind in dauerhaften, handlichen und gut schließenden Kasten zu verpacken, die mit Inhalt höchstens 10 kg schwer sein dürfen. Die Arzneikasten müssen in dauerhafter Weise außer dem Namen und Wohnort der Versandapotheke die deutliche Adresse des Empfängers und den Namen der Eisenbahnversand- und Empfangsstation tragen.

Nachnahme-Belastung ist ausgeschlossen.

§ 3. Die Beförderungsgebühr ist für den Kalendermonat, zuerst nach Bewilligung des Antrages (§ 10) und sodann am 1. des folgenden Monats, jedesmal vor Auflieferung der ersten Sendung zu zahlen. Sie beträgt für sämtliche innerhalb dieser Zeit beförderte Sendungen (einschließlich der Rückbeförderung der nicht innerhalb 48 Stunden abgeholten — vgl. 6 —, der leeren oder nur mit leeren Arzneibehältern und Rezepten gefüllten Kasten) und für jede Empfangsstation 3 Mark.

§ 4. Eine regelmäßige Verwiegung der Arzneikasten findet nicht statt. Die Versandstation wird darüber wachen und sich von Zeit zu Zeit durch Nachwiegung davon überzeugen, daß das Gewicht der Arzneikasten 10 kg nicht übersteigt. Stellt sich heraus, daß das Höchstgewicht von 10 kg überschritten ist, oder andere Gegenstände als Arzneimittel oder Rezepte sich in dem Kasten befinden, so wird für die Sendung ein Frachtzuschlag von 5 Mark erhoben, und zwar auch dann, wenn die Absicht der Frachthinterziehung nicht vorliegt.

Wein und Mineralwässer gelten nur dann als Arzneimittel, wenn sie auf Grund eines der Sendung beigefügten ärztlichen Rezeptes versandt werden.

Die Eisenbahnverwaltung kann vom Versender wie vom Empfänger die Öffnung der Arzneikasten und die Vorlegung der Rezepte verlangen.

Die Rezepte dürfen weder mit der Aufschrift einer bestimmten Apotheke, noch mit Buchstaben, Zahlen usw. versehen sein, durch die auch beim Fehlen einer ausführlichen Adresse eine bestimmte Apotheke gekennzeichnet wird.

Briefliche Mitteilungen jeder Art sind ausgeschlossen.

§ 5. Gefüllte Arzneikasten können bis zur unmittelbaren Abfahrt des Zuges aufgeliefert werden.

Die Auflieferung erfolgt ohne Begleitpapier bei der Gepäckabfertigungsstelle, oder wenn diese geschlossen ist, bei der Station. Soll die Beförderung mit einem Güterzuge stattfinden, so kann die Auflieferung des Arzneikastens bei der Güterabfertigungsstelle gefordert werden.

Die Arzneikasten werden, sofern nicht die Beförderung mit bestimmten Zügen vereinbart ist, mit dem nächsten auf der Bestimmungsstation haltenden Personen- oder Güterzuge befördert.

§ 6. Der Empfänger hat den Arzneikasten am Zuge oder bei der Gepäck-(Güter-)Abfertigungsstelle abzuholen, ohne daß eine Benachrichtigung über die Ankunft erfolgt. Erfolgt die Abholung nicht innerhalb 48 Stunden, so wird der Versender hiervon durch Vermittlung der Versandstation benachrichtigt. Ist die Abholung auch nach weiteren 48 Stunden nicht erfolgt, so wird der Arzneikasten an die Versandapotheke zurückgeschickt.

§ 7. Die Ankunft der zurückgesandten leeren Kasten wird der Apotheke von der Eisenbahnverwaltung nicht mitgeteilt.

Sie sind bei Vermeidung des tarifmäßigen Lagergeldes für Reisegepäck binnen 24 Zeitstunden abzuholen.

§ 8. Bezüglich der Haftung bei Verlust, Minderung, Beschädigung oder Verspätung in der Beförderung bewendet es bei den im Abschnitt VIII der Eisenbahnverkehrsordnung enthaltenen Bestimmungen mit der Maßgabe, daß im Falle eines Verlustes, der Minderung oder der Beschädigung der zu erstattende Höchstbetrag 3 Mark für jede Sendung beträgt.

§ 9. Die Kündigung ist an die zuständige Eisenbahnverkehrsinspektion zu richten. Sie ist jederzeit mit der Wirkung zulässig, daß die Beförderung mit Ablauf des Monats, in dem die Kündigung eingeht, ihr Ende erreicht.

Bei nicht pünktlicher Zahlung der Gebühren oder bei Mißbrauch ist die Staatseisenbahnverwaltung zur sofortigen Einstellung der in den vorherigen Paragraphen zugestandenen Vergünstigungen berechtigt. In letzterem Falle wird auch nicht ein Teil der Monatsgebühr zurückgezahlt.

§ 10. Die Versender, welche Arzneimittel unter diesen Bedingungen zu befördern wünschen, haben spätestens acht Tage vor Beginn des Versandes bei der Gepäckabfertigungsstelle ihres Wohnortes eine Anmeldung nach dem darunter abgedruckten Muster einzureichen.

Über die Genehmigung des Antrages entscheidet die zuständige Eisenbahnverkehrsinspektion.

Anmeldung zur regelmäßigen Beförderung von Arzneimitteln.

Die unterzeichnete Apotheke beantragt hierdurch die Beförderung von Arzneimitteln von . . . . . . nach . . . . . . vom . . ten . . . . unter Anerkennung der vorstehenden Bedingungen. Die Beförderung der gefüllten Arzneikasten wird mit Zug . . . ., der leer zurückgehenden mit Zug . . . . gewünscht.

. . . ., den . . ten . . . .

Berlin, den 17. Februar 1905.

Königliche Eisenbahndirektion, namens der beteiligten Verwaltungen.

XV. Verkehr mit stark wirkenden Arzneimitteln.

Die Frage, welche Arzneimittel der Apotheker im Handverkauf abgeben darf, sowie die Beschaffenheit und Bezeichnung der Arzneigläser und Standgefäße in den Apotheken, ist in einem besonderen Min.-Erl. behandelt, da diese Angelegenheit auf Grund zweier Bundesratsbeschlüsse vom 13. Mai 1896 und 22. März 1898 eine in allen Bundesstaaten übereinstimmende Regelung erfahren hat. Die preußische Verordnung zur Ausführung dieser Bundesratsbeschlüsse lautet:

Min.-Erl., betr. die Abgabe stark wirkender Arzneimittel, sowie die Beschaffenheit und Bezeichnung der Arzneigläser und Standgefäße in den Apotheken. Vom 22. Juni 1896.

Der Bundesrat hat in der Sitzung vom 13. Mai d. J. (§ 293 der Protokolle) beschlossen, die Vorschriften über die Abgabe stark wirkender Arzneimittel, sowie die Beschaffenheit und Bezeichnung der Arzneigläser und

Standgefäße in den Apotheken, veröffentlicht im „Reichs- und Staatsanzeiger" vom 12. Dezember 1891, abzuändern.

Unter Hinweis auf § 367 Ziffer 5 des Reichsstrafgesetzbuches erlasse ich die folgenden Vorschriften zur Nachachtung.

§ 1. Die in dem beiliegenden Verzeichnis aufgeführten Drogen und Präparate, sowie die solche Drogen oder Präparate enthaltenden Zubereitungen[1]) dürfen nur auf schriftliche, mit Datum und Unterschrift versehene Anweisung (Rezept) eines Arztes, Zahnarztes oder Tierarztes[2]) — in letzterem Falle jedoch nur zum Gebrauch in der Tierheilkunde — als Heilmittel[3]) an das Publikum[4]) abgegeben werden[5]).

---

[1]) Die Verordnung unterscheidet deutlich die drei Begriffe: Drogen, Präparate und Zubereitungen. Unter „Präparaten" sind hier offenbar die chemischen Präparate verstanden, unter „Zubereitungen" die galenischen. Doch ist anzunehmen, daß die im Verzeichnis nicht genannten offizinellen (!) galenischen Präparate, wie z. B. Oleum Hyoscyami, Sirupus Ipecacuanhae, Sirupus Papaveris, Tinctura Opii benzoica, dem Apothekenhandverkauf überlassen sind. Eine abweichende Auffassung ist in einer Verfüg. des Reg.-Präsid. in Oppeln vom 17. März 1893 zum Ausdruck gekommen. Hierin heißt es:

Ich sehe mich veranlaßt, die Herren Apothekenbesitzer darauf aufmerksam zu machen, daß der Sirupus Papaveris als arzneiliche Zubereitung, welche Opium beziehungsweise dessen Alkaloide enthält, unter den § 1 der Bestimmungen, betreffend die Abgabe stark wirkender Arzneimittel in den Apotheken, fällt und somit vom Handverkauf ausgeschlossen ist, wie dieses auch ausdrücklich in einem mir zugegangenen bezüglichen Bescheide des Herrn Ministers der geistlichen usw. Angelegenheiten ausgesprochen worden ist.

[2]) Als Ärzte im Sinne dieser Bestimmung können nur die im Deutschen Reiche approbierten Medizinalpersonen angesehen werden. Die der Abgabe auf ärztliche Anweisung vorbehaltenen Arzneien dürfen nur auf Rezept eines deutschen, nicht auch eines fremdländischen Arztes abgegeben werden (A.G. Wiesbaden Juli 1904, Ph.Ztg. 1904 Nr. 59). Auch auf Anordnung eines nicht approbierten Vertreters eines Arztes dürfen solche Arzneien nicht abgegeben werden. (Min.-Erl. vom 21. April 1893.)

Ferner ergingen hierzu folgende Entscheidungen: Der Apotheker, der ein stark wirkende Mittel enthaltendes Medikament anfertigt und abgibt, ohne sich zu vergewissern, ob die ordinierende Person ein approbierter Arzt ist, handelt fahrlässig (K.G. 25. April 1904, Ph.Ztg. 1904 Nr. 35). Für den Apotheker liegt eine ärztliche Verordnung vor, wenn dieselbe die Unterschrift einer ihm als Arzt bekannten Person bzw. in der bekannten Schrift des ausstellenden Arztes trägt (Reg.-Präsid. in Posen; A.G. Schwerin a. W. 16. Oktober 1901, Ph.Ztg. 1901 Nr. 89).

[3]) Die Verordnung sagt, daß die Abgabe der Mittel des Verzeichnisses nur dann der angeordneten Beschränkung unterliegt, wenn ihre Verwendung als Heilmittel in Frage kommt. Es ist das Verbot der Abgabe der genannten Mittel im Handverkauf also keineswegs ein absolutes. Fordert jemand eins oder mehrere der genannten Mittel zu anderen als Heilzwecken, so ist der Apotheker unter Beobachtung der etwa in Frage kommenden Vorschriften über den Verkehr mit Giften berechtigt, die geforderten Mittel abzugeben.

[4]) „An das Publikum" heißt an die Konsumenten. Der Zwischenhandel an andere Apotheken wird von der Verordnung somit nicht betroffen.

[5]) Im Zusammenhang mit diesen Vorschriften steht der folgende

Min.-Erl., betr. die Arzneiverordnung durch Fernsprecher. Vom 7. Februar 1902.

In Übereinstimmung mit den Ausführungen des Berichtes vom 2. September v. J. halte auch ich es für unerwünscht, daß die Arzneiverordnung durch Fernsprecher weitere Ausbreitung findet, weil dabei Mißverständnisse nicht ausgeschlossen sind.

Starkwirkende Arzneimittel dürfen nach § 1 der Vorschriften über die Abgabe solcher Arzneimittel vom 22. Juni 1896 (Min.-Bl. f. d. inn. Verw. S. 123) ohne Vorlegung einer schriftlichen, mit Datum und Unterschrift versehenen Anweisung eines Arztes nicht abgegeben werden. Nur wenn Lebensgefahr durch Verordnung mittels Fern-

§ 2. Die Bestimmungen im § 1 finden nicht Anwendung auf solche Zubereitungen, welche nach den auf Grund des § 6 Abs. 2 der Gewerbeordnung erlassenen Kaiserlichen Verordnungen auch außerhalb der Apotheken als Heilmittel feilgehalten und verkauft werden dürfen (vgl. § 1 der Kaiserlichen Verordnung vom 27. Januar 1890 und Artikel 1 der Kaiserlichen Verordnung vom 25. November 1895)[1]).

§ 3. Die wiederholte Abgabe von Arzneien zum inneren Gebrauch[2]), welche Drogen oder Präparate der im § 1 bezeichneten Art enthalten, ist unbeschadet der Bestimmungen in §§ 4 und 5 ohne jedesmal erneute ärztliche oder zahnärztliche Anweisung nur gestattet,

1. insoweit die Wiederholung in der ursprünglichen Anweisung für zulässig erklärt und dabei vermerkt ist, wie oft und bis zu welchem Zeitpunkte sie stattfinden darf, oder
2. wenn die Einzelgabe aus der Anweisung ersichtlich ist und deren[3]) Gehalt an den bezeichneten Drogen und Präparaten die Gewichtsmenge, welche in dem beiliegenden Verzeichnis für die betreffenden Mittel angegeben ist, nicht übersteigt.

§ 4. Die wiederholte Abgabe von Arzneien zum inneren Gebrauch, welche Chloralhydrat, Chloralformamid, Morphin, Heroin[4]), Cocaïn oder deren Salze, Aethylenpräparate, Amylenhydrat, Paraldehyd, Sulfonal, Trional oder Urethan enthalten, darf nur auf jedesmal erneute, schriftliche[5]), mit Datum und Unterschrift versehene Anweisung eines Arztes oder Zahnarztes erfolgen.

Jedoch ist die wiederholte Abgabe von Morphin, Heroin oder deren Salzen zum inneren Gebrauch ohne erneute ärztliche Anweisung gestattet, wenn diese Mittel nicht in einfachen Lösungen oder einfachen Verreibungen,

---

sprechers abgewandt werden kann, ist der Gebrauch des Fernsprechers als zulässig zu erachten.

In solchen Fällen hat aber zur Vermeidung von Irrtümern die Ablieferung der starkwirkende Mittel enthaltenden Arznei nur gegen Aushändigung der schriftlichen ärztlichen Anweisung zu erfolgen.

Es steht im übrigen dem Apotheker frei, durch Fernsprecher übermittelte Verordnung von Arzneien, welche dem freien Verkehr überlassen sind, auf eigene Verantwortung abzugeben.

[1]) Jetzt Kaiserliche Verordnung vom 22. Oktober 1901 (s. Seite 39).

[2]) Bei der Abgabe im Handverkauf also ohne ärztliches Rezept (§ 1) erstrecken sich die Beschränkungen in gleicher Weise auf Arzneien zum innerlichen wie zum äußerlichen Gebrauch; bei der wiederholten Abgabe auf Rezept ohne jedesmal erneute Unterschrift (§§ 3 und 4) jedoch nur auf Arzneien zum inneren Gebrauch. Rezepte, die auf äußerlich anzuwendende Zwecke lauten, dürfen also stets ohne erneute Unterschrift wieder angefertigt werden. Die Begriffe „äußerlich" und „innerlich" erläutert § 11.

[3]) Das Wort „deren" bezieht sich nicht auf „Anweisung", sondern auf „Einzelgabe". Der Gehalt der Einzelgabe der Arznei darf also die in dem beigegebenen Verzeichnis angeführten Gewichtsmengen nicht übersteigen, wenn die Repetition zulässig sein soll. Die übermäßig oft wiederholte Anfertigung einer Arznei aus starkwirkenden Stoffen kann jedoch, auch wenn sie nach obenstehenden Vorschriften zulässig ist, das Delikt einer fahrlässigen Körperverletzung in sich schließen (s. das Urteil des R.G. vom 12. Juli 1902 auf Seite 107). Ferner erging folgende Entscheidung: Selbst wo spezielle Instruktionsvorschriften fehlen, darf der Apotheker stark wirkende Gifte, welche in außergewöhnlichen, übermäßigen Dosen verschrieben sind, nicht ohne besondere Erklärung des Arztes verabfolgen (R.G. 27. September 1888, Rechtspr. X, S. 518).

[4]) Die Bestimmungen über Heroin in § 4 sind eingefügt durch Min.-Erl. vom 24. November 1899.

[5]) Eine mündliche Ermächtigung ist also zur Repetition nicht genügend.

sondern als Zusatz zu anderen arzneilichen Zubereitungen verschrieben sind[1]) und der Gesamtgehalt der Arznei an Morphin oder dessen Salzen 0,03 g, an Heroin oder dessen Salzen 0,015 g nicht übersteigt. Auf Arzneien, welche zu Einspritzungen unter die Haut bestimmt sind, findet dies keine Anwendung.

§ 5. Die wiederholte Abgabe von Arzneien in den Fällen der §§ 3 und 4 Abs. 2 ist nicht gestattet, wenn sie von dem Arzte oder Zahnarzte durch einen auf der Anweisung beigesetzten Vermerk untersagt worden ist.

§ 6. Die wiederholte Abgabe von Arzneien auf Anweisungen der Tierärzte zum Gebrauch in der Tierheilkunde ist den Beschränkungen der §§ 3—5 nicht unterworfen[2]).

§ 7. Homöopathische Zubereitungen in Verdünnungen oder Verreibungen, welche über die dritte Dezimalpotenz hinausgehen, unterliegen den Vorschriften der §§ 1—5 nicht[3]).

Die Abgabe der im § 1 bezeichneten Arzneimittel hat auch auf Anweisungen der vor dem Geltungsbeginn der Gewerbeordnung approbierten Zahnärzte und der Wundärzte zu erfolgen und finden auf solche Anweisungen die Bestimmungen der §§ 1—5 ebenfalls Anwendung.

---

[1]) Die Begriffe „einfache Lösungen" und „einfache Verreibungen" im Sinne dieses Paragraphen erläuterte nachstehende Bk. des Präsidenten des Kaiserlichen Gesundheitsamtes vom 28. Juli 1896:

Die im § 4 der Bundesratsvorschriften, betreffend die Abgabe starkwirkender Arzneimittel usw. (Beschluß vom 13. Mai 1896), vorgesehene Erleichterung hinsichtlich der Abgabe von Morphin oder dessen Salzen zum inneren Gebrauche beruht auf der Erwägung, daß Morphin und Salze desselben nicht selten (z. B. bei Bronchialkatarrhen) anderen Arzneimitteln lediglich in der Absicht zugesetzt werden, um neben der sonstigen Wirkung der Arznei auch noch die beruhigenden und schmerzlindernden Wirkungen des Morphins dem Patienten zu verschaffen. Es handelt sich dabei stets nur um geringfügige Mengen, welche in dieser Zusammensetzung die Gefahr des Morphiummißbrauchs durch zu häufige Wiederholung der Arznei ohne Vorwissen des Arztes nicht bieten. Anders steht es mit den einfachen Lösungen und den einfachen Verreibungen des Morphins. Hier sind die hinzugesetzten Stoffe nur die Träger des Morphins bzw. seiner Salze und sollen namentlich die zuverlässige Dosierung des bereits in wenigen Zentigrammen stark wirkenden Medikaments erleichtern. Eine wesentliche arzneiliche Wirkung kommt dem Zusatze im Verhältnis zu dem Morphin nicht zu. Meist werden Stoffe wie Wasser, Weingeist, Zucker, Milchzucker, Gummi arabicum, Stärkemehl verwendet, es kommt aber auch vor, daß der Zusatz an sich bereits aus verschiedenen Stoffen zusammengesetzt ist, z. B. Brausepulver, ohne daß dadurch die ausschlaggebende Bedeutung des Morphins als wesentlicher Bestandteil der Arznei vermindert wird.

Hieraus ergibt sich, daß im Sinne des § 4 a. a. O. als einfache Lösungen oder Verreibungen nicht ausschließlich derartige Zubereitungen des Morphins mit anderen einfachen Stoffen, vielmehr solche Zubereitungen aufzufassen sind, bei denen die Zusätze im wesentlichen nur die Lösungs- und Verreibungsmittel für das Morphin bilden. In zweifelhaften Fällen wird dem Apotheker zu empfehlen sein, eine erneute ärztliche Anordnung zu verlangen.

[2]) Rezepte von Tierärzten dürfen also zum Gebrauche für Tiere stets ohne erneute Unterschrift repetiert werden.

[3]) Die Verordnung nennt nur die homöopathischen Zubereitungsformen der Verdünnungen und Verreibungen, läßt daher die Frage offen, ob auch homöopathische Streukügelchen der Vergünstigung des § 7 unterliegen. Streukügelchen werden in der Weise hergestellt, daß Zuckerkügelchen mit einer geringen Menge der entsprechenden flüssigen Verdünnung getränkt und dann getrocknet werden. Sie stellen also lediglich eine andere Darreichungsform der Verdünnungen dar und können also auch in gesetzlicher Beziehung nicht gut anders beurteilt werden, als die Verdünnungen, mit denen sie bereitet sind. Deshalb muß man annehmen, daß sie in höheren Potenzen als D 3 dem Handverkauf ebenfalls überlassen sind.

§ 8. Die Vorschriften über den Handel mit Giften[1]) werden durch die Bestimmungen der §§ 1—7 nicht berührt.

§ 9. Die von einem Arzte, Zahnarzte oder Wundarzte zum inneren Gebrauch verordneten flüssigen Arzneien dürfen nur in runden Gläsern mit Zetteln von weißer Grundfarbe, die zum äußeren Gebrauch verordneten flüssigen Arzneien dagegen nur in sechseckigen Gläsern, an welchen drei nebeneinander liegende Flächen glatt und die übrigen mit Längsrippen versehen sind[2]), mit Zetteln von roter Grundfarbe abgegeben werden[3]).

Flüssige Arzneien, welche durch die Einwirkung des Lichtes verändert werden, sind in gelbbraun gefärbten Gläsern abzugeben.

§ 10. Die Standgefäße sind, sofern sie nicht stark wirkende Mittel enthalten, mit schwarzer Schrift auf weißem Grunde, sofern sie Mittel enthalten, welche in Tabelle B des Arzneibuches für das Deutsche Reich aufgeführt sind, mit weißer Schrift auf schwarzem Grunde, sofern sie Mittel enthalten, welche in Tabelle C ebenda aufgeführt sind, mit roter Schrift auf weißem Grunde zu bezeichnen[4]).

Standgefäße für Mineralsäuren, Laugen, Brom und Jod dürfen mittels Radier- oder Ätzverfahrens hergestellte Aufschriften auf weißem Grunde haben[5]).

§ 11. Arzneien, welche zu Augenwässern, Einatmungen, Einspritzungen unter die Haut, Klystieren oder Suppositorien dienen sollen, werden hinsichtlich der Zulässigkeit der wiederholten Abgabe (§§ 3 und 4) den Arzneien für den inneren Gebrauch, hinsichtlich der Beschaffenheit und Bezeichnung der Abgabegefäße (§ 9) den Arzneien für den äußeren Gebrauch gleichgestellt[6]).

§ 12. Alle diesen Vorschriften entgegenstehenden älteren Bestimmungen, insbesondere die Verfügung vom 4. Dezember 1891 werden aufgehoben.

---

[1]) S. Teil XVII.

[2]) Die Bestimmung über die sechseckigen Gläser gilt nur für die Rezeptur und nur für Arzneien, die von einem Arzte, Zahnarzte oder Wundarzte verordnet, also zum Gebrauche bei Menschen bestimmt sind. Im Handverkauf liegt eine Verpflichtung zur Verwendung sechseckiger Gläser nicht vor (L.G. Schneidemühl 2. Januar 1904, Ph.Ztg. 1904 Nr. 16), ebensowenig bei Tierarzneien.

[3]) Diese Bestimmung über die Farbe der Signaturen bezieht sich nur auf flüssige Arzneien, hat aber eine Erweiterung erfahren durch einen Min.-Erl. vom 8. Mai 1899, der folgendes bestimmt:

Entsprechend dem § 9 des Runderlasses vom 22. Juni 1896, betreffend die Abgabe stark wirkender Arzneimittel usw., bestimme ich ferner, daß auch Schachteln, welche äußerlich anzuwendende Mittel enthalten, mit einer Signatur von rother Grundfarbe zu versehen sind.

[4]) Dies gilt laut §§ 10 und 11 der Ap.B.O. (s. S. 224 und 225) auch für alle in den Tabellen B und C des Arzneibuchs nicht verzeichneten Mittel von gleicher Wirkung.

[5]) Eine gleiche Bestimmung ist in § 4 der P.V. über den Handel mit Giften (siehe Teil XVII) enthalten.

[6]) Diese Fassung des § 11 beruht auf einem Bundesratsbeschluß vom 22. März 1898 und wurde durch Min.-Erl. vom 19. April 1898 eingeführt. Danach sind gewisse Arzneien, wie Augenwässer, Einatmungen usw., hinsichtlich der Zulässigkeit „der wiederholten Abgabe" den Arzneien für den inneren Gebrauch gleichgestellt. In dem Verzeichnis der Verordnung sind aber verschiedene Mittel ganz allgemein „zum äußeren Gebrauch" von dem Rezepturzwang ausgenommen, z. B. die Zinksalze. Es ist anzunehmen, daß auch hierbei Augenwässer, Einatmungen usw. als innerlicher Gebrauch anzusehen sind, da andernfalls Widersprüche entstehen würden.

§ 13. Die vorstehenden Bestimmungen treten am 1. Oktober 1896 in Kraft.

Berlin, den 22. Juni 1896.

Der Minister der geistlichen usw. Angelegenheiten.

I. A.: von Bartsch.

Verzeichnis.[1])

Acetanilidum 0,5.
Acetum Digitalis 2,0.
Acidum carbolicum 0,1, ausgenommen zum äußeren Gebrauch.

---

[1]) In dem Verzeichnis sind noch verschiedene weitere Ausnahmen von den Bestimmungen des § 1 angegeben. Eine Anzahl der im Verzeichnis genannten Mittel darf teils in bestimmten Formen oder Mischungen zum innerlichen Gebrauch, teils allgemein zum äußerlichen Gebrauch ohne Rezept abgegeben werden. Es dürfen abgegeben werden:

1. Zum innerlichen Gebrauch:

Coffeïn und Coffeïnsalze in Form von Zeltchen mit einem Coffeïngehalt bis zu 0,1 g,
Santonin in Form von Zeltchen mit einem Santoningehalt bis zu 0,05 g,
Resina Jalapae und Tubera Jalapae in Form der offizinellen Jalapenpillen,
Tinct. Opii crocata, „ „ simpl. } in Lösungen, die in 100 Teilen nicht mehr als 10 Teile der betreffenden Tinktur enthalten.

2. Zum äußerlichen Gebrauch:

Acid. carbolicum, Argentum nitricum, Cantharides, Cuprum salicylic., „ sulfocarbolic., „ sulfuricum, Extr. Cannabis indicae, Tinct. Jodi, „ Veratri, Zinksalze in Wasser lösliche } zum äußerlichen Gebrauch im allgemeinen,
Aethylenpräparate, Chloroform } in Mischungen mit Öl oder Weingeist, welche nicht mehr als 50 T. des Präparates in 100 T. der Mischung enthalten,
Kreosotum in Lösungen, welche nicht mehr als 50 T. Kreosot in 100 T. enthalten,
Extr. Belladonnae, Opium } in Pflastern und Salben,
Extr. Conii, „ Digitalis, „ Hyoscyami, „ Opii, „ Sabinae } in Salben,
Folia Belladonnae, Herba Conii, „ Hyoscyami } in Pflastern und Salben und als Zusatz zu erweichenden Kräutern,
Folia Stramonii zum Rauchen und Räuchern.
Hydrargyrum in Form von grauer Quecksilbersalbe (10 : 100), sowie in Form von Quecksilberpflaster,
Hydrargyrum oxyd. rubr., „ praecip. alb. } in Form von roter bzw. weißer Quecksilbersalbe im Verhältnis von nicht mehr als 5 : 100,
Nicotinum und seine Salze in Zubereitungen zum äußerlichen Gebrauch bei Tieren,
Rhizoma Veratri zum äußerlichen Gebrauch für Tiere,
Ol. Amygdal. aether., sofern es von Cyanverbindungen befreit ist.

Andererseits hat das Verzeichnis eine Erweiterung erfahren durch die Verordnungen über Diphtherieheilserum und Tuberkulin, welche bestimmen, daß diese Mittel

Acidum hydrocyanicum et ejus salia 0,001[1]).
— osmicum et ejus salia 0,001.
Aconitinum, Aconitini derivata et eorum salia 0,001.
Aether bromatus 0,5.
Aethyleni praeparata 0,5, ausgenommen z. äußeren Gebrauch in Mischungen mit Öl oder Weingeist, welche nicht mehr als 50 Gewichtsteile des Aethylenpräparates in 100 Gewichtsteilen Mischung enthalten.
Aethylidenum bichloratum 0,5.
Agaricinum 0,1.
Amylenum hydratum 4,0.
Amylium nitrosum 0,005.
Antipyrinum 1,0.
Apomorphinum et ejus salia 0,02.
Aqua Amygdalarum amararum 2,0[2]).
— Laurocerasi 2,0.
Argentum nitricum 0,03, ausgenommen zum äußeren Gebrauch.
Arsenium et ejus praeparata 0,005 (Liquor Kalii arsenicosi 0,5).
Atropinum et ejus salia 0,001.
Auro-Natrium chlorat. 0,05.
Bromoformium 0,3.
Brucinum et ejus salia 0,01.
Butyl-chloralum hydratum 1,0.
Cannabinonum 0,1.
Cannabinum tannicum 0,4.
Cantharides 0,05, ausgenommen zum äußeren Gebrauch.
Cantharidinum 0,001.
Chloralum formamidatum 4,0.
— hydratum 3,0.
Chloroformium 0,5, ausgenommen z. äußeren Gebrauch in Mischungen mit Öl oder Weingeist, welche nicht mehr als 50 Gewichtsteile Chloroform in 100 Gewichtsteilen Mischung enthalten.
Cocaïnum et ejus salia 0,05.
Codeïnum et ejus salia omniaque alia alcaloïdea Opii hoc loco non nominata eorumque salia 0,1.
Coffeïnum et ejus salia 0,5, ausgenommen in Zeltchen, welche nicht mehr als je 0,1 g Coffeïn enthalten.
Colchicinum 0,001.
Coniinum et ejus salia 0,001.
Cuprum salicylicum 0,1, ausgenommen zum äußeren Gebrauch.
— sulfocarbolicum 0,1, ausgenommen zum äußeren Gebrauch.
— sulfuricum 1,0, ausgenommen z. äußeren Gebrauch.
Curare et ejus praeparata 0,001.
Daturinum 0,001.
Digitalinum, Digitalini derivata et eorum salia 0,001.
Emetinum et ejus salia 0,005.
Extractum Aconiti 0,02.
— Belladonnae 0,05, ausgenommen in Pflastern und Salben.
— Calabar Sem. 0,02.

ebenfalls nur auf schriftliche Anweisung eines Arztes abgegeben werden dürfen (siehe Seite 260, 262 und 263).

Ferner ergingen im Jahre 1899 in verschiedenen ostpreußischen Kreisen (Heydekrug, Ragnit, Memel, Niederung, Ortelsburg, Tilsit) sowie unter dem 2. April 1903 für den Reg.-Bez. Bromberg Polizeiverordnungen, welche die Abgabe von reinem oder mit anderen Stoffen vermischtem Schwefeläther verboten, soweit sie nicht geschah auf ärztliches Rezept oder gegen polizeiliche Bescheinigung, daß der Äther nicht zu Genußzwecken, sondern nur im Gewerbebetriebe des Empfängers Anwendung finden solle. Derartige Verordnungen wurden jedoch vom K.G. unter dem 25. September 1905 (Ph.Ztg. 1905 Nr. 78) für ungültig erklärt, da sie in Widerspruch stehen mit der Kaiserl. Verordnung vom 22. Oktober 1901, welche Äther und Ätherweingeist dem freien Verkehr überlassen hat.

[1]) Die zahlreichen Salze, Derivate und Homologe der in dem Verzeichnis angeführten chemischen Präparate sind nur dann dem Handverkauf ebenfalls entzogen, wenn dies in dem Verzeichnis bei dem betr. Mittel ausdrücklich angegeben ist. Salipyrin z. B. als Derivat des Antipyrins ist den Bestimmungen der Verordnung nicht unterworfen.

[2]) Entsprechend den Vorschriften des § 1 unterliegt es keinem Zweifel, daß eine Arznei, welche Aqua Amgydalarum amararum diluta enthält, nur auf ärztliches Rezept als Heilmittel in den Apotheken abgegeben werden darf (O.L.G. Breslau 30. Dezember 1902, Ph.Ztg. 1903 Nr. 18).

Extractum Cannab. Indic. 0,1, ausgenommen zum äußeren Gebrauch.
— Colocynthidis 0,05.
— — compositum 0,1.
— Conii 0,2, ausgen. in Salben.
— Digitalis 0,2, ausgen. in Salben.
— Filicis 10,0[1]).
— Hydrastis 0,5.
— — fluidum 1,5.
— Hyoscyami 0,2, ausgen. in Salben
— Ipecacuanhae 0,3.
— Lactucae virosae 0,5.
— Opii 0,15, ausgen. in Salben.
— Pulsatillae 0,2.
— Sabinae 0,2, ausgen. in Salben.
— Scillae 0,2.
— Secalis cornuti 0,2.
— Secalis cornuti fluidum 1,0.
— Stramonii 0,1.
— Strychni 0,05.
Folia Belladonnae 0,2, ausgenommen in Pflastern und Salben u. als Zusatz zu erweichenden Kräutern.
— Digitalis 0,2.
— Stramonii 0,2, ausgenommen z. Rauchen und Räuchern.
Fructus Colocynthidis 0,5.
— — praeparati 0,5.
— Papaveris immaturi 3,0.
Gutti 0,5.
Herba Conii 0,5, ausgenommen in Pflastern u. Salben u. als Zusatz zu erweichenden Kräutern.
— Hoyscyami 0,5, ausgenommen in Pflastern und Salben und als Zusatz zu erweichenden Kräutern.
Heroinum et ejus salia 0,015[2]).
Homatropinum et ejus salia 0,001.
Hydrargyri praeparata postea non nominata 0,1, ausgenommen als graue Quecksilbersalbe mit einem Gehalt von nicht mehr als 10 Gewichtsteilen Quecksilber in 100 Gewichtsteilen Salbe, sowie Quecksilberpflaster.
Hydrargyrum bichlorat. 0,02.
Hydrargyrum bijodatum 0,02.
— chloratum 1,0.
— cyanatum 0,02.
— jodatum 0,05.
— nitric. (oxydul.) 0,02.
— oxydatum 0,02, ausgen. als rote Quecksilbersalbe mit einem Gehalt von nicht mehr als 5 Gewichtsteilen Quecksilberoxyd in 100 Gewichtsteilen Salbe.
— praecipitatum album 0,5, ausgenommen als weiße Quecksilbersalbe mit einem Gehalt von nicht mehr als 5 Gewichtst. Präzipitat in 100 Gewichtsteilen Salbe.
Hyoscinum (Duboisinum) et ejus salia 0,0005.
Hyoscyaminum (Duboisinum) et ejus salia 0,0005.
Jodum 0,02.
Kalium dichromic. 0,01.
Kreosotum 0,2, ausgen. z. äußeren Gebrauch in Lösungen, welche nicht mehr als 50 Gewichtsteile Kreosot in 100 Gewichtsteilen Lösung enthalten.
Lactucarium 0,3.
Liquor Kalii arsenicosi 0,5.
Migraeninum 1,1[3]).
Morphinum et ejus salia 0,03.
Natrium salicylicum 2,0.
Nicotinum et ejus salia 0,001, ausgenommen in Zubereitungen zum äußeren Gebrauch bei Tieren.
Nitroglycerinum 0,001.
Oleum Amygd. aether. 0,2, sofern es nicht von Cyanverbindungen befreit ist.
— Crotonis 0,05.
— Sabinae 0,1.
Opium 0,15, ausgen. in Pflastern und Salben.
Paraldehydum 5,0.
Phenacetinum 1,0.
Phosphorus 0,001.
Physostigminum et ejus salia 0,001.

---

[1]) Hinzugefügt durch Min.-Erl. vom 20. Mai 1901.
[2]) Hinzugefügt durch Min.-Erl. vom 24. November 1899.
[3]) Hinzugefügt durch Min.-Erl. vom 10. Januar 1906. Der Erl. spricht zwar nur von dem „von den Höchster Farbwerken hergestellten Arzneimittel Migränin". Doch fallen Ersatzpräparate desselben auch ohne ausdrückliche Anordnung nach § 1 unter die Verordnung, wenn sie sich als Antipyrin oder Coffeïn enthaltende Zubereitungen erweisen.

Picrotoxinum 0,001.
Pilocarpinum et ejus salia 0,02.
Plumbum jodatum 0,2.
Pulvis Ipecac. opiat. 1,5.
Radix Ipecacuanhae 1,0.
Resina Jalapae 0,3, ausgenommen in Jalapenpillen, welche nach Vorschrift des Arzneibuches für das Deutsche Reich angefertigt sind.
— Scammoniae 0,3.
Rhizoma Filicis 20,0[1]).
— Veratri 0,3, ausgenommen zum äußeren Gebrauch für Tiere.
Santoninum 0,1, ausgenommen in Zeltchen, welche nicht mehr als je 0,05 g Santonin enthalten.
Scopolaminum hydrobromicum 0,0005.
Secale cornutum 1,0.
Semen Colchici 0,3.
— Strychni 0,1.
Strychninum et ejus salia 0,01.
Sulfonalum 2,0.
Sulfur jodatum 0,1.
Summitates Sabinae 1,0.
Tartarus stibiatus 0,2.
Tallinum et ejus salia 0,5.
Theobrominum natriosalicylicum 1,0.
Thryreoideae praeparata[2]).
Tinctura Aconiti 0,5.
— Belladonnae 1,0.
— Cannab. Indicae 2,0.
— Cantharidum 0,5.
— Colchici 2,0.
— Colocynthidis 1,0.
— Digitalis 1,5.
— — aetherea 1,0.
— Gelsemii 1,0.
— Ipecacuanhae 1,0.
— Jalapae resinae 3,0.
— Jodi 0,2, ausgenommen zum äußeren Gebrauch.
Tinctura Lobeliae 1,0.
— Opii crocata 1,5, ausgenommen in Lösungen, die in 100 Gewichtsteilen nicht mehr als 10 Gewichtsteile safranhaltige Opiumtinktur enthalten.
— Opii simplex 1,5, ausgenommen in Lösungen, die in 100 Gewichtsteilen nicht mehr als 10 Gewichtsteile einfache Opiumtinktur enthalten.
— Scillae 2,0.
— — kalina 2,0.
— Secalis cornuti 1,5.
— Stramonii 1,0.
— Strophanti 0,5.
— Strychni 1,0.
— — aetherea 0,5.
— Veratri 3,0, ausgenommen zum äußeren Gebrauch.
Trionalum 1,0.
Tubera Aconiti 0,1.
— Jalapae 1,0, ausgenommen in Jalapenpillen, welche nach Vorschrift des Arzneibuches für das Deutsche Reich angefertigt sind.
Urethanum 3,0.
Veratrinum et ejus salia 0,005.
Vinum Colchici 2,0.
— Ipecacuanhae 5,0.
— stibiatum 2,0.
Zincum aceticum 1,2.
— chloratum 0,002.
— lacticum ommiaque Zinci salia hoc loco non nominata, quae sunt in aqua solubilia 0,05.
— sulfocarbolic. 0,05.
— sulfuricum 1,0, ausgenommen bei Verwendung der vorgenannten und der übrigen in Wasser löslichen Zinksalze zum äußeren Gebrauch.

---

[1]) Hinzugefügt durch Min.-Erl. vom 20. Mai 1901.
[2]) Hinzugefügt durch Min.-Erl. vom 25. September 1897.

XVI. Verkehr mit Geheimmitteln.

Der § 36 der Apothekenbetriebsordnung besagt: „Der Verkehr mit Geheimmitteln regelt sich nach den hierüber bestehenden Bestimmungen.“ Diese Bestimmungen[1]) ergingen in Übereinstimmung mit einem Bundesratsbeschlusse vom 23. Mai 1903 unter dem 8. Juli 1903 in Gestalt folgender Ministerialverordnungen:

Min.-Erl., betr. den Verkehr mit Geheimmitteln.

Vom 8. Juli 1903.

Unter Bezugnahme auf den § 36 der Apothekenbetriebsordnung vom 18. Februar 1902 bestimme ich über den Verkehr mit denjenigen Geheimmitteln und ähnlichen Arzneimitteln, welche in den Anlagen A und B aufgeführt sind, folgendes[2]):

1. Die Gefäße und die äußeren Umhüllungen, in denen diese Mittel abgegeben werden, müssen mit einer Inschrift versehen sein, welche den Namen des Mittels und den Namen oder die Firma des Verfertigers deutlich ersehen läßt. Außerdem muß die Inschrift auf den Gefäßen oder den äußeren Umhüllungen den Namen oder die Firma des Geschäfts, in welchem das Mittel verabfolgt wird, und die Höhe des Abgabepreises enthalten; diese Bestimmung findet auf den Großhandel keine Anwendung[3]).

   Es ist verboten, auf den Gefäßen oder äußeren Umhüllungen, in denen ein solches Mittel abgegeben wird, Anpreisungen, insbesondere Empfehlungen, Bestätigungen von Heilerfolgungen, gutachtliche Äußerungen oder Danksagungen, in denen dem Mittel eine

---

[1]) Neben dem Min.-Erl. vom 8. Juli 1903 ist noch eine sehr große Zahl von Polizeiverordnungen der Oberpräsidenten und Regierungspräsidenten über den Gegenstand in Geltung. Dieselben sind zusammengestellt und unter Benutzung der umfangreichen Rechtsprechung erläutert bei E. Urban, „Die gesetzlichen Bestimmungen über die Ankündigung von Geheimmitteln, Arzneimitteln und Heilmethoden im Deutschen Reiche einschließlich der Vorschriften über den Verkehr mit Geheimmitteln“. Berlin 1904. Verlag von Julius Springer.

[2]) Die sämtlichen Bestimmungen dieses Erlasses beziehen sich also nur auf die in den Anlagen A und B (s. Seite 284) genannten 95 Mittel. Zubereitungen, die mit den hier genannten identisch sind, aber unter anderen Namen vertrieben werden (z. B. Engels Nektar identisch mit Ullrichs Kräuterwein), fallen nicht unter die Verordnung (K.G. 2. August 1905 und 11. Januar 1906, Ph.Ztg. 1905 Nr. 62 und 1906 Nr. 5).

[3]) Über die Beschaffenheit der Gefäße und äußeren Umhüllungen, in denen die 95 Mittel abgegeben werden, enthält die Verordnung folgende Bestimmungen:

Die Gefäße und die äußeren Umhüllungen müssen enthalten:

a. den Namen des Mittels,
b. den Namen oder die Firma des Verfertigers.

Die Gefäße oder die äußeren Umhüllungen müssen enthalten:

c. den Namen oder die Firma des verabfolgenden Geschäftes,
d. die Höhe des Abgabepreises und
e. bei den Mitteln der Anlage B und denjenigen der Anlage A, welche starkwirkende Stoffe enthalten, die Inschrift: „Nur auf ärztliche Anweisung abzugeben“.

Die Anordnungen unter a und b gelten auch für den Großhandel. Nach einem Urteil des K.G. vom 28. September 1905 (Ph.Ztg. 1905 Nr. 79) müssen die Gefäße bzw. Umhüllungen schon dann mit den geforderten Angaben versehen sein, wenn die betr. Mittel feilgehalten werden. Es genügt nicht, die Angaben erst beim Verkauf anzubringen.

Heilwirkung oder Schutzwirkung zugeschrieben wird[1]), anzubringen oder solche Anpreisungen, sei es bei der Abgabe des Mittels, sei es auf sonstige Weise, zu verabfolgen[2]).

2. Der Apotheker ist verpflichtet, sich Gewißheit darüber zu verschaffen, inwieweit auf diese Mittel die Vorschriften über die Abgabe starkwirkender Arzneimittel[3]) Anwendung finden.

Die in der Anlage B aufgeführten Mittel, sowie diejenigen in Anlage A aufgeführten Mittel, über deren Zusammensetzung der Apotheker sich nicht soweit vergewissern kann, daß er die Zulässigkeit der Abgabe im Handverkaufe zu beurteilen vermag, dürfen nur auf schriftliche, mit Datum und Unterschrift versehene Anweisung eines Arztes, Zahnarztes oder Tierarztes, im letzteren Falle jedoch nur beim Gebrauche für Tiere, verabfolgt werden. Die wiederholte Abgabe ist nur auf jedesmal erneute derartige Anweisung gestattet.

Bei Mitteln, welche nur auf ärztliche Anweisung verabfolgt werden dürfen, muß auf den Abgabegefäßen oder den äußeren Umhüllungen die Inschrift „Nur auf ärztliche Anweisung abzugeben" angebracht sein[4]).

---

[1]) Nur solche Anpreisungen und Empfehlungen, in welchen den Mitteln Heil- oder Schutzwirkungen zugeschrieben werden, sind verboten. Empfehlungen anderer Art anzubringen ist nicht strafbar. (K.G. 7. Januar 1907, Ph.Ztg. 1907 Nr. 5.)

[2]) Empfehlungen der in den Listen genannten Mittel dürfen auch unabhängig von der Abgabe auf direktes Verlangen nicht verabfolgt werden (K.G. 12. Februar 1906, Ph.Ztg. 1906 Nr. 14).

[3]) Es sind dies die im Teil XV abgedruckten Vorschriften.

[4]) Ziffer 2 der Verordnung bestimmt, in welchen Fällen die in den Listen genannten Mittel im Handverkauf abgegeben werden dürfen. Schon aus der Verordnung betr. die Abgabe starkwirkender Arzneimittel vom 22. Juni 1896 (s. Seite 270) ergibt sich ja, daß Zubereitungen, welche starkwirkende Stoffe im Sinne jener Vorschriften enthalten, nur auf ärztliche Anweisung verabfolgt werden dürfen. Über diese Grundregel geht aber die Geheimmittelverordnung noch in vierfacher Beziehung erheblich hinaus, indem sie folgendes bestimmt:

a. Nicht nur Mittel, bei denen der Apotheker die Anwesenheit starkwirkender Stoffe konstatiert hat, sondern auch schon diejenigen, bei denen die Abwesenheit solcher Stoffe nicht mit Sicherheit erwiesen werden kann, sollen dem Abgabeverbot unterliegen;

b. die in der Anlage B genannten Mittel, dürfen überhaupt nur auf ärztliches Rezept verabfolgt werden;

c. bei allen denjenigen Mitteln, deren erstmalige Abgabe ohne ärztliche Anweisung nicht gestattet ist, ist auch die wiederholte Abgabe nur auf jedesmal erneute derartige Anweisung zulässig;

d. bei allen Mitteln, welche nur auf ärztliche Anweisung verabfolgt werden dürfen, muß auf den Abgabegefäßen oder den äußeren Umhüllungen die Inschrift „Nur auf ärztliche Anweisung abzugeben" angebracht sein.

Nach der Zusammensetzung der 95 Mittel (näheres darüber siehe in dem auf Seite 279 genannten Kommentar von Urban) dürfen folgende Mittel der Anlage A nur auf ärztliche Verordnung abgegeben werden, und es muß auf den Abgabegefäßen oder den äußeren Umhüllungen derselben die Inschrift: „Nur auf ärztliche Anweisung abzugeben" angebracht sein:

American coughing cure Lutzes (wegen des Gehaltes an Fruct. Papaveris immatur.).

Asthmapulver Schiffmanns (falls Folia Belladonnae enthaltend).

Asthmapulver Zematone (wegen des Gehalts an Herba Hyoscyami, Folia Belladonnae und Fruct. Papav. immatur.).

Augenwasser Whites (wegen des Gehalts an Zinc. sulfur.).

Ew. Hochwohlgeboren ersuche ich ergebenst, diese Vorschriften mit Geltung vom 1. Januar 1904 an in geeigneter Weise zur Kenntnis der Beteiligten zu bringen.

Berlin, den 8. Juli 1903.

Der Minister der geistlichen usw. Angelegenheiten.
I. A.: Förster.

Min.-Erl., betr. den Verkehr mit Geheimmitteln und ähnlichen Arzneimitteln. Vom 8. Juli 1903.

Der Bundesrat hat am 23. Mai d. J. (§ 409 der Protokolle) beschlossen:

1. die verbündeten Regierungen zu ersuchen, über den Verkehr mit Geheimmitteln und ähnlichen Arzneimitteln, soweit nicht in einzelnen Bundesstaaten strengere Vorschriften bestehen und in Geltung bleiben sollen, gleichförmige Bestimmungen nach dem Vorbilde des angeschlossenen Entwurfs nebst Anlagen mit der Maßgabe zu erlassen, daß diese Bestimmungen am 1. Januar 1904 in Kraft treten.
2. Ergänzungen der dem Entwurfe beigefügten Verzeichnisse A und B nur nach den hierüber im Bundesrate zu treffenden Vereinbarungen verzunehmen.

Ew. Exzellenz ersuchen wir daher ergebenst, auf Grund des § 137 des Gesetzes über die allgemeine Landesverwaltung vom 30. Juli 1883 unverzüglich für den Umfang der dortseitigen Provinz nach erfolgter Zustimmung des Provinzialrats eine Polizeiverordnung zu erlassen, durch welche vom 1. Januar 1904 an die öffentliche Ankündigung oder Anpreisung der in den abschriftlich beigegebenen Verzeichnissen A und B aufgeführten Mittel verboten und zugleich die auf Grund der Verfügung vom 3. August 1895 erlassene Polizeiverordnung über die öffentliche An-

---

Ausschlagsalbe Schützes (wegen des Gehalts an Hydrarg. praecipt. alb.).

Bandwurmmittel Konetzkys (wegen des Gehalts an Extr. Filicis).

Bromidia Battle & Co. (wegen des Gehalts an Chloralhydrat, Extr. Cannab. indic. und Extr. Hyoscyami).

Cathartic Pills Ayers (wegen des Gehalts an Gutti und Extr. Colocynthid.).

Djoeat Bauers (falls Diuretin enthaltend).

Gicht- und Rheumatismuslikör Latons (wegen des Gehalts an Tinct. Colchici).

Liqueur du Dr. Laville (wegen des Gehalts an Colchicin und Extr. Colocynthid.).

Pillen Morisons (wegen des Gehalts an Gutti, Resina Jalap. und Extr. Colocynthid.).

Pillen Redlingers (wegen des Gehalts an Calomel und Resina Jalap.).

Remedy Alberts (wegen des Gehalts an Tinct. Opii und Colchici).

Sanjana-Präparate (falls Chloroform enthaltend).

Sirup Pagliano (falls Tuber. Jalap. und Resina Scammon. enthaltend).

Dazu kommen noch die fünf Präparate der Anlage B.

Von Wichtigkeit ist hierbei folgendes Urteil des K.G. vom 7. Mai 1903 (Ph.Ztg. 1903 Nr.38): Ein Apotheker, der eine pharmazeutische Spezialität im Handverkauf abgibt, welche nach den Erklärungen des Fabrikanten und den bisherigen Angaben der Literatur keine starkwirkenden Stoffe enthält, handelt nicht schuldhaft und ist nicht strafbar, auch wenn sich später ergeben sollte, daß doch dem Handverkauf entzogene Stoffe in ihr enthalten waren.

kündigung von Geheimmitteln, insoweit dieselbe nicht bereits außer Kraft gesetzt ist, aufgehoben wird[1]).

Je zwei Abdrucke der erlassenen Polizeiverordnung wollen Ew. Exzellenz uns bis zum 1. Dezember d. J. einreichen und zugleich darüber berichten, welche sonstigen Vorschriften über die Ankündigung oder Anpreisung von Arzneimitteln in der dortigen Provinz oder in Teilen derselben bestehen[2]).

Berlin, den 8. Juli 1903.

Der Minister der geistlichen usw. Angelegenheiten.
I. A.: Förster.

Der Minister für Handel und Gewerbe. I. V.: Lohmann. Der Minister des Innern. I. V.: v. Bischoffshausen.

---

[1]) Eine derartige P.-V., welche nur die öffentliche Ankündigung oder Anpreisung der in den Listen A und B angeführten Mittel verbietet, ist von den Oberpräsidenten von Westpreußen, Schlesien, Sachsen, Westfalen und der Rheinprovinz erlassen worden. In Ostpreußen, Brandenburg, Landespolizeibezirk Berlin, Pommern, Posen, Hannover, Schleswig-Holstein und Hohenzollern ist dagegen der ganze Entwurf des Bundesrats (§§ 1—4, Anlage A und B und Strafbestimmung), in Hessen-Nassau derselbe Entwurf jedoch mit Ausnahme des die Ankündigung betreffenden § 4 als P.-V. erlassen worden. Die Verordnungen, welche die Ankündigung der in den beiden Listen genannten Mittel verbieten, sind vom K.G. wiederholt (u. a. 22. November 1904, Ph.Ztg. 1904 Nr. 96) für rechtsgültig erklärt worden. Das in ihnen enthaltene Ankündigungsverbot ist ein bedingungsloses und absolutes und bezieht sich auch auf Warnungen vor dem Gebrauch von Nachahmungen (K.G. 2. März, 8. und 18. Mai 1905, Ph.Ztg. 1905 Nr. 19, 38, 41) sowie auf verschleierte Ankündigungen, d. h. wenn lediglich die „Fabrikate" einer Firma angepriesen werden, eins oder mehrere derselben aber auf der Liste stehen (K.G. 21. Februar 1907, Ph.Ztg. 1907 Nr. 17). Auch ist es irrelevant, ob die Bestandteile angegeben werden oder nicht (K.G. 11. Januar 1906, Ph.Ztg. 1906 Nr. 5).

[2]) Neben den vorgenannten Verordnungen besteht noch eine größere Anzahl älterer und auch neuerer Polizeiverordnungen der Oberpräsidenten und Regierungspräsidenten über den Verkehr mit Geheimmitteln und die Ankündigung von Arzneimitteln und Heilmethoden (s. Fußnote 1 auf Seite 279). Die gesamte Rechtslage in Preußen läßt sich auf Grund sämtlicher Verordnungen folgendermaßen zusammenfassen.

Es sind verboten:

1. Die Ankündigung der 95 in den beiden Listen angeführten Geheimmittel und ähnlichen Arzneimittel: in ganz Preußen mit Ausnahme von Hessen-Nassau;
2. die Ankündigung von Geheimmitteln gegen tierische Krankheiten: in den Provinzen Ostpreußen, Westpreußen, Brandenburg-Berlin, Pommern, Schlesien, Sachsen, Westfalen und Rheinprovinz;
3. die Ankündigung von Geheimmitteln gegen Pflanzenkrankheiten: in ganz Preußen mit Ausnahme von Pommern und Hohenzollern;
4. die Ankündigung von Geheimmitteln allgemein: in den Provinzen Sachsen und Hessen-Nassau;
5. die Ankündigung der dem freien Verkehr entzogenen Arzneimittel: in den Provinzen Westpreußen, Brandenburg-Berlin, Sachsen, Hessen-Nassau und den Regierungsbezirken Stettin, Breslau, Oppeln, Düsseldorf, Koblenz und Sigmaringen;
6. die Ankündigung von Reklamemitteln: in den Regierungsbezirken Frankfurt a. O., Stettin, Merseburg, Kassel, Koblenz und Sigmaringen;
7. Anzeigen von nicht approbierten Personen, welche die Heilkunde gewerbsmäßig ausüben, sofern sie über Vorbildung, Befähigung oder Erfolge dieser Personen zu täuschen geeignet sind oder prahlerische Versprechungen enthalten: in ganz Preußen mit Ausnahme des Reg.-Bez. Stettin;
8. die Ankündigung von Gegenständen, Vorrichtungen, Methoden oder Mitteln, welche zur Verhütung, Linderung oder Heilung von Menschen- oder Tierkrankheiten bestimmt sind, wenn

Entwurf von Vorschriften über den Verkehr mit Geheimmitteln und ähnlichen Arzneimitteln.

§ 1. Auf den Verkehr mit denjenigen Geheimmitteln und ähnlichen Arzneimitteln, welche in den Anlagen A und B aufgeführt sind, finden die nachstehenden Vorschriften Anwendung; die Ergänzung der Anlagen bleibt vorbehalten.

§ 2. Die Gefäße und die äußeren Umhüllungen, in denen diese Mittel abgegeben werden, müssen mit einer Inschrift versehen sein, welche den Namen des Mittels und den Namen oder die Firma des Verfertigers deutlich ersehen läßt. Außerdem muß die Inschrift auf den Gefäßen oder den äußeren Umhüllungen den Namen oder die Firma des Geschäfts, in welchem das Mittel verabfolgt wird, und die Höhe des Abgabepreises enthalten; diese Bestimmung findet auf den Großhandel keine Anwendung.

Es ist verboten, auf den Gefäßen oder äußeren Umhüllungen, in denen ein solches Mittel abgegeben wird, Anpreisungen, insbesondere Empfehlungen, Bestätigungen von Heilerfolgen, gutachtliche Äußerungen oder Danksagungen, in denen dem Mittel eine Heilwirkung oder Schutzwirkung zugeschrieben wird, anzubringen oder solche Anpreisungen, sei es bei der Abgabe des Mittels, sei es auf sonstige Weise, zu verabfolgen.

§ 3. Der Apotheker ist verpflichtet, sich Gewißheit darüber zu verschaffen, inwieweit auf diese Mittel die Vorschriften über die Abgabe starkwirkender Arzneimittel Anwendung finden.

Die in der Anlage B aufgeführten Mittel, sowie diejenigen in der Anlage A aufgeführten Mittel, über deren Zusammensetzung der Apotheker

---

a. den Gegenständen, Vorrichtungen, Methoden oder Mitteln besondere, über ihren wahren Wert hinausgehende Wirkungen beigelegt werden oder das Publikum durch die Art ihrer Anpreisung irregeführt oder belästigt wird, oder wenn

b die Gegenstände, Vorrichtungen, Methoden oder Mittel ihrer Beschaffenheit nach geeignet sind, Gesundheitsbeschädigungen hervorzurufen: in ganz Preußen mit Ausnahme des Reg.-Bez. Stettin.

Den Begriff „Geheimmittel" im Sinne der unter Nr. 2, 3 und 4 genannten Ankündigungsverbote erläuterte im Anschluß an die überaus zahlreichen Gerichtsurteile hierüber ein Min.-Erl. vom 20. Januar 1898 folgendermaßen:

Es kann von dem Grundsatz ausgegangen werden, daß ein Heilmittel seiner Eigenschaft als Geheimmittel höchstens dadurch entkleidet wird, daß seine Bestandteile und Gewichtsmengen sofort bei der Ankündigung in gemeinverständlicher und für jedermann erkennbarer Weise vollständig und sachentsprechend zur öffentlichen Kenntnis gebracht werden. Angaben, aus denen nur ein Sachverständiger ein Urteil über das Mittel sich bilden kann, sind als ausreichend nicht zu erachten, insbesondere nicht die Bezeichnung der Bestandteile des Mittels in lateinischer Sprache. Hiermit steht im wesentlichen auch im Einklange die Rechtspechung, nach welcher ein Geheimmittel jedenfalls dann vorliegt, wenn die Bestandteile und das Mengenverhältnis der Zubereitung „nicht ausreichend", „nicht deutlich für das Publikum", „nicht für jedermann zweifellos" bei der Ankündigung erkennbar gemacht sind . . . Daß auch die Bereitungsweise eines Mittels aus der Veröffentlichung ersichtlich zu sein hat, wenn dasselbe nicht als Geheimmittel gelten soll, wird nicht gefordert zu werden brauchen, da mit dem Erlaß des in Frage stehenden Ankündigungsverbots nur beabsichtigt gewesen ist, bei den zur öffentlichen Ankündigung zugelassenen Arzneimitteln dem Publikum die Möglichkeit zu bieten, ein eigenes Urteil über Heilkraft und Geldwert der einzelnen Mittel sich zu bilden, nicht aber auch die Möglichkeit, solche Mittel nach dem veröffentlichten Rezepte sich selbst anzufertigen.

„Reklamemittel" im Sinne des Verbots Nr. 6 sind Mittel, denen besondere Wirkungen fälschlich beigelegt werden, um über ihren Wert zu täuschen.

sich nicht soweit vergewissern kann, daß er die Zulässigkeit der Abgabe im Handverkaufe zu beurteilen vermag, dürfen nur auf schriftliche, mit Datum und Unterschrift versehene Anweisung eines Arztes, Zahnarztes oder Tierarztes, im letzteren Falle jedoch nur beim Gebrauche für Tiere, verabfolgt werden. Die wiederholte Abgabe ist nur auf jedesmal erneute derartige Anweisung gestattet.

Bei Mitteln, welche nur auf ärztliche Anweisung verabfolgt werden dürfen, muß auf den Abgabegefäßen oder den äußeren Umhüllungen die Inschrift „Nur auf ärztliche Anweisung abzugeben" angebracht sein.

§ 4. Die öffentliche Ankündigung oder Anpreisung der in den Anlagen A und B aufgeführten Mittel ist verboten.

Anlage A.

1. Adlerfluid.
2. Amarol (auch Ingestol).
3. American coughing cure Lutzes.
4. Antiarthrin und Antiarthrinpräparate (auch Sells Antiarthrin).
5. Antigichtwein Duflots (auch Antigichtwein Oswald Niers oder Vin Duflot).
6. Antimellin (auch Essentia Antimellini composita).
7. Antirheumaticum Saids (auch Antirheumaticum nach Dr. Said oder Antirheumaticum Lücks).
8. Antitussin.
9. Asthmapulver Schiffmanns (auch Asthmador).
10. Asthmapulver Zematone, auch in Form der Asthmazigaretten Zematone (auch antiasthmatische Pulver und Zigaretten des Apothekers Escouflaire).
11. Augenwasser Whites (auch Dr. Whites Augenwasser von Ehrhardt).
12. Ausschlagsalbe Schützes (auch Universalheilsalbe oder Universalheil- und Ausschlagsalbe Schützes).
13. Balsam Bilfingers.
14. Balsam Lamperts (auch Gichtbalsam Lamperts oder Lampert-Stepf-Balsam).
15. Balsam Sprangers (auch Sprangerscher).
16. Balsam Thierrys (auch allein echter Balsam Thierrys, englischer Wunderbalsam oder englischer Balsam Thierrys).
17. Bandwurmmittel Konetzkys (auch Konetzkys Helminthenextrakt).
18. Beinschäden Indian Bohnerts.
19. Blutreinigungspulver Hohls.
20. Blutreinigungspulver Schützes.
21. Blutreinigungstee Wilhelms auch antiarthritischer und antirheumatischer Blutreinigungstee Wilhelms).
22. Bräune-Einreibung Lamperts (auch Universal-Bräune-Einreibung und Diphtheritistinktur).
23. Bromidia Battle & Comp.
24. Bruchbalsam Tanzers.
25. Bruchsalbe des pharmazeutischen Bureaus Valkenberg (Valkenburg) in Holland (auch Pastor Schmits Bruchsalbe).
26. Cathartic pills Ayers (auch Reinigungspillen oder abführende Pillen Ayers).
27. Corpulin (auch Corpulin-Entfettungspralinés oder Pralinés de Carlsbad).
28. Djoeat Bauers.
29. Elixir Godineau.
30. Embrocation Ellimans (auch Universal embrocation oder Ellimans Universal-Einreibemittel für Menschen), ausgenommen Embrocation usw. for horses.
31. Epilepsieheilmittel Quantes (auch Spezifikum oder Gesundheitsmittel Quantes).
32. Epilepsiepulver Cassarinis (auch Polveri antiepilettiche Cassarinis).
33. Eucalyptusmittel Heß' (Eucalyptol und Eucalyptusöl Heß').
34. Gebirgstee, Harzer, Lauers.
35. Gehöröl Schmidts (auch verbessertes oder neu verbessertes Gehöröl Schmidts).

36. Gesundheitskräuterhonig Lücks.
37. Gicht- und Rheumatismuslikör, amerikanischer, Latons (auch Remedy Latons).
38. Glandulen.
39. Glycosolvol Lindners (auch Antidiabeticum Lindners).
40. Heilsalbe Sprangers (auch Sprangersche, oder Zug- und Heilsalbe Sprangers oder Sprangersche).
41. Heiltränke Jacobis (auch Heiltrankessenz, insbesondere Königstrank Jacobis).
42. Homeriana (auch Brusttee Homeriana, russischer Knöterich, Poligonum aviculare)[1].
43. Injektion Brou (auch Brousche Einspritzung).
44. Injection au matico (auch Einspritzung mit Matico).
45. Kalosin Lochers.
46. Knöterichtee, russischer, Weidemanns (auch russisch. Knöterich- oder Brusttee Weidemanns)[1].
47. Kongopillen Richters (auch Magenpillen Richters).
48. Kräutertee Lücks.
49. Kräuterwein Ullrichs (auch Hubert Ullrichscher Kräuterwein).
50. Kronessenz, Altonaer (auch Kronessenz oder Menadiesche oder Altonaische Wunder - Kronessenz).
51. Lebensessenz Fernests (auch Fernestsche Lebensessenz).
52. Liqueur du Docteur Laville (auch Likör des Dr. Laville).
53. Loxapillen Richters.
54. Magenpillen Tachts.
55. Magentropfen Bradys (auch Mariazeller Magentropfen Bradys).
56. Magentropfen Sprangers (auch Sprangersche).
57. Mother Seigels pills (auch Mother Seigels Abführungspillen oder operating pills.)
58. Mother Seiges syrup (auch Mother Seigels curative syrup for dyspepsia, Extract of American roots oder Mutter Seigels heilender Sirup).

---

[1]) Von den Mitteln der Liste A sind drei, Heß' Eukalyptusmittel, Homeriana und Weidemanns russischer Knöterich, durch Bk. des Reichskanzlers vom 1. Oktober 1903 (s. Seite 44) dem freien Verkehr entzogen worden. Zur Auslegung dieser Bk. erging ein Min.-Erl. vom 8. März 1905, der auch für die Beurteilung der Geheimmittellisten von Bedeutung ist. Er besagt über diese folgendes:

Die Bekanntmachung verfolgte den Zweck, die allgemeine Durchführung der im Bundesrate vereinbarten, durch den Runderlaß vom 8. Juli 1903 bekannt gegebenen Vorschriften über den Verkehr mit Geheimmitteln und ähnlichen Arzneimitteln dadurch sicherzustellen, daß der Vertrieb aller in den Verzeichnissen A und B zu diesen Vorschriften aufgeführten Mittel gemäß § 6 Abs. 2 der Gewerbeordnung den Apothekern vorbehalten wird, soweit dies nicht bereits bisher der Fall war. Auf die unter Nr. 33, 42 und 46 des Verzeichnisses A aufgeführten Mittel bezog sich die Bekanntmachung vom 1. Oktober 1903. Wenn dort die Warenbezeichnung Homeriana in Klammern beigefügt ist, „auch Brusttee Homerania, russischer Knöterich, Polygonum aviculare“, so kommt diesem erläuternden Zusatze selbständige Bedeutung nicht zu, es handelt sich vielmehr nur um einen Hinweis darauf, daß die regelmäßig unter der Bezeichnung Homeriana in den Verkehr gebrachte Ware gelegentlich auch unter den beigefügten anderen Bezeichnungen vertrieben wird. Die der Hauptbezeichnung „Knöterichtee, russischer, Weidemanns“ beigefügte Erläuterung dürfte Mißverständnissen nicht ausgesetzt sein. Der Vorschrift der Bekanntmachung vom 1. Oktober 1903 unterliegen deshalb nicht Knöterich oder Knöterichtee schlechthin, sondern nur die als „Homeriana“ oder als „Weidemanns russischer Knöterichtee“ in den Handel kommenden Waren, diese allerdings auch dann, wenn sie unter den in der Bekanntmachung aufgeführten anderen Bezeichnungen vertrieben werden.

Was hier über die Tragweite der Bek. vom 1. Oktober 1903 gesagt ist, muß auch für die Geheimmittelverordnung als maßgebend angesehen werden. Ein Urteil des K.G. vom 16. August 1904 (Ph.Ztg. 1904 Nr. 85), wonach durch die betr. Polizeiverordnungen nicht nur die Ankündigung von Homeriana, sondern auch von jedem anderen russischen Knöterich verboten ist, dürfte danach auf einer Verkennung der gesetzgeberischen Absicht beruhen.

59. Nervenfluid Dressels.
60. Nervenkraftelixir Liebers.
61. Nervenstärker Pastor Königs (auch Pastor Königs Nerve Tonic).
62. Orffin (auch Baumann Orffsches Kräuternährpulver).
63. Pain-Expeller[1]).
64. Pectoral Bocks (auch Hustenstiller Bocks).
65. Pillen, indische (auch Antidysentericum).
66. Pillen Morisons.
67. Pillen Redlingers (auch Redlingersche Pillen).
68. Pilules du Docteur Laville (auch Pillen Lavilles).
69. Reduktionspillen, Marienbader (auch Marienbader Reduktionspillen für Fettleibige).
70. Regenerator Liebauts (auch Regenerator nach Libaut).
71. Remedy Alberts (auch Alberts Rheumatismus- und Gichtheilmittel).
72. Saccharolsolvol.
73. Safe remedies Warners (Safe cure, Safe diabetic, Safe nervine, Safe pills).
74. Sanjana-Präparate (auch Sanjana-Spezifika).
75. Sarsaparillian Ayers (auch Ayers zusammengesetzter und gemischter Sarsaparillaextrakt).
76. Sarsaparillian Richters (auch Extractum Sarsaparillae compositum Richter).
77. Sauerstoffpräparate der Sauerstoffheilanstalt Vitafer.
78. Schlagwasser Weißmanns.
79. Schweizerpillen Brandts.
80. Sirup Pagliano (auch Sirup Pagliano Blutreinigungsmittel, auch Blutreinigungs- und Bluterfrischungssirup Pagliano des Prof. Girolomo Pagliano oder Sirup Pagliano von Prof. Ernesto Pagliano).
81. Spermatol (auch Stärkungselixir Gordons).
82. Spezialtees Lücks (auch Spezialkräutertees Lücks).
83. Stomakal Richters (auch Tinctura stomachica Richter).
84. Tarolinkapseln.
85. Tuberkeltod (auch Eiweiß-Kräuterkognak-Emulsion Stickes).
86. Universalmagenpulver Barellas.
87. Vin Mariani (auch Marianiwein).
88. Vulneralcreme (auch Wundcreme Vulneral).
89. Wundensalbe, konzessionierte, Dicks (auch Zittauer Pflaster).
90. Zambakapseln Lahrs.

Anlage B.

1. Antineon Lochers.
2. Augenheilbalsam, vegetabilischer, Reichels (auch Ophtalmin Reichels).
3. Diphtheritismittel Noortwycks (auch Noortwycks antiseptisches Mittel gegen Diphtherie).
4. Heilmittel des Grafen Mattei (auch Graf Cesare Matteische elektro-homöopathische Heilmittel).
5. Sternmittel, Genfer, Sauters, (auch elektrohomöopathische Sternmittel von Sauter in Genf oder Neue elektro-homöopathische Sternmittel usw.).

[1]) Da bei Pain-Expeller ein bestimmter Fabrikant nicht angegeben ist, entschied das K.G. unter dem 28. September 1905 (Ph.Ztg. 1905 Nr. 79), daß unter dem in den Geheimmittellisten aufgeführten Präparat Pain-Expeller jede Art von Pain-Expeller ohne Rücksicht auf den Fabrikanten zu verstehen ist.

XVII. Verkehr mit Giften.

Wie über die Abgabe starkwirkender Arzneimittel (Teil XV) und den Verkehr mit Geheimmitteln (Teil XVI) ist auch über den Handel mit Giften ein Vorschriftenentwurf vom Bundesrat vereinbart worden[1]). Auf Grund der diesbezüglichen Bundesratsbeschlüsse erging in Preußen die nachstehende

Polizeiverordnung über den Handel mit Giften.

Vom 22. Februar 1906.

Auf Grund des § 136 Abs. 3 des Gesetzes über die allgemeine Landesverwaltung vom 30. Juni 1883[2]) — G.-S. S. 195 ff. — wird unter Bezugnahme auf die Beschlüsse des Bundesrats vom 29. November 1894, 17. Mai 1901 und 1. Februar 1906 die nachstehende Polizeiverordnung erlassen:

§ 1. Der gewerbsmäßige Handel mit Giften unterliegt den Bestimmungen der §§ 2—18.

Als Gifte im Sinne dieser Bestimmungen gelten die in Anlage I aufgeführten Drogen, chemischen Präparate und Zubereitungen[3]).

Aufbewahrung der Gifte.

§ 2. Vorräte von Giften müssen übersichtlich geordnet, von anderen Waren getrennt, und dürfen weder über noch unmittelbar neben Nahrungs- oder Genußmitteln aufbewahrt werden.

§ 3. Vorräte von Giften, mit Ausnahme der auf abgeschlossenen Giftböden verwahrten giftigen Pflanzen und Pflanzenteile (Wurzeln, Kräuter usw.), müssen sich in dichten, festen Gefäßen befinden, welche mit festen gut schließenden Deckeln oder Stöpseln versehen sind.

In Schiebladen dürfen Farben, sowie die übrigen in den Abteilungen 2 und 3 der Anlage I aufgeführten festen, an der Luft nicht zerfließenden oder verdunstenden Stoffe aufbewahrt werden, sofern die Schiebladen mit Deckeln versehen, von festen Füllungen umgeben und so beschaffen sind, daß ein Verschütten oder Verstäuben des Inhalts ausgeschlossen ist.

Außerhalb der Vorratsgefäße darf Gift, unbeschadet der Ausnahmebestimmung im § 1, sich nicht befinden.

§ 4. Die Vorratsgefäße müssen mit der Aufschrift „Gift", sowie mit der Angabe des Inhalts unter Anwendung der in der Anlage I enthaltenen Namen, außer denen nur noch die Anbringung der ortsüblichen Namen in kleinerer Schrift gestattet ist, und zwar, bei Giften der Abteilung 1 in weißer Schrift auf schwarzem Grunde, bei Giften der Abteilungen 2 und 3 in roter Schrift auf weißem Grunde, deutlich und dauerhaft bezeichnet sein. Vorratsgefäße für Mineralsäuren, Lau-

---

[1]) Vgl. hierüber: Dr. H. Böttger, Vorschriften über den Handel mit Giften im Deutschen Reiche. Beschlüsse des Bundesrats und Einführungsverordnungen der Einzelstaaten. Dritte Auflage. Berlin 1906. Verlag von Julius Springer.

[2]) § 136 Abs. 3 des Landesverwaltungsgesetzes s. Seite 169.

[3]) Die Gifte, auf welche sich die Vorschriften erstrecken, sind nach dem Grade ihrer Gefährlichkeit in drei Gruppen geteilt. Die Vorschriften für die Abgabe der Gifte der Abteilungen 1 und 2 sind im wesentlichen die gleichen; doch unterliegen die Gifte der Abteilung 1 strengeren Bestimmungen bezüglich der Aufbewahrung. Die Gifte der Abteilung 3 erfahren im Vergleiche zu den Abteilungen 1 und 2 wieder erhebliche Erleichterungen in bezug auf die Abgabe.

gen, Brom und Jod dürfen mittels Radier- oder Ätzverfahrens hergestellte Aufschriften auf weißem Grunde haben[1]).

Diese Bestimmung findet auf Vorratsgefäße in solchen Räumen, welche lediglich dem Großhandel dienen, nicht Anwendung, sofern in anderer Weise für eine Verwechslungen ausschließende Kennzeichnung gesorgt ist. Werden jedoch aus derartigen Räumen auch die für eine Einzelverkaufsstätte des Geschäftsinhabers bestimmten Vorräte entnommen, so müssen, abgesehen von der im Geschäfte sonst üblichen Kennzeichnung, die Gefäße nach Vorschrift des Abs. 1 bezeichnet sein.

§ 5. Die in Abteilung 1 der Anlage I genannten Gifte müssen in einem besonderen, von allen Seiten durch feste Wände[2]) umschlossenen Raume (Giftkammer) aufbewahrt werden, in welchem andere Waren als Gifte sich nicht befinden. Dient als Giftkammer ein hölzerner Verschlag, so darf derselbe nur in einem vom Verkaufsraume getrennten Teile des Warenlagers angebracht sein. Die Giftkammer muß für die darin vorzunehmenden Arbeiten ausreichend durch Tageslicht erhellt und auf der Außenseite der Tür mit der deutlichen und dauerhaften Aufschrift „Gift" versehen sein.

Die Giftkammer darf nur dem Geschäftsinhaber und dessen Beauftragten zugänglich und muß außer der Zeit des Gebrauchs verschlossen sein.

§ 6. Innerhalb der Giftkammer müssen die Gifte der Abteilung 1 in einem verschlossenen Behältnisse (Giftschrank) aufbewahrt werden.

Der Giftschrank muß auf der Außenseite der Tür mit der deutlichen und dauerhaften Aufschrift „Gift" versehen sein.

Bei dem Giftschranke muß sich ein Tisch oder eine Tischplatte zum Abwiegen der Gifte befinden[3]).

Größere Vorräte von einzelnen Giften der Abteilung 1 dürfen außerhalb des Giftschrankes aufbewahrt werden, sofern sie sich in verschlossenen Gefäßen befinden.

§ 7. Phosphor und mit solchen hergestellte Zubereitungen müssen außerhalb des Giftschrankes, sei es innerhalb oder außerhalb der Giftkammer, unter Verschluß an einem frostfreien Orte in einem feuerfesten Behältnisse und zwar gelber (weißer) Phosphor unter Wasser, aufbewahrt werden. Ausgenommen sind Phosphorpillen; auf diese finden die Bestimmungen der §§ 5 und 6 Anwendung[4]).

Kalium und Natrium sind unter Verschluß, wasser- und feuersicher und mit einem sauerstofffreien Körper (Paraffinöl, Steinöl oder dergleichen) umgeben, aufzubewahren.

§ 8. Zum ausschließlichen Gebrauch für die Gifte der Abteilung 1 und zum ausschließlichen Gebrauch für die Gifte der Abteilungen 2 und 3

---

[1]) Für Apotheken hat der § 4 keine Bedeutung (s. § 9). Für die Signierung der Standgefäße in Apotheken gilt vielmehr nur § 10 der Verordnung vom 22. Juni 1896 (s. Seite 274). Dies bestätigt auch ein Min.-Erl. vom 3. April 1901 (s. Fußnote 1 auf Seite 224).

[2]) Für Apotheker sind in § 9 auch Lattenverschläge zugelassen. Vgl. im übrigen über die Giftkammer die §§ 10 und 17 der Apothekenbetriebsordnung (s. Seite 224 und 227). Für andere Verkaufsstätten als Apotheken sind aber Lattenverschläge, weil sie nicht allseitig durch feste Wände umschlossen sind, nach § 5 der Verordnung unzulässig (K.G. 17. Oktober 1904, K.G.A. IV, S. 605).

[3]) Dieser Tisch bzw. die Tischplatte muß sich nach einer Entscheidung des K.G. vom 17. November 1898 (K.G.A. II, S. 327) ebenso wie der Giftschrank innerhalb der verschlossenen Giftkammer befinden.

[4]) Andere Zubereitungen von Phosphor, wie z. B. Phosphorpaste, müssen dagegen an dem gleichen Ort, wie Phosphor selbst, außerhalb der Giftkammer aufbewahrt werden (K.G. 3. August 1899, K.G.A. II, S. 323).

sind besondere Geräte (Wagen, Mörser, Löffel und dergleichen) zu verwenden, welche mit der deutlichen und dauerhaften Aufschrift „Gift" in den dem § 4 Abs. 1 entsprechenden Farben versehen sind[1]). In jedem zur Aufbewahrung von giftigen Farben dienenden Behälter muß sich ein besonderer Löffel[2]) befinden. Die Geräte dürfen zu anderen Zwecken nicht gebraucht werden und sind mit Ausnahme der Löffel für giftige Farben stets rein zu halten. Die Geräte für die im Giftschranke befindlichen Gifte sind in diesem aufzubewahren. Auf Gewichte finden diese Vorschriften nicht Anwendung.

Der Verwendung besonderer Wagen bedarf es nicht, wenn größere Mengen von Giften unmittelbar in den Vorrats- oder Abgabegefäßen gewogen werden.

§ 9. Hinsichtlich der Aufbewahrung von Giften in den Apotheken greifen nachfolgende Abweichungen von den Bestimmungen der §§ 4, 5 und 8 Platz:

(zu § 4). Die Bestimmungen im § 4 gelten für Apotheker nun insoweit, als sie sich auf die Gefäße für Mineralsäuren, Laugen, Brom und Jod beziehen[3]). Im übrigen bewendet es hinsichtlich der Bezeichnung der Gefäße bei den hierüber ergangenen besonderen Anordnungen.

(zu § 5). Die Giftkammer darf, falls sie in einem Vorratsraum eingerichtet wird, auch durch einen Lattenverschlag hergestellt werden. Kleinere Vorräte von Giften der Abteilung 1 dürfen in einem besonderen, verschlossenen und mit der deutlichen und dauerhaften Aufschrift „Gift" oder „Venena" oder „Tabula B" versehenen Behältnisse im Verkaufsraum oder in einem geeigneten Nebenraume aufbewahrt werden[4]). Ist der Bedarf an Gift so gering, daß der gesamte Vorrat in dieser Weise verwahrt werden kann, so besteht eine Verpflichtung zur Einrichtung einer besonderen Giftkammer nicht.

(zu § 8). Für die im vorstehenden Absatz bezeichneten kleineren Vorräte von Giften der Abteilung 1 sind besondere Geräte zu verwenden und in dem für diese bestimmten Behältnisse zu verwahren. Für die in den Abteilungen 2 und 3 bezeichneten Gifte, ausgenommen Morphin, dessen Verbindungen und Zubereitungen, sind besondere Geräte nicht erforderlich.

---

[1]) In Apotheken sind, wie in § 9 bestimmt wird, besondere Geräte nur erforderlich einerseits für die Gifte der Abteilung 1 (Giftschrank), andererseits für Morphium und dessen Zubereitungen (Morphiumschränkchen). Vgl. hierzu die Fußnoten 1 und 4 auf Seite 225.

[2]) Die besonderen Löffel für giftige Farben müssen, wenn solche Farben geführt werden, auch in Apotheken vorhanden sein.

[3]) Den ersten Absatz des § 9 erläutert nachstehender Min.-Erl. vom 25. Mai 1898:

Die Bezeichnung „Gift" an den Standgefäßen der Mineralsäuren usw. ist für die Apotheken nicht verbindlich, wie sich aus § 9 in Verbindung mit § 4 der Polizeiverordnung über den Handel mit Giften ergibt. Der aus dem § 9 angeführte Satz bezieht sich nur auf die Zulässigkeit radierter Schrift für die Standgefäße jener Stoffe.

Da eine derartige Anordnung aber bereits in dem § 10 der Verordnung vom 22. Juni 1896 (s. Seite 274) enthalten ist, so ergibt sich als praktische Konsequenz, daß der ganze § 4 der Giftverordnung für Apotheken überhaupt nicht in Betracht kommt.

[4]) Bestimmungen über die Einrichtung dieses Giftschränkchens der Offizin enthält § 10 der Apothekenbetriebsordnung (s. Seite 224).

Abgabe der Gifte.[1])

§ 10. Gifte dürfen nur von dem Geschäftsinhaber oder den von ihm hiermit Beauftragten abgegeben werden.

§ 11. Über die Abgabe der Gifte der Abteilungen 1 und 2 sind in einem mit fortlaufenden Seitenzahlen versehenen, gemäß Anlage II eingerichteten Giftbuche die daselbst vorgesehenen Eintragungen zu bewirken[2]). Die Eintragungen müssen sogleich nach Verabfolgung der Waren von dem Verabfolgenden selbst, und zwar immer in unmittelbarem Anschluß an die nächst vorhergehende Eintragung ausgeführt werden. Das Giftbuch ist zehn Jahre lang nach der letzten Eintragung aufzubewahren.

Die vorstehenden Bestimmungen finden nicht Anwendung auf die Abgabe der Gifte, welche von Großhändlern an Wiederverkäufer, an technische Gewerbetreibende oder an staatliche Untersuchungs- und

---

[1]) Die wichtigsten Bestimmungen über die Abgabe von Giften in Apotheken sind nach obiger P.-V. folgende: Gifte dürfen abgegeben werden:

A. als Heilmittel ohne weitere Einschränkungen: auf ärztliche Verordnungen und soweit gestattet (siehe Verordnung vom 22. Juni 1896) auch im Handverkaufe; hier auch vom Lehrling und auch an Kinder (sofern sich letzteres nicht durch die Natur bzw. Gefährlichkeit des Mittels verbietet) (§ 16);

B. zu erlaubten gewerblichen, wirtschaftlichen, wissenschaftlichen oder künstlerischen Zwecken:

1. von wem? Nur vom Geschäftsinhaber oder den von ihm hiermit Beauftragten, also den Gehilfen (§ 10);
2. an wen? An Personen, die als zuverlässig bekannt sind, oder die einen (noch nicht 14 Tage alten) polizeilichen Erlaubnisschein zum Bezuge von Gift besitzen (§ 12 I), keinesfalls aber an Kinder unter 14 Jahre (§ 12 III); andere arsenhaltige Ungeziefermittel, als Fliegenpapier, dürfen nur gegen Erlaubnisschein verabfolgt werden (§ 18 III);
3. in welchen Gefäßen?
   a. Gifte müssen in dichten, festen, gut verschlossenen Gefäßen abgegeben werden; jedoch genügen für feste, an der Luft nicht zerfließende oder verdunstende Gifte der Abteilungen 2 und 3 dauerhafte Umhüllungen jeder Art, sofern durch dieselben ein Verschütten oder Verstäuben des Inhaltes ausgeschlossen wird (§ 14 I); in letzterem Falle also auch Beutel von kräftigem Papier;
   b. es ist verboten, Gifte in Trink- oder Kochgefäßen oder in solchen Flaschen oder Krügen abzugeben, deren Form oder Bezeichnung die Gefahr einer Verwechslung des Inhaltes mit Nahrungs- oder Genußmitteln herbeizuführen geeignet ist (§ 15);
4. wie bezeichnet? Die Gefäße bzw. Umhüllungen müssen bezeichnet sein:
   a. mit dem Namen des abgebenden Geschäftes (§ 14 II);
   b. mit dem in der Anlage I gebrauchten Namen, neben welchem die ortsübliche Bezeichnung angebracht werden darf (§ 14 II);
   c. mit der Aufschrift „Gift", welche nur bei festen, an der Luft nicht zerfließlichen oder verdunstenden Giften der Abteilung 3 durch die Aufschrift „Vorsicht" ersetzt werden darf (§ 14 II);
   d. bei Ungeziefermitteln ist jeder Packung eine Belehrung über die mit einem unvorsichtigen Gebrauch verknüpften Gefahren beizufügen (§ 18 I);
5. unter welchen sonstigen Bedingungen? Bei Giften der Abteilungen 1 und 2 gegen Eintragung ins Giftbuch und Ausstellung einer Empfangsbescheinigung (Giftschein).

[2]) Ein Giftverkauf-Buch für Apotheker und Drogisten, enthaltend die Vorschriften über den Handel mit Giften nebst Erläuterungen, die Einführungsverordnungen der Einzelstaaten und das vorschriftsmäßige Formular zum Eintragen der verkauften Gifte ist, herausgegeben von Dr. H. Böttger, in dritter Auflage im Verlage von Julius Springer erschienen.

Lehranstalten abgegeben werden, sofern über die Abgabe dergestalt Buch geführt wird, daß der Verbleib der Gifte nachgewiesen werden kann.

§ 12. Gift darf nur an solche Personen abgegeben werden, welche als zuverlässig bekannt sind und das Gift zu einem erlaubten gewerblichen, wirtschaftlichen, wissenschaftlichen oder künstlerischen Zwecke benutzen wollen. Sofern der Abgehende von dem Vorhandensein dieser Voraussetzungen sichere Kenntnis nicht hat, darf er Gift nur gegen Erlaubnisschein abgeben[1]).

---

[1]) Als „als zuverlässig bekannt" im Sinne der Giftverordnung sind nur solche Personen anzusehen, die man von früher her tatsächlich kennt, und deren Zuverlässigkeit man auf Grund dieser Kenntnis annimmt (K.G. 1. November 1900, K.G.A. III, S. 456; 28. November 1904, K.G.A. IV, S. 737).

In allen Fällen, wo die Zuverlässigkeit nicht bekannt ist, muß sich der Empfänger durch einen von der Ortspolizeibehörde ausgestellten Erlaubnisschein legitimieren. Dies gilt für die Gifte aller drei Abteilungen. Zur Abgabe von anderen arsenhaltigen Ungeziefermitteln als Fliegenpapier ist jedoch stets ein Erlaubnisschein erforderlich (siehe § 18 Abs. 3).

Im Anschluß an § 12 der Giftverordnung ergingen zwei Min.-Erlasse über die Abgabe von Sublimatpastillen an Hebammen und von Giften an Zahntechniker.

Min.-Erl., betr. die Abgabe von Sublimatpastillen an Hebammen. Vom 7. Februar 1905.

Mit Rücksicht auf die Zweifel, welche über die Abgabe der Sublimatpastillen entstanden sind, weise ich darauf hin, daß dafür ausschließlich die Vorschriften der Kaiserl. Verordnung vom 22. Oktober 1901 und der Polizeiverordnung über den Handel mit Giften vom 24. August 1895 maßgebend sind. Danach ist die Abgabe von Sublimatpastillen als Desinfektionsmittel sowohl in den Apotheken, als auch außerhalb derselben in den zum Handel mit Giften berechtigten Verkaufsstellen gegen schriftliche Empfangsbescheinigung des Erwerbers oder seines Beauftragten gestattet. Da die Hebammen als zuverlässig im Sinne des § 12 der Giftverordnung anzusehen sind und die Sublimatpastillen ein Erfordernis ihrer Berufstätigkeit darstellen, bedarf es eines Erlaubnisscheines nicht.

Min.-Erl., betr. die Abgabe von starkwirkenden Arzneimitteln und Giften an Zahntechniker. Vom 27. Oktober 1906.

Von seiten der Zahntechniker werden vielfach, wie sich aus ihren Ankündigungen ergibt, betäubende und schmerzstillende Mittel bei der Behandlung von Zahnkranken benutzt. Es besteht der begründete Verdacht, daß sie nicht selten auf unzulässige Weise in den Besitz der Mittel gelangen. Ich bemerke insbesondere, daß eine Lieferung von Giften aus den Gifthandlungen an die Zahntechniker für ihren Gewerbebetrieb nicht zulässig ist. Selbst wenn man die Verwendung der Gifte im Berufe der Zahntechniker als einen erlaubten gewerblichen Zweck ansehen wollte, so können die Zahntechniker doch nach ihrer ganzen Vorbildung nicht als hinreichend zuverlässig für die Anwendung der Gifte am menschlichen Körper gelten. Daher werden sie weder ohne weiteres von den Gifthändlern die Gifte gegen Giftschein, noch von den Polizeibehörden für den Bezug der Gifte zur beruflichen Verwendung einen Erlaubnisschein erhalten können. Auch im Wege des Großhandels dürfen ihnen Gifte nicht geliefert werden, da sie nicht Wiederverkäufer sind, die Abgabe der Stoffe an sie also sich nicht als Großhandel darstellt.

Gegen die Zahntechniker selbst wegen der Benutzung giftiger und starkwirkender Stoffe vorzugehen, erscheint, abgesehen von den Fällen, wo ihre Behandlung Gesundheitsschädigungen bewirkt hat, nach der Lage der Gesetzgebung und Rechtsprechung nicht angängig. Denn die Verwendung giftiger Stoffe durch sie bei der Behandlung kranker Zähne ist nicht als Abgabe von Arzneien anzusehen (Entscheidung des Reichsgerichts vom 16. Juni 1900 und des Kammergerichts vom 19. Juni 1899). Strafbar wäre nur die Abgabe giftiger oder starkwirkender Substanzen zur Verfügung ihrer Patienten.

Dagegen muß ich als wünschenswert erachten, daß gegen die Händler, die den Zahntechnikern den Vorschriften zuwider Gifte und Arzneistoffe liefern, eingeschritten

Die Erlaubnisscheine werden von der Ortspolizeibehörde nach Prüfung der Sachlage gemäß Anlage III ausgestellt[1]). Dieselben werden in der Regel nur für eine bestimmte Menge, ausnahmsweise auch für den Bezug einzelner Gifte während eines ein Jahr nicht übersteigenden Zeitraums gegeben. Der Erlaubnisschein verliert mit dem Ablaufe des vierzehnten Tages nach dem Ausstellungstage seine Gültigkeit, sofern auf demselben etwas anderes nicht vermerkt ist[2]).

An Kinder unter vierzehn Jahren dürfen Gifte nicht ausgehändigt werden.

§ 13. Die in Abteilung 1 und 2 verzeichneten Gifte dürfen nur gegen schriftliche Empfangsbescheinigung (Giftschein) des Erwerbers verabfolgt werden. Wird das Gift durch einen Beauftragten abgeholt, so hat der Abgebende (§ 10) auch von diesem sich den Empfang bescheinigen zu lassen.

Die Bescheinigungen sind nach dem in Anlage IV vorgeschriebenen Muster auszustellen, mit den entsprechenden Nummern des Giftbuchs zu versehen und zehn Jahre lang aufzubewahren.

Die Empfangsbestätigung desjenigen, welchem das Gift ausgehändigt wird, darf auch in einer Spalte des Giftbuchs abgegeben werden.

Im Falle des § 11 Abs. 2 ist die Ausstellung eines Giftscheins nicht erforderlich.

§ 14. Gifte müssen in dichten, festen und gut verschlossenen Gefäßen abgegeben werden; jedoch genügen für feste, an der Luft nicht zerfließende oder verdunstende Gifte der Abteilungen 2 und 3 dauerhafte Umhüllungen jeder Art, sofern durch dieselben ein Verschütten oder Verstäuben des Inhalts ausgeschlossen wird.

Die Gefäße oder die an ihre Stelle tretenden Umhüllungen müssen mit der im § 4 Abs. 1 angegebenen Aufschrift und Inhaltsangabe sowie mit dem Namen des abgebenden Geschäftes versehen sein[3]). Bei festen an der Luft nicht zerfließenden oder verdunstenden Giften der Abteilung 3 darf an Stelle des Wortes Gift die Aufschrift „Vorsicht" verwendet werden.

Bei der Abgabe an Wiederverkäufer, technische Gewerbetreibende und staatliche Untersuchungs- oder Lehranstalten genügt indessen jede andere, Verwechslungen ausschließende Aufschrift und Inhaltsangabe; auch brauchen die Gefäße oder die an ihre Stelle tretenden Umhüllungen nicht mit dem Namen des abgebenden Geschäfts versehen zu sein.

---

wird, sowohl um die begangenen Übertretungen zu ahnden, wie auch um den Zahntechnikern den Bezug der Stoffe, deren Benutzung durch sie gesundheitliche Bedenken hat, zu erschweren.

Ich ersuche Ew. Hochwohlgeboren daher, der Verwendung starkwirkender Arzneimittel durch Zahntechniker besondere Beachtung zuzuwenden und Sorge dafür zu tragen, daß bei den amtlichen Besichtigungen von Apotheken und Drogenhandlungen die Revisoren ihr Augenmerk auch besonders darauf richten, ob vorschriftswidrige Abgabe von starkwirkenden Arzneimitteln und Giften an Zahntechniker festzustellen ist. Auch wird zu erwägen sein, inwieweit die sogenannten Dental Depots als Gift- und Drogenhandlungen anzusehen und einer entsprechenden Aufsicht zu unterwerfen sind.

[1]) Die Ausstellung eines solchen Erlaubnisscheines muß seitens der Polizeibehörde nur dann erfolgen, wenn der Nachsuchende den Nachweis seiner Zuverlässigkeit erbracht hat (O.V.G. 20. Mai 1904, Ph.Ztg. 1904 Nr. 43).

[2]) Der Erlaubnisschein bleibt Eigentum des Empfängers. Als Beweis für das Vorhandensein desselben dient der Vermerk in Rubrik 2 des Giftbuches.

[3]) Eine bestimmte Farbe der Signaturen (wie in § 4 für die Aufbewahrungsgefäße) ist für die Abgabegefäße nicht vorgeschrieben.

§ 15. Es ist verboten, Gifte in Trink- oder Kochgefäßen oder in solchen Flaschen oder Krügen abzugeben, deren Form oder Bezeichnung die Gefahr einer Verwechslung des Inhalts mit Nahrungs- oder Genußmitteln herbeizuführen geeignet ist[1]).

§ 16. Auf die Abgabe von Giften als Heilmittel in den Apotheken finden die Vorschriften der §§ 11—14 nicht Anwendung[2]).

Besondere Vorschriften über Farben.

§ 17. Auf gebrauchsfertige Öl-, Harz- oder Lackfarben, soweit sie nicht Arsenfarben sind, finden die Vorschriften der §§ 2—14 nicht Anwendung. Das gleiche gilt für andere giftige Farben, welche in Form von Stiften, Pasten oder Steinen oder in geschlossenen Tuben zum unmittelbaren Gebrauch fertiggestellt sind, sofern auf jedem einzelnen Stück oder auf dessen Umhüllung entweder das Wort „Gift“ beziehungsweise „Vorsicht“ und der Name der Farbe oder eine das darin enthaltene Gift erkennbar machende Bezeichnung deutlich angebracht ist[3]).

Ungeziefermittel.

§ 18. Bei der Abgabe der unter Verwendung von Gift hergestellten Mittel gegen schädliche Tiere (sogenannte Ungeziefermittel) ist jeder Packung eine Belehrung über die mit einem unvorsichtigen Gebrauche verknüpften Gefahren beizufügen. Der Wortlaut der Belehrung kann von der zuständigen Behörde vorgeschrieben werden[4]).

---

[1]) § 15 der Verordnung gilt, wie aus § 16 hervorgeht, auch für die Abgabe von Giften als Heilmittel in den Apotheken. Jedoch besteht für den Apotheker keine Verpflichtung, zum Handverkauf von Giften sechseckige Flaschen zu verwenden, wie solche durch § 9 der Verordnung vom 22. Juni 1896 (s. Seite 274) für die von einem Arzt verordneten äußerlichen Mittel, also für die Rezeptur, vorgeschrieben sind (L.G. Schneidemühl 2. Januar 1904, Ph.Ztg. 1904 Nr. 16). Denn auch runde Medizinflaschen sind nach diesem Urteile weder ihrer Form noch ihrer Bezeichnung nach geeignet, zu einer Verwechslung des Inhalts mit Nahrungs- oder Genußmitteln Anlaß zu geben.

[2]) Für die Abgabe von Giften als Heilmittel in Apotheken gelten die §§ 11—14 der Giftverordnung nicht. In dieser Beziehung sind vielmehr maßgebend die §§ 1—9 der Vorschriften über die Abgabe starkwirkender Arzneimittel in den Apotheken vom 22. Juni 1896 (s. Seite 270).

Aus dem Wortlaut des § 16 geht jedoch deutlich hervor, daß nur die Abgabe von Giften als Heilmittel in den Apotheken ausgenommen ist, auf die Abgabe von Giften als Heilmittel in Drogenhandlungen die Vorschriften der §§ 11—14 somit Anwendung finden; d. h. da § 12 die Abgabe von Gift nur zu einem gewerblichen, wirtschaftlichen, wissenschaftlichen oder künstlerischen Zweck (nicht aber Heilzweck) gestattet, dürfen Gifte, auch wenn sie sonst dem freien Verkehr überlassen sind, zu Heilzwecken in Drogenhandlungen nicht abgegeben werden (K.G. 30 Januar 1899, 8. Mai 1899, K.G.A. III, S. 451 und 452). Die Abgabe z. B. von chlorsaurem Kali zum Gurgeln gegen Halsschmerzen ist somit in Drogenhandlungen unzulässig.

[3]) Die Farben, auf welche sich die Verordnung bezieht, sind im Verzeichnis der Gifte Abt. 1 und 3 genannt. Ferner ist beim Verkehr mit Farben das Gesetz betr. die Verwendung gesundheitsschädlicher Farben bei der Herstellung von Nahrungsmitteln, Genußmitteln und Gebrauchsgegenständen vom 5. Juli 1887 (s. Seite 145) zu beachten.

[4]) Die Verpflichtung zur Beigabe von belehrenden Warnungen bei Abgabe von Ungeziefermitteln bezieht sich nicht nur auf solche Präparate, welche sich selbst als Gifte im Sinne der Anlage I erweisen, sondern auf alle Zubereitungen, welche unter Verwendung eines in der Anlage I genannten Giftes hergestellt und zur Vertilgung schädlicher Tiere irgend welcher Art bestimmt sind. Der Wortlaut der Belehrungen kann von der zuständigen Behörde vorgeschrieben werden. Das ist jedoch nur vereinzelt geschehen, so in den Regierungsbezirken Königsberg, Wiesbaden und Stadtkreis Berlin.

Arsenhaltiges Fliegenpapier darf nur mit einer Abkochung von Quassiaholz oder Lösung von Quassiaextrakt zubereitet in viereckigen Blättern von 12 : 12 cm, deren jedes nicht mehr als 0,01 g arsenige Säure enthält und auf beiden Seiten mit drei Kreuzen, der Abbildung eines Totenkopfes und der Aufschrift „Gift" in schwarzer Farbe deutlich und dauerhaft versehen ist, feilgehalten oder abgegeben werden. Die Abgabe darf nur in einem dichten Umschlage erfolgen, auf welchem in schwarzer Farbe deutlich und dauerhaft die Inschriften „Gift" und „Arsenhaltiges Fliegenpapier" und im Kleinhandel außerdem der Name des abgebenden Geschäfts angebracht ist[1]).

Andere arsenhaltige Ungeziefermittel dürfen nur mit einer in Wasser leicht löslichen grünen Farbe vermischt feilgehalten oder abgegeben werden; sie dürfen nur gegen Erlaubnisschein (§ 12) verabfolgt werden[2]).

Strychninhaltige Ungeziefermittel dürfen nur in Form von vergiftetem Getreide, welches in tausend Gewichtsteilen höchstens fünf Gewichtsteile salpetersaures Strychnin enthält und dauerhaft dunkelrot gefärbt ist, feilgehalten oder abgegeben werden[3]).

Vorstehende Beschränkungen können zeitweilig außer Wirksamkeit gesetzt werden, wenn und soweit es sich darum handelt, unter polizeilicher

---

[1]) Für das arsenhaltige Fliegenpapier gilt folgendes: Arsenhaltiges Fliegenpapier fällt unter Abteilung 1 der Gifte und gehört zu der Position: „Arsen, dessen Verbindungen und Zubereitungen, auch Arsenfarben." Somit muß es wie alle anderen Gifte der Abteilung 1, in der Giftkammer bzw. dem Giftschränkchen der Offizin aufbewahrt werden. Auch die Abgabe des Fliegenpapiers regelt sich nach den allgemeinen Bestimmungen (§§ 10—16). Sie darf demgemäß nur gegen Eintragung ins Giftbuch und Ausstellung eines Giftscheines erfolgen. Ein Erlaubnisschein ist jedoch nach § 12 nur dann erforderlich, wenn die das Mittel erhaltende Person nicht „als zuverlässig bekannt" ist. Das im § 18 enthaltene Gebot: „andere arsenhaltige Ungeziefermittel" in jedem Falle nur gegen Erlaubnisschein abzugeben, bezieht sich, wie aus seinem Wortlaut und seiner Stellung hinter dem arsenhaltigen Fliegenpapier unfehlbar hervorgeht, eben nur auf „andere" arsenhaltige Mittel, nicht aber auf das Fliegenpapier. Das bestätigt auch der nachstehende Erl. der beteiligten Minister vom 15. Juni 1903:

Zu der Vorschrift in dem § 18 Abs. 2 der Polizeiverordnung über den Handel mit Giften wird gegenüber hervorgetretenen Zweifeln bemerkt, daß die Verabfolgung von arsenhaltigem Fliegenpapier nicht von der Beibringung eines Erlaubnisscheines (§ 12 der Polizeiverordnung) abhängig gemacht werden sollte. Es hat indes nicht die Absicht bestanden, die Abgabe arsenhaltigen Fliegenpapiers auch von dem Erfordernis der in § 13 der Polizeiverordnung für die Verabfolgung von Giften der Abteilung I und II vorgeschriebenen Empfangsbescheinigung auszunehmen.

[2]) Alle anderen arsenhaltigen Ungeziefermittel außer Fliegenpapier dürfen dagegen nur gegen Erlaubnisschein abgegeben werden und müssen mit einer in Wasser leicht löslichen grünen Farbe gefärbt sein. Aus dieser Forderung ergibt sich auch, daß Schweinfurter Grün, wenn es als Ungeziefermittel dienen soll, noch besonders mit einer wasserlöslichen grünen Farbe vermischt sein muß. Die Bestimmung, daß arsenhaltige Ungeziefermittel nur gefärbt abgegeben werden dürfen, schließt jedoch durchaus nicht die Abgabe von reinem, ungefärbtem Arsenik zu anderen Zwecken (natürlich gegen Giftschein) aus.

[3]) Von strychninhaltigen Ungeziefermitteln ist nur das Strychningetreide (Strychninweizen usw.) in der oben angegebenen Zusammensetzung gestattet, die Abgabe anderer strychninhaltiger Mittel ist verboten. Diese Bestimmung bezieht sich aber nur auf strychnin-„haltige" Ungeziefermittel, also „Zubereitungen" von Strychnin, schließt daher die Abgabe von reinem Strychnin zu einem erlaubten wirtschaftlichen Zweck, wie z. B. zur Vertilgung von Mäusen, Raubzeug u. dgl., nicht aus (K.G. 28. März 1898, K.G.A. II, S. 317; Technische Kommission für pharm. Angelegenheiten 3. Juli 1900, Ph.Ztg. 1900 Nr. 74).

Aufsicht außerordentliche Maßnahmen zur Vertilgung von schädlichen Tieren, z. B. Feldmäusen, zu treffen.

Gewerbebetrieb der Kammerjäger.

§ 19. Personen, welche gewerbsmäßig schädliche Tiere vertilgen (Kammerjäger), müssen ihre Vorräte von Giften und gifthaltigen Ungeziefermitteln unter Beachtung der Vorschriften in den §§ 2, 3, 4, 7 und, soweit sie die Vorräte nicht bei Ausübung ihres Gewerbes mit sich führen, in verschlossenen Räumen, welche nur ihnen und ihren Beauftragten zugänglich sind, aufbewahren. Sie dürfen die Gifte und die Mittel an andere nicht überlassen.

§ 20. Diese Polizeiverordnung tritt am 1. März 1906 in Kraft, mit Ausnahme der Bestimmungen über den Verkehr mit arsenhaltiger und arsenfreier Salzsäure und Schwefelsäure, die erst am 1. Juli 1906 Geltung erlangen. Alle entgegenstehenden Verordnungen, insbesondere die Polizeiverordnung vom 24. August 1895 — Min.-Bl. f. d. inn. Verw. S. 265 — und die Bekanntmachung vom 16. Oktober 1901 — Min.-Bl. f. Med. usw. Angel. S. 263 — werden von dem gleichen Zeitpunkte ab aufgehoben.

§ 21. Die für Apotheken über den Handel mit Giften bestehenden weitergehenden Vorschriften bleiben auch ferner in Kraft[1]).

§ 22. Zuwiderhandlungen gegen diese Polizeiverordnung werden, soweit in den bestehenden Gesetzen nicht höhere Strafen vorgesehen sind, nach § 367 Nr. 5 des Strafgesetzbuches mit Geldstrafe bis zu einhundertfünfzig Mark oder mit Haft bestraft[2]).

Berlin, den 22. Februar 1906.

Der Minister der geistlichen usw. Angelegenheiten.
Studt.

Der Minister des Innern. I. V.: v. Bischoffshausen.

Der Minister für Handel und Gewerbe. I. A.: von der Hagen.

Anlage I.

Verzeichnis der Gifte.

Abteilung 1[3]).

Akonitin, dessen Verbindungen und Zubereitungen,
Arsen, dessen Verbindungen und Zubereitungen, auch Arsenfarben,
Atropin, dessen Verbindungen und Zubereitungen,
Brucin, dessen Verbindungen und Zubereitungen,

[1]) Vorschriften über den Handel mit Giften sind nach Aufhebung des Anhangs zur preußischen Apothekerordnung (s. Seite 199) nicht mehr vorhanden, es kann daher mit obigem nur gemeint sein, daß die Vorschriften über die Abgabe starkwirkender Arzneimittel in den Apotheken vom 22. Juni 1896 sowie die Bestimmungen der Apothekenbetriebsordnung noch weiterhin als in Kraft befindlich zu betrachten sind.

[2]) Auf Grund dieses Paragraphen können nach einem Urteil des K.G. vom 6. Mai 1907 (Ph.Ztg. 1907 Nr. 39) auch die zum Handel mit Giften nicht befugten Personen bestraft werden, wenn sie gegen die Bestimmungen der Giftverordnung verstoßen. Voraussetzung für die Anwendbarkeit der Giftverordnung ist nur, daß ein gewerbsmäßiger Gifthandel vorliegt. Andernfalls tritt § 367, 3 Str.G.B. ein.

[3]) Für die Gifte der Abteilung 1 gilt folgendes:

Aufbewahrung: mit Ausnahme von Phosphor im Giftschrank bzw. der Giftkammer.

Abgabe: gegen Giftschein und Eintragung ins Giftbuch, bei nicht als zuverlässig bekannten Personen sowie bei anderen arsenhaltigen Ungeziefermitteln als Fliegenpapier außerdem nur gegen Erlaubnisschein.

Curare und dessen Präparate,
Cyanwasserstoffsäure (Blausäure), Cyankalium, die sonstigen cyanwasserstoffsauren Salze und deren Lösungen, mit Ausnahme des Berliner Blau (Eisencyanür) und des gelben Blutlaugensalzes (Kaliumeisencyanür),
Daturin, dessen Verbindungen und Zubereitungen,
Digitalin, dessen Verbindungen und Zubereitungen,
Emetin, dessen Verbindungen und Zubereitungen,
Erythrophlein, dessen Verbindungen und Zubereitungen,
Fluorwasserstoffsäure (Flußsäure),
Homatropin, dessen Verbindungen und Zubereitungen,
Hyoscin (Duboisin), dessen Verbindungen und Zubereitungen,
Hyoscyamin (Duboisin), dessen Verbindungen und Zubereitungen,
Kantharidin, dessen Verbindungen und Zubereitungen,
Kolchicin, dessen Verbindungen und Zubereitungen,
Koniin, dessen Verbindungen und Zubereitungen,
Nikotin, dessen Verbindungen und Zubereitungen,
Nitroglycerinlösungen,
Phosphor (auch roter, sofern er gelben Phosphor enthält) und die damit bereiteten Mittel zum Vertilgen von Ungeziefer,
Physostigmin, dessen Verbindungen und Zubereitungen,
Pikrotoxin,
Quecksilberpräparate, auch Farben außer Quecksilberchlorür (Kalomel) und Schwefelquecksilber (Zinnober),
Salzsäure, arsenhaltige[1]),
Schwefelsäure, arsenhaltige[1]),
Skopolamin, dessen Verbindungen und Zubereitungen,
Strophanthin,
Strychnin, dessen Verbindungen und Zubereitungen, mit Ausnahme von strychninhaltigem Getreide,
Uransalze, lösliche, auch Uranfarben,
Veratrin, dessen Verbindungen und Zubereitungen.

Abteilung 2[2]).

Acetanilid (Antifebrin),
Adoniskraut,
Aethylenpräparate,
Agaricin,
Akonit-extrakt, -knollen, -kraut, -tinktur,
Amylenhydrat,
Amylnitrit,
Apomorphin,
Belladonna-blätter, -extrakt, -tinktur, -wurzel,
Bilsen-kraut, -samen, Bilsenkrautextrakt, -tinktur,
Bittermandelöl, blausäurehaltiges,
Brechnuß (Krähenaugen), sowie die damit hergestellten Ungeziefermittel, Brechnuß-extrakt, -tinktur,
Brechweinstein,

---

[1]) Anmerkung: Salzsäure und Schwefelsäure gelten als arsenhaltig, wenn 1 ccm der Säure, mit 3 ccm Zinnchlorürlösung versetzt, innerhalb 15 Minuten eine dunklere Färbung annimmt.

Bei der Prüfung auf den Arsengehalt ist, sofern es sich um konzentrierte Schwefelsäure handelt, zunächst 1 ccm durch Eingießen in 2 ccm Wasser zu verdünnen und 1 ccm von dem erkalteten Gemische zu verwenden. Zinnchlorürlösung ist aus 5 Gewichtsteilen kristallisiertem Zinnchlorür, die mit 1 Gewichtsteile Salzsäure anzurühren und vollständig mit trockenem Chlorwasserstoffe zu sättigen sind, herzustellen, nach dem Absetzen durch Asbest zu filtrieren und in kleinen, mit Glasstopfen verschlossenen, möglichst angefüllten Flaschen aufzubewahren.

[2]) Für die Gifte der Abteilung 2 gilt folgendes:

Aufbewahrung: von anderen Waren getrennt, weder über noch unmittelbar neben Nahrungs- oder Genußmitteln.

Abgabe: gegen Giftschein und Eintragung ins Giftbuch, bei nicht als zuverlässig bekannten Personen außerdem nur gegen Erlaubnisschein.

Brom,
Bromäthyl,
Bromalhydrat,
Bromoform,
Butylchloralhydrat,
Calabar-extrakt, -samen, -tinktur,
Cardol,
Choräthyliden, zweifach,
Chloralformamid,
Chloralhydrat,
Chloressigsäuren,
Chloroform,
Chromsäure,
Cocaïn, dessen Verbindungen und Zubereitungen,
Convallamarin, dessen Verbindungen und Zubereitungen,
Convallarin, dessen Verbindungen und Zubereitungen,
Elaterin, dessen Verbindungen und Zubereitungen,
Erythrophleum,
Euphorbium,
Fingerhut-blätter, -essig, -extrakt, -tinktur,
Gelsemium-wurzel, -tinktur,
Giftlattich-extrakt, -kraut, -saft, (Laktukarium),
Giftsumach-blätter, -extrakt, -tinktur,
Gottesgnaden-kraut, -extrakt, -tinktur,
Gummigutti, dessen Lösungen und Zubereitungen,
Hanf, indischer, -extrakt, -tinktur,
Hydroxylamin, dessen Verbindungen und Zubereitungen,
Jalapen-Harz, -knollen, -tinktur,
Kirschlorbeeröl,
Kodeïn, dessen Verbindungen und Zubereitungen,
Kokkelskörner,
Kotoin,
Krotonöl,
Morphin, dessen Verbindungen und Zubereitungen,
Narceïn, dessen Verbindungen und Zubereitungen,
Narkotin, dessen Verbindungen und Zubereitungen,
Nieswurz (Helleborus) grüne, -extrakt, -tinktur, -wurzel,
Nieswurz (Helleborus) schwarze, extrakt, -tinktur, -wurzel,
Nitrobenzol (Mirbanöl),
Opium und dessen Zubereitungen mit Ausnahme von Opiumpflaster und -wasser,
Oxalsäure (Kleesäure) sog. Zuckersäure),
Paraldehyd,
Pental,
Pilokarpin, dessen Verbindungen und Zubereitungen,
Sabadill-extrakt, -früchte, -tinktur,
Sadebaum-spitzen, -extrakt, -öl,
Sankt Ignatius-samen, -tinktur,
Santonin,
Scammonia-Harz, (Scammonium)-wurzel,
Schierling (Konium)-kraut, -extrakt, -früchte, -tinktur,
Senföl, ätherisches,
Spanische Fliegen und deren weingeistige und ätherische Zubereitungen,
Stechapfel-blätter, -extrakt, -samen, -tinktur — ausgenommen zum Rauchen oder Räuchern —,
Strophanthus-extrakt, -samen, -tinktur,
Strychninhaltiges Getreide[1]),
Sulfonal und dessen Ableitungen,
Thallin, dessen Verbindungen und Zubereitungen,
Urethan,
Veratrum (weiße Nieswurz) -tinktur, -wurzel,
Wasserschierling-kraut, -extrakt,
Zeitlosen-extrakt, -knollen, -samen, -tinktur, -wein.

---

[1]) Die Bezeichnung „Gifthafer" und „Giftweizen" für strychninhaltiges Getreide ist nach einem Min.-Bescheid von 1899 allgemein üblich und darf deshalb auch bei der Eintragung in das Giftbuch angewendet werden.

Strychninhaltiges Getreide ist nicht im Giftschrank, sondern unter den Mitteln der Tabelle C aufzubewahren.

Abteilung 3[1]).

Antimonchlorür, fest oder in Lösung,
Baryumverbindungen außer Schwerspat (schwefelsaurem Baryum)[2]),
Bittermandelwasser,
Bleiessig,
Bleizucker,
Brechwurzel (Ipecacuanha) -extrakt, -tinktur, -wein,
Farben, welche Antimon, Baryum, Blei, Chrom, Gummigutti, Kadmium, Kupfer, Pikrinsäure, Zink oder Zinn enthalten, mit Ausnahme von: Schwerspat (schwefelsaurem Baryum), Chromoxyd, Kupfer, Zink, Zinn und deren Legierungen als Metallfarben, Schwefelkadmium, Schwefelzink, Schwefelzinn (als Musivgold) Zinkoxyd, Zinnoxyd,
Goldsalze,
Jod und dessen Präparate, ausgenommen zuckerhaltiges Eisenjodür und Jodschwefel,
Jodoform,
Kadmium und dessen Verbindungen, auch mit Brom oder Jod,
Kalilauge, in 100 Gewichtsteilen mehr als 5 Gewichtsteile, Kaliumhydroxyd enthaltend,
Kalium,
Kaliumbichromat (rotes chromsaures Kalium, sogenanntes Chromkali),
Kaliumbioxalat (Kleesalz),
Kaliumchlorat (chlorsaures Kalium),
Kaliumchromat (gelbes chromsaures Kalium),
Koffein, dessen Verbindungen und Zubereitungen,
Koloquinthen-extrakt, -tinktur,
Kreosot,
Kresole und deren Zubereitungen (Kresolseifenlösungen, Lysol, Lysosolveol. usw.), sowie deren Lösungen, soweit sie in 100 Gewichtsteilen mehr als ein Gewichtsteil der Kresolzubereitung enthalten[3]),
Kupferverbindungen,
Lobelien-kraut, -tinktur,
Meerzwiebel, -extrakt, -tinktur, -wein,
Mutterkorn, -extrakt (Ergotin),
Natrium,
Natriumbichromat,
Natriumhydroxyd (Ätznatron, Seifenstein),
Natronlauge, in 100 Gewichtsteilen mehr als 5 Gewichtsteile Natriumhydroxyd enthaltend,
Paraphenylendiamin, dessen Salze, Lösungen und Zubereitungen,
Phenazetin,
Pikrinsäure und deren Verbindungen,
Quecksilberchlorür (Kalomel),
Salpetersäure (Scheidewasser), auch rauchende,
Kaliumhydroxyd (Ätzkali),
Karbolsäure, auch rohe, sowie verflüssigte und verdünnte, in 100 Gewichtsteilen mehr als 3 Gewichtsteile Karbolsäure enthaltend,
Kirschlorbeerwasser,

1) Für die Gifte der Abteilung 3 gilt folgendes:
Aufbewahrung: von anderen Waren getrennt, weder über noch unmittelbar neben Nahrungs- oder Genußmitteln.
Abgabe: ohne Giftschein und ohne Eintragung ins Giftbuch, bei nicht als zuverlässig bekannten Personen aber nur gegen Erlaubnisschein.

2) Mit salpetersaurem Baryt getränkter Giftweizen gehört als Baryumverbindung zu den Giften der Abteilung 3 (K.G. 16. Januar 1899, K.G.A. II, S. 351).

3) Zu den Kresolzubereitungen gehören außer den in der Verordnung selbst genannten insbesondere noch folgende Präparate: Bacillol, Bavarol, Crelium, Enterol, Germol, Kresamin, Kresapol, Kresin, Kresolin, Kresylol, Kresylsäure, Liquor desinfectans, Lysitol, Lysopast, Metakalin, Phenolin, Sapokarbol, Sapokresol, Saprol, Solutol, Solveol, Tikresol, Trikresolamin.
Creolin ist nach einem Min.-Erl. vom 6. April 1906 nicht als Kresolzubereitung anzusehen. Dieser Erl. lautet:

Der Handel mit Creolin wird durch die Bestimmungen unserer Polizeiverordnung vom 22. Februar 1906 über den Handel mit Giften nicht betroffen.

Salzsäure, arsenfreie[1]), auch verdünnte, in 100 Gewichtsteilen mehr als 15 Gewichtsteile wasserfreie Säure enthaltend,
Schwefelkohlenstoff,
Schwefelsäure, arsenfreie[1]), auch verdünnte, in 100 Gewichtsteilen mehr als 15 Gewichtsteile Schwefelsäuremonohydrat enthaltend,
Silbersalze, mit Ausnahme von Chlorsilber,
Stephans (Staphisapria) -körner,
Zinksalze, mit Ausnahme von Zinkkarbonat,
Zinnsalze.

Anlage II.

Giftbuch.

Laufende Nummer	Bezeichnung des Erlaubnisscheins nach Behörde und Nummer	Tag der Abgabe	des Giftes		**Zweck,** zu welchem das Gift vom Erwerber benutzt werden soll	des Erwerbers		des Abholenden		Name des Verabfolgenden	Eigenhändige Namensschrift des Empfängers
			Name	Menge		Name und Stand	Wohnort (Wohnung)	Name und Stand	Wohnort (Wohnung)		

Anlage III.

(Name der ausstellenden Behörde.)

Nr. . . .

Erlaubnisschein zum Erwerb von Gift.

Der p. (Name, Stand) . . . . zu (Wohnort und Wohnung) . . . . die (Firma) . . . . wünscht (Menge). . . . . (Name des Gifts) . . . . zu erwerben, um damit . . . . (Zweck, zu welchem das Gift benutzt werden soll) . . . .

Gegen dieses Vorhaben ist diesseits nach stattgefundener Prüfung nichts zu erinnern.

. . . ., den . . . ten . . . . 19 . . .

(Bezeichnung der ausstellenden Behörde)

(Namensunterschrift) (Siegel)

Dieser Schein macht die Ausstellung einer Empfangsbescheinigung (Giftschein) gemäß § 13 nicht entbehrlich. Er verliert mit dem Ablaufe des vierzehnten Tages nach dem Ausstellungstage seine Gültigkeit, sofern etwas anderes oben nicht ausdrücklich vermerkt ist.

---

[1]) Anmerkung: Siehe Anmerkung zu Abteilung I.

Nr. . . . (des Giftbuchs). *Anlage IV.*

Giftschein.

Von (Firma des abgebenden Geschäfts) . . . . zu (Ort) . . . . bekenne ich hierdurch . . . . (Menge) . . . . (Name des Gifts) . . . . zum Zwecke de. . . . . wohl verschlossen und bezeichnet erhalten zu haben.

Der aus einem unvorsichtigen Gebrauche des Giftes entstehenden Gefahren wohl bewußt, werde ich dafür Sorge tragen, daß dasselbe nicht in unbefugte Hände gelangt und nur zu dem vorgedachten Zwecke verwendet wird.

Das Gift soll durch . . . . abgeholt werden.

(Wohnort, Tag, Monat, Jahr und Wohnung.) (Name und Vorname, Stand oder Beruf des Erwerbers.) (Eigenhändig geschrieben.)

(Zusatz, falls das Gift durch einen anderen abgeholt wird.)

Das oben bezeichnete Gift habe ich im Auftrage des . . . . (Namen des Erwerbers) in Empfang genommen und verspreche, dasselbe alsbald unversehrt an meinem Auftraggeber abzuliefern.

(Ort, Tag, Monat, Jahr.) (Name und Vorname, Stand oder Beruf des Abholenden.) (Eigenhändig geschrieben.)

Zulassung zum Gifthandel.

Durch die Polizeiverordnung vom 22. Februar 1906 ist die Ausübung des Gifthandels und zwar sowohl innerhalb der Apotheken wie in den übrigen Gifthandlungen erschöpfend geregelt. Nicht berührt von der Verordnung ist aber die Frage der Zulassung zum Gifthandel. Hierüber besteht eine Reihe besonderer Bestimmungen, die allerdings nur für den Gifthandel außerhalb der Apotheken in Betracht kommen, da der Apotheker auf Grund seiner Betriebsberechtigung auch zum Vertrieb der Gifte ohne weiteres berechtigt ist. Die Gew.O. für das Deutsche Reich hat es im § 34 (s. S. 7) den Landesregierungen überlassen, vorzuschreiben, „daß zum Handel mit Giften besondere Genehmigung erforderlich ist." Dies ist für die älteren Gebietsteile von Preußen geschehen in der Allgemeinen Preußischen Gewerbeordnung vom 17. Januar 1845 in der Fassung der Novelle vom 22. Juni 1861 (Pr.G.S. S. 441).

Preußische Gewerbeordnung. Vom 22. Juni 1861.

§ 49 Abs. 1. Denjenigen, welche Gifte feilhalten[1]) . . . wollen, ist der Beginn des Gewerbebetriebes erst dann zu gestatten, wenn sich die Behörden[2]) von ihrer Zuverlässigkeit in Beziehung auf den beabsichtigten Gewerbebetrieb überzeugt haben[3]).

[1]) Nach dieser gesetzlichen Grundlage ist, wie das K.G. am 4. Juli 1898 (K.G.A. II, S. 326) entschieden hat, der Großhandel mit Giften, sofern er mit einem „Feilhalten" nicht verbunden ist, nicht konzessionspflichtig.

[2]) Über Anträge auf Erteilung der Giftkonzession beschließt nach dem Zuständigkeitsgesetz vom 1. August 1883 (§ 114) der Kreis-(Stadt-)Ausschuß, bzw. in den zu einem Landkreise gehörigen Städten mit mehr als 10 000 Einwohnern der Magistrat (s. Fußnote 3 auf Seite 6).

[3]) Die Erteilung der Giftkonzession darf in Preußen nur dann versagt werden, wenn es dem Gewerbetreibenden an der erforderlichen Zuverlässigkeit fehlt, nicht aber weil kein Bedürfnis vorhanden sei. Eine Prüfung der Bedürfnisfrage ist in der preußischen Gewerbeordnung vom 17. Januar 1845 nicht vorgesehen (Bezirksausschuß Merseburg

Für die neu erworbenen Landesteile Schleswig-Holstein, Hannover und Hessen-Nassau, für welche die Preußische Gew.O. nicht völlige Gültigkeit erlangt hat, ist die Konzessionspflichtigkeit des Gifthandels durch besondere Polizeiverordnungen der Oberpräsidenten eingeführt worden, welche lauten:

Provinz Schleswig-Holstein. P.V. vom 5. Juli 1898 und 6. Januar 1902.

§ 1. Zum Handel mit Giften, soweit derselbe nicht in Apotheken betrieben wird oder als Großhandel anzusehen ist, ist die zuvorige Genehmigung des Kreisausschusses, in Stadtkreisen des Stadtausschusses, in den einem Landkreise angehörigen Städten von mehr als 10 000 Einwohner des Magistrats erforderlich.

§ 2. Als Gifte im Sinne dieser Polizeiverordnung gelten die in dem nachstehenden Verzeichnis aufgeführten Drogen, chemischen Präparate und Zubereitungen [1]).

§ 3. Die Genehmigung ist zu versagen, wenn Tatsachen vorliegen, welche die Annahme rechtfertigen, daß dem Nachsuchenden die für den beabsichtigten Handel erforderliche Zuverlässigkeit fehlt.

Provinz Hannover. P.V. vom 24. Mai 1898 und 18. März 1902.

§ 1. Die Berechtigung zum Handel mit Giften und gifthaltigen Waren außer in Ausübung des Apothekergewerbes ist, soweit der Verkauf nicht ausschließlich an Wiederverkäufer stattfindet, von einer besonderen Erlaubnis des Kreis-(Stadt-)Ausschusses abhängig. Dieselbe darf nur an Personen erteilt werden, welche in Beziehung auf den beabsichtigten Gewerbebetrieb für zuverlässig zu erachten sind.

Bei Erteilung der Erlaubnis ist auszusprechen, auf welche Gifte oder auf welche Klassen von Giften sich dieselbe erstreckt.

Als Gifte und gifthaltige Waren im Sinne dieser Polizeiverordnung gelten die in Anlage I der Polizeiverordnung der Minister der geistlichen, Unterrichts- und Medizinalangelegenheiten, des Innern und für Handel und Gewerbe über den Handel mit Giften, vom 24. August 1895 [2]) aufgeführten Drogen, chemischen Präparate und Zubereitungen, und die später etwa erfolgenden Ergänzungen dieses Verzeichnisses.

§ 2. Die Genehmigung (§ 1 Abs. 2) darf nur zum Verkauf von solchen Giften und gifthaltigen Waren erteilt werden, welche nicht nach der Verordnung vom 22. Oktober 1901 (R.G.Bl. S. 380) [3]), sowie den hierzu etwa noch ergehenden Ergänzungsbestimmungen ausschließlich in Apotheken feilgehalten werden dürfen.

---

27. Juni 1902, Ph.Ztg. 1903 Nr. 4; Bezirksausschuß Bromberg 28. September 1906, Ph.Ztg. 1907 Nr. 30).

Die preußische Ausführungsanweisung zur Reichs-Gew.O. vom 1. Mai 1904 besagt hierzu:

Im früheren Geltungsbereiche der Preuß. Gewerbeordnung vom 17. Januar 1845 darf gemäß § 49 a. a. O. der Gifthandel nur von denjenigen betrieben werden, von deren Zuverlässigkeit in Beziehung auf den beabsichtigten Gewerbebetrieb sich die Behörden vorher überzeugt haben. Zu diesem Zwecke kann dem Antragsteller, sofern er nicht die Approbation als Apotheker besitzt, die Beibringung eines Zeugnisses des Kreisarztes darüber aufgegeben werden, daß er die zur Erkennung und vorschriftsmäßigen Behandlung der betreffenden Gifte und gifthaltigen Stoffe erforderliche Sachkenntnis besitzt.

Vgl. hierzu auch § 56 der Dienstanweisung für die Kreisärzte (s. Seite 184).

[1]) Das Verzeichnis entspricht demjenigen der P.-V. über den Handel mit Giften.

[2]) Jetzt P.-V. vom 22. Februar 1906.

[3]) S. Seite 39.

Provinz Hessen-Nassau. P.V. vom 20. April 1899 und 23. Mai 1902.

§ 1. Das Feilhalten und der Verkauf der in der Anlage I der Polizeiverordnung der Herren Minister für Handel und Gewerbe, der geistlichen, Unterrichts- und Medizinalangelegenheiten und des Innern vom 24. August 1895[1]) aufgeführten und der in etwaigen Nachträgen zu jener Polizeiverordnung noch aufzuführenden Gifte ist außer den Apothekern nur denjenigen Personen gestattet, die hierzu eine besondere Genehmigung erhalten haben. Diese Vorschrift findet auf den Großhandel mit Giften keine Anwendung.

§ 2. Über Anträge auf Erteilung der Genehmigung zum Feilhalten und Verkauf der im § 1 bezeichneten Gifte beschließt der Kreis-(Stadt-) Ausschuß, in den zu einem Landkreise gehörigen Städten mit mehr als 10 000 Einwohnern der Magistrat.

§ 3. Die um die Genehmigung nachsuchenden Personen müssen durch ein nicht über vier Wochen altes Zeugnis ihrer Ortspolizeibehörde ihre Volljährigkeit, Unbescholtenheit und Zuverlässigkeit nachweisen.

Wie die Erteilung der Giftkonzession von dem Nachweise der Zuverlässigkeit abhängig ist, so kann sie auch später, wenn aus Handlungen oder Unterlassungen der Mangel der erforderlichen Zuverlässigkeit erhellt, wieder zurückgenommen werden. Vgl. hierüber § 53 der Gew.O. (S. 12).

Eine Überwachung des Gifthandels außerhalb der Apotheken findet statt einmal durch Kommissare der Ortspolizeibehörde auf Grund des Min.-Erl. vom 22. Dezember 1902 (s. S. 45) und zweitens durch die Kreisärzte auf Grund des § 54 der Dienstanweisung für die Kreisärzte (s. S. 184). Im Anschluß an diese Bestimmungen erging nachstehender

Min.-Erl., betr. die Revisionen der Lagerräume und Verkaufsstätten für Gifte. Vom 17. April 1903.

Der Erlaß vom 18. Juli 1896 bestimmt zur Sicherung des Vollzuges der Anordnungen der Polizeiverordnung vom 24. August 1895 über den Handel mit Giften, daß in Zwischenräumen von etwa zwei Jahren unvermutete Revisionen der Lagerräume und Verkaufsstätten für Gifte stattzufinden haben. Nach den §§ 54 und 55 der Dienstanweisung für die Kreisärzte vom 23. März 1901 liegt jetzt dem Kreisarzte die Überwachung des Handels mit Giften unter Beobachtung der vorbezeichneten Polizeiverordnung ob. Das Ergebnis der von dem Kreisarzte abgehaltenen Revisionen gelangt durch die alljährlich zu erstattenden Gesundheitsberichte zur Kenntnis der Zentralinstanz.

Die angeordneten anderweiten Besichtigungen der Lagerräume und Verkaufsstätten für Gifte erscheinen hiernach nicht mehr erforderlich, zumal für dieselben durch meinen, des unterzeichneten Ministers der Medizinalangelegenheiten, ergangenen Erlaß vom 22. Dezember 1902 entsprechend gesorgt ist. Die Bestimmungen des eingangs gedachten Erlasses vom 18. Juli 1896 werden daher hiermit aufgehoben.

Berlin, den 17. April 1903.

Der Minister der geistlichen usw. Angelegenheiten.
I. A.: Förster.

Der Minister des Innern. I. V.: von Bischoffshausen.

Der Minister für Handel und Gewerbe. I. V.: Lohmann.

---

[1]) Jetzt P.-V. vom 22. Februar 1906.

XVIII. Besichtigung der Apotheken.

Die Grundsätze, nach denen die Apothekenrevisionen erfolgen, sind niedergelegt in nachstehender Anweisung des Ministers, die zugleich mit der jetzt geltenden Apothekenbetriebsordnung erlassen wurde.

Anweisung für die amtliche Besichtigung der Apotheken.

Vom 18. Februar 1902.

Allgemeines.

§ 1. Jede Apotheke, Zweig-, Krankenhaus- wie ärztliche Hausapotheke ist innerhalb dreier Jahre mindestens einer amtlichen, vorher geheim zu haltenden Besichtigung in unregelmäßigen Zwischenfristen, jede neu errichtende Apotheke vor, jede verlegte nach der Eröffnung des Betriebes möglichst bald, nachdem die Fertigstellung der Einrichtung dem Regierungspräsidenten angezeigt ist, einer amtlichen Besichtigung zu unterziehen.

§ 2. Die Besichtigung wird von Bevollmächtigten des Regierungspräsidenten, nämlich dem zuständigen Regierungs- und Medizinalrate, welcher ausnahmsweise durch einen Kreisarzt vertreten werden kann, und mindestens einem für diesen Zweck und auf die Geheimhaltung des Besichtigungstermins verpflichteten Apothekenbesitzer[1]) ausgeführt.

§ 3. Beim Ausscheiden eines der zurzeit tätigen pharmazeutischen Bevollmächtigten fordert der Regierungspräsident den Vorstand der Apothekerkammer auf, nach Anhörung der Apothekenbesitzer des Regierungsbezirkes drei bis fünf Apotheker des Bezirkes zur Auswahl eines oder mehrerer pharmazeutischen Bevollmächtigten binnen einer Ausschlußfrist in Vorschlag zu bringen. Werden sämtliche Vorschläge beanstandet, so ist die Aufforderung zu wiederholen; werden auch die neuen Vorschläge verworfen, so bestimmt der Regierungspräsident nach Anhörung des Regierungs- und Medizinalrats die Bevollmächtigten. Als pharmazeutische Bevollmächtigte sind nur Apothekenbesitzer zuzuziehen, deren Apotheke sich dauernd in gutem Zustande befindet. Mit Genehmigung des Ministers der Medizinalangelegenheiten kann ausnahmsweise ein früherer Apothekenbesitzer als pharmazeutischer Bevollmächtigter berufen werden.

§ 4. Die Bevollmächtigten bilden eine Kommission und handeln gemeinschaftlich unter gleicher Verantwortlichkeit für jeden Einzelbefund.

§ 5. Ein Besichtigungsplan für das Jahr wird nicht vorweg aufgestellt. Der Regierungspräsident erteilt dem Regierungs- und Medizinalrat zur Vornahme der Apothekenbesichtigungen eine schriftliche Ermächtigung für den dreijährigen oder einen längeren Zeitraum. Der Regierungs- und Medizinalrat ist für Erledigung aller Besichtigungen innerhalb dreier Jahre verantwortlich. Nahe beieinander gelegene Apotheken dürfen nicht in unmittelbarer Reihenfolge besichtigt werden.

§ 6. Der Kreisarzt und der Apothekenbesitzer dürfen an ihrem Wohnort keine Besichtigung ausführen[2]), nur in Städten mit mehr als 100 000 Einwohnern können die Besichtigungen dem Kreisarzt übertragen

---

[1]) Über die Gebühren der pharmazeutischen Bevollmächtigten s. Seite 117.

[2]) Diese Bestimmung steht mit der allgemeinen Stellung des Kreisarztes den Apothekern gegenüber (s. Dienstanweisung für die Kreisärzte, S. 182) und mit dem § 28 der Revisionsanweisung, wonach der Kreisarzt alle Apotheken seines Kreises jährlich einmal zu mustern hat, in einem gewissen Widerspruche. Nach obigem Paragraph dürfte der Kreisarzt die Apotheken seines Wohnortes überhaupt amtlich nicht betreten.

werden; auch darf ein dort ansässiger Apothekenbesitzer als pharmazeutischer Bevollmächtigter mitwirken, jedoch nicht bei der Besichtigung der seiner eigenen Apotheke zunächst belegenen Apotheke.

§ 7. Zu jeder Besichtigung ist der zuständige Kreisarzt vertraulich einzuladen; er hat, falls nicht triftige Gründe ihn hindern, zu erscheinen, wenn eine Apotheke an seinem Wohnorte besichtigt wird.

Die Besichtigung.

§ 8. Die Besichtigung soll in der Regel bei Tageslicht nicht vor 8 Uhr vormittags stattfinden und mit einem kurzen Rundgange durch sämtliche Geschäftsräume beginnen, damit die Bevollmächtigten Gelegenheit haben, zunächst einen allgemeinen Überblick über die Geschäftsführung in den einzelnen Räumen, insbesondere betreffs der Ordnung und der Sauberkeit zu gewinnen und etwaige Betriebsunregelmäßigkeiten festzustellen.

§ 9. In demjenigen Raume, in welchem beim Rundgange Vorschriftswidrigkeiten bemerkt worden sind, beginnt nach beendetem Rundgange die eingehende Besichtigung, sonst in der Offizin. Hier, wie in allen Vorratsräumen müssen die Arzneimittel, welche einer chemischen oder physikalischen Prüfung nicht unterliegen, genau nach ihren sinnlich wahrnehmbaren Eigenschaften auf ihre Güte und Brauchbarkeit geprüft, die unbrauchbaren ausgeschieden und, soweit sie nicht durch Umarbeiten wieder brauchbar gemacht werden können, unter Zustimmung des Apothekenvorstandes sofort in Gegenwart der Bevollmächtigten vernichtet werden[1]). Falls der Apothekenvorstand Einspruch gegen die Beanstandung einer Ware erhebt, ist dieselbe unter Dienstsiegel des bevollmächtigten Medizinalbeamten und Privatsiegel des Apothekenvorstandes dem Regierungspräsidenten zur Entscheidung zu überreichen. Mit vorschriftswidrig vorrätig gehaltenen Arzneibereitungen ist in gleicher Weise zu verfahren[2]).

§ 10. Das Umarbeiten von Arzneimitteln, welche wieder brauchbar gemacht werden können, ist tunlichst während der Anwesenheit der Bevollmächtigten vorzunehmen. Wenn sich das sofortige Umarbeiten als nicht ausführbar erweist, so ist Vorsorge zu treffen, daß ein Verkauf oder Verbrauch der als unbrauchbar ausgeschiedenen Waren ausgeschlossen wird.

---

[1]) Eine Vernichtung unbrauchbarer Arzneimittel darf nur unter Zustimmung des Apothekenvorstands erfolgen. Erteilt dieser seine Einwilligung nicht, so ist eine Vernichtung gesetzlich unzulässig. Auch im gerichtlichen Verfahren kann in solchen Fällen nicht auf Vernichtung erkannt werden. Denn Zuwiderhandlungen gegen die Apothekenbetriebsvorschriften (§ 367, 5 Str.G.B.) sind strafrechtlich Übertretungen. Eine Einziehung von Gegenständen ist aber nach § 40 Str.G.B. (s. Seite 105) nur bei Verbrechen und Vergehen zulässig, bei Übertretungen nicht. In diesen Fällen kann daher auch nicht auf Vernichtung erkannt werden (R.G. 7. April 1898, R.G.A. II, S. 243).

[2]) Maßgebend für eine etwaige Inverwahrungnahme oder Beschlagnahme vorschriftswidriger Arzneimittel sind lediglich die §§ 94—98 der Str.P.O. (s. Seite 112). Danach ist zur Inverwahrungnahme oder Sicherstellung auch der Medizinalbeamte und Apothekenrevisor befugt. Die Beschlagnahme dagegen steht nur dem Richter zu, bei Gefahr im Verzuge auch der Staatsanwaltschaft oder denjenigen Polizei- und Sicherheitsbeamten, welche als Hilfsbeamte der Staatsanwaltschaft den Anordnungen derselben Folge zu leisten haben. Hierzu gehören u. a. die Kriminalkommissare, Polizeikommissare, Amtsvorsteher; die pharmazeutische Revisionskommission aber sicher nicht. Daß insbesondere dem Medizinalbeamten bei Revisionen ein Beschlagnahmerecht ohne Zuziehung der Ortspolizei nicht zusteht, hat das R.G. in einer Entscheidung vom 22. Februar 1900 (R.G.A. III, S. 370) dargelegt.

Minderwertige Waren dürfen, abgesehen von den lediglich zu technischen Zwecken dienenden, nicht geduldet werden.

§ 11. Die Besichtigung erfolgt nach Maßgabe der Vorschriften der Apothekenbetriebsordnung: dabei ist aber in jedem Falle den besonderen Verhältnissen entsprechend Rechnung zu tragen.

§ 12. In jeder Apotheke müssen gefordert werden: tadellose Arzneimittel, Ordnung und Sauberkeit.

§ 13. Besondere Aufmerksamkeit ist den zur Aufbewahrung von überschießenden Vorräten bestimmten Räumen und Behältnissen zu widmen; auch diese müssen ordentlich gehalten sein.

§ 14. Der bevollmächtigte Medizinalbeamte prüft die Bescheinigungen über die Richtigkeit der Wagen und Gewichte, die Taxierung von mindestens zehn herausgegriffenen ärztlichen Verordnungen, die Personalien des Apothekenvorstandes, der Gehilfen und der Lehrlinge und nimmt die Verhandlung über die Besichtigung nach dem beigefügten[1]) Muster auf, welchem weitere Bemerkungen der Bevollmächtigten, soweit erforderlich, hinzuzufügen sind. Der pharmazeutische Bevollmächtigte führt die chemische und physikalische Prüfung der dazu geeigneten, im Arzneiverzeichnis mit einem Stern bezeichneten[2]), sowie auch anderer vorrätiger, namentlich solcher Mittel, welche erfahrungsgemäß oft verfälscht werden oder verderben, nach Vorschrift des Arzneibuches aus. Beanstandungen werden in die Verhandlung eingetragen.

§ 15. Der Apothekenvorstand hat folgende Bücher und Papiere[3]) auf Erfordern vorzulegen:

1. das Arzneibuch für das Deutsche Reich,
2. die Arzneitaxe und die vorhandenen ärztlichen Verordnungen[4]) des laufenden Jahres,
3. die reichs- und landesgesetzlichen, sowie die reglementarischen Bestimmungen über das Apothekenwesen,
4. die in einem Aktenhefte vereinigten, auf die Apotheke bezüglichen behördlichen Verfügungen in Druckexemplaren oder Originalen nach dem Datum geordnet und den Bescheid über die letzte amtliche Besichtigung.
5. die eichamtlichen Bescheinigungen über die Nachprüfung der Wagen und Gewichte,
6. die Urkunden über die Betriebs- und Besitzberechtigung,
7. die Approbation und den Vereidigungsnachweis,
8. das Arbeitstagebuch,
9. das Giftverkaufsbuch nebst den Belegen (Giftscheine),
10. das über den Empfang und die Abgabe von tierischem Impfstoff geführte Buch,

---

[1]) Die beigegebene Anlage I ist hier nicht mit abgedruckt.

[2]) S. Seite 234. Ein Min.-Erl. vom 21. September 1898 bestimmt, daß „die Bevollmächtigten zur Behebung etwaiger Zweifel und Widersprüche bei den Revisionen stets je ein Exemplar des Arzneimittelverzeichnisses bei der Besichtigung mit sich zu führen haben".

[3]) Vgl. hierzu § 26 der Apothekenbetriebsordnung (s. Seite 232).

[4]) Die Verpflichtung des Apothekers, bei Revisionen den Kommissaren „einige Pakete taxierter Rezepte" vorzulegen, findet in Titel II § 2 der rev. Ap.O. (s. S. 195) ihre rechtliche Begründung. Andererseits wird allerdings dem Apothekenvorstand in § 35 der Ap.B.O. (s. S. 238) verboten, die vorhandenen ärztlichen Verordnungen anderen Personen als dem verordnenden Arzte, dem Kranken und dessen Beauftragten oder Vertreter zu zeigen.

11. die vorhandenen Unterrichtsmittel, einschließlich einer Pflanzensammlung oder guter Abbildungen von Pflanzen.

§ 16. Approbierte Gehilfen haben ihre Approbation, nicht approbierte ihre Gehilfen- und sonstigen Zeugnisse, Lehrlinge ihr amtsärztliches Zulassungszeugnis nebst dem Nachweis über die vorgeschriebene wissenschaftliche Vorbildung (Bekanntmachung des Reichskanzlers vom 5. März 1875 § 4 Z. 1)[1]), eine selbst zusammengestellte Pflanzensammlung, das Arbeitsbuch und die eigenen wissenschaftlichen Bücher[2]) vorzulegen. Lehrlinge sind in der Botanik, Chemie, Physik, Pharmakognosie und Gesetzeskunde der Dauer der Lehrzeit entsprechend zu prüfen und, falls sie eine undeutliche Handschrift haben, auf die Vervollkommnung derselben aufmerksam zu machen.

§ 17. Der Apothekenvorstand und dessen Geschäftspersonal sind verpflichtet, den Bevollmächtigten bereitwillig entgegenzukommen und berechtigten Forderungen derselben zu entsprechen.

§ 18. Die Verhandlung (§ 14) ist nach Vor- oder Durchlesung von den Bevollmächtigten und dem Apothekenvorstand, sowie von dem etwa anwesenden Kreisarzt zu vollziehen. Einwendungen des Apothekenvorstandes gegen Inhalt oder Wortlaut der Verhandlung sind nebst der Begründung vor der Vollziehung von den Bevollmächtigten aufzunehmen.

§ 19. Ein Verzeichnis der beanstandeten Arzneimittel ist dem Apothekenvorstand mit der Weisung zu hinterlassen, die unbrauchbaren Waren unverzüglich aus dem Geschäft zu entfernen. Handelt es sich um unwesentliche Mängel, welche bereits während der Besichtigung beseitigt sind, so ist die Erledigung in der Verhandlung zu vermerken.

§ 20. Der Regierungspräsident erläßt auf Grund der Verhandlung mit tunlichster Beschleunigung einen Bescheid und erteilt dem oder den pharmazeutischen Bevollmächtigten Abschrift desselben. Soweit es sich um die Abstellung vorgefundener Mängel handelt, ist dieselbe innerhalb einer bestimmten Frist dem Apothekenvorstand aufzugeben[3]).

§ 21. Die Vorstände der beteiligten Apotheken haben nach Ablauf der gestellten Frist über die Erledigung jeder einzelnen Beanstandung an den Regierungspräsidenten durch Vermittlung des Kreisarztes zu berichten. Die Erledigung der Bescheide ist von dem zuständigen Kreisarzt, und zwar für Apotheken seines Wohnortes alsbald, für die übrigen Apotheken des Bezirkes gelegentlich anderweiter dienstlicher Tätigkeit an dem betreffenden Ort oder bei der Jahresmusterung (§ 28) zu überwachen.

§ 22. Im allgemeinen ist jede Besichtigung an einem Tage mit acht Arbeitsstunden auszuführen. Für die Besichtigung großer Apotheken und beim Vorliegen zahlreicher oder grober Unregelmäßigkeiten sind zwei Tage zulässig.

§ 23. Bei groben Unregelmäßigkeiten können vom Regierungspräsidenten Nachbesichtigungen auf Kosten des Apothekenvor-

---

[1]) Jetzt Prüfungsordnung für Apotheker vom 18. Mai 1904 (s. Seite 18).

[2]) Die Forderung, daß der Lehrling eigene wissenschaftliche Bücher besitzen muß, ist sonst nirgends erhoben. Es ist vielmehr sowohl in § 15 der Revisionsanweisung wie in den §§ 26 und 44 der Ap.B.O. gesagt, daß der Apothekenvorstand für die erforderlichen Unterrichtsmittel zu sorgen hat. Auch der Besitz eines eigenen Arzneibuches wird jetzt vom Lehrling nicht mehr gefordert. Nur eine selbst angelegte Pflanzensammlung und ein Arbeitsbuch muß er besitzen.

[3]) Werden in dem Bescheid unberechtigte Beanstandungen angeführt und deren Erledigung dann im „Zwangswege" (s. § 30) verlangt, so steht dem Apotheker die Beschreitung des Verwaltungsstreitverfahrens offen (s. Seite 185).

standes[1]) so lange angeordnet werden, bis der ordnungsmäßige Zustand hergestellt ist. Über die Nachbesichtigung ist eine vollständige Verhandlung aufzunehmen, aus welcher hervorgehen muß, daß auch diese neben der Abstellung der bei der ersten Besichtigung erhobenen Beanstandungen den Gesamtbetrieb im Auge gehabt hat. Nachbesichtigungen müssen in der Regel drei Monate nach Erlaß des Bescheides ausgeführt werden.

§ 24. Die Kosten für die Besichtigungen fallen der Staatskasse zur Last; die für Nachbesichtigungen im Falle des § 23 erwachsenden Kosten trägt der Apothekenvorstand[2]). Wenn der mangelhafte Zustand einer Apotheke nicht auf Nachlässigkeit des Vorstandes, sondern nur auf ungünstige Verhältnisse, z. B. längere Krankheit, Mittellosigkeit, zurückzuführen ist, so sind die Kosten für die Nachbesichtigung auf die Staatskasse zu übernehmen.

§ 25. Für die Besichtigung der Krankenhaus- und ärztlichen Hausapotheken sind die §§ 49—51 der Apothekenbetriebsordnung maßgebend. Die Bevollmächtigten müssen die Genehmigungsurkunde, die Approbation oder den Befähigungsnachweis des Betriebsleiters, das Krankentagebuch und das Belegbuch über die Herkunft der Arzneimittel, sowie das Deutsche Arzneibuch und die Arzneitaxe, diese jedoch nur in ärztlichen Hausapotheken, einsehen und prüfen, ob in letzteren die Bestimmungen über Abgabe und Preise der Arzneimittel innegehalten sind. Auf Zweigapotheken finden die Bestimmungen über die Apotheken entsprechende Anwendung.

§ 26. Homöopathische Abteilungen in Apotheken, sowie ärztliche homöopathische Hausapotheken werden auf Grund der bestehenden Vorschriften und gemäß § 52 der Apothekenbetriebsordnung besichtigt.

§ 27. Soweit möglich, haben die Bevollmächtigten auch Drogenhandlungen, welche an demselben Orte sich befinden wie die besichtigten Apotheken, nach den darüber bestehenden Vorschriften[3]) zu besichtigen.

§ 28. Der Kreisarzt hat alle Apotheken seines Bezirkes einmal jährlich, soweit tunlich gelegentlich anderweiter Dienstreisen, außerordentlich und unangemeldet zu besuchen und namentlich hinsichtlich der Ordnung und der Sauberkeit in den Räumen, wie an und in den Arzneibehältnissen und Arbeitsgeräten, aber nur im allgemeinen zu mustern, ungünstige Befunde, sowie zu seiner Kenntnis gelangende Unregelmäßigkeiten im Geschäftsbetriebe dem Regierungspräsidenten anzuzeigen. Bei dieser Musterung sind etwa vorhandene Lehrlinge nach Vorschrift zu prüfen[4]).

---

[1]) Die hier und im § 24 enthaltene Festsetzung, daß die Kosten der Nachbesichtigungen vom Apothekenvorstand zu tragen sind, entbehrt der Rechtskraft. Das O.V.G. hat unter dem 18. Februar 1907 (Ph.Ztg. 1907 Nr. 11) hierzu entschieden: „Für amtliche Revisionen und Handlungen haben Privatpersonen nur in dem Falle die Kosten aufzubringen, wenn in den Gesetzen eine entsprechende Vorschrift enthalten ist. Der Schluß: da nach der revidierten Apothekerordnung von 1801 die Stadtkämmereien und die Apotheker die Revisionskosten zu tragen haben, so müssen die Apotheker die Kosten der Nachrevisionen aufbringen, erscheint nicht einwandfrei. Ein Rechtssatz, daß derjenige, welcher durch sein Verschulden eine Amtshandlung verursacht hat, für die Kosten eintreten muß, existiert nicht. Der § 23 der Revisionsanweisung erscheint daher nicht zutreffend."

[2]) S. die vorstehende Fußnote.

[3]) Revisionsanweisung für Drogen- und Gifthandlungen vom 22. Dezember 1902 (s. Seite 45).

[4]) Vgl. hierzu die §§ 45—51 der Dienstanweisung für die Kreisärzte (s. Seite 182).

§ 29. Bis zum 31. Januar des folgenden Jahres erstattet der Regierungs- und Medizinalrat einen eingehenden Bericht über die Ergebnisse der im Vorjahre bewirkten Besichtigungen an den Regierungspräsidenten, welcher denselben in beglaubigter Abschrift mit einem Verzeichnis der besichtigten Apotheken und Drogenhandlungen nach beigehendem[1]) Muster kurzerhand, eventuell mittels Beischrift dem Minister der Medizinalangelegenheiten spätestens bis zum 1. März einreicht; die Verhandlungen werden dem Berichte nur auf Erfordern beigefügt[2]). Nach Ablauf des dreijährigen Umlaufs hat der Regierungs- und Medizinalrat in dem Jahresberichte die Erklärung abzugeben, daß sämtliche Apotheken des Regierungsbezirks besichtigt worden sind; dabei ist das etwaige Unterbleiben einzelner Besichtigungen näher zu begründen.

Schlußbestimmungen.

§ 30. Zuwiderhandlungen der Apotheker gegen vorstehende Anweisung werden nach den bestehenden Bestimmungen bestraft[3]). Im übrigen hat der Regierungspräsident seine Anordnungen erforderlichenfalls gemäß § 132ff. des Landesverwaltungsgesetzes vom 30. Juli 1883 (Gesetzsammlung S. 228) im Zwangswege zur Durchführung zu bringen.

§ 31. Die Befugnisse, welche in dieser Anweisung dem Regierungspräsidenten zugewiesen sind, werden innerhalb des der Zuständigkeit des Polizeipräsidenten zu Berlin unterstellten Bezirks[4]) von dem letzteren ausgeübt.

Berlin, den 18. Februar 1902.

Der Minister der geistlichen usw. Angelegenheiten.
Studt.

XIX. Die Steuergesetzgebung.

In der preußischen Steuergesetzgebung finden sich verschiedene Bestimmungen, die teils unmittelbar das Apothekenwesen betreffen, teils zwar allgemeiner Natur sind, aber in ihrer Handhabung für den Apothekerstand besondere Bedeutung gewonnen haben. Die Bestimmungen ersterer Art sind im Stempelsteuergesetz[5]) enthalten, während die an zweiter Stelle genannten Rechtsnormen den Gebieten der Ergänzungssteuer, Gewerbesteuer, Umsatz- und Grundsteuer angehören.

---

1) Die betr. Anlage II ist hier nicht mit abgedruckt.

2) In Ergänzung dieser Bestimmung ist in einem Min.-Erl. vom 2. Dezember 1903 angeordnet, daß dem nach § 29 der Anweisung für die amtliche Besichtigung der Apotheken vom 18. Februar 1902 bis zum 1. März jeden Jahres einzureichenden Berichte des Regierungs- und Medizinalrats über die Ergebnisse der im Vorjahre bewirkten Apothekenbesichtigungen in Zukunft außer der in der Anlage II der Anweisung bezeichneten Nachweisung eine Gesamtübersicht über die Apothekenverhältnisse des Bezirks nach einem besonderen Muster anzuschließen ist.

3) Die Strafbestimmung ist § 367, 5 Str.G.B. (s. Seite 110). Nach einem Min.-Erl. vom 21. Januar 1902 (s. Seite 180) soll indessen in leichteren Fällen von einer Bestrafung Abstand genommen und dem Apotheker in der auf den Revisionsbefund zu erlassenden Verfügung wegen Abstellung der Unregelmäßigkeiten das sonst Erforderliche eröffnet werden.

4) Vgl. hierüber Fußnote 1 auf S. 252.

5) Vgl. hierzu: „Die Stempelsteuer in Preußen". Sonderabdruck aus „Pharmazeutische Zeitung" 1905 Nr. 92 und 94. Berlin, Verlag von Julius Springer.

Stempelsteuergesetz.

Vom 31. Juli 1895 (Pr.G.S. S. 413).

§ 1. Gegenstand der Stempelsteuer.

Die in dem anliegenden Tarif aufgeführten Urkunden unterliegen den darin bezeichneten Stempelabgaben . . .

Ergibt sich die Einigung über ein Geschäft aus einem Briefwechsel oder einem Austausch sonstiger schriftlicher Mitteilungen, so wird in der Regel ein Stempel hierfür nicht erhoben. In einem solchen Falle tritt aber die Verpflichtung zur Entrichtung des betr. Stempels dann ein, wenn nach der Verkehrssitte über das Geschäft ein förmlicher schriftlicher Vertrag errichtet zu werden pflegt, diese Errichtung indessen nicht stattgefunden hat und von den Beteiligten beabsichtigt ist, durch den Briefwechsel oder den Austausch der sonstigen schriftlichen Mitteilungen die Aufnahme eines solchen Vertrages zu ersetzen[1]).

§ 4. Sachliche Stempelsteuerbefreiungen.

Von der Stempelsteuer sind befreit:

a. Urkunden über Gegenstände, deren Wert nach Geld geschätzt werden kann, wenn dieser Wert einhundertfünfzig Mark nicht übersteigt, insoweit nicht der Tarif entgegenstehende Bestimmungen enthält.

§ 6. Wertermittelung.

Die Ermittelung des Wertes eines Gegenstandes zum Zwecke der Berechnung der Stempelsteuer ist auf den gemeinen Wert desselben zur Zeit der Beurkundung des Geschäfts zu richten[2]).

§ 9. Versteuerung mehrerer über denselben Gegenstand ausgestellter Urkunden.

Werden über denselben Gegenstand mehrere Urkunden gleichen Inhalts ausgefertigt, so wird die auf dem Gegenstande ruhende Steuer nur zu einer derselben, und zwar in der Regel zu derjenigen Urkunde, welche als Hauptausfertigung bezeichnet ist, verwendet; die übrigen Ausfertigungen sind mit demjenigen Stempel zu versehen, welcher nach der Tarifstelle „Duplikat" beizubringen ist. Eine Ausfertigung einer Verhandlung darf nur dann als Nebenausfertigung versteuert werden, wenn das Vorhandensein einer als Hauptausfertigung versteuerten Urkunde nachgewiesen wird . . .

§ 10. Versteuerung mehrerer in derselben Urkunde enthaltener Gegenstände.

Wenn bei Rechtsgeschäften über mehrere verschiedenen Steuersätzen unterliegende Gegenstände das Entgelt ohne Angabe der Einzelwerte ungetrennt in einer Summe oder Leistung verabredet ist, so kommt für die Berechnung des Stempels der höchste Steuersatz zur Anwendung, sofern nicht von den Ausstellern der Urkunde auf derselben

---

[1]) Engagementsbriefe für das Apothekenpersonal sind demnach stempelfrei, da bei der Engagierung von Apothekergehilfen ein förmlicher Vertrag in der Regel nicht abgeschlossen wird.

[2]) Gegen vermeintlich ungerechte Stempelansätze ist der Rechtsweg zulässig. Die Klage ist laut § 26 des Gesetzes binnen sechs Monaten gegen diejenige Provinzialsteuerbehörde zu richten, in deren Bezirk die Steuer erfordert worden ist.

die Werte für die einzelnen Gegenstände innerhalb der im § 16 angegebenen Fristen[1]) noch nachträglich angegeben werden. Trägt die Steuerbehörde Bedenken, die ursprünglichen oder nachträglichen Angaben der Steuerpflichtigen über die Einzelwerte als richtig anzunehmen, so kommen die Vorschriften des dritten Absatzes des § 7 zur Anwendung[2]).

Enthält eine Urkunde verschiedene stempelpflichtige Geschäfte, so ist der Betrag des Stempels für jedes Geschäft besonders zu berechnen und die Urkunde mit der Summe dieser Stempelbeträge zu belegen.

Sofern die einzelnen in einer Urkunde enthaltenen Geschäfte sich als Bestandteile eines einheitlichen, nach dem Tarife steuerpflichtigen Rechtsgeschäftes darstellen, ist nur der für das letztere vorgesehene Stempelbetrag zu entrichten.

§ 11. Mindestbetrag der Stempelsteuer und Abstufungen derselben.

Die Stempelabgabe beträgt, insoweit der Tarif nicht abweichende Bestimmungen enthält, mindestens 0,50 Mark und steigt in Abstufungen von je 0,50 Mark, wobei überschießende Stempelbeträge auf 0,50 Mark abgerundet werden.

Stempeltarif.

Lfd. Nr.	Gegenstand der Besteuerung.	Steuersatz ℳ	Steuersatz ₰
1.	Abschriften, beglaubigte, unter denselben Voraussetzungen wie Zeugnisse, amtliche in Privatsachen, s. diese[3]).		
6.	Apotheken, s. Erlaubniserteilungen, Buchstaben a.		
7.	Approbationsscheine, s. Erlaubniserteilungen, Buchstaben b.		
10.	Ausfertigungen von Schriftstücken der Behörden und Beamten, . . . sofern für die Schrift-		

[1]) Zwei Wochen nach dem Tage der Ausstellung.

[2]) Nach dem hier angezogenen § 7 Abs. 3 des Gesetzes sind die Behörden oder Beamten, wenn sie Bedenken tragen, die Angabe der Steuerpflichtigen als richtig anzunehmen, und eine Einigung mit den letzteren nicht stattfindet, befugt, „unter Zuziehung Sachverständiger, bei deren Auswahl etwaige Vorschläge der Steuerpflichtigen mit zu berücksichtigen sind, die für die Berechnung der Steuer erforderlichen Grundlagen zu ermitteln und danach die Steuer zu erheben. Die Kosten der Ermittlung fallen dem Steuerpflichtigen zur Last, wenn der ermittelte Wert den von dem Steuerpflichtigen angegebenen Wert um 10 % oder mehr übersteigt."

[3]) Amtliche Zeugnisse in Privatsachen unterliegen nach Ziffer 77 des Tarifs der Stempelpflicht nur dann, wenn sie „innerhalb der Zuständigkeit der ausstellenden Behörde oder des ausstellenden Beamten erteilt" sind. Daraus ergibt sich, daß auch beglaubigte Abschriften nur unter der gleichen Voraussetzung stempelpflichtig sind. Zuständig zur Vornahme von Beglaubigungen sind vornehmlich Amtsgerichte und Notare. Andere Behörden nur dann, wenn ihnen durch besondere Gesetze oder Verordnungen die Beglaubigungsbefugnis ausdrücklich beigelegt ist. Für Polizeibehörden insbesondere trifft diese Zuständigkeit nur dann zu, wenn die Zeugnisse (Originale) in ihren Akten bzw. Gewahrsam sich befinden. Im allgemeinen sind also beglaubigte Abschriften nur dann stempelpflichtig, wenn die Beglaubigung durch Gericht oder Notar erfolgt ist. Vgl. den Erl. des Reg.-Präsident. von Magdeburg vom 15. Juli 1902 (Seite 317).

Lfd. Nr.	Gegenstand der Besteuerung	Steuersatz ℳ	₰
	stücke nicht ein durch diesen Tarif bestimmter Stempel zu entrichten ist	1	50
	Befreit sind Ausfertigungen:		
	a. von Bescheiden auf Gesuche, Anfragen und Anträge in Privatangelegenheiten, sie mögen in Form eines Antwortschreibens, einer Verfügung, einer Verfügungsabschrift oder einer auf die zurückgehende Bittschrift selbst gesetzten Verfügung erlassen werden.		
16.	Duplikate von stempelpflichtigen Urkunden; jedoch nicht über den zu der stempelpflichtigen Urkunde selbst erforderlichen Stempel hinaus[1])	1	50
22.	Erlaubniserteilungen (Approbationen, Konzessionen, Genehmigungen usw.) der Behörden in gewerbepolizeilichen Angelegenheiten:		
	a. Konzessionen:		
	zum Betriebe einer Apotheke[2]),		
	wenn die Konzession vererblich und veräußerlich ist[3])	$^1/_2$ vom Hundert des Wertes d. Konzession[4])	

[1]) Vgl. hierzu § 9 des Gesetzes.

[2]) Vgl. hierzu die auf Seite 318 angeführten Min.-Erlasse.

[3]) Unter vererblichen und veräußerlichen Konzessionen sind dabei alle pharmazeutischen Rechtstitel, auf denen in Preußen Apotheken beruhen, zu verstehen, mit Ausnahme der Privilegien und der seit dem 11. Juli 1894 verliehenen reinen Personalkonzessionen. Vgl. den Min.-Erl. vom 9. Mai 1904 (Seite 318).

[4]) Für die Ermittelung des Wertes der Konzession gibt die Bk. des Finanzministers betr. die Ausführung des Stempelsteuergesetzes vom 13. Februar 1896 folgende Anweisung:

Behufs Ermittelung des stempelpflichtigen Wertes vererblicher und veräußerlicher Konzessionen ist zunächst der die Konzession Nachsuchende zur Wertangabe und zur Vorlegung des über den Verkauf der Apotheke etwa geschlossenen Vertrages aufzufordern. Falls ein solcher Vertrag vorhanden ist, so ist aus ihm festzustellen, ob und was die Vertragschließenden über die Vergütung für den Übergang der Konzession auf den neuen Erwerber verabredet haben. Wird der angegebene Wert für zu niedrig erachtet und findet eine Einigung mit dem Steuerpflichtigen nicht statt, so ist der Wert, falls ihn die die Konzession erteilende Behörde nicht selbst zu begutachten vermag, nach der Vorschrift des § 7 Abs. 3 des Gesetzes und unter Beachtung der Vorschrift der Ziffer 6 dieser Bekanntmachung anderweitig zu ermitteln, wobei unter Umständen auch die in früheren Verträgen über das Entgelt für die betreffende Konzession getroffenen Vereinbarungen als Anhaltspunkte werden dienen können. Den Oberpräsidenten bleibt es überlassen, zur Ermittlung der Konzessionswerte die Mitwirkung der Provinzialsteuerdirektoren in Anspruch zu nehmen.

Insoweit der Wertstempel unstreitig ist, muß seine Verwendung auf der Konzessionsurkunde innerhalb der im § 15 Abs. 1 des Gesetzes angegebenen Frist (spätestens binnen zwei Wochen nach dem Tage der Ausstellung der Urkunde) erfolgen, während der Stempel für den etwaigen nachträglich ermittelten Mehrwert später auf der Urkunde zu entwerten ist.

Von den hier angezogenen Bestimmungen ist § 7 Abs. 3 des Gesetzes auf Seite 310 abgedruckt; Ziffer 6 der Bekanntmachung bestimmt, daß bei der Ermittlung der für die Berechnung der Stempelsteuer erforderlichen Grundlagen die Entstehung von Kosten tunlichst zu vermeiden ist.

Lfd. Nr.	Gegenstand der Besteuerung	Steuersatz ℳ	₰
	mindestens aber	50	—
	sonst	50	—
	zur Errichtung einer Zweig-(Filial-)Apotheke	5	—
	zur Verlegung einer Apotheke auf Antrag des Besitzers	10	—
	Befreit sind die vererblichen und veräußerlichen Konzessionen für diejenigen, welche dieselben erbschaftssteuerfrei ererbt haben. Außerdem findet die Bestimmung unter Ziffer 2 Ermäßigungen und Befreiungen der Tarifstelle „Kauf- und Tauschverträge" sinngemäße Anwendung[1]).		
	b. Approbationen für:		
	Apotheker	1	50
	diejenigen Personen, welche sich als Ärzte (Wundärzte, Augenärzte, Geburtshelfer, Zahnärzte und Tierärzte) oder mit gleichbedeutenden Titeln bezeichnen oder seitens des Staats oder einer Gemeinde als solche anerkannt oder mit amtlichen Funktionen betraut werden sollen	1	50
	(§ 29 der Gewerbeordnung für das Deutsche Reich vom 1. Juli 1883.)		
	c. Erlaubniserteilungen:		
	zum ständigen Betriebe der Gastwirtschaft, Schankwirtschaft oder des Kleinhandels mit Branntwein oder Spiritus (§ 33 der Reichsgewerbeordnung)		
	wenn der Gewerbebetrieb		
	wegen geringen Ertrages und Kapitals von der Gewerbesteuer frei ist . .	1	50
	in die vierte Gewerbesteuerklasse gehört	5	—
	- - dritte - -	15	—
	- - zweite - -	50	—
	- - erste - -	100	—
32.	Kauf- und Tauschverträge und andere lästige Veräußerungsgeschäfte enthaltende Verträge einschließlich der gerichtlichen Zwangsversteigerungen, insoweit nicht besondere Tarifstellen zur Anwendung kommen, wenn sie betreffen:		

[1]) Dadurch ist für den Übergang von Aszendenten an Deszendenten Stempelfreiheit gesichert.

Lfd. Nr.	Gegenstand der Besteuerung	Steuersatz ℳ	Steuersatz ₰
	a. im Inlande befindliche unbeweglicheSachen oder diesen gleichgeachtete Rechte[1] . .	1 vom Hundert	bei Kauf- u. Lieferungsverträgen vom Kauf- oder Lieferungspreise unter Hinzurechnung des Wertes der ausbedungenen Leistungen und vorbehaltenen Nutzungen.
	c. andere Gegenstände aller Art (auch Lieferungsverträge), falls die Verträge nicht auf Grund der Tarifnummer 4 des Reichsstempelgesetzes vom 27. April 1894 der Reichsstempelabgabe unterliegen oder von dieser befreit sind[2]	$^1/_3$ vom Hundert	
	Ermäßigungen und Befreiungen:		
	2. Befreit sind Verträge, durch welche unbewegliche Sachen oder diesen gleichgeachtete Rechte oder bewegliche Sachen allein oder im Zusammenhange mit anderem Vermögen von Aszendenten an Deszendenten übertragen werden.		
	3. Befreit sind Kauf- und Lieferungsverträge über Mengen von Sachen oder Waren, sofern dieselben entweder zum unmittelbaren Verbrauch in einem Gewerbe oder zur Wiederveräußerung in derselben Beschaffenheit oder nach vorgängiger Bearbeitung oder Verarbeitung dienen sollen oder im Inlande in dem Betriebe eines der Vertragschließenden erzeugt oder hergestellt sind.		
71.	Verträge		
	2. über sonstige vermögensrechtliche Gegenstände, wenn keine andere Tarifstelle zur Anwendung kommt	1	50
	Ein auf unbestimmte Zeit oder Kündigung abgeschlossener Vertrag gilt in betreff. der Stempelpflichtigkeit als ein auf ein Jahr abgeschlossener.		
	Befreiungen:		
	a. Lehrverträge,		
	b. Verträge, durch welche Arbeits- und Dienstleistungen auf bestimmte oder unbestimmte Zeit gegen zu gewissen Zeiten wiederkehrendes Entgelt (Lohn, Gehalt		

[1]) Bei Apothekenverkäufen unterliegen die Verträge über den Verkauf des Grundstückes dem in Tarifstelle 32a vorgesehenen Immobiliarstempel von 1 % des Wertes. Die mitverkauften Mobilien, Einrichtungen, Waren und sonstigen Gegenstände unterliegen dem Mobiliarstempel aus Tarifstelle 32c in Höhe von $^1/_3$ % des Wertes. Bei Verkäufen privilegierter Apotheken unterliegen auch die Privilegien dem 1 %-Immobiliarstempel, da sie am Grundstücke haften oder als „diesem gleichgeachtete Rechte" anzusehen sind.

[2]) Dieser Stempel kann unter Umständen bei Arzneilieferungsverträgen Anwendung finden, sofern es sich nicht gemäß der Ausnahmebestimmung in Ziffer 3 um solche Arzneimittel bzw. Arzneien handelt, die von dem Apotheker selbst erzeugt oder hergestellt sind. Vgl. die Verfügung auf Seite 319.

Lfd. Nr.	Gegenstand der Besteuerung.	Steuersatz ℳ	₰
	und dgl.) versprochen werden, wenn der Jahresbetrag der Gegenleistung 1500 Mark nicht übersteigt.		
77.	Zeugnisse, amtliche, in Privatsachen, innerhalb der Zuständigkeit der ausstellenden Behörde oder des ausstellenden Beamten erteilte[1]) Befreit sind: a. Zeugnisse, auf Grund deren ein anderes amtliches Zeugnis oder ein Paß (Reise- oder Leichenpaß, Paßkarte) ausgestellt werden soll[2]); d. Führungszeugnisse, insoweit sie nicht zur Erlangung der in den Tarifstellen „Erlaubniserteilungen" und „Lustbarkeiten" aufgeführten Genehmigungen usw. erforderlich sind[3]). Den Führungszeugnissen stehen gleich Zeugnisse über geleistete Arbeit in Anstalten, welche von unmittelbaren oder mittelbaren Staatsbehörden betrieben werden. In den unter a und c bezeichneten Fällen tritt die Stempelfreiheit nur dann ein, wenn der dieselbe begründete Zweck aus der Urkunde hervorgeht. Wird von den Attesten zu anderen Zwecken nachträglich Gebrauch gemacht, so ist der Stempel nachzuverwenden.	1	50

[1]) Nach Ziffer 77 des Tarifs sind nicht alle amtlichen Zeugnisse in Privatsachen stempelpflichtig, sondern nur diejenigen, welche „innerhalb der Zuständigkeit der ausstellenden Behörde oder des ausstellenden Beamten erteilt" sind. Wichtig ist diese Feststellung namentlich für Unterschriftsbeglaubigungen. Ein Erl. des Ministers des Innern vom 28. Oktober 1896 besagt hierüber:

Zur Behebung von Zweifeln über die Frage, in welchen Fällen von Behörden vollzogene Unterschrifsbeglaubigungen der Stempelpflicht unterliegen, mache ich darauf aufmerksam, daß derartige Beglaubigungen, wenn sie von anderen Behörden, als Gerichten und Notaren, insbesondere von Polizeiverwaltungen, Magistraten, Dorfgerichten, Gemeindevorständen, Amts- und Bezirksvorstehern usw. erteilt werden, in der Regel stempelfrei sind. Der Zeugnisstempel für Unterschriftbeglaubigungen kann nur dann beansprucht werden, wenn entweder die Beglaubigungen von den durch § 8 des Gesetzes, enthaltend Bestimmungen über das Notariat usw. vom 15. Juli 1890, dazu berufenen Organen, den Amtsgerichten oder Notaren, ausgehen, oder andere Behörden durch Gesetz oder rechtsgültige Verordnungen zur Vornahme von Beglaubigungen für zuständig erklärt werden.

Hiernach kann der Zeugnisstempel für Unterschriftbeglaubigungen nur dann beansprucht werden, wenn die Beglaubigungen von Amtsgerichten oder Notaren ausgehen. Der gleiche Grundsatz gilt für den bei Bewerbungen um Apothekenkonzessionen einzureichenden amtlich beglaubigten Vermögensnachweis.

[2]) Nach dieser Ausnahmebestimmung dürften für Apotheker die Zeugnisse über das Bestehen der pharmazeutischen Staatsprüfung stempelfrei sein, da auf Grund derselben später die (nach Ziffer 22 stempelpflichtige) Approbation erteilt wird, die Zeugnisse daher nur vorbereitende sind.

[3]) Führungszeugnisse (im Original), welche zur Erlangung der Approbation als Apotheker oder einer Apothekenkonzession dienen sollen, sind danach stempel-

Die Rechtsordnung hinsichtlich der Verstempelung, die durch vorstehendes Gesetz für die den Apothekerstand berührenden Urkunden geschaffen ist, hat durch verschiedene Ministerialerlasse und Verfügungen eine wertvolle Erläuterung erfahren. Diese Verfügungen (wo nichts anderes angegeben, vom Minister der Medizinalangelegenheiten erlassen) behandeln folgende Urkunden:

a. Lehr- und Servierzeugnisse.

Min.-Erl. vom 7. Mai 1886.

Auf die Vorstellung vom 7. November v. J. eröffne ich Ihnen im Einverständnis mit dem Herrn Finanzminister, daß die . . . von dem nächstvorgesetzten Medizinalbeamten (Kreisphysikus usw.) auszustellenden Beglaubigungen der von dem Lehrherrn den Apothekerlehrlingen zu erteilenden Zeugnisse stempelfrei sind.

Verf. des Provinzialsteuerdirektors in Kassel vom 12. März 1897.

Im Auftrage des Herrn Finanzministers benachrichtige ich die Redaktion der Pharmazeutischen Zeitung ergebenst, daß derselbe aus Anlaß des Artikels in der ihm in einem Exemplar eingereichten Nr. 11 vom 6. Februar d. J. entschieden hat, daß die Stempelfreiheit der Bescheinigungen der Kreismedizinalbeamten über die von Apothekerlehrlingen zurückgelegte zwei oder dreijährige Lehrzeit sowie über die von Apothekergehilfen zurückgelegte dreijährige Servierzeit auch nach den Vorschriften des neuen Stempelgesetzes und zugehörigen Tarifes anzuerkennen sei.

Min.-Erl. vom 28. Oktober 1897.

Auf den Bericht vom 13. Oktober d. J. erwidere ich im Einverständnis mit dem Herrn Finanzminister, daß die durch Medizinalbeamte ausgestellten Beglaubigungen der Servierzeugnisse der Apothekergehilfen auch nach Inkrafttreten des Stempelgesetzes vom 31. Juli 1895 für stempelfrei zu erachten sind[1]).

Min.-Erl. vom 6. März 1891.

Aus Anlaß eines Spezialfalles mache ich Ew. Hochwohlgeboren im Einverständnis mit dem Herrn Finanzminister zur geneigten weiteren Veranlassung ergebenst darauf aufmerksam, daß die auf Grund des § 11 der

---

pflichtig, da diese beiden Genehmigungen in Tarifstelle 22 ausdrücklich aufgeführt sind. Über die Stempelpflicht beglaubigter Abschriften s. Fußnote 3 auf Seite 310.

[1]) Die Stempelfreiheit bezieht sich auf alle von dem Lehrherrn auszustellenden Dienstzeugnisse für Apothekerlehrlinge sowie alle Servierzeugnisse der Apothekergehilfen, Kandidaten der Pharmazie und konditionierenden Apotheker, auch über die obligatorische dreijährige Konditionszeit hinaus. Dies wird auch in Ziffer 6 der Ausführungsanweisung zur Prüfungsordnung für Apotheker vom 15. September 1904 (s. S. 34) bestätigt. Stempelpflichtig sind dagegen (mit 1,50 Mk.) die vom Kreisarzt auszustellenden Zulassungszeugnisse zur Erlernung der Apothekerkunst, weil sie wesentlich im Privatinteresse ausgestellt werden. (Die Genehmigung des Zulassungszeugnisses beim Wechsel der Lehrstelle durch den neuen Kreisarzt gemäß § 43 der Ap.B.O. ist jedoch stempelfrei, da es sich hierbei nur um eine einfache Beglaubigung handelt.) Für das Zulassungszeugnis selbst erhält der Kreisarzt nach § 17 der revidierten Apothekerordnung 3 Mk. Gebühren. Im übrigen hat die Beglaubigung der Dienstatteste der Apothekerlehrlinge und der Servierzeugnisse der Apothekergehilfen durch die Kreisärzte gebührenfrei zu erfolgen (Min.-Erl. vom 16. April 1894 s. Seite 116).

Bekanntmachung des Herrn Reichskanzlers vom 13. November 1875, betreffend die Prüfung der Apothekergehilfen, nach Beendigung dieser Prüfung von der Prüfungskommission auszufertigenden Zeugnisse über die Qualifikation der geprüften Lehrlinge zur Verwaltung einer Apothekergehilfenstelle[1]) der Stempelsteuer unterworfen sind. Es ist diese Gehilfenprüfung ein erstes Staatsexamen, welches der Apothekerlehrling abzulegen hat, und das darüber erteilte Zeugnis kein vorbereitendes, sondern ein selbständiges — und darum nicht stempelfreies — amtliches Attest in Privatangelegenheiten.

Dagegen sind die Entlassungszeugnisse, welche von den Lehrherren den Apothekerlehrlingen nach Beendigung der vorgeschriebenen Lehrzeit ausgestellt werden und von den Physikern mit zu unterzeichnen sind, ebenso wie die Servierzeugnisse der Apothekergehilfen stempelfrei. (Erlasse vom 23. Mai 1876 und 7. Mai 1886)[2]).

Ob der Stempel von 1,50 Mark für die erstgedachten Zeugnisse zugleich mit den Prüfungsgebühren oder erst bei der Aushändigung des Gehilfenzeugnisses einzuziehen sein wird, bleibt dem Ermessen Ew. Hochwohlgeboren überlassen.

b. Führungszeugnisse.

Min.-Erl. (des Innern und für Med. Angeleg.) vom 31. Juli 1897.

Hinsichtlich der Versteuerung von Führungszeugnissen, deren es zur Erlangung der in den Tarifstellen 22: „Erlaubniserteilung“ und 39: „Lustbarkeiten“ des Stempelsteuergesetzes vom 31. Juli 1895 aufgeführten Genehmigungen usw., insbesondere der Konzessionen zum Betriebe von Apotheken, bedarf, sowie hinsichtlich der Verstempelung von zuständiger Seite beglaubigter Abschriften solcher Zeugnisse, welche zu dem gleichen Zwecke dienen sollen, wird nicht überall gleichmäßig verfahren, weil augenscheinlich die hierauf bezügliche Vorschrift der Tarifstelle 77 des Stempelgesetzes noch nicht ausreichend bekannt ist.

Zur Herbeiführung eines gleichmäßigen Verfahrens machen wir darauf aufmerksam, daß Führungszeugnisse nach dem geltenden Recht nur noch insoweit abgabenfrei sind, als sie nicht zur Erlangung der bezeichneten Konzessionen, Approbationen und Genehmigungen erforderlich sind. Sie wollen hiernach verfahren, die ihnen unterstellten Behörden und Beamten — auch die Kreis-(Bezirks-)Medizinalbeamten — mit entsprechender Anweisung versehen und sie namentlich darauf hinweisen, daß sie im Falle der Vorlegung eines entgegen der Vorschrift steuerfrei erteilten Zeugnisses für die Nachbringung des fälligen Stempels Sorge zu tragen haben[3]). Wir bemerken noch, daß bei beglaubigten Abschriften jedes einzelne Beglaubigungszeugnis der Stempelabgabe unterliegt. Sind jedoch Abschriften mehrerer Urkunden durch ein und dasselbe hinter die letzte Abschrift gesetzte Zeugnis beglaubigt worden, so bedarf es nur des einmaligen Stempels.

---

[1]) An Stelle dieser Qualifikationszeugnisse sind jetzt die auf Grund von § 14 der Prüfungsordnung für Apotheker (s. S. 22) auszustellenden Zeugnisse über die pharmazeutische Vorprüfung getreten.

[2]) Siehe Fußnote 1 auf Seite 315.

[3]) Der Erl. besagt nicht etwa, daß die beglaubigten Abschriften in allen Fällen stempelpflichtig sind. Er bezieht sich vielmehr, wie dies auch im Eingange desselben deutlich gesagt ist, außer auf die Originale nur auf die „von zuständiger Seite beglaubigten Abschriften“. Diese sind und bleiben natürlich stempelpflichtig. Vgl. das zu Tarifstelle 1 auf Seite 310 Gesagte.

Es ist ferner bemerkt, daß Behörden und Beamte in den in Rede stehenden Fällen die Ausstellung stempelpflichtiger Führungszeugnisse durch Wahl einer nicht der Abgabe unterliegenden Schriftform (eines Berichtes oder eines Schreibens) zu vermeiden suchen. Ein derartiges Verfahren ist unzulässig und allgemein zu untersagen, da dasselbe nicht im Sinne des Stempelgesetzes liegt, welches Äußerungen über die Führung eines Bewerbers zu den angeführten Zwecken mit wohlbegründeter Absicht hat stempelpflichtig behandelt wissen wollen.

Verf. des Reg.-Präsid. in Magdeburg vom 15. Juli 1902.

Nach der Tarifstelle 1 des Stempelsteuergesetzes vom 31. Juli 1895 sind beglaubigte Abschriften unter denselben Voraussetzungen stempelpflichtig, wie amtliche Zeugnisse in Privatsachen, d. h. wenn sie innerhalb der Zuständigkeit der ausstellenden Behörde oder des ausstellenden Beamten erteilt werden. Es kann daher der Stempel für Beglaubigungen von Abschriften und Unterschriften, wie auch in dem Erlasse des Herrn Finanzministers vom 28. Oktober 1896, III. 13 950 (Min.-Bl. f. d. inn. Verw. S. 202) ausgesprochen ist, nur dann gefordert werden, wenn sie von den Amtsgerichten oder Notaren ausgehen oder andere Behörden durch gesetz- oder rechtsgültige Verordnung ausdrücklich zur Vornahme von Beglaubigungen allgemein oder für bestimmte Fälle für zuständig erklärt worden sind.

Die in Abschrift vorgelegten Führungszeugnisse sind von dem Bürgermeisteramt in Philippsburg in Baden und einem hiesigen Polizeikommissar beglaubigt worden. Die von dem vorgenannten nicht preußischen Bürgermeisteramt beglaubigten Abschriften würden in Preußen stempelpflichtig sein, wenn dies bezüglich der von einer gleichartigen preußischen Behörde beglaubigten Abschriften der Fall wäre[1]). Dies muß verneint werden, ebenso wie die von dem Polizeikommissar beglaubigten Abschriften als stempelpflichtig nicht angesehen werden können, da die Befugnis zur Beglaubigung von Abschriften den Bürgermeisterämtern und Polizeibehörden in der gedachten Art nicht erteilt worden ist.

Ferner kann ich die Abschriftsbescheinigungen der Lehr- und Servierzeugnisse, abgesehen von vorstehenden Ausführungen, auch aus dem Grunde nicht als stempelpflichtig ansehen, weil die Originalzeugnisse der gedachten Art nach dem Erlasse des Herrn Ministers der geistlichen, Unterrichts- und Medizinalangelegenheiten vom 6. März 1891 (Centralbl. der Abgaben usw., Gesetzgebung und Verwaltung S. 82) und die durch Medizinalbeamte ausgestellten Beglaubigungen der Servierzeugnisse der Apothekergehilfen nach dem Runderlasse desselben Herrn Ministers vom 28. Oktober 1897, M. N. 7682, für stempelfrei zu erachten sind.

---

[1]) Polizeiliche Führungsatteste aus nichtpreußischen Städten sind stempelfrei, auch wenn dieselben zur Bewerbung um Apothekenkonzessionen in Preußen verwendet werden sollen. In diesem Sinne ergingen folgende Bescheide:

Nach § 2 des preußischen Stempelsteuergesetzes vom 31. Juli 1895 unterliegen der Stempelsteuer nur die im Auslande errichteten Urkunden über Geschäfte, welche im Inlande befindliche Gegenstände betreffen; das anliegende Führungsattest ist daher stempelfrei. Stempelsteueramt I Hannover 7. Juni 1898.

Auf die in Frage stehenden Führungszeugnisse bzw. die beglaubigte Abschrift finden die Bestimmungen des § 2 des St.-St.-Ges. vom 31. Juli 1895 nicht Anwendung sie unterliegen somit nicht der preußischen Stempelsteuer. Provinzialsteuerdirektor Berlin 26. Juli 1898.

Verf. des Stempel- und Erbschaftssteueramtes in Münster vom 8. August 1905.

Unter Bezugnahme auf den in der Nr. 24 der Pharmazeutischen Zeitung vom 25. März d. J. S. 251, Zeile 2 abgedruckten Artikel „Stempelgebühren" teile ich im Auftrage des Herrn Provinzialsteuerdirektors hierselbst der Redaktion ergebenst mit, daß die durch die Polizeibehörden beglaubigten Abschriften von Apothekerzeugnissen einem Stempel aus Tarifstelle 1 bzw. 77 preußischen Stempelsteuergesetzes vom 31. Juli 1895 nicht unterliegen. Eine entsprechende Belehrung der Polizeibehörden in Westfalen ist veranlaßt.

c. Apothekenberechtigungen.

Min.-Erl. vom 23. März 1901.

Nach Tarifstelle 22a des Stempelsteuergesetzes vom 31. Juli 1895 unterliegt die Konzession zum Betriebe einer Apotheke, wenn die Konzession vererblich und veräußerlich ist, einem Stempel von $^1/_2$% des Wertes der Konzession, mindestens aber von 50 Mark, und wenn die Konzession nicht vererblich und veräußerlich ist, einem Stempel von 50 Mark. Dieser Stempel ruht auf der Urkunde über die Erlaubniserteilung und ist daher von dem Regierungspräsidenten, welchem die Ausfertigung der Konzession obliegt, zu verwenden und einzuziehen. Die Kaufurkunden selbst unterliegen, soweit in ihnen Veräußerungen von Apothekenprivilegien beurkundet sind, nach Tarifstelle 32 des Stempelsteuergesetzes einem Stempel von 1% des Kaufpreises; handelt es sich dagegen um die Veräußerung konzessionierter Apotheken, so unterliegen die Vereinbarungen über die Übertragung der Konzession auf den Erwerber oder über den Verzicht des Verkäufers auf die Konzession dem in Tarifstelle 71 Nr. 2 bestimmten allgemeinen Vertragsstempel von 1,50 Mark[1]).

Es ist nun darüber Klage geführt worden, daß vielfach schon bei dem Abschlusse des notariellen Vertrages über die Veräußerung vererblicher und veräußerlicher Apotheken von dem instrumentierenden Notar der Konzessionsstempel von $^1/_2$% des Konzessionswertes zur Berechnung gebracht wird, und daß später der Regierungspräsident bei Ausfertigung der Konzession nochmals diesen Stempel feststellt und einzieht. Zur Vermeidung dieser doppelten Einziehung des Stempels und der sich daraus ergebenden Unzuträglichkeiten hat daher der Herr Justizminister durch Runderlaß vom 23. November 1900 (abgedruckt im Justizministerialblatt für 1900 S. 638) die Gerichte und Notare, welche die Veräußerung von Apothekengrundstücken beurkunden, angewiesen, sich in Zukunft der Verwendung und Einziehung dieses Konzessionsstempels zu enthalten und sich auf die Verwendung und Einziehung des zur Kaufurkunde erforderlichen Stempels zu beschränken.

Im Einvernehmen mit dem Herrn Finanzminister bringe ich Vorstehendes hiermit zur Kenntnis.

Min.-Erl. (für Med. Angeleg. und Finanz-Min.) vom 9. Mai 1904.

Die von dem Regierungspräsidenten in . . . vertretene Auffassung, daß auf Grund des Finanzministerialerlasses vom 29. Juni 1900 — III.

[1]) Daß die für die Abtretung der Konzession in Betracht kommende Summe bei Erhebung des Immobiliarstempels von 1% für Übertragung des Grundstücks nicht mit in Anrechnung kommen dürfe, sondern nur dem Vertragsstempel von 1,50 Mk. unterliege, entschieden auch O.L.G. Stettin 21. Juni 1897 (Ph.Ztg. 1897 Nr. 87) und R.G. 31. März 1898 (Ph.Ztg. 1898 Nr. 40).

7462 — zu den Konzessionen nicht privilegierter Apotheken in jedem Falle nur ein Stempel von 50 Mark zu verwenden sei, ist nicht zutreffend. Dieser Erlaß bezieht sich nicht auf die Versteuerung der von den Verwaltungsbehörden (Oberpräsidenten, Regierungspräsidenten) ausgestellten Apothekenkonzessionen; er ordnet vielmehr an, daß zu einem in einem Kaufvertrag über ein Apothekengrundstück beurkundeten Verzicht auf die Apothekenkonzession nicht der Wertstempel der Tarifstelle 2 oder 32, sondern der allgemeine Vertragsstempel von 1,50 Mark der Tarifstelle 71, Ziffer 2 des Stempelsteuergesetzes vom 31. Juli 1895 erforderlich ist. Für die Versteuerung der Apothekenkonzessionen ist allein die Vorschrift unter Buchstabe a der Tarifstelle 22 a. a. O. maßgebend. Nach dieser unterliegen die Konzessionen zum Betriebe von Apotheken, wenn sie vererblich und veräußerlich sind, einem Stempel von $^1/_2$% ihres Wertes, mindestens aber von 50 Mark, und wenn sie nicht veräußerlich sind, einem Stempel von 50 Mark (zu vgl. Hummel-Specht, Stempelerläuterungsbuch S. 603, Anm. 2, S. 605, Anm. 4 und S. 607, Anm. 7). Da die von dem Regierungspräsidenten in . . . dem Apotheker Gr. in . . . erteilte Konzession sich auf eine Apotheke bezieht, die vor dem 11. Juli 1894 bestanden hat, mithin zu den vererblichen und veräußerlichen gehört, so ist mit Recht ein Stempel von $^1/_2$% des auf 145 000 Mark angegebenen Wertes der Konzession mit 725 Mark verwendet worden.

Min.-Erl. (Finanz-Min. und für Med. Angeleg.) von 1901.

Da nach Tarifstelle 22a des preußischen Stempelsteuergesetzes vom 31. Juli 1895 nur die Konzession zur Errichtung einer Zweig- (Filial-) Apotheke dem dort vorgeschriebenen Stempel von 5 Mark unterworfen wird, kann dieser Stempel nur für die Erlaubnis zur ersten Anlegung der Zweig-(Filial-)Apotheke erhoben werden, wogegen die nach der Verfügung des Ministers der Medizinalangelegenheiten vom 4. Mai 1895 von drei zu drei Jahren zu erteilende Erlaubnis zur Fortführung der Zweig-(Filial-)Apotheke dem Stempel von 5 Mark nicht unterliegt, sondern nur, falls ein gezeichnetes Konzept der Erlaubniserteilung bei der Behörde zurückbleibt, als Ausfertigung nach Tarifstelle 10 des Stempelsteuergesetzes mit 1,50 Mark zu versteuern ist.

d. Lieferungsverträge.

Verf. des Hauptsteueramtes in Duisburg vom 9. Dezember 1892.

Auf Ihre Vorstellung vom 21. September cr., betreffend die Versteuerung von Arzneilieferverträgen, erwidern wir Ihnen ergebenst, daß inzwischen seitens des Königlichen Finanzministeriums über die Stempelpflichtigkeit derartiger Verträge anderweite Bestimmungen erlassen worden sind. Hiernach sollen bei Berechnung des Lieferstempels zu solchen Verträgen die von den Apothekern dispensierten Arzneien, insoweit sie aus zusammengesetzten Arzneikörpern bestehen, deren Mischung von den Apothekern bewirkt wird, außer Betracht gelassen werden. Dagegen sind die Medikamente insoweit dem Lieferungsstempel zu unterwerfen, als es sich um Gegenstände handelt, welche die Apotheker in fertigem Zustande beziehen und in bezug auf welche sie daher lediglich Zwischenhändler sind. Dasselbe gilt von den mitgelieferten Gläsern, Schachteln, Etiketten usw. Zur Scheidung der Lieferungsgegenstände genügt es, wenn die Vertragschließenden nach Ablauf der einzelnen Lieferungsjahre die auf stempelfreie und stempelpflichtige Gegenstände entfallenden Beträge auf Grund ihrer Bücher annähernd schätzen.

Erl. des Finanz-Min. vom 31. August 1906.

In der Rundverfügung vom 30. Januar 1897 hat mein Herr Amtsvorgänger sich damit einverstanden erklärt, daß die unter 3 der Ermäßigungen und Befreiungen zu Tarifnummer 32 des Stempelsteuergesetzes vom 31. Juli 1895 enthaltene Vorschrift über die Stempelbefreiung von Kauf- und Lieferungsverträgen über Mengen von Sachen oder Waren, die im Inlande im Betriebe eines der Vertragschließenden erzeugt oder hergestellt sind, auch dann zur Anwendung gebracht werde, wenn der Betrieb, in dem die Sachen oder Waren erzeugt oder hergestellt sind, zwar nicht im Geltungsbereich des angeführten Gesetzes, aber doch im Deutschen Reiche belegen ist. Es lag dabei der Gedanke zugrunde, daß es den Grundsätzen des Artikels 3 Abs. 1 der Reichsverfassung und des Artikels 26 Abs. 2 des Zollvereinigungsvertrags vom 8. Juli 1867 nicht entsprechen würde, eine den preußischen Betrieben bewilligte Steuervergünstigung den in sonstigen Gebietsteilen des Deutschen Reichs befindlichen Betrieben zu versagen. Die Verfügung vom 30. Januar 1897 ist indes nicht mehr aufrecht zu erhalten, nachdem das Reichsgericht in dem (abschriftlich anliegenden) Urteil vom 1. Mai d. J. in entgegengesetztem Sinne entschieden hat. Es muß daher in Zukunft zu Verträgen der in jener Verfügung bezeichneten Art der gesetzliche Stempel verwendet werden.

Aus dem Stempelsteuergesetz selbst und den dazu ergangenen Erlassen und Erläuterungen ergibt sich somit hinsichtlich der Stempelpflicht der für den Apothekerstand wichtigeren Urkunden folgende Rechtslage:

a. Apothekerlehrlinge und -Gehilfen.

1. Zulassungszeugnisse zur Erlernung der Apothekerkunst: stempelpflichtig; Genehmigungen derselben beim Wechsel der Lehrstelle: stempelfrei;
2. Lehrverträge: stempelfrei;
3. Lehrlingszeugnisse jeder Art, seitens der Lehrherren ausgestellte, amtlich beglaubigte: stempelfrei;
4. Vorprüfungszeugnisse (über das Bestehen der Vorprüfung): stempelpflichtig;
5. Engagementsbriefe für das Apothekenpersonal: stempelfrei;
6. Engagementsverträge, förmliche, wenn das Jahresgehalt 1500 Mk. nicht übersteigt: stempelfrei; sonst: stempelpflichtig;
7. Servierzeugnisse jeder Art für Apothekergehilfen, Kandidaten der Pharmazie, konditionierende Apotheker, amtlich beglaubigte: stempelfrei;
8. Staatsprüfungszeugnisse (über das Bestehen der Staatsprüfung): stempelfrei;
9. Approbationen als Apotheker: stempelpflichtig;
10. Führungszeugnisse (im Original) zur Erlangung der Approbation als Apotheker oder einer Apothekenkonzession: stempelpflichtig; in allen anderen Fällen: stempelfrei; Führungszeugnisse aus nichtpreußischen Staaten: stempelfrei;
11. Vermögensnachweis, Beglaubigung desselben durch Gerichte oder Notare: stempelpflichtig; durch andere Behörden, wie Polizeiverwaltungen, Magistrate usw.: stempelfrei;

12. Zeugnisabschriften, Beglaubigung derselben durch Gerichte oder Notare: stempelpflichtig; durch andere Behörden, insbesondere durch Polizeibehörden (außer wenn die Originalzeugnisse sich in deren Akten bzw. Gewahrsam befinden): stempelfrei; die summarische Beglaubigung mehrerer Abschriften erfordert im Falle der Stempelpflichtigkeit nur den einmaligen Stempel.

Bei allen vorgenannten stempelpflichtigen Papieren beträgt die Höhe des Stempels 1,50 Mk.

b. Apothekenbesitzer.

Es beträgt der Stempel

1. beim Erwerb privilegierter Apotheken für
   Grundstück und Apothekenprivileg . . . . 1% des Wertes,
   Mobilien . . . . 1/3% des Wertes;
2. beim Erwerb vererblicher und veräußerlicher Apothekenkonzessionen für
   Grundstück (sofern mitverkauft) . . . . 1% des Wertes,
   Mobilien . . . . 1/3% des Wertes;
   Verzichtleistung auf die Konzession seitens des Vorgängers . 1,50 Mk.
   Übertragung der Konzession durch die Regierung . . . . 1/2% des Wertes derselben, mindestens aber 50 Mk.;
3. für Erteilung einer unveräußerlichen Personalkonzession . 50 Mk.;
4. für die Konzession zur Errichtung einer Zweigapotheke . . 5 Mk.;
5. für die Genehmigung zur Verlegung einer Apotheke auf Antrag des Besitzers . . . . 10 Mk.;
6. für Arzneilieferungsverträge über fertig bezogene und unverändert ohne jede Be- oder Verarbeitung weiterverkaufte Waren . . . . 1/3% des Wertes derselben.

Ergänzungssteuergesetz.

In der Fassung der Bk. vom 19. Juni 1906 (Pr.G.S. S. 294).

Das Ergänzungssteuergesetz führt in § 4 als steuerbares Vermögen u. a. an: „Selbständige Rechte und Gerechtigkeiten, welche einen in Geld schätzbaren Wert haben", sowie „das dem Betriebe eines Gewerbes dienende Anlage- und Betriebskapital".

Über die „selbständigen Rechte und Gerechtigkeiten" im Sinne des § 4 sagt die Ausführungsanweisung des Finanzministers vom 25. Juli 1906 in Artikel 8 folgendes:

In Betracht kommen hier nur selbständige ausschließliche Vermögensrechte, welche einen in Geld schätzbaren Wert haben, ohne Unterschied, ob sie dinglicher Natur sind oder nicht.

I. Rechte dieser Art sind insbesondere:
   4. die noch bestehenden ausschließlichen Gewerbegerechtigkeiten (Fährgerechtigkeit, Schiffsmühlengerechtigkeit, Apothekenprivilegien) sowie die Fischereigerechtigkeit.

II. Nicht hierher gehören dagegen:
   1. polizeiliche oder obrigkeitliche Konzessionen, Approbationen, Genehmigungen, welche die Befugnis oder Erlaubnis zur Ausübung eines Gewerbebetriebs, nicht aber ein ausschließliches Recht begründen.

Daß Apothekenprivilegien der Ergänzungssteuer unterliegen, ist in der Ausführungsanweisung des Finanzministers also deutlich gesagt. Streitig war aber, ob dies auch für die sogenannten verkäuflichen Apothekenkonzessionen gilt. Das O.V.G. hat jedoch in einem Urteile vom 17. Mai 1897 (Entsch. des O.V.G. in Staatssteuersachen Bd. VI, S. 100) diese Frage verneint. Die Begründung des Urteils, in der gleichzeitig ausgeführt wird, daß die Konzession auch nicht zum gewerblichen Anlage- und Betriebskapital gehört, lautet folgendermaßen:

„Es kann keinem Zweifel unterliegen, daß die nach §§ 3, 5 der Verordnung vom 24. Oktober 1811, § 54 der Allgemeinen Gew.O. vom 17. Januar 1845 erteilte obrigkeitliche Konzession zum Betriebe einer Apotheke kein selbständiges Recht im Sinne des § 4, I 1 des Ergänzungssteuergesetzes darstellt. Die gesetzliche Natur dieser reinen Personalkonzession wird dadurch nicht geändert, daß in einzelnen Fällen aus Verwaltungsrücksichten eine ihre Veräußerung und Vererbung ersetzende Form gefunden wird. Sie unterscheidet sich hierin in keinem wesentlichen Stücke von der Konzession zum Betriebe der Gast- und Schankwirtschaft. Auch diese Personalkonzession kann tatsächlich in der Form übertragen werden, daß der bisherige Inhaber gegenüber dem neuen Erwerber auf die Ausübung gegen Entgelt verzichtet und der letztere die Konzession erwirbt. In beiden Fällen, bei Apotheken und Gastwirtschaften, wird aber rechtlich nicht die alte Konzession auf den neuen Erwerber übertragen, sondern dieser erhält eine neue Konzession für seine Person. Ein Verkauf der Konzession ist vielmehr rechtlich unmöglich. Die Konzessionen können deshalb auch nicht einen gemeinen Wert, d. h. einen Verkaufswert im Sinne des § 9 des Ergänzungssteuergesetzes haben.

Daß die obrigkeitliche (polizeiliche) Konzession auch nicht zum gewerblichen Anlage- und Betriebskapital gehört, wird im Artikel 10, III 3 der Ausführungsanweisung anerkannt, indem hiernach zum gewerblichen Anlage- und Betriebskapital nur solche Gewerbeberechtigungen, Rechte auf Gebrauch oder Nutzung fremder Grundstücke, Wege, Kanäle, Privatflüsse, Seen u. dgl. und sonstige selbständige Rechte, welche in Art. 8 der Ausführungsanweisung als solche bezeichnet sind, gerechnet werden dürfen.

Die Personalkonzessionen können hiernach bei der Ergänzungsbesteuerung weder als selbständiger Teil des steuerbaren Vermögens, noch als Bestandteil des gewerblichen Anlage- und Betriebskapitals bewertet werden. Dies gilt auch für die Apothekenkonzessionen, da das Gesetz besondere Bestimmungen hierüber nicht enthält. Für die Ergänzungsbesteuerung kommen demnach hinsichtlich der Apotheken allein die noch bestehenden Realprivilegien in Betracht, so daß bei der Bewertung von Apotheken stets in sicherer Weise festgestellt werden muß, ob ein Realprivilegium oder nur eine Konzession in Frage steht. Diese Grundsätze finden gleichmäßige Anwendung auf alle Provinzen des preußischen Staates."

An dieser Feststellung hat das O.V.G. auch in einem späteren Urteil vom 31. Januar 1901 (Ph.Ztg. 1901 Nr. 27) festgehalten. Was hierbei über verkäufliche Apothekenkonzessionen gesagt ist, gilt natürlich in erhöhtem Maße für unverkäufliche, wie dies auch das O.V.G. in einem Erkenntnis vom 3. Juni 1897 für eine (damals 10 Jahre lang) unverkäufliche Apothekenberechtigung ohne weiteres ausgesprochen hat.

Bezüglich der Höhe, in der Apothekenprivilegien bei der Veranlagung zu bewerten sind, hat das O.V.G. unter dem 17. November 1896 entschieden, daß, wenn nicht bestimmte tatsächliche Gründe gegen die Annahme normaler Verhältnisse bei dem Ankauf der Apotheke sprechen, von dem Kaufpreise auszugehen sein wird, der den gemeinen Wert zur Zeit des Kaufes darstellt. Ebenso lautete eine Entscheidung des O.V.G. vom 10. Juni 1897 (Ph.Ztg. 1897 Nr. 65).

Gewerbesteuergesetz.

Vom 24. Juni 1891 (Pr.G.S. S. 205).

Bei der Handhabung dieses Gesetzes Apothekern gegenüber kommt in Frage, wie weit die pharmazeutische Gewerbeberechtigung (Privileg, Konzession) zu dem der Besteuerung unterliegenden Anlage- und Betriebskapital gehört. Das Anlage- und Betriebskapital umfaßt nach § 23 des Gesetzes sämtliche dem betreffenden Gewerbebetriebe dauernd gewidmeten Werte. Daß die Realprivilegien der Apotheker hierunter fallen, ist in Artikel 17 der Ausführungsanweisung des Finanzministers vom 4. November 1895 ausdrücklich gesagt. Apothekenkonzessionen bilden aber keinen Bestandteil des Anlage- und Betriebskapitals im Sinne des Gewerbesteuergesetzes. Dies hat das O.V.G. in einem Urteil vom 5. Mai 1898 unter folgender Begründung entschieden:

„Im vorliegenden Falle konnte die Schuld von ... Mk. nicht als Bestandteil des Anlage- und Betriebskapitals angesehen werden, sondern der Gegenstand oder das Recht, dessen Erwerbung durch Eingehung der Schuld ermöglicht worden ist. Ein solcher Gegenstand oder ein solches Recht ist aber überhaupt nicht vorhanden: denn der Verzicht des Vorgängers auf die Konzession, wofür die Schuld eingegangen ist, bildet ebensowenig einen Bestandteil des Anlage- und Betriebskapitals, wie etwa der Kundenkreis, wenn hierfür ein bestimmter Preis bei Übernahme eines Geschäfts gezahlt worden ist. Somit könnte nur in Frage kommen, ob die Konzession des Steuerpflichtigen selbst zum Apothekenbetriebe einen Bestandteil des Anlage- und Betriebskapitals bildet. Dies ist ebenfalls zu verneinen, da staatliche (polizeiliche) Konzessionen nicht zu den in Geld schätzbaren Rechten gehören (Art. 17 Nr. 3 der Ausführungsanweisung vom 4. November 1895, Entscheidungen des O.V.G. in Staatssteuersachen, Bd. VI S. 100ff.)."

Mit dem Gewerbesteuergesetz im Zusammenhang steht noch ein Urteil des O.V.G. vom Juli 1900 (Ph.Ztg. 1900 Nr. 63), welches in folgenden Rechtsgrundsatz ausläuft:

„Nach dem preußischen Staats- und Verwaltungsgesetzrechte sind von jeher die Apotheker als Gewerbetreibende angesehen, nicht aber als Beamte. Auch das Amt des sogenannten nassauischen Amtsapothekers besteht jetzt nicht mehr. Diese sind ebenfalls Gewerbetreibende und können auf Grund ihres früheren amtlichen Charakters Freistellung von der Gewerbesteuer nicht beanspruchen."

Kommunalabgabengesetz.

Vom 14. Juli 1893 (Pr.G.S. S. 152).

Das Kommunalabgabegesetz hat Apothekenberechtigungen gegenüber insbesondere für die Erhebung der Umsatzsteuer und der Grundsteuer[1]) Bedeutung gewonnen.

a. Umsatzsteuer.

Das Kommunalabgabengesetz sagt in den §§ 13 und 18 folgendes:

§ 13. Die Gemeinden sind zur Erhebung indirekter Steuern innerhalb der durch die Reichsgesetze gezogenen Grenzen befugt.

§ 18. Die Einführung neuer und die Veränderung bestehender indirekter Gemeindesteuern kann nur durch Steuerordnungen erfolgen. Die Steuerordnungen bedürfen der Genehmigung.

Darauf sind in zahlreichen Gemeinden Umsatzsteuerordnungen ergangen. § 1 derselben lautet in der Regel im Anschluß an ein unter dem 7. Juli 1906 von den Ministern des Innern und der Finanzen angegebenes Muster folgendermaßen:

Jeder abgeleitete Eigentumserwerb eines im Stadtbezirke belegenen Grundstücks oder Erwerb eines Rechtes, für welches die auf Grundstücke bezüglichen Vorschriften gelten (Bergwerkseigentums, Erbbaurechts), unterliegt einer Steuer von ... % des Wertes des erworbenen Grundstücks oder Rechtes.

Wie weit auch Apothekenberechtigungen zu den hier genannten Rechten gehören, darüber hat das O.V.G. in einem Urteil vom 20. Januar 1903 (Ph.Ztg. 1905 Nr. 22) folgende wichtigen Grundsätze aufgestellt:

---

[1]) Vgl. hierzu: „Umsatzsteuer und Grundsteuer in Preußen". Sonderabdruck aus „Pharmazeutische Zeitung" 1906 Nr. 56. Berlin, Verlag von Julius Springer.

„Nach dem früheren Rechtszustand unterlag ein Apothekenprivilegium, gleichviel, ob es einem Grundstück als Pertinenz zugeschrieben oder ob dafür ein besonderes Grundbuchblatt angelegt war, nicht der auf den Erwerb von Grundstücken gelegten Umsatzsteuer denn derartige Gerechtigkeiten waren zwar buchungsfähig, aber sie gehörten nicht zu den Grundstücken (vgl. Entscheidung des O.V.G. 10. März 1897, Sammlung Bd. 31 S. 47). Dieser Rechtszustand hat aber mit der Einführung des B.G.B. für die nach dem 1. Januar 1900 eintretenden Erwerbsfälle eine teilweise Änderung erfahren.

Einerseits nämlich sind allerdings nach Art. 74 des Einführungsgesetzes zum B.G.B. vom 18. August 1896 die landesgesetzlichen Vorschriften über Realgewerbeberechtigungen — also auch über die vererb- und veräußerlichen pharmazeutischen Gewerbsprivilegien (Beilage zur Verfügung vom 19. März 1840, Justizministerialblatt S. 113) — unberührt geblieben, und in Übereinstimmung damit erklärt weiterhin Art. 40 des Ausführungsgesetzes zum B.G.B. vom 20. September 1899 (G.S. S. 177) für die dem Grundstücke in Ansehung der Eintragung und Verpfändung gleichstehenden selbständigen Gerechtigkeiten die Vorschriften des B.G.B., welche sich auf Grundstücke, den Erwerb des Eigentums und die Ansprüche daraus beziehen, als anwendbar, wenn die Gerechtigkeit ein Grundbuchblatt erhalten hat. Aber dies gilt nur für solche Gerechtigkeiten, welche nicht einem Grundstücke als solchem zustehen, sondern welche nur subjektiv persönlicher Natur sind. Sie unterliegen nach wie vor einer Ordnung, welche die Umsatzsteuer nur für den Erwerb von Grundstücken einführt, nicht, und zwar auch dann nicht, wenn für sie ein besonderes Grundbuchblatt angelegt worden ist oder angelegt wird.

Anders dagegen ist es seit dem 1. Januar 1900 mit denjenigen in der Zeit vor dem Edikt von 1810 verliehenen Apothekenprivilegien geworden, welche, mit dem Eigentum an einem Grundstücke verbunden, subjektiv dinglicher Natur sind. Für sie hat der § 96 des B.G.B. eine Änderung herbeigeführt. Es heißt dort:

‚Rechte, die mit dem Eigentum an einem Grundstücke verbunden sind, gelten als Bestandteile des Grundstücks.'

Als Rechte, welche mit dem Eigentum an einem Grundstück verbunden sein können dergestalt, daß sie dem jeweiligen Eigentümer des Grundstücks zustehen, werden in den Motiven zum damaligen § 788 B. 3 S. 60 neben öffentlichrechtlichen wie dem Patronat, aus dem Gebiet des Privatrechts das dingliche Verkaufsrecht, die Grunddienstbarkeiten, die Reallasten hervorgehoben, und in Anm. 4 wird auf § 30 des Gesetzes über den Eigentumserwerb vom 5. Mai 1872 sowie auf §§ 3—5 der Grundbuchordnung, welche auch von Gerechtigkeiten handeln, hingewiesen. Derartigen Rechten sollte fortan nicht mehr die Eigenschaft bloßer Zubehörstücke zugeschrieben werden, da sie, solange sie mit dem Eigentum am Grundstücke verbunden sind, begriffsmäßig dem Grundstücke folgen und von allen das Grundstück betreffenden Verfügungen mitergriffen werden. Sie sollten deshalb fortan vielmehr als Grundstücksbestandteile gelten (S. 61 a. a. O.). Diese Weisung des § 96 des B.G.B. kommt nach Art. 181 des Einführungsgesetzes auch für die aus früherer Zeit bestehenden Gerechtigkeiten zur Anwendung, da sie den Inhalt des Eigentumsrechts begrenzt und solche Vorschriften auf das zur Zeit des Inkrafttretens des B.G.B. bestehende Eigentum von dieser Zeit ab Anwendung finden. Nach dem B.G.B. sind also die Apothekenberechtigungen, welche mit dem Eigentum an einem Grundstück verbunden sind, rechtlich als Bestandteile des Grundstücks zu betrachten, wenn auch nicht als wesentliche und daher nach § 93 daselbst nicht als untrennbare Bestandteile (Motiv zu § 788 am Schlusse). Sie gehen mit dem Grundstücke zugleich auf den Erwerber über und verbleiben ihm dauernd. Sie werden also als Objekt des Grundstückserwerbes behandelt und ihr Preis oder Wert bildet einen Teil des Grundstückspreises oder Wertes. Danach ist das dem Werte einer solchen Apothekenberechtigung entsprechende Mehr dem Werte des Grundstücks zuzurechnen, und beide Werte zusammen kommen bei der auf den Grundstückserwerb gelegten Umsatzsteuer in Betracht."

Hieraus ergibt sich, daß bei jedem Apothekenprivileg, welches Gegenstand einer Besteuerung sein soll, im Einzelfalle an der Hand der Verleihungsurkunde und sonstiger Dokumente geprüft werden muß, ob es „mit dem Eigentum an einem Grundstück verbunden, subjektiv dinglicher Natur" ist, oder ob es nur einen „subjektiv persönlichen" Charakter hat, also als ein persönliches Privilegium angesehen werden muß. Nur im ersteren Falle ist die Erhebung der Umsatzsteuer zulässig. Diesen Grundsatz hat das O.V.G. später noch in wiederholten Entscheidungen bestätigt. Es liegen in dieser Beziehung folgende

Urteile vor: 9. Juni 1905 (Ph.Ztg. 1905 Nr. 47), 20. April 1906, 26. Juni 1906, 16. November 1906 (Ph.Ztg. 1906 Nr. 33, 52 und 94) und 15. Januar 1907 (Ph.Ztg. 1907 Nr. 6).

Bei Entscheidung der Frage, ob ein mit einem Grundstück verbundenes Privileg vorliegt, spielt auch die Eintragung deshalb im Grundbuch eine wichtige Rolle. Im allgemeinen sind folgende drei Arten von Apothekenprivilegien zu unterscheiden:

1. solche, welche einer Person verliehen sind, mit der im Wortlaut der Urkunde enthaltenen Weisung, die Apotheke in einem bestimmten Hause zu errichten, die also mit dem Eigentum an dem Grundstück verbunden sind und danach auch auf dem gleichen Grundbuchblatt stehen;
2. Privilegien, welche subjektiv persönlicher Natur sind, d. h. ohne Weisung bezüglich des Hauses, und die später im Grundbuch ein besonderes Blatt erhalten haben;
3. Privilegien, welche zwar subjektiv persönlicher Natur sind, in deren Wortlaut also von einem Hause nichts erwähnt ist, die aber zur Zeit der Veranlagung mit dem Grundstück auf ein und demselben Grundbuchblatt stehen.

Die unter 1 angeführten Privilegien sind der Umsatzsteuer unterworfen, die unter 2 genannten dagegen nicht. Bei der dritten Art von Privilegien kommt es indessen darauf an, ob die Eintragung in das Grundbuch aus dem Willen des Berechtigten oder ex officio, d. h. auf Veranlassung des Richters geschehen ist. Im ersteren Falle ist das Privileg als mit dem Grundstück verbunden anzusehen und daher umsatzsteuerpflichtig, im letzteren nicht. O.V.G. 28. Februar 1905, 17. November 1905 (Ph.Ztg. 1905 Nr. 19 und 93) und 8. Mai 1906 (Ph.Ztg. 1906 Nr. 38).

Bei Privilegien, die nicht mit einem Grundstück verbunden sind, sowie bei allen konzessionierten Apotheken ist auf Grund der genannten Steuerordnungen die Erhebung einer Umsatzsteuer ausgeschlossen. In diesem Sinne ergingen folgende Urteile des O.V.G.: 30. März 1898, 8. Juni 1900, 12. Mai 1905, 13. Februar 1906, 19. April 1907 (Ph.Ztg. 1898 Nr. 27, 1900 Nr. 80, 1905 Nr. 39, 1906 Nr. 15, 1907 Nr. 36). In allen diesen Fällen darf die Umsatzsteuer nur nach dem vertraglich für das Grundstück selbst festgesetzten Kaufpreis bemessen werden, da der gemeine Wert desselben durch eine in ihm betriebene Apothekenkonzession in der Regel nicht erhöht wird. (O.V.G. 12. Februar und 6. Mai 1907, Ph.Ztg. 1907 Nr. 14 und 39).

Es gibt jedoch vereinzelte Fälle, in welchen eine Kommune in ihrer Umsatzsteuerordnung die Privilegien ausdrücklich, den Grundstücken gleich, als umsatzsteuerpflichtig erklärt. Liegt eine ordnungsgemäß genehmigte Steuerordnung dieses Wortlautes vor, dann können allerdings alle Privilegien zur Umsatzsteuer herangezogen werden.

Von Bedeutung ist noch ein Urteil des O.V.G. vom 12. Juni 1906 (Ph.Ztg. 1906 Nr. 67), worin entschieden wird, daß eine Nachveranlagung des Privilegs zur Umsatzsteuer, auch wenn dieses ursprünglich beim Besitzwechsel steuerfrei geblieben war, jederzeit zulässig ist.

Seit Inkrafttreten des Reichs-Erbschaftssteuergesetzes vom 3. Juni 1906 (R.G.Bl. S. 654) sind alle Erwerbungen durch Erbgang oder auf Grund einer Schenkung unter Lebenden von der städtischen Umsatzsteuer befreit, da in diesen Fällen die genannte Erbschaftssteuer eintritt.

b. Grundsteuer.

Die städtischen Grundsteuerordnungen gründen sich auf folgende Paragraphen des Kommunalabgabengesetzes:

§ 23. Die direkten Gemeindesteuern können vom Grundbesitz und Gewerbebetrieb (Realsteuern), sowie vom Einkommen der Steuerpflichtigen (Einkommensteuern) erhoben werden.

§ 24. Den Steuern vom Grundbesitz sind die in der Gemeinde belegenen bebauten und unbebauten Grundstücke unterworfen.

§ 25. Den Gemeinden ist die Einführung besonderer Steuern vom Grundbesitz gestattet. Die Umlegung kann insbesondere erfolgen nach dem Reinertrage beziehungsweise Nutzungswerte eines oder mehrerer Jahre, nach dem Pacht- beziehungsweise Mietswerte oder dem gemeinen Werte der Grundstücke und Gebäude, nach den in der Gemeinde stattfindenden Abstufungen des Grundbesitzes oder nach einer Verbindung mehrerer dieser Maßstäbe.

Die Veranlagung der Grundsteuer erfolgt jetzt in der Regel nach dem „gemeinen Wert", d. h. dem Verkaufswert. Unter dem „gemeinen Wert" ist bei Apothekenhäusern nach einem Urteile des O.V.G. vom 20. Januar 1905 (Ph.Ztg. 1905 Nr. 7) zu verstehen „der Wert, den das Grundstück mit Rücksicht auf seine Verwendbarkeit zum Apothekenbetriebe für jedermann hat."

Eine Erhöhung des „gemeinen Wertes" des Grundstückes durch die Apothekengerechtigkeit ist also in der Regel nicht zulässig. Völlig ausgeschlossen ist es aber, nach Analogie der Umsatzsteuer den vollen Wert eines Apothekenprivilegs dem gemeinen Wert des Grundstückes zuzuschlagen und von beiden die Grundsteuer zu erheben. Diese wichtige Feststellung hat das O.V.G. in einem Urteil vom 9. März 1906 (Ph.Ztg. 1906 Nr. 21) getroffen. Die Entscheidung lautet:

„Die zur Rechtfertigung des Rechtsmittels erhobenen Einwände sind in der vom Vorderrichter in bezug genommenen Entscheidung des O.V.G. vom 16. März 1898 (Bd. 34 S. 39ff. der amtlichen Sammlung) bereits widerlegt. Dort ist ausgeführt, daß das Kommunalabgabengesetz vom 14. Juli 1893 der ‚Steuer vom Grundbesitze' nur die bebauten und unbebauten Grundstücke und nicht auch sonstige körperliche und unkörperliche Gegenstände des Vermögens habe unterwerfen wollen und auch tatsächlich unterworfen habe. Der Umfang der den Gemeinden in dieser Beziehung gewährten Befugnis sei für die ganze Monarchie gleichmäßig bestimmt worden. Die Gemeinden seien nicht in der Lage, den Kreis der Grundsteuerobjekte und den Begriff des steuerbaren Gebäudes, wie jener im Kommunalabgabengesetz festgestellt und dieser im Gebäudesteuergesetz vom 21. Mai 1861 abgegrenzt sei, durch ihre Autonomie zu erweitern. Hieraus folgt, wie es einer weiteren Ausführung nicht bedarf, daß eine Bestimmung der Stettiner Grundsteuerordnung, nach welcher Realberechtigungen grundsteuerpflichtig wären, rechtsunwirksam wäre. Die Ausführungen des Vorderrichters sind daher mit dem bestehenden Recht überall im Einklang und lassen einen Rechtsirrtum nicht erkennen.

Auch die in der Revisionsschrift erwähnte Entscheidung des O.V.G. vom 20. Januar 1903 (Entscheidungen Bd. 43 S. 49) steht ihnen nicht entgegen. Dort ist ausgeführt, daß Apothekenberechtigungen, die mit dem Eigentum an einem Grundstück verbunden sind, rechtlich als Bestandteile des Grundstücks gelten, und daß bei dem Verkaufe des Grundstücks ihr Preis oder Wert einen Teil des Grundstückspreises oder Wertes bildet, welcher für die Bemessung der in jener Sache streitigen Umsatzsteuer in Betracht kam. Bei dieser indirekten Gemeindesteuer werden die Voraussetzungen und der Umfang der Steuerpflicht lediglich durch die autonome Satzung der Gemeinde bestimmt. Wird durch sie verordnet, daß jeder Eigentumserwerb eines Grundstücks, der auf Grund einer freiwilligen Veräußerung erfolgt, der Umsatzsteuer unterliegt, und daß diese in einem bestimmten Bruchteile des Wertes des veräußerten Grundstückes besteht, so bestimmt sich der Begriff des Grundstücks nach den für das privatrechtliche Veräußerungsgeschäft maßgebenden Vorschriften des Privatrechts, mithin jetzt nach denen des B.G.B. Dagegen sind für die Frage, was Gegenstand einer Gemeindesteuer ‚vom Grundbesitz' nach § 24ff. des Kommunalabgabengesetzes sein kann, nicht die Vorschriften des bürgerlichen Rechts, sondern, wie in dem erwähnten Urteile vom 16. März 1898 dargelegt worden ist, die des öffentlichen Rechts maßgebend, insbesondere diejenigen, welche die Veranlagung der staatlichen Grundsteuer betreffen."

Bei Erhebung der Grundsteuer vom gemeinen Wert ist also die Mitveranlagung der in dem Hause betriebenen Apothekenberechtigung nicht zulässig. Hierin liegt der fundamentale Unterschied zwischen Grundsteuer und Umsatzsteuer.

Kreis- und Provinzialabgabengesetz.

Vom 23. April 1906 (Pr.G.S. S. 159).

Auch dieses Gesetz enthält einige Bestimmungen, die es unter Umständen ermöglichen können, Apothekenprivilegien unter denselben Bedingungen wie zur städtischen Umsatzsteuer zu einer Kreisumsatzsteuer heranzuziehen. Diese Bestimmungen lauten:

§ 6. Der Kreistag ist befugt, mittels Erlasses von Steuerordnungen indirekte Steuern zu legen

1. auf den Erwerb von Grundstücken und von Rechten, für welche die auf Grundstücke bezüglichen Vorschriften gelten. Durch die Steuerordnung können Befreiungen von der Steuer, insbesondere einzelner Erwerbsarten, vorgesehen werden. Der Erwerb durch Erbgang, durch Enteignung und durch Übergabevertrag zwischen Verwandten auf und ab steigender Linie ist freizulassen . . .

Die Einführung einer indirekten Steuer durch den Kreis berührt nicht das Recht der Gemeinden zur Erhebung einer entsprechenden Steuer.

Die zu dem Kreis- und Provinzialabgabengesetz im November 1906 erlassene Ausführungsanweisung des Ministers besagt, daß unter den steuerbaren „Rechten, für welche die auf Grundstücke bezüglichen Vorschriften gelten" im Sinne von § 6 des Gesetzes „besonders das Bergwerkseigentum und das Erbbaurecht zu verstehen" sind. Ausgeschlossen erscheint die Heranziehung von Apothekenprivilegien zu dieser Steuer danach nicht.

Einkommensteuergesetz.

In der Fassung der Bk. vom 19. Juni 1906 (Pr.G.S. S. 260).

Das preußische Einkommensteuergesetz behandelt den Apotheker nicht anders wie andere Gewerbetreibende. Besondere Spezialbestimmungen, die vornehmlich für Apotheker Bedeutung hätten, sind in dem Gesetz nicht enthalten, weshalb sich ein näheres Eingehen auf dasselbe an dieser Stelle erübrigt. Erwähnt sei nur, daß nach § 8, I 5 des Gesetzes von dem Rohertrage der steuerpflichtigen Einkommensquellen „die Beiträge zu den Berufskammern" als Werbungskosten in Abzug zu bringen sind. Die Ausführungsanweisung des Ministers vom 25. Juli 1906 zählt im Artikel 4 zu diesen Berufskammern, deren Beiträge abzugsfähig sind, auch die Handels- und Apothekerkammern. Wie weit eine Verpflichtung zur Zahlung der Beiträge an diese Kammern vorliegt, ist auf S. 90 und 177 dargelegt.

Anhang.

Entwurf eines Reichsapothekengesetzes.

Veröffentlicht im März 1907.

Wir Wilhelm, von Gottes Gnaden Deutscher Kaiser, König von Preußen usw., verordnen im Namen des Reiches, nach erfolgter Zustimmung des Bundesrates und des Reichstages, was folgt:

Erster Abschnitt. Betriebserlaubnis.

§ 1. Wer eine Apotheke betreiben will, bedarf dazu außer der im § 29 der Gewerbeordnung vorgeschriebenen Approbation der Erlaubnis.

§ 2. Soll die Erlaubnis zum Betrieb einer Apotheke erteilt werden, so fordert die hierfür zuständige Behörde durch das zu ihren amtlichen Bekanntmachungen bestimmte Blatt auf, Bewerbungen unter Beifügung der erforderlichen persönlichen Ausweise binnen vier Wochen einzureichen. Nach Ablauf der Frist erfolgt Entscheidung.

§ 3. Soll die Erlaubnis zum Betrieb einer neuen Apotheke erteilt werden, so hat vor der Ausschreibung (§ 2) eine Beschlußfassung darüber stattzufinden, ob ein örtliches Bedürfnis für den Betrieb einer solchen vorhanden ist, ihre Lebensfähigkeit gesichert erschient und die Bestandsfähigkeit der in ihrer Nachbarschaft vorhandenen Apotheken nicht gefährdet wird. Vor der Beschlußfassung sind der örtliche Medizinalbeamte, die Gemeindebehörde sowie die Standesvertretung der Apotheker, in Ermangelung einer solchen andere Sachverständige aus dem Apothekerstande gutachtlich zu hören.

§ 4. Die Erlaubnis (§ 1) muß versagt werden, wenn der Bewerber

1. sich nicht im Besitze der bürgerlichen Ehrenrechte befindet;
2. infolge gerichtlicher Anordnung in der Verfügung über sein Vermögen beschränkt ist.

§ 5. Die Erlaubnis kann ferner versagt werden, wenn der Bewerber

1. nicht die Reichsangehörigkeit besitzt;
2. wegen eines Verbrechens oder Vergehens rechtskräftig verurteilt worden ist, bei dem auf Verlust der bürgerlichen Ehrenrechte erkannt werden kann, oder ein Verstoß gegen die Berufspflichten eines Apothekers vorliegt;
3. durch wiederholte grobe Zuwiderhandlungen gegen die Vorschriften über den Betrieb von Apotheken sich als unzuverlässig in bezug auf die Ausübung des Apothekerberufes erwiesen hat;
4. nach Maßgabe dieses Gesetzes der Erlaubnis zum Betrieb einer Apotheke für verlustig erklärt worden ist;

5. sich im Besitz einer dinglichen oder sonstigen übertragbaren Apothekenberechtigung befindet oder befunden hat, sofern er nicht nachweist, daß er sich der Berechtigung unentgeltlich oder ohne erheblichen Gewinn entäußert hat oder entäußern wird;
6. während der letzten fünf Jahre eine Betriebserlaubnis erhalten, den Betrieb aber innerhalb der festgesetzten Frist nicht begonnen hat.

§ 6. Haben sich mehrere Bewerber gemeldet, so wird die Erlaubnis unbeschadet der Bestimmungen in den §§ 4 und 5, demjenigen erteilt, welcher nach erlangter Approbation länger als alle übrigen Bewerber im Inland als Apotheker tätig gewesen ist.

Übertrifft jedoch ein jüngerer Bewerber einen älteren an Führung innerhalb oder außerhalb des Berufes oder in bezug auf das Ergebnis der pharmazeutischen Prüfung oder an Leistungen oder wissenschaftlicher Fortbildung so erheblich, daß er als zuverlässiger in bezug auf den Apothekenbetrieb erachtet werden muß, so kann die Erlaubnis dem jüngeren Bewerber erteilt werden.

Die als Militärapotheker und als pharmazeutischer Beamter bei der Militärverwaltung verbrachte Zeit gilt als Tätigkeit im Apothekerberuf.

Welche andere praktische oder wissenschaftliche Tätigkeit derjenigen im inländischen Apothekerberuf gleichgestellt werden kann, bestimmt die Landeszentralbehörde im Einvernehmen mit dem Reichskanzler.

Diejenige Zeit, während deren ein Bewerber sich im Besitz eines Privilegs oder einer Betriebserlaubnis befunden hat, darf ihm nur dann, wenn er die Apotheke wenigstens zehn Jahre betrieben hat, und höchstens zur Hälfte angerechnet werden.

Unter mehreren nach Maßgabe dieser Bestimmungen gleichstehenden Bewerbern wählt die Behörde nach eigenem Ermessen.

§ 7. Soll auf Grund der §§ 4, 5 und des § 6, Abs. 2 ein jüngerer Bewerber die Betriebserlaubnis erhalten, so ist dies den übergegangenen Bewerbern durch einen mit Gründen versehenen Bescheid zu eröffnen. Dieser Bescheid kann binnen zwei Wochen durch Beschwerde an die Landeszentralbehörde angefochten werden. Bis zur Erledigung der Beschwerde ist die Erteilung der Erlaubnis auszusetzen.

Ist für die Erteilung der Erlaubnis die Landeszentralbehörde selbst zuständig, so findet eine Anfechtung nicht statt.

§ 8. Die Erlaubnis darf weder auf Zeit oder Widerruf, noch unter anderen als den in diesem Gesetz vorgesehenen Bedingungen und Auflagen erteilt werden.

§ 9. Über die Erlaubnis ist eine Urkunde auszufertigen. Diese hat die Bezeichnung des Ortes oder Ortsteiles, in welchem die Apotheke betrieben werden soll, und die Bestimmung der Frist zu enthalten, innerhalb deren der Betrieb begonnen werden muß. Die Frist kann auf Antrag verlängert werden.

§ 10. Wenn der Berechtigte den Betrieb der Apotheke binnen der festgesetzten Frist nicht beginnt, so kann die Erlaubnis zurückgenommen und auf Grund der früheren Ausschreibung einem anderen Bewerber erteilt werden.

§ 11. Wird die Erlaubnis an Stelle einer nach Maßgabe dieses Gesetzes erloschenen oder entzogenen Erlaubnis erteilt, so muß auf Verlangen des bisher Berechtigten oder seiner Hinterbliebenen oder Erben dem Bewerber die Verpflichtung auferlegt werden, die zur Einrichtung und zum Betrieb der Apotheke gehörigen Vorrichtungen, Gerätschaften und Warenvorräte, soweit sie sich in gutem Zustande befinden, gegen Entschädigung zu übernehmen.

Welche Gegenstände hiernach zu übernehmen sind, und in welcher Höhe Entschädigung zu leisten ist, entscheidet im Streitfall mit Ausschluß des Rechtsweges ein Schiedsgericht, das aus je einem von den Parteien zu bezeichnenden Sachverständigen und einem von der Aufsichtsbehörde zu ernennenden Obmann gebildet wird. Die Kosten des Schiedsverfahrens sind von den Parteien zu tragen, und zwar, sofern nicht durch den Schiedsspruch eine andere Verteilung festgesetzt wird, zu gleichen Teilen.

§ 12. Die Erlaubnis zum Betrieb einer Apotheke erlischt

1. durch Verzicht (vgl. § 21);
2. wenn die Approbation des Berechtigten zurückgenommen wird;
3. wenn dem Berechtigten die Erlaubnis zum Betrieb einer anderen Apotheke erteilt wird;
4. wenn der Berechtigte entmündigt oder wenn über sein Vermögen der Konkurs eröffnet wird;
5. mit dem Tode des Berechtigten.

Wenn bei dem Tode oder in dem Fall der Entmündigung des Berechtigten eine Witwe, eine Ehefrau oder minderjährige eheliche Kinder vorhanden sind, so ist diesen für den Fall der Bedürftigkeit, und zwar der Witwe bis zur Wiederverheiratung, der Ehefrau bis zur Scheidung der Ehe, den Kindern bis zur Großjährigkeit der Weiterbetrieb auf ihre Rechnung durch einen approbierten Apotheker zu gestatten. Wird während des Weiterbetriebes der Apotheke auf Rechnung der Ehefrau oder der Kinder eines Entmündigten die Entmündigung aufgehoben, so geht die Erlaubnis mit der Aufhebung der Entmündigung wieder auf den Apotheker über.

Sind bei dem Tode des Berechtigten andere als die in dem vorstehenden Absatze genannten Hinterbliebenen oder Erben vorhanden, so kann diesen der Weiterbetrieb durch einen approbierten Apotheker auf ein Jahr gestattet werden.

§ 13. Die Erlaubnis zum Betrieb einer Apotheke kann entzogen werden

1. wenn der Berechtigte wegen eines Verbrechens oder Vergehens, bei welchem auf Verlust der bürgerlichen Ehrenrechte erkannt werden kann oder ein Verstoß gegen die Berufspflichten eines Apothekers vorliegt, rechtskräftig verurteilt worden ist;
2. wenn der Berechtigte sich durch wiederholte Zuwiderhandlungen gegen die Vorschriften über den Betrieb von Apotheken als unzuverlässig in bezug auf die Ausübung des Apothekerberufes erwiesen hat;
3. wenn die Unrichtigkeit der Nachweise dargetan wird, auf Grund deren die Erlaubnis erteilt worden ist;
4. wenn der Berechtigte unbefugt den Betrieb der Apotheke einstellt oder durch einen anderen wahrnehmen läßt.

§ 14. Für das Verfahren, in welchem die Betriebserlaubnis entzogen wird, sind die Bestimmungen der §§ 20, 21 der Gewerbeordnung maßgebend.

§ 15. Die Vorschriften des § 2, § 5 Nr. 1, 5 und 6, §§ 6, 7, 10, 11, § 12 Abs. 2, 3 finden keine Anwendung auf Apotheken, die mit einem Realprivilegium ausgestattet sind oder auf Rechnung des Landesherrn, des Inhabers einer Standesherrschaft, des Fiskus, einer Gemeinde oder einer Stiftung betrieben werden. An Stelle dieser Vorschriften gelten die einschlägigen landesrechtlichen Bestimmungen.

Streitigkeiten darüber, ob eine Apotheke zu den in vorstehendem Absatze bezeichneten gehört, sind im Rechtswege zu entscheiden.

Die Landesregierungen sind befugt, anzuordnen, daß von der Anwendung der im ersten Absatz angeführten Vorschriften auch bei anderen als den daselbst bezeichneten Apotheken, insoweit dieselben zurzeit des Inkrafttretens dieses Gesetzes tatsächlich als übertragbar behandelt worden sind, abgesehen wird, und daß an Stelle dieser Vorschriften die einschlägigen landesrechtlichen Bestimmungen maßgebend sind.

§ 16. Der Inhaber einer Erlaubnis zum Apothekenbetriebe kann auf Zeit oder Widerruf ermächtigt werden, in einem Gemeindebezirke, woselbst eine Apotheke sich noch nicht befindet, ein Zweiggeschäft einzurichten. Der Betrieb ist durch einen approbierten Apotheker zu führen. Mit dem Rechte zum Betriebe des Hauptgeschäfts erlischt auch die für das Zweiggeschäft erteilte Ermächtigung.

Die Vorschriften des § 11 finden auch auf Zweigapotheken Anwendung.

§ 17. Die Erlaubnis zum Betrieb einer Hausapotheke kann auf Widerruf erteilt werden

1. Ärzten an solchen Orten, wo eine Apotheke sich nicht befindet und der Bezug von Arzneien schwer zu erreichen ist, jedoch nur zum Zwecke der Arzneimittelabgabe an die von ihnen behandelten Kranken;
2. Tierärzten für die Abgabe von Tierarzneimitteln innerhalb ihrer Berufstätigkeit;
3. Kranken-, Pflege-, Gefangenen- und ähnlichen Anstalten zum Zwecke der Arzneimittelabgabe an ihre Insassen.

Der Betrieb der Hausapotheke ist in den Fällen der Nummer 1 und 2 durch den ermächtigten Arzt oder Tierarzt, in den Fällen der Nummer 3 durch einen approbierten Apotheker zu führen. In Ausnahmefällen kann gestattet werden, daß Apotheken der in Nummer 3 bezeichneten Art durch andere geeignete Personen betrieben werden.

Die Vorschrift unter Nummer 1 findet auf homöopathische Hausapotheken auch dann Anwendung, wenn sich zwar eine Apotheke am Orte befindet, homöopathische Arzneimittel aus ihr aber nicht bezogen werden können.

Zweiter Abschnitt. Betriebsvorschriften.

§ 18. Wer die Erlaubnis zum Betrieb einer Apotheke erhalten hat, ist verpflichtet, die Apotheke selbst zu betreiben.

§ 19. In denjenigen Fällen, in welchen nach Maßgabe dieses Gesetzes oder nach den gemäß § 15 maßgebenden landesrechtlichen Bestimmungen die Verwaltung der Apotheke durch eine nicht selbst im Besitze der Betriebserlaubnis befindliche Person zulässig ist, bedarf die Wahl des Betriebsleiters der Genehmigung der Aufsichtsbehörde.

§ 20. Der Betriebsberechtigte kann den Betrieb

1. bis zur Dauer von insgesamt drei Monaten innerhalb Jahresfrist durch einen approbierten Apotheker;
2. bis zur Dauer von drei Tagen durch einen geprüften Apothekergehilfen ausüben. Vor Beginn der Stellvertretung ist der Aufsichtsbehörde Anzeige zu machen.

Eine längere Stellvertretung bedarf der Genehmigung durch die Aufsichtsbehörde.

Ärztliche und tierärztliche Hausapotheken werden im Falle der Behinderung des Arztes oder Tierarztes durch den Stellvertreter im Hauptberufe betrieben.

§ 21. Der Verzicht auf die Erlaubnis (§ 12 Nr. 1) ist der Aufsichtsbehörde schriftlich anzumelden; er wird, falls er nicht für einen späteren Zeitpunkt erfolgt, mit dem Ablaufe von drei Monaten seit der Anmeldung wirksam. Vor Wirksamkeit des Verzichts darf der Betrieb der Apotheke nicht eingestellt werden.

§ 22. Wird eine Apotheke nicht betrieben, so kann die Aufsichtsbehörde den Betrieb durch einen approbierten Apotheker auf Rechnung des Betriebsberechtigten, wo ein solcher vorhanden ist, wahrnehmen lassen. Ist kein Betriebsberechtigter vorhanden, so entscheidet das Landesrecht, auf wessen Rechnung der Betrieb erfolgen soll.

§ 23. Die Wahl der Betriebsstätte und der Betriebsräume, die Verlegung derselben, sowie die Vornahme wesentlicher Veränderungen an den Betriebsräumen und ihrer bisherigen Zweckbestimmung bedarf der Genehmigung der Aufsichtsbehörde. Vor Erteilung der Genehmigung sind die Räume einer Besichtigung zu unterwerfen.

Soll die Apotheke nach einem Orte oder Ortsteile verlegt werden, woselbst bereits eine Apotheke vorhanden ist, so finden die Bestimmungen des § 3 entsprechende Anwendung.

§ 24. Der Apothekenbetrieb unterliegt der Aufsicht der höheren Verwaltungsbehörde. Diese hat das Recht, den Betriebsberechtigten oder seine Stellvertreter zur vorschriftsmäßigen Betriebsführung anzuhalten, auch wegen Zuwiderhandlungen, welche bei Ausübung des Apothekerberufs gegen die Bestimmungen dieses Gesetzes oder die hierzu ergangenen Ausführungsvorschriften begangen werden, Ordnungsstrafen bis zum Betrage von 300 Mark festzusetzen.

Die Aufsichtsbehörde hat das Recht, jederzeit Besichtigungen der Apotheke vorzunehmen oder durch Beauftragte vornehmen zu lassen. Sie ist verpflichtet, mindestens einmal innerhalb dreier Jahre jede Apotheke einer unvermuteten Besichtigung zu unterwerfen. Zu den Kosten hat der Betriebsberechtigte nicht beizutragen.

Haben sich bei einer Besichtigung erhebliche Unregelmäßigkeiten ergeben, so kann eine wiederholte Besichtigung auf Kosten des Betriebsberechtigten stattfinden.

§ 25. Jeder, der eine Apotheke betreibt, sowie seine Stellvertreter sind verpflichtet, den Besichtigungsbeamten sämtliche Räume der Apotheke zugänglich zu machen, die Vorrichtungen, Werkzeuge und Warenbestände vorzuweisen, die Bücher vorzulegen, sowie jede erforderliche Auskunft zu erteilen und alle von dem Beamten für nötig erachteten Untersuchungen zu gestatten.

Verfälschte und verdorbene Waren sind mit Beschlag zu belegen und können, wenn der Betriebsberechtigte oder sein Stellvertreter nicht Widerspruch erheben, vernichtet werden. Wird Widerspruch erhoben, so entscheidet die Aufsichtsbehörde endgültig, ob die Waren freizugeben oder zu vernichten sind. Die Kosten des Verfahrens sind, insoweit die Entscheidung zuungunsten des Betriebsberechtigten ausfällt, von diesem zu tragen.

§ 26. Der Bundesrat ist ermächtigt, Vorschriften zu erlassen über

1. Vorbildung, Ausbildung und Befugnisse des im Betriebe der Apotheken zu beschäftigenden Hilfspersonals;
2. die Beschaffenheit, Zubereitung und Aufbewahrung der Arzneimittel;
3. die Abgabe starkwirkender Arzneimittel in den Apotheken;

4. den ausschließlichen Vertrieb gewisser Zubereitungen, Stoffe und Gegenstände in den Apotheken;
5. die Arzneitaxe;
6. den Vertrieb von Geheimmitteln, pharmazeutischen Spezialitäten und Patentarzneien in den Apotheken;
7. die Ausübung der Heilkunde durch die Apotheker.

§ 27. Die Landeszentralbehörden sind ermächtigt, nähere Vorschriften zu erlassen über
1. die Einrichtung und den Betrieb, die Besichtigung und Überwachung der Apotheken;
2. die Zulässigkeit des Betriebs von Nebengeschäften;
3. die Arzneimittel, Vorräte, Einrichtungen und Gerätschaften, welche jederzeit in den Apotheken vorhanden sein müssen.

Dritter Abschnitt. Strafbestimmungen.

§ 28. Mit Geldstrafe von 50 bis zu 1000 Mark, im Unvermögensfalle mit Haft oder mit Gefängnis bis zu drei Monaten, wird bestraft, wer eine Apotheke betreibt, ohne im Besitze der Erlaubnis hierzu (§ 1) zu sein.

§ 29. Mit Geldstrafe bis zu 300 Mark, im Unvermögensfalle mit Haft, wird bestraft
1. wer den Betrieb der Apotheke binnen der ihm von der zuständigen Behörde gesetzten Frist nicht beginnt;
2. wer Betriebsräume oder Betriebsstätten ohne die nach § 23 Abs. 1 erforderliche Genehmigung in Benutzung nimmt, verlegt oder wesentlich verändert;
3. wer den ihm nach § 25 obliegenden Verpflichtungen gegen die Besichtigungsbeamten zuwiderhandelt;
4. wer den Betrieb einer Apotheke vor Eintritt der Wirksamkeit eines Verzichts (§ 21) einstellt.

§ 30. Mit Geldstrafe bis zu 150 Mark, im Unvermögensfalle mit Haft, wird bestraft
1. wer unbefugt den Apothekenbetrieb durch Stellvertreter wahrnehmen läßt;
2. wer auf Grund des § 12 Abs. 2 und 3, § 16, § 17 Nummer 3 oder auf Grund der gemäß § 15 maßgebenden landesrechtlichen Bestimmungen für fremde Rechnung eine Apotheke betreibt, ohne die erforderliche Genehmigung zu besitzen;
3. wer beim Betrieb einer der im § 17 bezeichneten Apotheken wissentlich Arzneien in anderen Fällen, als ihm gestattet ist, abgibt;
4. wer den gemäß § 26, Nummer 3, 4, 6 und 7 ergehenden Vorschriften des Bundesrats zuwiderhandelt.

§ 31. Bei unberechtigtem Betrieb einer Apotheke kann deren Schließung polizeilich erzwungen werden.

Vierter Abschnitt. Übergangs- und Schlußbestimmungen.

§ 32. Neue Apotheken der im § 15 genannten Arten dürfen nicht mehr begründet werden.

§ 33. Unberührt bleiben die landesrechtlichen Vorschriften, welche
1. das Recht des Inhabers einer Apothekenberechtigung zur Veräußerung der Berechtigung beschränken;
2. die Umwandlung übertragbarer in nicht übertragbare Apothekenberechtigungen zum Gegenstände haben.

Zum Zwecke dieser Umwandlung kann den Inhabern der Erlaubnis zum Apothekenbetrieb eine Betriebsabgabe auferlegt, auch darf bestimmt werden, daß diese auch zur Befriedigung sonstiger Bedürfnisse auf dem Gebiete des Apothekenwesens verwendet wird.

§ 34. Die Landeszentralbehörden bestimmen, welche Behörden im Sinne dieses Gesetzes zuständig sind und, erlassen die Vorschriften über das Verfahren, soweit es nicht in diesem Gesetz bereits geregelt ist.

§ 35. Die Bestimmungen über das Apothekenwesen des Heeres und der Marine bleiben unberührt.

§ 36. Das Gesetz tritt mit dem . . . . in Kraft.

Sachregister.

GPSR Compliance

The European Union's (EU) General Product Safety Regulation (GPSR) is a set of rules that requires consumer products to be safe and our obligations to ensure this.

If you have any concerns about our products, you can contact us on ProductSafety@springernature.com

In case Publisher is established outside the EU, the EU authorized representative is:

Springer Nature Customer Service Center GmbH
Europaplatz 3
69115 Heidelberg, Germany

Batch number: 10844655

Printed by Printforce, the Netherlands